跟大师学国学

梦华 ——— 主编

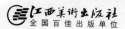
江西美术出版社
全国百佳出版单位

图书在版编目（CIP）数据

跟大师学国学 / 梦华主编. —— 南昌:江西美术出
版社, 2019.2
ISBN 978-7-5480-6593-7

Ⅰ.①跟… Ⅱ.①梦… Ⅲ.①国学—通俗读物 Ⅳ.
①Z126-49

中国版本图书馆CIP数据核字（2018）第277706号

出 品 人：周建森
企　　划：北京江美长风文化传播有限公司
责任编辑：楚天顺　朱鲁巍　　策划编辑：朱鲁巍
责任印刷：谭　勋　　　　　　封面设计：施凌云

跟大师学国学　　梦华　主编

出　　版：江西美术出版社
社　　址：南昌市子安路 66 号　　邮编：330025
网　　址：http://www.jxfinearts.com
电子信箱：jxms@jxfinearts.com
电　　话：010-82093785　　0791-86566124
发　　行：010-58815874
经　　销：全国新华书店
印　　刷：北京德富泰印务有限公司
版　　次：2019 年 2 月第 1 版
印　　次：2019 年 2 月第 1 次印刷
开　　本：889mm×1194mm　1/32
印　　张：22
I S B N：978-7-5480-6593-7
定　　价：39.80 元

前言
PREFACE

　　"国学"是西学东渐之后，针对西方学术而提出的名词，最早见于近代思想家章太炎先生的《国故论衡》，后又被称为"中国学""汉学""国故""国故学"。顾名思义，"国学"就是中国之学，是中华民族在数千年历史中创造的文化。

　　作为中国历史和文化的基础，国学构成了中华民族精神生活的客观环境和民族精神文化的重要组成部分，对中国政治、经济、军事、文化、思想、意识、伦理、道德和行为等方面都影响很大，对于传承文明，增强民族凝聚力，以及中华民族的复兴都起着重要作用。

　　国学堪称中国人的性命之学，不仅是中国悠久传统文化的明证，是中华文化的学术基础、固本之学，也是每一个中国人的立身处世之本，更是我们不可或缺的精神力量。学习国学，不仅可以帮助我们了解中华民族的优秀文化传统，更能从中学习为人处世的道理。在走向世界的今天，每一个中国人都应该有良好的国学素养。然而在生活当中，许多人往往缺少足够的国学知识，有些人即使知道一些，也是一知半解，这不仅给日常学习、工作带来诸多的不便，在生活中也可能遭遇尴尬。

　　为了帮助读者了解国学，正确认识诸如国学的确切含义、国学对现实的意义、国学研究的方法等基本问题，我们编撰了本书，书中收录了蔡元培、章太炎、梁启超、王国维、鲁迅五位中国近现代国学大师通论传统国学及专门论述国学入门、国学典籍、国学方法及国学主要思想流派和代表人物的精辟论文。其中，章太炎比较系统地将我国的经学、哲学、文学进行阐述，读其作品不仅可以了解我国传统国学的基本内容，而且也可以了解我国传统国学的发展简史；梁启超作为我国近代史上著名政治活动家、启蒙思想家、教育家、史学家和文学家，学术研究涉猎哲学、文学、史学、经学、法学、伦理学、宗教学等领域，其中尤以史学研究成绩最卓著，是中国史学史上的里程碑式的人物；王国维是中国第一个运用西方哲学、文学、美学观点和方法对中国古典文学进行分析的学者，又是中国史学史上将历史学与考古学相结合的开创者；鲁迅博通先秦诸典，致力于文学创作和思想启蒙，对文学创作、小说发展等方面进行剥茧抽丝的分析，为现代学术的发展做出了卓越的贡献。这些大师们的经典著作，经过岁月洗磨，至今仍熠熠生辉，不仅在文化学术界享有盛誉，而且在广大读者中间也有着较高的知名度，是历久弥新的学术圭臬，是永远值得我们珍藏的一笔精神财富。

值得一提的是，书中所选国学大师的作品原版本大多为繁体文本，在其流布过程中，难免出现版本差异、文字错讹等现象。为方便读者阅读，我们做了如下整理工作：在版本的选择上，一律以原始版本为底本，保留大师著作的原貌，但对其中误写、错排的个别文字，都进行了修正。繁体字改为通行的简体字，但对简化后易引起歧义的字词，带有时代特色的用语，与现在不太一致的专名、译名等，未做改动。例如，"的""地""得"三字，在当时通用为"的"等，尊重原作者用字习惯，均未改动。常见的异体字、通假字，原则上保持原貌。标点符号的用法依从作者习惯，除个别明显排印有误外，也未作改动。

希望经过努力，我们能够呈给读者一本内容充实、文字完善、富有特色的国学大师经典读本，使读者能够以本书为阶梯，学习国学，了解国学，汲取先人的智慧，继承和发扬传统文化的精华，让中国文明在创新中绵延不绝，并走向世界。

目录
CONTENTS

第一篇　蔡元培讲国学

第二篇　章太炎讲国学

第四篇　王国维讲国学

第五篇　鲁迅讲国学

第一篇

蔡元培讲国学

　　蔡元培（1868~1940年），中国著名的民主革命家、教育家，对发展中国教育文化事业功绩卓著。毛泽东称他为"学界泰斗，人世楷模"。1917年任北京大学校长后，提出"思想自由""兼容并包"的办学方针，对北大进行全面改革，使之成为新文化运动的中心，成为研究学术、传播新思想、培养新人才的基地。蔡元培的教育主张，能根据本国需要，兼采各国所长，"食而化之"。这在当时的历史条件下，对中国教育的发展，特别是高等教育的革新，起了推动作用。

第一章

修　己

总论

道德

人之生也，不能无所为，而为其所当为者，是谓道德。道德者，非可以猝然而袭取也，必也有理想，有方法。修身一科，即所以示其方法者也。

修己之道

夫事必有序，道德之条目，其为吾人所当为者同，而所以行之之方法，则不能无先后。其所谓先务者，修己之道是也。

行之于社会

吾国圣人，以孝为百行之本，小之一人之私德，大之国民之公义，无不由是而推演之者，故曰惟孝友于兄弟，施于有政，由是而行之于社会，则宜尽力于职分之所在，而于他人之生命若财产若名誉，皆护惜之，不可有所侵毁。行有余力，则又当博爱及众，而勉进公益，由是而行之于国家，则于法律之所定，命令之所布，皆当恪守而勿违。而有事之时，又当致身于国，公而忘私，以尽国民之义务，是皆道德之教所范围，为吾人所不可不勉者也。

夫道德之方面，虽各各不同，而行之则在己。知之而不行，犹不知也；知其当行矣，而未有所以行此之素养，犹不能行也。怀邪心者，无以行正义；贪私利者，无以图公益。未有自欺而能忠于人，自侮而能敬于人者。故道德之教，虽统各方面以为言，而其本则在乎修己。

康强　知能　德性

修己之道不一，而以康强其身为第一义。身不康强，虽有美意，无自而达也。康矣强矣，而不能启其知识，练其技能，则奚择于牛马；故又不可以不求知能。知识富矣，技能精矣，而不率之以德性，则适以长恶而遂非，故又不可以不养德性。是故修己之道，体育、知育、德育三者，不可以偏废也。

体育

修己以体育为本　身不康强不能尽孝　身不康强不能尽忠

凡德道以修己为本，而修己之道，又以体育为本。

忠孝，人伦之大道也，非康健之身，无以行之。人之事父母也，服劳奉养，惟力是视，羸弱而不能供职，虽有孝思奚益？况其以疾病贻父母忧乎？其于国也亦然。国民之义务，莫大于兵役，非强有力者，应征而不及格，临阵而不能战，其何能忠？且非特忠孝也。一切道德，殆皆非羸弱之人所能实行者。苟欲实践道德，宣力国家，以尽人生之天职，其必自体育始矣。

体育与智育之关系

且体育与智育之关系，尤为密切。西哲有言：康强之精神，必寓于康强之身体。不我欺也。苟非狂易，未有学焉而不能知，习焉而不能熟者。其能否成立，视体魄如何耳。也尝有抱非常之才，且亦富于春秋，徒以体魄孱弱，力不逮志，奄然与凡庸伍者，甚至或盛年废学，或中道夭逝，尤可悲焉。

身体康强与家族社会国家之关系

夫人之一身，本不容以自私，盖人未有能遗世而独立者。无父母则无我身，子女之天职，与生俱来。其他兄弟夫妇朋友之间，亦各以其相对之地位，而各有应尽之本务。而吾身之康强与否，即关于本务之尽否，故人之一身，对于家族若社会若国家，皆有善自摄卫之责。使傲然曰：我身之不康强，我自受之，于人无与焉。斯则大谬不然者也。

卫生之概要

人之幼也，卫生之道，宜受命于父兄。及十三四岁，则当躬自注意矣。请述其概：一曰节其饮食；二曰洁其体肤及衣服；三曰时其运动；四曰时其寝息；五曰快其精神。

饮食过量之害

少壮之人，所以损其身体者，率由于饮食之无节。虽当身体长育之时，饮食之量，本不能以老人为比例，然过量之忌则一也。使于饱食以后，尚歆于旨味而恣食之，则其损于身体，所不待言。且既知饮食过量之为害，而一时为食欲所迫，不及自制，且致养成不能节欲之习惯，其害尤大，不可以不慎也。

杂食果饵之害

少年每喜于闲暇之时，杂食果饵，以致减损其定时之餐饭，是亦一弊习。医家谓成人之胃病，率基于是。是乌可以不戒欤？

饮酒之害　吸烟之害　节制食欲

酒与烟，皆害多而利少。饮酒渐醉，则精神为之惑乱，而不能自节。能慎之于始而不饮，则无虑矣。吸烟多始于游戏，及其习惯，则成癖而不能废。故少年尤当戒之。烟含毒性，卷烟一枚，其所含毒分，足以毙雀二十尾。其毒性之剧如此，吸者之受害可知矣。

凡人之习惯，恒得以他习惯代之。饮食之过量，亦一习惯耳。以节制食欲之法矫之，而渐成习惯，则旧习不难尽去也。

清洁

清洁为卫生之第一义，而自清洁其体肤始。世未有体肤既洁，而甘服垢污之衣者。体肤衣服洁矣，则房室庭园，自不能任其芜秽，由是集清洁之家而为村落为市邑，则不徒足以保人身之康强，而一切传染病，亦以免焉。

且身体衣服之清洁，不徒益以卫生而已，又足以优美其仪容，而养成善良之习惯，其裨益于精神者，亦复不浅。盖身体之不洁，如蒙秽然，以是接人，亦不敬之一端。而好洁之人，动作率有秩序，用意亦复缜密，习与性成，则有以助勤勉精明之美德。借形体以范精神，亦缮性之良法也。

运动

运动亦卫生之要义也。所以助肠胃之消化，促血液之循环，而爽朗其精神者也。凡终日静坐偃卧而怠于运动者，身心辄为之不快，驯致食欲渐减，血色渐衰，而元气亦因以消耗。是故终日劳心之人，尤不可以不运动。运动之时间，虽若靡费，而转为勤勉者所不可吝，此亦犹劳作者之不能无休息也。

游散　游历

凡人精神抑郁之时，触物感事，无一当意，大为学业进步之阻力。此虽半由于性癖，而身体机关之不调和，亦足以致之。时而游散山野，呼吸新鲜空气，则身心忽为之一快，而精进之力顿增。当春夏假期，游历国中名胜之区，此最有益于精神者也。

运动不可无节

是故运动者，所以助身体机关之作用，而为勉力学业之预备，非所以恣意而纵情也。故运动如饮食然，亦不可以无节。而学校青年，于蹴鞠竞渡之属，投其所好，则不惜注全力以赴之，因而毁伤身体，或酿成疾病者，盖亦有之，此则失运动之本意矣。

睡眠

凡劳动者，皆不可以无休息。睡眠，休息之大者也，宜无失时，而少壮尤甚。世或有勤学太过，夜以继日者，是不可不戒也。睡眠不足，则身体为之衰弱，而驯致疾病，即幸免于是，而其事亦无足取。何则？睡眠不足者，精力既疲，即使终日研求，其所得或尚不及起居有时者之半，徒自苦耳。惟睡眠过度，则亦足以酿情弱之习，是亦不可不知者。

精神

精神者，人身之主动力也。精神不快，则眠食不适，而血气为之枯竭，形容为之憔悴，驯以成疾，是亦卫生之大忌也。夫顺逆无常，哀乐迭生，诚人生之常事，然吾人务当开豁其胸襟，清明其神志，即有不如意事，亦当随机顺应，而不使留滞于意识之中，则足以涵养精神，而使之无害于康强矣。

自杀之罪　杀身成仁

康强身体之道，大略如是。夫吾人之所以斤斤于是者，岂欲私吾身哉？诚以吾身者，因对于家族若社会若国家，而有当尽之义务者也。乃昧者，或以情欲之感，睚眦之忿，自杀其身，罪莫大焉。彼或以一切罪恶，得因自杀而消灭，是亦以私情没公义者。惟志士仁人，杀身成仁，则诚人生之本务，平日所以爱惜吾身者，正为此耳。彼或以衣食不给，且自问无益于世，乃以一死自谢，此则情有可悯，而其薄志弱行，亦可鄙也。人生至此，要当百折不挠，排艰阻而为之，精神一到，何事不成？见险而止者，非夫也。

习惯

习惯为第二之天性　习惯不可不慎

习惯者，第二之天性也。其感化性格之力，犹朋友之于人也。人心随时而动，应物而移，执毫而思书，操缦而欲弹，凡人皆然，而在血气未定之时为尤甚。其于平日亲炙之事物，不知不觉，浸润其精神，而与之为至密之关系，所谓习与性成者也。故习惯之不可不慎，与朋友同。

北美洲罪人　道德之本在卑近

江河成于涓流，习惯成于细故。昔北美洲有一罪人，临刑慨然曰：吾所以罹兹罪者，由少时每日不能决然蚤起故耳。夫蚤起与否，小事也，而此之不决，养成因循苟且之习，则一切去恶从善之事，其不决也犹是，是其所以陷于刑戮也。是故事不在小，苟其反复数四，养成习惯，则其影响至大，其于善否之间，乌可以不慎乎？第使平日注意于善否之界，而养成其去彼就此之习惯，则将不待勉强，而自进于道德。道德之本，固不在高远而在卑近也。自洒扫应对进退，以及其他一事一物一动一静之间，无非道德之所在。彼夫道德之标目，曰正义，曰勇往，曰勤勉，曰忍耐，要皆不外乎习惯耳。

礼仪能造就习惯

礼仪者，交际之要，而大有造就习惯之力。夫心能正体，体亦能制心。是以平日端容貌，正颜色，顺辞气，则妄念无自而萌，而言行之忠信笃敬，有不期然而然者。孔子对颜渊之问仁，而告以非礼勿视，非礼勿听，非礼勿言，非礼勿动。由礼而正心，诚圣人之微旨也。彼昧者，动以礼仪为虚饰，袒裼披猖，号为率真，而不知威仪之不摄，心亦随之而化，渐摩既久，则放僻邪侈，不可收拾，不亦谬乎。

勤勉

勤勉为良习惯　怠惰为众恶之母

勤勉者，良习惯之一也。凡人所勉之事，不能一致，要在各因其地位境遇，而尽力于其职分，是亦为涵养德性者所不可缺也。凡勤勉职业，则习于顺应之道，与节制之义，而精细寻耐诸德，亦相因而来。盖人性之受害，莫甚于怠惰。怠惰者，众恶之母。古人称小人闲居为不善，盖以此也。不惟小人也，虽在善人，苟其饱食终日，无所事事，则必由佚乐而流于游惰。于是鄙猥之情，邪僻之念，乘间窃发，驯致滋蔓而难图矣。此学者所当戒也。

幸福由勤勉而生

人之一生，凡德行才能功业名誉财产，及其他一切幸福，未有不勤勉而可坐致者。人生之价值，视其事业而不在年寿。尝有年登期耋，而悉在醉生梦死之中，人皆忘其为寿。亦有中年丧逝，而树立卓然，人转忘其为夭者。是即勤勉与不勤勉之别也。夫桃梨李栗，不去其皮，不得食其实。不勤勉者，虽小利亦无自而得。自昔成大业，享盛名，孰非有过人之勤力者乎？世非无以积瘁丧其身者，然较之汩没于佚乐者，仅十之一二耳。勤勉之效，盖可睹矣。

自制

情欲　节制情欲

自制者，节制情欲之谓也。情欲本非恶名，且高尚之志操，伟大之事业，亦多有发源于此者。然情欲如骏马然，有善走之力，而不能自择其所向，使不加控御，而任其奔逸，则不免陷于沟壑，撞于岩墙，甚或以是而丧其生焉。情欲亦然，苟不以明清之理性，与坚定之意志节制之，其害有不可胜言者。不特一人而已，苟举国民而为情欲之奴隶，则夫政体之改良，学艺之进步，皆不可得而期，而国家之前途，不可问矣。此自制之所以为要也。

自制之目有三：节体欲，一也；制欲望，二也；抑热情，三也。

体欲

饥渴之欲，使人知以时饮食，而荣养其身体。其于保全生命，振作气力，所关甚大。然耽于厚味而不知餍饫，则不特妨害身体，且将汩没其性灵，昏惰其志气，以酿成放佚奢侈之习。况如沉湎于酒，荒淫于色，贻害尤大，皆不可不以自制之力预禁之。

欲望

欲望者，尚名誉，求财产，赴快乐之类是也。人无欲望，即生涯甚觉无谓。故欲望之不能无，与体欲同，而其过度之害亦如之。

骄之害　谄之害

豹死留皮，人死留名，尚名誉者，人之美德也。然急于闻达，而不顾其他，则流弊所至，非骄则谄。骄者，务扬己而抑人，则必强不知以为知，诩诩然拒人于千里之外，徒使智日昏，学日退，而虚名终不可以久假。即使学识果已绝人，充其骄矜之气，或且凌父兄而傲长上，悖亦甚矣。谄者，务屈身以徇俗，则且为无非无刺之行，以雷同于污世，虽足窃一时之名，而不免为识者所窃笑，是皆不能自制之咎也。

用财之道　鄙吝之弊　奢侈之弊

小之一身独立之幸福，大之国家富强之基础，无不有借于财产。财产之增殖，诚人生所不可忽也。然世人徒知增殖财产，而不知所以用之之道，则虽藏镪百万，徒为守钱虏耳。而矫之者，又或靡费金钱，以纵耳目之欲，是皆非中庸之道也。盖财产之所以可贵，为其有利己利人之用耳。使徒事蓄积，而不知所以用之，则无益于己，亦无裨于人，与赤贫者何异？且积而不用者，其于亲戚之穷乏，故旧之饥寒，皆将坐视而不救，不特爱怜之情浸薄，而且廉耻之心无存。当与而不与，必且不当取而取，私买窃贼之赃，重取债家之息，凡丧心害理之事，皆将行之无忌，而驯致不齿于人类。此鄙吝之弊，诚不可不戒也。顾知鄙吝之当戒矣，而矫枉过正，义取而悖与，寡得而多费，则且有丧产破家之祸。既不能自保其独立之品位，而于忠孝慈善之德，虽欲不放弃而不能，成效无存，百行俱废，此奢侈之弊，亦不必逊于鄙吝也。二者实皆欲望过度之所致，折二者之衷，而中庸之道出焉，谓之节俭。

寡欲则不为物役

节俭者，自奉有节之谓也。人之处世也，既有贵贱上下之别，则所以持其品位而全其本务者，固各有其度，不可以执一而律之，要在适如其地位境遇之所宜，而不逾其度耳。饮食不必多，足以果腹而已；舆服不必善，足以备礼而已。绍述祖业，勤勉不怠，以其所得，撙节而用之，则家有余财，而可以恤他人之不幸。为善如此，不亦乐乎？且节俭者必寡欲，寡欲则不为物役，然后可以养德性，而完人道矣。

奢俭与国家之关系　善享快乐

家人皆节俭，则一家齐；国人皆节俭，则一国安。盖人人以节俭之故，而赀产丰裕，则各安其堵，敬其业，爱国之念，油然而生。否则奢侈之风弥漫，人人滥费无节，将救贫之不暇，而遑恤国家？且国家以人民为分子，亦安有人民皆穷，而国家不疲茶者。自古国家，以人民之节俭兴，而以其奢侈败者，何可胜数！如罗马之类是已。爱快乐，忌苦痛，人之情也；人之行事，半为其所驱迫，起居动作，衣服饮食，盖鲜不由此者。凡人情可以徐练，而不可以骤禁。昔之宗教家，常有背快乐而就刻苦者，适足以戕贼心情，而非必有裨于道德。人苟善享快乐，适得其宜，亦乌可厚非者。其活泼精神，鼓舞志气，乃足为勤勉之助。惟荡者流而不返，遂至放弃百事，斯则不可不戒耳。

不快莫甚于欲望过度

快乐之适度，言之非艰，而行之维艰，惟时时注意，勿使太甚，则庶几无大过矣。古人有言：欢乐极兮哀情多。世间不快之事，莫甚于欲望之过度者。当此之时，不特无活泼精神、振作志气之力，而且足以招疲劳，增疏懒，甚且悖德非礼之行，由此而起焉。世之堕品行而冒刑辟者，每由于快乐之太过，可不慎欤！

人，感情之动物也，遇一事物，而有至剧之感动，则情为之移，不遑顾虑，至忍掷对己对人一切之本务，而务达其目的，是谓热情。热情既现，苟非息心静气，以求其是非利害之所在，而有以节制之，则纵心以往，恒不免陷身于罪戾，此亦非热情之罪，而不善用者之责也。利用热情，而统制之以道理，则犹利用蒸气，而承受以精巧之机关，其势力之强大，莫能御之。

忿怒

热情之种类多矣，而以忿怒为最烈。盛怒而欲泄，则死且不避，与病狂无异。是以忿怒者之行事，其贻害身家而悔恨不及者，常十之八九焉。

怯弱之行　养成忍耐之力

忿怒亦非恶德，受侮辱于人，而不敢与之校，是怯弱之行，而正义之士所耻也。当怒而怒，亦君子所有事。然而逞忿一朝，不顾亲戚，不恤故旧，辜恩谊，背理性以酿暴乱之举，而贻终身之祸者，世多有之。宜及少时养成忍耐之力，即或怒不可忍，亦必先平心而察之，如是则自无失当之忿怒，而诟詈斗殴之举，庶乎免矣。

对人之道

忍耐者，交际之要道也。人心之不同如其面，苟于不合吾意者而辄怒之，则必至父子不亲，夫妇反目，兄弟相阋，而朋友亦有凶终隙末之失，非自取其咎乎？故对人之道，可以情恕者恕之，可以理遣者遣之。孔子曰："躬自厚而薄责于人。"即所以养成忍耐之美德者也。

傲慢　嫉妒

忿怒之次曰傲慢，曰嫉妒，亦不可不戒也。傲慢者，挟己之长，而务以凌人；嫉妒者，见己之短，而转以尤人，此皆非实事求是之道也。夫盛德高才，诚于中则形于外。虽其人抑然不自满，而接其威仪者，畏之象之，自不容已。若乃不循其本，而摹拟剽窃以自炫，则可以欺一时，而不能持久，其凌蔑他人，适以自暴其鄙劣耳。至若他人之才识闻望，有过于我，我爱之重之，察我所不如者而企及之可也。不此之务，而重以嫉妒，于我何益？其愚可笑，其心尤可鄙也。

情欲之不可不制，大略如是。顾制之之道，当如何乎？情欲之盛也，往往非理义之力所能支，非利害之说所能破，而惟有以情制情之一策焉。

以情制情

以情制情之道奈何？当忿怒之时，则品弄丝竹以和之；当抑郁之时，则登临山水以解之。于是心旷神怡，爽然若失，回忆忿怒抑郁之态，且自觉其无谓焉。

制情之善法

情欲之炽也，如燎原之火，不可向迩，而移时则自衰，此其常态也。故自制之道，在养成忍耐之习惯。当情欲炽盛之时，忍耐力之强弱，常为人生祸福之所系，所争在顷刻间耳。昔有某氏者，性卞急，方盛怒时，恒将有非礼之言动，几不能自持，则口占数名，自一至百，以抑制之。其用意至善，可以为法也。

勇敢

人生学业非轻易得之

勇敢者，所以使人耐艰难者也。人生学业，无一可以轻易得之者。当艰难之境而不屈不沮，必达而后已，则勇敢之效也。

勇敢不在体力

所谓勇敢者，非体力之谓也。如以体力，则牛马且胜于人。人之勇敢，必其含智德之原质者，恒于其完本务彰真理之时见之。曾子曰：自反而缩，虽千万人，吾往矣。是则勇敢之本义也。

苏格拉底　百里诺　加里沙

求之历史，自昔社会人文之进步，得力于勇敢者为多，盖其事或为豪强所把持，或为流俗所习惯，非排万难而力支之，则不能有为。故当其冲者，非不屈权势之道德家，则必不徇嬖幸之爱国家，非不阿世论之思想家，则必不溺私欲之事业家。其人率皆发强刚毅，不慑不悚。其所见为善为真者，虽遇何等艰难，决不为之气沮。不观希腊哲人苏格拉底乎？彼所持哲理，举世非之而不顾，被异端左道之名而不惜，至仰毒以死而不改其操，至今伟之。又不观意大利硕学百里诺及加里沙乎？百氏痛斥当代伪学，遂被焚死。其就戮也，从容顾法吏曰：公等今论余以死，余知公等之恐怖，盖有甚于余者。加氏始倡地动说，当时教会怒其戾教旨，下之狱，而加氏不为之屈。是皆学者所传为美谈者也。若而人者，非特学识过人，其殉于所信而百折不回，诚有足多者。虽其身穷死于缧绁之中，而声名洋溢，传之百世而不衰，岂与夫屈节回志，忽理义而徇流俗者，同日而语哉？

逆境

人之生也，有顺境，即不能无逆境。逆境之中，跋前疐后，进退维谷，非以勇敢之气持之，无由转祸而为福，变险而为夷也。且勇敢亦非待逆境而始著，当平和无事之时，亦能表见而有余。如壹于职业，安于本分，不诱惑于外界之非违，皆是也。

不能果断之咎

人之染恶德而招祸害者，恒由于不果断。知其当为也，而不敢为；知其不可不为也，而亦不敢为。诱于名利而丧其是非之心，皆不能果断之咎也。至乃虚炫才学，矫饰德行，以欺世而凌人，则又由其无安于本分之勇，而入此歧途耳。

独立　独立非离群索居　独立非矫情立异　真独立

勇敢之最著者为独立。独立者，自尽其职而不倚赖于人是也。人之立于地也，恃己之足，其立于世也亦然。以己之心思虑之，以己之意志行之，以己之资力营养之，必如是而后为独立，亦必如是而后得谓之人也。夫独立，非离群索居之谓。人之生也，集而为家族，为社会，为国家，乌能不互相扶持，互相挹注，以共图团体之幸福。而要其交互关系之中，自一人之方面言之，各尽其对于团体之责任，不失其为独立也。独立亦非矫情立异之谓。不问其事之曲直利害，而一切拂人之性以为快，是顽冥耳。与夫不问曲直利害，而一切徇人意以为之者奚择焉。惟不存成见，而以其良知为衡，理义所在，虽刍荛之言，犹虚己而纳之，否则虽王公之命令，贤哲之绪论，亦拒之而不惮，是之谓真独立。

独立之要有三：一曰自存；二曰自信；三曰自决。

自存

生计者，万事之基本也。人苟非独立而生存，则其他皆无足道。自力不足，庇他人而糊口者，其卑屈固无足言；至若窥人鼻息，而以其一颦一笑为忧喜，信人之所信而不敢疑，好人之所好而不敢忤，是亦一赘物耳。是皆不能自存故也。

自信

人于一事，既见其理之所以然而信之，虽则事变万状，苟其所以然之理如故，则吾之所信亦如故，是谓自信。在昔旷世大儒，所以发明真理者，固由其学识宏远，要亦其自信之笃，不为权力所移，不为俗论所动，故历久而其理大明耳。

自决

凡人当判决事理之时，而俯仰随人，不敢自主，此亦无独立心之现象也。夫智见所不及，非不可咨询于师友，惟临事迟疑，随人作计，则鄙劣之尤焉。

要之无独立心之人，恒不知自重。既不自重，则亦不知重人，此其所以损品位而伤德义者大矣。苟合全国之人而悉无独立心，乃冀其国家之独立而巩固，得乎？

义勇

勇敢而协于义，谓之义勇。暴虎冯河，盗贼犹且能之，此血气之勇，何足选也。无适无莫，义之与比，毁誉不足以淆之，死生不足以胁之，则义勇之谓也。

国民之义务

义勇之中，以贡于国家者为最大。人之处斯国也，其生命，其财产，其名誉，能不为人所侵毁。而仰事俯畜，各适其适者，无一非国家之赐，且亦非仅吾一人之关系，实承之于祖先，而又将传之于子孙，以至无穷者也。故国家之急难，视一人之急难，不啻倍蓰而已。于是时也，吾即舍吾之生命财产，及其一切以殉之，苟利国家，非所惜也，是国民之义务也。使其人学识虽高，名位虽崇，而国家有事之时，首鼠两端，不敢有为，则大节既亏，万事瓦裂，腾笑当时，遗羞后世，深可惧也。是以平日必持炼意志，养成见义勇为之习惯，则能尽国民之责任，而无负于国家矣。

然使义与非义，非其知识所能别，则虽有尚义之志，而所行辄与之相畔，是则学问不足，而知识未进也。故人不可以不修学。

修学

知识与道德之关系

身体壮佼，仪容伟岸，可以为贤乎？未也。居室崇闳，被服锦绣，可以为美乎？未也。人而无知识，则不能有为，虽矜饰其表，而鄙陋龌龊之状，宁可掩乎？

知识与道德，有至密之关系。道德之名尚矣，要其归，则不外避恶而行善。苟无知识以辨善恶，则何以知恶之不当为，而善知当行乎？知善之当行而行之，知恶之不当为而不为，是之谓真道德。世之不忠不孝、无礼无义、纵情而亡身者，其人非必皆恶逆悖戾也，多由于知识不足，而不能辨别善恶故耳。

寻常道德，有寻常知识之人，即能行之。其高尚者，非知识高尚之人，不能行也。是以自昔立身行道，为百世师者，必在旷世超俗之人，如孔子是已。

知识——人事之本

知识者，人事之基本也。人事之种类至繁，而无一不有不赖于知识。近世人文大开，风气日新，无论何等事业，其有待于知识也益殷。是以人无贵贱，未有可以不就学者。且知识所以高尚吾人之品格也，知识深远，则言行自然温雅而动人歆慕。盖是非之理，既已了然，则其发于言行者，自无所凝滞，所谓诚于中形于外也。彼知识不足者，目能睹日月，而不能见理义之光；有物质界之感触，而无精神界之欣合，有近忧而无远虑。胸襟之隘如是，其言行又乌能免于卑陋欤？

知识与国家之关系

知识之启发也，必由修学。修学者，务博而精者也。自人文进化，而国家之贫富强弱，与其国民学问之深浅为比例。彼欧美诸国，所以日辟百里，虎视一世者，实由其国中硕学专家，以理学工学之知识，开殖产兴业之端，锲而不已，成此实效。是故文明国所恃以竞争者，非武力而智力也。方今海外各国，交际频繁，智力之竞争，日益激烈。为国民者，乌可不勇猛精进，旁求知识，以造就为国家有用之材乎？

耐久

修学之道有二：曰耐久；曰爱时。

物愈贵得愈难

锦绣所以饰身也，学术所以饰心也。锦绣之美，有时而敝；学术之益，终身享之，后世诵之，其可贵也如此。凡物愈贵，则得之愈难，曾学术之贵，而可以浅涉得之乎？是故修学者，不可以不耐久。

古今硕学之耐久

凡少年修学者，其始鲜或不勤，未几而情气乘之，有不暇自省其功候之如何，而咨嗟于学业之难成者。岂知古今硕学，大抵抱非常之才，而又能精进不已，始克抵于大成，况在寻常之人，能不劳而获乎？而不能耐久者，乃欲以穷年莫殚之功，责效于旬日，见其未效，则中道而废，如弃敝屣然。如是，则虽薄技微能，为庸众所可跂者，亦且百涉而无一就，况于专门学艺，其理义之精深，范围之博大，非专心致志，不厌不倦，必不能窥其涯涘，而乃卤莽灭裂，欲一蹴而几之，不亦妄乎？

爱时

庄生有言：吾生也有涯，而知也无涯，夫以有涯之生，修无涯之学，固常苦不及矣。自非惜分寸光阴，不使稍縻于无益，鲜有能达其志者。故学者尤不可以不爱时。

勿谓今年不学而有来年

少壮之时，于修学为宜，以其心气尚虚，成见不存也。及是时而勉之，所积之智，或其终身应用而有余。否则以有用之时间，养成放僻之习惯，虽中年悔悟，痛自策励，其所得盖亦仅矣。朱子有言曰：勿谓今日不学而有来日；勿谓今年不学而有来年，日月逝矣，岁不延吾，呜呼老矣，是谁之愆？其言深切著明，凡少年不可不三复也。

盗时之贼

时之不可不爱如此，是故人不特自爱其时，尤当为人爱时。尝有诣友终日，游谈不经，荒其职业，是谓盗时之贼，学者所宜戒也。

读书为有效

修学者，固在入塾就师，而尤以读书为有效。盖良师不易得，借令得之，而亲炙之时，自有际限，要不如书籍之惠我无穷也。

读书宜择有益者

人文渐开，则书籍渐富，历代学者之著述，汗牛充栋，固非一人之财力所能尽致，而亦非一人之日力所能遍读，故不可不择其有益于我者而读之。读无益之书，与不读等，修学者宜致意焉。

修普通学者以课程为本　修专门学者当择合程度之书

凡修普通学者，宜以平日课程为本，而读书以助之。苟课程所受，研究未完，而漫焉多读杂书，虽则有所得，亦泛滥而无归宿。且课程以外之事，亦有先后之序，此则修专门学者，尤当注意。苟不自量其知识之程度，取高远之书而读之，以不知为知，沿讹袭谬，有损而无益，即有一知半解，沾沾自喜，而亦终身无会通之望矣。夫书无高卑，苟了彻其义，则虽至卑近者，亦自有无穷之兴味。否则徒震于高尚之名，而以不求甚解者读之，何益？行远自迩，登高自卑，读书之道，亦犹是也。未见之书，询于师友而抉择之，则自无不合程度之虑矣。

朋友之益

修学者得良师，得佳书，不患无进步矣。而又有资于朋友，休沐之日，同志相会，凡师训所未及者，书义之可疑者，各以所见，讨论而阐发之，其互相为益者甚大。有志于学者，其务择友哉。

学问之成立在信，而学问之进步则在疑。非善疑者，不能得真信也。读古人之书，闻师友之言，必内按诸心，求其所以然之故。或不能得，则辗转推求，必逮心知其意，毫无疑义而后已，是之谓真知识。若乃人云亦云，而无独得之见解，则虽博闻多识，犹书篋耳，无所谓知识也。至若预存成见，凡他人之说，不求其所以然，而一切与之反对，则又怀疑之过，殆不知学问为何物者。盖疑义者，学问之作用，非学问之目的也。

修德

德性

人之所以异于禽兽者，以其有德性耳。当为而为之之谓德，为诸德之源；而使吾人以行德为乐者之谓德性。体力也，知能也，皆实行道德者之所资。然使不率之以德性，则犹有精兵而不以良将将之，于是刚强之体力，适以资横暴；卓越之知能，或以助奸恶，岂不惜欤？

德性之基本，一言以蔽之曰：循良知。一举一动，循良知所指，而不挟一毫私意于其间，则庶乎无大过，而可以为有德之人矣。今略举德性之概要如下：

信义

德性之中，最普及于行为者，曰信义。信义者，实事求是，而不以利害生死之关系枉其道也。社会百事，无不由信义而成立。苟蔑弃信义之人，遍于国中，则一国之名教风纪，扫地尽矣。孔子："言忠信，行笃敬，虽蛮貊之邦行矣。"言信义之可尚也。人苟以信义接人，毫无自私自利之见，而推赤心于腹中，虽暴戾之徒，不敢忤焉。否则不顾理义，务挟诈术以遇人，则虽温厚笃实者，亦往往报我以无礼。西方之谚曰：正直者，上乘之机略。此之谓也。世尝有牢笼人心之伪君子，率不过取售一时，及一旦败露，则人亦不与之齿矣。

妄语

入信义之门，在不妄语而无爽约。少年癖嗜新奇，往往背事理真相，而构造虚伪之言，冀以耸人耳目。行之既久，则虽非戏谑谈笑之时，而不知不觉，动参妄语，其言遂不能取信于他人。盖其言真伪相半，是否之间，甚难判别，诚不如不信之为愈也。故妄语不可以不戒。

爽约　意久之爽约　通信以解约　立约宜慎

凡失信于发言之时者为妄语，而失信于发言以后为爽约。二者皆丧失信用之道也。有约而不践，则与之约者，必致糜费时间，贻误事机，而大受其累。故其事苟至再至三，则人将相戒不敢与共事矣。如是，则虽置身人世，而枯寂无聊，直与独栖沙漠无异，非自苦之尤乎？顾世亦有本无爽约之心，而迫于意外之事，使之不得不如是者。如与友人有游散之约，而猝遇父兄罹疾，此其轻重缓急之间，不言可喻，苟舍父兄之急，而局局于小信，则反为悖德，诚不能弃此而就彼。然后起之事，苟非促促无须臾暇者，亦当通信于所约之友，而告以其故，斯则虽不践言，未为罪也。又有既经要约，旋悟其事之非理，而不便遂行者，亦以解约为是。此其爽约之罪，乃原因于始事之不慎。故立约之初，必确见其事理之不谬，而自审材力之所能及，而后决定焉。中庸曰："言顾行，行顾言。"此之谓也。

慎言

言为心声，而人之处世，要不能称心而谈，无所顾忌，苟不问何地何时，与夫相对者之为何人，而辄以己意喋喋言之，则不免取厌于人。且或炫己之长，揭人之短，则于己既为失德，于人亦适以招怨。至乃评人阴私，称人旧恶，使听者无地自容，则言出而祸随者，比比见之。人亦何苦逞一时之快，而自取其咎乎？

恭俭

交际之道，莫要于恭俭。恭俭者，不放肆，不僭滥之谓也。人间积不相能之故，恒起于一时之恶感，应对酬酢之间，往往有以傲慢之容色，轻薄之辞气，而激成凶隙者。在施者未必有意以此侮人，而要其平日不恭不俭之习惯，有以致之。欲矫其弊，必循恭俭，事尊长，交朋友，所不待言。而于始相见者，尤当注意。即其人过失昭著而不受尽言，亦不宜以意气相临，第和色以谕之，婉言以导之，赤心以感动之，如是而不从者鲜矣。不然，则倨傲偃蹇，君子以为不可与言，而小人以为鄙己，蓄怨积愤，鲜不藉端而开衅者，是不可以不慎也。

恭俭所以保声名富贵

不观事父母者乎？婉容愉色以奉朝夕，虽食不重肉，衣不重帛，父母乐之；或其色不愉，容不婉，虽锦衣玉食，未足以悦父母也。交际之道亦然，苟容貌辞令，不失恭俭之旨，则其他虽简，而人不以为忤，否则即铺张扬厉，亦无效耳。

名位愈高，则不恭不俭之态易萌，而及其开罪于人也，得祸亦尤烈。故恭俭者，即所以长保其声名富贵之道也。

卑屈　谦逊

恭俭与卑屈异。卑屈之可鄙，与恭俭之可尚，适相反焉。盖独立自主之心，为人生所须臾不可离者。屈志枉道以迎合人，附合雷同，阉然媚世，是皆卑屈，非恭俭也。谦逊者，恭俭之一端，而要其人格之所系，则未有可以受屈于人者。宜让而让，宜守而守，则恭俭者所有事也。

礼仪

礼仪，所以表恭俭也，而恭俭则不仅在声色笑貌之间，诚意积于中，而德辉发于外，不可以伪为也。且礼仪与国俗及时世为推移，其意虽同，而其迹或大异，是亦不可不知也。

恭俭之要，在能容人。人心不同，苟以异己而辄排之，则非合群之道矣。且人非圣人，谁能无过？过而不改，乃成罪恶。逆耳之言，尤当平心而察之，是亦恭俭之效也。

交友

朋友之关系

人情喜群居而恶离索，故内则有家室，而外则有朋友。朋友者，所以为人损痛苦而益欢乐者也。虽至快之事，苟不得同志者共赏之，则其趣有限；当抑郁无聊之际，得一良友慰其寂寞，而同其忧戚，则胸襟豁然，前后殆若两人。至于远游羁旅之时，兄弟戚族，不遑我顾，则所需于朋友者尤切焉。

朋友相规

朋友者，能救吾之过失者也。凡人不能无偏见，而意气用事，则往往不遑自返，斯时得直谅之友，忠告而善导之，则有憬然自悟其非者，其受益孰大焉。

朋友相助

朋友又能成人之善而济其患。人之营业，鲜有能以独力成之者，方今交通利便，学艺日新，通功易事之道愈密，欲兴一业，尤不能不合众志以成之。则所需于朋友之助力者，自因之而益广。至于猝遇疾病，或值变故，所以慰藉而保护之者，自亲戚家人而外，非朋友其谁望耶？

朋友之有益于我也如是。西哲以朋友为在外之我，洵至言哉。人而无友，则虽身在社会之中，而胸中之岑寂无聊，曾何异于独居沙漠耶？

择交宜慎

古人有言，不知其人，观其所与。朋友之关系如此，则择交不可以不慎也。凡朋友相识之始，或以乡贯职业，互有关系；或以德行才器，素相钦慕，本不必同出一途，而所以订交者，要不为一时得失之见，而以久要不渝为本旨。若乃任性滥交，不顾其后，无端而为胶漆，无端而为冰炭，则是以交谊为儿戏耳。若而人者，终其身不能得朋友之益矣。

信义

既订交矣，则不可以不守信义。信义者，朋友之第一本务也。苟无信义，则猜忌之见，无端而生，凶终隙末之事，率起于是。惟信义之交，则无自而离间之也。

规谏朋友之道　听朋友之规劝

朋友有过，宜以诚意从容而言之，即不见从，或且以非理加我，则亦姑恕宥之，而徐俟其悔悟。世有历数友人过失，不少假借，或因而愤争者，是非所以全友谊也。而听言之时，则虽受切直之言，或非人所能堪，而亦当温容倾听，审思其理之所在，盖不问其言之得当与否，而其情要可感也。若乃自讳其过而忌直言，则又何异于讳疾而忌医耶？

经营实业必借朋友　讨论学问必借朋友

夫朋友有成美之益，既如前述，则相为友者，不可以不实行其义。有如农工实业，非集巨资合群策不能成立者，宜各尽其能力之所及，协而图之。及其行也，互持契约，各守权限，无相诈也，无相诿也，则彼此各享其利矣。非特实业也，学问亦然。方今文化大开，各科学术，无不理论精微，范围博大，有非一人之精力所能周者。且分科至繁，而其间乃互有至密之关系。若专修一科，而不及其他，则孤陋而无藉，合各科而兼习焉，则又泛滥而无所归宿，是以能集同志之友，分门治之，互相讨论，各以其所长相补助，则学业始可抵于大成矣。

共患难

虽然，此皆共安乐之事也，可与共安乐，而不可与共患难，非朋友也。朋友之道，在扶困济危，虽自掷其财产名誉而不顾。否则如柳子厚所言，平日相征逐、相慕悦，誓不相背负；及一旦临小利害若毛发，辄去之若浼者，人生又何贵有朋友耶？

屈私从公

朋友如有悖逆之征，则宜尽力谏阻，不可以交谊而曲徇之。又如职司所在，公而忘私，亦不得以朋友之请谒若关系，而有所假借。申友谊而屈公权，是国家之罪人也。朋友之交，私德也；国家之务，公德也。二者不能并存，则不能不屈私德以从公德。此则国民所当服膺者也。

从师

欲成才德必须从师

凡人之所以为人者，在德与才。而成德达才，必有其道。经验，一也；读书，二也；从师受业，三也。经验为一切知识及德行之渊源，而为之者，不可不先有辨别事理之能力。书籍记远方及古昔之事迹，及各家学说，大有裨于学行，而非粗谙各科大旨，及能甄别普通事理之是非者，亦读之而茫然。是以从师受业，实为先务。师也者，授吾以经验及读书之方法，而养成其自由抉择之能力者也。

师代父母任教育

人之幼也，保育于父母。及稍长，则苦于家庭教育之不完备，乃入学亲师。故师也者，代父母而任教育者也。弟子之于师，敬之爱之，而从顺之，感其恩勿谖，宜也。自师言之，天下至难之事，无过于教育。何则？童子未有甄别是非之能力，一言一动，无不赖其师之诱导，而养成其习惯，使其情绪思想，无不出于纯正者，师之责也。他日其人之智德如何，能造福于社会及国家否，为师者不能不任其责。是以其职至劳，其虑至周，学者而念此也，能不感其恩而图所以报答之者乎？

信从师教

弟子之事师也，以信从为先务。师之所授，无一不本于造就弟子之念，是以见弟子之信从而勤勉也，则喜，非自喜也，喜弟子之可以造就耳。盖其教授之时，在师固不能自益其知识也。弟子念教育之事，非为师而为我，则自然笃信其师，而尤不敢不自勉矣。

弟子知识稍进，则不宜事事待命于师，而常务自修，自修则学问始有兴趣，而不至畏难，较之专恃听授者，进境尤速。惟疑之处，不可武断，就师而质焉可也。

从师者事半功倍

弟子之于师，其受益也如此，苟无师，则虽经验百年，读书万卷，或未必果有成效。从师者，事半而功倍者也。师之功，必不可忘，而人乃以为区区脩脯已足偿之，若购物于市然。然则人子受父母之恩，亦以服劳奉养为足偿之耶？为弟子者，虽毕业以后，而敬爱其师，无异于受业之日，则庶乎其可矣。

社　会

总论

社会　国家

凡趋向相同利害与共之人，集而为群，苟其于国家无直接之关系，于法律无一定之限制者，皆谓之社会。是以社会之范围，广狭无定，小之或局于乡里，大之则亘于世界，如所谓北京之社会，中国之社会，东洋之社会，与夫劳工社会，学者社会之属，皆是义也。人生而有合群之性，虽其种族大别，国土不同者，皆得相依相扶，合而成一社会，此所以有人类社会之道德也。然人类恒因土地相近种族相近者，建为特别之团体，有统一制裁之权，谓之国家，所以弥各种社会之缺憾，而使之互保其福利者也。故社会之范围，虽本无界限，而以受范于国家者为最多。盖世界各国，各有其社会之特性，而不能相融，是以言实践道德者，于人类社会，固有普通道德，而于各国社会，则又各有其特别之道德，是由于其风土人种习俗历史之差别而生者，而本书所论，则皆适宜于我国社会之道德也。

喜群之性不以家族为限

人之组织社会，与其组织家庭同，而一家族之于社会，则亦犹一人之于家族也。人之性，厌孤立而喜群居，是以家族之结合，终身以之。而吾人喜群之性，尚不以家族为限。向使局处家庭之间，与家族以外之人，情不相通，事无与共，则此一家者，无异在穷山荒野之中，而其家亦乌能成立乎？

体魄与社会之关系　精神与社会之关系

盖人类之体魄及精神，其能力本不完具，非互相左右，则驯至不能生存。以体魄言之，吾人所以避风雨寒热之苦，御猛兽毒虫之害，而晏然保其生者，何一非社会之赐？以精神言之，则人苟不得已而处于孤立之境，感情思想，一切不能达之于人，则必有非常之苦痛，甚有因是而病狂者。盖人之有待于社会，如是其大也。且如语言文字之属，凡所以保存吾人之情智而发达之者，亦必赖社会之组织而始存。然则一切事物之关系于社会，盖可知矣。

报效社会

夫人食社会之赐如此，则人之所以报效于社会者当如何乎？曰：广公益，开世务，建立功业，不顾一己之利害，而图社会之幸福，则可谓能尽其社会一员之本务者矣。盖公而忘私之心，于道德最为高尚，而社会之进步，实由于是。故观于一社会中志士仁人之多寡，而其社会进化之程度可知也。使人人持自利主义，而漠然于社会之利害，则其社会必日趋腐败，而人民必日就零落，卒至人人同被其害而无救，可不惧乎？

国家与社会之关系　道德与法律

社会之上，又有统一而制裁之者，是为国家。国家者，由独立之主权，临于一定之土地、人民，而制定法律以统治之者也。凡人既为社会之一员，而持社会之道德，则又为国家之一民，而当守国家之法律。盖道德者，本以补法律之力之所不及；而法律者，亦以辅道德之功之所未至，二者相须为用。苟悖于法律，则即为国家之罪人，而决不能援社会之道德以自护也。惟国家之本领，本不在社会。是以国家自法律范围以外，决不干涉社会之事业，而社会在不违法律之限，亦自有其道德之自由也。

人之在社会也，其本务虽不一而足，而约之以二纲：曰公义；曰公德。

公义　生命　财产　名誉

公义者，不侵他人权利之谓也。我与人同居社会之中，人我之权利，非有径庭，我既不欲有侵我之权利者，则我亦决勿侵人之权利。人与人互不相侵，而公义立矣。吾人之权利，莫重于生命财产名誉。生命者一切权利之本位，一失而不可复，其非他人之所得而侵犯，所不待言。财产虽身外之物，然人之欲立功名享福利者，恒不能徒手而得，必有借于财产。苟其得之以义，则即为其人之所当保守，而非他人所能干涉者也。名誉者，无形之财产，由其人之积德累行而后得之，故对于他人之谗诬污蔑，亦有保护之权利。是三者一失其安全，则社会之秩序，即无自而维持。是以国家特设法律，为吾人保护此三大权利。而吾人亦必尊重他人之权利，而不敢或犯。固为谨守法律之义务，抑亦对于社会之道德，以维持其秩序者也。

虽然，人仅仅不侵他人权利，则徒有消极之道德，而未足以尽对于社会之本务也。对于社会之本务，又有积极之道德，博爱是也。

博爱

博爱者，人生最贵之道德也。人之所以能为人者以此。苟其知有一身而不知有公家，知有一家而不知有社会，熟视其同胞之疾苦颠连，而无动于衷，不一为之援手，则与禽兽奚择焉？世常有生而废疾者，或有无辜而罹缧绁之辱者，其他鳏寡孤独，失业无告之人，所在多有，且文化渐开，民智益进，社会之竞争日烈，则贫富之相去益远，而世之素无凭借，因而沉沦者，与日俱增，此亦理势之所必然者也。而此等沉沦之人，既已日趋苦境，又不敢背戾道德法律之束缚，以侵他人之权利，苟非有赈济之者，安得不束手就毙乎？夫既同为人类，同为社会之一员，不忍坐视其毙而不救，于是本博爱之心，而种种慈善之业起焉。

图公益　开世务

博爱可以尽公德乎？未也。赈穷济困，所以弥缺陷，而非所以求进步；所以济目前，而非所以图久远。夫吾人在社会中，决不以目前之福利为已足也，且目前之福利，本非社会成立之始之所有，实吾辈之祖先，累代经营而驯致之，吾人既已沐浴祖先之遗德矣，顾不能使所承于祖先之社会，益臻完美，以遗诸子孙，不亦放弃吾人之本务乎？是故人在社会，又当各循其地位，量其势力，而图公益，开世务，以益美善其社会。苟能以一人而造福于亿兆，以一生而遗泽于百世，则没世而功业不朽，虽古之圣贤，蔑以加矣。

公义公德不可偏废

夫人既不侵他人权利，又能见他人之穷困而救之，举社会之公益而行之，则人生对于社会之本务，始可谓之完成矣。吾请举孔子之言以为证。孔子曰："己所不欲，勿施于人。"又曰："己欲立而立人，己欲达而达人。"是二者，一则限制人，使不可为；一则劝导人，使为之。一为消极之道德，一为积极之道德。一为公义，一为公德，二者不可偏废。我不欲人侵我之权利，则我亦慎勿侵人之权利，斯己所不欲勿施于人之义也。我而穷也，常望人之救之，我知某事之有益于社会，即有益于我，而力或弗能举也，则望人之举之，则吾必尽吾力所能及，以救穷人而图公益，斯即欲立而立人欲达而达人之义也。二者，皆道德上之本务，而前者又兼为法律上之本务。人而仅欲不为法律上之罪人，则前者足矣；如欲免于道德上之罪，又不可不躬行后者之言也。

生命

生命为一切权利义务之基本

人之生命，为其一切权利义务之基本。无端而杀之，或伤之，是即举其一切之权利义务而悉破坏之，罪莫大焉。是以杀人者死，古今中外之法律，无不著之。

正当之防卫

人与人不可以相杀伤。设有横暴之徒，加害于我者，我岂能坐受其害？势必尽吾力以为抵制，虽亦用横暴之术而杀之伤之，亦为正当之防卫。正当之防卫，不特不背于严禁杀伤之法律，而适所以保全之也。盖彼之欲杀伤我也，正所以破坏法律，我苟束手听命，以至自丧其生命，则不特我自放弃其权利，而且坐视法律之破坏于彼，而不尽吾力以相救，亦我之罪也。是故以正当之防卫而至于杀伤人，文明国之法律，所不禁也。

正当防卫为不得已　刑罚之权属于国家

以正当之防卫，而至于杀伤人，是出于不得已也。使我身既已保全矣，而或余怒未已，或挟仇必报，因而杀伤之，是则在正当防卫之外，而我之杀伤为有罪。盖一人之权利，即以其一人利害之关系为范围，过此以往，则制裁之任在于国家矣。犯国家法律者，其所加害，虽或止一人，而实负罪于全社会。一人即社会之一分子，一分子之危害，必有关于全体之平和，犹之人身虽仅伤其一处，而即有害于全体之健康也。故刑罚之权，属于国家，而非私人之所得与。苟有于正当防卫之外，而杀伤人者，国家亦必以罪罪之，此不独一人之私怨也，即或借是以复父兄戚友之仇，亦为徇私情而忘公义，今世文明国之法律多禁之。

决斗之野蛮

决斗者，野蛮之遗风也。国家既有法律以断邪正，判曲直，而我等乃以一己之私愤，决之于格斗，是直彼此相杀而已，岂法律之所许乎？且决斗者，非我杀人，即人杀我，使彼我均为放弃本务之人。而求其缘起，率在于区区之私情，如（且）其一胜一败，亦非曲直之所在，而视乎其技术之巧拙，此岂可与法律之裁制同日而语哉？

法律亦有杀人之事，大辟是也。大辟之可废与否，学者所见，互有异同。今之议者，以为今世文化之程度，大辟之刑，殆未可以全废。盖刑法本非一定，在视文化之程度而渐改革之。故昔日所行之刑罚，有涉于残酷者，诚不可以不改，而悉废死刑之说，尚不能不有待也。

征战为国家正当防卫

因一人之正当防卫而杀伤人，为国家法律所不禁，则以国家之正当防卫而至于杀伤人，亦必为国际公法之所许，盖不待言，征战之役是也。兵凶战危，无古今中外，人人知之，而今之持社会主义者，言之尤为痛切。然坤舆之上，既尚有国界，各国以各图其国民之利益，而不免与他国相冲突，冲突既剧，不能取决于樽俎之间，而决之以干戈，则其国民之躬与兵役者，发枪挥刃，以杀伤敌人，非特道德法律皆所不禁，而实出于国家之命令，且出公款以为之准备者也。惟敌人之不与战役，或战败而降服者，则虽在两国开战之际，亦不得辄加以危害，此著之国际公法者也。

财产

夫生命之可重，既如上章所言矣。然人固不独好生而已，必其生存之日，动作悉能自由，而非为他人之傀儡，则其生始为可乐，于是财产之权起焉。盖财产者，人所辛苦经营所得之，于此无权，则一生勤力，皆为虚掷，而于己毫不相关，生亦何为？且人无财产权，则生计必有时不给，而生命亦终于不保。故财产之可重，次于生命，而盗窃之罪，次于杀伤，亦古今中外之所同也。

财产之重次于生命

财产之可重如此，然则财产果何自而始乎？其理有二：曰先占；曰劳力。

先占

有物于此，本无所属，则我可以取而有之。何则？无主之物，我占之，而初非有妨于他人之权利也，是谓先占。

先占以劳力为基本

先占者，劳力之一端也。田于野，渔于水，或发见无人之地而占之，是皆属于先占之权者，虽其事难易不同，而无一不需乎劳力。故先占之权，亦以劳力为基本，而劳力即为一切财产权所由生焉。

凡不待劳力而得者，虽其物为人生所必需，而不得谓之财产。如空气弥纶大地，任人呼吸，用之而不竭，故不可以为财产。至于山禽野兽，本非有畜牧之者，故不属于何人，然有人焉捕而获之，则得据以为财产，以其为劳力之效也。其他若耕而得粟，制造而得器，其须劳力，便不待言，而一切财产之权，皆循此例矣。

财产权

财产者，所以供吾人生活之资，而俾得尽力于公私之本务者也。而吾人之处置其财产，且由是而获赢利，皆得自由，是之谓财产权。财产权之确定与否，即国之文野所由分也。盖此权不立，则横敛暴夺之事，公行于社会，非特无以保秩序而进幸福，且足以阻人民勤勉之心，而社会终于堕落也。

财产权之规定，虽恃乎法律，而要非人人各守权限，不妄侵他人之所有，则亦无自而确立，此所以又有道德之制裁也。

财产蓄积之权　财产遗赠之权

人既得占有财产之权，则又有权以蓄积之而遗赠之，此自然之理也。蓄积财产，不特为己计，且为子孙计，此亦人情敦厚之一端也。苟无蓄积，则非特无以应意外之需，所关于己身及子孙者甚大，且使人人如此，则社会之事业，将不得有力者以举行之，而进步亦无望矣。遗赠之权，亦不过实行其占有之权。盖人以己之财产遗赠他人，无论其在生前，在死后，要不外乎处置财产之自由，而家产世袭之制，其理亦同。盖人苟不为子孙计，则其所经营积蓄者，及身而止，无事多求，而人顾毕生勤勉，丰取啬用，若不知止足者，无非为子孙计耳。使其所蓄不得遗之子孙，则又谁乐为勤俭者？此即遗财产之权之所由起，而其他散济戚友捐助社会之事，可以例推矣。

财产权之所由得，或以先占，或以劳力，或以他人之所遗赠，虽各不同，而要其权之不可侵则一也。是故我之财产，不愿为他人所侵，则他人之财产，我亦不得而侵之，此即对于财产之本务也。

关于财产之本务有四，一曰，关于他人财产直接之本务；二曰，关于贷借之本务；三曰，关于寄托之本务；四曰，关于市易之本务。

诱取财物　貌为廉洁　阴占厚利

盗窃之不义，虽三尺童子亦知之，而法律且厉禁之矣。然以道德衡之，则非必有穿窬劫掠之迹，而后为盗窃也。以虚伪之术，诱取财物，其间或非法律所及问，而揆诸道德，其罪亦同于盗窃。又有貌为廉洁，而阴占厚利者，则较之窃盗之辈，迫于饥寒而为之者，其罪尤大矣。

假贷　通财之义

人之所得，不必与其所需者时时相应，于是有借贷之法，有无相通，洵人生之美事也。而有财之人，本无必应假贷之义务，故假贷于人而得其允诺，则不但有偿还之责任，而亦当感谢其恩意。且财者，生利之具，以财贷人，则并其贷借期内可生之利而让之，故不但有要求偿还之权，而又可以要求适当之酬报。而贷财于人者，既凭借所贷，而享若干之利益，则割其一部分以酬报于贷我者，亦当尽之本务也。惟利益之多寡，随时会而有赢缩，故要求酬报者，不能无限。世多有乘人困迫，而胁之以过当之息者，此则道德界之罪人矣。至于朋友亲戚，本有通财之义，有负债者，其于感激报酬，自不得不引为义务，而以财贷之者，要不宜计较锱铢，以流于利交之陋习也。

贷财宜守期限

凡贷财于人者，于所约偿还之期，必不可以不守也。或有仅以偿还及报酬为负债者之本务，而不顾其期限者，此谬见也。例如学生假师友之书，期至不还，甚或转假于他人，则驯致不足以取信，而有书者且以贷借于人相戒，岂非人己两妨者耶？

保守他人财物尤宜慎重

受人之属而为之保守财物者，其当慎重，视己之财物为尤甚，苟非得其人之预约，及默许，则不得擅用之。自天灾时变非人力所能挽救外，苟有损害，皆保守者之责，必其所归者，一如其所授，而后保守之责为无忝。至于保守者之所费，与其当得之酬报，则亦物主当尽之本务也。

市易 正直

人类之进化，由于分职通功，而分职通功之所以行，乃基本于市易。故市易者，大有造于社会者也。然使为市易者，于货物之精粗，价值之低昂，或任意居奇，或乘机作伪，以为是本非法律所规定也，而以商贾之道德绳之，则其事已谬。且目前虽占小利而顿失其他日之信用，则所失正多。西谚曰：正直者，上乘之策略。洵至言也。

人于财产，有直接之关系，自非服膺道义恪守本务之人，鲜不为其所诱惑，而不知不觉，躬犯非义之举。盗窃之罪，律有明文，而清议亦复綦严，犯者尚少。至于贷借寄托市易之属，往往有违信背义，以占取一时之利者，斯则今之社会，不可不更求进步者也。夫财物之当与人者，宜不待其求而与之，而不可取者，虽见赠亦不得受，一则所以重人之财产，而不敢侵；一则所以守己之本务，而无所歉。人人如是，则社会之福利，宁有量欤？

名誉

精神之嗜欲

人类者，不徒有肉体之嗜欲也，而又有精神之嗜欲。是故饱暖也，富贵也，皆人之所欲也，苟所得仅此而已，则人又有所不足，是何也？曰：无名誉。

爱重名誉　杀身成名

豹死留皮，人死留名，言名誉之不朽也。人既有爱重名誉之心，则不但宝之于生前，而且欲传之于死后，此即人所以异于禽兽。而名誉之可贵，乃举人人生前所享之福利，而无足以尚之，是以古今忠孝节义之士，往往有杀身以成其名者，其价值之高为何如也。

名誉难得

夫社会之中，所以互重生命财产而不敢相侵者，何也？曰：此他人正当之权利也。而名誉之所由得，或以天才，或以积瘁，其得之之难，过于财产，而人之所爱护也，或过于生命。苟有人焉，无端而毁损之，其与盗人财物、害人生命何异？是以生命、财产、名誉三者，文明国之法律，皆严重保护之。惟名誉为无形者，法律之制裁，时或有所不及，而爱重保护之本务，乃不得不偏重于道德焉。

名誉之敌有二：曰谗诬；曰诽谤。二者，皆道德界之大罪也。

谗诬甚于盗窃

谗诬者，虚造事迹，以污蔑他人名誉之谓也。其可恶盖甚于盗窃。被盗者，失其财物而已；被谗诬者，或并其终身之权利而胥失之。流言一作，虽毫无根据，而妒贤嫉才之徒，率喧传之，举世靡然，将使公平挚实之人，亦为其所惑，而不暇详求，则其人遂为众恶之的，而无以自立于世界。古今有为之才，被谗诬之害，以至名败身死者，往往而有，可不畏乎？

诽谤为君子所不为

诽谤者，乘他人言行之不检，而轻加以恶评者也。其害虽不如谗诬之甚，而其违公义也同。吾人既同此社会，利害苦乐，靡不相关，成人之美而救其过，人人所当勉也。见人之短，不以恳挚之意相为规劝，而徒讥评之以为快，又或乘人不幸之时，而以幸灾乐祸之态，归咎于其人，此皆君子所不为也。且如警察官吏，本以抉发隐恶为职，而其权亦有界限，若乃不在其职，而务讦人隐私，以为谈笑之资，其理何在？至于假托公益，而为诽谤，以逞其娼嫉之心者，其为悖戾，更不待言矣。

谗诬诽谤施于死者　断定之宜慎

世之为谗诬诽谤者，不特施之于生者，而或且施之于死者，其情更为可恶。盖生者尚有辨白昭雪之能力，而死者则并此而无之也。原谗诬诽谤之所由起，或以嫉妒，或以猜疑，或以轻率。夫羡人盛名，吾奋而思齐焉可也，不此之务，而忌之毁之，损人而不利己，非大愚不出此。至于人心之不同如其面，因人一言一行，而辄推之于其心术，而又往往以不肖之心测之，是徒自表其心地之龌龊耳。其或本无成见，而疾恶太严，遇有不协于心之事，辄以恶评加之，不知人事蕃变，非备悉其始末，灼见其情伪，而平心以判之，鲜或得当，不察而率断焉，因而过甚其词，则动多谬误，或由是而贻害于社会者，往往有之。且轻率之断定，又有由平日憎疾其人而起者。憎疾其人，而辄以恶意断定其行事，则虽名为断定，而实同于谗谤，其流毒尤甚。故吾人于论事之时，务周详审慎，以无蹈轻率之弊，而于所憎之人，尤不可不慎之又慎也。

去社会之公敌

夫人必有是非之心，且坐视邪曲之事，默而不言，亦或为人情所难堪，惟是有意讦发，或为过情之毁，则于意何居。古人称守口如瓶，其言虽未必当，而亦非无见。若乃奸宄之行，有害于社会，则又不能不尽力攻斥，以去社会之公敌，是亦吾人对于社会之本务，而不可与损人名誉之事，同年而语者也。

博爱及公益

博爱者，人生至高之道德，而与正义有正负之别者也。行正义者，能使人免于为恶，而导人以善，则非博爱者不能。

正义

有人于此,不干国法,不悖公义,于人间生命财产名誉之本务,悉无所歉,可谓能行正义矣。然道有饿莩而不知恤,门有孤儿而不知救,遂得为善人乎?

博爱者,施而不望报,利物而不暇己谋者也。凡动物之中,能历久而绵其种者,率恃有同类相恤之天性。人为万物之灵,苟仅斤斤于施报之间,而不恤其类,不亦自丧其天性,而有愧于禽兽乎?

博爱之道

人之于人,不能无亲疏之别,而博爱之道,亦即以为序。不爱其亲,安能爱人之亲?不爱其国人,安能爱异国之人?如曰有之,非矫则悖,智者所不信也。孟子曰:"老吾老以及人之老,幼吾幼以及人之幼。"又曰:"亲亲而仁民,仁民而爱物。"此博爱之道也。

人类之幸福

人人有博爱之心,则观于其家,而父子亲,兄弟睦,夫妇和;观于其社会,无攘夺,无忿争,贫富不相蔑,贵贱不相凌,老幼废疾,皆有所养,蔼然有恩,秩然有序,熙熙皞皞,如登春台,岂非人类之幸福乎!

拯救与补助

博爱者,以己所欲,施之于人。是故见人之疾病则拯之,见人之危难则救之,见人之困穷则补助之。何则?人苟自立于疾病危难困穷之境,则未有不望人之拯救之而补助之者也。

华盛顿救孺子

赤子临井,人未有见之而不动其恻隐之心者。人类相爱之天性,固如是也。见人之危难而不之救,必非人情。日汩于利己之计较,以养成凉薄之习,则或忍而为此耳。夫人苟不能挺身以赴人之急,则又安望其能殉社会、殉国家乎?华盛顿尝投身奔湍,以救濒死之孺子,其异日能牺牲其身,以为十三州之同胞脱英国之轫，而建独立之国者，要亦由有此心耳。夫处死生一发之间，而能临机立断，固由其爱情之挚，而亦必有毅力以达之，此则有赖于平日涵养之功者也。

看护传染病　当衡轻重

救人疾病，虽不必有挺身赴难之危险，而于传染之病，为之看护，则直与殉之以身无异，非有至高之道德心者，不能为之。苟其人之地位，与国家社会有重大之关系，又或有侍奉父母之责，而轻以身试，亦为非宜，此则所当衡其轻重者也。

推己及人　伪善沽名

济人以财，不必较其数之多寡，而其情至为可嘉，受之者尤不可不感佩之。盖损己所余以周人之不足，是诚能推己及人，而发于其友爱族类之本心者也。慈善之所以可贵，即在于此。若乃本无博爱之心，而徒仿一二慈善之迹，以博虚名，则所施虽多，而其价值，乃不如少许之出于至诚者。且其伪善沽名，适以害德，而受施之人，亦安能历久不忘耶？

市恩

博爱者之慈善，惟虑其力之不周，而人之感我与否，初非所计。即使人不感我，其是非固属于其人，而于我之行善，曾何伤焉？若乃怒人之忘德，而遽彻其慈善，是吾之慈善，专为市恩而设，岂博爱者之所为乎？惟受人之恩而忘之者，其为不德，尤易见耳。

倚赖心

博爱者，非徒曰吾行慈善而已。其所以行之者，亦不可以无法。盖爱人以德，当为图永久之福利，而非使逞快一时。若不审其相需之故，而漫焉施之，受者或随得随费，不知节制，则吾之所施，于人奚益也？固有习于荒怠之人，不务自立，而以仰给于人为得计，吾苟堕其术中，则适以助长其倚赖心，而使永无自振之一日，爱之而适以害之，是不可不致意焉。

人与人之关系

夫如是，则博爱之为美德，诚彰彰矣。然非扩而充之，以开世务，兴公益，则吾人对于社会之本务，犹不能无遗憾。何则？吾人处于社会，则与社会中之人人，皆有关系，而社会中人人与公益之关系，虽不必如疾病患难者待救之孔亟，而要其为相需则一也。吾但见疾病患难之待救，而不顾人人所需之公益，毋乃持其偏而忘其全，得其小而遗其大者乎？

随分应器　各图公益

夫人才力不同，职务尤异，合全社会之人，而求其立同一之功业，势必不能。然而随分应器，各图公益，则何不可有之。农工商贾，任利用厚生之务；学士大夫，存移风易俗之心，苟其有裨于社会，则其事虽殊，其效一也。人生有涯，局局身家之间，而于世无补，暨其没也，贫富智愚，同归于尽。惟夫建立功业，有裨于社会，则身没而功业不与之俱尽，始不为虚生人世，而一生所受于社会之福利，亦庶几无忝矣。所谓公益者，非必以目前之功利为准也。如文学美术，其成效常若无迹象之可寻，然所以拓国民之智识，而高尚其品性者，必由于是。是以天才英绝之士，宜超然功利以外，而一以发扬国华为志，不蹈前人陈迹，不拾外人糟粕，抒其性灵，以摩荡社会，如明星之粲于长夜，美花之映于座隅，则无形之中，社会实受其赐。有如一国富强，甲于天下，而其文艺学术，一无可以表见，则千载而后，谁复知其名者？而古昔既墟之国，以文学美术之力，垂名百世，迄今不朽者，往往而有，此岂可忽视者欤？

不惟此也，即社会至显之事，亦不宜安近功而忘远虑，常宜规模远大，以遗饷后人，否则社会之进步，不可得而期也。是故有为之士，所规画者，其事固或非一手一足之烈，而其利亦能历久而不渝，此则人生最大之博爱也。

量力捐财，以助公益，此人之所能为，而后世子孙，与享其利，较之饮食征逐之费，一晌而尽者，其价值何如乎？例如修河渠，缮堤防，筑港埠，开道路，拓荒芜，设医院，建学校皆是。而其中以建学校为最有益于社会之文明。又如私设图书馆，纵人观览，其效亦同。其他若设育婴堂，养老院等，亦为博爱事业之高尚者，社会文明之程度，即于此等公益之盛衰而测之矣。

图公益者，又有极宜注意之事，即慎勿以公益之名，兴无用之事是也。好事之流，往往为美名所眩，不审其利害何若，仓卒举事，动辄蹉跌，则又去而之他。若是者，不特自损，且足为利己者所借口，而以沮丧向善者之心，此不可不慎之于始者也。

藉公益以沽名者　实行公益者

又有藉公益以沽名者，则其迹虽有时与实行公益者无异，而其心迥别，或且不免有倒行逆施之事。何则？其目的在名。则苟可以得名也，而他非所计，虽其事似益而实损，犹将为之。实行公益者则不然，其目的在公益。苟其有益于社会也，虽或受无识者之谤议，而亦不为之阻。此则两者心术之不同，而其成绩亦大相悬殊矣。

爱护公共之物　欧美之人崇重公共事物

人既知公益之当兴，则社会公共之事物，不可不郑重而爱护之。凡人于公共之物，关系较疏，则有漫不经意者，损伤破毁，视为常事，此亦公德浅薄之一端也。夫人既知他人之财物不可以侵，而不悟社会公共之物，更为贵重者，何欤？且人既知毁人之物，无论大小，皆有赔偿之责，今公然毁损社会公共之物，而不任其赔偿者，何欤？如学堂诸生，每有抹壁唾地之事，而公共花卉，道路荫木，经行者或无端而攀折之，至于青年子弟，诣神庙佛寺，又或倒灯覆毹，自以为快，此皆无赖之事，而有悖于公德者也。欧美各国，人人崇重公共事物，习以为俗，损伤破毁之事，始不可见，公园椅楊之属，间以公共爱护之言，书于其背，此诚一种之美风，而我国人所当奉为圭臬者也。国民公德之程度，视其对于公共事物如何，一木一石之微，于社会利害，虽若无大关系，而足以表见国民公德之浅深，则其关系，亦不可谓小矣。

礼让

礼让

凡事皆有公理，而社会行习之间，必不能事事以公理绳之。苟一切绳之以理，而寸步不以让人，则不胜冲突之弊，而人人无幸福之可言矣。且人常不免为感情所左右，自非豁达大度之人，于他人之言行，不谦吾意，则辄引似是而非之理以纠弹之，冲突之弊，多起于此。于是乎有礼让以为之调合，而彼此之感情，始不至于冲突焉。

人之有礼让，其犹车辖之脂乎？能使人交际圆滑，在温情和气之间，以完其交际之本意。欲保维社会之平和，而增进其幸福，殆不可一日无者也。

礼以保秩序

礼者，因人之亲疏等差，而以保其秩序者也。其要在不伤彼我之感情，而互表其相爱相敬之诚，或有以是为虚文者，谬也。

礼本于习惯

礼之本始，由人人有互相爱敬之态，而自发于容貌。盖人情本不相远，而其生活之状态，大略相同，则其感情之发乎外而为拜揖送迎之仪节，亦自不得不同，因袭既久，成为惯例，此自然之理也。故一国之礼，本于先民千百年之习惯，不宜辄以私意删改之。盖崇重一国之习惯，即所以崇重一国之秩序也。

礼以爱敬为本

夫礼，即本乎感情而发为仪节，则其仪节，必为感情之所发见，而后谓之礼。否则意所不属，而徒拘牵于形式之间，是刍狗耳。仪节愈繁，而心情愈鄙，自非徇浮华好谄谀之人，又孰能受而不斥者？故礼以爱敬为本。

外国交际之礼宜致意

爱敬之情，人类所同也，而其仪节，则随其社会中生活之状态，而不能无异同。近时国际公私之交，大扩于古昔，交际之仪节，有不可以拘墟者，故中流以上之人，于外国交际之礼，亦不可不致意焉。

谦让

让之为用，与礼略同。使人互不相让，则日常言论，即生意见，亲旧交际，动辄龃龉。故敬爱他人者，不务立异，不炫所长，务以成人之美。盖自异自眩，何益于己，徒足以取厌启争耳。虚心平气，好察迩言，取其善而不翘其过，此则谦让之美德，而交际之要道也。

思想自由信仰自由　温良谦恭薄责于人

排斥他人之思想与信仰，亦不让之一也。精神界之科学，尚非人智所能独断。人我所见不同，未必我果是而人果非，此文明国宪法，所以有思想自由、信仰自由之则也。苟当讨论学术之时，是非之间，不能异立，又或于履行实事之际，利害之点，所见相反，则诚不能不各以所见，互相驳诘，必得其是非之所在而后已。然亦宜平心以求学理事理之关系，而不得参以好胜立异之私意。至于日常交际，则他人言说虽与己意不合，何所容其攻诘？如其为之，亦徒彼此忿争，各无所得已耳。温良谦恭，薄责于人，此不可不注意者。至于宗教之信仰，自其人观之，一则为生活之标准，一则为道德之理想，吾人决不可以轻侮嘲弄之态，侵犯其自由也。由是观之，礼让者，皆所以持交际之秩序，而免其龃龉者也。然人固非特各人之交际而已，于社会全体，亦不可无仪节以相应，则所谓威仪也。

第三章

理想论

总论

标准

权然后知轻重，度然后知长短，凡两相比较者，皆不可无标准。今欲即人之行为，而比较其善恶，将以何者为标准乎？曰：至善而已，理想而已，人生之鹄而已。三者其名虽异，而核之于伦理学，则其义实同。何则？实现理想，而进化不已，即所以近于至善，而以达人生之鹄也。

良心为理想之标准

持理想之标准，而判断行为之善恶者，谁乎？良心也。行为犹两造，理想犹法律，而良心则司法官也。司法官标准法律，而判断两造之是非，良心亦标准理想，而判断行为之善恶也。

志向

夫行为有内在之因，动机是也；又有外在之果，动作是也。今即行为而判断之者，将论其因乎？抑论其果乎？此为古今伦理学者之所聚讼。而吾人所见，则已于良心论中言之。盖行为之果，或非人所能预料，而动机则又止于人之欲望之所注，其所以达其欲望者，犹未具也。故两者均不能专为判断之对象，惟兼取动机及其预料之果，乃得而判断之，是之谓志向。

理想因人而异亦因时而异

吾人即以理想为判断之标准，则理想者何谓乎？曰：窥现在之缺陷而求将来之进步，冀由是而驯至于至善之理想是也。故其理想，不特人各不同，即同一人也，亦复循时而异。如野人之理想，在足其衣食；而识者之理想，在餍于道义，此因人而异者也。吾前日之所是，及今日而非之：吾今日之所是，及他日而又非之，此一人之因时而异者也。

理想随境遇而益进

理想者，人之希望，虽在其意识中，而未能实现之于实在，且恒与实在者相反，及此理想之实现，而他理想又从而据之，故人之境遇日进步，而理想亦随而益进。理想与实在，永无完全符合之时，如人之夜行，欲踏己影而终不能也。

理想务求实现

惟理想与实在不同，而又为吾人必欲实现之境，故吾人有生生不息之象。使人而无理想乎，夙兴夜寐，出作入息，如机械然，有何生趣？是故人无贤愚，未有不具理想者。惟理想之高下，与人生品行，关系至巨。其下者，囿于至浅之乐天主义，奔走功利，老死而不变；或所见稍高，而欲以至简之作用达之，及其不果，遂意气沮丧，流于厌世主义，且有因而自杀者，是皆意力薄弱之故也。吾人不可无高尚之理想，而又当以坚忍之力向之，日新又新，务实现之而后已，斯则对于理想之责任也。

理想之关系，如是其重也，吾人将以何者为其内容乎？此为伦理学中至大之问题，而古来学说之所以多歧者也。今将述各家学说之概略，而后以吾人之意见决定之。

快乐说

以快乐为人生之鹄

自昔言人生之鹄者，其学说虽各不同，而可大别为三：快乐说、克己说、实现说是也。

以快乐为人生之鹄者，亦有同异。以快乐之种类言，或主身体之快乐，或主精神之快乐，或兼二者而言之。以享此快乐者言，或主独乐，或主公乐。主公乐者，又有舍己徇人及人己同乐之别。

身体快乐是为悖谬

以身体之快乐为鹄者，其悖谬盖不待言。彼夫无行之徒，所以丧产业，损名誉，或并其性命而不顾者，夫岂非殉于身体之快乐故耶？且身体之快乐，人所同喜，不待教而后知，亦何必揭为主义以张之？徒足以助纵欲败度者之焰，而诱之于陷阱耳。血气方壮之人，幸毋为所惑焉。

独乐不足为准的　舍己徇人不近人情

独乐之说，知有己而不知有人，苟吾人不能离社会而独存，则其说决不足以为道德之准的，而舍己徇人之说，亦复不近人情，二者皆可以舍而不论也。

以人我同乐为鹄

人我同乐之说，亦谓之功利主义，以最多数之人，得最大之快乐，为其鹄者也。彼以为人之行事，虽各不相同，而皆所以求快乐，即为蓄财产养名誉者，时或耐艰苦而不辞，要亦以财产名誉，足为快乐之预备，故不得不舍目前之小快乐，以预备他日之大快乐耳。而要其趋于快乐则一也，故人不可不以最多数人得最大快乐为理想。

快乐随人而不同

夫快乐之不可以排斥，固不待言。且精神之快乐，清白高尚，尤足以鼓励人生，而慰藉之于无聊之时。其裨益于人，良非浅鲜。惟是人生必以最多数之人，享最大之快乐为鹄者，何为而然欤？如仅曰社会之趋势如是而已，则尚未足以为伦理学之义证。且快乐者，意识之情状，其浅深长短，每随人而不同；我之所乐，人或否之；人之所乐，亦未必为我所赞成。所谓最多数人之最大快乐者，何由而定之欤？持功利主义者，至此而穷矣。

快乐为道德之效果

盖快乐之高尚者，多由于道德理想之实现，故快乐者，实行道德之效果，而非快乐即道德也。持快乐说者，据意识之状况，而揭以为道德之主义，故其说有不可通者。

克己论

克己　遏欲　节欲

反对快乐说而以抑制情欲为主义者，克己说也。克己说中，又有遏欲与节欲之别。遏欲之说，谓人性本善，而情欲淆之，乃陷而为恶。故欲者，善之敌也。遏欲者，可以去恶而就善也。节欲之说，谓人不能无欲，徇欲而忘返，乃始有放僻邪侈之行，故人必有所以节制其欲者而后可，理性是也。

行为质于良心

又有为良心说者，曰：人之行为，不必别立标准，比较而拟议之，宜以简直之法，质之于良心。良心所是者行之，否者斥之，是亦不外乎使情欲受制于良心，亦节欲说之流也。

克己非完全之学说

遏欲之说，悖乎人情，殆不可行。而节欲之说，亦尚有偏重理性而疾视感情之弊。且克己诸说，虽皆以理性为中坚，而于理性之内容，不甚研求，相竞于避乐就苦之作用，而能事既毕，是仅有消极之道德，而无积极之道德也。东方诸国，自昔偏重其说，因以妨私人之发展，而阻国运之伸张者，其弊颇多。其不足以为完全之学说，盖可知矣。

实现说

纯粹之道德主义

快乐说者，以达其情为鹄者也；克己说者，以达其智为鹄者也。人之性，既包智、情、意而有之，乃舍其二而取其一，揭以为人生之鹄。不亦偏乎？必也举智、情、意三者而悉达之，尽现其本性之能力于实在，而完成之，如是者，始可以为人生之鹄。此则实现说之宗旨，而吾人所许为纯粹之道德主义者也。

发展人格

人性何由而完成？曰：在发展人格。发展人格者，举智、情、意而统一之光明之之谓也。盖吾人既非木石，又非禽兽，则自有所以为人之品格，是谓人格。发展人格，不外乎改良其品格而已。

人格价值即为人之价值

人格之价值，即所以为人之价值也。世界一切有价值之物，无足以拟之者，故为无对待之价值，虽以数人之人格言之，未尝不可为同异高下之比较；而自一人言，则人格之价值，不可得而数量也。

保全人格之道

人格之可贵如此，故抱发展人格之鹄者，当不以富贵而淫，不以贫贱而移，不以威武而屈。死生亦大矣，而自昔若颜真卿、文天祥辈，以身殉国，曾不踌躇，所以保全其人格也。人格既堕，则生亦胡颜；人格无亏，则死而不朽。孔子曰："朝闻道，夕死可矣。"良有以也。

人格以盖棺论定

自昔有天道福善祸淫之说，世人以跖蹻之属，穷凶而考终；夷齐之伦，求仁而饿死，则辄谓天道之无知，是盖见其一而不见其二者。人生数十寒暑耳，其间穷通得失，转瞬而逝；而盖棺论定，或流芳百世，或遗臭万年，人格之价值，固历历不爽也。

人格之寿命无限量

人格者，由人之努力而进步，本无止境，而其寿命，亦无限量焉。向使孔子当时为桓魋所杀，孔子之人格，终为百世师。苏格拉底虽仰毒而死，然其人格，至今不灭。人格之寿命，何关于生前之境遇哉。

发展人格在致力本务　人格发展必与社会相应

发展人格之法，随其人所处之时地而异，不必苟同，其致力之所，即在本务，如前数卷所举，对于自己、若家族、若社会、若国家之本务皆是也。而其间所尤当致意者，为人与社会之关系。盖社会者，人类集合之有机体。故一人不能离社会而独存，而人格之发展，必与社会之发展相应。不明乎此，则有以独善其身为鹄，而不措意于社会者。岂知人格者，谓吾人在社会中之品格，外乎社会，又何所谓人格耶？

第四章

德　论

德之本质

凡实行本务者，其始多出于勉强，勉之既久，则习与性成。安而行之，自能欣合于本务，是之谓德。

德之原质赅有智情意三者

是故德者，非必为人生固有之品性，大率以实行本务之功，涵养而成者也。顾此等品性，于精神作用三者将何属乎？或以为专属于智，或以为专属于情，或以为专属于意。然德者，良心作用之成绩。良心作用，既赅智、情、意三者而有之，则以德之原质，为有其一而遗其二者，谬矣。

人之成德也，必先有识别善恶之力，是智之作用也。既识别之矣，而无所好恶于其间，则必无实行之期，是情之作用，又不可少也。既识别其为善而笃好之矣，而或犹豫畏葸，不敢决行，则德又无自而成，则意之作用，又大有造于德者也。故智、情、意三者，无一而可偏废也。

德之种类

德说之异同

德之种类，在昔学者之所揭，互有异同，如孔子说以智、仁、勇三者，孟子说以仁、义、礼、智四者，董仲舒说以仁、义、礼、智、信五者；希腊柏拉图说以智、勇、敬、义四者，雅里士多德说以仁、智二者，果以何者为定论乎？

德有内外两方面

吾侪之意见，当以内外两方面别类之。自其作用之本于内者而言，则孔子所举智、仁、勇三德，即智、情、意三作用之成绩，其说最为圆融。自其行为之形于外者而言，则当为自修之德，对于家族之德，对于社会之德，对于国家之德，对于人类之德。凡人生本务之大纲，即德行之最目焉。

修德

良心发现即为修德之基

修德之道，先养良心。良心虽人所同具，而汩于恶习，则其力不充。然苟非梏亡殆尽，良心常有发现之时，如行善而惬，行恶而愧是也。乘其发现而扩充之，涵养之，则可为修德之基矣。

为善无分大小

涵养良心之道，莫如为善。无问巨细，见善必为，日积月累，而思想云为，与善相习，则良心之作用昌矣。世或有以小善为无益而弗为者，不知善之大小，本无定限，即此弗为小善之见，已足误一切行善之机会而有余，他日即有莫大之善，亦将贸然而不之见。有志行善者，不可不以此为戒也。

去恶为行　善之本

既知为善，尤不可无去恶之勇。盖善恶不并立，去恶不尽，而欲滋其善，至难也。当世弱志薄行之徒，非不知正义为何物，而逡巡犹豫，不能决行者，皆由无去恶之勇，而恶习足以掣其肘也。是以去恶又为行善之本。

改过　悔悟为去恶迁善之机

人即日以去恶行善为志，然尚不能无过，则改过为要焉。盖过而不改，则至再至三，其后遂成为性癖，故必慎之于始。外物之足以诱惑我者，避之若浼，一有过失，则翻然悔改，如去垢衣。勿以过去之不善，而遂误其余生也。恶人洗心，可以为善人；善人不改过，则终为恶人。悔悟者，去恶迁善之一转机，而使人由于理义之途径也。良心之光，为过失所壅蔽者，至此而复焕发。缉之则日进于高明，炀之则顿沉于黑暗。微乎危乎，悔悟之机，其慎勿纵之乎！

进德者于自省

人各有所长，即亦各有所短，或富于智虑，而失之怯懦；或勇于进取，而不善节制。盖人心之不同，如其面焉。是以人之进德也，宜各审其资禀，量其境遇，详察过去之历史，现在之事实，与夫未来之趋向，以与其理想相准，而自省之。勉其所短，节其所长，以求达于中和之境，否则从其所好，无所顾虑，即使贤智之过，迥非愚不肖者所能及，然伸于此者诎于彼，终不免为道德界之畸人矣。曾子有言，吾日三省吾身。以彼大贤，犹不敢自纵如此，况其他乎？

然而自知之难，贤哲其犹病诸。徒恃返观内省，尚不免于失真；必接种种人物，涉种种事变，而屡省验之；又复质询师友，博览史籍，以补其不足。则于锻炼德性之功，庶乎可矣。

第二篇

章太炎讲国学

  章太炎（1869—1936 年），名炳麟，字枚叔，号太炎，浙江余杭人。章太炎是清末民初的风云人物，著名革命家、思想家，同时也是一个大学问家，研究范围涉及历史、哲学、政治、中医等多个领域。在思想上，章太炎早年受西方近代机械唯物主义和生物进化论影响，在他的著作中阐述了西方哲学、社会学和自然科学等方面的思想，否定天命论。后来他的思想受佛教唯识宗和西方近代唯心主义的影响，偏向于唯心主义。其著作颇丰，共 400 余万字，涉及文学、历史学、语言学等方面。著有《新方言》《文始》等，创见颇多。

第一章

国学概论

概论

我在东京曾讲演过一次国学，在北京也讲演过一次，今天是第三次了。国学很不容易讲，有的也实在不能讲，必须自己用心去读去看。即如历史，本是不能讲的，古人已说"一部十七史从何处说起"，现在更有二十四史，不止十七史了。即《通鉴》等书似乎稍简要一点，但还是不能讲。如果只像说大书那般铺排些事实，或讲些事实夹些论断，也没甚意义。所以这些书都靠自己用心去看，我讲国学，只能指示些门径和矫正些近人易犯的毛病。今天先把"国学概论"分做两部研究：

甲　国学之本体

一、经史非神话

二、经典诸子非宗教

三、历史非小说传奇

乙　治国学之方法

一、辨书籍的真伪

二、通小学

三、明地理

四、知古今人情的变迁

五、辨文学应用

甲　国学之本体

一、经史非神话

在古代书籍中，原有些记载是神话，若《山海经》《淮南子》中所载，我们看了，觉得是怪诞极了。但此类神话，在王充《论衡》里已有不少被他看破，没有存在的余地了。而且正经正史中本没有那些话，如盘古开天辟地、天皇、地皇、人皇等，正史都不载。又如"女娲炼石补天""后羿射日"那种神话，正史里也都没有。经史所载，虽在极小部分中还含神秘的意味，大体并没神奇怪离的论调，并且，这极小部分的神秘记载，也许使我们得有理的解释。

《诗经》记后稷的诞生，颇似可怪。因据《尔雅》所释"履帝武敏"，说是他的母亲，足蹈了上帝的拇指得孕的。但经毛公注释，训帝为皇帝，就等于平常的事实了。

《史记·高帝本纪》，说高祖之父太公，雷雨中至大泽，见神龙附高祖母之身，遂生高祖。这不知是太公捏造这话来骗人，还是高祖自造。即使太公真正看见如此，我想其中也可假托。记得湖北曾有一件奸杀案："一个奸夫和奸妇密议，得一巧法，在雷雨当中，奸夫装成雷公怪形，从屋脊而下，活活地把本夫打杀。"高祖的事，也许是如此。他母亲和人私通，奸夫饰做龙怪的样儿，太公自然不敢进去了。

从前有人常疑古代圣帝贤王都属假托，即如《尧典》所说"钦明文思安安，克明俊德……"等等的话，有人很怀疑，以为那个时候的社会，哪得有像这样的完人。我想，古代史家叙太古的事，不能详叙事实，往往只用几句极混统的话做"考语"，这种考语原最容易言过其实。譬如今人做行述，遇着没有事迹可记的人，每只用几句极好的考语。《尧典》中所载，也不过是一种"考语"，事实虽不全如此，也未必全不如此。

《禹贡》记大禹治水，八年告成。日本有一博士，他说："后世凿小小的运河，尚须数十年或数百年才告成功，他治这么大的水，哪得如此快？"因此，也疑禹贡只是一种奇迹。我却以为大禹治水，他不过督其成，自有各部分工去做；如果要亲身去，就游历一周也不能，何况凿成！在那时人民同受水患，都有切身的苦痛，免不得合力去做，所以"经之营之，不日成之"了。《禹贡》记各地土地腴瘠情形，也不过依报告录出，并不必由大禹亲自调查的。

太史公作《五帝本纪》，择其言尤雅驯者，可见他述的确实。我们再翻看经史中，却也没载盘古、三皇的事，所以经史并非神话。

其他经史以外的书，若《竹书纪年》《穆天子传》，确有可疑者在。但《竹书纪年》今存者为明代伪托本，可存而不论，《穆天子传》也不在正经正史之例，不能以此混彼。后世人往往以古书稍有疑点，遂全目以为伪，这是错了！

二、经典诸子非宗教

经典诸子中有说及道德的，有说及哲学的，却没曾说及宗教。近代人因为佛经及耶教的《圣经》都是宗教，就把国学里的"经"，也混为一解，实是大误。"佛经""圣经"的那个"经"字，是后人翻译时随意引用，并不和"经"字原意相符。经字原意只是一经一纬的经，即是一根线，所谓经书只是一种线装书罢了。明代有线装书的名目，即别于那种一页一页散着的八股文墨卷，因为墨卷没有保存的价值，别的就称做线装书了。古代记事书于简。不及百名者书于方，事多一简不能尽，遂连数简以记之。这连各简的线，就是"经"。可见"经"不过是当代记述较多而常要翻阅的几部书罢了。非但没含宗教的意味，就是汉时训"经"为"常道"，也非本意。后世疑经是经天纬地之经，其实只言经而不言天，便已不是经天的意义了。

中国自古即薄于宗教思想，此因中国人都重视政治。周时诸学者已好谈政治，差不多在任何书上都见他们政治的主张。这也是环境的关系：中国土地辽广，统治的方法，急待研究，比不得欧西地小国多，没感着困难。印度土地也大，但内部实分着许多小邦，所以他们的宗教易于发达。中国人多以全力着眼政治，所以对宗教很冷淡。

老子很反对宗教，他说："以道莅天下，其鬼不神。"孔子对于宗教，也反对。他虽于祭祀等事很注意，但我们味"祭神如神在"的"如"字的意思，他已明白告诉我们是没有神的。《礼记》一书很考究祭祀，这书却又出自汉代，未必是可靠。

祀天地社稷，古代人君确是遵行，然自天子以下，就没有与祭的身份。须知宗教是须普及于一般人的，耶稣教的上帝，是给一般人膜拜的；中国古时所谓天，所谓上帝，非人君不能拜，根本上已非宗教了。

九流十家中，墨家讲天、鬼，阴阳家说阴阳生克，确含宗教的臭味，但墨子所谓天，阴阳家所谓"龙""虎"，却也和宗教相去很远。

就上讨论，我们可以断定经典诸子非宗教。

三、历史非小说传奇

后世的历史，因为辞采不丰美，描写不入神，大家以为是记实的。对于古史，若《史记》《汉书》，以其叙述和描写的关系，引起许多人的怀疑：

《刺客列传》记荆轲刺秦王事，《项羽本纪》记项羽垓下之败，真是活龙活现。大家看了，以为事实上未必如此，太史公并未眼见，也不过如《水浒传》里说武松、宋江，信手写去罢了。实则太史公作史择雅去疑，慎之又慎。像伯夷、叔齐的事，曾经孔子讲及，所以他替二人作传。那许由、务光之流，就缺而不录了。项羽、荆轲的事迹，昭昭在人耳目，太史公虽没亲见，但传说很多，他就可凭着那传说写出了。《史记》中详记武略，原不止项羽一人；但若夏侯婴、周勃、灌婴等传，对于他们的战功，只书得某城，斩首若干级，升什么官，竟像记一笔账似的，这也因没有特别的传说，只将报告记了一番就算了。如果太史公有意伪述，那么《刺客列传》除荆轲外，行刺的情形，只曹沫、专诸还有些叙述，豫让、聂政等竟完全略过，这是什么道理呢？《水浒传》有百零八个好汉，所以施耐庵不能个个描摹，《刺客列传》只五个人，难道太史公不能逐人描写么？这都因荆轲行刺的情形有传说可凭，别人没有，所以如此的。

"商山四皓"一事，有人以为四个老人哪里能够使高祖这样听从，《史记》所载未必是实。但须知一件事情的成功，往往为多数人所合力做成，而史家常在甲传中归功于甲，在乙传中又归功于乙。汉惠免废，商山四皓也是有功之一，所以在《留侯世家》中如此说，并无可疑。

史书原多可疑的地方，但并非像小说那样的虚构。如刘知几《史通》曾疑更始刮席事为不确，因为更始起自草泽时，已有英雄气概，何至为众所拥立时，竟羞惧不敢仰视而以指刮席呢？这大概是光武一方面诬蔑更始的话。又如史书写王莽竟写得同骏子一般，这样愚骏的人怎能篡汉？这也是因汉室中兴，对于王莽当然特别贬斥。这种以成败论人的习气，史家在所不免，但并非像小说的虚构。

考《汉书·艺文志》已列小说于各家之一，但那只是县志之类，如所谓《周考》《周纪》者。最早是见于《庄子》，有"饰小说以干县令"一语。这所谓"小说"，却又指那时的小政客不能游说六国侯王，只能在地方官前说几句本地方的话。这都和后世小说不同。刘宋时有《世说新语》一书，所记多为有风趣的魏晋人的言行，但和正史不同的地方，只时日多颠倒处，事实并非虚构。唐人始多笔记小说，且有因爱憎而特加揄扬或贬抑者，去事实稍远。《新唐书》因《旧唐书》所记事实不详备，多采取此等笔记。但司马温公作《通鉴》对于此等事实必由各方面搜罗证据，见有可疑者即删去，可见作史是极慎重将事的。最和现在小说相近的是宋代的《宣和遗事》，彼记宋徽宗游李师师家，写得非常生动，又有宋江等三十六人，大约《水浒传》即脱胎于此书。古书中全属虚构者也非没有，但多专记神仙鬼怪，如唐人所辑《太平广记》之类，这与《聊斋志异》相当，非《水浒传》可比，而且正史中也向不采取。所以正史中虽有些叙事很生动的地方，但决与小说传奇不同。

乙　治国学之方法

一、辨书籍的真伪

对于古书没有明白哪一部是真，哪一部是伪，容易使我们走入迷途，所以研究国学第一步要辨书籍的真伪。

四部的中间，除了集部很少假的，其余经、史、子三部都包含着很多的伪书，而以子部为尤多。清代姚际恒《古今伪书考》，很指示我们一些途径。

先就经部讲：《尚书》现代通行本共有五十八篇，其中只有三十三篇是汉代时的"今文"所有，另二十五篇都是晋代梅颐所假造。这假造的《尚书》，宋代朱熹已经怀疑他，但没曾寻出确证，直到清代，才明白地考出，却已雾迷了一千多年。经中尚有为明代人所伪托，如《汉魏丛书》中的《子贡诗传》系出自明丰坊手。诠释经典之书，也有后人伪托，如孔安国《尚书传》、郑氏《孝经注》《孟子》孙奭疏……之类，都是晋代的产品。不过"伪古文尚书"和"伪孔传"，比较的有些价值，所以还引起一部分人一时间的信仰。

以史而论，正史没人敢假造，别史中就有伪书。《越绝书》，汉代袁康所造，而托名子贡。宋人假造《飞燕外传》《汉武内传》，而列入《汉魏丛书》。《竹书纪年》本是晋人所得，原已难辨真伪，而近代通行本，更非晋人原本，乃是明人伪造的了。

子部中伪书很多，现在举其最著者六种，前三种尚有价值，后三种则全不足信。

（一）《吴子》此书中所载器具，多非当时所有，想是六朝产品。但从前科举时代把他当作"武经"，可见受骗已久。

（二）《文子》《淮南子》为西汉时作品，而《文子》里面大部分抄自《淮南子》，可见本书系属伪托，已有人证明他是两晋六朝人做的。

（三）《列子》，信《列子》的人很多，这也因本书做得不坏，很可动人的原故。须知列子这个人虽见于《史记·老庄列传》中，但书中所讲，多取材于佛经，"佛教"在东汉时始入中国，哪能在前说到？我们用时代证他，已可水落石出。并且《列子》这书，汉人从未有引用一句，这也是一个明证。造《列子》的也是晋人。

（四）《关尹子》这书无足论。

（五）《孔丛子》这部书是三国时王肃所造。《孔子家语》一书也是他所造。

（六）《黄石公三略》唐人所造。又《太公阴符经》一书，出现在《黄石公三略》之后，系唐人李筌所造。

经、史、子三部中的伪书很多，以上不过举个大略。此外，更有原书是真而后人参加一部分进去的，这却不能疑他是假。《四子书》中有已被参入的。《史记》中也有，如《史记》中曾说及扬雄，扬在太史公以后，显系后人加入，但不能因此便疑《史记》是伪书。

总之，以假为真，我们就要陷入迷途，所以不可不辨别清楚。但反过来看，因为极少部分的假，就怀疑全部分，也是要使我们彷徨无所归宿。如康有为以为汉以前的书都是伪的，都被王莽、刘歆改过，这话也只有他一个人这样说。我们如果相信他，便没有可读的古书了。

二、通小学

韩昌黎说："凡作文章宜略识字"，所谓"识字"，就是通小学的意思。作文章尚须略通小学，可见在现在研究古书，非通小学是无从下手的了。小学在古时，原不过是小学生识字的书，但到了现代，虽研究到六七十岁，还有不能尽通的。何以古易今难至于如此呢？这全是因古今语言变迁的缘故。现在的小学，是可以专门研究的，但我所说的"通小学"，却和专门研究不同，因为一方面要研究国学，所以只能略通大概了。

《尚书》中《盘庚》《洛诰》，在当时不过一种告示，现在我们读了，觉得"佶屈聱牙"，这也是因我们没懂当时的白话，所以如此。《汉书·艺文志》说："《尚书》直言也。"直言就是白话。古书原都用当时的白话，但我们读《尚书》，觉得格外难懂，这或因《盘庚》《洛诰》等都是一方的土话，如殷朝建都在黄河以北，周朝建都在陕西，用的都是河北的土话，所以比较地不能明白。《汉书·艺文志》又说，"读《尚书》应用《尔雅》"，这因《尔雅》是诠释当时土话的书，所以《尚书》中于难解的地方，看了《尔雅》就可明白。

总之，读唐以前的书，都非研究些小学，不能完全明白。宋以后的文章和现在差不多，我们就能完全了解了。

研究小学有三法：

（一）通音韵　古人用字，常同音相通，这大概和现在的人写别字一样。凡写别字都是同音的，不过古人写惯了的别字，现在不叫他写别字罢了。但古时同音的字，现在多不相同，所以更难明白。我们研究古书，要知道某字即某字之转讹，先要明白古时代的音韵。

（二）明训诂　古时训某字为某义，后人更引伸某义转为他义。可见古义较狭而少，后义较广而繁。我们如不明白古时的训诂，误以后义附会古义，就要弄错了。

（三）辨形体　近体字中相像的，在篆文未必相像，所以我们要明古书某字的本形，以求古书某字的某义。

历来讲形体的书，是《说文》，讲训诂的是《尔雅》，讲音韵的书，是《音韵学》。如能把《说文》《尔雅》《音韵学》都有明确的观念，那么，研究国学就不至犯那"意误""音误""形误"等弊病了。

宋朱熹一生研究《五经》《四子》诸书，连寝食都不离，可是纠缠一世，仍弄不明白。实在，他在小学没有工夫，所以如此。清代毛西河（按名奇龄）事事和朱子反对，但他也不从小学下手，所以反对的论调，也都错了。可见通小学对于研究国学是极重要的一件事了。清代小学一门，大放异彩，他们所发见的新境域，着实不少！

三国以下的文章，十之八九我们能明了，其不能明了的部分，就须借助于小学。唐代文家如韩昌黎、柳子厚的文章，虽是明白晓畅，却也有不能了解的地方。所以我说，看唐以前的文章，都要先研究一些小学。

桐城派也懂得小学，但比较地少用工夫，所以他们对于古书中不能明白的字，便不引用，这是消极的免除笑柄的办法，事实上总行不去的。

哲学一科，似乎可以不通小学，但必专凭自我的观察，由观察而发表自我的意思，和古人完全绝缘，那才可以不必研究小学。倘仍要凭借古人，或引用古书，那么，不明白小学就要闹笑话了。比如朱文公研究理学（宋之理学即哲学），释"格物"为"穷至事物之理"，便召非议。在朱文公原以"格"可训为"来"，"来"可训为"至"，"至"可训为"极"，"极"可训为"穷"，就把"格物"训为"穷物"。可是训"格"为"来"是有理，辗转训"格"为"穷"，就是笑话了。又释"敬"为"主一无适"之谓（这原是程子说的），他的意思是把"适"训作"至"，不知古时"适"与"敌"通，《淮南子》中的主"无适"，所谓"无适"实是"无敌"之谓，"无适"乃"无敌对"的意义，所以说是"主一"。

所以研究国学，无论读古书或治文学、哲学，通小学都是一件紧要的事。

三、明地理

近顷所谓地理，包含地质、地文、地志三项，原须专门研究的。中国本来的地理，算不得独立的科学，只不过做别几种（史、经）的助手，也没曾研究到地质、地文的。我们现在要研究国学，所需要的也只是地志，且把地志讲一讲。

地志可分两项：天然的和人为的。天然的就是山川脉络之类。山自古至今，没曾变更。大川若黄河，虽有多次变更，我们在历史上可以明白考出，所以，关于天然的，比较地容易研究。人为的就是郡县建置之类。古来封建制度至秦改为郡县制度，已是变迁极大，数千年来，一变再变，也不知经过多少更张，那秦汉时代所置的郡，现在还能大略考出，所置的县就有些模糊了。战国时各国的地界，也还可以大致考出，而各国战争的地点和后来楚汉战争的地点，却也很不明白了，所以，人为的比较地难以研究。

历来研究天然的，在乾隆时有《水道提纲》一书。书中讲山的地方甚少，关于水道，到现在也变更了许多，不过大致是对的。在《水道提纲》以前，原有《水经注》一书，这书是北魏人所著，事实上已用不着，只文采丰富，可当古董看罢了。研究人为的，有《读史方舆纪要》和《乾隆府厅州县志》。民国代兴，废府留县，新置的县也不少，因此更大有出入。在《方舆纪要》和《府厅州县志》以前，唐人有《元和郡县志》，也是研究人为的，只是欠分明。另外还有《大清一统志》《李申耆五种》，其中却有直截明了的记载，我们应该看的。

我们研究国学，所以要研究地理者，原是因为对于地理没有明白的观念，看古书就有许多不能懂。譬如看到春秋战国的战争和楚汉战争，史书上已载明谁胜谁败，但所以胜所以败的原因，关于形势的很多，就和地理有关了。

二十四史中，古史倒还可以明白，最难研究的，要推《南北史》和《元史》。东晋以后，五胡闯入内地，北方的人士，多数南迁。他们数千人所住的地，就侨置一州，侨置的地方，大都在现在镇江左近，因此有南通州、南青州、南冀州的地名产生。我们研究南史，对于侨置的地名，实在容易混错。元人灭宋，统一中国，在二十四史就有《元史》的位置。元帝成吉思汗拓展地域很广，关于西伯利亚和欧洲东部的地志，《元史》也有阐入，因此使我们读者发生困难。关于《元史》地志有《元史译文证补》一书，因著者博证海外，故大致不错。

不明白地理而研究国学，普通要发生三种谬误。南北朝时南北很隔绝。北魏人著《水经注》，对于北方地势，还能正确记述，南方的地志，就错误很多。南宋时对于北方大都模糊，所以福建人郑樵所著《通志》，也错得很多。——这是臆测的谬误。中国土地寥阔，地名相同的很多，有人就因此纠缠不清。——这是纠缠的错误。古书中称某地和某地相近，往往考诸实际，相距却是甚远。例如：诸葛亮五月渡泸一事，是大家普通知道的，泸水就是现今金沙江，诸葛亮所渡的地，就是现在四川宁远。后人因为唐代曾在四川置泸州，大家就以为诸葛亮五月渡泸，是在此地，其实相去千里，岂非大错吗？——这是意会的错误。至于河阴、河阳当在黄河南北，但水道已改，地名还是仍旧，也容易舛错的。

我在上节曾讲过"通小学"，现在又讲到"明地理"，本来还有"典章制度"也是应该提出的，所以不提出者，是因各朝的典章制度，史书上多已载明，无以今证古的必要。我们看哪一朝史知道哪一朝的典章制度就够了。

四、知古今人情的变迁

社会更迭地变换，物质方面继续地进步，那人情风俗也随着变迁，不能拘泥在一种情形的。如若不明白这变迁的理，要产生两种谬误的观念。

（一）道学先生看做道德是永久不变，把古人的道德，比做日月经天、江河行地，墨守而不敢违背。

（二）近代矫枉过正的青年，以为古代的道德是野蛮道德。原来道德可分二部分，——普通伦理和社会道德——前者是不变的，后者是随着环境变更的。当政治制度变迁的时候，风俗就因此改易，那社会道德是要适应了这制度这风俗才行。古今人情的变迁，有许多是我们应该注意的！

第一，封建时代的道德，是近于贵族的；郡县时代的道德，是近于平民的。这是比较而说的。《大学》有"欲治其国者，先齐其家"一语，《传》第九章里有"其家不可教而能教人者，无之"一语，这明是封建时代的道德。我们且看唐太宗的历史，他的治国，成绩却不坏——世称"贞观之治"，但他的家庭，却糟极了，杀兄、纳弟媳。这岂不是把《大学》的话根本打破吗？要知古代的家和后世的家大不相同。古代的家，并不只包含父子夫妻兄弟……这等人，差不多和小国一样，所以孟子说"千乘之家""百乘之家"。在那种制度之下，《大学》里的话自然不错，那不能治理一县的人，自然不能治理一省了。

第二，古代对于保家的人，不管他是否尸位素餐，都很恭维。史家论事，对于那人因为犯事而灭家，不问他所做的是否正当，都没有一句褒奖。《左传》里已是如此，后来《史》《汉》也是如此。晁错创议灭七国，对于汉确是尽忠，但因此夷三族，就使史家对他生怪了。大概古代爱家和现代爱国的概念一样，那亡家也和亡国一样，所以保家是大家同情的。这种观念，到汉末已稍稍衰落，六朝又复盛了。

第三，贵族制度和现在土司差不多，只比较地文明一些。凡在王家的人，和王本身一样看待。他的兄弟在王去位的时候都有承袭的权利。我们看《尚书》到周公代成王摄政，觉得很可怪。他在摄政时代，也俨然称王。在《康诰》里有"王若曰孟侯朕其弟小子封"的话，这王明是指周公。后来成王年长亲政，他又可以把王号取消。《春秋》记隐公、桓公的事，也是如此。这种摄政可称王，退位可取消的情形，到后世便不行。后世原也有兄代弟位的，如明英宗被掳，景泰帝代行政事等。但代权几年，却不许称王，既称王却不许取消的。宋人解释《尚书》，对于这些，没有注意到，所以强为解释，反而愈释愈使人不能解了。

第四，古代大夫的家臣，和天子的诸侯一样，凡是家臣对于主人有绝对服从的义务。这种制度，西汉已是衰落一些，东汉又复兴盛起来。功曹、别驾都是州郡的属官。这种属官，既要奔丧，还要服丧三年，俨有君臣之分。三国时代的曹操、刘备、孙权，他们虽未称王，但他属下的官对于他都是皇帝一般看待的。

第五，丁忧去官一件事在汉末很通行，非但是父母三年之丧要丁忧，就是兄弟姊妹期功服之丧也要丁忧。陶渊明诗有说及奔妹丧的，潘安仁《悼亡诗》也有说及奔丧的，可见丁忧的风在那时很盛。唐时此风渐息，到明代把他定在律令，除了父母丧不必去官。

总之，道德本无所谓是非，在那种环境里产生适应的道德，在那时如此便够了。我们既不可以古论今，也不可以今论古。

五、辨文学应用

文学的派别很多，梁刘勰所著《文心雕龙》一书，已明白罗列，关于这项，将来再仔细讨论，现在只把不能更改的文体讲一讲。

文学可分二项：有韵的谓之诗，无韵的谓之文。文有骈体、散体的区别，历来两派的争执很激烈：自从韩退之崛起，推翻骈体，后来散体的声势很大。宋人就把古代经典都是散体，何必用骈体，做宣扬的旗帜。清代阮芸台（按即阮元）起而推倒散体，抬出孔老夫子来，说孔子在《易经》里所著的《文言》《系辞》，都是骈体的。实在这种争执，都是无谓的。

依我看来，凡简单叙一事不能不用散文，如兼叙多人多事，就非骈体不能提纲。以《礼记》而论，同是周公所著，但《周礼》用骈体，《仪礼》却用散体，这因事实上非如此不可的。《仪礼》中说的是起居跪拜之节，要想用骈也无从下手。更如孔子著

《易经》用骈，著《春秋》就用散，也是一理。实在，散、骈各有专用，可并存而不能偏废。凡列举纲目的以用骈为醒目，譬如我讲演"国学"，列举各项子目，也便是骈体。秦汉以后，若司马相如、邹阳、枚乘等的骈文，了然可明白。他们用以序叙繁杂的事，的确是不错。后来诏诰都用四六，判案亦有用四六的（唐宋之间，有《龙筋凤髓判》），这真是太无谓了。

凡称之为诗，都要有韵，有韵方能传达情感。现在白话诗不用韵，即使也有美感，只应归入散文，不必算诗。日本和尚娶妻食肉，我曾说他们可称居士等等，何必称作和尚呢？诗何以要有韵呢？这是自然的趋势。诗歌本来脱口而出，自有天然的风韵，这种韵，可达那神妙的意思。你看，动物中不能言语，他们专以幽美的声调传达彼等的感情，可见诗是必要有韵的。"诗言志，歌永言，声依咏，律和声"，这几句话，是大家知道的。我们仔细讲起来，也证明诗是必要韵的。我们更看现今戏子所唱的二黄西皮，文理上很不通，但彼等也因有韵的原故。

白话记述，古时素来有的，《尚书》的诏诰全是当时的白话，汉代的手诏，差不多亦是当时的白话，经史所载更多照实写出的。《尚书·顾命篇》有"奠丽陈教则肄肄不违"一语，从前都没能解这两个"肄"字的用意，到清代江艮庭（按即江声）始说明多一肄字，乃直写当时病人垂危舌本强大的口吻。《汉书》记周昌"臣期期不奉诏""臣期期知其不可"等语，两"期期"字也是直写周昌口吃。但现在的白话文只是使人易解，能曲传真相却也未必。"语录"皆白话体，原始自佛家，宋代名儒如二程、朱、陆亦皆有语录，但二程为河南人，朱子福建人，陆象山（按即陆九渊）江西人，如果各传真相，应所纪各异，何以语录皆同一体例呢？我尝说，假如李石曾、蔡子民、吴稚晖三先生会谈，而令人笔录，则李讲官话，蔡讲绍兴话，吴讲无锡话，便应大不相同，但记成白话文却又一样。所以说白话文能尽传口语的真相，亦未必是确实的。

国学之派别（一）
——经学之派别

讲"国学"而不明派别，将有望洋兴叹、无所适从之感。但"国学"中也有无须讲派别的，如历史学之类；也有不够讲派别的，则为零碎的学问。现在只把古今学者呶呶争辩不已的，分三类讨论：一、经学之派别；二、哲学之派别；三、文学之派别。依顺序先研究经学之派别。

"《六经》皆史也"，这句话详细考察起来，实在很不错。在《六经》里面，《尚书》《春秋》都是记事的典籍，我们当然可以说他是史。《诗经》大半部是为国事而作（《国风》是歌咏各国的事，《雅》《颂》是讽咏王室的），像歌谣一般的，夹入很少，也可以说是史。《礼经》是记载古代典章制度的（《周礼》载官制，《仪礼》载仪注），在后世本是史的一部分。《乐经》虽是失去，想是记载乐谱和制度的典籍，也含史的性状。只有《易经》一书，看起来像是和史没关，但实际上却也是史。太史公说："《易》本隐以之显，《春秋》推见以至隐。"引申他的意思，可以说《春秋》是胪列事实中寓褒贬之意；《易经》却和近代"社会学"一般，一方面考察古来的事迹，得着些原则，拿这些原则，可以推测现在和将来。简单说起来，《春秋》是显明的史，《易经》是蕴着史的精华的。因此可见《六经》无一非史，后人于史以外，别立为经，推尊过甚，更有些近于宗教。实在周末还不如此，此风乃起于汉时。

秦始皇焚书坑儒，《六经》也遭一炬，其后治经者遂有今文家、古文家之分。今文家乃据汉初传经之士所记述的。

现在要讲今文家，先把今文家的派别，立一简单的表：

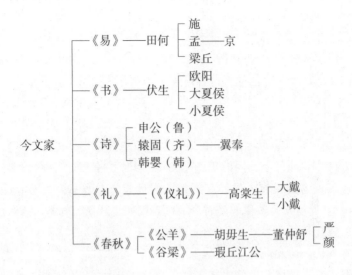

汉初，田何传《易经》，伏生口授《尚书》，齐、鲁、韩三家治《诗经》，高棠生传《礼经》，胡毋生治《公羊》，瑕丘江公治《谷梁》，那时除了《乐经》以外，《五经》都已完备。后来《易》分四家，《诗》《书》各分三家，《礼》分二家，《公羊》分二家，汉室设学官，立十四博士（《谷梁》不在内），即以上十四家。十四博士在汉初还没十分确定，在西汉末年才确定下来。

今文家所讲的，虽非完全类乎宗教，但大部分是倾向在这一面的。《易》四家中，施和梁丘二家，我们已不能见，且莫论他。京氏治《易》，专重卜筮，传至汉末虞翻，则更多阴阳卜筮之说。《尚书》三家中欧阳也不可考。大、小夏侯则欢喜讲《洪范》五行之说，近于宗教。汉人治《尚书》，似乎最欢喜《洪范篇》。《诗经》三家中，申公所说，没甚可怪，《韩诗外传》（《内传》已失）也没甚可怪的地方，惟翼奉治诗，却拿十干十二支比附《诗经》了。高棠生的《仪礼》，已不可知，大、小戴中（现在所谓二戴，非汉时的大、小戴），也有不少离奇的话。《公羊》的记载，虽和事实相差很远，还没甚么可怪，但治《公羊》的今文家，却奇怪极了。胡毋生的学说，我们已不能见，即颜、严二家的主张也无从考出，但董仲舒的《春秋繁露》，却多怪话。汉末何休注《公羊》，不从颜、严二家之说，自以为是胡毋生嫡派，他的怪话最多，照他说来，直是孔子预知汉室将兴而作《春秋》，简直是为汉预制宪法，所以那时有"《春秋》为汉制法"的话。孔子无论是否为预言家，孔子何至和汉家有这么深厚的感情呢？

汉代学者以为古代既有"经"必有"纬"，于是托古作制，造出许多"纬"来，同时更造"谶"。当时"纬书"，种类繁多，现在可查考的只有《易纬》八种。明孙毂《古微书》中辑有纬书很多。《易纬》所讲的是时令节气，仅如《月令》之类。《春秋纬》载孔子著《春秋》《孝经》告成，跪告天，天生彩云，下赐一玉等话，便和耶稣《创世纪》相类了。"谶"是"河图"一类的书，专讲神怪，说能先知未来，更近于宗教了。"纬书"西汉末年才出现，大概今文学家弟子迎合当时嗜好推衍出来的。

"经"有兼今古文的，也有无今文而有古文的，也有无古文而有今文的。汉代古文学家，可以列如下表：

古文家
- 《易》——费氏
- 《书》——孔氏
- 《诗》——毛氏
- 《礼》——桓公（据刘歆语）
- 《春秋》——左氏

《仪礼》（当时称为《士礼》），在古文今文，只为文字上的差别。《周礼》在汉初不以为经典，东汉始有杜子春和二郑替彼注释。此外，今古文便各自为别了。

今古文的区别，本来只在文字版本上。因为《六经》遭秦火，秦代遗老就所能记忆的，用当代语言记出，称为今文，后来从山崖屋壁发现古时原本，称为古文，也不过像近代今板古板的分别罢了。但今文所记忆，和古文所发现的篇幅的多少，已有不同；今文家所主张和古文家所说，根本上又有不同；因此分道扬镳。古文家异于今文家之点，在下文细说：

一、《易》以费氏为古文家，是刘向定的。因为刘向校书时，就各家《易经》文字上看，只有费氏相同，所以推为古文家。以《易》而论，今古文也还只文字上的不同。

二、鲁恭王发孔壁得《尚书》，《尚书》的篇数就发生问题。据《书传》（太史公曰"《书传》《礼记》自孔氏"，可见孔安国家藏《书传》，确自孔壁得来。）称《书序》有百篇，而据伏生所传只有二十九篇（可分为三十四篇），壁中所得却有四十六篇（可分为五十八篇），相差已十七篇。并且《书传》所载和今文更有许多不同的地方。孟子是当时善治《诗》《书》的学者，他所引的"葛伯求饷""象日以杀舜为事"等等，在今文确是没有的，可见事实上又不同了。

三、《诗》因叶韵易于记忆，当时并未失传，本无今古文之分。毛氏所传《诗》三百十一篇，比三家所传多"笙诗"六篇，而所谓"笙诗"也只有名没有内容的。《毛诗》所以列于古文，是立说不同。他的立说，关于事实和《左传》相同；关于典章制度和《周礼》相同；关于训诂，又和《尔雅》同的。

四、郑康成注《仪礼》，并存古今文。大概高棠生传十七篇和古文无大出入。孔壁得《礼》五十六篇，比高棠生多三十九篇。这三十九篇和今文中有大不同之点：今文治《礼》，是"推士礼致于天子"，全属臆测的。此三十九篇却载士以上的礼很多。二戴的主张，原不可考，但晋人贺循引《礼》，是我们可据以为张本的。

五、《左氏》多古文古言。《汉书·艺文志》说:《左氏传》是张苍所献。贾谊事张苍，习《左氏传》，所以《贾谊新书》引《左氏传》的地方很多。《左氏传》的事实和《公羊》多不相同。《谷梁》中事实较《公羊》确实一些，也和《左氏》有出入。至于经文本无不同，但《公羊》《谷梁》是十一篇，《左氏》有十二篇，因《公》《谷》是附闵于庄的。闵公只有三年，附于庄公，原无大异，但何休解《公羊》，却说出一番理由来，以为"孝子三年无改于父道"，故此附闵于庄了。

六、《周礼》，汉时河间献王向民间抄来，马融说是"出自山崖屋壁"的。这书在战国时已和诸侯王的政策不对，差不多被毁弃掉，所以孟子说："其详不可得闻也；诸侯恶其害己也，而皆去其籍。"《荀子》中和《周礼》相合的地方很多，或者他曾见过。孟子实未见过《周礼》，西汉人亦未见过。《礼记·王制篇》也和《周礼》不同。孟子答北宫锜说"公侯皆方百里，伯七十里，子男五十里"，《周礼》却说是"公五百里，侯四百里，伯三百里，子二百里，男一百里"。《王制》讲官制是"三公，九卿，二十七大夫，八十一元士"。但古代王畿千里，几和现在江苏一般大小，这一百二十个官员，恐怕不够吧！《周礼》称有三百六十官，此三百六十官亦为官名而非官缺，一官实不止一人，如就府吏胥徒合计，当时固有五万余员。

又有在汉时称为"传记"的，就是《论语》和《孝经》二书。《论语》有《古论》《齐论》《鲁论》之分，《古论》是出自孔氏壁中的。何晏治《论语》参取三家，不能分为古今文。不过王充《论衡》称《论语》之《古论》有百多篇，文字也难解，删繁节要也有三十篇，而何晏说："《鲁论语》二十篇；《齐论语》别有《问王》《知道》等，凡二十二篇；《古论》出孔氏壁中，分《尧曰》下章《子张问》以为一篇，凡二十一篇。"篇数上又有出入。《汉书·艺文志》有《孔子家语》及《孔子徒人图法》二书，太史公述仲尼弟子，曾提及《弟子籍》一书，三十篇中或者有以上三书在内。《孝经》，在《汉书·艺文志》也说出自孔壁，汉代治《孝经》的已无可考，我们所见的是唐玄宗的注释。又有《论语谶》《孝经谶》二书，怪语很多，可存而不论。

宋代所称"十三经"，是合《易》《尚书》《周礼》《仪礼》《礼记》《诗》《左传》《公羊》《谷梁》《论语》《孝经》《孟子》

《尔雅》而说的。这只是将诸书汇刻，本无甚么深义，后人遂称为"十三经"了。《汉书·艺文志》扩充"六艺"为九种，除《易》《诗》《书》《礼》《乐》《春秋》为"六艺"外，是并《论语》《孝经》、"小学"在内的。

汉代治经学，崇尚今文家的风气，到了汉末三国之间，渐趋销熄。汉末郑康成治经，已兼重古文和今文。王肃出，极端地相信古文。在汉代没曾立学官的，三国也都列入学官，因此今文家衰，古文家代兴。

三国时古文家的色采很鲜明，和汉代有不可混的鸿沟：

《诗》 汉用三家，三国时尚毛氏。

《春秋》 汉用《公羊》，三国时尚《左氏》。

《易》 汉有施、孟、梁丘、京四家，三国只崇尚郑康成和王弼的学说。

《仪礼》 没有大变更。

《周礼》 汉不列学官，三国列入学官。

学者习尚既变，在三国魏晋之间，所有古文家学说都有人研究；就是从前用今文家的，到此时也改用古文家了。

古文家盛行以后，自己又分派别：以《易》而论，王弼主费氏，郑康成也主费氏。各以己意注释，主张大有不同，因为费氏只是文字古体，并无他的学说的。治《毛诗》的，有郑康成、王肃，意见有许多相反。治《左传》的，汉末有服虔（只解传不解经的），晋有杜预，两家虽非大不同，其中却也有抵触之处。原来汉人治《左氏》，多引《公羊》，并由《公羊》以释经，自己违背的地方很多。杜预《春秋释例》将汉人学说一一驳倒，在立论当中，又有和服虔的主张相反的。《尚书》郑康成有注，郑本称为古文的，但孔安国古本已失，郑本也未必是可靠。我们就和马融、郑康成师生间的立说不同、文字不同，也可明白了。东晋时梅颐的伪古文《尚书》出，托名孔安国，将《汉书·艺文志》所称正十八篇推衍出来，凡今文有的，文字稍有变更，今文所无的，就自己臆造，这书当时很有人信他。

南北朝时南北学者的倾向颇有不同：

《易》 北尊王弼，南尊郑康成。

《毛诗》 南北无十分异同。

《左传》 北尊服虔，南尊杜预。

《尚书》 北尊郑康成，南用伪古文《尚书》。

唐初，孔颖达、贾公彦出而作注疏，产生"五经""七经"的名称。"五经"是孔颖达所主张的，贾公彦益以《周礼》《仪礼》就称"七经"，后更附以《公羊》《谷梁》(《公羊》用何休，《谷梁》用范甯)，就是唐人通称的"九经"。孔颖达曲阜人，当时北方人多以为北不如南，所以他作注疏多采用南方，因此《易》不用王而用郑，《左》不用服而用杜了。唐人本有"南学"（按即南北朝时南朝的经学。承魏晋学风，兼采众说，不拘家法，随意发挥，又受佛教影响，是宋代理学的渊源）、"北学"（按即南北朝时北朝的经学。墨守东汉旧说，以章句训诂为主，不愿别出新义。学风保守，撰述亦少）之分，后来北并于南，所有王弼、服虔的学说，因此散失无遗。

唐代轻学校而重科举，取士用"明经""进士"二科（明经科讨论经典，进士科策论应试），学者对于孔氏的学说不许违背，因此拘束的弊病，和汉代立十四博士不相上下，并且思想不能自由，成就很少。孔、贾而外，竟没有卓异的经学家了。

《仪礼·丧服》是当时所实用的，从汉末至唐，研究的人很多并且很精，立说也非贾《疏》所能包。这是特例。

宋代典章制度，多仍唐时之旧。宋人拘守唐人的注疏，更甚于唐人，就是诗赋以经命名的，也不许抵触孔、贾的主张。当时有人作"当仁不让于师赋"，将"师"训作"众"，就落第了。邢昺作《论语》《孝经》疏，拘守孔、贾所已引用的，已是简陋，那些追随他们的后尘的，更是陋极。宋代改"明经科"为"学究科"，这"学究"两字是他们无上的诨号。

在思想不能自由发展环境之下，时势所趋，不能不有大变动，因此宋代学者的主张就和以前趋于相反的方向了。揭反向旗帜的人，首推孙复。他山居读书，治《春秋》以为三传都不可靠。这种主张，在唐人已有赵匡、啖助创议于先，孙不过推衍成之。继孙复而起，是欧阳修，他改窜《诗经》的地方很多，并疑《易》的《系辞》非出自孔氏；立说之中很多荒谬，因为他本是文人，非能说经的。同时有刘敞（字原甫）说经颇多，著有《七经小记》，原本今虽不存但从别书考见他的主张，虽和注疏背驰，却不是妄想臆测。神宗时王安石治经，著有《三经新义》，当时以为狂妄。原书已难考见，但从集中所引用的看来，也不见得比欧阳修更荒谬，想是宋人对于王安石行为上生怨恶，因此嫌弃他的学说。王的学说，传至弟子吕惠卿辈，真是荒谬绝伦，后来黄氏（按即宋人黄朝英）有《缃素杂记》，把《诗经》看作男女引诱的谈论，和《诗经》的本旨就相去千里了。

宋儒治经以意推测的很多。南宋朱文公（按即朱熹）凭他的臆测酿成很多谬误。朱氏治经，有些地方原有功于经，但是功不能掩过。现且分别指明：

一、《易经》本为十二篇，郑、王合《彖辞》于经，已非本来面目，朱氏分而出之，是他的功。他取陈抟的《河图》《洛书》并入《易经》——《河图》《洛书》由陈抟传至邵康节（按即邵雍），再传至朱文公，他就列入《易经》。有清王懋竑为朱文公强辩，谓《河图》《洛书》非朱文公所列，那就太无谓了。因为朱文公对于道士炼丹之术，很有些相信，他曾替《参同契》（汉时道家书）作注释，在书上署名"空同道士邹䜣"，"邹""朱"双声，"䜣""熹"通训，他的本名已隐在里面了。——这是他的过。分《易》是还原，为功很小；增《河图》《洛书》是益迷信，过很大；可以说是功不掩过。

二、朱文公从文章上，怀疑伪古文《尚书》，开后人考据的端绪，是他的功。他怀疑《书序》（今文所无、古文所有）也是伪托，他的弟子蔡沈作《集传》，就不信《书序》，是他的过。这可说是功过相当。

三、古人作诗托男女以寓君臣，《离骚》以美人香草比拟，也同此意。朱文公对于《诗序》（唐时《本事诗》相类）解诗指为国事而作，很不满意，他遂以为是男女酬答之诗，这是不可掩的过。当时陈傅良反对朱文公，有"城阙为偷期之所，彤管为行淫之具"等语。（不见于今《诗传》，想已删去。）清人亦有指斥朱文公释《丘中有麻》诗为女人含妒意为不通者。

与朱文公同时有吕东莱（按即吕祖谦）治《毛诗》很精当，却不为时人所重。元代，朱子学说大行，明代更甚。在这二代中，经学无足观，士子受拘束也达极点，就激成清代的大反动。

清初，毛奇龄（号西河）首出反对朱子的主张。毛为文人，于经没彻底的研究，学说颇近王阳明。他驳斥朱子的地方固精当，他自己的主张和朱子一般荒谬。朱子注《四子书》，也有援引原注的，毛也一并指斥无余了。继起为胡渭（朏明），他精研地理，讲《禹贡》甚精当，对于《河图》《洛书》有重大的抨击。在那时双方各无所根据，凭主观立论，都不能立在不败之地，汉学便应运而起。

阎若璩力攻古代书籍，已和汉学接近，不过对于朱子，不十分叛离，有许多地方仍援用朱说的。后江慎修（按即江永）出，对于音韵有研究，也倾向到汉学，但未揭明汉学的旗帜。

揭汉学旗帜的首推惠栋（定宇）（苏州学派），他的父亲惠士奇著《礼说》《春秋说》已开其端，定宇更推扬之，汉学以定。他所谓汉学，是摈斥汉以下诸说而言。惠偏取北学，著有《九经古义》《周易述》《明堂大道录》等书，以《周易述》得名。后惠而起有戴震（东原），他本是江永的弟子，和惠氏的学说不十分相同，他著有《诗经小传》等书，不甚卓异。

就惠、戴本身学问论，戴不如惠，但惠氏不再传而奄息，戴的弟子在清代放极大异彩，这也有二种原因：

甲，惠氏墨守汉人学说，不能让学者自由探求、留发展余地。戴氏从音韵上辟出新途径，发明"以声音合文字，以文字考训诂"的法则。手段已有高下。

乙，惠氏揭汉学的旗帜，所探求的只是汉学。戴氏并非自命为汉学，叫人从汉学上去求新的发见，态度上也大有不同。

戴氏的四弟子，成就都很多，戴氏不过形似汉学，实际尚含朱子的臭味，他的弟子已是摈除净尽了。今将其四弟子分别说明如下：

一、孔广森讲音韵极精，著有《诗声类》一书。

二、任大椿著有《弁服释例》一书，很确实的。

三、段玉裁以《六书音韵表》《说文解字注》闻名。

四、王念孙本非戴的传经学生，戴在王家教授时，只不过教授些时文八股。王后来自有研究，所发明的比上列三家较多，《广雅疏证》一书，很为学者所重。

上列四家，孔、任尚近汉学，段已和汉学不同，王才高学精，用汉学以推翻汉学，诚如孟子所谓"逢蒙学射于羿，尽羿之道，于是杀羿"了。

王念孙及其子引之著《经义述闻》，引用汉代训诂，善于调换，于诸说中采其可通者，于是佶屈聱牙的古书，一变而为普通人所能懂得了。历来研究经学的，对于名词、动词有人研究；关于助词，都不知讨论。王氏父子著《经传释词》，于古书助词之用法列举无遗，实于我们研究上有莫大的便利，如《孟子》中"然而无有乎尔，则亦无有乎尔"二句，本不易解，王氏训"乎尔"为"于此""于彼"，便豁然可悟了。我以我们不看《经传释词》，也算是虚词不通。

上列二派，在清代称为"汉学"，和"宋学"对立，厥后崛起的为"常州派"，是今文学家。

"常州派"自庄存与崛起，他的外甥刘逢禄、宋翔凤承继他的学说。庄氏治《公羊》，却信东晋《古文尚书》，并习《周礼》。

刘氏亦讲《公羊》，却有意弄奇，康有为的离奇主张，是从他的主张演绎出来的；但他一方面又信《书序》。这两人不能说纯粹的今文学家。朱氏（按疑当为宋氏，宋翔凤）以《公羊》治《论语》，极为离奇，"孔教"的促成，是由他们这一班人的。今文学家的后起，王闿运、廖平、康有为辈一无足取，今文学家因此大衰了。

今文学家既衰，古文学家又起。孙诒让是一代大宗，《周礼正义》一书，颇为学者所重。在他以外，考典章制度原有江永、惠士奇（作《礼说》）、金榜（著《礼笺》）、金鹗（作《求古录》）、黄以周（著《礼书通故》）等人，但和他终有上下床之别。自孙诒让以后，经典大衰。像他这样大有成就的古文学家，因为没有卓异的今文学家和他对抗，竟因此经典一落千丈，这是可叹的。我们更可知学术的进步，是靠着争辩，双方反对愈激烈，收效方愈增大。我在日本主《民报》笔政，梁启超主《新民丛报》笔政，双方为国体问题辩论得很激烈，很有色彩，后来《新民丛报》停版，我们也就搁笔，这是事同一例的。

自汉分古今文，一变而为南北学之分，再变而为汉、宋学之分，最后复为今古文，差不多已是反原，经典的派别，也不过如此罢。

国学之派别（二）
——哲学之派别

"哲学"一名词，已为一般人所通用，其实不甚精当；"哲"训作"知"，"哲学"是求知的学问，未免太浅狭了。不过习惯相承，也难一时改换，并且也很难得一比此更精当的。南北朝号"哲学"为"玄学"，但当时"玄""儒""史""文"四者并称，"玄学"别"儒"而独立，也未可用以代"哲学"。至宋人所谓"道学"和"理学"是当时专门名辞，也不十分适用。今姑且用"哲学"二字罢。

　　讨论哲学的，在国学以子部为最多，经部中虽有极少部分与哲学有关，但大部分是为别种目的而作的。以《易》而论，看起来像是讨论哲学的书，其实是古代社会学，只《系辞》中谈些哲理罢了。《论语》，后人称之为"经"，在当时也只算是子书。此书半是"伦理道德学"，半是论哲理的。"九流"的成立，也不过适应当时需求，其中若"纵横家"是政客的技术，"阴阳家"是荒谬的迷信，"农家"是种植的技艺，"杂家"是杂乱的主张，都和哲学无关。至和哲学最有关系的，要算儒、道二家，其他要算"法家""墨家""名家"了。"道家"出于史官，和《易》相同。老、庄二子的主张，都和哲学有牵涉的。管子也是道家，也有小部分是和哲学有关的。儒家除《论语》一书外，还有《孟子》《荀子》都曾谈谈哲理。名家是治"正名定分之学"，就是现代的"伦理学"，可算是哲学的一部分。尹文子、公孙龙子，和《庄子》所称述的惠子，都是治这种学问的。惠子和公孙龙子主用奇怪的论调，务使人为我所驳倒，就是希腊所谓"诡辩学派"。《荀子·正名篇》，研究"名学"也很精当。墨子本为宗教家，但《经上》《经下》二篇，是极好的名学。法家本为应用的，而韩非子治法家之学，自谓出于老子，他有《解老》《喻老》二篇，太史公也把他和老、庄合传，其中有一部分也有关哲理的。儒家、道家和法家的不同，就在出发点上。儒、道二家是以哲理为基本而推衍到政治和道德的，法家是旁及哲理罢了。他如宋轻（按即宋钘），《汉书·艺文志》把他归在小说家，其实却有哲理的见解。庄子推宋轻为一家，《荀子·解蔽篇》驳宋轻的话很多，想宋轻的主张，在当时很流行，他是主张非兵的。宋轻所以算做小说家，因为他和别家不同：别家是用高深的学理，和门人研究；他是逢人便说，陈义很浅的。

　　周秦诸子，道儒两家所见独到。这两家本是同源，后来才分离的。《史记》载孔子受业于徵藏史，已可见孔子学说的渊源。

老子道德的根本主张，是"上德不德"，就是无道德可见，才可谓之为真道德。孔子的道德主张，也和这种差不多。就是孟子所谓"由仁义行，非行仁义也"，也和老子主张一样的。道儒两家的政治主张，略有异同；道家范围大，对于一切破除净尽；儒家范围狭小，对于现行制度，尚是虚与委蛇；也可以说是"其殊在量，非在质也"。老子为久远计，并且他没有一些名利观念，所以敢放胆说出；孔子急急要想做官，竟是"三月无君，则皇皇如也"，如何敢放胆说话呢！

儒家之学，在《韩非子·显学篇》说是"儒分为八"，有所谓颜氏之儒。颜回是孔子极得意门生，曾承孔子许多赞美，当然有特别造就。但孟子和荀子是儒家，记载颜子的话很少，并且很浅薄。《庄子》载孔子和颜回的谈论却很多。可见颜氏的学问，儒家没曾传，反传于道家了。《庄子》有极赞孔子处，也有极诽谤孔子处；对于颜回，只有赞无议，可见庄子对于颜回是极佩服的。庄子所以连孔子也要加抨击，也因战国时学者托于孔子的很多，不如把孔子也驳斥，免得他们借孔子作护符。照这样看来，道家传于孔子为儒家；孔子传颜回，再传至庄子，又入道家了。至韩退之以庄子为子夏门人，因此说庄子也是儒家。这是"率尔之论，未尝订入实录"。他因为庄子曾称田子方，遂谓子方是庄子的先生。那么，《让王篇》也曾举曾原、则阳、无鬼、庚桑诸子，也都列名在篇目，都可算做庄子的先生吗？

孟子，《史记》说他是"受业子思之门"。宋人说子思是出于曾子之门，这是臆测之词，古无此说。《中庸》中虽曾引曾子的话，也不能断定子思是出于曾子的。至谓《大学》是曾子所作，也是宋人杜撰，不可信的。子思在《中庸》所主张，确含神道设教的意味，颇近宗教；《孟子》却一些也没有。《荀子·非十二子篇》，对于子思、孟子均有诽议，说他们是信仰五行的。孟子信五行之说，今已无证据可考，或者外篇已失，内篇原是没有这种论调的。子思在《礼记》中确已讲过五行的话。

荀子的学问，究源出何人，古无定论。他尝称仲尼、子弓；子弓是谁，我们无从考出。有人说，子弓就是子张。子张在孔子门人中不算卓异的人才，如何会是他呢？今人考出子弓就是仲弓，这也有理。仲弓的学问，也为孔子所赞许，造就当有可观。郑康成《六艺论》，说仲弓是编辑《论语》的。而《荀子》一书，体裁也是仿效《论语》的，《论语》以《学而》始，以《尧曰》终；荀子也以《劝学》始，以《尧问》终。其中岂非有蛛丝马迹可寻吗？荀子和孟子虽是都称儒家，而两人学问的来源大不同。荀子是精于制度典章之学，所以"隆礼仪而杀《诗》《书》"，他书中的《王制》《礼论》《乐论》等篇，可推独步。孟子通古今，长于《诗》《书》，而于《礼》甚疏；他讲王政，讲来讲去，只有"五亩之宅，树之以桑；鸡豚狗彘之畜，无失其时；百亩之田，勿夺其时"等话，简陋不堪，那能及荀子的博大！但孟子讲《诗》《书》，的确好极，他的小学也很精，他所说："庠者养也；洚水者洪水也；畜君者好君也"等等，真可冠绝当代！由他们两人根本学问的不同，所以产生"性善""性恶"两大反对的主张。在荀子主礼仪，礼仪多由人为的，因此说人性本恶，经了人为，乃走上善的路。在孟子是主《诗》《书》；《诗》是陶淑性情的，《书》是养成才气的，感情和才气都自天然，所以认定人性本善的。两家的高下，原难以判定。韩退之以大醇小疵定之，可谓鄙陋之见。实在汉代治儒家之学，没有能及荀、孟两家了。

　　告子，庄子说他是兼学儒、墨，孟子和他有辩驳，墨子也排斥他的"仁内义外"的主张。墨、孟去近百年，告子如何能并见？或者当时学问是世代相传。告子的"生之为性，无善无不善"的主张，看起来比荀、孟都高一着。荀、孟是以所学定其主张，告子是超乎所学而出主张的。告子口才不及孟子，因此被孟子立刻驳倒。其实，孟子把"犬之性犹牛之性，牛之性犹人之性与？"一语难告子，告子也何妨说"生之为性，犬之生犹牛之生，牛之生犹人之生"呢？考"性"亦可训作"生"，古人所谓

"毁不灭性"的"性"字，就是"生"的意义。并且我们也常说"性命"一语呢！

道家的庄子以时代论，比荀子早些，和孟子同时，终没曾见过一面。庄子是宋人，宋和梁接近，庄子和惠子往来。惠子又为梁相，孟子在梁颇久，本有会面的机会，但孟子本性不欢喜和人家往来，彼此学问又不同，就不会见了。

庄子自以为和老子不同，《天下篇》是偏于孔子的。但庄子的根本学说，和老子相去不远。不过老子的主张，使人不容易捉摸，庄子的主张比较地容易明白些。

庄子的根本主张，就是"自由""平等"，"自由平等"的愿望，是人类所共同的，无论哪一种宗教，也都标出这四个字。自由平等见于佛经。"自由"，在佛经称为"自在"。庄子发明自由平等之义，在《逍遥游》《齐物论》二篇。"逍遥游"者自由也，"齐物论"者平等也。但庄子的自由平等，和近人所称的，又有些不同。近人所谓"自由"，是在人和人的当中发生的，我不应侵犯人的自由，人亦不应侵犯我的自由。《逍遥游》所谓"自由"，是归根结底到"无待"两字。他以为人与人之间的自由，不能算数；在饥来想吃，寒来想衣的时候，就不自由了。就是列子御风而行，大鹏自北冥徙南冥，皆有待于风，也不能算"自由"。真自由惟有"无待"才可以做到。近人所谓平等，是指人和人的平等，那人和禽兽草木之间，还是不平等的。佛法（按佛教名词，指佛教各种教义和佛教"真理"）中所谓平等，已把人和禽兽平等。庄子却更进一步，与物都平等了。仅是平等，他还以为未足。他以为"是非之心存焉"，尚是不平等，必要去是非之心，才是平等。庄子临死有"以不平平，其平也不平"一语，是他平等的注脚。

庄子要求平等自由，既如上述。如何而能达到平等自由，他的话很多，差不多和佛法相近。《庄子·庚桑楚篇》，朱文公说他全是禅（宋人凡关于佛法，皆称为"禅"），实在《庚桑楚篇》和

"禅"尚有别，和"佛法"真很近了。庄子说"灵台者有持"，就是佛法的"阿陀那识"，"阿陀那"意即"持"。我们申而言之，可以说，眼目口鼻所以能运动自由，都有"持之者"，即谓"持生之本也"。《庄子》又有《德充符篇》，其中有王骀者，并由仲尼称述他的主张。是否有此人，原不可知，或是庄子所假托的。我们就常季所称述"彼为己，以其知得其心；以其心得其常心"等语，是和佛法又相同的。"知"就是"意识"，"心"就是"阿陀那识"，或称"阿赖耶识"，简单说起来就是"我"。"常心"就是"庵摩罗识"，或称"真如心"，就是"不生不灭之心"。佛家主张打破"阿赖耶识"，以求"庵摩那识"。因为"阿赖耶识"存在，人总有妄想苦恼，惟能打破生命之现象，那"不生不灭之心"才出现。庄子求常心，也是此理。他也以为常心是非寻常所能知道的。庄子"无我"的主张，也和佛法相同。庄子的"无我"和孔子的"毋我"、颜子的"克己复礼"也相同，即一己与万物同化，今人所谓融"小我"于"大我"之中。这种高深主张，孟、荀见不到此，原来孔子也只推许颜回是悟此道的。所以庄子面目上是道家，也可说是儒家。

自孔子至战国，其间学说纷起，都有精辟的见解，真是可以使我们景仰的。

战国处士横议，秦始皇所最愤恨，就下焚书坑儒等凶辣手段。汉初虽有人治经学，对于"九流"，依旧怀恨，差不多和现在一般人切齿政客一般。汉武帝时，学校只许读经学，排斥诸子百家了。

汉初经学，一无可取，像董仲舒、公孙弘辈，在当时要算通博之儒，其他更何足论！西汉一代，对于哲理有精深研究的，只有扬雄一人。韩退之把荀、扬并称，推尊他已达极点。实在扬雄的学说，和荀、孟相差已多；秦汉以后的儒家，原没有及荀、孟。不过扬雄在当时自有相当的地位和价值。西汉学者迷信极重，扬雄能够不染积习，已是高人一着。他的《法言》，全仿

《论语》，连句调都有些模拟，但终究不及《荀子》。宋人说"荀子才高，扬子才短"，可称定评。

东汉学者迷信渐除，而哲理方面的发现仍是很少，儒家在此时渐出，王符《潜夫论》、王充《论衡》，可称为卓异的著述。王符专讲政治，和哲理无关。王充（也有归入杂家的）在《论衡》中几于无迷不破，《龙虚》《雷虚》《福虚》等篇，真是独具只眼。他的思想，锐敏已极，但未免过分，《问孔》《刺孟》等篇，有些过当之处。他又因才高不遇，命运一端，总看不破，也是遗恨。王充破迷信高出扬雄之上，扬雄新见解也出王充之上，这两人在两汉是前后辉映的。

汉人通经致用，最为曹操所不欢喜；他用移风易俗的方法，把学者都赶到吟咏一途，因此三国的诗歌，很有声色。这是曹操手段高出秦始皇处。

魏晋两朝，变乱很多，大家都感着痛苦，厌世主义因此产生。当时儒家迂腐为人所厌，魏文帝辈又欢喜援引尧舜，竟要说"舜禹之事，吾知之矣"。所以，"竹林七贤"便"非尧舜，薄汤武"了。七贤中嵇康、阮籍辈的主张和哲学没有关系，只何晏、王弼的主张含些哲学。何晏说"圣人无情"，王弼说"圣人茂于人者神明，同于人者五情"，这是两个重要的见解。郭象承何晏之说以解《庄子》，他说："子哭之恸，在孔子也不过人哭亦哭，并非有情的。"据他的见解，圣人竟是木头一般了。佛法中有"大乘""小乘"（按大乘、小乘是佛教派别名），习"小乘"成功，人也就麻木，习"大乘"未达到成佛的地位，依旧有七情的。

自魏晋至六朝，其间佛法入中国，当时治经者极少，远公（按即晋释慧远）是治经的大师。他非但有功佛法，并且讲《毛诗》、讲《仪礼》极精，后来治经者差不多都是他的弟子。佛法入中国，所以为一般人所信仰，是有极大原因：学者对于儒家觉得太浅薄，因此弃儒习老、庄，而老、庄之学，又太无礼法规则，彼此都感受不安。佛法合乎老、庄，又不猖狂，适合脾胃，大家认为非此无可求了。当时《弘明集》治佛法，多取佛法和老、庄相引证。才高的人，都归入此道，猖狂之风渐熄。

历观中国古代，在太平安宁之时，治哲学的极少，等到乱世，才有人研究。隋唐统一天下，讲哲理的只有和尚，并且门户之见很深，和儒家更不相容。唐代读书人极不愿意研究，才高的都出家做和尚去。我们在这一代中，只能在文人中指出三人：一、韩昌黎，二、柳子厚，三、李翱。韩昌黎见道不明，《原道》一篇，对于释、老只有武断的驳斥。柳子厚较韩稍高，他以为天是无知的。李翱（韩昌黎的侄婿）是最有学识的文人，他著《复性篇》说"斋戒其心，未离乎情；知本无所思，则动静皆离"，和禅宗（按禅宗为中国佛教宗派。以专修"禅定"而得名）很近了。李后来事药山（按唐代名僧），韩后来事大颠（按佛教禅宗南派慧能三传弟子，自号大颠和尚）；李和药山是意气相投，韩贬潮州以后，意气颓唐，不得已而习佛法的。韩习佛法，外面还不肯直认，和朋友通信，还说佛法外形骸是他所同意的。儒家为自己的体面计，往往讳言韩事大颠，岂不可笑！实在韩自贬潮州以后，人格就堕落，上表请封禅，就是献媚之举，和扬雄献符命有甚么区别呢？大颠对于韩请封禅一事，曾说："疮痍未起，安请封禅！"韩的内幕又被揭穿，所以韩对于大颠从而不敢违。韩对于死生利禄之念，刻刻不忘，登华山大哭、作《送穷文》，是真正的证据。韩、柳、李而外，王维、白居易也信佛，但主张难以考见，因为他们不说出的。

七国、六朝之乱，是上流社会的争夺。五代之乱，是下流社会崛起，所以五代学术衰微极了。宋初，赵普、李沆辈也称知理之人，赵普并且自夸"半部《论语》治天下"，那时说不到哲理。后来周敦颐出，才辟出哲理的新境域。在周以前有僧契嵩，著有《镡津文集》，劝人读《中庸》《文中子》、扬子《法言》等书，是宋学（按宋儒理学，为别于汉学，称为宋学。也称为道学）的渊源。周从僧寿崖，寿崖劝周只要改头换面，所以周所著《太极图说》《周子通书》，只皮相是儒家罢了。周的学说很圆滑，不易捉摸，和《老子》一般，他对二程只说："寻孔、颜乐处。"他终身寡言，自己不曾标榜，也可以说是道学以外的人。

二程都是周的弟子，对于"寻孔、颜乐处"一话，恐怕只有程明道（按即程颢）能做到。明道对人和颜悦色，无事如泥木人，他所著《定性篇》《识仁篇》，和李翱相近。他说"不要方检穷索"，又说"与其是外而非内，不如内外两忘"，见解是很精辟的。伊川（按即程颐）陈义虽高，但他自尊自大，很多自以为是之处，恐怕不见得能得孔、颜乐处。邵康节（按即邵雍）以"生姜树头生"一语讯伊川，就是说他自信过甚。

邵康节本为阴阳家，不能说是儒家，他的学问自陈抟传来，有几分近墨子。张横渠（按即张载）外守礼仪颇近儒，学问却同于回教。佛家有"见病"一义，就是说一切所见都是眼病。张对此极力推翻，他是主张一切都是实有的。考回纥自唐代入中国，奉摩尼教，教义和回相近。景教在唐也已入中国，如清虚一大为天，也和回教相同。张子或许是从回教求得的。

北宋诸学者，周子浑然元气，邵子迷于五行，张子偏于执拗，二程以明道为精深，伊川殊欠涵养，这是我的判断。

南宋，永嘉派承二程之学，专讲政治；金华派吕东莱辈，专讲掌故，和哲理无关。朱文公师事延平（按即李侗），承"默坐证心，体认天理"八字的师训。我们在此先把"天理"下一定义。"天"就是"自然"，"天理"就是"自然之理"，朱文公终身对于"天理"，总没曾体认出来；生平的主张，晚年又悔悟了。陆象山（按即陆九渊）和朱相反对，朱是揭"道学问"一义，陆是揭"尊德性"一义。比较起来，陆高于朱，陆"先立乎其大者"，谓《六经》注我，我不注《六经》，是主张一切皆出自心的。朱主张"无极太极"，陆则以为只有"太极"，并无"无极"的。两人通信辩论很多，虽未至诋毁的地步，但悻悻之气，已现于词句间。可见两人的修养都没有功夫。陆象山评二程，谓"明道尚疏通，伊川锢蔽生"，实在朱、陆的锢蔽，比伊川更深咧。朱时守时变，陆是一生不变的。王荆公（按即王安石）为宋人所最嫉恶，惟陆以与王同为江西人，所以极力称颂，也可见他的意气了。明王阳明之学，本高出陆象山之上，因为不敢自我作古，要攻讦朱文公，不得不攀附于陆象山了。

陆象山的学生杨慈湖（简），见解也比陆高，他所著的《绝四记》《己易》二书，原无甚精采，《己易》中仍是陆氏的主张；但杨氏驳《孟子》"求放心"和《大学》"正心"的主张说："心本不邪，安用正？心不放，安用求？"确是朱、陆所见不到的。黄佐（广东人）指杨氏的学说，是剽窃六祖惠能的主张，六祖的"菩提本非树，明镜亦非台，本来无一物，何处染尘埃？"一偈，确是和杨氏的主张一样的。

宋代的哲学，总括说起来：北宋不露锋芒，南宋锋芒太露了。这或者和南北地方的性格有关。

南宋，朱、陆两派，可称是旗鼓相当。陆后传至杨慈湖，学说是更高一步。在江西，陆的学说很流行，浙西也有信仰他的。朱的学说，在福建很流行，后来金华学派归附于他，浙东士子对朱很有信仰。

元朝，陆派的名儒，要推吴澄（草庐），但其见解不甚高。朱派仅有金华派传他的学说，金履祥（仁山）、王柏（会之）、许谦（白云），是这一派的巨擘。金履祥偶亦说经，立论却也平庸。许谦也不过如此。王柏和朱很接近，荒谬之处也很多，他竟自删《诗》了。

金华派传至明初，宋濂承其学，也只能说他是博览，于"经"于"理"，都没有什么表见。宋之弟子方孝孺（正学）对于理学很少说，灭族（按明成祖为燕王时，兵入南京，方不肯为之草写登极诏书，被杀，并灭十族——九族及方的学生，死者达八百七十余人）以后，金华派也就式微。明初，陆派很不流行，已散漫不能成派，这也因明太祖尊朱太过之故。

明自永乐后，学者自有研究，和朱、陆都不相同，学说也各有建树。且列表以明之：

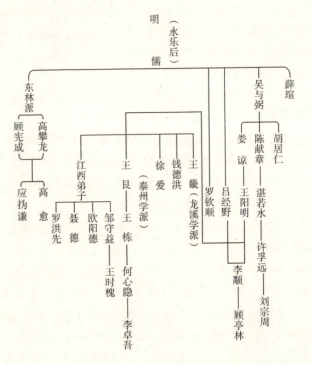

永乐时，薛、吴二人，颇有研究，立明代哲学之基。薛瑄（敬轩），陕西人，立论很平正，和朱文公颇相近。明人因为于谦被杀时，他居宰辅地位，不能匡救，很有微词，并且因此轻视他。吴与弼（康斋），家居躬耕，读书虽少，能主苦学力行，很为人所推重，后来他由石亨推荐出仕，对石亨称门下士，士流又引以为耻。

薛的学问，很少流传。吴的学问，流传较广。胡居仁、娄谅和陈献章三人，是他的学生。胡自己没有什么新的发明，明人对他也没有反对。娄的著作后来烧毁净尽，已无可考，不过王阳明是他的学生。陈在胡死后才著名，时人称为白沙先生。

明代学者和宋儒厘然独立，自成系统，自陈白沙始。宋人欢喜著书，并且有"语录"之类。陈白沙认著书为无谓，生平只有诗和序跋之类。他的性质，也和别人不同。初时在阳春坛静坐三年，后来只是游山赋诗，弟子从学也只有跟他游山。陈生平所最佩服的，只是"浴乎沂，风乎舞雩，咏而归，……吾与点也"这些话。对于宋儒都不看重，就是明道也不甚推重。他自以为濂溪（按濂溪即周敦颐）嫡派，终日无一时不乐的。白沙弟子湛若水，广东人，本"体认天理"一语，他以为无论何事，皆自然之规则。王阳明成进士时，和他交游，那时他学问高出王之上。后来，王别有研究，和他意见不甚相合。他自己讲学，流传颇广，知名的却很少。

王守仁（阳明）本是欢喜研究道教的，曾延道士至家，再四拜求。后来从娄谅游，成进士后又和湛往来，见解遂有变更。贬龙场驿丞（按王早年因反对宦官刘瑾被贬官）以后，阳明的学问大进。他看得世间别无可怕，只有死是可怕的，所以造石棺以尝死的况味；所主张的"致良知"，就在卧石棺时悟出。在贵州时有些苗民很崇拜他，从他讲求学问，阳明把"知行合一"和他们说。阳明的"知行合一"，和明道有些相同。明道以为曾经试行过，才算得"知"，没曾试行过，不能称为"知"，譬如不知道虎之凶猛的人，见虎不怕，受了虎的损害的，就要谈虎色变了。这类主张，渐变而为阳明的主张。阳明以为知即是行，也可说"知的恳切处即行，行的精粹处即知"。不过阳明的"知行合一"主张，是在贵州时讲的；后来到南京，专讲静坐；归江西后又讲"致良知"了。《传习录》是他在贵州时的产品，和后来有些不合。

阳明自悟得"致良知"以后，和朱文公不能不处于反对地位，并非专和朱反对，才有这些主张的。有人谓"致良知"的主张，宋胡宏在《胡子知言》已有讲起。阳明是否本之于胡，抑自己悟出，这是不能臆断的。阳明讲"良知"，曾攀附到孟子。实在孟子的"良知"，和他的殊不相同。孟子说："人之所不学而能者其良能也；所不虑而知者其良知也。孩提之童，无不知爱其亲者，及其长也，无不知敬其兄也。"可见他专就感情立论。阳明以为一念之生，是善是恶，自己便能知道，是溢出感情以外，范围较广了。孟子和阳明的不同，可用佛法来证明，《唯识论》里说：一念的发生，便夹着"相分""见分""自证分""证自证分"四项。且把这四个名词下一解释：

一、相分　"相分"就是"物色"，就是我们所念的。

二、见分　"见分"就是"物色此物色"，也就是我们所能念的。

三、自证分　念时有别一念同时起来，便是"自证分"。譬如我讲了后一句话，自己决不至忘了前一句话。便是"自证分"在那里主之。

四、证自证分　"自证分"的结果，便是"证自证分"。

再用例来说明：譬如，想到几年前的友朋，想到"他姓张或姓李"，后来忽然断定他是姓张，当时并不曾证诸记录或书籍的，这便是"相分，见分，自证分，证自证分"的连合了。依此来判良知，孟子所说是指"见分"，阳明是指"自证分，证自证分"的。可见阳明和孟子是不相关连的，阳明所以要攀附孟子，是儒家的积习：宋人最喜欢的是"喜怒哀乐之未发谓之中"，苏氏兄弟也尝说这话。实在《中庸》所说是专指感情的，宋人以为一切未发都算是中，相去很远了。还有"鸢飞鱼跃，活泼泼地"一语，也为宋人所最爱用，陈白沙更用得多。在《诗经》原意，不过是写景，（按《诗经·大雅·旱麓》第三章：鸢飞戾天，鱼跃于渊。岂弟君子，遐不作人。）《中庸》中"鸢飞戾天，鱼跃于渊，言其上下察也，"一节也不过引用诗文来表明"明"的意思。"察，明也"，鸢在上见鱼，很明白地想要攫取；鱼在下见鸢也很明白，立刻潜避了。就是照郑康成的注解，训"察"为"至"，也只说道之流行，虽愚夫愚妇都能明白，用鸢鱼来表示上下罢了；其中并没含快活的意思。宋人在"鸢飞鱼跃"下面，一定要加"活泼泼地"四字，和原意也不同了。——这些和阳明攀附孟子是一样的。

阳明"致良知"的主张，以为人心中于是非善恶自能明白，不必靠什么典籍，也不必靠旁的话来证明，但是第二念不应念，有了第二念自己便不明了。人以为阳明的学说，很宜于用兵；如此便不至有什么疑虑和悔恨。

晚年阳明讲"天泉证道"，王畿（龙溪）和钱德洪（绪山）是从游的。钱以为"无善无恶心之体，有善有恶心之动，知善知恶为致知，存善去恶为格物。"王和他不同，以为一切都是无善无恶的。阳明对于这两种主张，也不加轩轾于其间。

阳明的弟子，徐爱早死，钱德洪的学问，人很少佩服他。继承阳明的学问，要推王艮和王畿。王艮，泰州人，本是烧银的灶丁，名"银"，"艮"是阳明替他改的。他见阳明时，学问已博，初见时阳明和他所讲论，他尚不满意，以为阳明不足为之师，后来阳明再讲一段，他才佩服。他的学问，和程明道、陈白沙颇相近，有《学乐歌》："学是乐之学；乐是学之乐。"从他游的颇多寻常人，间有上流人，自己真足自命不凡的。王畿是狂放的举人，很诽议阳明的，后来忽又师事阳明了。黄梨洲（按即黄宗羲）《明儒学案》对于二王都有微词。他佩服的是阳明的江西弟子。

阳明的江西弟子，以邹守益、欧阳德、聂德、罗洪先为最有造就。罗自有师承，非阳明弟子，心里很想从阳明游，不能如愿，后来阳明也死了。阳明弟子强罗附王，他也就承认。罗的学问比他弟子高深得多；自己静坐有得，也曾访了许多僧道。他说："极静之时，但觉此心本体如长空云气，大海鱼龙；天地古今，打成一片。"黄佐对于罗的论调，最不赞同；以为是参野狐禅，否则既谓无物，那有鱼龙。实在，心虽无物而心常动，以佛经讲，"阿赖耶识"是恒转如瀑流，就是此意。罗所说"云气"

和"鱼龙"是表示动的意思。罗洪先自己确是证到这个地步，前人没有及他的了。

王时槐的学问自邹守益传来，见解颇精深。他说："纯无念时，是为一念，非无念也，时之至微者也。"譬如吾人入睡，一无所梦，这时真可算无念，但和死却有分别的。就佛法讲"意根恒审思量"，意根念念所想的什么？就是"我"，"我"就是"阿赖耶识"。我所以不忘这"我"，便因有了"意根"之故。"我"，寻常人多不疑，譬如自己说了一句话，决不会疑"这是谁说的？"至于其余对象，我们总要生一种疑虑的。念念想着，和无念竟是差不多，我们从早晨起来感到热，继续热下去，也就感不到了：所以纯无念时，仍有一念。

王艮弟子王栋主张意与心有分，以为"意非心之所发，意为心之主者"。这种主张，和佛法说有些相同。佛法以"阿赖耶识"自己无作用，有了意根，才能起作用，也就是禅宗所谓"识得主人翁"的意思。刘宗周对于王栋的主张很多采取；栋自己看书不多，这种见解，的确是证出的。

阳明、若水两派以外，有许多士子信仰吕泾野的主张。吕，陕西人，笃守礼教，和朱文公最相近；立言很平正，无过人处。当时所以能和湛、王并驾，这也因王的弟子，太不守礼法，猖狂使人生厌；那些自检的子弟，就倾向吕泾野了。原来何心隐习泰州之学差不多和政客一般，张居正恨而杀之。李卓吾师事何心隐，荒谬益甚，当时人所疾首痛心的。这守礼教和不守礼教，便是宋、明学者的大别。宋儒若陆象山见解之超妙，也仍对于礼教拘守不敢离，既禁止故人子的挟妓，又责备吕东莱的丧中见客。明儒若陈白沙已看轻礼教，只对于名节还重视，他曾说"名节乃士人之藩篱"。王阳明弟子猖狂已甚，二王为更甚，顾亭林（按顾炎武）痛骂"王学"（即王阳明所创学派）也是为此。

湛、王学问，晚年已不相同，但湛弟子许孚远，却合湛、王为一。再传至刘宗周（蕺山），自己又别开生面，和湛、王都有些不同。刘主张"意非心之所发"，颇似王栋；"常惺惺"，也是他的主张，这主张虽是宋人已讲过，但他的功夫是很深的。

阳明附会朱文公《晚年定论》，很引起一般人的攻讦。同时有罗钦顺（整庵）和他是对抗的。罗的学问，有人说他是朱派，实在明代已无所谓纯粹朱派。罗的见解，又在朱之上，就说是朱派，也是朱派之杰出者。罗本参禅，后来归入理学，纠正宋儒之处很多。朱文公所谓"气质之性，义理之性"，罗表示反对，他说："义理乃在气质之中。"宋人于天理人欲纠缠不清。罗说："欲当即理。"这种见解，和王不同，较朱又高一着，所以能与阳明相抗衡。清戴东原（按即戴震）的主张，是师承罗的学说的。

明末，东林派高攀龙、顾宪成等也讲宋人学问，较阳明弟子能守规矩。他们有移风易俗的本意，所以借重礼法。不过党派的臭味太重，致召魏忠贤杀害的惨劫。清初，东林派还有流传，高愈、应拣谦辈也只步武前人罢！

此外尚有李颙（二曲）也是名儒。李，陕西人，出身微贱，原是一个差役。他自己承认是吕派，实际是近王派的，所发见很不少。他每天坐三炷香，"初则以心观心，久之心亦无所观"，这是他的工夫。他尝说"一念万念"一句话。这话很像佛法，但是究竟的意思，他没有说出。我们也不知道他是说"一念可以抵万念呢"？抑或是"万念就是一念呢"？在佛法中谓：念念相接则生时间；转念速，时间长，转念慢，时间短；一刹那可以经历劫。李的本意，或许是如此。李取佛法很多，但要保持礼教面目，终不肯说出。"体用"二字，本出于佛法，顾亭林以此问他，他也只可说"宝物出于异国，亦可采取"了。

清代，理学可以不论，治朱之学远不如朱。陆陇其（稼书）、汤斌等隶事两朝，也为士林所不齿，和吴澄事元有什么分别呢？江藩作《宋学渊源记》，凡能躬自力行的都采入，那在清廷做官的，都在摈弃之列。

颜元（习斋）、戴震（东原），是清代大儒。颜力主"不骛虚声"，劝学子事礼、乐、射、御、书、数，和小学很相宜。戴别开学派，打倒宋学。他是主张"功利主义"，以为欲人之利于己，必先有利于人，并且反对宋人的遏情欲。

罗有高（台山）、彭绍升（尺木）研究王学的。罗有江湖游侠之气，很佩服李卓吾（按即李贽）；彭信佛法，但好扶乩；两人都无足取。

哲学的派别，既如上述，我们在此且总括地比较一下：以哲学论，我们可分宋以来之哲学、古代的九流、印度的佛法和欧西的哲学四种。欧西的哲学，都是纸片上的文章，全是思想，并未实验。他们讲唯心论，看着的确很精，却只有比量，没是现量，不能如各科学用实地证明出来。这种只能说是精美的文章，并不是学问，禅宗说"猢狲离树，全无伎俩"，是欧西哲学绝佳比喻；他们离了名相，心便无可用了。宋、明诸儒，口头讲的原有，但能实地体认出来，却也很多，比欧西哲学专讲空论是不同了。

再就宋以来的理学和九流比较看来，却又相去一间了。黄梨洲说："自阳明出，儒释疆界，邈若山河。"实在儒、释之界，宋已分明，不过儒、释有疆界，便是宋以后未达一间之遗憾。宋以后的理学，有所执着，专讲"生生不灭之机"，只能达到"阿赖耶恒动如瀑流"，和孔子"逝者如斯夫，不舍昼夜"地步；那"真如心"便非理学家所能见。孔子本身并非未尝执着，理学强以为道体如此，真太粗心了！

至于佛法所有奥妙之处，在九流却都有说及，可以并驾齐驱。佛法说"前后际断"；庄子的"无终无始，无几无时；见独而后，能无古今"，可说是同具一义的。佛法讲"无我"，和孔子的"毋我""克己复礼"，庄子的"无己恶乎得有有"，又相同了。佛家的"唯识唯心说"："心之外无一物；心有境无；山河大地，皆心所造"，九流中也曾说过。战国儒家公孙尼子说"物皆本乎心"，孟子说："万物皆备于我"，便是佛家的立意。佛家大乘断"所知障"，断"理障"；小乘断"烦恼障"，断"事障"。孔子说

"我有知乎哉？无知也"，老子说"玄之又玄，众妙之门"，又说"涤除玄览"：便是断"所知"和"理"障的了。佛法说"不生不灭"，庄子说"无古今而后人于不死不生"；"不死不生"就是"不生不灭"。佛法说"无修无证，心不见心，无相可得"。孟子说"望道而未之见"（道原是不可见，见道即非道），庄子说"斯身非吾有也，胡得有乎道？"又相同了。照这么看来，"九流"实远出宋、明诸儒之上，和佛法不相出入的。

我们研究哲学，从宋人入手，却也很好，因为晋人空谈之病，宋人所无，不过不要拘守宋学，才有高深的希望。至于直接研究佛法，容易流入猖狂。古来专讲佛而不讲儒学的，多不足取，如王维降安禄山，张商英和蔡京辈往来，都是可耻的。因为研究佛法的居士，只有五戒，在印度社会情形简单，或可维持，中国社会情形复杂，便不能维持了。历来研究儒家兼讲佛法的，如李习之（按即李翱）、赵大州口不讳佛，言行都有可观。可见研究佛法，非有儒学为之助不可。

国学之派别（三）
——文学之派别

什么是文学？据我看来，有文字著于竹帛叫做"文"，论彼的法式叫做"文学"。文学可分有韵无韵二种：有韵的今人称为"诗"，无韵的称为"文"。古人却和这种不同。《文心雕龙》说："今之常言，有文有笔，有韵者文也，无韵者笔也。"范晔自述《后汉书》说："文患其事尽于形，情急于藻，义牵其旨，韵移其意"，"政可类工巧图绩，竟无得也"，"手笔差易，文不拘韵故也"。可见有韵在古谓之"文"，无韵在古谓之"笔"了。不过做无韵的固是用笔，做有韵的也何尝不用笔，这种分别，觉得很勉强，还不如后人分为"诗""文"二项的好。

古时所谓文章，并非专指文学。孔子称"尧、舜焕乎其有文章"，是把"君臣朝廷尊卑贵贱之序，车舆衣服宫室饮食嫁娶丧祭之分"叫做"文"，"八风从律，百度得数"叫做"章"。换句话说：文章就是"礼""乐"。后来范围缩小，文章专指文学而言。

文学中有韵无韵二项，后者比前者多。我们现在先讨论无韵的文。在讨论文的派别之先，把文的分类讲一讲，并列表以清W眉目：

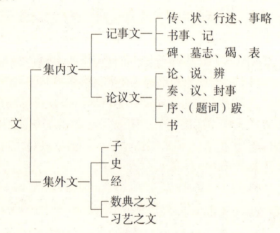

我们普通讲文，大概指集部而言，那经、史、子，文非不佳，而不以文称。但上表所列文的分类中，以"传"而论，"四史"（按即《史记》《汉书》《后汉书》《三国志》的总称）中列传已在集部以外，"本纪""世家"和"传"是同性质的，也非集部所有；集部只有"家传"。以"论"而论，除了文人单篇的论文，也有在集部以外的；譬如：庄子《齐物论》，荀子《礼论》《乐论》，贾谊《过秦论》都是子部所有的。以"序"而论，也只单篇的，集中所已备；那连合的序，若《四库提要》，就非集部所有。至如"编年史"中《左传》《资治通鉴》之类和"名人年谱"，都是记事文，也非集部所能包了。

"传"是记述某人的一生、或一事，我们所普通见到的。明人以为没曾做过史官，不应替人做"传"；我以为太拘了。史官所做，是卿相名人的"传"。那普通人的"传"，文人当然可以做的。"行述""状"和"传"各不相同。"状"在古时只有几句考语，用以呈诸考功之官，凭之以定谥法。自唐李翱以为"状"仅凭考语不能定谥法，乃定"状"亦须叙事，就与"传"相同。"行述"须叙事，形式与"传"虽相同而用处不同。

"碑"原非为个人而作，若秦"峄山碑"是纪始皇的功绩，汉裴岑"纪功碑"是记破西域的事迹，差不多都是关于国家大事的。就以"庙碑"而论，虽为纪事，也不是纯为纪事的。只有墓上之碑，才是为个人而作。"碑""碣"实质是一样的，只大小长短不同。唐五品以上可用"碑"，六品以下都用"碣"的。"表"和"碑""碣"都不同，没有大小长短的区别。说到彼等的内质，"传"是纪事的；"状"是考语兼纪事的；"碑"是考语多，后附有韵的铭，间有纪事，也略而不详。宋以后"碑"和"传"只有首尾的不同了。"表"，宋后就没有"铭"；在汉时有"表记""表颂"的不同，"表颂"是有"铭"的。汉以前没有"墓志"，西晋也很少，东晋以后才多起来。这也因汉人立碑过多，东晋下令禁碑，"墓志"藏在墓内，比较便当一些。北朝和唐并不禁碑，而墓志很流行：一、官品不及的；二、官品虽大曾经犯罪的；三、节省经费的，都以此为便。"墓志"的文章，大都敷衍交情，没有什么精采。至很小的事，记述大都用"书事"或"记"等。

单篇论文，在西汉很少，就是《过秦论》也见贾子《新书》中的。东汉渐有短论，延笃《仁孝先后论》可算是首创。晋人好谈名理，"论说"乃出。这种论文，须含陆士衡《文赋》所说"精微流畅"那四字的精神。

"奏"，秦时所无，有之自汉始。汉时奏外尚有"封事"，是奏密事用的。奏，有的为国家大事，有的为个人的事，没有定规的。

"议"，若西汉《石渠议》《盐铁论》《白虎通》，都是合集许多人而成的。后来，凡议典礼，大都用"议"的。

"书"，在古时已有，差不多用在私人的往还，但古人有"上书"，则和"奏记"差不多，也就是现今的"说帖"和"禀"。至如刘歆《移让太常博士书》，却又和"移文"一样了。

"序"，也是古所已有，如《序卦》《书序》《诗序》都是的；刘向《别录》和《四库提要》也是这一类。后人大概自著自作，或注释古书附加一序的。古人的"题词"和"序"相同，赵岐注《孟子》，一"序"一"题词"，都用在前面。"跋"，大都在书后，体裁和序无不同之处。

纪事论议而外，尚有集部所无的，如：

（壹）数典之文：

甲、官制　如《周礼》《唐六典》《明清会典》之类。

乙、仪注　《仪礼》《唐开元礼》等皆是。

丙、刑法　如《汉律》《唐律》《明律》《清律》之类。

丁、乐律　如宋《律吕正义》、清《燕乐考原》等。

戊、书目　如刘向《别录》，刘歆《七略》，王俭、阮孝绪《七录》《七志》，宋《崇文书目》，清《四库提要》之类。

（贰）习艺之文：

甲、算术　如《九章算法》《圜法》之类。

乙、工程　如《周礼·考工记》，徐光启的《龙骨车》《玉衡车》之类。

丙、农事　如北魏《齐民要术》、元王桢《农书》、明徐光启《农政全书》之类。

丁、医书　如《素问》《灵枢》《伤寒论》《千金要方》之类。

戊、地志　如《禹贡》《周礼·职方志》《水经》《水道提纲》《乾隆府厅州县志》《方舆志略》之类。

以上各种，文都佳绝，也非集部所具的，所以我们目光不可专注在集部。

文学的分类既如上述，我们再进一步讨论文学的派别：

经典之作，原非为文；诸子皆不以文称。《汉书·贾谊传》称贾谊"善属文"，文乃出。西汉一代，贾谊、董仲舒、太史公、枚乘、邹阳、司马相如、扬雄、刘向，称为"文人"。但考《汉书》所载赵充国的奏疏，都卓绝千古，却又不以"文人"称，这是什么原故呢？想是西汉所称为"文人"，并非专指行文而言，必其人学问渊博，为人所推重，才可算文人的。东汉班彪著《王命论》，班固著《两都赋》，以及蔡邕、傅毅之流，是当时著称的文人。但东汉讲政治若崔实《政论》，仲长统《昌言》，说经若郑康成之流，行文高出诸文人上，又不以文名了。在西汉推尊文人，大概注目在淹博有学问一点，东汉推尊的文人，有些不能明白了。东、西汉文人在当时并无派别，后人也没曾有人替他们分成派别的。

三国时曹家父子三人（操、丕、植）文名甚高。操以"诏令"名，丕以《典论》名，植以《求自试表》等称，人们所以推尊他们，还不以其文，大都是以诗推及其文的。徐干诗不十分好，《中论》一书也不如仲长统所著而为当时所称；吴中以张昭文名为最高，我们读他所著，也无可取，或者以道德而推及其文的。陆家父子（逊、抗、凯、云、机）都以文名，而以陆机为尤，他是开晋代文学之先的。晋代潘、陆虽并称，但人之尊潘终不如陆，《抱朴子》中有赞陆语，《文中子》也极力推尊他，唐太宗御笔《赞》也只有陆机、王羲之二人，可见人们对他的景仰了。自陆出，文体大变：两汉壮美的风气，到了他变成优美了；他的文，平易有风致，使人生快感的。晋代文学和汉代文学，有大不同之点。汉代厚重典雅，晋代华妙清妍，差不多可以说一是刚的、一是柔的。东晋好谈论而无以文名者，骈文也自此产生了。南北朝时傅季友（宋人）骈体殊佳，但不能如陆机一般舒卷自如，后此任昉、沈约辈每况斯下了。到了徐、庾之流，去前人更远，对仗也日求精工，典故也堆叠起来，气象更是不雅淡了。至当时不以文名而文极佳的，如著《崇有论》的裴颜，著《神灭论》的范缜等；更如孔琳（宋）、萧子良（齐）、袁翻（北魏）的奏疏，干宝、袁宏、孙盛、习凿齿、范晔的史论，我们实在景仰得很。在南北朝，文家亦无派别，只北朝人好摹仿南朝，因此有推尊任昉的有推尊沈约的等不同。北朝至周，文化大衰，到了隋代，更是文不成文了。

唐初文也没有可取，但轻清之气尚存，若杨炯辈是以骈兼散的。中唐以后，文体大变，变化推张燕公（按即张说，玄宗时封燕国公）、苏许公（按即苏颋，袭封许国公）为最先，他们行文不同于庾，也不同于陆，大有仿司马相如的气象。在他们以前，周时有苏绰，曾拟《大诰》，也可说是他们的滥觞。韩、柳的文，虽是别开生面，却也从燕、许出来，这是桐城派不肯说的。中唐萧颖士、李华的文，已渐趋于奇。德宗以后，独孤及的行文，和韩文公更相近了。后此韩文公、柳宗元、刘禹锡、吕温，都以文名。四人中以韩、柳二人最喜造词，他们是主张词必己出的。刘、吕也爱造词，不过不如韩、柳之甚。韩才气大，我们没见他的雕琢气；柳才小，就不能掩饰。韩之学生皇甫湜、张籍，也很欢喜造词。晚唐李翱别具气度，孙樵佶屈聱牙，和韩也有不同。骈体文，唐代推李义山（按即李商隐），渐变为后代的"四六体"，我们把他和陆机一比，真有天壤之分。唐人常称孟子、荀卿，也推尊贾谊、太史公，把晋人柔曼气度扫除净尽，返于汉代的"刚"了。

宋苏轼称韩文公"文起八代之衰"，人们很不佩服。他所说八代，也费端详。有的自隋上推，合南朝四代及晋、汉为八代，这当然不合的；有的自隋上推，合北朝三代及晋、汉、秦为八代，那是更不合了。因为司马迁、贾谊是唐人所极尊的，东坡何至如此胡涂？有的自隋上推，合南朝四代、北朝三代为八代，这恰是情理上所有的。

宋初承五代之乱，已无文可称。当时大都推重李义山，四六体渐盛，我们正可以说李义山是承前启后的人，以前是骈体，以后变成四六了。北宋初年，柳开得《韩昌黎集》读之，行文自以为学韩，考之实际，和韩全无关系，但宋代文学，他实开其源。以后穆修、尹洙辈也和四六离异，习当时的平文（古文一名，当时所无），尹洙比较前人高一着。北宋文人以欧阳修、三苏、曾、王为最著。欧阳本习四六，后来才走入此途；同时和他敌对，首推宋祁。祁习韩文，著有《新唐书》，但才气不如韩。他和欧阳交情最深，而论文极不合。他的长兄宋郊，习燕、许之文，和他也不同。

明人称"唐宋八大家"，因此使一般人以为唐宋文体相同。实在唐文主刚，宋文主柔，极不相同。欧阳和韩，更格格不相入。韩喜造词，所以对于李观、樊宗师的文很同情。欧阳极反对造词，所以"天地轨，万物苗，圣人发"等句，要受他的"红勒帛"（按即红帛做的腰带，此指批改文字时用笔涂抹的痕迹。欧阳修涂抹上述文字，见《梦溪笔谈·九·人事》）。并且"黈纩塞耳，前旒蔽明"二语，见于《大戴礼》，欧阳未曾读过，就不以为然，它无论矣。三苏以东坡为最博，洵、辙不过尔尔。王介甫（按即王安石）才高，读书多，造就也较多。曾子固（按即曾巩）读书亦多，但所作《乐记》，只以大话笼罩，比《原道》还要空泛。有人把他比刘原甫，一浮一实，拟于无伦了。宋人更称曾有经术气，更堪一笑！

南宋文调甚俗，开科举文之端。这项文东坡已有雏形，只未十分显露，后来相沿而下，为明初宋濂辈的台阁体。中间在元代虽有姚燧、虞集辈尚有可观，但较诸北宋已是一落千丈。

宋代不以文名而文佳者，如刘敞、司马光辈谨严厚重，比欧阳高一等，但时人终未加以青目，这也是可惜的。

明有"前七子""后七子"之分。"前七子"（李梦阳等）恨台阁体；"后七子"（王世贞等）自谓学秦、汉，也很庸俗。他们学问都差于韩、苏，摹拟不像，后人因此讥他们为伪体。归有光出，和"后七子"中王世贞相抗敌，王到底不能不拜他的下风。

归所学的是欧、曾二家，确能入其门庭，因此居伪体之上。正如孟子所说："五谷不熟，不如荑稗"的了！

桐城派，是以归有光为鼻祖，归本为崐山人，后来因为方、姚（按方即方苞，姚即姚鼐）兴自桐城，乃自为一派，称文章正宗。归讲格律、气度甚精工，传到顾亭林有《救文》一篇，讲公式禁忌甚确，规模已定。清初汪琬学归氏甚精，可算是归氏的嫡传，但桐城派不引而入之，是纯为地域上的关系了。

方苞出，步趋归有光，声势甚大，桐城之名以出。方行文甚谨严，姚姬传承他的后，才气甚高，也可与方并驾。但桐城派所称刘大櫆，殊无足取；他们竟以他是姚的先生，并且是桐城人，就凭意气收容了，因此引起"阳湖"和他对抗。阳湖派以恽敬、张惠言为巨子。惠言本师事王灼，也是桐城派的弟子。他们嫉恶桐城派独建旗帜，所以分裂的，可惜这派传流不能如桐城派的远而多。姚姬传弟子甚多，以管同、梅曾亮为最。梅精工过于方、姚，体态也好，惜不甚大方，只可当作词曲看。曾国藩本非桐城人，因为声名煊赫，桐城派强引而入之。他的著作，比前人都高一著。归、汪、方、姚都只能学欧、曾（按此指曾巩）。曾（按此指曾国藩）才有些和韩相仿佛，所以他自己也不肯说是桐城的。桐城派后裔吴汝纶的文，并非自桐城习来，乃自曾国藩处授得的。清代除桐城而外，汪中的文也卓异出众，他的叙事文与姚相同，骈体文又直追陆机了。

我们平心论之，文实在不可分派。言其形式，原有不同，以言性情才力，各各都不相同，派别从何分起呢？我们所以推重桐城派，也因为学习他们的气度格律，明白他们的公式禁忌，或者免除那台阁派和七子派的习气罢了。

他们所告诉我们的方式和禁忌，就是：

（一）官名、地名应用现制。

（二）亲属名称应仍《仪礼·丧服》《尔雅·丧服》之旧。（按《尔雅》无此篇，疑当为《尔雅·释亲》。）

（三）不俗——忌用科举滥调。

（四）不古。

（五）不枝。

我们在此可以讨论有韵文了。有韵文是什么？就是"诗"。有韵文虽不全是诗，却可以归在这一类。在古代文学中，诗而外，若"箴"，全是有韵的；若"铭"，虽杂些无韵，大部分是有韵的；若"诔"，若"像赞"，若"史述赞"，若"祭文"，也有有韵的，也有无韵的。那无韵的，我们可归之于文；那有韵的可归之于诗了。至于《急就章》《千字文》《百家姓》、医方歌诀之类，也是有韵的，我们也不能不称之为诗。——前次曾有人把《百家姓》可否算诗来问我，我可以这么答道："诗只可论体裁，不可论工拙，《百家姓》既是有韵，当然是诗。"——总之，我们要先确定有韵为诗，无韵为文的界限，才可以判断什么是诗，像《百家姓》之流，以工拙论，原不成诗，以形式论，我们不能不承认他是诗。

诗以广义论，凡有韵是诗；以狭义论，则惟有诗可称诗。什么可称诗？《周礼·春官》，称六诗，就是风、赋、比、兴、雅、颂。但是后来赋与诗离，所谓比、兴也不见于《诗经》。究竟当日的赋、比、兴是怎样的？已不可考。后世有人以为赋、比、兴就在风、雅、颂之中，《郑志》张逸问："何诗近于比、赋、兴？"答曰："比、赋、兴，吴札观诗时，已不歌也。孔子录诗，已合风、雅、颂中，难复摘别，篇中义多兴，此谓比、赋、兴各有篇什。自孔子殽杂第次而毛公独旌表兴，其比、赋俄空焉。圣者颠倒而乱形名，大师偏弼而失邻类。"郑康成《六艺论》也说：风、雅、颂中有赋、比、兴。《毛传》在诗的第一节偶有"兴也"二字。朱文公也就自我作古，把"比也""赋也"均添起来了。我以为诗中只有风、雅、颂，没有赋、比、兴。左氏说：《彤弓》《角弓》，其实《小雅》也；吉甫作诵，其风肆好，其实《大雅》也"。考毛公所附"兴也"的本义，也和赋、比、兴中的"兴"

不同，只不过像《乐府》中的"引""艳"一样。

"六诗"（按《诗经》学名词）本义何在？我们除比、兴不可考而外，其余都可溯源而得之：

一、风　《诗·小序》："风者上以风化下，下以风刺上。"我以为风的本义，还不是如此。风是空气的激荡，气出自口就是风，当时所谓风，只是口中所讴唱罢了。

二、颂　"颂"在《说文》就是"容"字，《说文》中"容"只有纳受的意义，这"颂"字才有形容的意义。《诗·小序》谓："颂者美盛德之形容。"我们于此可想见古人的颂是要"式歌式舞"的。

三、赋　古代的赋，原不可见，但就战国以后诸赋看来都是排列铺张的。古代凡兵事所需，由民间供给的谓之"赋"，在收纳民赋时候，必须按件点过。赋体也和按件点过一样，因此得名了。

四、雅　这项的本义，比较的难以明白。《诗·小序》说："雅者正也。"雅何以训作正？历来学者都没有明白说出，不免引起我们的疑惑。据我看来，"雅"在《说文》就是"鸦"，"鸦"和"乌"音本相近，古人读这两字也相同的，所以我们也可以说"雅"即"乌"。《史记·李斯传·谏逐客书》《汉书·杨恽传·报孙会宗书》均有"击缶而歌乌乌"之句，人们又都说"乌乌"秦音也。秦本周地，乌乌为秦声，也可以说乌乌为周声。又商有颂无雅，可见雅始于周。从这两方面看来，"雅"就是"乌乌"的秦声，后人因为他所歌咏的都是庙堂大事，因此说"雅"者正也。《说文》又训"雅"为"疋"，这两字音也相近。"疋"的本义，也无可解，说文训"疋"为"足"，又说："疋，记也。"大概"疋"就是后人的"疏"，后世的"奏疏"，也就是记。《大雅》所以可说是"疋"，也就因为《大雅》是记事之诗。

我们明白这些本义，再去推求《诗经》，可以明白了许多。

太史公在《孔子世家》说："古者诗三千余篇，及至孔子，去其重，取可施于礼义，上采契、后稷，中述殷、周之盛，至幽、厉之缺，始于为袵席。故曰《关雎》之乱以为《风》始。《鹿鸣》为《小雅》始，《文王》为《大雅》始，《清庙》为《颂》始，三百五篇，孔子皆弦歌之以求合韶、武、雅、颂之音。"可见古诗有三千余篇。有人对于三千余篇有些怀疑，以为这是虚言。据我看来，这并非是虚言。风、雅、颂已有三百余篇，考他书所见逸诗，可得六百余篇；若赋、比、兴也有此数，就可得千二百篇了。《周礼》称九德（按指九种品德）六诗之歌，可见六诗以外，还有所谓九德之歌。在古代盛时，"官箴、占繇皆为诗，所以序《庭燎》称'箴'，《沔水》称'规'，《鹤鸣》称'诲'，《祈父》称'刺'，诗外更无所谓官箴，辛甲诸篇，也在三千之数。"（按《庭燎》《沔水》《鹤鸣》《祈父》为《诗经》篇名）我们以六诗为例，则九德也可得千八百篇：合之已有三千篇之数，更无庸怀疑。至于这三千篇删而为三百篇，是孔子所删，还是孔子以前已有人删过呢？我们无从查考。不过孔子开口就说诵诗三百，恐怕在他以前，已有人把诗删过了！大概三千篇诗太复杂，其中也有诵世系以劝戒人君，若《急就章》之流，使学者厌于讽诵。至若比、赋、兴虽依情志，又复广博多华，不宜声乐，因此十五流中删取其三，到了孔子不过整齐彼的篇第不使凌乱罢了。

《诗经》只有《风》《雅》《颂》，赋不为当时所称，但是到了战国，赋就出来了。屈原、孙卿（按即荀子）都以赋名：孙卿以《赋》《成相》分二篇，题号已别。屈原《离骚》诸篇，更可称为卓立千古的赋。《七略》次赋为四家：一曰屈原赋，二曰陆贾赋，三曰孙卿赋，四曰杂赋。屈原的赋，是道情的，孙卿的赋是咏物的，陆贾赋不可见，大概是"纵横"之变。后世言赋者，大都本诸屈原。汉代自从贾生《惜誓》上接《楚辞》《鹏鸟》仿佛《卜居》，司马相如自《远游》流变而为《大人赋》，枚乘自《大招》《招魂》散而为《七发》，其后汉武帝《悼李夫人》、班婕妤《自悼》，以及淮南、东方朔、刘向辈大都自屈、宋脱胎来的。至摹拟孙卿的，也有之，如《鹦鹉》《焦鹩》诸赋都能时见一端的。

三百篇（按即《诗经》）以后直至秦代，无诗可见。一到汉初，诗便出来了。汉高祖《大风歌》，项羽《虞兮歌》，可说是独创的诗。此后五言诗的始祖，当然要推《古诗十九首》；这十九首中据《玉台新咏》指定九首是枚乘作的，可见这诗是西汉的产品。至苏武、李陵赠答之诗，有人疑是东汉时托拟的。这种五言诗多言情，是继四言诗而起的，因为四言诗至三百篇而至矣尽矣，以后继作，都不能比美，汉时虽有四言诗，若韦孟之流，才气都不及，我们总觉得很淡泊。至碑铭之类（峄山碑等）又是和颂一般，非言情之作，其势非变不可，而五言代出。

汉代雅已不可见，《郊祀歌》之流，和颂实相类似，四言而外，也有三言的，也有七言的。此后颂为用甚滥，碑铭称"颂"，也是很多的。

汉代文人能为赋未必能以诗名，枚乘以诗长，他的赋却也不甚著称。东汉一代，也没有卓异的诗家，若班固等，我们只能说是平凡的诗家。

继《十九首》而振诗风，当然要推曹孟德（按即曹操）父子。孟德的四言，上不摹拟《诗经》，独具气魄，其他五言、七言诸诗，虽不能如《十九首》的冲淡，但色味深厚，读之令人生快。魏文帝和陈思王的诗，也各有所长，同时刘桢、王粲辈毕竟不能和他们并驾。钟嵘《诗品》评《古诗十九首》说是"一字千金"，我们对于曹氏父子的诗，也可以这样说他；真所谓："其气可以抗浮云，其诚可以比金石。"

语曰："在心为志，发言为诗。"可见诗是发于性情。三国以前的诗，都从真性情流出，我们不能指出某句某字是佳；他们的好处，是无句不佳、无字不佳的。曹氏父子而后，就不能如此了。

曹氏父子而后，阮籍以《咏怀诗》闻于世。他本好清谈，但所作的诗，一些也没有这种气味。《诗品》称阮诗出于《离骚》，真是探源之论；不过陈思王的诗，也出自《离骚》，阮的诗还不能如他一般痛快。

晋初，左思《咏史诗》《招隐诗》风格特高，与曹不同，可说是独开一派。在当时他的诗名不著，反而陆机、潘岳辈以诗称。我们平心考察：陆诗散漫，潘诗较整饬，毕竟不能及左思，他们也只可以说是作赋的能手罢了。当时所以不看重左思，也因他出身微贱，不能像潘、陆辈身居贵胄的原故。《诗品》评诗，也不免于徇俗，把左思置在陆、潘之下，可为浩叹！其他若张华的诗，《诗品》中称他是"儿女情多，风云气少"。我们读他的诗意，只觉得是薄弱无力量，所谓儿女情多，也不知其何所见而云然，或者我们没曾看见他所著的全豹，那就未可臆断了！

东晋，清谈过甚，他们的"清谈诗"，和宋时"理学诗"一般可厌。他们所做的诗，有时讲讲庄、老，有时谈谈佛理，像孙绰、许询辈都是如此。孙绰《天台山赋》有"大虚辽廓而无阂，运自然之妙有"等句，是前人所不肯用的。《诗品》说他们的诗，已是"风骚体尽"，的是不错。在东晋一代中无诗家可称，但刘琨《扶风歌》等篇，又是诗中佳品，以武人而能此，却也可喜！

陶渊明出，诗风一振，但他的诗终不能及古人，《诗品》评为"隐逸之诗"。他讲"田舍风味"，极自然有风致，也是独树一帜。在他以前，描写风景的诗很少，至他专以描写风景见长，如"采菊东篱下，悠然见南山"之句，真古人所不能道。渊明以后，谢灵运和颜延之二家继他而起。谢描摹风景的诗很多，句调精炼，《诗品》说他是"初出芙蓉"。颜诗不仅描风景，作品中也有雕刻气，所以推为诗家，或以颜学问淹博之故。《诗品》评颜谓为"镂金错彩"。陶诗脱口自然而出，并非揉作而成，虽有率尔之词，我们总觉得可爱。如谢诗就有十分聱牙之处，我们总可以觉得他是矫作的。小谢（谢朓）写风景很自然，和渊明不相上下，而当时学者终以小谢不及大谢（按即谢灵运），或者描写风景之诗，大家都爱工巧，所以这般评论。梁代诗家推沈约（永明体自他出），律诗已有雏形了。古诗所以变为律诗，也因谢、颜诗不可讽诵，他因此故而定句调。沈约的律诗，和唐后律诗又不相同。《隋书·经籍志》载他的《四声谱》有一卷，可见谱中所载调是很多的，并不像唐后律诗这么简单。他的《四声谱》，我们虽不能见，但读他的诗，比谢、颜是调和些，和陶、小谢却没有什么分别呢。

宋鲍照、齐江淹，也以诗名。鲍有汉人气味，以出身微贱，在当时不甚著称。江善于拟古，自己的创作却不十分高明。

南北朝中，我们只能知道南朝的作品，北朝究竟有无诗家，久已无从考得，但《木兰诗》传自北朝，何等高超，恐怕有些被淹没了呢！

梁末，诗又大变，如何逊、阴铿的作品，只有一二句佳绝了。在此时，古今诗辟下一大界限，全篇好是古诗的特色，一二句好是此后的定评。隋杨素诗绝佳，和刘琨可仿佛。此时文人习于南北朝的诗风，爱用典故，并喜雕琢。杨素武人不爱雕琢，亦不能雕琢，所以诗独能过人。当时文人专着眼在一二句好处，对于杨素不甚看重。所以隋炀帝为了忌嫉"空梁落燕泥""庭草无人随意绿"二佳句，就杀两诗人了。

唐初，律诗未出，唐太宗和魏徵的诗，和南北朝相去不远。自四杰（骆宾王、王勃、杨炯、卢照邻）出，作品渐含律诗的气味，不过当时只有五言律，并未有七言律。四杰之文很卑微，他们的诗，却有气魄。成就五言的是沈佺期、宋之问，他们的诗，气魄也大，虽有对仗，但不甚拘束。五言古诗到此时也已穷极，五律、七古不能不产生了。——唐以前七古虽有，但不完备，至唐始备全。七古初出，若李太白、崔颢的诗，都苍苍茫茫，信笔写去，无所拘忌。李诗更含复古的气味，和同时陈子昂同一步骤。

盛唐诗家以王维、孟浩然、张九龄为最。张多古诗，和李、陈同有复古的倾向。王、孟诗与陶相近，作品中有古诗、有律诗，以描写风景为最多，都平淡有意趣。

李、陈、张三家都是复古诗家，三人中自然推李为才最高。

他生平目空古人，自以为在古人之上，在我们看来，他的气自然盛于前人，说他是高于前人恐怕未必。王、孟两家是在古今之间，到了杜甫，才开今派的诗。

杜甫的诗，元稹说他高于李，因为杜立排律之体，为李所不及的。据我看来，李诗是成线的，杜诗是成面的；杜诗可说是和"赋"有些相像，必要说杜胜于李却仍不敢赞同。并且自杜诗开今，流于典故的堆叠，自然的气度也渐渐遗失，为功为罪，未可定论！至于杜的古诗，和古人也相去不远，只排律一体，是由他首创，"子美别开新世界"，就是这么一个世界罢！在杜以前诸诗家，除颜延之而外，没有一个以多用书为贵的，自杜以后，才非用典故不能夸示于人。或者后人才不如古，以典故文饰，可掩了自己的短处！正如天然体态很美的女子，不要借力于脂粉，那些体态不甚美的，非藉此不可了。昌黎的诗，习杜之遗风，更爱用典故，并爱用难识的字，每况愈下了，但自然之风尚存，所以得列于诗林。

韦应物、柳宗元两家，和昌黎虽同时，而作品大不相同。他们有王、孟气味，很自然平淡的。我们竟可以说柳的文和诗截不相同。同时有元微之、白居易二家，又和别家不同；他们随便下笔，说几句民情，有《小雅》的风趣，他们所以见称也以此。

晚唐，温庭筠、李义山两家爱讲对仗，和杜甫爱典故是一样的，结合便成宋代的诗风。"西昆体"染此风甚深，所以宋代诗话，专在这些地方留意。

宋初，欧阳修、梅圣俞对于"西昆体"很反对，但欧阳修爱奇异的诗句，如"水泥行郭索（这句是咏蟹；"郭索"两字见扬子《太玄经》），云木叫钩辀（这句是咏鸠；"钩辀"两字见陆玑《毛诗草木鸟兽虫鱼疏》）"二句，已不可解，他却大加赞赏；和他的论文大相抵触的。梅圣俞的诗，开考古之源，和古人咏古的诗，又大不相同了。总之，宋人的诗，是合"好对仗、引奇字、考据"三点而成，以此病入膏肓。苏轼的诗，更打破唐诗的规模，有时用些佛典之法理，太随便了。王荆公爱讲诗律，但他的诗律，忽其大者而注重小者，竟说："上句用《汉书》，下句也要用《汉书》的。"（按原话为："用汉人语，止可以汉人语对。"见《石林诗话》）自此大方气象全失；我们读宋祁"何言汉朴学，（见《汉书》）反似楚技官（见《史记·吴起传》）"之句，再看王维"正法调狂象，（见佛法）玄言问老龙（见《庄子》）"之句，真有天壤之判呢！有宋一代，诗话很多，无一不深中此病。惟《沧浪诗话》和众不同，他说"诗有别才，不关学也；诗有别趣，不关理也"。此种卓见，可扫宋人的习气了。

南宋，陆放翁含北宋习气也很深，惟有范石湖（按即范成大）、刘复村（按疑为刘克庄，号后村之误）自有气度，与众不同。黄山谷（按即黄庭坚）出，开江西诗派之源。黄上学老杜，开场两句必对仗，是他们的规律，这一派诗无足取。

元、明、清三代诗甚衰，一无足取。高青邱（按明诗人高启，号青邱子）的诗失之靡靡，七子的诗失之空门面，王渔洋、朱彝尊的诗失之典泽过浓，到了翁方纲以考据入诗，洪亮吉爱对仗，更不成诗。其间稍可人意的，要推查初白（按即查慎行）的，但也不能望古人之项背。洪亮吉最赏识"足以乌孙涂上茧，头几黄祖座中枭"二句，我们读了只作三日呕！

诗至清末，穷极矣。穷则变，变则通；我们在此若不向上努力，便要向下堕落。所谓向上努力就是直追汉、晋，所谓向下堕落就是近代的白话诗，诸君将何取何从？提倡白话诗人自以为从西洋传来，我以为中国古代也曾有过，他们如要访祖，我可请出来。唐代史思明（夷狄）的儿子史朝义称怀王，有一天他高兴起来，也咏了一首樱桃的诗：

"樱桃一篮子，一半青，一半黄，一半与怀王，一半与周贽。"那时有人劝他，把末两句上下对调，作为"一半与周贽，一半与怀王"，便与"一半青，一半黄"押韵。他怫然道："周贽是我的臣，怎能在怀王之上呢？"如在今日，照白话诗的主张，他也何妨说"何必用韵呢"？这也可算白话诗的始祖罢。一笑！

结论
——国学之进步

中国学术，除文学不能有绝对的完成外，其余的到了清代，已渐渐告成，告一结束。清末诸儒，若曾国藩、张之洞辈都以为一切学问已被前人说尽，到了清代，可说是登峰造极，后人只好追随其后，决不再能超过了。我以为后人仅欲得国学中的普通学识，则能够研究前人所已发明的，可算已足，假使要求真正学问，怕还不足罢！即以"考据"而论，清代成就虽多，我们依着他们的成规，引而伸之，也还可以求得许多的知识。在他们的成规以外，未始没有别的途径可寻；那蕴蓄着未开辟的精金正多呢！总之，我们若不故步自封，欲自成一家言；非但守着古人所发明的于我未足，即依律引伸，也非我愿，必须别创新律，高出古人才满足心愿——这便是进步之机。我对于国学求进步之点有三：

1. 经学 以比类知原求进步。
2. 哲学 以直观自得求进步。
3. 文学 以发情止义求进步。——毕竟讲来，文学要求进步，恐怕难能呢？

清代治经学较历代为尤精，我在讲经学之派别时已经讲过。我们就旧有成规再加讲讨，原也是个方法。不过"温故知新"仅"足以为师"，不足语于进步。我们治经必须比类知原，才有进步。因前人治经，若宋、明的讲大体，未免流于臆测妄断；若清代的订训诂，又仅求一字的妥当，一句的讲明，一制的考明，"擘绩补苴"，不甚得大体。我们生在清后，那经典上的疑难，已由前人剖析明白，可让我们融会贯通再讲大体了。

从根本上讲，经史是决不可以分的。经是古代的历史，也可以说是断代史。我们治史，当然要先看通史，再治断代的史，才有效果，若专治断代史，效果是很微细的。治经，不先治通史，治经不和通史融通，其弊与专治断代史等，如何能得利益？前人正犯此病。所以我主张比类求原，以求经史的融会，以谋经学的进步。如何是比类求原？待我说来！经典中的《尚书》《春秋》，是后代"编年""纪传"两体之先源。刘知几曾说"纪传"是源于《尚书》，"编年"是源于《春秋》，章学诚也曾说后代诸史皆本于《春秋》。这二人主张虽不同，我们考诸事实，诸史也不尽同于《尚书》《春秋》，而诸史滥觞于彼，是毫无疑义的。所以治经：对于"制度"，下则求诸《六典》《会典》诸书，上以归之于《周礼》《仪礼》。对于地理，下则考诸史及地舆志，上以归之于《禹贡》及《周礼·职方志》。即风俗道德，亦从后代记载上求源于经典。总之，把经看作古代的历史，用以参考后世种种的变迁，于其中看明古今变迁的中心。那么，经学家最忌的武断、琐屑二病，都可免除了。未来所新见的，也非今日所可限量呢！

　　中国哲学在晋代为清谈，只有口说，讲来讲去，总无证据。在宋、明为理学，有道学问、尊德性之分，自己却渐有所证。在清代专在文字上求、以此无专长者，若戴东原著《孟子字义疏证》，阮芸台讲性命，陈兰甫（按即陈澧）著《汉儒通义》，也仅在文字上求、训诂上求，有何可取！要知哲理非但求之训诂为无用，即一理为人人所共明而未证之于心，也还没有用处的，必须直观自得，才是真正的功夫。王阳明辈内证于心，功夫深浅各有不同，所得见解，也彼此歧异，这也是事实上必有的。理，仿佛是目的地，各人所由的路，既不能尽同，所见的理，也必不能尽同；不尽同和根源上并无不合呢！佛家内证功夫最精深，那些堕落的就专在语言文字上讲了。西洋哲学，文字虽精，仍是想像如此，未能证之于心，一无根据，还不能到宋学的地步，所以彼此立论，竟可各走极端。这有理论无事实的学问，讲习而外，一无可用了！近代法国哲学家柏格森渐注重直觉，和直观自得有些相近了。总之，讲哲理决不可像天文家讲日与地球的距离一样，测成某距离为已精确了。因为日的距离，是事实上决不能量，只能用理论推测的，那心象是在吾人的精神界，自己应该觉得的。所以，不能直观自得，并非真正的哲理，治哲学不能直观自得便不能进步。

文学如何能求进步？我以为要"发情止义"。何为发情止义？如下述："发情止义"一语，出于《诗序》。彼所谓"情"是喜怒哀乐的"情"，所谓"义"是礼义的"义"。我引这语是把彼的意义再推广之："情"是"心所欲言，不得不言"的意思，"义"就是"作文的法度"。桐城派的文章，并非没有法度；但我们细读一过，总觉得无味；这便因他们的文，虽止乎义，却非发乎情。他们所作游记论文，也不过试试自己的笔墨罢了。王渔洋（按即王士祯）的诗，法度非不合，但不能引人兴趣；也因他偶到一处，即作一诗，仿佛日记一般，并非有所为而作的。清初侯方域、魏叔子（按即魏禧）以明代遗民，心有不平，发于文章，非无感情，但又绝无法度。明末大儒黄梨洲、王船山（按即王夫之），学问虽博，虽有兴亡感慨，但黄文既不类白话，又不类语录，又不类讲章，只可说是像批语；王船山非常生硬，又非故意如此；都可说是不上轨道的。所以文学非但要"止乎义"，还要"发乎情"。那初作文，仅有法度，并无情，用以练习则可，用以传世则不可，仿佛习字用九宫格临帖，是不可以留后的。韩昌黎自以为因文生道，顾亭林对于这话有所批评。实在昌黎之文，并非无情无义，若《书张中丞传后》，自是千古必传的，可惜他所作碑志太多，就多止于义、不发于情的了。苏东坡的史论，有故意翻案的、有不必作的，和场屋文一般，也非发于情之作。古文中非无此流，比较的少一些。诗关于情更深，因为诗专以写性情为主的。若过一处风景，即写一诗，诗如何能佳？宋代苏、黄的诗，就犯此病。苏境遇不佳，诗中写抑郁不平的还多，而随便应酬的诗也很多，就损失他的价值了。唐代杜工部身遇乱世，又很穷困，诗中有情之作，可居半敷，其他也不免到一处写一首的。杜以前诸诗家，很少无情之作，即王、孟也首首有情的。至古代诗若《大风歌》《扶风歌》全是真性情流出，一首便可传了！

诗文二项中：文有有法无情的，也有无法有情的；诗却有情无法少，有法无情多；近代诗虽浅鄙，但非出乎轨外。我们学文学诗，初步当然要从法上走，然后从情创出。那初步即欲文学太史公，诗学李太白的，可称狂妄之人呢！我们还要知文学作品忌多，太多必有无情之作，不足贵了。

二三十年前，讲文学，只怕无情，不怕无义。梁任公（按即梁启超）说我是正统派，这正统派便能不背规则的。在现在有情既少，益以无义，文学衰堕极了。我们若要求进步，在今日非从"发情止义"下手不可。能发情止义，虽不必有超过古人之望；但诗或可超过宋以下诸诗家，文或可超过清以下诸文家！努力！

第二章

小学略说 ^①

小学二字，说解歧异。汉儒指文字之学为小学。《汉书·艺文志》："古者八岁入小学。"《周官·保氏》："掌养国子，教之六书、九数。六书者，象形、象事、象意、象声、转注、假借也。"而宋人往往以洒扫、应对、进退为小学。段玉裁深通音训，幼时读朱子《小学》，其文集中尝言："小学宜举全体，文字仅其一端。洒扫、应对、进退，未尝不可谓之小学。"案《大戴礼·保傅篇》："古者八岁出就外舍，学小艺焉，履小节焉；束发而就大学，学大艺焉，履大节焉。"小艺指文字而言，小节指洒扫、应对、进退而言；大艺即《诗》《书》《礼》《乐》，大节乃大学之道也。由是言之，小学固宜该小艺、小节而称之。

保氏所教六书，即文字之学。九数则《汉书·律历志》所云："数者，一十百千万是也。"学习书数，宜于髫龀；至于射御，非体力稍强不能习。故《内则》言："十岁学书计，成童学射御。"《汉书·食货志》言："八岁入小学，学六甲、五方、书计之事。"《内则》亦言六岁教之数与方名，郑注以东西释方名，盖即地理学与文字学矣。而苏林之注《汉书》，谓方名者四方之名，此殊

---

①此文原载 1935 年 10 月《章氏国学讲习会讲演纪录》1—2 期，由当时在讲习会任讲师的王乘六、诸祖耿先生记录，孙世扬先生校订。

不足为训。童蒙稚呆，岂有不教本国文字，而反先学外国文字哉？故师古以臣瓒之说为是也。

汉人所谓六艺，与《周礼·保氏》不同。汉儒以六经为六艺，《保氏》以礼、乐、射、御、书、数为六艺。六经者，大艺也；礼、乐、射、御、书、数者，小艺也。语似分歧，实无二致。古人先识文字，后究大学之道。后代则垂髫而讽六经；篆籀古文，反以当时罕习，致白首而不能通。盖字体递变，后人于真楷中认点画，自不暇再修旧文也。

是正文字之小学，括形声义三者而其义始全。古代撰次文字之书，于周为《史籀篇》，秦汉为《仓颉篇》，后复有《急就章》出。童蒙所课，弗外乎此。周兴嗣之《千字文》《隋书·经籍志》入小学类。古人对于文字，形声义三者，同一重视。宋人读音尚正，义亦不敢妄谈。明以后则不然。清初讲小学者，止知形而不知声义，偏而不全，不过为篆刻用耳。迨乾嘉诸儒，始究心音读训诂，但又误以《说文》《尔雅》为一类。段氏玉裁诋《汉志》入《尔雅》于《孝经》类，入《仓颉篇》于小学类，谓分类不当。殊不知字书有字必录，周秦之《史》《仓》，后来之《说文》，无一不然。至《尔雅》乃运用文字之学。《尔雅》功用在解释经典，经典所无之字，《尔雅》自亦不具。是故字书为体，《尔雅》为用。譬之算术，凡可计数，无一不包。测无步历，特运用之一途耳。清人混称天算，其误与混《尔雅》字书为一者相同。《尔雅》之后，有《方言》，有《广雅》，皆为训诂之书，文字亦多不具。故求文字之义，乃当参《尔雅》《方言》；论音读，更须参韵书，如此，文字之学乃备。

乾嘉以后，人人知习小学，识字胜于明人。或谓讲《说文》即讲篆文，此实谬误。王壬秋主讲四川尊经书院，学生持《说文》指字叩音，王谓尔曹喻义已足，何必读音？王氏不明反语，故为是言。依是言之，《说文》一书，止可以教聋哑学生耳。

今人喜据钟鼎驳《说文》。此风起于同、光间，至今约六七十年。夫《说文》所录，古文三百余。古文原不止此，今洛阳出土之三体石经，古文多出《说文》之外。于是诡谲者流，以为求古文于《说文》，不如求之钟鼎。然钟鼎刻文，究为何体，始终不能确知。《积古斋钟鼎款识》释文，探究来历，不知所出，于是诿之曰昔人。自清递推而上，至宋之欧阳修《集古录》。欧得铜器，不识其文，询之杨南仲、章友直。（杨工篆书，嘉祐石经为杨之手笔；章则当时书学博士也。）杨、章止识《说文》之古文，其他固不识也，欧强之使识，乃不得不妄称以应之。《集古录》成，宋人踵起者多，要皆以意测度，难逭妄断之讥。须知文字之学，口耳相受，不可间断。设数百年来，字无人识，后人断无能识之理。譬如"天地玄黄"，非经先生口授，何能明其音读？先生受之于师，师又受之于师，如此数千年，口耳相受，故能认识。或有难识之字，字书具在。但明反切，即知其音。若未注反切，如何能识之哉？今之学外国文者，必先认识字母，再求拼音，断无不教而识之理。宋人妄指某形为某字者，不几如不识字母而诵外国文乎？

宋人、清人，讲释钟鼎，病根相同，病态不同。宋人之病，在望气而知，如观油画，但求形似，不问笔画。清人知其不然，乃皮傅六书，曲为分剖，此则倒果为因，可谓巨谬。夫古人先识字形，继求字义，后乃据六书以分析之，非先以六书分析，再识字形也。未识字形，先以六书分析，则一字为甲为乙，何所施而不可？不但形声、会意之字，可以随意妄断，即象形之字，亦不妨指鹿为马。盖象形之字，并不纤悉工似，不过粗具轮廓，或举其一端而已。如八字略象人形之侧，其他固不及也。若本不认识，强指为象别形，何不可哉？倒果为因，则甲以为乙，乙以为丙，聚讼纷纷，所得皆妄。如只摹其笔意，赏其姿态，而阙其所不知，一如欧人观华剧然，但赏音调，不问字句，此中亦自有乐地，何必为扣槃、扪烛之举哉！

宋人持望气而知之态度以讲钟鼎，清人则强以六书分析之。

然则以钟鼎而驳《说文》，其失不止偏闰夺正而已。尝谓钟鼎款识，不得阑入小学；若与法帖图象，并列艺苑，斯为得耳。"四库书"列入艺术一类，甚见精卓。其可勉强归入小学类者，惟有研究汉碑之书，如洪氏《隶释》《隶续》之类而已。文字之学，宜该形声义三者。专讲《说文》，尚嫌取形遗声；又何况邈不可知之钟鼎款识哉！盖文字之赖以传者，全在于形。论其根本，实先有义，后有声，然后有形，缘吾人先有意想，后有语言，最后乃有笔画也。（文字为语言之代表，语言为意想之代表。）故不求声义而专讲字形，以资篆刻则可，谓通小学则不可。三者兼明，庶得谓之通小学耳。《说文》以形为主，《尔雅》《方言》以义为主，《广韵》之类以声为主。今人与唐宋人读音不同，又不得不分别古今。治小学者，既知今音，又宜明了古音。大徐《说文》，常言某字非声，此不明五代音与古音不同故也。欲治小学，不可不知声音通转之理。段注《说文》，每字下有古音在第几部字样，此即示人以古今音读之不同。音理通，而义之转变乃明。大徐《说文》，每字下注明孙愐恤切，此唐宋音，而非汉人声读。但由此以窥古音，亦初学之阶梯也。要之，形为字之官体，声义为字之精神，必三者具而文字之学始具。

许君之言曰："惟初太极，道立于一。"一之为字，属指事。盖人类思想，由简单以至繁复，苦结绳之不足致治，乃有点画以作识记，则六书次第，以指事居首为最合，指事之次为象形。《说文》之界说曰："指事者，视而可识，察而见意，二一是也。""象形者，画成其物，随体诘屈，⊙Ɗ是也。"此皆独体之文，继后有形声、会意，则孳乳而为合体之字。故形声之界说曰："以事为名，取譬相成，江河是也。"会意之界说曰："比类合谊，以见指㧑，武信是也。"指事、象形在前，形声、会意在后，四者具而犹恐不足，则益之以转注，广之以假借，如是，则书契之道毕，宪象之理彰。

指事之异于象形者，形象一物，事晐众物。以二一为例，二二所昡者多，而日月则仅表一物。二二二字，视之察之，可知其上在下。此指事之最易明白者，故许君举以为例。

指事之字，除二二外，计数之字，自一至十，古人皆以为指事。但乂字从入从八，已属会意。四字象形，尚非指事，惟籀文作三，确系指事。按：莽布六七八九作丅⺋Ⅲ Ⅲ，或为最初之古文，极合于"察而见意"之例。若七九两篆，殊不能"察而见意"也。

六书中之指事，后人多不了然。段氏《说文注》言指事者极少。王箓友《释例》《句读》，凡属指事之字，悉以为会意。要知两意相合，方得谓之会意。若一字而增损点画，于增损中见意义者，胥指事也。指事有独体、合体之别，二二一二，独体指事也，合体指事，例如下列诸字：

朱，以木下一表根。末，以木上一表颠。不，象形兼指事，一以表天，下为鸟形，鸟飞上翔，不下来也，至，一以表地，上为鸟形，鸟飞从高，下至地也。此皆无形可象，故以一表之。又有屈曲其形以见意者，为大象人形，侧其左曰大，侧其右曰大，交其两足则为交，曲其右足则为尢。大大交尢均从大而略变者也，均指事也。更如屈木之颠曰朱，木之曲头，止不能上也。木中加一曰朱，赤心木也。赤心不可象，以一识之也。半，牛鸣也，从牛，乙象其声气从口出。芈，羊鸣也，从羊，象气上出。系豕足曰豕，绊马足曰馽。凡此皆不别造字，即于木、牛、羊、豕、马本字之上，加以标帜者也。

指事有减省笔画以见意者。如夕，暮也，从月半见。占，伐骨之残也，从半冎；冎，义为剔肉置骨，冎而得半，其残可知。木，木之余，断木之首以见意。八有相背之象。飞，上象鸟首，下为双翅，张其翅，以表飞翔之状，而迅疾之乇，从飞而羽不见，疾飞则羽毛不能详审，故略去羽毛。今山水家画远鸟多作十字形，意亦同也。以上皆损笔见意之指事。又有以相反为指事者。如反正为乏，正乏即算术之正负，乏即负耳。反人为匕，相与比叙也。倒人为匕，变也，人死则化矣。反永为𠂢，永为水长，𠂢为分支，分支则水流长矣。屮象草出于地；倒屮为帀，周也，川楚间有阴沉木者，山崩木倒，枝叶入地而仍生，岭南榕树亦反倒入地而生，此皆可见蒙密周匝之意。推予谓之予；倒予谓之幻，以骗术诈惑人而取其财，斯为幻矣。止象人足，反止为𣥂，蹈也。此皆以相反见意也。故指事有三例：一增一省一相反。今粤人减有字二画为冇，音如毛，意为无有，此俗字之属于指事者也。

指事不兼会意，而会意有兼指事。盖虽为会意，仍有指事之意在。北从二人相背，𦣞从二臣相违，相背相违，亦有指事之意。两或颠倒而成𢧢，悖也；两止相背而成癶，足刺癶也：亦兼指事之意。指事之例甚广，而段氏乃以为指事甚少，此亦未之思耳。但段氏犹知指事、会意，不容厕杂；而王箓友则直以指事为会意矣。要知会意之会，乃会合之会，非领会之会也。

造字之朔，象形居先，而指事更在象形之前。盖指事亦象形之类，惟象空阔之形，不若象形之表示个体耳。许君举日月二文为象形例，日象日中有黑子，月象日形之半，此乃独体象形，犬豕豸鳥木屮之类均是。至合体象形：果，⊕象果实，下从木；朵，乃象跗萼，下从木；𠃬象阡陌之状，而小篆作疇；裘，古文作求，小篆加衣为裘，中象毛皮之形，皆合体象形也。母从女加--为两乳形；兒从儿，象小儿头囟未合，亦合体象形也。自独体象形衍而为合体象形，亦有不得不然之势。否则无女之--，无儿之囟，孰从而识其为母为兒乎？

象形之字，《说文》所录甚多，然犹不止此数，如钟鼎之8，即为《说文》所未录者。（钟鼎文字，原不可妄说，但连环之8，可由上下文义而知其决然为环，经昔人谨慎考定，当可置信。）

造字之初，不过指事、象形两例。指事尚有状词、动词之别，而象形多为名词。综《说文》所录，象形、指事，不过二三百字。虽先民言语简单，恐亦非此二三百字所能达意。于是有以声为训之法，如：马兼武义；火兼毁义；水有平准之义，而以水代准（古音水准相近）；齐有集中之义，斋戒之斋，即假齐以行。夫书契之作，所以济结绳之穷。若一字数义，仍不能收分理别异之功，同一马也，或作马义，或作武义；同一水也，或作水义，或作准义：依是则饰伪萌生，治丝而益棼矣。于是形声、会意之作乃起。

形声之声，有与字义无关者，如江之工、河之可，不过取工、可二音，与江、河相近。此乃纯粹形声，与字义毫无关系者也。劦部之勰恊協，皆有同心合力之意，则声而兼义矣。盖形声之字，大都以形为主，而声为客。而亦有以声为主者，《说文》中此类甚多，如某字从某，某亦声，此种字皆形声而兼会意者也。王荆公《字说》，凡形声悉认为会意，遂成古今之大谬。故理董文字，切不可迁曲诠释。一涉迁曲，未有不认形声为会意者。初造文字时，决不尔也。

许君举武、信为会意之例。夫人言为信，惟信乃得谓之人言，否则与鸡鸣犬吠何异？此易明者。止戈为武，解之者率本楚庄王禁暴戢兵之意，谓止人之戈。但《大雅》："履帝武敏。"《传》曰："武，迹也。"则足迹亦谓之武。按《牧誓》："不愆于六步、七步。""不愆于四伐、五伐。"步伐整齐，则军令森严，此则谓之武耳。余意止者步省，戈者伐省，取步伐之义，似较优长。但楚庄之说，亦不可废。若解止戈为不用干戈，则未免为不抵抗主义之信徒矣。

会意之字，《说文》所录甚少，五百四十部以形声字为最多。《说文》而后，字书所收，字日以多，自《玉篇》《类篇》以至《正字通》《康熙字典》，无不后来居上。《类篇》所收，有五万字。至《康熙字典》则俗体寖多于前矣。

后人造形声之字，尚无大谬，造会意则不免贻笑，若造象形、指事，必为通人所嗤。如"丢"，去上加一，示一去不返，即觉伧俗可笑。今人造地、她二字，以地为泛指一切，她则专指女人。实则自称曰我，称第三者曰他，区别已明，何必为此骈

枝？依是而言，将书俄属男，写娥属女，而泛指之我，当别造一
牺字以代之。若"我师败绩""伐我北鄙"等语，我悉改书为牺，
不将笑绝冠缨耶？

转注之说，解者纷繁。或谓同部之字，笔画增损，而互为训
释，斯为转注。实则未见其然。《说文》所载各字，皆隶属部首。
亦有从部首省者：犛部有氂、有斄，氂与斄，非纯从犛，从犛省
也；爨部有在爨、有釁，但取爨之头而不全从爨也；画部有书，
瘳部有寐、有寤、有癗，书为画省，寤、寐、癗，皆非全部从
瘳。且氂，犛，牛尾也；斄，强曲毛也，与犛牛非同意相受。爨
所以支鬲；釁，血祭：亦非同意。画，介也；书，日之出入，与
夜为介：意亦相歧。寐，卧也，虽与瘳义较近，而寤则寐觉而有
言，适与相反。谓生关系则可，谓同意相受则不可。不特此也，
《说文》之字，固以部首为统属，亦有特别之字虽同在一部而不
从部首者。乌部有焉、有鸟，与部首全不相关，意亦不复相近；
犛、爨、画、瘳四部，尚可强谓与考老同例，此则截然不相关
矣。准此，应言建类一首，同意不相受。而江声、曾国藩辈，坚
主同部之说，何耶？

或谓建类一首者，头必相同，如禽头与兕头同是也。余谓以
此说"一首"犹可，顾"同意相受"之义犹未明。且《说文》所
载，虎足与人足同，燕尾与鱼尾同。如言禽头与兕头同为建类一
首，则此复应言建类一尾或建类一足矣。况禽头与兕头同在《说
文》象形中，字本无多，仅为象形之一种。故知此说琐屑，亦无
当也。

戴东原谓：《说文》："考，老也。""老，考也。"转相训释，
即所谓"同意相受"。"建类一首"者，谓义必同耳。《尔雅》：
"初、哉、首、基、肇、祖、元、胎、俶、落、权舆，始也。"此
转注之例也。余谓此说太泛，亦未全合。《尔雅》十二字，虽均
有始义，然造字之时，初为裁衣之始；哉（即才字）为草木之
初。始义虽同，所指各异。首为生人之初，基为筑室初。虽后世

混用，造字时亦各有各义，决不可混用也。若《尔雅》所释，同一训者，皆可谓同意相受，无乃太广泛矣乎？

于是许瀚出而补戴之阙，谓：戴氏言同训即转注，固当；然就文字而论，必也二义相同，又复同部，方得谓之转注，此说较戴氏为精，然意犹未足。何以故？因五百四十部非必不可增损故，如乌舄焉三字，立乌部以统之，若归入鸟部，说从鸟省，亦何不可？况《说文》有瓠部，瓠部有瓢字，瓢从瓠省，实则瓠从瓜，瓢亦从瓜，均可归入瓜部，不必更立一部也。且古籀篆字形不同，有篆可入此部，而古籀可入彼部者，是究应入何部乎？鸥，小篆从隹；雕，籀文从鸟：应入鸟部乎？隹部乎？未易决也。转注通古籀篆而为言，非专指小篆。六书之名，先于《说文》，贯通古籀篆三，如同部云云，但依《说文》而言，则与古籀违戾。故许氏之说，虽精于戴，亦未可从也。

刘台拱不以小学名，而文集中《论六书》一文，识见甚卓。谓所谓转注者，不但义同，音亦相近。此语较戴氏为有范围。转注云者，当兼声讲，不仅以形义言。所谓"同意相受"者，义相近也。所谓"建类一首"者，同一语原之谓也。同一语原，出生二字，考与老，二字同训，声复叠韵。古来语言不齐，因地转变，此方称老，彼处曰考；此方造老，彼处造考，故有考老二文。造字之初，本各地同时并举，太史采集异文，各地兼收，欲通四方之语，故立转注一项。是可知转注之义，实与方言有关。《说文》同部之字，固有转注；异部之字，亦有转注，不得以同部为限也。

《说文》于义同、音同、部首同者，必联绵属缀，此许君之微意也。余著《国故论衡》，曾举四十余字作证。今略言之，艸部：蘁，菖也，菖，蘁也；蒋，苽也；苽，蒋也。交互为训，绵联相属，即示转注之意。所以分二字者，许君之书，非由己创，亦参考古书而成。蘁、菖、蒋、苽，《尔雅》已分，故《说文》依之也。又如祖、裼、裸、裎：祖，许书作"袒"；裼，古音如鬈。但、褟古双声，皆在透母。裸，但也；裎，但也。裎今舌上音，古人作舌头音，读如听，亦在透母。裸在今来母，于古亦双声。此皆各地读音不同，故生异文。由今论之，古人之文，转今为简。亦有繁于今者。《孟子》："虽袒裼裸裎于我侧，尔焉能浼我哉？"实则但言"袒于我侧"可矣。又古人自称曰我、曰吾、曰卬、曰言，我、吾、卬、言，初造字时，实不相关，语言转变，遂皆成我义。低卬之卬，言语之言，岂为自称而造？因各地读音转变而假用耳。又，古人对人称尔，称女，称戎，称若，称而，《说文》尔作尒，既造尒为对人之称，其余皆因读音转变而孳生之字。女即借用男女之女，戎即借用戎狄之戎，若即借用择菜之若，而即借用须髯之而。古无弹舌音，女戎若而，皆入泥母。以今音准之，你音未变，戎读为奴、为侬，而读为奈，皆入泥母。今苏沪江浙一带，或称奈，或称你，或称奴，或称侬，则古今音无甚异也。又汪、潢、湖、汗四字，音转义同。小池为汪，《左传》："周氏之汪。"汪训池，亦称为潢，今匣母，转而为汪潢。《汉书》："盗弄陛下之兵于潢池中耳。"《左传》亦称潢汗行潦。汪今影母，音变为湖。汗湖阴声，无鼻音；汪潢阳声，有鼻音。阴阳对转，乃言语转变之枢纽。言与我，吾与卬，亦阴阳对转也。语言不同，一字变成多字。古来列国分立，字由各地自造，音亦彼此互异，前已言之。今南方一县之隔，音声即异，况古代分裂时哉！然音虽不同，而有通转之理。《周礼·大行人》："属瞽史谕书名，听声音。"瞽不能书，审音则准。史者史官，职主记载。"谕书名"者，汗潢彼此不同，谕以通彼此之意也。"听声音"者，听其异而知其同也。汪汗潢湖，声虽不同，而有转变之理，说明其理，在先解声音耳。如此，则四方之语可晓；否则，逾一地、越一国，非徒音不相同，字亦不能识矣。六书之有转注，义即在此。不然，袒裼裸裎、汪汗潢湖，彼此焉能通晓？下三字与上一字，音既相同，义亦不异。此所谓"建类一首、同意相受"也。古者方国不同，意犹相通。造字之初，非一人一地所专，各地各造，仓颉采而为之总裁。后之史籀、李斯，亦汇集各处之字，成其《史籀篇》《仓颉篇》。秦以后字书亦然，非仓颉、史籀、李斯之外，别无造字之人也。庶事日繁，文字遂多。《说文》之后，《玉篇》收二万字，《类篇》收五万字，皆各人各造而编书者汇集之。后人如此，古人亦然。许书九千字，岂叔重一人所造？亦采前人已造者耳。荀子云："好书者众矣，而仓颉独传者，一也。"斯明证矣。是故，转注在文字中乃重要之关键。使全国语言彼此相喻，不统一而自统一，转注之功也。今人称欧洲语同出罗马，而各国音亦小异。此亦有转注之理在。有转注尚有不相喻处，故孔子曰："吾犹及史之阙文也……今亡矣夫！"盖当时列国赴告，均用己国通用之字，彼此未能全喻，史官或有不识之字，则阙以存疑。周全盛时，虽诸侯分立，中央政府犹有史官可以通喻；及衰，列国依然自造文字，而史官不能喻。其初不喻者阙之，其后则指不识以为识。"今无矣夫"者，伤之也。华夏一统，中国语言，彼此犹有不同，幸有字书可以检查。是故，不但许君有功，即野王、温公辈，亦未始无功。又字有义有音，义为训诂，音为反切。韵书最古者推《广韵》，则陆法言辈亦何尝无功哉！古有谕书名、听音声之事，其书不传，后人采取其意而为音韵之书。为统一文字计，转注决不可少，音韵亦不得不讲也。

假借之与转注，正如算术中之正负数。有转注，文字乃多；有假借，文字乃少。一义可造多字，字即多，转注之谓也；本无其字，依声托事，如令、长是，假借之类也。令之本义为号令，发号令者谓之令，古之令尹、后之县令，皆称为令，此由本义而引申者。长本长短之长，引申而为长幼之长。成人较小孩为长，故可引申，再引申而为官长之长，以长者在幼者之上，亦犹官长在人民之上也。所谓假借，引申之谓耳。惑者不察，妄谓同声通用为假借。夫同声通用，别字之异名耳。例如前后之前，许书作歬，今乃作前。前，剪刀之剪也。汉以后，凡𦥑均作前。三体石经犹不作前。夫妄写别字，汉以后往往有之，则汉以前亦安见其必无？周公、孔子，偶或误书，后人尊而为之讳言，于是美其名曰假借。实则别字自别字，假借自假借，乌可混为一谈？六书中之假借，乃引申之义。如同声通用曰假借，则造拼音字足矣。夫中国语之特质为单音，外国语之特质为复音。如中土造拼音字，则此名与彼名同为一音，不易分辨，故拼音之字不适于华夏。仓颉为黄帝史官，黄帝恐亦如刘裕一流，难免不写别字耳。是故同声通用，非《说文》所谓假借。《说文》所谓假借，乃引申之义，非别字之谓也。否则，许君何不谓"本有其字，写成别字，假借是也"乎？"本无其字"者，有号令之令，无县令之令；有长短之长，无令长之长：故曰无也。造一令字，包命令、县令二义。造一长字，包长短、长幼、官长三义，此之谓假借。

外此，假借复有一例。唐、虞、夏、商、周五字，除夏与本义犹相近外，唐为大义，非地名；虞为驺虞义，非地名；商为商量义、周为周密义，均非地名。此亦本无其字，依声托事也。如别造一字，唐旁加邑为鄘，虞、商、周亦各加邑其旁，亦何不可？今则不然，但作唐、虞、商、周，非依声托事而何？此与令长意别，无引申之义，仅借作符号而已。

外此，复有一例。如重言之联语，双声之联语，叠韵之联语。凡与本义不相关者，皆是也。《尔雅》："懋懋、慔慔，勉也。""佌佌、琐琐，小也。""悠悠、洋洋，思也。""烝烝、遂遂，作也。"此重言之联语有此义无此字，亦本无其字，依声托事之假借也。参差（双声之联语，参与不齐无关）、辗转（双声而兼叠韵。辗，《说文》作报。报与知恋反之转不相关）、诪张（双声，诪或作侜，与幻义不相关），皆以双声为形容也。消摇（消者消耗、摇者摇动，皆无自在义）、须臾（须，颊毛也。臾，曳也。皆无顷刻义），皆以叠韵为形容也。有看似有义，实则无义者。如抢攘，《说文》无抢，作枪；攘作勷：二字合而形容乱义。要之，联词或一有义，或均无义，皆本无其字，依声托事也，皆假借也。是故不但令长可为假借之例，唐、虞、商、周，懋懋、慔慔、参差、抢攘，均可作假借之例。由此可知假借之例有三：一引申、二符号、三重言双声叠韵之形容，皆本无其字，依声托事也。乌得以同声通用当之哉！（同声通用，治小学者亦不得不讲。惟同声通用乃小学之用，非六书造字之旨耳。）

引申、符号、形容，有此三者，文字可不必尽造，此文字之所以简而其用普也。要之，《说文》只九千字，《仓颉篇》殆不过三千字，周秦间文化已启，何以三千字已足？盖虽字仅三千，其用则不仅三千。一字包多义，斯不啻增加三四倍矣。

以故，转注、假借，就字关联而言；指事、象形、会意、形声，就字个体而言。虽一讲个体，一讲关联，要皆与造字有关。如戴氏所言，则与造字无关，乌得厕六书之列哉？余作此说，则六书事事不可少；而于造字原则，件件皆当，似较前人为胜。

造字之始于仓颉，一见于《世本》，再见于《荀子》，三见于《韩非子》，而《说文序》推至伏羲画卦者，盖初文之作，不无与卦画有关，如☵即坎卦是已。若汉人书坤作巛，《经典释文》亦然；宋人妄说坤为六断，实则坤与川古音相近，巛巜相衍，义或近是。《尔雅·释水》："水中可居者曰州。"大地抟抟，水绕其旁，胥谓之州。故邹衍有大九州之说。释典有海中可居者四大洲之言。㊄者巜之重也。气字作㇕，与瘰椸卦近似。天本积气，义亦相合。此瘰椸卦与初文皆有关系。言造字而推至画卦，义盖在是。

《序》又言："见鸟兽蹄迒之迹，知分理之可相别异，初造书契。"此义汉儒未有所阐。案《抱朴子》：八卦象鹰隼之翾。其言当有所受。《易·系》言："古者庖牺氏之王天下也，仰则观象于天，俯则观法于地，观鸟兽之文与地之宜。"所谓鸟兽之文者，鹰隼之翾当居其一。鹰翾左右各三。象其全则为瘰椸，去其身则为瘰椓，此推至八卦之又一说也。

造字之后，经五帝三王之世，改易殊体，则文以寖多，字乃渐备。初文局于象形、指事，不给于用。《尧典》一篇，即非初文所可写定。自仓颉至史籀作大篆时，历年二千。其间字体，必甚复杂。史籀所以作大籀者，欲收整齐画一之功也。故为之厘订结体，增益点画，以期不致淆乱。今观籀文，笔画繁重，结体方正：本作山旁者，重之而作屾旁；本作巛旁者，重之而作𡿨𡿨旁。较钟鼎所作踦斜不整者，为有别矣。此史籀之苦心也。惜书成未尽颁行，即遇犬戎之祸。王畿之外，未收推行之效。故汉代发见之孔子壁中经，仍为古文。魏初邯郸淳亦以相传之古文书三体石经。（北宋苏望得三体石经，刻之于洛阳，见洪氏《隶续》，民十一洛阳出土石经存二千余字。）至周代所遗之钟鼎，无论属于西周或属于东周，亦大抵古文多而籀文少。此因周宣初元至幽王十一年，相去仅五十余年。史籀成书，仅行关中，未曾推行关外故也。秦兼天下，李斯奏同文字，罢其不与秦文合者，作《仓颉》等三篇。取史籀大篆，或颇省改，后世谓之小篆。今观《说文》所录重文，古文有三百余字，而籀文不及二百。此因小篆本合籀文。籀文繁重，李斯略为改省。大篆小篆，犹世言大写小写矣。

秦时发卒兴戍，官狱繁多，程邈作隶，以趣约易。施用日广，于是古文几绝。秦隶今不可见，顾蔼吉《隶辨》言秦隶之遗于今者，若秦量、秦权、秦诏版等。文虽无多，尚可见其大意。大概比篆书略加省改，而笔意仍为篆书。即西汉之吉金石刻，虽为隶体，亦多用篆笔书写，与后世之挑剔作势者不同。东汉时，相传有王次仲者，造作八分，于是隶法渐变，即今日所称之汉隶也。今所见之汉碑，多起于东汉中叶以后。东汉初年之《三公山碑》，尚带篆意；《石门颂》亦然；裴岑《纪功碑》虽隶而仍兼篆笔，盖为秦隶之遗。桓、灵时之碑刻，多作八分，蔡邕之熹平石经亦八分也。八分与隶书之别，在一有挑剔，一无挑剔，譬之颜、欧作楷，笔势稍异耳。《说文序》又言："汉兴有草书。"卫恒言："草书不知作者姓名。"今案：草书之传世者，以史游《急就篇》为最先，而赵壹亦谓起秦之末。但《论语》有"裨谌草创"之语；《屈原传》亦有"屈平属草稿未定"语。此所谓草，是否属稿之际，作字草率牵连，或未定之稿曰草稿，均不可知。东周乙亥鼎文，阮元以为草篆，后人颇以为非。余谓凡笔画本不相连，而忽牵连以书者，即可认为草书之起源。如二十并作廿，四十并作卌是矣。又古文㞢或作屮，㞢从止从㞢，可以六书解说。屮为㞢之上半，应作㞢，而今作屮，不能以六书解，或古人之所谓草乎？要之，此所谓草，与汉后从隶变者不同，必从大篆来也。

《说文序》言秦烧灭经书，古文由此绝。绝者不通行之谓，非真绝也。秦石刻之乁字，即古文及字，又秦碑戎字，亦系古文（小篆作戓）。而廿字秦碑中亦有之。盖秦时通行篆隶，古文易乱，不过施诸碑版，一如今世通行行楷，而篆盖墓碑，多镂刻篆文耳。

秦汉之际，识古文者犹多。鲁恭王坏孔子宅，得《尚书》《礼记》《春秋》《论语》《孝经》数十篇。《史记·儒林传》：孔氏有古文《尚书》，孔安国以今文读之，因以起其家。汉初传《尚书》者有伏生二十九篇，而孔壁所得多十六篇。夫汉景末年，去焚书时已七十年，若非时人多识古文，何能籀读知其多十六篇哉？可见汉初犹多识古文也。《礼经》五十六篇，亦壁中经，中有十七篇与高堂生所传相应；余三十九篇，两汉尚未亡佚。观郑康成注，常引逸《礼》，康成当有所受。知汉时识古文者多矣。又，《论语》亦壁中经，本系古文，而《鲁论》《齐论》，均自古文出，虽文字略异，而大旨相同。试问当时何以能识？无非景、武之间，仍有识古文者，孔安国得问之耳。又，北平侯张苍献《春秋左氏传》。张之献书，当在高后、文帝时，张以之传贾谊，贾作训诂，以授赵人贯公。贾由大中大夫出为太傅，在都不过一年，期时张为达官，传授之际，盖略诏大意而已，岂真以一十九万字，手指口授，字字课贾生哉！则贾之素识古文可知。又《封禅书》言：武帝有古铜器，李少君识之，谓齐桓公十年陈于伯寝。案之果然。《太史公自序》："年十岁则诵古文。"凡此种种，均可见古文传授，秦以后未尝断绝。至汉景、武间，识古文者犹多也。且也，《老》《庄》《荀子》，无今古文之别，其书简帛者，为古文无疑。（作《吕览》时，尚无小篆。）秦焚书时，当亦藏之屋壁。迨发壁后，人多能读。不识古文，焉能为此？河间献王得古文先秦旧书《孟子》《老子》之属。《孟子》亦为古文书之，余可知矣。今人多以汉高、项王为不识字。其实不读书则有之，不识字则未然。项籍少时，学书不成，项梁教之兵法；沛公壮试为吏，皆非目不识丁者所能为。张良受太公兵法于黄石公；萧何引《逸周书》以对高祖；楚元王与申公受诗于浮丘伯；张耳、陈余雅好儒术；贾山之祖贾祛，故魏王时博士弟子，山受学于祛，涉猎书记，凡此皆能识古文之人。汉文时，得魏文侯乐人窦公，年百八十，其书即《周礼·大司乐》章。窦公目盲，其书盖未盲时所受，定系古文。然一献而人能识之，可证当时识者尚多。至东汉许君之时，识古文者渐少。盖汉以经术取士，经典一立学官，人人沿习时制，其书皆变古而为隶矣。若伏生之二十九篇，当初本为古文，其后辗转移写，遂成隶书。高堂生传《礼》，最初为篆为隶，盖不可知。《诗》则成诵于口，与焚书无关，故他书字形或有讹谬，而齐、鲁、毛、韩四家，并无因字体相近而致误者。《易》以卜筮独存，民间所传，自田何以至施、孟、梁丘，皆渐由古文而转变为隶，《左传》本系古文，当时学者鲜见，《公羊》初凭口受，至胡毋生始著竹帛，为隶书无疑。大抵当时利禄之途已开，士人识隶已足，无须进研古、籀。许君去汉武时已三百余年，历年既久，识古文者自渐寥落。而一二古文大师，得壁中经后，师弟相传，辗转录副以藏。以不立学官，故在民间自相传授，寖成专家。此三体石经之古文所由来也。夫认识文字，端在师弟相传。《说文》所录古文，不过三百余字，今三体石经尚有异体。缘壁经古文，结体凌乱，有不能以六书解者，许君不愿穿凿，因即屏去不录，如《穆天子传》八骏之名，今亦不能尽识也。

汉时通行载籍，沿用隶书，取其便于诵习，而授受弟子，则参用古文。《后汉书·贾逵传》：章帝令逵自选诸生高才者二十人，教以《左氏》，人与简纸经传各一通。盖简载古文，而纸则隶写。至郑康成犹然，康成《戒子书》云："所好群经率多腐败，不得于礼堂写定，传与其人。"所谓腐败者，古文本也。

马、郑《尚书》，字遵汉隶；而三体石经之古文，则邯郸淳自有所受。若今世所行之伪古文《尚书》，《正义》言为郑冲所作，由魏至晋，正三体石经成立之时，郑冲即依石经增改数篇，以传弟子。东晋元帝时，梅赜献之于朝。人见马、郑本皆隶书而此多古字，遽信以为真古文孔《传》，遂开数千年聚讼之端。今日本所谓足利本隶古定《尚书》，宋薛季宣《书古文训》，字形瑰怪，大体与石经相应。敦煌石室所出《经典释文》残卷，亦与之相应。郭忠恕《汗简》，征引古文七十一家，中有古《尚书》，亦与足利本及《书古文训》相应。盖此二书乃东晋时之《尚书》，虽非孔壁之旧，而多存古字，亦足宝矣。

唐人不识古文，所作篆书，劣等字匠。唐高宗时之《碧落碑》，有真古文，亦有自造之字。北宋以还，钟鼎渐渐发现。宋人释钟鼎文者，大都如望气而知。清人则附会六书，强为解释。夫以钟鼎为古物，以资欣赏，无所不可；若欲以钟鼎刻镂，校订字书，则适得其反耳。至如今人哗传之龟甲文字，器无征信，语多矫诬。皇古占卜，蓍龟而外，不见其他。《淮南子》云："牛蹄彘颅，亦骨也，而世弗灼；必问吉凶于龟者，以其历岁久矣。"可见古人稽疑，灵龟而外，不事骨卜。今乃兽骨龟厌，纷然杂陈，稽之典籍，何足信赖？要知骨卜一事，古惟夷貊用之，中土无有也。《庄子》言宋元君得大龟，七十二钻而无遗策。唐李华有《废卜论》，可见龟卜之法，唐代犹存。开元时孟诜作《食疗本草》，宋苏颂《图经》及《日华本草》，皆言已卜之龟，必有钻孔，名之曰漏天机。虽绝小之龟，亦可以钻十孔。钻孔多则谓之败龟板也。夫灼龟之典，载于《周礼》。凿孔以灼，因以观兆。无孔则空气不通，不能施燋，无以观兆。今所得者，累然成贯，而为孔甚少，不可灼卜。或者方士之流，伪作欺人。一如《河图》《洛书》之傅合《周易》乎？其文字约略与金文相似。盖造之者亦抚摹钟鼎而异其钩画耳。夫钟鼎文字，尚有半数可认，亦如二王之草书笺帖，十有六七可识。余则难以尽知，不妨阙疑存信。若彼龟甲文者，果可信耶？否耶？

贵州有《红崖碑》，摩崖巨刻，足壮观瞻。惟文字为苗为华，讫不可知。邹汉勋强为训释，真可谓器真而解之者妄。又如古人刀布，不可识者甚多，周景王大钱，上勒㪍二文，解之者或谓宝货，或以为燕货。钱文类此者多，学者只可存而不论。大抵钟鼎文之可识者，十可七八，刀布则十得五六，至于龟甲，则矫诬之器、荒忽之文而已。

古昔器物，近代出土愈多，而作伪者则异其心理。大抵轻而易举者，为数必众。钟鼎重器，铸造非易，故伪者尚少；刀布之类，聚铜熔淬，亦非巨资不办。至于龟甲，则刚玉刻画，顷刻可成。出土日众，亦奚怪哉！

是故，居今而研文字，当以召陵正书为归；外此则求古文于三体石经，亦属信而有征。至于籀文，则有石鼓文在。如是而一轨于正，庶不至误入歧途矣。

语言不凭虚而起，文字附语言而作。象形象声，神旨攸寄；表德表业，因喻兼综。是则研讨文字，莫先审音。字音有韵有纽：发声曰纽，收声曰韵。兹先述韵学大概。韵分古音、今音，可区别为五期，悉以经籍韵文为准。自《尧典》《皋陶谟》，以至周秦汉初为一期；汉武以后至三国为一期；两晋南北朝又为一期；隋唐至宋亦为一期；元后至清更成一期。泛论古音，大概六朝以前多为古音。今兹所谓古音，则指两汉以前。泛论今音，可举元明清三代，今则以隋为今音。此何以故？因今之韵书俱以《广韵》为准，而言古音则当以《诗经》用韵为准故。

《广韵》之先为《切韵》。隋开皇初，陆法言与刘臻等八人共论音韵，略记纲纪，后定为《切韵》五卷。唐孙愐勒为《唐韵》，至宋陈彭年等又增修为《广韵》。古今音之源流分合，悉具于是。

泛论古音有吴才老之《韵补》，虽界限凌乱，而能由《广韵》以推《诗经》用韵分部，实由此起。至今音则每杂有方音。《广韵》二百六韵，即以平声五十七韵加入声三十四韵，亦有九十一韵。以音理论，口齿中能发者不过二十余韵，何以《广韵》多至此数？此因《广韵》虽以长安音为主，亦兼各处方音，且又以古今沿革分韵故也。

汉人用韵甚简，而六朝渐繁。即汉前人用韵亦比汉朝为繁。如孔子赞《易》，老子著《道德经》，皆协韵成文。至汉人之诗，用韵尚谨严，赋已不甚谨严；若焦氏《易林》，用韵亦复随意；他若《太史公自序》之叙目，及《汉书》之述赞，用韵更不严矣。宋郑库分古音为六部，后人言郑之分部止合于汉人用韵，且亦仅合于《易林》、述赞之类，不合于赋，更不合于诗。

顾亭林之《唐韵正》《古音表》析为十部，律以汉诗用韵，未尽密合。江慎修改为十三部，虽较为繁密，仍嫌不足。戴东原《声类表》分平声十六韵，入声九韵。平声阴阳各半，而闭口韵有阳无阴，入声仅系假设，所以实得十有六韵。古音至戴氏渐臻完密。段懋堂《音韵表》分十七部，孔巽轩《诗声类》分十八部，王怀祖分二十一部，与郑氏之说相较，相差甚远。然王氏之二十一部，尚有可增可减之处。

自唐以来，以今音读古之辞赋，一有不谐，便谓叶韵。陆德明见《诗》"燕燕于飞"以南与音、心为韵，以为古人韵缓，不烦改字。要知音、心属侵，南属覃，晋人尚不分部，陆氏生于陈时，已不甚明古音，自叶韵之说出，而古人正音渐晦。借叶之一字，以该千百字之变，天下岂有此易简之理哉！清高宗作诗，至无韵可押，强以其字作他音协之。自古至今，他人断无敢如此妄作者。明陈第言，凡今所称协韵，皆即古之本音，非随意改读，辗转迁就，如母必读米，马必读姥，京必读疆，福必读偪之类。历考诸篇，悉截然不紊。且不独《诗经》为然，周秦人之韵文，无不皆然。且童谣及梦中歌谣，断不至有意为叶韵之事。

第二篇　章太炎讲国学／**131**

若《左》昭二十五年传载《鸲鹆歌》，野读墅，马读姥；哀十七年传，卫侯梦浑良夫被发之呼，瓜音为姑是也。自此说出，而韵学大明。清人皆信古本音之说，惟张成孙不信之，谓古人与我相隔二千年，不能起而与之对语，吾人何由知其本音正读如此乎？然以反切定韵，最为有据。如等字一多肯切、一多改切，莽字一模朗切、一莫补切。等本与待相通借，多改切之等即出于待；莫补切之莽，古书中不乏其例，《离骚》莽与序、暮为韵，又莽何罗即马何罗（汉武帝时，马何罗与弟马通谋反伏诛。通之后为马援，援女为明德皇后，恶其先人叛逆，耻与同宗，改称之曰莽），马，汉音读姥，莽、马同声，此古本音之极有凭证者也。

《集韵》所收古音，比《广韵》为多。《经典释文》所无之字音，《集韵》时有之。如天，一音他前切，一音铁因切。马，一音莫下切，一音满补切。下，一音胡雅切，一音后五切。在唐以前之韵书都无此音。意者丁度等撰《集韵》时，已于《诗经》《楚辞》中悟得此理，故本音之说，虽发自陈第，而《广韵》《集韵》已作骈骊之开道。是故求古韵，须知其音读原本如此，非随意改读，牵强迁就。《易》《诗》《老子》《楚辞》如此，后汉六朝之韵文亦如此。

唐杜、韩之诗，有意摹古，未必悉合《唐韵》。杜诗于入声韵每随意用之。韩则有意用古。其用韵或别有所本，亦未可知。古代韵书今仅存一《广韵》矣。魏晋六朝之韵书，如李登《声类》、吕静《韵集》，悉不可见。意者唐人摹古拟古诸作，乃就古人所用之韵而仿为之，必非《唐韵》亦如此也。自天宝以后，声音略有变动。白乐天用当时方音入诗，如《琵琶行》以住、部、妒、污、数、度、故、妇为韵，上去不分，非古非今。此音晚唐长安之音，妇、亩、富等字，皆转入语、虞、姥、御、遇、暮诸韵，观慧琳《一切经音义》可知。

唐韵分合，晚唐人已不甚知，宋人更不知之。宋人作诗，入声随意混用，词则常以方音协之。北宋人词，侵、覃与真、寒不混，而南宋人词则混用不分矣。须知侵、罩闭口音，以半摩字收之，真、寒不闭口，以半那字收之。今交、广人尚能分别。此其故，当系金元入据中原之后，胡人发音不准，华人渐与同化，而交、广僻在岭南，尚能保存古音。今江河之域，三山二音不分，两广人闻之，必嗤为讹音，而在唐时或已有此等读法。是故唐人有嘲人语不正诗，以其因、阴混用，不分闭口不闭口也。

日人读我国之音，有吴音、汉音之别。吴音指金陵音，汉音指长安音。听其所读汉音，实与山西西部、陕西东部略近。吾人今读江与阳通，江西人读江为龚，发声时口腔弯窿，与东音相近。阳韵日本汉音读阳若遥，章读如宵，张读如敲，正与山、陕人方音相似，此盖唐人音读本如此也。

欲明音韵，今音当以《广韵》为主；古韵以《诗经》为主，其次则《易》赞、《楚辞》以及周秦人之韵文。顾亭林初欲明古音以读《诗经》，其结果反以《诗经》明古音。诗即歌曲，被之管弦，用韵自不能不正，故最为可据。陈第《毛诗考》未分部，顾氏分十部，仍以《广韵》之目为韵标。因《广韵》虽系一时之音，尚有酌古准今之功。有今韵合而古韵分者，《广韵》亦分之；有今韵分而古韵合者，《广韵》亦分之。如支脂之为一类，唐后不分，而六朝人分之。东冬钟江为一类，江韵古音与东冬钟相同，所以归为一类。然冬韵古音，昔人皆认为与东相近。孔巽轩则以为冬古音与东钟大殊，而与侵最近；严铁桥更谓冬即侵也，不应分为二类。要之，冬侵相近，其说是也。至于取《广韵》部目以标古韵，本无不合。亦有人不喜用《广韵》部目者，如张成孙《说文谐声谱》，以《诗》中先出之字建首是也。要知用一字标韵，原不过取其声势大概如此，今不用《广韵》标目而用他字，其所以为愈者何在？阮芸台元不知韵学，以为张氏之书，一扫千古之障，其实韵目只取其收声耳。戴东原深知此理，故《声类表》取喉音字标目，如东以翁、阳以央，则颇合音理矣。是故废《广韵》之谱而自立韵标，只有戴法可取。

戴氏不但明韵学，且明于音理。欲明韵学，当以《诗经》之用韵仔细比勘，视其今古分合之理。欲明音理，当知分韵虽如此之多，而彼此有衔接关系。古人用韵，并非各部绝不相通，于相通处可悟其衔接。吾人若细以口齿辨之，识其衔接之故，则可悟阴阳对转之理、弇侈旁通之法矣。对转之理，戴氏发明之，孔氏完成之。

前之顾氏，后之段氏，皆长于韵学，短于音理。江氏颇知音理，戴氏最深，孔氏继之。段氏于《诗经》、楚《骚》、周秦汉魏韵文中，发现支脂之三韵，古人分别甚严，而仍不识其所以分别之理，晚年询之江有诰，有得闻其故死而无憾之言。江虽于音理较深，亦未能阐明其故。盖音理之微，本非仓卒所能豁然贯通也。如不知音理而妄谈韵学，则必如苗仙麓之读《关雎》鸠、洲、仇入《广韵》萧、豪韵矣。顾亭林音理不深，但不肯矫揉造作，是以不如苗病之多。如歌麻二字，古人读麻长音，读歌短音，当时争论甚多，顾不能决，此即不明音理故也。居今日而欲明音韵之学，已入门者，宜求音理；未入门者，先讲韵学。韵学之道，一从《诗经》入手，一从《广韵》入手。多识古韵，自能明其分合之故。至求音理，则非下痛切工夫不可。

今人字母之称，实不通之论也。西域文字以数十字辗转相拼，连读二音为一音，拼书二字为一字，故有字母之制。我国只有《说文》部首，可以称为字母，《唐韵》言纽以双声叠韵，此以二音譬况一音，与梵书之以十四字母贯一切音者大异。唐末五代时，神珙、守温辈依附《华严》《涅槃》作三十六字母。至宋沈括、郑樵诸人，始盛道之。然在唐宋以前，反语久已盛行。南北朝人好为体语，即以双声字相调侃。《洛阳伽蓝记》载李元谦过郭文远宅，见其门阀华美，乃曰："是谁第宅？"郭婢春风出曰："郭冠军家。"元谦曰："彼婢双声。"春风曰："儜奴慢骂。"元谦服婢之能。盖双声之理从古已具也。

今之三十六字母排次亦不整齐，如喉音、牙音均可归喉，半齿、弹舌应归舌头，故当改为：

喉音	（深） （浅）	影 见	晓 溪	匣 群	喻 疑
舌音	（舌头） （舌上）	端透 知	定 彻	泥来 澄	日 娘
齿音	（正齿） （齿头）	照 精	穿床 清从	审 心	禅 邪
唇音	（重） （轻）	帮 非	滂 敷	并 奉	明 微

　　疑应读如皑而齐齿呼之，泥应读你平声，从音广东呼之最清。非、敷二纽，今人不易分别。江慎修言，非发声宜微开唇缝轻呼之，敷送气重呼之，使敷音为奉之清，则二母辨矣。如芳字为敷纽，敷方切。方字为非纽，府良切。微音惟江浙人呼之最为分明，粤人读入明纽，北音读入喻纽。知、彻、澄，南音往往混入照、穿、床，闽人读知如低，则舌上归于舌头矣。钱竹汀言古音无舌头舌上之分，知、彻、澄三纽，古音与端、透、定无异，则闽语尚得古音之遗。又轻唇之字，古读重唇。非、敷、奉古读入帮、滂、明，直至唐人犹然。钱氏发明此理，引证甚多。《广韵》每卷后附类隔更音和切。类隔者，谓切语上字与所切之字非同母同位同等也；音和则皆同。钱氏谓类隔之说不可信，今音舌上，古音皆舌头；今音轻唇，古音皆重唇也。且不独知、彻、澄古读入端、透、定，即娘、日二纽，古并归泥。泥今音读你之平声，尼读入娘母，而古读则尼与泥无异。仲尼之母祷于尼丘，生而首上圩顶，因名曰丘，字曰仲尼。《尔雅·释丘》："水潦所止：泥丘。"《说文》："屔，反顶受水丘也。从泥省，泥亦声。"汉碑仲尼有作仲泥者，《颜氏家训》言"仲尼居"三字，《三苍》尼旁益丘，可见古音尼、泥同读。娘，金人读之似良，混入来纽。而

来、日古亦读入泥纽。如：戎陵今读日纽，古音如农。若，古读女六切。如，古读奴。尔，古读你。《诗·民劳》："戎虽小子。"《笺》云："戎犹汝也。"今江浙滨海之人。尚谓汝为戎。古人称人之词曰乃尔、戎、若，皆一声之转。仍，今在日纽，古人读仍与乃通。《尔雅》"仍孙"、《汉书·惠帝纪》"内外公孙、耳孙"，师古曰："仍、耳声相近，盖一号也。"仍从乃得声。则仍、耳古皆在泥纽矣。由是言之，知、彻、澄古归入端、透、定。非、敷、奉、微，古读如帮、滂、并、明。娘、日并归泥。是三十六纽减去其九，仅存二十有七耳。陈兰甫据《广韵》切语上字，以为喻、照、穿、床、审五纽，俱应分而为二。因加于、庄、初、神、山五纽，而明、微则不别，合成四十纽。但齿音加四而唇吻不能尽宣。喻分为于，同为撮口，纽音亦无大殊。陈说似未当也。然如江慎修视若神圣，以为不可增减，亦嫌未谛。如收声之纽多浊音、无清音，泥、娘、来、日皆是。然粘本读泥纽，今读娘纽而入清音，则多一纽矣。来纽浊音，今有拎字，则为来纽清音，则又多一纽。声音之道，本由简而繁，古人只能发浊音，而今人能发清音，则声纽自有可增者在。

清浊之分，本不甚难。坚清乾浊，见清健浊，洁清竭浊，检清俭浊，今人习言之阴阳平，即平声之清浊也。上去入亦皆可分清浊，惟黄河流域只能分平声清浊，上去入多发浊音，故有阴阳上去入之说，大约起于金元之间。南方上去入亦能各分清浊。上声较难，惟浙西人能分别较然。故言音韵者，常有五声、七声之辨，兹重定声纽清浊发送收列表于下：

影	晓	匣	喻	见	溪	群	疑	端
清	清	浊	浊	清	清	浊	浊	清
发声	送气	送气	收声	发声	送气	送气	收声	发声

透	定	泥	来	知	彻	澄	娘	日
清	浊	浊	浊	清	清	浊	浊	浊
送气	送气	收声	收声之余	发声	送气	送气	收声	收声之余
照	穿	床	审	禅	精	清	从	心
清	清	浊	清	浊	清	清	浊	清
发声	送气	送气	发声	送气	发声	送气	送气	发声
邪	帮	滂	并	明	非	敷	奉	微
浊	清	清	浊	浊	清	清	浊	浊
送气	发声	送气	送气	收声	发声	送气	送气	收声

音呼分等，有开合之分，《切韵指掌图》首列为图。图为宋人所作，世称司马温公所撰，似未必是。开合之音，各有洪细。开口洪音为开口，细音为齐齿。合口洪音为合口，细音为撮口。可举例以明之，如见纽见为齐齿，干为开口，观为合口，卷为撮口。音呼应以四等为则，今之讲等韵者，每谓开合各有四等，此则虚列等位，唇吻所不能宣，吾人所未敢深信也。

古人分韵，初无一定规则，有合撮为一类、开齐为一类者，有开齐合撮同归一类者，亦有开齐分为二类者。此在《广韵》中可细自求之。古韵歌与羁、姑与居同部，今韵歌、支、模、鱼各为一韵。论古韵昔人意见各有不同，段懋堂以为真与谆、侯与幽均宜异部，戴东原则以为可不分。实则分之固善，合之亦无不可。侯、幽二韵，《诗经》本不同用，真、谆之应分合，一时亦难论定。盖以开齐合撮分韵，古人亦未斠若画一也。

孙愐撰《唐韵》，已在天宝之末。其先唐玄宗自作《韵英》，分四百余韵，颁行学官。后其书不传。唐人据《韵英》而言者亦甚少。大概严格分别，或须四百余韵，或竟不止此数。据音理而论，确宜如此。今《广韵》二百六韵，多有不合音理者。然部居分合之故，作者未能详言，吾人亦不能专以分等之说细为推求。其大要则不可不知。

四声之说，起于齐、梁。而双声、叠韵，由来已久。至反切始于何时，载籍皆无确证。古人有读如、读若之例，即直音也。直音之道，有时而穷。盖九州风土，刚柔有殊，轻重清浊，发音不齐。更有字止一音，别无他读，非由面授，莫能矢口。于是反切之法，应运而起。《颜氏家训》以为反语始于孙叔然作《尔雅音义》，说殊未谛。盖《汉书音义》已载服虔、应劭反切。不过释经用反语，或始于叔然耳。反语之行，大约去孙不远。《家训》言汉末人独知反语，魏世大行。高贵乡公不解反语，以为怪异。王肃《周易音》据《经典释文》所录，用反语者十余条。肃与孙炎说经互相攻驳。假令叔然首创反语，肃肯承用之乎？服、应与郑康成同时，应行辈略后。康成注经只用读若之例，则反语尚未大行。顾亭林谓经传中早有反语，如不律为笔，蔽膝为韠，终葵为椎，蒺藜为茨。然此可谓反语之萌芽，不可谓其时已有反切之法。否则许氏撰《说文》，何不采用之乎？《说文》成于汉安帝时，服、应在灵帝时，去许已六七十年，此六七十年中，不知何人首创反语，可谓一大发明。今《说文》所录九千余字，吾人得以尽识，无非赖反切之流传耳。

远西文字表韵常用喉音，我国则不然。因当时创造之人未立一定规律，所以反切第二字随意用之。今欲明反切之道，须知上一字当与所切之字同组，即所谓双声也；下一字当与所切之字同韵，即所谓叠韵也。定清浊在上一字，分等呼在下一字。如：东，德红切，东德双声，东红叠韵，东德均为清音，东红均为合口呼。学者能于三十六字组发声不误，开齐合撮分别较然，则于音韵之道思过半矣。

学者有志治经，不可不明故训，则《尔雅》尚已。《尔雅》一书，《汉志》入《孝经》类，今入小学类。张晏曰："尔，近也；雅，正也。"《论语》："子所雅言。"孔安国亦训雅言为正言。《尔雅》者，厘正故训，纲维群籍之书也，昔人谓为周公所作，魏张揖上《广雅》表言：周公著《尔雅》一篇，"今俗所传三篇，或言仲尼所增，或言子夏所益，或言叔孙通所补，或言沛郡梁文所考。"朱文公不信《尔雅》，以为后人掇拾诸家传注而成。但《尔雅》之名见于《大戴礼·小辩篇》："鲁哀欲学小辩，孔子曰：小辩破言，小言破义，尔雅以观于古，足以辩言矣。夫弈固十棋之变，由不可既也，而况天下之言乎？"（哀公所欲学之小辩，恐即后来坚白同异之类。哀公与墨子相接，《墨子》经、说，即坚白同异之滥觞。《庄子·骈拇篇》："骈于辩者，累瓦结绳，窜句游心于坚白同异之间，而敝跬誉无用之言。非乎？而杨墨是已。"是杨朱亦持小辩。杨墨去鲁哀不及百年，则春秋之末已有存雄无术之风，殆与晋人之好清谈无异。）张揖又言：叔孙通撰置礼记，言不违古。则叔孙通自深于雅训。赵邠卿《孟子题辞》言："孝文皇帝欲广游学之路，《论语》《孝经》《孟子》《尔雅》皆置博士。"可见《尔雅》一书，在汉初早已传布。朱文公谓为掇拾传注而成，则试问鲁哀公时已有传注否乎？伏生在文帝时始作《尚书大传》，《大传》亦非训诂之书，《诗》齐鲁韩三家，初只鲁《诗》有申公训故。申公与楚元王同受《诗》于浮丘伯，是与叔孙通同时之人。张揖既称叔孙通补益《尔雅》，则掇拾之说何由成立哉！

谓《尔雅》成书之后代有增益，其义尚允。此如医家方书，葛洪撰《肘后方》，陶宏景广之为《百一方》。又如萧何定律，本于《法经》。陈群言李悝作《法经》六篇，萧何定加三篇。假令汉律而在，其科条名例，学者初不能辩其孰为悝作，孰为萧益。又如《九章算术》，周公所制，今所见者为张苍所删补，人亦孰从而分别此为原文，彼为后出乎？读《尔雅》者当作如是观。

《尔雅》中诠诂《诗经》者，容有后人增补。即如"郁陶，喜也"，乃释《孟子》。"卷施拔心不死"，则见于《离骚》。又如《释地》《释山》《释丘》《释水》诸篇，多杂后人之文。《释地》中九州与《禹贡》所记不同。其"从《释地》以下至九河，皆禹所名也"二语，或为周公故训耳。

以《尔雅》释经，最是《诗》《书》。毛《传》用《尔雅》者十得七八。《汉志》言：《尚书》古文，读应《尔雅》，则解诂《尚书》亦非用《尔雅》不可。然毛《传》有与《尔雅》立异处，如"履帝武敏。"武，迹也。敏，拇也。三家《诗》多从《尔雅》，毛则训敏为疾，意谓敏训拇，则必改为"履帝敏武"，于义方顺。又如，"籧篨戚施"，《尔雅》以籧篨为口柔，戚施为面柔，夸毗为体柔；毛《传》则谓籧篨不能俯者，戚施不能仰者。此据《晋语》籧篨不可使俯、戚施不可使仰为训。义本不同，未可强合，而郑《笺》则曰："籧篨口柔，常观人颜色而为之辞，故不能俯也；戚施面柔，下人以色，故不能仰也。"强为傅合，遂致两伤。《经义述闻》云：岂有卫宣一人而兼此二疾者乎？然王氏父子亦未多见病人，固有鸡胸龟背之人，既不能俯、亦不能仰者。谓为身兼二疾，亦无不可。毛《传》又有改《尔雅》而义反弗如者，如《尔雅》："式微式微，微乎微者也。"毛训式为用，用微于义难通。又《尔雅》："岂弟，发也。"《载驱》："齐子岂弟"，毛训乐易，则与前章"齐子发夕"不相应矣。

古文《尚书》，读应《尔雅》。自史迁、马、郑以及伪孔，俱依《尔雅》作训。或以为依《尔雅》释《尚书》，当可谍然理解，而至今仍有不可解者，何也？此以《尔雅》一字数训，解者拘泥一训，遂致扞格难通也。如康有五训：安也、虚也、苛也、盅也，又五达谓之康。《诗·宾之初筵》："酌彼康爵。"郑《笺》云："康，虚也。"《书·无逸》："文王卑服，即康功田功"，伪孔训为安人之功。不知此康字当取五达之训。康功田功即路功田功也。《西伯戡黎》："故天弃我，不与康食。"伪孔训为不有安食于天下。义虽可通，而一人不能安食，亦不至为天所弃。如解为糟糠之糠，则于义较长。故依《尔雅》解《尚书》当可十得七八，要在引用得当耳。然世之依《尔雅》作训者，多取《释诂》《释言》《释训》三篇，其余十六篇不甚置意，遂至五达之康一训，熟视无睹，迂回难通，职是故耳。

《经义述闻·春秋名字解诂》郑公孙侨字子产，既举《尔雅·释乐》之训，大管谓之篊，大篇谓之产；复言侨与产皆长大之意。实则侨借为篊而已。《离骚》："吾令蹇修以为理。"理即行理之理，使也。蹇修，王逸以为伏羲氏之臣，然《汉书·古今人表》中无蹇修之名，此殆王逸臆度之言。按：《尔雅·释乐》，徒鼓钟谓之修；徒鼓磬谓之蹇。以蹇修为理者，彼此不能相见，乃以钟鼓致意耳。司马相如以琴心挑之，即此意也。是知《尔雅》所释者广，故书雅训悉具于是，学者欲明训诂，不能不以《尔雅》为宗。《尔雅》所不具者，有《方言》《广雅》诸书足以补阙。《方言》成于西汉，故训尚多。《广雅》三国时人所作，多后起之训，不足以释经。《诗·商颂》"受小球大球""受小共大共"。毛《传》以球为玉，以共为法，深合古训。《经义述闻》以为解球为玉，与共殊义，应依《广雅》作训，拱、球，法也。改字解经，尊信《广雅》太过矣。要知训诂之道，须谨守家法，亦应兼顾事实。按《吕氏春秋》：夏之将亡，太史终古抱其图法奔商，汤之所受小共大共，即夏太史终古所抱之图法也。《书序》："汤伐三朡，俘厥宝玉，谊伯、仲伯作典宝。"即汤所受之大球小球也。古人视玉最重，玉者，所以班瑞于群后。《周礼·大宗伯》："以玉作六瑞，以等邦国。王执镇圭、公执桓圭、侯执信圭、伯执躬圭、子执谷璧、男执蒲璧。"一如后世之玺印，所以别天子、诸侯之等级也。汤受法受玉，而后可以发施政令，为下国缀旒。依《广雅》作训，于义未安。

宋人释经，不信《尔雅》，岂知古书训诂不可逞臆妄造。此如迻译西土文字，必依据原文，不差累黍，遇有未莹，则必勤检辞书，求其详审。若凿空悬解，望文生训，鲜不为通人所笑。《尔雅》："绳绳，戒也。"《诗·螽斯》："宜尔子孙绳绳兮。"毛《传》："绳绳，戒慎也。"朱文公以为绳有继续之义，即解为不绝貌。《尔雅》："缉熙，光也。"毛《传》："缉熙，光明也。"（"缉熙"《诗经》凡四见。）朱以缉纻之缉，因解为继续也。按：《敬之篇》"学有缉熙于光明"者，即言光明更光明。于与乎通，与微乎微之语意相同。又《书·盘庚》："今汝聒聒。"《说文》："聒，拒善自用之意也。"马、郑、王肃所解略同，蔡、沈乃解为聒聒多言。实则古训并无多言之意。是故，吾人释经，应有一定规则，解诂字义，先求《尔雅》《方言》有无此训。一如引律断狱，不能于刑律之外强科人罪。故说经而不守雅训，凿空悬解，谓之门外汉。

古人训诂之书，自《尔雅》而下，《方言》《说文》《广雅》以及毛《传》，汉儒训诂，可称完备。而今之讲汉学者，时复不满旧注，争欲补苴罅漏，则以一字数训，昔人运用尚有遗憾之故。此如士卒精良，而运筹者或千虑一失，后起之人，苟能调遣得法，即可制胜。又如用药，药性温凉，全载《本草》，用药者不能越《本草》之外，其成功与否，悉视运用如何而已。

训诂之学，善用之如李光弼入郭子仪军，壁垒一新；不善用之，如逢蒙学射，尽羿之道，于是杀羿。总之诠释旧文，不宜离已有之训诂，而臆造新解。至运用之方，全在于我。清儒之能昌明汉学、卓越前代者，不外乎此。

第三章

经学略说 ①

经之训常，乃后起之义。《韩非·内外储》首冠经名，其意殆如后之目录，并无常义。今人书册用纸，贯之以线。古代无纸，以青丝绳贯竹简为之。用绳贯穿，故谓之经。经者，今所谓线装书矣。《仪礼·聘礼》："百名以上书于策，不及百名书于方。"《礼记·中庸》云："文武之政，布在方策。"盖字少者书于方，字多者编简而书之。方不贯以绳，而简则贯以绳。以其用绳故曰编，以其用竹故曰篇。方，版牍也。古者师徒讲习，亦用方誊写。《尔雅》："大版谓之业。"故曰肄业、受业矣。《管子》云："修业不息版。"修业云者，修习其版上之所书也。竹简繁重，非别版书写，不易肄习。二尺四寸之简（《后汉书·周磐传》：编二尺四寸简写《尧典》），据刘向校古文《尚书》，每简或二十五字，或二十二字，知一字约占简一寸。二十五自乘为六百二十五。令简策纵横皆二十四寸，仅得六百二十五字。《尚书》每篇字数无几，多者不及千余。《周礼》六篇，每篇少则二三千，多至五千。《仪礼·乡射》有六千字，《大射仪》有六千八百字。如横布《大射》《乡射》之简于地，占地须二丈四尺，合之今尺，一丈六尺，倘师徒十余人对面讲诵，便非一室所能容。由是可知讲授时

---

①此文原载 1935 年 10 月《章氏国学讲习会讲演纪录》3—4 期，由当时在讲习会任讲师的王乘六、诸祖耿先生记录，孙世扬先生校订。

决不用原书，必也移书于版，然后便捷。故称肄业、受业，而不曰肄策、受策也。帛，绢也，古时少用。《汉书·艺文志》六艺略、诸子略、诗赋略、兵书略，每书皆云篇；数术、方技，则皆称卷。数术、方技，乃秦汉时书，古代所无。六艺、诸子、诗赋、兵书，汉人亦有作。所以不称卷者，以刘向叙录，皆用竹简杀青缮写，数术、方技，或不用竹简也。惟图不称篇而称卷，盖帛书矣（《孙子兵法》皆附图）。由今观之，篇繁重而卷简便，然古代质厚，用简者多。《庄子》云："惠施多方，其书五车。"五车之书，如为帛书，乃可称多；如非帛书，而为竹简，则亦未可云多。秦皇衡石程书，一日须尽一石。如为简书，则一石之数太多，非一人一日之力所能尽。（古一石当今三十斤，如为帛书，准之于今，当亦有一二百本。）古称奏牍，牍即方版，故一日一石不为多耳。

周代《诗》《书》《礼》《乐》皆官书。《春秋》史官所掌，《易》藏太卜，亦官书。官书用二尺四寸之简书之。郑康成谓六经二尺四寸，《孝经》半之，《论语》又半之是也。《汉书》称律曰"三尺法"，又曰"二尺四寸之律"。律亦经类，故亦用二尺四寸之简。惟六经为周之官书，汉律乃汉之官书耳。寻常之书，非经又非律者，《论衡》谓之短书。此所谓短，非理之短，乃策之短也。西汉用竹简者尚多，东汉以后即不用。《后汉书》称董卓移都之乱，缣帛图书，大则连为帷盖，小乃制为滕囊，可知东汉官书已非竹简本矣。帛书可卷可舒，较之竹简，自然轻易，然犹不及今之用纸。纸之起源，人皆谓始于蔡伦，然《汉书·外戚传》已称赫蹏，则西汉时已有纸，但不通用耳。正惟古人之不用纸，作书不易；北地少竹，得之甚难；代以缣帛，价值又贵，故非熟读强记不为功也。竹简书之以漆，刘向校书可证；方版亦然。至于缣帛，则不可漆书，必当用墨。《庄子》云：宋元君将画图，众史舐笔和墨。则此所谓图，当是缣素。又《仪礼》铭族用帛。《论语》子张书绅。绅以帛为之，皆非用帛不能书。惟经典皆用漆书简，学生讲习，则用版以求方便耳。以上论经之形式及质料。

《庄子·天下篇》："《诗》以道志，《书》以道事，《礼》以道行，《乐》以道和，《易》以道阴阳，《春秋》以道名分。"列举六经，而不称之曰"经"。然则六经之名，孰定之耶？曰：孔子耳。孔子之前，《诗》《书》《礼》《乐》已备。学校教授，即此四种。孔子教人，亦曰："兴于《诗》，立于《礼》，成于《乐》。"又曰："《诗》《书》执礼，皆雅言也。"可见《诗》《书》《礼》《乐》，乃周代通行之课本。至于《春秋》，国史秘密，非可公布，《易》为卜筮之书，事异恒常，非当务之急，故均不以教人。自孔子赞《周易》、修《春秋》，然后《易》与《春秋》同列六经。以是知六经之名，定于孔子也。

五礼著吉、凶、宾、军、嘉之称，今《仪礼》十七篇，只有吉、凶、宾、嘉，而不及军礼。不但十七篇无军礼，即《汉书》所谓五十六篇《古经》者亦无之。《艺文志》以《司马法》二百余篇入《礼》类（今残本不多），此军礼之遗，而不在六经之内。孔子曰："军旅之事，未之学也。"盖孔子不喜言兵，故无取焉。又古律亦官书，汉以来有《汉律》。汉以前据《周礼》所称，五刑有二千五百条，《吕刑》则云三千条。当时必著简册，然孔子不编入六经，至今无只字之遗。盖律者，在官之人所当共知，不必以之教士。若谓古人尚德不尚刑，语涉迂阔，无有是处。且《周礼·地官》之属，州长、党正，有读法之举，是百姓均须知律。孔子不以入六经者，当以刑律代有改变，不可为典要故尔。

六经今存五经，《乐经》汉时已亡。其实，六经须作六类经书解，非六部之经书也。礼，今存《周礼》《仪礼》。或谓《周礼》与《礼》不同，名曰《周官》，疑非礼类。然《孝经》称"安上治民莫善于礼"，《左传》亦云"礼，经国家、定社稷、序人民、利后嗣"。由《孝经》《左传》之言观之，则《周官》之设官分职、体国经野，正是礼类。安得谓与礼不同哉？春秋时人引

《逸周书》皆称《周书》，《艺文志》称《逸周书》乃孔子所删百篇之余。因为孔子所删，故不入六经。又《连山》《归藏》，汉时尚存（桓谭《新论》云：或藏兰台），与《周易》本为同类。以孔子不赞，故亦不入六经。实则《逸周书》与《书》为一类，三易同为一类，均宜称之曰经也。

今所传之十三经，其中《礼记》《左传》《公羊》《谷梁》，均传记也。《论语》《孝经》，《艺文志》以《诗》《书》《易》《礼》《春秋》同入六艺，实亦传记耳。《孟子》应入子部，《尔雅》乃当时释经之书，亦不与经同。严格论之，六经无十三部也。

史部本与六经同类。《艺文志》春秋家列《战国策》《太史公书》。太史公亦自言继续《春秋》。后人以史部太多，故别为一类。荀勖《中经簿》始立经、史、子、集四部，区经、史为二，后世仍之。然乙部有《皇览》。《皇览》者，当时之类书也，与史部不类。王俭仿《七略》作《七志》(《七略》本仅六种：一、六艺；二、诸子；三、诗赋；四、兵书；五、数术；六、方技）、增图谱一门，称六艺略曰经典志，中分六艺、小学、史记、杂传四门，有心复古，颇见卓识。又有《汉志》不收而今亦归入经部者，纬书是也。纬书对经书而称，后人虽不信，犹不得不以入经部。独王俭以数术略改为阴阳志，而收入纬书，以纬书与阴阳家、形法家同列，不入经典，亦王氏之卓识也。自《隋书·经籍志》后，人皆依荀勖四部之目，以史多于经，为便宜计，不得不尔。明知纬书非经之比，无可奈何，亦录入经部，此皆权宜之计也。

兵书在《汉志》本与诸子分列。《孙子兵法》入兵书，不入诸子。《七志》亦分兵书曰军书，而阮孝绪《七录》(依王俭为七部不分经、史、子、集）以子书、兵书合曰子兵，未免谬误。盖当代之兵书，应秘而不宣，古代之兵书，可人人省览。《孙子》十三篇，空论行军之理，与当时号令编制之法绝异，不似今参谋部之书，禁人窥览者也。是故当代之兵书，不得与子部并录。

向、歆校书之时，史部书少，故可归入《春秋》。其后史部渐多，非别立一类不可，亦犹《汉志》别立诗赋一类，不归入《诗经》类耳。后人侈言复古，如章实斋《校雠通义》，独断断于此，亦徒为高论而已。顾源流不得不明，纬与经本应分类，史与经本不应分，此乃治经之枢纽，不可不知者也。

汉人治经，有古文、今文二派。伏生时纬书未出，尚无怪诞之言。至东汉时，则今文家多附会纬书者矣。古文家言历史而不信纬书，史部入经，乃古文家之主张；纬书入经，则今文家之主张也。

古文家间引纬书，则非纯古文学，郑康成一流是也。王肃以贾、马之学，反对康成。贾虽不信纬书，然亦有附会处（《后汉书》可证），马则绝不附会矣。（马书今存者少。）

至三国时人治经，则与汉人途径相反。东汉今文说盛行之时，说经多采纬书，谓孔子为玄圣之子，称其述作曰为汉制法。今观孔林中所存汉碑，《史晨》《乙瑛》《韩敕》，皆录当时奏议文告，并用纬书之说。及黄初元年，封孔羡为宗圣侯，立碑庙堂，陈思王撰文，录文帝诏书，其中无一语引纬书者。非惟不引纬书，即今文家，亦所不采。以此知东汉与魏，治经之法，截然不同。今人皆谓汉代经学最盛，三国已衰，然魏文廓清谶纬之功，岂可少哉！文帝虽好为文，似词章家一流，所作《典论》《隋志》归入儒家。纬书非儒家言，乃阴阳家言，故文帝诏书未引一语。岂可仅以词章家目之！

自汉武立五经博士，至东汉有十四博士。（五经本仅五博士，后分派众多故有十四博士。）《易》则施、孟、梁丘、京，《书》则欧阳、大小夏侯，《诗》则齐、鲁、韩，《礼》则大小戴，《春秋》则严、颜（皆《公羊》家），皆今文家也。孔安国之古文《尚书》，后世不传。汉末，马、郑之书，不立学官。《毛诗》亦未立学官。古文《礼》传之者少。《春秋》则《左氏》亦未立学官。至三国时，古文《尚书》《毛诗》《左氏春秋》，皆立学官，此魏文帝之卓见也。汉熹平石经，隶书一字，是乃今文。

魏正始时立三体石经，则用古文。当时古文《礼》不传，《尚书》《春秋》皆用古文。《易》用费氏，以费《易》为古文也。（传费《易》者，汉末最盛，皆未入学官。马、郑、荀爽、刘表、王弼皆费氏《易》。）《周礼》则本为古文。三国之学官，与汉末不同如此。故曰魏文廓清之功不可少也。

清人治经，以汉学为名。其实汉学有古文、今文之别。信今文则非，守古文即是。三国时渐知尊信古文。故魏、晋两代，说经之作，虽精到不及汉儒，论其大体，实后胜于前。故汉学二字，不足为治经之正轨。昔高邮王氏，称其父熟于汉学之门径，而不囿于汉学之藩篱。此但就训诂言耳。其实，论事迹、论义理，均当如是。魏、晋人说经之作，岂可废哉！以上论经典源流及古今文大概。

欲明今古文之分，须先明经典之来源。所谓孔子删《诗》《书》，定《礼》《乐》，赞《周易》，修《春秋》者，《汉书·艺文志》云：礼、乐，周衰俱坏，乐尤微眇，又为郑、卫所乱，故无遗法。又云：及周之衰，诸侯将逾法度，恶其害己，皆灭去其籍，自孔子时而不具。是孔子时《礼》《乐》已阙，惟《诗》《书》被删则俱有明证。《左传》：韩宣子适鲁，观书于太史氏，见《易象》与鲁《春秋》，曰：周礼尽在鲁矣。可见别国所传《易象》，与鲁不尽同。孔子所赞，盖鲁之《周易》也。《春秋》本鲁国之史，当时各国皆有春秋，而皆以副本藏于王室。故太史公谓孔子西观周室，论史记旧闻而修《春秋》，盖六经之来历如此。

《礼记·礼器》云："经礼三百、曲礼三千。"郑康成注：经礼谓《周礼》，曲礼即《仪礼》。《中庸》云："礼仪三百，威仪三千。"孔颖达疏：礼仪三百即《周礼》，威仪三千即《仪礼》。今《仪礼》十七篇，约五万六千字，均分之，每篇得三千三百字。汉时，高堂生传《士礼》十七篇，合淹中所得，凡五十六篇，较今《仪礼》三倍。若以平均三千三百字一篇计之，则五十六篇当有十七万字，恐孔子时经不过如此。以字数之多，故当时儒者不能尽学，孟子所谓"诸侯之礼，吾未之学也"。至于《周礼》是否经孔子论定，无明文可见。孟子谓"诸侯恶其害己也，而皆去其籍"，是七国时《周礼》已不常见，故孟子论封建与《周礼》不同。

太史公谓古诗三千余篇，孔子删为三百篇。或谓孔子前本仅三百篇，孔子自言"诗三百"是也。然《周礼》言九德、六诗之歌。九德者，《左传》所谓水、火、金、木、土、谷、正德、利用、厚生。九功之德皆可歌者，谓之九歌。六诗者，一曰风、二曰赋、三曰比、四曰兴、五曰雅、六曰颂。今《诗》但存风、雅、颂，而无赋、比、兴。盖不歌而诵谓之赋，例如后之《离骚》，篇幅冗长，宜于诵而不宜于歌，故孔子不取耳。九德、六诗合十五种，今《诗》仅存三种，已有三百篇之多，则十五种当有一千五百篇。《风》《雅》《颂》之逸篇为春秋时人所引者已不少，可见未删之前，太史公三千篇之说为不诬也。孔子所以删九德之歌者，盖水、火、金、木、土、谷，皆咏物之作，与道性情之旨不合，故删之也。季札观周乐，不及赋、比、兴，赋本不可歌，比、兴被删之故，则今不可知。墨子言诵诗三百、弦诗三百、歌诗三百、舞诗三百。夫可弦必可歌，舞虽有节奏，恐未必可歌，诵则不歌也。由此可知，诗不仅三百，依墨子之言，亦有千二百矣。要之诗不但取其意义，又必取其音节，故可存者少耳。

《书》之篇数，据扬子《法言》称：昔之说《书》者序以百。《艺文志》亦云凡百篇。百篇者，孔子所删定者也。其后，伏生传二十九篇（据《书序》则分为三十四篇）。壁中得四十八篇。由今观之，书在孔子删定之前已有亡佚者。楚灵王之左史，通《三坟》《五典》《八索》《九丘》。今《三坟》不传，《五典》仅存其二。楚灵王时，孔子年已二十余，至删书时而仅著《尧典》《舜典》二篇，盖其余本已佚矣。若依百篇计之，虞、夏、商、周凡四代，如商、周各四十篇，虞、夏亦当有二十篇。今夏书最少，《禹贡》犹不能谓为夏书。真为夏书者，仅《甘誓》《五子之歌》《胤征》三篇而已。《胤征》之后，《左传》载魏绛述后羿、寒浞事，伍员述少康中兴事，皆《尚书》所无。魏绛在孔子前，而伍员与孔子同时，二子何以知之？必当时别有记载，而本文则已亡也。此亦未删而已佚之证也。至如周代封国必有命（如近代之册命），封康叔有《康诰》，而封伯禽、封唐叔，左氏皆载其篇名，《书序》则不录。且鲁为孔子父母之邦，无不知其封诰之理。所以不录者，殆以周封诸侯甚多，不得篇篇而登之，亦惟择其要者耳。否则，将如私家谱牒所录诰命，人且厌观之矣。《康诰》事涉重要，故录之，其余则不录，此删书之意也。

《逸周书》者，《艺文志》言，孔子所论百篇之余。今《逸周书》有目者七十一篇。由此可知，孔子于书，删去不少。虽自有深意，然删去之书，今仍在者，亦不妨视为经书。今观《逸周书》与《尚书》性质相同，价值亦略相等。正史之外，犹存别史（《史》《汉》无别史，《后汉书》外有袁宏《后汉记》，其中所载事实、奏议，有与《后汉书》不同者，可备参考。《三国志》外有鱼豢之《魏略》、王沈之《魏书》，不可谓只《三国志》可信，余即不可信也），安得皇古之书，可信如《逸周书》者，顾不重视乎？《诗》既删为三百篇，而删去之诗，如"巧笑倩兮、美目盼兮，素以为绚兮"一章，子夏犹以问孔子，孔子亦有"启予"之言。由此可见，逸诗仍有价值。逸书亦犹是矣。盖古书过多，或残缺，或不足重，人之目力有限，不能尽读，于是不得不删繁就简。故孔子删《诗》《书》，使人易于持诵，删余之书，仍自有其价值在也。崔东壁辈，以为经书以外均不足采，不知太史公三代本纪，固以《尚书》为本，《周本纪》即采《逸周书》《克殷解》《度邑解》，此其卓识过人，洵非其余诸儒所能及。

六经自秦火之后，《易》为卜筮，传者不绝。汉初北平侯张苍，献《春秋左氏传》，经传俱全。《诗》由口授，非秦火所能焚，汉初有齐、鲁、毛、韩四家。惟毛有六笙诗。（自秦焚书，至汉高祖破秦子婴，历时七年，人人熟习之歌，自当不亡。）礼则《仪礼》不易诵习，故高堂生仅传十七篇。（高堂生必读熟方能传也。）《周礼》在孟子时已不传，而荀子则多引之（荀子学博远过孟子，故能引之），然全书不可见。至汉河间献王乃得全书，犹缺《冬官》一篇，以《考工记》补之。《尚书》本百篇，伏生壁藏之，乱后求得二十九篇，至鲁恭王坏孔子宅，又得五十八篇，孔安国传之，谓之古文。此秦火后六经重出之大概也。

经今古文之别有二：一、文字之不同；二、典章制度与事实之不同。何谓文字之不同？譬如《尚书》，古文篇数多，今文篇数少，今古文所同有者，文字又各殊异，其后愈说愈歧。此非伏生之过，由欧阳、大小夏侯三家立于学官，博士抱残守缺，强不知以为知，故愈说而愈歧也。《古文尚书》孔安国传之太史公，太史公以之参考他书，以故，不但文字不同，事实亦不同矣。（今文家不肯参考他书，古文家不然，太史公采《逸周书》可证也。）何谓典章制度之不同？如《周礼》本无今文，一代典章制度，于是大备。可见七国以来传说之语，都可不信。如封建一事，《周礼》谓公五百里、侯四百里、伯三百里、子二百里、男百里。而孟子乃谓公侯皆方百里、伯七十里、子男五十里，与《周礼》不合。此当依《周礼》，不当依孟子，以孟子所称乃传闻之辞也。汉初人不知《周礼》，文帝时命博士撰《王制》，即用孟子之说，以未见《周礼》故。此典章制度之不同也。何谓事实之不同？如《春秋左传》为古文，《谷梁》《公羊》为今文。《谷梁》称申公所传，《公羊》称胡毋生所传。二家皆师弟问答之语。《公羊》至胡毋生始著竹帛，《谷梁》则著录不知在何时。今三传不但经文有异，即事实亦不同，例亦不同。刘歆以为左氏亲见夫子，好恶与圣人同；而公羊、谷梁在七十子之后。传闻之与亲见之，其详略不同。以故，若论事实，自当信《左氏》，不当信《公》《谷》也。《诗》无所谓今古文，口授至汉，书于竹帛，皆用当时习用之隶书。《毛诗》所以称古文者，以其所言事实与

《左传》相应，典章制度与《周礼》相应故尔。《礼》，高堂生所传十七篇为今文；孔壁所得五十六篇为古文。古文、今文大义无殊，惟十七篇缺天子、诸侯之礼。于是，后苍推士礼致于天子。（五十六篇中有天子、诸侯之礼。）后人不得不讲《礼记》，即以此故。以十七篇未备，故须《礼记》补之。《礼记》中本有《仪礼》正篇，如《奔丧》，小戴所有；《投壶》，大小戴俱有。大小戴皆传自后苍，皆知十七篇不足，故采《投壶》《奔丧》二篇。二家之书，所以称《礼记》者，以其为七十子后学者所记，故谓之《礼记》。记，百三十一篇：大戴八十二篇，小戴四十九篇。今大戴存三十九篇，小戴四十九篇具在，合之得八十八篇。此八十八篇中，有并非采自百三十一篇之记者，如大戴有《孔子三朝记》七篇，《孔子三朝记》应入《论语》家（《艺文志》如此），《三朝记》之外，《孔子闲居》《仲尼燕居》《哀公问》等，不在《三朝记》中，则应入《家语》一类。要之，乃《论语》家言，非《礼》家言也。大戴采《曾子》十篇，《曾子》本儒家书。又《中庸》《缁衣》《表记》《坊记》四篇，在小戴记，皆子思作。子思书，《艺文志》录入儒家。若然，《孔子三朝记》以及曾子、子思所著，录入大小戴者，近三十篇。加以《月令》本属《吕氏春秋》（汉人称为《明堂月令》），亦不在百三十一篇中。又，《王制》一篇，汉文帝时博士所作。则八十八篇应去三十余篇，所余不及百三十一篇之半，恐犹有采他书者在。如言《礼记》不足据，则其中有百三十一篇之文在；如云可据，则其中有后人所作在。故《礼记》最难辨别，其中所记，是否为古代典章制度，乃成疑窦。若但据《礼记》以求之，未为得也。《易》未遭秦火，汉兴，田何数传至施、孟、梁丘三家。或脱去《无咎》《悔亡》，惟费氏不脱，与古文同。故后汉马融、荀爽、郑玄、刘表皆信费《易》。《易》专言理，惟变所适，不可为典要，故不可据以说《礼》。然汉人说《易》，往往与礼制相牵。如《五经异义》以"时乘六龙"谓天子驾六，此大谬也。又施、孟、梁丘之说，今无只字之存。施、孟与梁丘共事田生，孟喜自云：田生且死时，枕喜膝，独传喜；而梁丘曰：田生绝于髌手中，时喜归东海，安得此事！是当时已起争端。今孟喜之《易》，尚存一鳞一爪。臆造之说，未足信赖。焦延寿自称尝从孟喜问《易》，传之京房，喜死，房以延寿《易》即孟氏学，而孟喜之徒不肯，曰："非也。"然则焦氏、京氏之《易》，都为难信。虞氏四世传孟氏《易》，孟不可信，则虞说亦难信。此数家外，荀氏、郑氏传世最多，然《汉书》谓费本无书，以《彖》《象》《文言》释经，而荀氏据爻象承应阴阳变化之义解说经意，是否为费之正传，亦不可知。郑《易》较为简单，恐亦非费氏正传。今学《易》者多依王弼之注，弼本费《易》，以文字论，费《易》无脱文，当为可信。余谓论《易》，只可如此而已。

此外，《古论语》不可见，今所传者，古、齐、鲁杂糅。《孝经》但存今文。关于典章制度、事实之不同者，须依古文为准。至寻常修身之语，今古文无大差别，则《论语》《孝经》之类，不必问其为古文或今文也。

十四博士皆今文，三国时始信古文。古文所以引起许多纠纷者，孔壁所得五十八篇之书，亡于汉末，西晋郑冲伪造二十五篇，今之孔氏《尚书》，即郑冲伪造之本。其中马、郑所本有者，未加窜改；所无者，即出郑冲伪造。又分虞书为《尧典》《舜典》二篇，分《皋陶谟》为《益稷》。《大禹谟》《五子之歌》《胤征》已亡，则补作三篇。既是伪作，不足置信。至汉人传《易》，是否《易》之正本不可知，后则王弼一家为费氏书。宋陈希夷辈造先天八卦、河洛诸图，传之邵康节，此乃荒谬之说。东序河图，既无人见，孔子亦叹河不出图，则后世何由知其象也。先天八卦，以《说卦》方位本离南坎北者改为乾南坤北，则与观象、观法而造八卦之说不相应，此与《尚书》伪古文同不足信。（伪古文参考阎氏《古文尚书疏证》，河洛参考胡氏《易图明辨》。）至今日治《书》而信伪古文；言《易》而又河洛、先天，则所谓门外汉矣。然汉人以误传之说（今文家）亦甚多。清儒用功较深，亦未入说经正轨，凡以其参杂今古文故也。近孙诒让专讲《周礼》，为纯古文家。惜此等著述，至清末方见萌芽，如群经皆如此疏释，斯可谓入正轨矣。

经之由来及今古文之大概既明，须进而分讲各经之源流。今先讲《易经》。

初造文字，取法兽蹄鸟迹；画卦亦然。《易·系辞》云："古者庖牺氏之王天下也，仰则观象于天，俯则观法于地，观鸟兽之文与地之宜，近取诸身，远取诸物，于是始作八卦。"今观乾、坤二卦：乾作𤑑𤑮，坤作𤑮𤑱。《抱朴子》云："八卦出于鹰隼之所被，六甲出于灵龟之所负。"盖鸟舒六翮，即成𤑑𤑮象，但取其翮而遗其身，即成𤑮𤑱象。于是或分或合，错而综之，则成八卦。此所以言观鸟兽之文也。抱朴之说，必有所受，然今无可考，施、孟、马、郑、荀爽皆未言之。

重卦出于何人，说者纷如。王弼以为伏羲，郑玄以为神农，孙盛以为夏禹，而太史公则以为文王。伏羲之说，由于《周礼》，太卜掌三易之法：一曰《连山》，二曰《归藏》，三曰《周易》。三易均六十四卦，杜子春谓《连山》，伏羲；《归藏》，黄帝。王弼据之，故云重卦出于伏羲。然伏羲作《连山》，黄帝作《归藏》，语无凭证，故郑玄不从之也。神农之说，由于《系辞》称"神农氏作，斫木为耜，揉木为耒，盖取诸《益》；日中为市，交易而退，盖取诸《噬嗑》"二语。以神农氏已有《益》《噬嗑》，故知重卦出于神农。然《系辞》所谓"盖取"，皆想象之辞，乌可据为实事？夏禹之说，从郑玄之义蜕化而来。郑玄《易赞》及《易论》云：夏曰《连山》，殷曰《归藏》，周曰《周易》。孙盛取之，以为夏有《连山》，即兼山之艮，可见重卦始于夏禹。至文王之说，则太史公因"作《易》者其有忧患乎"一语而为是言。要之，上列诸说，虽不可确知其是非，以余观之，则重卦必不在夏禹之后，短中取长，则孙盛之说为可信耳。

至卦辞、爻辞之作，当是皆出文王。《系辞》云："《易》之兴也，当文王与纣之事耶？"又云："作《易》者，其有忧患乎？"太史公据此，谓"西伯拘而演《周易》"。故卦辞、爻辞并是文王被囚而作，或以为周公作爻辞，其说无据。如据韩宣子聘于鲁，见《易象》而称周公之德，以此知《易象》系于周公，故谓周公作爻辞。然韩宣子并及鲁之《春秋》，《春秋》岂周公作耶？如据"王用亨于岐山"及"箕子之明夷"及"东邻杀牛不如西邻之禴祭"诸文，以为岐山之王当是文王。文王被囚之时，犹未受命称王。箕子之被囚奴，在武王观兵之后，文王不宜预言明夷，东邻指纣，西邻指文王。纣尚南面，文王不宜自称己德，以此知爻辞非文王作，而为周公作。然《禹贡》"岍岐及岐"，是岐为名山，远在夏后之世。古帝王必祭山川，安知文王以前，竟无王者享于岐山乎？箕子二字，本又读为荄滋。（赵宾说。）且箕子被囚，在观兵以后，亦无实据。《象》传"内文明而外柔顺，以蒙大难，文王以之；内难而能正其志，箕子以之"，并未明言箕子之被囚奴，且不必被囚然后谓之明夷也。东邻、西邻，不过随意称说，安见东邻之必为纣、西邻之必为文王哉？据此三条，固不能谓爻辞必周公作矣。且《系辞》明言"殷之末世，周之盛德"，而不及周公之时。孔颖达乃谓文王被囚，固为忧患；周公流言，亦属忧患。此;附会之语矣。余谓：据《左传》，纣囚文王七年，七年之时甚久，封辞、爻辞，不过五千余字，以七年之久，作五千余字，亦未为多，故应依太史公说，谓为文王作，则与《系辞》相应。

文王作《易》之时，在官卜筮之书有《连山》《归藏》，文王之《易》与之等列，未必视为独重。且《周易》亦不止一部。《艺文志》六艺略首列《周易》十二篇；数术略著龟家又有《周易》三十八卷。且《左传》所载筮辞，不与《周易》同者甚多。成季将生，筮得大有之乾曰："同复于父，敬如君所。"秦缪伐晋，筮遇蛊，曰："千乘三去，三去之余，获其雄狐。"皆今《周易》所无，解之者疑为《连山》《归藏》。然《左传》明言以《周易》筮之，则非《连山》《归藏》也。余谓此不足疑，三十八卷中或有此耳。今《周易》六十四卦、三百八十四爻，而焦延寿作《易林》，以六十四自乘，得四千九十六条。安知周代无《易林》一类之书，别存于《周易》之外乎？盖《连山》《归藏》《周易》，初同为卜筮之书；上下二篇之《周易》与三十八卷之《周易》，性质相同，亦无高下之分，至孔子赞《易》，乃专取文王所演者耳。

《易》何以称《易》，与夫《连山》《归藏》，何以称《连山》《归藏》，此颇费解。郑玄注《周礼》曰：《连山》似山出内气变也；《归藏》者，万物莫不归而藏于中也。皆无可奈何，强为之辞。盖此二名本不可解。周易二字，周为代名，不必深论；易之名，《连山》《归藏》《周易》之所共。《周礼》，太卜掌三易之法，《连山》《归藏》均称为《易》。然易之义不可解。郑玄谓易有三义：易简，一也；变易，二也；不易，三也。易简之说，颇近牵强，然古人说《易》，多以易简为言。《左传》：南蒯将叛，以《周易》占之，子服惠伯曰："《易》不可以占险。"则易有平易之意，且直读为易（去声）矣。易者变动不居，周流六虚，不可为典要，唯变所适，则变易之义，最为易之确诂，惟不易之义，恐为附会，既曰易，如何又谓之不易哉？又《系辞》云：生生之谓易。此义在变易、易简之外，然与字义不甚相关。故今日说《易》，但取变易、易简二义，至当时究何所取义而称之曰《易》，则不可知矣。

孔子赞《易》之前，人皆以《易》为卜筮之书。卜筮之书，后多有之。如东方朔《灵棋经》之类是。古人之视《周易》，亦如后人之视《灵棋经》耳。赞《易》之后，《易》之范围益大，而价值亦高。《系辞》曰："夫《易》何为者也？夫《易》开物成务、冒天下之大道，如斯而已者也。"孔子之言如此。盖发展社会、创造事业，俱为《易》义所包矣。此孔子之独识也。文王作

《易》，付之太卜一流。卜筮之徒，不知文王深意，至高子乃视为穷高极远，于是《周易》遂为六经之一。秦皇焚书，以《易》为卜筮之书，未之焚也。故自孔子传商瞿之后，直至田何，中间未尝断绝；不如《尚书》经孔子删定之后传授不明，至伏生，突然以传《书》著称；亦不如《诗经》删定之后，传授不明，至辕固生、韩婴等突然以传《诗》著称也——《鲁诗》虽云浮丘伯受于荀卿，而荀卿之前不可知；《毛诗》虽云传自子夏，然其事不见于《艺文志》，亦不见于《汉书·儒林传》。唯《易》之传授最为清楚：自商瞿一传至桥庇子庸，二传至馯臂子弓，三传至周丑子家，四传至孙虞子乘，五传而至田何。其历史明白如此，篇章亦未有阙脱。（《艺文志》：《周易》十二篇，施、孟、梁丘三家。）向来说经者，往往据此疑彼，惟《易》一无可疑。以秦本未焚，汉仍完整也。欧阳修经学疏浅，首疑《系辞》非孔子作，以为《系辞》中有子曰字，决非孔子自道。然《史记》自称太史公曰，太史公下腐刑时，已非太史令矣，而《报任少卿书》，犹自称太史公；即欧阳修作《秋声赋》亦自称欧阳子，安得谓《史记》非太史公作、《秋声赋》非欧阳修作哉？商瞿受《易》之时，或与孔子问答，退而题子曰字，事未可知，安得径谓非孔子作哉？欧阳修无谓之疑，犹不足怪，后人亦无尊信之者。近皮锡瑞经学颇有功夫，亦疑《易》非文王作，以为卦辞、爻辞皆孔子作，夫以卦辞、爻辞为孔子作，则《系辞》当非孔子作矣。然则《系辞》谁作之哉？皮氏于此未能明言。夫《易》自商瞿至田何，十二篇师师相传，并未有人增损。晋人发冢，得《周易》上下经，无十翼。此不足怪，或当时但录经文，不录十翼耳。《系辞》明言"易之兴也，其当殷之末世，周之盛德邪？当文王与纣之事邪？"如上下经为孔子作，则不得不推翻此二语。且田何所传，已有《系辞》，田何上去孔子，不及三百年，亦如今之去顾亭林耳。人纵疏于考证，必不至误认顾亭林书为唐宋人书也。又，文言二字，亦有异解。梁武帝谓文言者，文王之言也。今按："元者，善之长也；亨者，嘉之会也；利者，义之和也；贞者，事之干也。君子体仁，足以长人；嘉会足以合礼；利物足以和义；贞固足以干事"，此五十字为穆姜语，唯体仁作体信略异。穆姜在孔子前，故梁武帝谓为文王之言。然文王既作卦辞曰"元、亨、利、贞"，而又自作文言以解之，恐涉词费，由今思之，或文王以后，孔子以前说《易》者发为是言，而孔子采之耳。所以题曰文言者，盖解释文王之言。

《史记·孔子世家》："孔子晚而喜《易》，读《易》韦编三绝。"如孔子以前，但有六十四卦之名，亦何须数数披览、至于韦编三绝耶？必已有五千余字，孔子披览之勤，故韦编三绝也。陈希夷辈意欲超过孔子，创先天八卦之说，不知八卦成列由观象于天、观法于地而来，其方位见于《说卦》传（即陈希夷辈所谓后天八卦）。当时所观之天，为全世界共见之天，所观之地，则中国之地也。今以全地球言之，中国位东半球之东部，八卦方位，就中国所见而定。乾在西北者，中国之西北也；坤在西南者，中国之西南也。古人以北极标天，以昆仑标地。就中国之地而观之，北极在中国西北，故乾位西北。昆仑在中国西南，故坤位西南。正南之离为火，即赤道，正北之坎为水，即瀚海。观象、观法，以中国之地为本，故八卦方位如此，后之先天八卦，乾在南而坤在北，与天文、地理全不相应。作先天八卦者，但知乾为高明之象，以之标阳；坤为沉潜之象，以之标阴。遂谓坤应在北，乾应在南。不知仰观俯察，非言阴阳，乃言方位耳。《周礼》："圜丘祭天，方泽祭地。"郑玄注：祭天谓祭北极、祭地谓祭昆仑。人以北极昆仑，分标天地，于此可见先天八卦为无知妄作矣。

《汉书·五行志》刘歆曰："伏羲氏继天而王，受《河图》而则画之，八卦是也；禹治洪水，赐《洛书》，法而陈之，《洪范》是也。"然不知所谓《图》《书》者何物也。至宋刘牧以《乾凿度》九宫之法为《河图》，又以生数、就成数依五方图之，以为

《洛书》，更有《洞极经》亦言《河图》《洛书》，则如刘牧之说而互易之，以五方者为图，九宫者为书。然郑氏、虞氏说《易》，并不以九宫、五方为图、书。桓谭《新论》曰："河图、洛书，但有朕兆而不可知。"是汉人虽说《河图》《洛书》，却未言图、书为何象，宋人说《易》，创为河洛及先天八卦图。朱晦庵《易本义》亦列此图。其实先天图书荒唐悠谬，要当以左道视之，等之天师一流可矣。

其余说《易》者，汉儒主象数，王弼入清谈。拘牵象数，固非至当；流入清谈，亦非了义。（《乾》《坤》二卦，以及《既济》《未济》，以清谈释之，说亦可通。然其他六十卦，恐非清谈所能了也。）《系辞》云："夫《易》开物成务，冒天下之道。"谓"冒天下之道"，则佛法自亦在内。李鼎祚《集解序》云："权舆三数，钤键九流。"详李氏此说，非但佛法在内，墨、道、名、法，均入《易》之范围矣。然李氏虽作此说，亦不能有所发明。孔颖达云："《易》理难穷。虽复玄之又玄，至于垂范作则，便是有而教有，若论住内、住外之空，就能、就所之说，斯乃义涉于释氏，非为教于孔门。"然《正义》依王、韩为说，往往杂以清谈。后之解者，因清谈而入佛法。虽为孔氏所不敢，然《易》理亦自包含佛法。论说经之正，则非不但佛法不可引用，即《老子》"玄之又玄"之语，亦不应取。如欲穷究《易》理，则不但应取老、庄，即佛亦不得不取。其他九流之说，固无妨并采之矣！

《礼记·经解》曰："《易》之失，贼。"此至言也。尚清谈者，犹不致贼。如以施之人事，则必用机械之心；用机械之心太过，既不自觉为贼矣！盖作《易》者本有忧患，故曰"其辞危"。危者使平，易者使倾，若之何其不贼也。若蔡泽以亢龙说范雎，取范雎之位而代之，此真可谓贼矣。夫蔡泽犹浅言之耳。当文王被囚七年，使四友献宝，纣见宝而喜，曰：谮西伯者，乃崇侯虎也。则文王亦何尝讳贼哉！论其大者、远者，所谓"开物成务，冒天下之道"是矣。"冒天下之道"者，权舆三教也；"开物成务"

者，铃键九流也。然不用权谋，则不能开物成务；不极玄妙，则不能冒天下之道。管辂谓善《易》者不言《易》。然则真传《易》者，正恐不肯轻道阴阳也。以上讲《周易》大概。

《尚书》分六段讲：一、命名；二、孔子删《书》；三、秦焚《书》；四、汉今古文之分；五、东晋古文；六、明清人说《尚书》者。

一、命名。周秦之《书》，但称曰《书》，无称《尚书》者。《尚书》之名，见于《史记·五帝本纪》《三代世表》及《儒林》传。《儒林》传云：伏生以二十九篇"教于齐、鲁之间，学者由是颇能言《尚书》。"又云："孔氏有古文《尚书》。"则今古文皆称《尚书》也。何以称之曰《尚书》？伪孔《尚书序》云："以其上古之书，谓之《尚书》。"此言不始于伪孔，马融亦谓上古有虞氏之书，故曰《尚书》，而郑玄则以为孔子尊而命之曰《尚书》。然孔子既命之曰《尚书》，何以孔子之后，伏生之前，传记子书无言《尚书》者？恐《尚书》非孔子名之，汉人名之耳。何以汉人名之曰《尚书》？盖仅一书字不能成名，故为此累言尔。《书》包虞、夏、商、周四代文告，马融独称虞者，因《书》以《尧典》《舜典》开端，故据以为名，亦犹《仪礼》汉人称《士礼》耳。（《仪礼》不皆士礼，亦有诸侯、大夫礼，所以称《士礼》者，以其首篇为《士冠礼》也。）哀、平以后，纬书渐出，有所谓《中候》者。（汉儒谓孔子定《书》一百二十篇，百两篇为《尚书》，十八篇为《中候》。）"中候"，官名。以中候对尚书，则以尚书为官名矣。（汉尚书令不过千石，分曹尚书六百石，位秩虽卑，权任实大。北军中候六百石，掌监五营。汉人以为文吏位小而权大者尚书，武臣位小而权大者中候，故以为匹。）此荒谬之说，不足具论。要之，《尚书》命名，以马融说为最当。

二、删书。孔子删《书》，以何为凭？曰：以《书序》为凭。《书序》所有，皆孔子所录也。然何以知孔子删《书》而为百篇、焉知非本是百篇而孔子依次录耶？曰：有《逸周书》在，可证《尚书》本不止百篇也。且《左传》载封伯禽、封唐叔皆有诰。今《书》无之，是必为孔子所删矣。至于《书》之有序，与《易》之有《序卦》同。《序卦》孔子所作，故汉人亦以《书序》为孔子作。他且勿论，但观《史记·孔子世家》曰："孔子序《书传》，上纪唐、虞之际，下至秦缪，编次其事。"是太史公已以《书序》为孔子作矣（《夏本纪》多采《书序》之文）。《汉书·艺文志》本向、歆《七略》，亦曰："《书》之所起远矣，至孔子纂焉，上断于尧，下讫于秦，凡百篇，而为之序。"是刘氏父子亦以《书序》为孔子作矣。汉人说经，于此并无异词。然古文《尚书》自当有序，今文则当无序，而今熹平石经残石，《书》亦有序，甚可疑也。或者今人伪造之耳。何以疑今文《尚书序》伪也？刘歆欲立古文时，今文家诸博士不肯，谓《尚书》唯有二十八篇，不信本有百篇，如有《书序》，则不至以《尚书》为备矣。《书序》有数篇同序，亦有一篇一序者。《尧典》《舜典》，一篇一序也。《大禹谟》《皋陶》《弃稷》三篇同序也。数篇同序者，《书序》所习见，然扬子《法言》曰：昔之说《书》者序以百，而《酒诰》之篇俄空焉。盖《康诰》《酒诰》《梓材》三篇同序，而扬子以为仅《康诰》有序，《酒诰》无序，或者《尚书》真有无序之篇，以《酒诰》为无序，则《梓材》亦无序。今观《康诰》曰："周公咸勤，乃洪大诰治。王若曰：'孟侯，朕其弟，小子封'。"王者，周公代王自称之词，故曰"孟侯，朕其弟"矣。《酒诰》称"（成）王若曰：'明大命于妹邦'"，今文如此，古文马、郑、王本亦然。马融之意，以为成字后录者加之。然康叔始封而作《康诰》，与成王即政而作《酒诰》，年代相去甚久，不当并为一序。故扬子以为《酒诰》之篇俄空焉。不但《酒诰》之序俄空，即《梓材》亦不能确知为何人之语也。

汉时古文家皆以《书序》为孔子作，唐人作五经《正义》时，并无异词，宋初亦无异词。朱晦庵出，忽然生疑。蔡沈作《集传》，遂屏《书序》而不载。晦庵说经本多荒谬之言，于

《诗》不信小序，于《尚书》亦不信有序。《后汉书》称卫宏作《诗序》。卫宏之序，是否即小序，今不可知，晦庵以此为疑，犹可说也。《书序》向来无疑之者，乃据《康诰》"王若曰：'孟侯，朕其弟'"一语而疑之，以为如王为成王，则不应称康叔为弟；如为周公，则周公不应称王，心拟武王，而《书序》明言"成王既伐管叔、蔡叔，以殷余民封康叔"，知其事必在武康叛灭之后，决非武王时事。无可奈何，乃云《书序》伪造。不知古今殊世，后世一切官职，皆可代理，惟王不可代；古人视王亦如官吏，未尝不可代。生于后世，不能再见古人。如生民国，见内阁摄政，而布告署大总统令，则可释然于周公之事矣。《诗》是文言，必须有序，乃可知作诗之旨；《书》本叙事，似不必有序，然《尚书》有无头无尾之语，如《甘誓》"大战于甘，乃召六卿"，未明言谁与谁大战；又称"王曰：'嗟六事之人，予誓告汝，有扈氏威侮五行，怠弃三正'"，亦不明言王之为谁。如无《书序》，"启与有扈战于甘之野"一语，真似冥冥长夜，终古不晓矣。（孔子未作《书序》之前，王字当有异论，其后《墨子》所引《甘誓》以王为禹。）《商书序》称王必举其名，本文亦然。《周书》与《夏书》相似，王之为谁，皆不可知。《吕刑》穆王时作，本文但言王享国百年，序始明言穆王。如不读序，从何知为穆王哉？是故，《书》无序亦不可解。自虞、夏至孔子时，《书》虽未有序，亦必有目录之类，历古相传，故孔子得据以去取。否则，孔子将何以删《书》也？《书序》文义古奥，不若《诗序》之平易，决非汉人所能伪造。自《史记》已录《书序》原文，太史公受古文于孔安国，安国得之壁中，则壁中《书》已有序矣。然自宋至明，读《尚书》者，皆不重《书序》，梅鷟首发伪古文之复，亦以《书序》为疑。习非胜是，虽贤者亦不能免。不有清儒，则《书序》之疑，至今仍如冥冥长夜尔。

孔子删《书》，传之何人，未见明文。《易》与《春秋》三传，为说不同，其传授源流皆可考。《诗》《书》《礼》则不可知（子夏传《诗》未可信据）。盖《诗》《书》《礼》《乐》，古人以之教士，民间明习者众，孔子删《书》之时，习《书》者世多有之，故不必明言传于何人。《周易》《春秋》，特明言传授者，《易》本卜筮之书，《春秋》为国之大典，其事秘密，不以教士（此犹近代实录，不许示人），而孔子独以为教，故须明言为传授也。伏生《尚书》何从受之，不可知。孔壁古文既出，孔安国读之而能通。安国本受《尚书》于申公（此事在伏生之后），申公但有传《诗》、传《谷梁》之说，其传《尚书》事，不载本传，何所受学，亦不可知。盖七国时通《尚书》者尚多，故无须特为标榜耳。

孔子删《书》百篇之余为《逸周书》，今考《汉书·律历志》所引《武成》，与《逸周书·世俘解》词句相近。疑《世俘解》即《武成篇》。又《箕子》一篇，录入《逸周书》，今不可见，疑即今之《洪范》。逸书与百篇之书文字出入，并非篇篇不同。盖《尚书》过多，以之教士，恐人未能毕读，不得不加以删节，亦如后之作史者，不能将前人实录字字录之也。删《书》之故，不过如此。虽云《书》以道事，然以其为孔子所删，而谓篇篇皆是大经大法，可以为后世模楷，正未必然。即实论之，《尚书》不过片断之史料而已。

三、秦焚书。秦之焚书，《尚书》受厄最甚。揆秦之意，何尝不欲全灭六经。无如《诗》乃口诵，易于流传；《礼》在当时，已不甚行，不需严令焚之。故禁令独重《诗》《书》，而不及《礼》。（李斯奏言："有敢藏《诗》《书》百家语者，悉诣守、尉杂烧之；有敢偶语《诗》《书》，弃市。"）盖《诗》《书》所载，皆前代史迹，可作以古非今之资，《礼》《乐》，都不甚相关。《春秋》事迹最近，最为所忌，特以柱下史张苍藏《左传》，故全书无缺。《公羊传》如今之讲义，师弟问答，未著竹帛，无以烧之。《谷梁》与《公羊》相似，至申公乃有传授。《易》本卜筮，不禁。惟《尚书》文义古奥，不易熟读，故焚后传者少也。伏生所藏，究有若干篇，今不可知，所能读者，二十九篇耳。孔壁序虽百篇，所藏只五十八篇。知《书》在秦时，已不全读，如其全读，何不全数藏之？盖自荀卿隆礼仪而杀《诗》《书》，百篇之书，全读者已少，故壁中《书》止藏五十八篇也。此犹《诗》在汉初虽未缺，而治之者，或为《雅》，或为《颂》，鲜有理全经者。又《毛传》《鲁诗》，皆以《国风》《大、小雅》《颂》为四始，而《齐诗》以水、木、火、金为四始。其言卯、酉、午、戌、亥五际，亦但取《小雅》《大雅》而不及《颂》。盖杀《诗》《书》之影响如此。然则百篇之《书》，自孔壁已不具。近人好生异论，盖导原于郑樵。郑樵之意，以为秦之焚书，但焚民间之书，不焚博士官所藏。其实郑樵误读《史记》文句，故有此说。《史记》载李斯奏云："臣请：史官，非秦记皆烧之；非博士官所职，天下敢有藏《诗》《书》、百家语音，悉诣守、尉杂烧之。"此文本应读："天下敢有藏《诗》《书》、百家语非博士官所职者"，何以知之？以李斯之请烧书，本为反对博士淳于越，岂有民间不许藏《诗》《书》而博士反得藏之之理？《叔孙通传》："陈胜起山东，二世召博士诸生问曰：'楚戍卒攻蕲入陈，于公如何？'博士诸生三十余人前曰：'人臣无将，将即反，罪死无赦，愿陛下急发兵击之。'二世怒，作色，叔孙通前曰：'诸生言皆非也。明主在其上，法令具于下，人人奉职，四方辐辏，安敢有反者，此特群盗鼠窃狗盗耳。'二世喜曰：'善。'令御史案诸生言反者下吏，曰：'非所宜言。'"今案："人臣无将"二语，见《公羊传》，于时《公羊》尚未著竹帛，然犹以"非所宜言"得罪，假如称引《诗》《书》，其罪不更重哉！李斯明言："有敢偶语《诗》《书》者弃市。"如何博士而可藏《诗》《书》哉！（李斯虽奏偶语《诗》《书》者弃市，然其谏二世有曰："放弃《诗》《书》，极意声色，祖伊所以惧也。"此李斯前后相背处。）郑樵误读李斯奏语，乃为妄说，以归罪于项羽。近康有为之流，采郑说而发挥之；遂谓秦时六经本未烧尽，博士可藏《诗》《书》，伏生为秦博士，传《尚书》二十九篇，以《尚书》本只有二十九篇故（《新学伪经考》主意即此），二十九篇之外，皆刘歆所伪造。余谓《书序》本有《汤诰》，壁中亦有《汤诰》原文，载《殷本纪》中。如谓二十九篇之外，皆是刘歆所造，则太史公焉得先采之？于是崔适谓《史记》所载不合二十九篇者，皆后人所加。（《史记探源》如此说。）由此说推之，凡古书不合己说者，无一不可云伪造。即谓尧舜是孔子所伪造，孔子是汉人所伪造，秦皇焚书之案，亦汉人所伪造，迁、固之流，皆后人所伪造，何所不可！充类至尽，则凡非目见而在百年以外者，皆不可信。凡引经典以古非今者，不必焚其书而其书自废。呜呼！孰料秦火之后，更有灭学之祸什佰于秦火者耶？

　　四、汉今古文之分。汉人传《书》者，伏生为今文，孔安国为古文，此人人所共知。《史记·儒林传》云："伏生故为秦博士，孝文时，欲求能治《尚书》者，天下无有，乃闻伏生能治，欲召之，时伏生年九十余，老不能行，于是乃诏太常使掌故晁错往受之。秦时禁书，伏生壁藏之。其后，兵大起，流亡。汉定，伏生求其书，亡数十篇，独得二十九篇，即以教于齐鲁之间。"其叙《尚书》源流彰明如此，可知伏生所藏，原系古文，无所谓今文也，且所藏不止二十九篇，其余散失不可见耳。晁错本法吏，不习古文，伏生之徒张生、欧阳生辈，恐亦非卓绝之流，但能以隶书迻写而已，以故二十九篇变而为今文也。其后刘向以中古文校伏生之《书》，《酒诰》脱简一，《召诰》脱简二，文字异者七百有余。文字之异，或由于张生、欧阳生等传写有误，脱简则当由壁藏断烂，然据此可知郑樵、康有为辈以为秦火不焚博士之书之谬。如博士之书可以不焚，伏生何必壁藏之耶？

　　《儒林传》称伏生得二十九篇，而刘歆《移让太常博士》云："《泰誓》后得，博士而赞之。"又，《论衡·正说篇》云："孝宣皇帝时，河内女子发老屋，得逸《易》《礼》《尚书》各一篇，奏之。宣帝下示博士，然后，《易》《礼》《尚书》各益一篇。而

《尚书》二十九篇始定。"然则，伏生所得本二十九篇乎？抑二十八篇乎？余谓太史公已明言二十九篇，则二十九篇当可信。今观《尚书大传》有引《泰誓》语，《周本纪》《齐世家》亦有之。武帝时董仲舒、司马相如、终军辈，均太初以前人，亦引《泰誓》，由此可知，伏生本有二十九篇，不待武帝末与宣帝时始为二十九篇也。意者，伏生所传之《泰誓》，或脱烂不全，至河内女子发屋，才得全本。今观汉、唐人所引，颇有出《尚书大传》外者，可见以河内女子本补之，《泰誓》始全也。马融辈以为《左传》《国语》《孟子》所引，皆非今之《泰誓》。《泰誓》称白鱼跃入王舟、火流为乌，语近神怪，以此疑今之《泰誓》。然如以今之《泰誓》为伏生所伪造，则非也。河内女子所得者，秦以前所藏，亦非伪造。以余观之，今之《泰誓》，盖当时解释《泰誓》者之言。《周语》有《泰誓故》，疑伏生所述，即《泰誓故》也。不得《泰誓》，以《泰誓故》补之，亦犹《考工记》之补冬官矣。然《泰誓》之文，确有可疑者。所称八百诸侯，不召自来、不期同时、不谋同辞，何其诞也？武王伐纣，如有征调，当先下令。不征调而自来，不令而同时俱至，事越常理，振古希闻。据《乐记》孔子与宾牟贾论大武之言曰："久立于缀，以待诸侯之至也。"可见诸侯毕会，亦非易事。焉得八百诸侯，同时自来之事耶？此殆解释《泰誓》者张大其辞，以耸人听闻耳。据《牧誓》，武王伐纣，虽有友邦冢君，然誓曰："逖矣，西土之人！"可知非西土之人，武王所不用也。又曰庸、蜀、羌、髳、微、卢、彭、濮人。庸、蜀、羌、髳、微、卢、彭、濮，均在周之南部，武王但用此南部之人，而不用诸侯之师者，以庸、蜀之师本在西方，亲加训练，而东方诸侯之师，非其训练者也。所以召东方诸侯者，不过壮声势、扬威武而已。（此条马融疑之，余亦以为可疑。）又，观兵之说，亦不可信。岂有诸侯既会，皆曰可伐，而武王必待天命，忽然还师之理乎？是故，伏生《泰誓》不可信。若以《泰誓故》视之，亦如《三国志注》采《魏略》

《曹瞒传》之类，未始可不为参考之助也。《泰誓》亦有今古文之别。"流为乌"，郑注：古文乌为雕。盖古文者河内女子所发，今文者伏生所传也。（此古文非孔壁所得。）伏生发藏之后，张生、欧阳生传之。据《史记·娄敬传》，高帝时，娄敬已引八百诸侯之语。又，《陆贾传》称陆生时时前称说《诗》《书》，可见汉初尚有人知《尚书》者。盖娄敬、陆贾早岁诵习而晚失其书，故《儒林传》云"孝文时求为《尚书》者，天下无有"。"无有"者，无其书耳。然《贾谊传》称谊年十八，以能诵《诗》属书闻于郡中。其时在文帝之前。《诗》本讽诵在口，《尚书》则必在篇籍矣。可知当时传《书》者不仅伏生一人，特伏生为秦博士，故著名尔。

《尚书》在景帝以前，流传者皆今文。武帝初，鲁恭王坏孔子宅，得古文《尚书》，孔安国献之。（据《史记》《汉书》及《说文序》所引，所得不止《尚书》一种。）孔安国何以能通古文《尚书》？以其本治《尚书》也。伏生传《书》之后，未得壁经之前，《史记》称鲁周霸、孔安国、洛阳贾嘉颇能言《尚书》事（孔安国、周霸，皆申公弟子。申公之治《尚书》于此可见。贾谊本诵《诗》《书》，故其孙嘉亦能治《尚书》），孔安国为博士，以书教授。倪宽初受业于欧阳生，后又受业于安国。所以然者，以欧阳生本与孔安国本不同耳。倪宽之徒，为欧阳高，大小夏侯。欧阳、大小夏侯三家本之倪宽，而倪宽本之孔安国。孔安国非本之伏生，则汉之所谓今文《尚书》者，名为伏生所传，实非伏生所传也。三家《尚书》亦有孔安国说，今谓三家悉本伏生，未尽当也。

今文《尚书》之名见称于世，始于三国，而非始于汉人。人皆据《史记·儒林传》"孔氏有古文《尚书》，而安国以今文读之"一语，谓孔安国以今文《尚书》翻译古文。此实不然。《汉书》称"孔安国以今文字读之"，谓以隶书读古文耳。孔安国所得者为五十八篇，较伏生二十九篇分为三十四篇者，实多二十四篇。二十四篇中《九共》九篇，故汉人通称为十六篇。孔安国既以今文字读之，而《史记》又谓《逸周书》得十余篇，《尚书》兹多于是。可知孔安国非以伏生之《书》读古文也。盖汉初人识古文者犹多，本不须伏生之《书》对勘也。

孔安国之《书》授都尉朝，都尉朝授胶东庸生，庸生授胡常，常授徐敖，敖授王璜、涂恽。自孔至王、涂凡五传。王、涂至王莽时，古文《尚书》立于学官。涂传东汉贾徽。太史公从孔安国问，《汉书》称迁书载《尧典》《禹贡》《洪范》《微子》《金縢》诸篇多古文说。然太史公所传者，不以伏生为限。故《汤诰》一篇，《殷本纪》载之。

哀帝时刘歆欲以古文《尚书》立学官，博士不肯。（博士抱残守缺，亦如今之教授己不能讲，不愿人讲也。）歆移书让之，王莽时，乃立于学官，莽败，说虽不传，《书》则具存。盖古文本为竹简，经莽乱而散失，其存者惟传抄本耳。东汉杜林，于西州（天水郡，今甘肃秦州）得漆书一篇，林宝爱之，以传卫宏、徐巡（杜林所得必为王莽乱后流传至天水郡者。其后，马、郑犹能知逸《书》篇数，郑玄、许慎亦能引之者，盖传写犹可见，而真本则已亡矣），后汉讲古文者自此始。（杜林非由孔安国直接传授，早岁学于张敞之孙张竦。林之好古文，盖渊源于张氏。）其后，马融、郑玄注《尚书》，但注伏生所有，不注伏生所无，于孔安国五十八篇不全治。马融受之何人不可知，惟贾逵受《书》于父徽，逵弟子许慎作《说文解字》。是故，《说文》所称古文《尚书》，当较马、郑为可信，然其中亦有异同。今欲求安国正传，惟《史记》耳。《汉书》云，迁书《尧典》五篇为古文说，然《五帝本纪》所载《尧典》与后人所说不同。所以然者，杜林所读与孔安国本不甚同也。《说文》圛下称《尚书》曰：'圛圛升云，半有半无。'"据郑玄注称古文《尚书》以弟为圛，而《宋微子世家》引《洪范》"曰雨、曰济、曰涕"，字作涕。是太史公承孔安国正传，孔安国作涕，而东汉人读之为圛，恐是承用今文，非古文也。自清以来，治《尚书》者皆以马、郑为宗，段玉裁作《古文尚书撰异》，以为马、郑是真古文，太史公是今文。不知太史公之治古文，《汉书》具有明文。以马、郑异读，故生异说耳。

古文家所读，时亦谓之古文。此义为余所摘发。治古文者，不可不知。盖古文家传经，必依原本抄写一通，马融本当犹近真，郑玄本则多改字。古文真本，今不可见，惟有三体石经，尚见一斑。三体石经为邯郸淳所书，淳师度尚，尚治古文《尚书》。邯郸淳之本，实由度尚而来。据卫恒《四体书势》称，魏世传古文者，惟邯郸淳一人。何以仅得邯郸淳一人，而郑玄之徒无有传者？盖郑玄晚年，书多腐敝，不得于礼堂写定，传与其人。故传古文者，仅一邯郸淳也。今观三体石经残石，上一字为古文，中一字为篆文，下一字为隶书。篆书往往与上一字古文不同。盖篆书即古文家所读之字矣。例始三体石经《无逸篇》"中宗之中"，上一字为中，下一字为仲，此即古文家读"中，仲也"。考华山碑，亦称宣帝为中宗。欧阳修疑为好奇，实则汉人本读中为仲也。

今文为欧阳、大小夏侯为三家，传至三国而绝。然蔡邕熹平石经犹依今文。今欲研究今文，只可求之《汉书》《后汉书》及汉碑所引。然汉碑所引，恐亦有古文在。

五、东晋古文。今之《尚书》，乃东晋之伪古文（据《尚书正义》引《晋书》，定为郑冲所作），以马、郑所有者分《尧典》为《舜典》（《舜典》《书序》中本有），更分《皋陶谟》为《益稷》，又改作《泰誓》，此外又伪造二十五篇。不但伪造经，且伪造传。（亦称孔传。）自西晋开始伪造以后，更四十余年，至东晋梅赜始献之。字体以古文作隶书，名曰隶古定。人以其多古字，且与三体石经相近，遂信以为真孔氏之传，于是，众皆传之。甚至孔颖达作《尚书正义》，亦以马、郑为今文矣。

梅赜献书之时，缺《舜典》一篇，分《尧典》"慎徽五典"以下为《舜典》之首。至齐建武四年姚方兴献《舜典》，于"慎徽五典"之上加"曰若稽古，帝舜"等十二字，而梁武帝时为博士，议曰："孔序称伏生误合五篇，皆文相承接，所以致误。"《舜典》首有"曰若稽古"，伏生虽昏耄，何容合之？遂不行用。然其后江南皆信梅书，惟北朝犹用郑本耳。隋一天下，采南朝经说，乃纯用东晋古文，即姚方兴十二字本也。其后又不知如何增为二十八字，今注疏本是已。

东晋古文，又有今文、古文之分，以隶古定传授不易，故改用今文写之，传之者有范宁等。唐玄宗时，卫包以古文本改为今文，用隶书写之，唐石经即依是本，然《经典释文》犹未改也。（宋开宝初始改。）唐宋间亦多有引古文《尚书》者，如颜师古之《匡谬正俗》，玄应之《一切经音义》，郭忠恕之《汗简》，徐锴之《说文系传》皆是。宋仁宗时，宋次道得古文《尚书》，传至南宋，薛季宣据以作训，而段玉裁以为宋人假造，然以校《汗简》及足利本《尚书》，均符合。要之，真正古文，惟三体石经可据。东晋古文则以薛季宣本、敦煌本、足利本为可据耳。

六、明清人说《尚书》者。明正德时，梅鷟时攻东晋古文之伪。梅鷟之前，吴棫、朱熹，亦尝疑之，以为岂有古文反较今文易读之理？至梅鷟出，证据乃备。（梅鷟不信孔安国得古文《尚书》，以为东晋古文即成帝时张霸伪造之《百两篇》，然校《汉书》原文，可知其误。张霸之《百两篇》，分析众篇，略加首尾而已。东晋古文，非从二十九篇分出，自非张霸本也。此梅鷟之误。）清康熙时，阎若璩作《古文尚书疏证》，始知郑康成《尚书》为真本。阎氏谓《孟子》引父母使舜完廪一段为《舜典》之文，此说当确。惠栋《古文尚书考》，较阎氏为简要。其弟子江声（艮庭）作《尚书集注音疏》，于今文、古文不加分别。古文"钦明文思安安"，今文作"钦明文塞宴宴"，东晋古文犹作"钦明文思安安"，江氏不信东晋古文，宁改为"文塞宴宴"，于是王鸣盛（西庄）作《尚书后案》，一以郑康成为主，所不同者，概行驳斥，虽较江为可信，亦非治经之道。至孙星衍作《尚书今古文注疏》，古文采马、郑本，今文采两《汉书》所引，虽优于王之墨守，然其所疏释，于本文未能连贯。盖孙氏学力有余，而识见不足，故有此病。今人以为孙书完备，此亦短中取长耳。要之，清儒之治《尚书》者，均不足取也。今文家以陈寿棋、乔枞父子为优。凡汉人《书》说，皆入网罗，并不全篇下注、亦不问其上下文义合与不合。所考今文，尚无大谬。其后魏源（默深）作《书古微》，最为荒谬。魏源于陈氏父子之书，恐未全见，自以为采辑今文，其实亦不尽合。源本非经学专家，晚年始以治经为名，犹不足怪。近皮锡瑞所著，采陈氏书甚多。陈氏并无今古是否之论，其意在网罗散失而已。皮氏则以为今文皆是，古文皆非。其最荒谬者，《史记》明引《汤诰》（在伏生二十九篇之外），太史公亦明言"年十岁，诵古文"，而皮氏以为此所谓古文，乃汉以前之书，非古文《尚书》也，此诚不知而妄作矣。古文残阙，三体石经存字无几，其他引马、郑之言，亦已无多，然犹有马、郑之绪余在。今日治《书》，且当依薛季宣《古文训》及日本足利本古文，删去伪孔所造二十五篇，则本文已足。至训释一事，当以"古文《尚书》、读应《尔雅》"一言为准。以《尔雅》释《书》，十可得其七八，斯亦可矣。王引之《经义述闻》，解《尚书》者近百条；近孙诒让作《尚书骈枝》，亦有六七十条：义均明确，犹有不合处。余有《古文尚书拾遗》，自觉较江、王、孙三家略胜。然全书总未能通释，此有待后贤之研讨矣。

　　古人有言："昔吾有先正，其言明且清。"训诂之道，虽有古今之异，然造语行文，无甚差池，古人决不至故作不可解之语。故今日治《书》，当先求通文理。如文理不通，而高谈微言大义，失之远矣。不但治经如此，读古书无不如此也。

　　《虞书》曰："诗言志，歌永言，声依永，律和声。"先有志而后有诗。诗者，志之所发也。然有志亦可发为文。诗之异于文者，以其可歌也。所谓歌永言，即诗与文不同之处。永者，延长其音也。延长其音，而有高下洪纤之别，遂生宫、商、角、徵、羽之名。律者，所以定声音也。既须永言，又须依永，于是不得不有韵。（急语无收声，收声即有韵，前后句收声相同即韵也。）诗之有韵，即由歌永言来。

《虞书》载"元首明哉！股肱良哉！庶事康哉！""元首丛脞哉！股肱惰哉！万事堕哉！"二歌。可见尧、舜时已有诗。《尚书大传》有《卿云之歌》。汉初人语未必可信。《乐记》云："舜作五弦之琴以歌南风。"今所传《南风歌》出王肃《家语》，他无所见，亦不可信。唐、虞之诗，要以二《典》所载为可信耳。郑康成《诗谱序》云："有夏承之，篇章泯弃，靡有孑遗。"而今《尚书》载《五子之歌》，可知其为晋人伪造也。《诗谱序》又云："降及商王，不风不雅。"此谓商但有《颂》，《风》《雅》不可见矣。《周礼·太师》："教六诗：曰风、曰赋、曰比、曰兴、曰雅、曰颂。"赋、比、兴与风、雅、颂并列，则为诗体无疑。今《毛传》言兴者甚多，恐非赋、比、兴之兴耳。赋体后世盛行。《毛传》以升高能赋为九能之一，谓之德音。周末屈原、荀卿俱有赋。赋既在风、雅、颂之外，比、兴当亦若是。惟孔子删诗，存风、雅、颂而去赋、比、兴。《郑志》答张逸问，赋、比、兴，吴札观诗已不歌。盖不歌而诵谓之赋。赋不可歌，与风、雅、颂异，故季札不得闻也（比、兴不知如何）。赋、比、兴之外，又有《九德之歌》，《左传》郤缺曰：九功之德，皆可歌也，谓之九歌。六府三事，谓之九功。水、火、金、木、土、谷，谓之六府；正德、利用、厚生谓之三事，合之为十五种。今《诗》仅存风、雅、颂三种。

《诗大序》："风，风也"，"雅，正也"，"颂者，美盛德之形容，以其成功告于神明者也"。风有讽谕之义，雅之训正，读若《尔雅》之雅，然风、雅、颂之雅，恐本不训正。《说文》："疋，古文以为《诗·大雅》字。"一曰，疋即今疏字。然则诗之称疋。纪事之谓，亦犹后世称杜工部诗曰诗史。故大雅、小雅无非纪事之诗，或谓雅即雅乌。孔子曰："乌盱，呼也。"李斯《谏逐客书》："击瓮叩缶，弹筝搏髀，而歌呼呜呜快耳者，真秦之声也。"杨恽《报孙会宗书》："家本秦也，能为秦声"，"仰天抚缶而呼呜呜"。秦本周地，故大小雅皆以雅名。（所谓乌乌秦声者，即今之梆子腔也。）此亦可备一说。余意《说文》训疋为记，乃雅之正义，以其性质言也；雅、乌可为雅之别一义，以其声调言也。至正之一训，乃后起之义。盖以雅为正调，故释之曰正耳。

诗以四言为主，取其可歌，然亦有二言、三言以至九言者，惟不多见耳。今按："肇禋"，二言也；"洞酌彼行潦挹彼注兹"，九言也。一言太短，不可以歌，故三百篇无一言之诗。然梁鸿《五噫》之歌曰："陟彼北芒兮，噫！顾览帝京兮，噫！宫室崔嵬兮，噫！人之劬劳兮，噫！辽辽未央兮，噫！"则一言未始不可成句，或者三百篇中偶然无一言之句耳，非一言之句必不可歌也。

《诗经》而后，四言渐少。汉世五言盛行，唐则七言为多。八言、九言，偶一为之，三言惟汉《郊祀歌》用之。六言亦不多见。《汉书》所录汉之四言之作，有韦孟《谏诗》一首，《在邹诗》一首，韦玄成《自责诗》一首，《戒子孙诗》一首，西汉之作，传于世者，尽于此矣。魏武帝作《短歌》，犹用四言，虽格调有异《诗经》，然犹有霸气。至《文选》所录魏、晋间四言之作，语多迂腐。自是之后，四言衰歇，五言盛行。李白谓"兴寄深微，五言不如四言，七言尤其靡也"，然所作《雪谗诗》讥刺杨妃，有乖敦厚之义，或故为大言以欺人耳。又杂言一体，《诗经》所有。汉乐府往往用之，唐人歌行亦用之。夫抒写性情，贵在自由，不宜过于拘束，如必句句字数相同，或不能发挥尽致。故杂言之作，未为不可。今人创新体诗，以杂言为主可也，但无韵终不成诗耳。（以上论《诗》之大概。）

太史公谓古诗三千余篇，盖合六诗、《九德之歌》言之。孔子删诗，仅取三百余篇。盖以古诗过多，不能全读，故删之尔，或必其余皆不足观也。或谓孔子删《诗》与昭明之作《文选》有异。余意不然，《文选》为总集，《诗经》亦总集，性质正复相似，所谓"自卫反鲁然后乐正，《雅》《颂》各得其所"，决非未正以前，《雅》入《颂》《颂》入《雅》也。《雅》主记事，篇幅舒长；《颂》主赞美，章节简短。但观形式，已易辨别。且其声调又不同，何至相乱，或次序颠倒、孔子更定之耳。

《风》《雅》有正、变（盛周为正，衰周为变），《颂》无正、变，因《风》《雅》有美有刺，《颂》则有美无刺也。《鲁语》闵马父之言曰：昔正考父校商之名颂十二篇于周太师，以《那》为首。今《商颂》仅存五篇，其余七篇，或孔子时而已佚矣。据今《商颂》，有商初所作，亦有武丁时所作，而《周颂》皆成王时诗，后则无有。《孟子》曰："由汤至于武丁，贤圣之君六七作。"故颂声未息，周则成王以后无贤圣也。或以《鲁颂》为僭天子之礼。若然，孔子当屏而不录。孔子录之，将何以说？案《周官·籥章》：吹豳诗以逆暑迎寒，吹豳雅以乐田畯，吹豳颂以息老物。同为《七月》之诗，而风、雅、颂异名者，歌诗之时，其声调三变尔。《豳风》非天子之诗，而可称颂，则《鲁颂》称颂而孔子录之，无可怪也。今观《泮水》《閟宫》之属，体制近雅而不近颂，若以雅为称，则无可讥矣。

《史记·孔子世家》称"三百五篇，孔子皆弦歌之，以求合《韶》《武》《雅》《颂》之音"。然则，今之《诗经》在孔子时无一不可歌也。《汉书·礼乐志》云：河间献王献雅乐，天子下大乐官常存肄之。是其乐谱尚在。后则可歌者，惟《鹿鸣》《伐檀》等十二篇耳。近人以《鹿鸣》《伐檀》等谱一字一声，无抑扬高下之音，疑为唐人所作。然一字一声，不但《诗经》为然，宋词亦然。姜夔、张炎之谱可证也。一字之谱多声，始于元曲，古人未必如是，孔子曰："放郑声。"又曰："恶郑声之乱雅乐。"汉儒解郑声以为烦手蹢躅之声。张仲景《伤寒论》云："实则谵语，虚则郑声。郑声者，重语也。"可见汉人皆读郑为郑重之郑。郑声即一字而谱多声之谓。唐人所重十二诗之谱，一字一声，正是雅乐，无可致疑。（以上论《诗》之可歌。）

《诗》以口诵，至秦未焚。汉兴有齐、鲁、毛、韩四家，齐、鲁、韩三家无笙诗，为三百五篇，毛有笙诗为三百十一篇。笙诗有其义而亡其辞，则四家篇数本相同也。（笙诗六篇，殆如今之乐曲，有声音节奏而无文词。）所不同者，《小雅·彼都人士》"狐裘黄黄，其容不改，出言有章，行归于周，万民所望"数句，三家所无，而毛独有，此其最著者也。其余文字虽有异同，不如《尚书》今古文之甚。以《诗》为口诵，故无形近之讹耳。

《鲁诗》出自浮丘伯，申公传之。鲁人所传，故曰《鲁诗》。《齐诗》传自辕固生，齐人所传，故曰《齐诗》。《韩诗》传自韩婴，据姓为称，故曰《韩诗》。齐、韩二家，当汉景帝时，在《鲁诗》之后。《毛诗》者，毛公所传，故曰《毛诗》。相传毛公之学出自子夏，三国时吴徐整谓子夏授高行子，高行子授薛仓子，薛仓子授帛妙子，帛妙子授河间人大毛公，毛公为《诗故训传》于家，授赵人小毛公，小毛公为河间献王博士。而陆玑则谓子夏传曾申，申传魏人李克，李克传鲁人孟仲子，孟仲子传根牟子，根牟子传赵人孙卿子，孙卿子传鲁人大毛公。由徐整之说，则子夏五传而至大毛公；由陆玑之说，则子夏七传而至大毛公。所以参差者，二家之言，互有详略耳。（大毛公名亨，小毛公名缠，今之《诗传》乃大毛公所作，当称《毛亨诗传》，而世皆误以为毛缠，不可不正也。）

《毛诗·丝衣序》引高子曰："灵星之尸也。"《维天之命》传引孟仲子曰："大哉天命之无极，而美周之补也。"《閟宫》传引孟仲子曰："是祑宫也。"高子、孟仲子并见《孟子》七篇中。或疑高子即高行子。高行子为子夏弟子，不当与孟子同时，然赵岐注云：高子年长，或高叟即高行子矣。赵注又云：孟仲子，孟子之从昆弟，学于孟子者也。然则孟子长于《诗》《书》，故高子、孟仲子之说皆为毛公所引。

《汉书·艺文志》谓齐、鲁、韩三家，咸非《诗》之本义，与不得已，鲁最为近之。又云：毛公之学，自谓子夏所传。据此，知向、歆父子不信三家诗说。歆让太常博士，欲以《毛诗》立学官，而《七略》不称《毛诗》之优。今观四家之异同，其优劣可得而言，太史公言《关雎》之乱以为《风》始，《鹿鸣》为《小雅》始，《文王》为《大雅》始，《清庙》为《颂》始，其言与《诗大序》"《关雎》，风之始也"语同。《诗大序》但举《雅》《颂》之名，而不言《鹿鸣》为《小雅》始、《文王》为《大雅》始、《清庙》为《颂》始，但云"是谓四始，《诗》之至也"者，盖由"《关雎》，《风》之始也"一语，可以类推其余耳。郑康成云："始者，王道兴衰之所由。"余谓毛意同史公，史公所引，多本《鲁诗》，《毛诗》传至荀子，《鲁诗》亦传自荀子，此其所以符合也。

《齐诗》与《鲁》《毛》全异，萧望之、翼奉、匡衡同事后苍，治《齐诗》。翼奉有五际、六情之语，不及四始。诗纬《泛历枢》称四始有水、木、火、金之语。谓《大明》水始，《四牡》木始，《嘉鱼》火始，《鸿雁》金始，其言甚不可解，恐东汉人所造，非《齐诗》本义。匡衡上书称孔子论《诗》以《关雎》为始，此言与《毛传》相同，并无水、木、火、金之语。可知《泛历枢》为后人臆说也。衡奏议平正，奉则有怪诞之语，虽与衡同师，而别有发明矣。如以水、木、火、金说四始，则《齐诗》竟是神话。四始为《诗》之大义，而《齐诗》之说如此，以此知齐之不逮毛、鲁远也。然匡衡说《诗》，亦有胜于鲁、韩者。《鲁诗》说周道缺，诗人本之衽席，《关雎》作。《齐诗》亦谓周康王后佩玉晏鸣，《关雎》叹之。匡衡上书，乃谓《周南》《召南》，被贤圣之化深，故笃于行，而廉于色，此非以《关雎》为刺诗矣。盖《齐诗》由辕固数传而至后苍。苍本传《礼》。《乡饮酒礼》："合乐《周南·关雎》《葛覃》《卷耳》。"《燕礼》："歌乡乐《周南·关雎》《葛覃》《卷耳》。"《仪礼》，周公所定，已有《周南·关雎》，知《关雎》非康王时所作。匡衡师事后苍，故其说《诗》，长于鲁、韩也。

齐、鲁、韩三家诗序不传，而毛序全存。如《左传》隐三年："卫庄公娶于齐东宫得臣之妹，曰庄姜，美而无子，卫人所为赋《硕人》也。"闵二年："郑人恶高克，使帅师次于河上，久而弗召，师溃而归，高克奔陈，郑人为之赋《清人》。"文六年："秦伯任好卒，以子车氏之三子奄息、仲行、针虎为殉；皆秦之良也，国人哀之，为之赋《黄鸟》。"《毛序》所云，皆与《左传》符合，此毛之优于三家者也。又三家诗，皆有怪诞之语，毛则无有。即如"履帝武敏歆"，《尔雅》已有"敏，拇也"之训，而三家说皆谓姜嫄出野见巨人迹，践之身动如孕，而生后稷。《毛传》则以疾训敏，以帝为高辛氏之帝，从于帝而见于天，将事齐敏，不信感生之说。又如："赫赫姜嫄，其德不回，上帝是依"，若用感生之说，必谓上帝依姜嫄之身，降之精气，而《传》则谓上帝依其子孙。又如："文王在上，于昭于天，文王陟降，在帝左右"，《毛传》之前，《墨子·明鬼》已引此诗，谓若鬼神无有，则文王既死，岂能在帝之左右哉！而《毛传》则谓文王在民上，文王升接天、下接人，一扫向来神怪之说。盖自荀子作《天论》，谓圣人不求知天，神话于是摧破。《毛诗》为荀卿所传，即此可征。

　　《大序》，相传子夏所作，《小序》，毛公所作。郑康成之意，谓《小序》发端句，子夏作，其下则后人所益，或毛公作也。今按，《序》引高子曰："灵星之尸也。"此语自当出子夏之后矣。《卫宏传》有"作诗序"语，故《释文》或云《小序》是东海卫敬仲所作。然卫宏先康成仅百年，如《小序》果为宏作，康成不容不知。由今思之，殆宏别为《毛诗序》，不与此同，而不传于后。或宏撰次诗序于每篇之首，亦通谓之作耳。汉人专说《毛诗》者，今存《郑笺》一种。马融《毛诗传》散佚已久，今可见者，惟《生民篇》《正义》所引言帝喾事为最详耳。（以上论三家诗与毛之不同。）

　　朱晦庵误解"郑声淫"一语，以为郑风皆淫，于是刺忽之诗，皆释为淫奔之作。陈止斋笑晦庵以彤管为行淫之具，城阙为偷期之所，今《集传》中无此语，盖晦庵自觉其非而删之矣。凡《小序》言刺者，晦庵一概目为淫人自道之词。自来淫人自道之词未尝无有，如六朝歌谣之类，恐未可以例《国风》。若郑风而为淫人自道之词，显背无邪之旨，孔子何以取之？昔昭明编辑《文选》，于六朝狎邪之诗，摈而不录。《高唐》《神女》《洛神》之属，别有托意，故录之（见《菿汉闲话》）。昭明作《陶渊明集序》，谓《闲情》一赋，白璧微瑕。昭明尚然，何况孔子？晦庵之言，亦无知而妄作尔。

自晦庵作《集传》，说《诗》之风大变。清陈启源作《毛诗稽古编》，反驳晦庵，其功不可没。（吕东莱作《读诗记》，不以晦庵为然。晦庵好胜谓东莱为毛、郑之佞臣。）后之治《毛诗》者，桐城马瑞辰作《毛诗传笺通释》，泾县胡承珙作《毛诗后笺》，长洲陈奂作《诗毛氏传疏》。马氏并重《传》《笺》，胡氏从《传》而不甚从《笺》，陈氏则全依《毛传》。治三家诗者（《齐诗》亡于三国；《鲁诗》亡于永嘉之乱；《韩诗》唐代犹存，今但存《外传》而已。三家至宋全亡，如三家诗不亡，晦庵作《集传》当不至荒谬如此），王应麟后，清有陈寿棋、乔枞父子。乔枞好为牵附，谓《仪礼》引《诗》，皆《齐诗》说；又谓《尔雅》为《鲁诗》之学，恐皆未然。要之，陈氏父子，虽识见未足，然网罗放失之功，亦不可没。其后，魏源作《诗古微》，全主三家。三家无序，其说流传又少，合之不过三十篇，谓之《古微》，其实逞臆之谈耳。

今治《诗经》，不得不依《毛传》，以其序之完全无缺也。诗若无序，则作诗之本意已不明，更无可说。三家诗序存者无几，无从求其大义矣。戴东原作《毛郑诗考证》，东原长于训诂之学，而信服晦庵，故考证未能全备。东原之外，治诗者皆宗《毛传》，陈氏父子，不过网罗放失而已。

《孝经》曰："安上治民，莫善于礼。"《左传》曰："礼经国家、定社稷、序民人、利后嗣。"今案：《仪礼》与安上治民有关。

《周礼》则经国家、定社稷之书也。《周礼》初出曰《周官经》，刘歆始改称《周礼》，然《七略》犹曰《周官》，《汉书·艺文志》仍之。马融训释之作，亦称《周官传》，至郑康成以《周礼》名之，合《仪礼》《小戴记》为三礼。三礼之名，自郑氏始，今若以《大戴礼》合之，当称四礼。称三礼者，沿郑氏注也。

贾公彦《序周礼废兴》引马融传，称刘歆末年，知周公致太平之迹具在《周官》，然当时今文家不肯置信。林硕以为黩乱不验之书，何休以为战国阴谋之书。今观《周礼》，知刘歆之言不谬。惟其书非一时一人之作，盖如历代会典，屡有增损。（《唐六典》以及明清之《会典》，皆拟《周礼》。《六典》全依《周官》，《会典》虽稍异，然行文多模仿之迹，此亦有关文体。不学《周礼》，则官制说不清楚。亦如后之律书必拟汉律也。）创始之功，首推周公，增损之笔，终于穆王耳。今《逸周书》有《职方篇》，为穆王时作，而其文见于《周礼·夏官》，知周公以后、穆王以前，《周礼》一书，时有修改。穆王以后，则未见修改之迹也。何以言之？曰：《周礼》司刑掌五刑之法，墨罪五百、劓罪五百、宫罪五百、刖罪五百、杀罪五百，合二千五百条；而穆王作《吕刑》称五刑之属三千，较《周礼》多五百条。《吕刑》别行，以此知穆王晚年，已不改《周礼》也。《左传》子革曰："昔穆王欲肆其心，周行天下，将皆必有车辙马迹焉。"今《穆天子传》真伪未可知。然穆王好大喜功，观《职方氏》一篇可知也。《职方氏》言中国疆域，东西南北相距万里。方千里曰王畿，其外方五百里曰侯服，又其外方五百里曰甸服，又其外方五百里曰男服，又其外方五百里曰采服，又其外方五百里曰卫服，又其外方五百里曰蛮服（又称要服），又其外方五百里曰夷服，又其外方五百里曰镇服，又其外方五百里曰藩服。依此推算，自王城至藩服之边，东西南北均五千里，为方万里，积一万万方里。蛮服以内为九州，以外为蕃国。九州以内，方七千里，积四千九百万方里。非穆王之好大，何以至此。《康诰》曰："周公初基作新大邑于东国洛，四方民大和会，侯、甸、男、邦、采、卫。"是周公作洛时，无所谓要服。《康王之诰》称庶、邦、侯、甸、男、卫，亦无要服。不特此也，汉人迷信《王制》，《王制》曰："凡四海之内九州，州方千里。"郑注云："大界方三千里，三三而九，方千里者九也。其一为县内，余八各立一州，此殷制也。"余谓夏制不可知，殷制则不止方三千里。《酒诰》曰："自成汤咸至于帝乙，越在外服，侯、甸、男、卫、邦伯，罔敢湎于酒。"是周初之制与商制无甚差异，皆侯、甸、男、采、卫五等，无所谓要服也。要服本为蛮服，不在九州之内。穆王好大喜功，故《职方》之言如此。《大行人》朝贡一节，与《职方氏》相应，当亦穆王所改。若巾车掌公车之政令、革路以封四卫、木路以封蕃国。可见周初疆域，至卫服而止，无所谓要服，此穆王所未改者也。夷、镇、藩三服，地域渺茫，叛服不常，安知其必为五百里？要服去王城三千五百里，东西七千里，九州之大，恐无此数。今中国本部，最北为独石口，当北纬四十一度半；极南至于琼州，当北纬十八度。其中南北相去二十三度半，为里四千九百。周尺今不可知，若以汉尺作准，汉尺存者有虑虒尺，虑虒尺一尺，合清营造尺七寸四分，尺度虽古今不同，里法则古今不异。古之五服六千里，以七四比之，当四千四百四十里，与今四千七百里不甚相远。穆王加要服为七千里，以今尺计之，则为五千一百八十里，较今长三四百里，此由今中国本部，北至独石口，而古者陕西北部之河套亦隶境内（今属绥远）。河套之地，于汉为朔方、九原、定襄（朔方正傍黄河，周时"城比朔方"，此朔方与汉之朔方为近，非唐之朔方也），如并朔方计之，当有五千一百八十里。恐穆王时疆域亦未大于今日也。《汉书·地理志》："郡县北至朔方，南至交趾（九真日南即今安南）。"而云南北万三千三百六十八里。以今尺七四比之，有九千六百余里。自朔方以至日南，亦无此数。自此以后，言地域者，皆称南北万里、东西九千里。其实中国本部并无此数，此后世粗疏，更甚于《周礼》也。测量之不精，自周至明，相差不远，惟周人不甚夸大、汉以后夸大耳。

测量之法，古人未精，西晋裴秀作官图，盖尝测量矣。所以不准者，以不知北极出地之法也。唐贾耽作《华夷图》及关中、陇右、山南、九州等图；至宋，略改郡县之名，刘豫阜昌七年刻之西安，一曰《禹迹图》，一曰《华夷图》，今尚完好。贾耽之作，亦由测量而来，然亦未准者——不知北极出地之法，一也；未免夸大，二也。北极出地之法，周人自未之知，因其不夸大，故所言里数与今相差不远耳。（以上言职方与周初疆域不同，明《周礼》非周公一时之作，周公之后屡有修改。）

管仲治齐，略变《周礼》之法，《小匡篇》及《齐语》并载桓公问为政之道，管子称："昔吾先王昭王、穆王，世法文、武之远绩，以成其名。"《周礼》至穆王乃定，此亦一证。又，《周礼》萍氏掌国之水禁，几酒、谨酒，其法不甚严厉，其职殆如今卫生警察。如言《周礼》之作在周公时，则萍氏显违《酒诰》之文。《酒诰》曰："群饮，汝勿佚，尽执拘以归于周，予其杀！"不仅几酒、谨酒而已！此亦可见《周礼》之屡有修改，盖百余年中，不知修改若干次矣。

六官之制，古无异论。清金鹗作《求古录礼说》，言六官之制，实始于周。《曲礼》云："天子之五官，曰司徒、司马、司空、司士、司寇。"此与《周官》不同，当为殷制。又云：王者设官，所以代天官，故其制必法乎天。三光以法三公，五官以法五行。引《左传》云：五行之官，是谓五官。木正曰句芒，火正曰祝融，金正曰蓐收，水正曰玄冥，土正曰后土。明自少皞、颛顼以来皆五官。余谓少皞、颛顼之制，确为五官，前乎此则未可知。至商，恐已六官矣。《曲礼》之言，不知何据。郑注《礼记》，凡与《周礼》不合者，皆曰夏殷之制。其实五官是否确为殷制，不可知也。余谓，与其据《曲礼》，不如据《论语》。《论语》云："君薨，百官总己以听于冢宰三年。""何必高宗？古之人皆然。"此所谓冢宰，当如《周官》之冢宰，为六官之首。否则，百官何以听之？冢宰于《周礼》曰太宰。太宰之名，不见虞、夏之书，殆起于商。《说文》云："宰，罪人在屋下执事者；从宀从辛，辛，罪也。"具食之官，见于《左传》者曰宰夫，或曰膳宰。《汉书》有雍太宰，为五时具食之官。宰本罪人之称，庖人具食，事近奴隶，故以宰为名。然太宰、小宰，位秩俱隆，而舭被宰名，当自伊尹始。《吕览·本味篇》称伊尹说汤以至味，极论水火调剂之事，周举天下鱼肉菜果之美，而结之曰：天子成则至味具。《史记·殷本纪》亦谓伊尹欲干汤而无由，乃为有莘氏媵臣，负鼎俎以滋味说汤，至于王道。二家之说与《孟子》"伊尹以割烹要汤"符合。据《文选》李善注引《鲁连子》曰："伊尹负鼎佩刀以干汤，得意，故尊宰舍。"盖伊尹参与帷幄之谋，权势虽尊，本职则卑。后以其功高，而尊宰舍，故有太宰、冢宰之名耳。又《商颂》称伊尹为阿衡，《周书》曰保衡。保阿，女师也。阿，《说文》作娿，在女子曰保阿，在男子亦曰阿衡、保衡，其为媵同也。伊尹为媵臣，故尊保阿；伊尹为庖人，故尊宰舍。此说虽为孟子所不信，然其为实事至明。周因殷礼，故设太宰之官。今观太宰所属之官，与清之内务府不远。惟司会掌邦之六典、八法、八则之贰，以逆邦国都鄙官府之治；太府掌九贡、九赋、九功之贰，以受其货贿之入，为与国计有关。自余宫殿之官，如宫正之属；禁掖之官，如内宰之属；饮食之官，如膳夫之属；衣服之官，如司裘、掌皮之属，皆清内务府所掌也。周官三百六十，太宰所掌六十，位秩最崇，然治官之属，仅司会、大府为有关于国计者。以太宰本之殷制而来，其本职不过《周礼》膳夫、内宰二官。由饮食而兼司衣服，由禁掖而兼司宫殿。是故，周官太宰无所不掌，而属员仍冗官耳。后儒不明此理，谓周公防宦官用事，故立此制。不知宦官用事，必不在贵族执政之世、周公时贵族执政，断无防及刑余擅权之理也。（汉、唐、明三代，皆有刑余擅权之事，六朝则无。何则？贵族执政阶级严明，非刑余所得间也。）由此论之，天官冢宰，周袭殷制，后世未必可法。至春官宗伯主祭祀，非今之要职。地官司徒掌地方行政，兼司教育，如今内务、教育两部。夏官司马掌行军用兵，如今军政部。秋官司寇掌狱讼刑法，如今之司法部。皆立国要典，可资取法者也。（以上论六官之职。）

何以汉儒谓《周礼》为黩乱不验之书也？以汉初经师之说，与《周礼》不同，故排弃之耳。《马融传》云："秦自孝公以下，用商君之法，其政酷烈，与《周官》相反，故始皇禁挟书，特疾恶，欲绝灭之，搜求焚烧之独悉，是以隐藏百年。孝武帝始除挟书之律，开献书之路，既出于山岩屋壁，复入于秘府。五家之儒，莫得见焉。"案：马谓秦烧《周礼》独悉，其言太过。秦所最恶者为《诗》《书》而不及《礼》。孟子曰："诸侯恶其害己也，而皆去其籍。"可见《周礼》自七国时已不甚传。虽以孟子之贤，犹未之见。故其言封建与《周礼》全异。（孟子言："公、侯皆方百里，伯七十里，子、男五十里。"《周礼》谓公五百里，侯四百里，伯三百里，子二百里，男百里。）汉初儒者未见《周礼》，而孟之说流传已久，故深信不疑。（景帝末年河间献王始得《周礼》，《周礼》未出时，汉儒言封建者皆宗孟子，文帝时作《王制》亦采《孟子》为说。）又以贾谊有众建诸侯之论，故虽见《周礼》，亦不敢明说。周之五百里，为今三百七十里，其封域不过江、浙之一道，川、云之一府。汉初王国之广，犹不止此。夏、商二代，封国狭小，故汤之始征，四方风靡，文王伐崇戡黎，为时亦暂。以四邻本非强大，故得指顾而定之也。《逸周书·世俘解》称武王翦商，灭国六百余（孟子言灭国五十），若非小国寡民，安得数月之间灭国六百余乎？周公有鉴于此，故大封宗室，取其均势，以为藩屏。其弊至于诸侯争霸，互相争伐，而天子不能禁。以视武丁朝诸侯、有天下，如运诸掌，本末之势，迥乎不同。由此可知，商代封国尚无五百里之制也。贾谊患诸侯王尾大不掉，故不肯明征《周礼》。惟太史公《汉兴以来诸侯年表》云："封伯禽、康叔于鲁、卫，地各四百里。"《汉书·韩安国传》，王恢与安国论辩，称秦谬公都雍地，方三百里，并与《周礼》相应。盖史公但论史事，王恢不知忌讳，故直举之耳。然孟子之言亦未为无据。周之封建，有功者，视其功之高下以为等级，无功则封地狭小。滕、薛皆侯国。滕，周所封；薛，夏所封。考其地不出今薛县一县，犹不及孟子所言之百里。齐、鲁、卫、燕，亦皆侯国，而封域不止四百里。（齐，太公之后；鲁，周公之后；燕，召公之后。功业最高，故封地独大。卫包邘、鄘、卫三国，殷畿千里，皆为卫有。）盖于鲁、卫为褒有德，于齐、燕为尊勤劳。其地皆去周远，亦所以固吾圉也。以此知五百里、四百里之制，不过折衷言之，非不可斟酌损益也。明乎此义，则可知《周礼》非黩乱不验之书矣。至谓《周礼》为六国阴谋之书者，汉人信《孟子》，何休专讲《公羊》，故有此言耳。

后之论者，以王莽、王安石皆依《周礼》施政而败，故反对《周礼》。余谓二王致财之由在不知《周礼》本非事事可法，只可师其意，而不可袭其迹。西汉之末，家给人足，天下艾安。莽之变法，可谓庸人扰之。宋神宗时，国势虽衰，民犹安乐，安石乃以变风俗、立法度为急，而其法又主于聚敛，宜其败矣。宇文周时关陇残破，苏绰为六条诏书奏施行之：曰先治心，曰敦教化，曰尽地利，曰擢贤良，曰恤狱讼，曰均赋役。盖亦以《周礼》为本，终能斫雕为朴，变奢从俭。隋及唐初，胥蒙其福。贞观之治，基础于此。夫变法之道，乱世用之则治，治世用之则乱，况《周礼》不尽可为后世法乎？陈止斋、叶水心尊信《周礼》，当南宋残破之时而行《周礼》，或有可致治之理，然不可行之今日。何者？今外患虽烈，犹未成南宋之局，若再变法，正恐治丝而益棼耳。

《中庸》云："礼仪三百，威仪三千。"《礼器》云："经礼三百，曲礼三千。"礼仪、经礼谓《周礼》也。威仪、曲礼谓《仪礼》也。《仪礼》篇目不至有三千，故郑康成云：其中事仪三千。然《汉志》言礼自孔子时而不具，《杂记》言恤由之丧，哀公使孺悲之孔子学《士丧礼》，《士丧礼》于是乎书。然则在孔子时，《仪礼》早有亡失。三百三千云者，约举其大数云尔。

秦燔书后，汉兴高堂生传《士礼》十七篇，又于孔壁得《礼古经》五十六篇，其十七篇与高堂生所传同；《记》百三十一篇，七十子后学者所记。以古礼仅存五十六篇，故学者无不重视《礼记》。今五十六篇又散佚矣。汉儒说经，为《仪礼》作注者绝少。马融但注《丧服》一篇，至康成乃注全经。自汉末以逮西晋，注《丧服》者，无虑二三十家，而注全经者，仅王肃一人而已。

今人见《仪礼》仅存十七篇，以为《礼古经》五十六篇，除十七篇外，悉已散佚。此不然也。案：小戴记《投壶》《奔丧》二篇，郑《目录》云：实逸《曲礼》之正篇也。又，大戴记之《诸侯迁庙》《诸侯衅庙》《公冠》（《公冠》文简，是否全文，未可知，后附孝昭冠辞，文亦无多）三篇，皆当为逸礼之正篇。又郑注《内宰》，引《天子巡守礼》；注《司巫》《月令》，引《中霤礼》，其文虽少，亦《礼古经》之正篇，当在五十六卷之数。依是数之，则十七篇外，今可知者又有七篇，合之得二十四篇。《礼经》之文，平易可读，汉儒所以不注者，或以其繁琐太甚，或以通习者不多。（西汉习礼者有鲁国桓公，见刘歆《移让太常博士书》，其授受不可知。）盖汉人治经谨慎，非有师受，不敢妄说。康成但注十七篇者，亦以三十九篇先师未有讲说故耳。

礼书序次，大小戴及《别录》，彼此不同。其以《士冠》《士昏》《士相见》为次，则三家未有违异。郑氏次第，悉依《别录》。其经文有今古文之异者，郑于字从今者下注古文作某，从古者，下注今文作某。所谓今古文，非立说有异，不过文字之异耳。自汉以来，传《丧服》者独盛。（马融而后，三国蒋琬亦作《丧服要记》一卷。）小戴记论《丧服》者十余篇，大戴记亦有论丧服变除之言，见《通典》所引。古人三年之丧，未葬，服斩衰，居倚庐，寝苦枕块；既葬，齐衰，居垩室；小祥以后，衰裳练冠，居外寝；大祥则禫服素冠，出垩室，始居内寝。（《檀弓》

言祥而缟，盖缟冠素纰也。素即白绢。《诗·桧风》："素冠，刺不能三年也"。）禫服三月之后，则以墨经白纬为冠，得佩纷帨之属，寝有床，犹别内，始饮醴酒。逾月复吉，三年之礼乃成，此即所谓丧服变除。盖古人居丧，兼居处饮食言之，非专系于冠服也。汉人居丧尚合古法，故能精讲《丧服》。韩昌黎自比孟子，而言《仪礼》行于今者盖寡，沿袭不同，复之无由，考于今，诚无所用之，夫《仪礼》在后代可用者诚少，然昏礼至今尚用纳采、问名、纳吉、纳征、请期、亲迎之名，丧礼亦尚有古人遗意，冠礼至唐已废，乡饮酒礼六朝至唐仍沿用之。昌黎疏于礼，故为此言耳。《丧服》一篇，自汉末以至六朝，讲究精密，《通典》录其论议，多至二三十卷。其中疑难，约有数端。出妻之子为母期，而嫁母之有服、无服，《仪礼》未有明文。或以为应视出母，或以为嫁由自绝，与被出有异。又为人后者，议论纷繁。《传》曰："为人后者孰后？后大宗也。"大宗不可以绝，故族人以支子后大宗。汉代王侯往往以无子国除，此不行古代后大宗之礼也。否则，王侯传国四五代，必有近支可承，何至无子国除？迨元始时，始令诸侯王、公、列侯、关内侯无子而有孙、若子、同产子者，皆得以为嗣。师古曰："子同产子者，谓养昆弟之子为子者。"如诸葛亮以兄子为子，皇甫谧出后其叔，此皆非后大宗，与《仪礼》之为人后者不相应。《唐律》于此亦称养子。《开元礼》有为人后者，实即养子也。后人误以养子为即俗称之螟蛉子，因疑《唐律》既许养子，何以又有不许养异姓男一条。不知《唐律》所称养子是养同宗于昭穆相当者也。《仪礼》：为人后者，为其父母降为齐衰不杖期，盖持重于大宗者，降其小宗也。然魏晋六朝人于三年之内不得嫁娶，即子女嫁娶亦所不许。曹公为子整与袁谭结婚，裴松之曰："绍死至此过周五月耳，谭虽出后其伯，不为绍服三年，而于再期之内以行吉礼，悖矣。"于此可见古人守礼之严。至今所谓养子者，魏时或为《四孤论》曰："遇兵饥馑有卖子者、有弃沟壑者、有生而父母亡复无缌麻亲其死必也者、有俗人以五月生子妨忌不举者。"有家无儿，收养教训成人，则对于公妪育养者应有服否，三国、两晋论议甚多，或以为宜服齐衰周，方之继父同居者，此议斟酌尽善，可补《仪礼》之阙。《仪礼》制于宗法时代，秦汉而后，宗法渐衰，自有可斟酌损益之处。《开元礼》亦有与《仪礼》不同者，《仪礼》父在为母齐衰期，武后时，改为父在为母齐衰三年;《仪礼》为祖父母齐衰不杖期，为曾祖父母齐衰三月，高祖之服则无有（或以为古人婚晚，玄孙不及见，高祖故无服，其说非是，恐高祖以上概括在曾祖之内），《开元礼》改为曾祖父母齐衰五月正服，为高祖父母齐衰三月加服。嫂叔本无服，盖推而远之也。唐太宗以同爨尚有缌麻之恩，增叔嫂小功五月义服。古人外亲之服皆缌，为外祖父母小功，以尊加也。为舅缌，从服也。母之姐妹曰从母，而舅不可称从父，故为从母小功，以名加也，此亦古人之执著。《开元礼》改为舅及从母小功正服。综此四条，悉当情理。六朝人天性独厚，守礼最笃，其视君臣之义，不若父子之恩，讲论《丧服》，多有精义。唐人议礼定服，亦尚有法，不似后世之枉戾失中也。服有降服、正服、义服。斩衰无降服，衰以缕之粗细为等，斩者不缉也。为父正服，为君义服；故为父斩衰三升，为君三升半，父子之恩固重于君臣之义也。魏太子会众宾百数十人，太子建议曰："君父各有笃疾，有药一丸，可救一人，当救君耶？父耶？"众人纷纭，或父或君。邴原在座，不与此论。太子咨之于原，原悖然对曰："父也！"南朝二百七十余年，国势虽不盛强，而维持人纪，为功特多。《丧服》一篇，师儒无不悉心探讨，以是团体固结，虽陵夷而不至澌灭。此所谓鲁秉周礼，未可取也。宋代理学家亦知讲求古礼，至明人而渐不能矣。今讲《仪礼》，自以《丧服》为最要。

《隋书·经籍志》云："汉初，河间献王得仲尼弟子及后学者所记一百三十一篇献之，至刘向校书，检得一百三十篇，第而叙之，又得《明堂阴阳记》三十三篇、《孔子三朝记》七篇。《王氏史氏记》二十一篇、《乐记》二十三篇，凡五种，合二百十四篇。戴德删其烦重，合而记之，为八十五篇，谓之大戴记；而戴圣又删大戴之书为四十六篇，谓之小戴记。马融传小戴之学，又足《月令》一篇、《明堂位》一篇、《乐记》一篇，合四十九篇。"今大戴记存三十九篇，小戴记四十九篇。《投壶》《哀公问》两篇，二戴所同，合得八十六篇。大戴亡佚篇目，今不可考。钱晓徵以为小戴实止四十六篇，今《曲礼》《檀弓》《杂记》俱分上下，故为四十九篇；以小戴四十六，合大戴八十五，即古记之百三十一篇也。其说殊未谛。《乐记》二十三篇，本不在古记之数。今《乐记》断取十一篇为一篇，以入《礼记》。《月令》与《明堂位》同属《明堂阴阳记》，大戴《盛德篇》亦应属《明堂阴阳记》。古记百三十一篇之数，决不如钱氏所举也。

又二戴所录，有非礼家之言。如大戴之《千乘》《四代》《虞》，戴德《诰志》《小辨》《用兵》《少闲》七篇，采自《孔子三朝记》（唐人所引直称《三朝记》）。《汉志·儒家》：《子思》二十三篇；《曾子》十八篇。大戴录《曾子》《立事》以下十篇，而小戴之《中庸》《坊记》《表记》《缁衣》四篇，当为子思之书。又大戴《武王践阼》录自《太公阴谋》，《汉志》以太公入道家。此皆二戴所采诸子之文，凡二十二篇。又小戴《王制》，乃孝文帝令博士所作，大戴《公冠》后附孝昭冠辞，并非古记旧有，更去其属于《明堂阴阳记》及《乐记》者，删其复重《投壶》《哀公问》二篇，则二戴记中可说为古记之旧者，不及百三十一篇之半。又如通论之篇，若《儒行》《大学》等，是否在百三十一篇中，尚难言也。

《礼记》一书，杂糅今古文之说。《王制》一篇为今文家言，其言封建，采用《孟子》，言养老不知所据。惟《丧礼》《丧服》无今古文之异，《礼记》言此綦详。自明以来，读经所以应科举，以《丧礼》《丧服》不在程试范围，则删节不读。其实读《礼记》以《丧礼》《丧服》为最要。余如《儒行》《大学》《表记》《坊记》《缁衣》等篇，皆言寻常修己治人之道，亦无今古文之异。凡此，皆《礼记》之可信者。若言典章制度，则宜从古文不从今文，古文无谬误，今文多纰漏也。

三礼郑注之后，孔贾之疏已为尽善，清人以贾疏尚有未尽，胡培翚作《仪礼正义》，孙诒让作《周礼正义》。由今观之，新疏自比贾疏更精。《礼记》孔疏理晰而词富，清儒无以复加，朱彬作《训纂》，不过比于补注而已。大戴礼自北魏卢辩作注，历千余年，讹舛不可卒读，戴震校之，孔广森作《补注》，但阙佚已多耳。说礼者皆称三礼，而摒弃大戴不道。其实，大戴礼亦多精义，应与小戴并举，而称四礼。理学家最重小戴，以《大学》《中庸》并在其中故。独杨慈湖以为大戴多孔子遗言，所作《先圣大训》录大戴记特多。二戴记中《哀公问》《儒行》《仲尼燕居》《孔子闲居》《王言》诸篇，皆孔子一人之言。七十子后学者所记，《汉志》不入《论语》家，独《三朝记》入《论语》家，殆以《三朝》七篇，文理古奥，与余篇不同，或是孔子手作，或是孔子口说、弟子笔录者尔。

关于《春秋》者，余所著《春秋左氏疑义答问》大旨略具，今所讲者，补其未备而已。

问《春秋》起于何时，曰：晋之《乘》、楚之《梼杌》、鲁之《春秋》，皆在孔子之前。《周官》"外史，掌四方之志"，郑注云：谓若晋之《乘》、楚之《梼杌》、鲁之《春秋》。是《春秋》起于周，非始于古代也。《左传》："韩宣子适鲁，见《易象》与鲁《春秋》，曰：'周礼尽在鲁矣。吾乃今知周公之德与周之所以王也。'"孔疏云：鲁《春秋》遵周公之典以序时事，发凡言例，皆是周公制之。然韩宣子云周礼在鲁者，所以美周公之德耳，非谓《易象》《春秋》是周公所作也。《春秋》备纪年、时、月、日，《尚书》往往有年有月有日而无时（惟"秋大获"一句纪时，其余不见），其纪年月日又无定例。如《书序》："惟十有一年，武王伐殷。"此所谓十有一年者，以文王受命起数，非武王之纪元也。

纪年之法，苟且如此，即为未有《春秋》编年之法之故。今人以为古圣制礼作乐，必无不能纪年之理。其实，非惟周公未知纪年之法，即孔子亦何尝思及本纪、世家、列传哉！太史公《三代世表》谓"余读谍记，黄帝以来，皆有年数，稽其历谱谍终始五德之传，古文咸不同、乖异，夫子之弗论次其年月，岂虚哉！"可见史公所见周秦以前书不少，而纪年各不同。今观《竹书记年》（七国时书），自黄帝以来，亦皆有年数，而与王孙满所称"鼎迁于商，载祀六百"违异。此为古无纪年之作，后人据历推之。（战国时有六家历，《汉书·律历志》所云黄帝、颛顼、夏、殷、周及鲁历是也。《艺文志》春秋家有太古以来年纪二篇，当亦此类。）各家所推不同，故竹书所载与古语不符也。太史公不信谱谍，故于三代但作世表，共和以后，始著《十二诸侯年表》。《大戴礼·五帝德》称"宰予问于孔子曰：昔者，予闻诸荣伊令'黄帝三百年'，请问黄帝者人耶？抑非人耶？何以至于三百年乎？"如当时有纪年之书，宰予何为发此问哉？刘歆作《三统历》以说《春秋》，班氏以为推法密要。然周以前不可推，以古人历疏，往往有日无月，不能以月日推也。

《十二诸侯年表》，始于共和元年，余意《春秋》之作，即在共和之后。盖宣王即位，补记共和时事而有《春秋》也。观《十二诸侯年表》，诸侯卒与即位均书年，可见《春秋》编年之法即在此时发明者，于时厉王出奔，宣王未立，元年者，谁之元年乎？《春秋》以道名分，故书共和元年也。《墨子·明鬼》历举周之春秋、燕之春秋、宋之春秋、齐之春秋，而始于杜伯射宣王事。前乎此者，但征及《诗》《书》而已。可见宣王以前无《春秋》也。宣王中兴令主，不但武功昭著，即文化亦远迈前古。改古文为籀文，易纪事以编年，皆发明绝大者也。至列国之有春秋，则时有早晚，决非同时并作。《晋世家》记穆侯四年取齐女姜氏为夫人，当周宣王二十年，是晋于是始有春秋。其余各国皆在宣王之后。鲁之《春秋》，始于隐公元年，当平王四十九年，上去共和元年历一百一十九年。其所以始于隐公者，汉儒罕言其故。杜元凯谓平王东周之始王，隐公让国之贤君，故托始于此。此殆未然。列国春秋，本非同时并作，鲁则隐公时始有春秋耳，非孔子有意托始于隐公也。后人以太史公世家首太伯，列传首夷、齐，推之《春秋》殆于鲁隐，其意正同。其实太史公或有此意，孔子则未必然。隐公但有让桓之言，而无其实事。云"使营搜裘，吾将老焉"者，不过寻常酬酢语耳，何尝真以国让哉！

周之史官有辛甲、尹佚。尹佚即史佚，其书二篇，《艺文志》入墨家。《吕氏春秋·当染篇》云："鲁惠公使宰让请郊庙之礼于天子，桓王（当作平王）使史角往，惠公止之。其后在于鲁，墨子学焉。"墨子之学，出于史角，由此可知史角即尹佚之后。鲁有《春秋》，殆自史角始矣。

《左传》所载五十凡例，杜氏以为周公之旧典。盖据传凡例谓之礼经，而谓此礼经为周公所制也。然时王之礼皆是礼经，岂必周公所制然后谓之礼经哉！余意五十凡例乃宣王始作春秋之时王朝特起之例。列国之史，其凡例由周室颁布抑列国自定，今不可知。要之，当时之礼即可谓之礼经，不必定是周公作也。

作史不得不有凡例，太史公、班孟坚之作有无凡例不可知。范蔚宗作《后汉书》则有之（《宋书·范晔传》云："班氏任情无例，吾杂传论，皆有精意。纪传例为举其大略耳"），惟今不可见。唐修《晋书》，非一人之作，不得不立凡例以齐一之。宋修《新唐书》，吕夏卿有《唐书直笔新例》一卷。（见《宋史·艺文志》。）《新唐书》本纪、志、表，皆欧阳修作；列传则宋祁作。二人分工，如出一手，凡例之效也。大抵一人之作，不愿以凡例自限，《春秋》本不定出一史官之手，无例则有前后错误之虞，故不得不立凡例。惟《左传》所举五十凡例，不知为周史所遗抑鲁史自定之耳。

自来论孔子修《春秋》之故者，孟子曰："邪说暴行又作，臣弑其君者有之，子弑其父者有之，孔子惧，作《春秋》。"《公羊传》曰："君子曷为《春秋》？拨乱世，反诸正，莫近诸《春秋》。"公羊之论较孟子为简赅。然《春秋》者，史也。即在盛世，亦不可无史。《尚书》纪事，略无年月，或颇有而多阙，仅为片断之史料。《春秋》始有编年之法，史法于是一变，故不可谓《春秋》之作专为拨乱反正也。宋儒以为《春秋》贵王贱霸，此意适与《春秋》相反。《春秋》详述齐桓、晋文之事，尚霸之意显然。孟子、公羊，同然一辞。虽孟子论人，好论人心，以五霸为假。然假与不假，《春秋》所不论也。贵王贱霸之说，三传俱无，汉人偶亦及之，宋儒乃极言之耳。三传事迹不同，褒贬亦不同，而大旨则相近。所谓绌周、王鲁、为汉制法者，公羊固无其语，汉儒傅会以干人主，意在求售，非《春秋》之旨也。要之，立国不可无史，《春秋》之作，凡为述行事以存国性。以此为说，无可非难。今文化之国皆有史，惟不如中土详备。印度玄学之深，科学亦优，而其史则不可考。又如西域三十六国，徒以《汉书》有此一传，尚可据以知其大概，彼三十六国无史，至今不能自明其种类。中国之大，固不至如三十六国之泯焉无闻，然使堕入印度则易。此史之所以可贵，而《春秋》之所以作也。

问鲁之《春秋》，孔子何为修之？曰：鲁之《春秋》，一国之史也。欲以一国之春秋，包举列国之春秋，其事不易。当时之史，惟周之春秋最备，以列国纪载皆须上之周室。(《史记·六国表》谓"秦既得志，烧天下《诗》《书》，诸侯史记尤甚，为其所刺讥也。《诗》《书》所以复见者，多藏人家，而史记独藏周室，以故灭。"可见七国时，列国之史犹藏周室。)孔子之作《春秋》，如欲包举列国之史，则非修周之春秋不为功。然周之《春秋》，孔子欲修之而不可得。鲁为父母之邦，故得修鲁之《春秋》耳。然鲁之《春秋》，局于一国，其余列国之事，或赴告不全，甚或有所隐讳，不能得其实事；既鲁史载笔，亦未必无误。如此则其纪载未必可信，不信则无从褒贬，不足传之后世。以故，孔子不得不观书于周史也。既窥百国之书，贯穿考核，然后能笔削一经尔。

　　嘉庆时，袁蕙缠据《左传》从赴之言，以孔子未尝笔削。然此可以一言破之：鲁史以鲁为范围，不得逾越范围而窜易之，使同于王室之史。孔子之修《春秋》，殆如今大理院判案，不问当事者事实，但据下级法庭所叙，正其判断之合法与否而已。传曰："非圣人谁能修之？"焉得谓孔子无治定旧史之事哉！乾隆时重修《明史》，一切依王鸿绪《明史稿》，略加论赞。孔子之修《春秋》，亦犹是也。所以必观书于周史者，《十二诸侯年表》云："孔子西观周室，论史记旧闻，兴于鲁而次《春秋》。""七十子之徒口受其传指。为有所刺讥，褒讳挹损之文辞，不可以书见也。鲁君子左丘明，惧弟子人人异端，各安其意，失其真，故因孔子史记，具论其语，成《左氏春秋》。"据此可知，孔子观周与修《春秋》之关系浅，与作《左传》关系深，然自孔子感麟制作，以讫文成，为时亦当一年，更逾年而孔子卒。古之学者，三年而通一艺，《春秋》二百四十二年之事，以授弟子，恐非期月之间所能深通。今观仲尼弟子所著，如《曾子》十八篇，无一言及《春秋》者。太史公云："春秋笔则笔，削则削，子夏之徒不能赞一辞。"信矣！盖《春秋》与《诗》《书》《礼》《乐》不同，《诗》《书》《礼》《乐》，自古以之教人；《春秋》，官史之宝书，非他人所素习。文成一年，微言遂绝，故以子夏之贤，曾无启予之效。而太史公又谓七十子咸受传指，人人异端，盖已过矣。诚令弟子人人异端，则《论语》应载其说，传文何其阙如？尝谓《春秋》既成，能通其传指者甚少，亦如《太史公书》惟杨恽为能祖述耳。左丘明身为鲁史，与孔子同观周室，孔子作经，不暇更为之传，既卒，而弟子又莫能继其志。于是具论其事而作传耳。

　　孟子曰："《春秋》，天子之事也。是故，孔子曰：'知我者，其惟《春秋》乎！罪我者，其惟《春秋》乎！'"案，《说文》事从史之省声，史所以记事，可知事即史也。《春秋》天子之事者，犹云《春秋》天子之史记矣。后人解《孟子》，以为孔子匹夫而行天子为事，故曰罪我者其惟《春秋》，此大谬也。周史秘藏，孔子窥之，而又泄之于外，故有罪焉尔。向来国史实录，秘不示人。明清两代，作实录成，焚其稿本，弃其灰于太液池。以近例远，正复相似。岂徒国史秘密，其凡例当亦秘密，故又曰："其义则丘窃取之矣。"义即凡例之谓。窃取其义者，犹云盗其凡例也。孟子之言至明白，而后人不了其义，遂有汉儒之妄说。夫司马子长身为史官，作史固其所也。班孟坚因其父业而修《汉书》，即有人告私改作国史者，而被收系狱。《后汉书》亦私家之作，然著述于易代之后，故不以私作为罪。《新五代史》亦私家之作，所以不为罪者，徒以宋世法律之宽耳。若庄廷鑨私修《明史》，生前未蒙刑罪，死后乃至戮尸。国史之不可私作也如此。故孔子曰窃取、曰罪我矣。

孔子之修《春秋》，其意在保存史书，不修则独藏周室，修之则传诸其人。秦之燔书，周室之史一炬无存，至今日而犹得闻十二诸侯之事者，独赖孔子之修《春秋》耳。使孔子不修《春秋》，丘明不述《左传》，则今日之视春秋犹是洪荒之世已。（以上论孔子修《春秋》。）

《公羊传》云："所见异辞，所闻异辞，所传闻异辞。"此语不然。公羊在野之人，不知国史，以事实为传闻，其实鲁有国史，非传闻也。董仲舒、何休更以所见之世为著太平，所闻之世为见升平，所传闻之世为起衰乱，分二百四十二年以为三世，然公羊本谓《春秋》拨乱世、反诸正，是指二百四十二年皆为乱世也。

僖公经二十八年："天王狩于河阳。"《左传》称仲尼曰："以臣召君，不可以训，故书曰：'天王狩于河阳。'"似传意以此为孔子所修。然《史记·晋世家》称孔子读史记，至文公曰："诸侯无召王。'王狩河阳'者，《春秋》讳之也。"则知此乃晋史旧文，孔子据而录之耳。是故，杜氏以诸称"书""不书""先书""故书"，"不言""不称""书曰"之类皆是孔子新意，正未必然。惟

《赵世家》云："孔子闻赵简子不请晋君而执邯郸午、保晋阳，故书《春秋》曰：'赵鞅以晋阳叛。'"此当为孔子特笔。又，《左传》具论《春秋》非圣人不能修，盖以书齐豹曰盗、三叛人名为孔子特笔。外此，则孔子特笔治定者殆无几焉。《春秋》本史官旧文，前后史官意见不同，故褒贬不能一致。例如《史》《汉》二书，太史公所讥，往往为班孟坚所许，《春秋》之褒贬，当作如是观矣。宋人谓《春秋》本无褒贬（朱晦庵即如此说），则又不然。三传皆明言褒贬，不褒贬无以为惩劝，乱臣贼子何为而惧也。胡安国谓圣人以天自处，故王亦可贬。此又荒谬之说也。晋侯、齐侯，贬称曰人，略之而已，无妨于实事。如称齐伯、晋伯，则名实乖违，夫岂其可？如胡氏之言，孔子可任意褒贬，则充类至尽，必至如洪秀全所为。洪秀全自称天王，而贬秦始皇曰秦始侯，贬汉高祖曰汉高侯，可笑孰甚焉？余意褒贬二字，犹言详略，天子诸侯之爵位略而不书，有贬云乎哉！

　　《春秋》三传者，《左氏》《公羊》《谷梁》是也。《史记》称《左氏》曰春秋，称《公》《谷》曰传。清刘逢禄据是谓《左氏春秋》犹《晏子春秋》《吕氏春秋》也。刘歆等改左氏为传《春秋》之书。东汉以后，以讹传讹，冒曰《春秋左氏传》，不知春秋固为史书之通称，而传之名号亦广矣。孟子常称"于传有之"，是凡经传无不可称传，孔子作《易》十翼，后人称曰象传、象传、文言传、系辞传是也。左氏之初称传与否，今莫能详。太史公云："左丘明因孔子史记具论其语，成《左氏春秋》。"此谓丘明述传，本以说经。故桓谭《新论》（《太平御览》引）云："左氏传于经，犹衣之表里，相持而成。"焉得谓是《晏子》《吕览》之比？盖左氏之旨，在采集事实，以考同异、明义法，不以训故为事，本与其余释经之传不同。《春秋》不需训故，即《公》《谷》亦不重训故也。

　　《春秋》经十二公，何人所题？（三体石经今存文公篇题。）哀公经又何人所题？是当属左氏无疑。《汉志》:《春秋古经》

十二篇、经十一卷。此因《公》《谷》合闵于庄，而《左氏》则庄、闵各卷，故《公》《谷》十一，而《古经》十二也。闵公历年不久，篇卷短少，故合之于庄，乃何休则以为"三年无改于父之道"。不以凿乎？

《汉志》：《春秋古经》十二篇，《左氏传》三十卷，是经、传别行。杜元凯作注，始合经传而释之。昔马融作《周官传》，就经为注。康成注《易》以十翼合之于经，皆所以便讽籀耳。《论衡·案书篇》云："《春秋左氏传》者，盖出孔子壁中。"而《汉志》称孔壁所得止有《尚书》《礼记》《论语》《孝经》。《说文序》云："鲁恭王坏孔子宅，而得《礼记》《尚书》《春秋》《论语》《孝经》，又北平侯张苍献《春秋左氏传》。"张苍所献者，是否经传合编，则不可知。今《左氏》经文已经后师用《公》《谷》校改，观三体石经与今本不同可知也。《儒林传》称贾谊为《左氏传训故》，是《左氏传》先恭王坏壁而出，《说文序》云张苍献之，是也。

唐赵匡云：丘明者，盖夫子以前贤人，如史佚、迟任之流，而刘歆以为《春秋左氏传》是丘明所为耳。案：昔人所以致疑于左氏者，以《左传》称鲁悼公之谥。鲁悼之卒，后于获麟五十年。又称赵襄子之谥，赵襄之卒，更在其后四年。如左氏与孔子同时，不至如此老寿。然考仲尼弟子，老寿者多。《史记·仲尼弟子列传》称子夏少孔子四十岁，《六国表》称魏文侯十八年受经子夏，时子夏一百一岁矣。至文侯二十五年，子夏一百有八，《魏世家》犹有受经艺之文。假令左氏之年与子夏相若，所举谥号在鲁元初年，其时不过八十余岁，未为笃老也。又《吕览·长利篇》载南宫括与鲁缪公论辛宽语。缪公之卒，上距元公之初五十余年，南宫得见缪公，则何疑于左氏之不逮元公也。刘向《别录》称左丘明授曾申，申授吴起，起授其子期，期授楚人铎椒，铎椒作抄撮八卷，授虞卿，虞卿作抄撮九卷，授荀卿，荀卿授张苍。案：《吕氏春秋·当染篇》《史记》列传，皆称吴起学于曾子（《檀弓》亦称曾申为曾子）；《说苑·建本篇》称魏武侯问元年于吴子，则起受《左氏春秋》于曾申可信。（起死在鲁缪公二十七年，去获麟已百岁。）《十二诸侯年表》云："铎椒为楚威王傅（威王元年去获麟一百四十二年），为王不能尽观《春秋》，采取成败，卒四十章，为《铎氏微》。"微者，具体而微之谓，即抄撮是也。《左传》全文十七万字，合经文则十九万字，简编之繁重如此，观览不易，传布亦难矣。《汉志》云："《春秋》所贬损大人、当世君臣，有威权势力，其事实皆形于传，是以隐其书而不宣，所以免时难也。"抑亦未尽之论，恐《左氏》之不显，正为简编繁重之故，此铎椒所以作抄撮也。

《吕氏春秋》《韩非子》诸书多引《左氏》之文，其所见是否《左氏》全文抑仅见铎氏抄撮，今无可征。至《公》《谷》所举事实，与《左氏》有同有异。大概《公》《谷》本诸《铎氏》，其不同者，铎本所无耳。《别录》云：铎椒授虞卿，以其时考之，虞卿欲以信陵君之存邯郸为平原君请封（本传），而铎椒为楚威王傅，自楚威王元年至信陵君救邯郸之岁，历八十三年，则卿不得亲受《春秋》于椒。《别录》所述，当有阙夺。又云：虞卿授荀卿，荀卿授张苍。虞卿相赵，荀卿赵人，自得见之。荀卿适楚而春申君以为兰陵令，春申君死而荀卿废（本传）。荀卿废后十八年秦并天下，时张苍为秦御史，主柱下方书。苍以汉景帝五年卒，年百有余岁（本传），则为御史时已三四十矣，其得事荀卿自可信。荀卿之卒，史无明文。《盐铁论》称李斯为相，荀卿为之不食，是荀卿亦寿考人也。苍献《左传》而传之贾谊。今观贾谊《新书》征引《左氏》甚多，其传授分明如此。

桓谭《新论》云：《左氏》传世后百余年，鲁谷梁赤为《春秋》，残略多所遗失；又有齐人公羊高缘经文作传，弥离其本事。观《公羊》隐十一年传称"子沈子曰"，何休云：沈子称子，冠氏上者，著其为师也。《谷梁》定元年传直称沈子，则沈子当与谷梁为同辈，此公、谷后先之证也。柏举之役，谷梁称蔡昭公归乃用事乎汉，公羊则改为用事乎河。盖公羊齐人，知有河而不知有汉，不知自楚归蔡，无事渡河，此公羊不明地理之过也。（《史通》讥《公羊》记晋灵公使勇士贼赵盾，勇士见盾食鱼飧，叹以为俭，以为公羊生自齐邦，不详晋物，以东土所贱，谓西州亦然，遂目彼嘉馔呼为菲食，于物理全爽。）改一字而成巨谬，斯又《公羊》后出之证也。谷梁常引《尸子》之言，《汉志》云："尸子名佼，鲁人，秦相商君师之，鞅死，佼逃入蜀。"谷梁有闻于尸佼，疑其亦得见《秦记》。《六国表》称《秦记》不载月日，谷梁闻尸佼之说，见《秦记》之文，故以鲁史之书月日为义例所在矣。殽之役，《谷梁》言"秦越千里之险，入虚国，进不能守，退败其师，徒乱人子女之教，无男女之别，秦之为狄，自殽之战始也"。范宁不能解，杨士勋疏云："'乱人子女'，谓入滑之时纵暴乱也。"案，《史记·扁鹊传》云：秦缪公梦之帝所，帝告以"晋国且大乱，其后将霸，霸者之子且令而国男女无别"。夫献公之乱、文公之霸，而襄公败秦师于殽，而归纵淫，与《谷梁》之言合符。盖谷梁得之《秦记》尔。《史记》商君传："商君告赵良曰，始秦戎狄之教，父子无别，同室而居，今我更制其教，而为其男女之别。"此亦秦师败于殽而归纵淫之证也。至《谷梁》所记，亦有可笑者，如季孙行父秃、晋却克眇、卫孙良夫跛、曹公子手偻，同时而聘于齐，齐使秃者御秃者，使眇者御眇者，使跛者御跛者，使偻者御偻者。此真齐东野人之语，而谷梁信之。又如宋、卫、陈、郑灾，《谷梁》述子产之言曰："是人也，同日为四国灾也。"岂以裨灶一人能同日为四国灾耶？

谷梁下笔矜慎，于事实不甚明了者，常出以怀疑之词，不敢武断。荀卿与申公皆传《谷梁》，大抵《谷梁》鲁学，有儒者之风，不甚重视王霸；公羊齐人，以《孟子》有"其事则齐桓、晋文"之言，故盛称齐桓，亦或过为偏护。何休更推演之，以为黜周、王鲁、为汉制法诸说，弥离《公羊》之本义矣。

《公羊》后师有"新周故宋"之说。《公羊》成十六年传：成周宣榭灾，"外灾不书，此何以书？新周也。"夫丰镐为旧都，成周为新都。《康诰》曰："周公初基作新大邑于东国洛。"《召诰》曰："乃社于新邑。"《洛诰》曰："王在新邑烝。"新周犹言新邑，周不可外，故书。义本坦易，无须曲解。故宋本非公羊家言，《谷梁》桓公二年传："孔子，故宋也。"孟僖子称孔子圣人之后，而灭于宋。《谷梁》亦谓孔子旧是宋人。新周、故宋，截然二事，董、何辈合而一之，以为上黜杞，下新周而故宋，此义实公、谷所无，由董、何读传文而立。至文家五等、质家三等之说，尤为傅会。《左氏》言：在礼，卿不会公、侯，会伯、子、男可也。《公羊》亦云：《春秋》，伯、子、男，一也。申之会，子产献伯、子、男会公之礼六。《鲁语》，叔孙穆子言诸侯有卿无军，伯、子、男有大夫无卿。据《周官》：上公九命、侯伯七命、子男五命，即谓公一等，侯伯一等，子男一等；至春秋时，则伯、子、男同等。此时王新制尔。若云素王改制，则子产、叔孙穆子皆在孔子修《春秋》以前，何以已有伯、子、男同班之说？仲舒未见《左氏》，不知《公羊》之语所由来，乃谓孔子改五等以为三等，为汉制法。其实，汉代止有王、侯二等，非三等也。

公羊即不见《左氏传》，或曾见铎氏抄撮，故其说亦有通于《左氏》者。如"元年春，王正月"，《左氏》云："王周正月。"王周犹后世之称皇唐、皇宋。谓此乃王周之正月，所以别于夏、殷也。《公羊》云："王者孰谓？谓文王也。曷为先言王而后言正月？王正月也。何言乎王正月？大一统也。"盖文王始称王、改正朔，故公羊以周正属之，其义与左氏不异。乃董仲舒演为通三统之说。如董说则夏建寅、商建丑，必将以二月为商正月，三月为夏正月，不得言王二月、王三月矣。

《公羊》本无神话，凡诸近神话者，皆《公羊》后师傅会而成。近人或谓始于董仲舒。案，《公羊》本以口授，至胡毋生乃著竹帛，当汉景帝时，则与仲舒同时也。何休解诂，一依胡毋生条例。盖妖妄之说，胡毋生已有之，不专出董氏也。《公羊》嫡传，汉初未有其人。（戴宏之说，全无征验。）《论衡·案书篇》云："公羊高、谷梁置、胡毋氏皆传《春秋》，各门异户。"夫三人并列，可知胡毋生虽说《公羊》而亦自为一家之学。汉人传《尚书》者，小夏侯本受之大夏侯，后别立小夏侯一家。胡毋生之传《公羊》，亦其比矣。《别录》及《艺文志》但列公、谷、邹、夹四家，今谓应加胡毋氏为五家，庶几淄渑有辨。惜清儒未见及此，故其解释《公羊》总不能如晦之见明，如符之复合也。惟《公羊》得胡毋生而始著竹帛，使无胡毋生则《公羊》或竟中绝，然则胡毋生亦可谓《公羊》之功臣矣。

汉末钟繇不好《公羊》而好左氏，谓左氏为太官厨，《公羊》为卖饼家。自《公羊》本义为董、胡妄说所掩，而圣经等于神话，微言竟似预言，固与《推背图》《烧饼歌》无别矣。今治三传自应以《左氏》为主，《谷梁》可取者多，《公羊》颇有刻薄之语，可取者亦尚不少，如内诸夏、外夷狄之义，三传所同，而《公羊》独著明文。又讥世卿之意，《左》《谷》皆有之，而《公羊》于尹氏卒、崔氏出奔，特言世卿非礼。故读《公羊传》者，宜舍短取长，知其为万世制法，非为汉一代制法也。

第四章

诸子学略说 [1]

　　所谓诸子学者，非专限于周、秦，后代诸家亦得列入，而必以周、秦为主。盖中国学说，其病多在汗漫。春秋以上，学说未兴。汉武以后，定一尊于孔子，虽欲放言高论，犹必以无碍孔氏为宗，强相援引，妄为皮傅，愈调和者愈失其本真，愈附会者愈违其解故。故中国之学，其失不在支离，而在汗漫。自宋以后，理学肇兴。明世推崇朱氏过于素王；阳明起而相抗，其言致良知也，犹云"朱子晚年定论"；孙奇逢辈遂以调和朱陆为能，此皆汗漫之失也。

　　惟周秦诸子，推迹古初，承受师法，各为独立，无援引攀附之事。虽同在一家者，犹且矜己自贵，不相通融。故荀子非十二子，子思、孟轲亦在其列。或云"子张氏之贱儒""子游氏之贱儒""子夏氏之贱儒"，诟訾嘲弄，无所假借。《韩非子·显学》篇云："世之显学，儒、墨也。儒之所至，孔丘也。墨之所至，墨翟也。自孔子之死也，有子张之儒，有子思之儒，有颜氏之儒，有孟氏之儒，有漆雕氏之儒，有仲良氏之儒，有孙氏之儒，有乐正氏之儒。自墨子之死也，有相里氏之墨，有相夫氏之墨，有邓陵氏之墨。故孔墨之后，儒分为八，墨离为三，取舍相反不同，而皆自为真。孔墨不可复生，将谁使定世之学乎？"此可见当时

<hr>

① 此文原载 1906 年 9、10 月《国粹学报》丙午年 8、9 号。

学者，惟以师说为宗，小有异同，便不相附，非如后人之忌狭隘，喜宽容，恶门户，矜旷观也。盖观调和独立之殊，而知古今学者远不相及。佛家有言：何等名为所熏？"若法平等，无所违逆，能容习气，乃是所熏；此遮善染，势力强盛，无所容纳，故非所熏""若法自在，性非坚密，能受习气，乃是所熏。此遮心所及无为法，依他坚密，故非所熏。"（见《成唯识论》。）此可见古学之独立者，由其持论强盛，义证坚密，故不受外熏也。或曰：党同门而妒道真者，刘子骏之所恶，以此相责，得无失言？答曰：此说经与诸子之异也。说经之学，所谓疏证，惟是考其典章制度与其事迹而已，其是非且勿论也。欲考索者，则不得不博览传记。而汉世太常诸生，唯守一家之说，不知今之经典，古之官书，其用在考迹异同，而不在寻求义理。故孔子删定六经，与太史公、班孟坚辈初无高下。其书既为记事之书，其学惟为客观之学。党同妒真，则客观之学必不能就，此刘子骏所以移书匡正也。若诸子则不然。彼所学者，主观之学，要在寻求义理，不在考迹异同，既立一宗，则必自坚其说，一切载籍，可以供我之用，非束书不观也。虽异己者，亦必睹其文籍，知其义趣，惟往复辩论，不稍假借而已。是故言诸子，必以周秦为主。

古之学者，多出王官。世卿用事之时，百姓当家，则务农商畜牧，无所谓学问也。其欲学者，不得不给事官府为之胥徒，或乃供洒扫为仆役焉。故《曲礼》云："宦学事师。"学字本或作御。所谓宦者，谓为其宦寺也；所谓御者，谓为其仆御也。故事师者，以洒扫进退为职，而后车从者，才比于执鞭拊马之徒。观春秋时，世卿皆称夫子。夫子者，犹今言老爷耳。孔子为鲁大夫，故其徒尊曰夫子，犹是主仆相对之称也。《说文》云："仕，学也。"仕何以得训为学？所谓宦于大夫，犹今之学习行走尔。是故非仕无学，非学无仕，二者是一，而非二也。（学优则仕之言出于子夏，子夏为魏文侯师，当战国时，仕学分途久矣，非古义也。）秦丞相李斯议曰："若欲有学法令，以吏为师。"亦犹行古之道也。惟其学在王官，官宿其业，传之子孙，故谓之畴人子弟。（见《史记·历书》。）畴者类也。《汉律》"年二十三傅之畴官，各从其父学"，此之谓也。（近世阮元作《畴人传》，以畴人为明算之称，非是。）其后有儒家、墨家诸称。《荀子·大略》篇云："此家言邪学所以恶儒者。"当时学术相传，在其弟子，而犹称为家者，亦仍古者畴官世业之名耳。《史记》称老聃为"柱下史"，庄子称老聃为"征藏史"，道家固出于史官矣。孔子问礼老聃，卒以删定六艺，而儒家亦自此萌芽。墨家先有史佚，为成王师，其后墨翟亦受学于史角。阴阳家者，其所掌为文史星历之事，则《左氏》所载瞽史之徒能知天道者是也。其他虽无征验，而大抵出于王官。是故《汉·艺文志》论之曰：儒家者流，盖出于司徒之官；道家者流，盖出于史官；阴阳家者流，盖出于羲和之官；法家者流，盖出于理官；名家者流，盖出于礼官；墨家者流，盖出于清庙之守；纵横家者流，盖出于行人之官；杂家者流，盖出于议官；农家者流，盖出于农稷之官；小说家者流，盖出于稗官。此诸子出于王官之证。惟其各为一官，守法奉职，故彼此不必相通。《庄子·天下》篇云"譬如耳目鼻口，皆有所明，不能相通"是也。亦有兼学二术者，如儒家多兼纵横，法家多兼名，此表里一体，互为经纬者也。若告子之兼学儒墨，则见讥于孟氏；而墨子亦谓告子为仁，譬犹跂以为长，隐以为广，其弟子请墨子弃之。（见《墨子·公孟》篇。）进退失据，两无所容，此可为调和者之戒矣。

今略论各家如左：

一论儒家。《周礼·太宰》言"儒以道得民"，是儒之得称久矣。司徒之官，专主教化，所谓三物化民。三物者，六德、六行、六艺之谓。是故孔子博学多能，而教人以忠恕。虽然，有商订历史之孔子，则删定六经是也；有从事教育之孔子，则《论语》《孝经》是也。由前之道，其流为经师；由后之道，其流为儒家。《汉书》以周、秦、汉初诸经学家，录入《儒林传》中；

以《论语》《孝经》诸书，录入《六艺略》中。此由汉世专重经术，而儒家之荀卿，又为《左氏》《谷梁》《毛诗》之祖，此所以不别经儒也。若在周秦，则固有别。且如儒家巨子李克、宁越、孟子、荀卿、鲁仲连辈，皆为当世显人；而《儒林传》所述传经之士，大都载籍无闻，莫详行事。盖儒生以致用为功，经师以求是为职。虽今文、古文所持有异，而在周秦之际，通经致用之说未兴，惟欲保残守缺，以贻子孙，顾于世事无与。故荀卿讥之曰：鄙夫"好其实，不恤其文，是以终身不免捭污庸俗。故《易》曰'括囊，无咎无誉'，腐儒之谓也"。（见《非相》篇。）此云腐儒，即指当世之经师也。由今论之，则犹愈于汉世经师言"取青紫如拾芥"，较之战国儒家亦为少愈，以其淡于荣利云尔。儒家之病，在以富贵利禄为心。盖孔子当春秋之季，世卿秉政，贤路壅塞，故其作《春秋》也，以非世卿见志。（公羊家及左氏家张敌皆有其说。）其教弟子也，惟欲成就吏材，可使从政。而世卿既难猝去，故但欲假借事权，便其行事，是故终身志望，不敢妄希帝王，惟以王佐自拟。观荀卿《儒效》篇云："大儒者，天子三公也（杨注：其才堪王者之佐也）；小儒者，诸侯大夫士也；众人者，工、农、商贾也。"是则大儒之用，无过三公，其志亦云卑矣。孔子之讥丈人，谓之不仕无义。孟子、荀卿皆讥陈仲，一则以为无亲戚君臣上下，一则以为盗名不如盗货。（见《荀子·不苟》篇。）而荀子复述太公诛华士事（见《宥坐》篇），由其不臣天子，不友诸侯。（见《韩非子·外储说右上》。）是儒家之湛心荣利，较然可知。所以者何？苦心力学，约处穷身，心求得售，而后意歉。故曰：沽之哉，沽之哉！不沽则吾道穷矣。《艺文志》说儒家云："辟者随时抑扬，违离道本，苟以哗众取宠。"不知哗众取宠，非始辟儒，即孔子固已如是。庄周述盗跖之言曰："鲁国巧伪人孔丘，不耕而食，不织而衣，摇唇鼓舌，擅生是非，以迷天下之主，使天下学士不反其本，妄作孝弟，而侥幸于封侯富贵者也。"此犹曰道家诋毁之言也。而微生亩与孔子同时，已讥其佞，则儒者之真可见矣。孔子干七十二君，已开游说之端。其后儒家率多兼纵横者（见下）。其自为说曰："无可无不可。"又曰："可与立，未可与权。"又曰："君子之中庸也，君子而时中。"孟子曰："孔子圣之时者也。"荀子曰："君子时绌则绌，时伸则伸也。"（见《仲尼》篇。）然则孔子之教，惟在趋时，其行义从时而变。故曰："言不必信，行不必果。"如（《墨子·非儒下》篇）讥孔子曰：

孔某穷于陈蔡之间，藜羹不糁十日，子路为烹豚，孔丘不问肉之所由来而食。褫人衣以酤酒，孔丘不问酒之所由来而饮。哀公迎孔丘，席不端弗坐，割不正弗食。子路进请曰："何其与陈、蔡反也？"孔丘曰："来！吾语女。曩与女为苟生，今与女为苟义。"夫饥约，则不辞妄取以活身；赢饱，则伪行以自饰。污邪诈伪，孰大于此？

其诈伪既如此，及其对微生亩也，则又以"疾固"自文。此犹叔孙通对鲁两生曰"若真鄙儒，不知时变"也。所谓中庸，实无异于乡愿。彼以乡愿为贼而讥之。夫一乡皆称愿人，此犹没身里巷，不求仕宦者也。若夫"缝衣浅带，矫言伪行，以迷惑天下之主"，则一国皆称愿人。所谓中庸者，是国愿也，有甚于乡愿者也。孔子讥乡愿，而不讥国愿，其湛心利禄，又可知也。君子时中、时伸、时绌，故道德不必求其是，理想亦不必求其是，惟期便于行事则可矣。用儒家之道德，故艰苦卓厉者绝无，而冒没奔竞者皆是。俗谚有云："书中自有千钟粟。"此儒家必至之弊，贯于征辟、科举、学校之世，而无乎不遍者也。用儒家之理想，故宗旨多在可否之间，论议止于函胡之地。彼耶稣教、天方教崇奉一尊，其害在堵塞人之思想；而儒术之害，则在淆乱人之思想。此程、朱、陆、王诸家，所以有权而无实也。虽然，孔氏之功则有矣，变机祥神怪之说而务人事，变畴人世官之学而及平民，此其功亦复绝千古。二千年来，此事已属过去，独其热中竞进在耳。

次论道家。道家老子，本是史官，知成败祸福之事悉在人谋，故能排斥鬼神，为儒家之先导。（道家如老庄辈，皆无崇信鬼神之事，列子稍近神仙，亦非如汉世方士所为也。《老子》"谷神不死，是谓玄牝"等语，未知何指，道士依傍其说，推为教祖，实于老子无与。）亦以怵于利害，胆为之怯，故事事以卑弱自持。所云"无为权首，将受其咎"，"人皆取先，己独取后"者，实以表其胆怯之征。盖前世伊尹、太公之属（《汉·艺文志》道家有《伊尹》五十一篇、《太公》二百三十七篇），皆为辅佐，不为帝王。学老氏之术者，周时有范蠡，汉初有张良，其位置亦相类，皆惕然于权首之戒者也。孔子受学老聃，故儒家所希，只在王佐，可谓不背其师说矣。老子非特不敢为帝王，亦不敢为教主。故云："'弱梁者不得其死'，吾将以为教父。"大抵为教主者，无不强梁，如释迦以勇猛无畏为宗，尊曰大雄，亦曰调御；而耶稣、穆罕默德辈或称帝子，或言天使，遇事奋迅，有憨不畏死之风，此皆强梁之最也。老子胆怯，自知不堪此任，故云"人之所教，我亦教之"，如是而已。然天下惟胆怯者权术亦多。盖力不能取，而以智取，此事势之必然也。老子云："道法自然。"太史论老、庄诸子，以为归于自然。自然者，道家之第一义谛。由其博览史事，而知生存竞争，自然进化，故一切以放任为主。虽然，亦知放任之不可久也。群龙无首，必有以提倡之，又不敢以权首自居，是故去力任智，以诈取人，使彼乐于从我。故曰："善为道者，非以明民，将以愚之。""弱之胜强，柔之胜刚，天下莫不知。"老氏学术，尽于此矣。虽然，老子以其权术授之孔子，而征藏故书，亦悉为孔子诈取。孔子之权术，乃有过于老子者。孔学本出于老，以儒道之形式有异，不欲崇奉以为本师（亦如二程之学，本出濂溪，其后反对佛老，故不称周先生，直称周茂叔而已。东原之学，本出婺源，其后反对朱子，故不称江先生，直称吾郡老儒江慎修而已），而惧老子发其覆也。于是说老子曰："乌鹊孺，鱼傅沫，细要者化，有弟而兄啼。"（见《庄子·天运》篇，意谓己述六经，学皆出于老子，吾书先成，子名将夺，无可如何也。）老子胆怯，不得不曲从其请。逢蒙杀羿之事，又其素所怵惕也。胸有不平，欲一举发，而孔氏之徒，遍布东夏，吾言朝出，首领可以夕断。于是西出函谷，知秦地之无儒，而孔氏之无如我何，则始著《道德经》以发其覆。藉令其书早出，则老子必不免于杀身，如少正卯在鲁，与孔子并，孔子之门"三盈三虚"（见《论衡·讲瑞》篇），犹以争名致戮，而况老子之陵驾其上者乎？呜呼！观其师徒之际，忌刻如此，则其心术可知。其流毒之中人，亦可知已。庄子晚出，其气独高，不惮抨弹前哲。愤奔走游说之风，故作《让王》以正之；恶智力取攻之事，故作《胠箧》以绝之。其术似与老子相同，其心乃与老子绝异。故《天下》篇历叙诸家，已与关尹、老聃裂分为二。其褒之以至极，尊之以博大真人者，以其自然之说，为己所取法也。其裂分为二者，不欲以老子之权术自污也。或谓子夏传田子方，田子方传庄子，是故庄子之学，本出儒家。其说非是。庄子所述，如庚桑楚、徐无鬼、则阳之徒多矣，岂独一田子方耶？以其推重子方，遂谓其学所出，必在于是，则徐无鬼亦庄子之师耶？南郭子綦之说，为庄子所亟称，彼亦庄子师耶？

次论墨家。墨家者，古宗教家，与孔、老绝殊者也。儒家公孟言"无鬼神"（见《墨子·公孟》篇），道家老子言"以道莅天下，其鬼不神"，是故儒道皆无宗教。儒家后有董仲舒，明求雨禳灾之术，似为宗教。道家则由方士妄托为近世之道教，皆非其本旨也。惟墨家出于清庙之守，故有《明鬼》三篇，而论道必归于天志，此乃所谓宗教矣。兼爱、尚同之说，为孟子所非；非乐、节葬之义，为荀卿所驳。其实墨之异儒者，并不止此。盖非命之说，为墨家所独胜。儒家、道家皆言有命。其善于持论者，神怪妖诬之事，一切可以摧陷廓清，惟命则不能破。如《论衡》有《命禄》《气寿》《幸遇》《命义》等篇是也。其《命义》篇举儒、墨对辩之言曰：

　　墨家之论，以为人死无命；儒家之议，以为人死有命。言有命者，见子夏言"死生有命，富贵在天"。言无命者，闻历阳之都，一宿沉而为湖；秦将白起坑赵降卒于长平之下，四十万众同时皆死；春秋之时，败绩之军，死者蔽草，尸且万数；饥馑之岁，饿者满道；温气疫疠，千户灭门。如必有命，何其秦、齐同也？言有命者曰：夫天下之大，人民之众，一历阳之都，一长平之坑，同命俱死，未可怪也。命当溺死，故相聚于历阳；命当压死，故相积于长平。犹高祖初起，相工入丰、沛之邦，多封侯之人矣；未必老少男女俱贵而有相也。卓跞时见，往往皆然。而历阳之都，男女俱没，长平之坑，老少并陷，万数之中，必有长命未当死之人；遭时衰微，兵革并起，不得终其寿。人命有长短，时有盛衰，衰则疾病，被灾蒙祸之验也。宋卫陈郑，同日并灾，四国之人，必有禄盛未当衰之人，然而俱灾，国祸临之也。故国命胜人命，寿命胜禄命。

　　凡言禄命，而能成理者，以此为胜。虽然，命者孰为之乎？命字之本，固谓天命。儒者既斥鬼神，则天命亦无可立。若谓自然之数，数由谁设？更不得其征矣。然墨子之非命，亦仅持之有故，未能言之成理也。特以有命之说，使人偷惰，故欲绝其端耳。其《非命》下篇曰："今天下之君子之为文学出言谈也，非将勤能其颊舌，而利其唇吻也，中实将欲其国家邑里万民刑政者也。今王公大臣，若信有命而致行之，则必怠乎听狱治政矣，卿大夫必怠乎治官府矣，农夫必怠乎耕稼树艺矣，妇人必怠乎纺绩织纴矣。"是故非命者，不必求其原理，特谓于事有害而已。夫儒家不信鬼神，而言有命，墨家尊信鬼神，而言无命，此似自相刺缪者。不知墨子之非命，正以成立宗教。彼之尊天右鬼者，谓其能福善祸淫耳。若言有命，则天鬼为无权矣。卒之盗跖寿终，伯夷饿天，墨子之说，其不应者甚多，此其宗教所以不能传久也。又凡建立宗教者，必以音乐庄严之具感触人心，使之不厌，而墨子贵俭非乐，故其教不能逾二百岁（秦汉已无墨者）。虽然，墨子之学诚有不逮孔、老者，其道德则非孔、老所敢窥视也。

次论阴阳家。阴阳家亦属宗教，而与墨子有殊观。《墨子·贵义》篇云：“子墨子北之齐，遇日者。日者曰：‘帝以今日杀黑龙于北方，而先生之色黑，不可以北。’子墨子不听，遂北，至淄水，不遂，而返焉。日者曰：‘我谓先生不可以北。’子墨子曰：‘南人不得北，北人不得南，其色有黑者有白者，何故皆不遂也？且帝以甲乙杀青龙于东方，以丙丁杀赤龙于南方，以庚辛杀白龙于西方，以壬癸杀黑龙于北方，以戊己杀黄龙于中方。若用子之言，则是禁天下之行者也。’”盖墨家言宗教，以善恶为祸福之标准；阴阳家言宗教，以趋避为祸福之标准，此其所以异也。或疑《七略》以阴阳家录入诸子，而数术自为一略，二者何以相异？答曰：以今论之，实无所异，但其理有浅深耳。盖数术诸家皆繁碎占验之辞，而阴阳家则自有理论，如《邹子》四十九篇，《邹子终始》五十六篇，《邹奭子》十二篇。观《史记·孟荀列传》所述，邹衍之说，穷高极深，非专术家之事矣。《南公》三十六篇，即言“楚虽三户，亡秦必楚”者，是为预言之图谶，亦与常占有异。如扬雄之《太玄》、司马光之《潜虚》、邵雍之《皇极经世》、黄道周之《三易洞玑》，皆应在阴阳家，而不应在儒家六艺家。此与著龟形法之属，高下固殊绝矣。

次论纵横家。纵横家之得名，因于从人横人。以六国抗秦为从，以秦制六国为横。其名实不通于异时异处。《汉志》所录，汉有《蒯子》五篇，《邹阳》七篇。蒯劝韩信以三分天下，鼎足而居；邹阳仕梁，值吴楚昌狂之世，其书入于纵横家，亦其所也。其他《秦零陵令信》一篇，《主父偃》二十八篇，《徐乐》一篇，《庄安》一篇，《待诏金马聊苍》一篇。身仕王朝，复何纵横之有？然则纵横者，游说之异名，非独外交专对之事也。儒家者流，热中趋利，故未有不兼纵横者。如《墨子·非儒》下篇记孔子事，足以明之：

> 孔丘之齐，见景公。景公欲封之以尼溪。晏子曰："不可。"于是厚其礼，留其封，数见而不问其道。孔乃恚怒于景公与晏子，乃树鸱夷子皮于田常之门，告南郭惠子以所欲为。归于鲁。有顷间，齐将伐鲁，告子贡曰："赐乎！举大事于今之时矣。"乃遣子贡之齐，因南郭惠子以见田常，劝之伐吴，以教高、国、鲍、晏，使毋得害田常之乱。

《越绝书·内传·陈成恒》篇亦记此事云："子贡一出，存鲁、乱齐、破吴、强晋、霸越。"是则田常弑君，实孔子为之主谋。沐浴请讨之事，明知哀公不听，特借此以自文。此为诈谖之尤矣。便辞利口，覆邦乱家，非孔子、子贡为之倡耶？《庄子·胠箧》云："田成子一旦杀齐君而盗其国，所盗者岂独其国耶？并举其圣知之法而盗之。故窃钩者诛，窃国者为诸侯，诸侯之门，而仁义存焉。"此即切齿腐心于孔子之事也。自尔以来，儒家不兼纵横，则不能取富贵。余观《汉志》儒家所列，有《鲁仲连子》十四篇，《平原君》七篇，《陆贾》二十三篇，《刘敬》三篇，《终军》八篇，《吾丘寿王》六篇，《庄助》四篇。此外则有郦生，汉初谒者，称为大儒，而其人皆善纵横之术。其关于外交者，则鲁仲连说辛垣衍，郦生说田横，陆贾、终军、严助谕南越是也。其关于内事者，则刘敬请都关中是也。吾丘寿王在武帝前，智略辐凑，传中不言其事。寿王既与主父偃、徐乐、庄助同传，其行事实相似。而平原君朱建者，则为辟阳侯审食其事，游说嬖人，其所为愈卑鄙矣。纵横之术，不用于国家，则用于私人。而持书求荐者，又其末流。曹丘通谒于季布，楼护传食于五侯。降及唐世，韩愈以儒者得名，亦数数腾言当道，求为援手。乃知儒与纵横，相为表里，犹手足之相支，毛革之相附也。宋儒稍能自重。降及晚明，何心隐辈又以此术自豪。及满洲而称理学者，无不习掉阖、知避就矣。孔子称"达者，察言观色，虑以下人"，"闻者，色取行违，居之不疑"。由今观之，则闻者与纵横稍远，而达者与纵横最近，达固无以愈于闻也。程朱末流，惟是闻者；陆王末流，惟是达者。至于今日，所谓名臣大儒，则闻达兼之矣。若夫纵人横人之事，则秦皇一统而后，业已灭绝。故《隋书·经籍志》中，惟存《鬼谷》三卷，而梁元帝所著《补阙子》与《湘东鸿烈》二书，不知其何所指也。

次论法家。法家者，略有二种：其一为术，其一为法。《韩非子·定法篇》曰："申不害言术，而公孙鞅为法。术者，因任而授官，循名而责实，操杀生之柄，课群臣之能者也，此人主之所执也。法者，宪令著于官府，刑罚必于民心，赏存乎慎法，而罚加乎奸令者也，此臣之所师也。"然为术者，则与道家相近；为法者，则与道家相反。《庄子·天下》篇说慎到之术曰："椎柏辁断，与物宛转"，"推而后行，曳而后往，若飘风之还，若羽之旋，若磨石之隧，全而无非，动静无过，未尝有罪。"此老子所谓"圣人无常心，以百姓为心"也。此为术者与道家相近也。老子言："民不畏死，奈何以死惧之？"太史公《酷吏列传》亦引"法令滋章，盗贼多有"之说，而云"法令者，治之具，而非制治清浊之源"。此为法者与道家相反也。亦兼任术法者，则管子、韩非是也。《汉志》《管子》列于道家，其《心术》《白心》《内业》诸篇，皆其术也；《任法》《法禁》《重令》诸篇，皆其法也。韩非亦然。《解老》《喻老》本为道家学说。少尝学于荀卿，荀卿隆礼义而杀《诗》《书》，经礼三百，固周之大法也。韩非合此二家，以成一家之说，亦与管子相类。（惟《管子·幼官》诸篇，尚兼阴阳，而韩非无此者，则以时代不同也。）后此者惟诸葛亮专任法律，与商君为同类。故先主遗诏，令其子读《商君书》（见裴松之《三国志注》引《诸葛亮集》），知其君臣相合也。其后周之苏绰，唐之宋璟，庶几承其风烈。然凡法家必与儒家、纵横家反对。惟荀卿以儒家大师，而法家韩、李为其弟子，则以荀卿本意，在杀《诗》《书》，固与他儒有别。韩非以法家而作《说难》，由其急于存韩，故不得不兼纵横耳。其余则与儒家、纵横家，未有不反唇相稽者。《商君·外内》篇曰："奚谓淫道？为辩知者贵，游宦者任，文学私名显之谓也。"此兼拒儒与纵横之说也。《靳令》篇曰："六虱：曰礼乐，曰《诗》《书》，曰修善，曰孝弟，曰诚信，曰贞廉，曰仁义，曰非兵，曰羞战。"此专拒儒家之说也。韩非《诡使》篇曰："守度奉量之士，欲以忠婴上而不得见；巧言利辞，行奸轨以幸偷世者数御。"《六反》篇曰："游居厚养，牟食之民也，而世尊之曰有能之士；曲语牟知，伪诈之民也，而世尊之曰辩智之士。"此拒纵横家之说也。《五蠹》篇曰："儒以文乱法，侠以武犯禁。"《显学》篇曰："藏书策，习谈论，聚徒役，服文学而议说，世主必从而礼之。""国平则养儒侠，难至则用介士，所养者非所用，所用者非所养，此所以乱也。"此拒儒家之说也。《五蠹》篇曰："明主之国，无书简之文，以法为教；无先王之语，以吏为师。"此拒一切学者之说也。至汉公孙弘、董仲舒辈，本是经师，其时经师与儒已无分别。弘习文法吏事，而缘饰以儒术；仲舒为《春秋决狱》二百三十二事，以应廷尉张汤之问。儒家、法家，于此稍合。自是以后，则法家专与纵横家为敌。严助、伍被，皆纵横家，汉武欲薄其罪，张汤争而诛之。主父偃亦纵横家，汉武欲勿诛，公孙弘争而诛之。而边通学短长之术，亦卒谮杀张汤。诸葛治蜀，赏信必罚。彭羡、李严，皆纵横之魁桀，故羡诛而严流。其于儒者，则稍稍优容之。盖时诎则诎，能俯首帖耳于法家之下也。然儒家、法家、纵横家，皆以仕宦荣利为心。惟法家执守稍严，临事有效。儒家于招选茂异之世，则习为纵横，于综核名实之世，则毗于法律。纵横是其本真，法律非所素学。由是儒者自耻无用，则援引法家以为己有。南宋以后，尊诸葛为圣贤，亦可闵已。然至今日，则儒、法、纵横，殆将合而为一也。

次论名家。名家之说，关于礼制者，则所谓"刑名从商，爵名从周，文名从礼"也。关于人事百物者，则所谓"散名之加于万物者，则从诸夏之成俗曲期"也。《庄子·天下》篇云："《春秋》以道名分。"非特褒贬损益而已。《谷梁传》曰："陨石于宋，五。先陨而后石，何也？陨而后石也。于宋，四竟之内曰宋。后数，散辞也，耳治也。""六鹢退飞过宋都。先数，聚辞也，目治也。"石鹢且犹尽其辞，而况于人乎？说曰："陨石，记闻也，闻其磌然，视之则石，察之则五。""六鹢退飞，记见也，视之则六，察之则鹢，徐而察之则退飞。"是关于散名者也。凡正名者，亦非一家之术。儒、道、墨、法必兼是学，然后能立能破。故儒有《荀子·正名》，墨有《经说》上下，皆名家之真谛，散在余子者也。若惠施、公孙龙辈，专以名家著闻，而苟为鹢析者多，其术反同诡辩。故先举儒家《荀子·正名》之说，以征名号。其说曰：

何缘而以同异？曰：缘天官。凡同类同情者，其天官之意物也同，故比方之疑似而通。是所以共其约名以相期也。形体、色理，以目异；声音清浊、调竽奇声，以耳异；甘、苦、咸、淡、辛、酸、奇味，以口异；香、臭、芬、郁、腥、臊、洒、酸、奇臭，以鼻异；疾、养、沧、热、滑、铍、轻、重，以形体异；说、故、喜、怒、哀、乐、爱、恶、欲，以心异。心有征知。征知，则缘耳而知声可也，缘目而知形可也。然则征知必将待天官之当簿其类，然后可也。五官簿之而不知，心征之而无说，则人莫不然谓之不知，此所缘而以同异也。然后随而命之：同则同之，异则异之。单足以喻则单；单不足以喻则兼；单与兼无所相避则共，虽共不为害矣。……故万物虽众，有时而欲遍举之，故谓之物。物也者，大共名也。推而共之，共则有共，至于无共然后止。有时而欲偏举之，故谓之鸟兽。鸟兽者，大别名也。推而别之，别则又别，至于无别然后止。……物有同状而异所者，有异状而同所者，可别也。状同而为异所者，虽可合，谓之二实。状变而实无别而为异者，谓之化。有化而无别，谓之一实。此事之所以稽实定数也。此制名之枢要也。

按此说同异何缘？曰缘天官。中土书籍少言缘者，故当征之佛书。大凡一念所起，必有四缘：一曰因缘，识种是也；二曰所缘缘，尘境是也；三曰增上缘，助伴是也；四曰等无间缘，前念是也。缘者是攀附义。此云缘天官者，五官缘境，彼境是所缘缘，心缘五官见分，五官见分是增上缘，故曰"缘耳而知声可也，缘目而知形可也"。五官非心不能感境，故同时有五俱意识为五官作增上缘。心非五官，不能征知，故复借五官见分为心作增上缘。五官感觉，惟是现量，故曰"五官簿之而不知"。心能知觉，兼有非量、比量。初知觉时，犹未安立名言，故曰"心征之而无说"。征而无说，人谓其不知，于是名字生焉。大抵起心分位，必更五级：其一曰作意，此能警心令起；二曰触，此能令根（即五官）、境、识三，和合为一；三曰受，此能领纳顺违俱非境相；四曰想，此能取境分齐；五曰思，此能取境本因。作意与触，今称动向，受者今称感觉，想者今称知觉，思者今称考察。初起名字，惟由想成，所谓口呼意呼者也。继起名字，多由思成，所谓考呼者也。凡诸别名，起于取像，故由想位口呼而成。凡诸共名，起于概念，故由思位考呼而成。同状异所，如两马同状，而所据方分各异。异状同所，如壮老异状，而所据方分是同。不能以同状异所者谓为一物；亦不能以异状同所者谓为二物。然佛家说六种言论，有云众法聚集言论者，谓于色、香、味、触等事和合差别，建立宅、舍、瓶、衣、车、乘、军、林、树等种种言论。有云非常言论者，或由加行，谓于金段等起诸加行，造环钏等异庄严具，金段言舍，环钏言生；或由转变，谓饮食等于转变时，饮食言舍，便秽言生。（见《瑜伽师地论》。）然则同状异所者，物虽异而名可同，聚集万人，则谓之师矣。异状同所者，物虽同而名可异，如卵变为鸡，则谓之鸡矣。《荀子》未言及此，亦其鉴有未周也。次举《墨经》以解因明。其说曰："故，所得而后成也。"（《经上》。）"小故，有之不必然，无之必不然。体也，若有端。大故，有之必无然。若见之成见也。体，若二之一，尺之端也。"（《经说上》。）《荀子》惟论制名，不及因名之术，要待《墨子》而后明之。何谓因明？谓以此因明彼宗旨。佛家因明之法，宗、因、喻三，分为三支。于喻之中，又有同喻异喻。同喻异喻之上，各有合离之言词，名曰喻体。即此喻语，名曰喻依。如云声是无常（宗），所作性故（因）。凡所作者皆是无常，同喻如瓶；凡非无常者皆非所作，异喻如太空（喻）。《墨子》之"故"，即彼之"因"，必得此因，而后成宗。故曰："故，所得而后成也。"小故，大故，皆简因喻过误之言。云何小故？谓以此大为小之"因"。盖凡"因"较宗之"后陈"，其量必减。如以所作成无常，而无常之中，有多分非所作者，若海市、电光，无常起灭，岂必皆是所作？然凡所作者，则无一不是无常。是故无常量宽，所作量狭。今此同喻合词，若云凡无常者，皆是所作，则有"倒合"之过。故曰："有之不必然。"谓有无常者，不必皆是所作也。然于异喻离词，若云凡非无常者皆非所作，则为无过。故曰："无之必不然。"谓无无常者，必不是所作也。以体喻宽量，以端喻狭量，故云："体也，若有端。"云何大故？谓以此大为彼大之因。如云声是无常，不遍性故。不遍之与无常，了不相关，其量亦无宽狭。既不相关，必不能以不遍之因，成无常之宗。故曰："有之必无然。"二者同量，若见与见，若尺之前端后端。故曰："若见之成见也。""体，若二之一，尺之端也。"近人或谓印度三支，即是欧洲三段。所云宗者，当彼断按；所云因者，当彼小前提；所云同喻之喻体者，当彼大前提。特其排列逆顺，彼此相反，则由自悟、悟他之不同耳。然欧洲无异喻，而印度有异喻者，则以防其倒合。倒合则有减量换位之失，是故示以离法，而此弊为之消弭。村上专精据此以为因明法式长于欧洲。乃《墨子》于小故一条，已能知此，是亦难能可贵矣。若鸡三足狗非犬之类，诡辩繁辞，今姑勿论。

次论杂家。杂家者，兼儒墨，合名法，见王治之无不贯。此本出于议官，彼此异论，非以调和为能事也。《吕氏春秋》《淮南》内篇，由数人集合而成，言各异指，固无所害。及以一人为之，则漫羡无所归心，此《汉志》所以讥为荡者也。《韩非子·显学》篇曰："墨者之葬也，冬日冬服，夏日夏服，桐棺三寸，服丧三月，世主以为俭而礼之。儒者破家而葬，服丧三年，大毁扶杖，世主以为孝而礼之。夫是墨子之俭，将非孔子之侈也；是孔子之孝，将非墨子之戾也。今孝戾俭侈，俱在儒墨，而上兼礼之。漆雕之议，不色挠，不目逃，行曲则违于臧获，行直则怒于诸侯，世主以为廉而礼之。宋荣子之议，设不斗争，取不随仇，不羞囹圄，见侮不辱，世主以为宽而礼之。夫是漆雕之廉，将非宋荣之恕也；是宋荣之宽，将非漆雕之暴也。今宽廉恕暴，俱在二子，人主兼而礼之。自愚诬之学、杂反之辞争，而人主俱听之。故海内之士，言无定术，行无常议。夫冰炭不同器而久，寒暑不兼时而至，杂反之学不两立而治。今兼听杂学，缪行同异之举，安得无乱乎？"韩非说虽如是，然欲一国议论如合符节，此固必不可得者。学术进行，亦借互相驳难，又不必偏废也。至以一人之言，而矛盾自陷，俯仰异趋，则学术自此衰矣。东汉以来，此风最盛。章氏《文史通义》，谓近人著作"无专门可归者，率以儒家、杂家为蛇龙之菹"，信不诬也。

次论农家。农家诸书，世无传者。《泛胜之书》时见他书征引，与贾思勰之《齐民要术》、王桢之《农书》，义趣不异。若农家止于如此，则不妨归之方技，与医经、经方同列。然观《汉志》所述云："鄙者为之，以为无所事圣王，欲使君臣并耕，悖上下之序。"则许行所谓神农之言，犹有存者。韩非《显学》篇云："今世之学士语治者，多曰：'与贫穷地，以实无资。'"是即近世均地主义。斯所以自成一家欤。

次论小说家。周秦、西汉之小说，似与近世不同。如《周考》七十六篇、《青史子》五十七篇、《臣寿周纪》七篇、《虞初周说》九百四十三篇，与近世杂史相类。比于《西京杂记》《四朝闻见录》等，盖差胜矣。贾谊尝引《青史》，必非谬悠之说可知。如《伊尹说》二十七篇,《鬻子说》十九篇,《宋子》十八篇,《待诏臣安成未央术》一篇，则其言又兼黄老。《庄子·天下》篇举宋钘、尹文之术列为一家，荀卿亦与宋子相难。今《尹文》入名家，而《宋子》只入小说，此又不可解者。以意揣之，"宋子上说下教，强聒不舍"（见《庄子·天下》篇），盖有意于社会道德者。所列黄老诸家，宜亦同此。街谈巷议，所以有益于民俗也。《笑林》以后，此指渐衰，非刍荛之议矣。

上来所述诸子凡得十家，而《汉志》称九流者，彼云九家可观，盖小说特为附录而已。就此十家论之，儒、道本同源而异流，与杂家、纵横家合为一类；墨家、阴阳家为一类；农家、小说家为一类；法家、名家各自独立，特有其相通者。

第五章

文学略说 ①

　　文学分三项论之：一论著作之文与独行之文有别；二论骈体、散体各有所施，不可是丹非素；三论周秦以来文章之盛衰。

　　一、著作之文与独行之文。著作之文云者，一书首尾各篇互有关系者也；独行之文云者，一书每篇各自独立，不生关系者也。准是论文，则《周易》《春秋》《周官》《仪礼》、诸子，著作之文也（《仪礼》虽分十七篇而互有关系）；《诗》《书》，独行之文也。孔子删诗，如后世之总集，惟商初、周初诸篇偶有关系，然各篇不相接者多，与《春秋》编年者异撰，或同时并列三篇，或旷数百年而仅存一篇。自尧至秦，一千七百年中，商书残缺；夏书则于后羿、寒浞之事，一无记载。盖书本各人各作，不相系联。孔子删而集之，亦犹夫诗矣。后人文集，多独行之文；惟正史为著作之文耳。以故著作之文，以史类为主；而周末诸子，说理者为后起，老、墨、庄、申、韩、孟、荀是也；惟《吕览》是独行之文编集而为著作者也。著作之盛，周末为最。顾独在诸子，史部不能与抗。至汉，《太史公》继《春秋》而作，史部始盛。此后子书，西汉有陆贾《新语》（真伪不可知）、贾谊《新书》、董仲舒《春秋繁露》（后人归入经部）、桓宽《盐铁论》（集当时郡国贤良商论盐铁榷沽事）、扬雄《法言》；东汉有王充《论

---

①此文原载 1935 年 11 月《章氏星期讲演会》第 9 期。

衡》、王符《潜夫论》、仲长统《昌言》(全书不可见)、荀悦《申鉴》、徐干《中论》。持较周秦诸子,说理固不逮,文笔亦渐逊矣。然魏文帝论文,不数宴游之作,而独称徐干为不朽者,盖犹视著作之文尊于独行者也。

著作之文,本有史部、子部二类。王充谓:"司马子长累积篇第,文以万数;然而因成前纪,无胸中之造。扬子云作《太玄经》,造于助思,极窈冥之深,非庶几之才,不能成也。"(《论衡·超奇》篇。)此为抑扬太过。《史记》虽袭前文,其为去取,亦甚难矣。充又数称桓君山,谓说论之徒,君山为甲。今桓谭书不可见,惟《群书治要》略载数篇,亦无甚高深处。而充称为素丞相者,盖王、桓气味相投,能破坏不能建立,此即邱光庭《兼明书》之发端也。(东汉人皆信阴阳五行,王充独破之,故蔡中郎得其书,秘之账中。中郎长于碑版,能为独行之文而不能著作者。)至于三国,《典论》全书不可见。刘劭《人物志》论官人之法,行文精炼,汉人所不能为,《隋志》入之名家,以其书品评人物,综核名实,于名家为近也。其论英雄,谓"张良英而不雄,韩信雄而不英。体分不同,以多为目,故英雄异名,皆偏至之材,人臣之任也。故英可为相,雄可为将。若一人之身兼有英雄,则能长世,高祖、项羽是也。然英之分以多于雄,而英不可以少也。英分少则智者去之,故项羽气力盖世,明能合变,而不能听采奇异;有一范增不用,是以陈平之徒,皆亡归高祖。英分多故群雄服之,英才归之,两得其用,故能吞秦破楚,宅有天下。然则英雄多少,能自胜之数也。徒英而不雄,则雄才不服也;徒雄而不英,则智者不归也。故雄能得雄,不能得英;英能得英,不能得雄。故一人之身兼有英雄,乃能役英与雄。能役英与雄,故能成大业也"。语似突梯,而颇合当时情理。晋世重清谈,宜多著作之文;然而无有者,盖清谈务简,异于论哲学也。乐广擅清言,而不著书。《世说新语》云:"客问乐令旨不至者,乐亦不复剖析文句,直以麈尾柄确几曰:'至不?'客曰:'至。'

乐因又举塵尾曰：'若至者，那得去？'于是客乃悟服。广辞约而旨达、皆此类。"故无长篇大论。其时子书有《抱朴子》等（《抱朴子》外篇论儒术，内篇论炼丹），颜之推讥之，以为"魏晋以来，所著诸子，理重事复，递相模学，犹屋下架屋、床上施床耳"。《颜氏家训》言处世之方，不及高深之理。精于小学，故有《音辞篇》；信奉释氏，故有《归心篇》。其书与今敦煌石室所出《太公家教》类似。之推文学之士，多学问语。太公不知何人，或为隋唐间老农。学问有深浅，故文笔异雅俗耳。李习之谓《太公家教》与《文中子》为一类，不知《文中子》夸饰礼乐，而《家教》则否，余故谓是《家训》之类也。唐人子部绝少。后理学家用禅宗语录体著书，亦人子部，其文字鄙俚，故顾亭林讥之曰："夫子之文章，不可得而闻矣。"

　　史部之书，范晔《后汉书》、陈寿《三国志》，皆一手所作。《宋书》《齐书》《梁书》《陈书》亦然。《隋书》，魏徵等撰。本纪、列传，出颜师古、孔颖达手（自来经学家作史，惟孔颖达一人）；《天文》《律历》《五行》三志，出李淳风手。《新唐书》，宋祁撰列传，欧阳修撰志，虽出两人，文笔不甚相远。《晋书》出多人之手。《旧唐书》，号称刘昫撰，昫实总裁而已。《旧五代史》，薛居正撰，恐亦非一人之作。欧阳修《新五代史》，固出一手，然见闻不广，遗漏太多。辽、金、元三史，皆杂凑而成，惟《东都事略》乃王偁一人之作。《明史》本万斯同所作，但有列传，无本纪、表、志。余弟子朱逖先在北京购得稿本，体裁工整，而纸色如新，未敢决然置信。然文笔简练，殆非季野不能为。王鸿绪《横云山人明史稿》，纪、表、志、传具备，而删去万历以后列传。乾隆时重修《明史》，则又出多人之手矣。编年史如《汉纪》《后汉纪》《十六国春秋》，皆一手所作。（《十六国春秋》，真伪不可知。）《通鉴》一书，周、秦、两汉为刘奉世所纂，六朝为刘恕所纂，隋唐为范祖禹所纂，虽出众手，而温公自加刊正。"臣光曰"云云，皆温公自撰，亦可称一手所成者也。

大抵事出一手者为著作之文（史部、子部应分言之），反之则非著作之文。宋人称《新五代史》可方驾《史记》，《史记》安可几及？以后世史部独修者少，故特重视之耳。

《左》《国》《史》《汉》中之奏议书札，皆独行之文也。西汉以前，文集未著。《楚辞》一类，为辞章之总集。汉人独行之文，皆有为而作，或为奏议，或为书札，鲜有以论为名者。其析理论事，仅延笃《仁孝先后论》一篇耳，其文能分析而未臻玄妙，徒以《解嘲》《非有先生论》之属皆是设论，非论之正，故不得不以延笃之论为论之首也。魏晋六朝，崇尚清谈。裴𬱟《崇有》，范缜《神灭》，斯为杰构。清谈者宗师老子，以无为贵，故裴𬱟作论以破其说。《宏明集》所收，多扬玄虚之旨，范缜远承公孟（太史公云：学者多言无鬼神），近宗阮瞻，昌论无鬼，谓形之于神，犹刀之于利，未闻刀去而利存，安有人亡而神在？是仍以清谈破佛法也。此种析理精微之作，唐以后不可见。近世曾涤笙言古文之法，无施不可，独短于说理。（方望溪有"文以载道"之言，曾氏作此说，是所见过望溪已。）夫著作之文，原可以说理。古人之书，《庄子》奇诡，《孟》《荀》平易，皆能说理。韩非《解老》《喻老》，说理亦未尝不明。降格以求，犹有《崇有》《神灭》之作，何尝短于说理哉？后人为文，不由此道，故不能说理耳。然而宗派不同、门户各别，彼所谓古文，非吾所谓古文也。彼所谓古文者，上攀秦汉，下法唐宋，中间不取魏晋六朝。秦汉高文，本非说理之作，相如、子云，一代宗工，皆不能说理。韩、柳为文，虽云根柢经、子，实则但摹相如、子云耳。持韩较柳，柳犹可以说理，韩尤非其伦矣。（柳遭废黜，不能著成一书，年为之限，深可惜也。）盖理有事理、名理之别。事理之文，唐宋人尚能命笔；名理之文，惟晚周与六朝人能为之。古文家既不敢上规周秦，又不愿下取六朝，宜其不能说理矣。要之，文各有体。法律条文，自古至今，其体不变。汉律、唐律，如出一辙。算术说解，自《九章》而下，亦别自成派。良以非此文体，无以说明其理故也，律算如此，事理、名理亦然。上之周秦诸子，下之魏晋六朝，舍此文体不用，而求析理之精、论事之辨，固已难矣。然则古人之文，各类齐备，后世所学，仅取一端。是故，非古文之法独短于说理，乃唐宋八家下逮归、方之作，独短于说理耳。

史部之文，班马最卓。后世学步，无人能及。传之于碑，文体攸殊。传钝叙事，碑兼文质。而宋人造碑，宛然列传。昌黎以二千余字作《董晋行状》，其他碑志，不及千字，宋人所作神道墓志，渐有长者。子由作《东坡墓志》，字近七千，而散漫冗碎，不能收束。晦庵作《韩魏公志》，文成四万，亦不能收束。持较《史》、《汉》千余字之《李斯列传》，七八千字之《项羽本纪》，皆收束得住，不可同年而语矣。后人无作长篇之力量，则不能不学韩、柳之短篇，以求收束得住，所谓起伏照应之法。凡为作长篇，不易收束而设也。（此法宋人罕言，明人乃常言尔。）是故即论单篇独行之作，亦古今人不相及矣。

后世史须官修，不许私撰。学成班马，技等屠龙。惟子书无妨私作，然自宋至今，载笔之士，率留意独行之文，不尚著作。理学之士，创为语录，有意子部，而文采不足。余皆单篇孤行，未有巨制，岂不以屠龙之技为不足学耶？今吴江有宝带桥，绵亘半里，列洞七十，传为胡元时造；福建泉州有万安桥，长及二里，传为蔡襄所造。此皆绝技，后人更无传者。何者？师不以传之弟子，弟子亦不愿受之于师，以学而无所可用也。著作之文，每况愈下，亦犹此矣。

二、骈文、散文各有体要。骈文、散文，各有短长。言宜单者，不能使之偶；语合偶者，不能使之单。《周礼》《仪礼》，同出周公，而《周礼》为偶，《仪礼》则单。盖设官分职，种别类殊，不偶则头绪不清；入门上阶，一人所独，为偶则语必冗繁。又《文言》《春秋》，同出孔子，《文言》为偶，《春秋》则单。以阴阳刚柔，非偶不优；年经月纬，非单莫属也。同是一人之作，而不同若此，则所谓辞尚体要矣。

骈散之分，实始于唐，古无是也。晋宋两代，骈已盛行。然属对自然，不尚工切。晋人作文，好为迅速。《兰亭序》醉后之作，文不加点，即其例也。昭明《文选》则以沉思翰藻为主，《兰亭》速成，乖于沉思，文采不艳，又异翰藻，是故屏而弗录。然魏晋佳论，譬如渊海，华美精辨，各自擅场。但取华美，而弃精辨，一偏之见，岂为允当，顾《文选》所收对偶之文，犹未极其工切也。

降及隋唐，镂金错采，清顺之气，于焉衰歇，所以然者，北人南学（如温子升辈是），得其皮毛，循流忘返，以至斯极。于是初唐四杰廓清之功，不可没也。（颜师古作《等慈寺塔记铭》，有意为文，即不能工；杨盈川作《王子安文集序》，以为当时之文，皆糅之金玉龙凤，乱之青黄朱紫，子安始革此弊。）降及中叶，李义山始专力于对仗，为宋人四六之先导。王子安落霞、孤鹜二语，本写当时眼前景物，而宋人横谓落霞，飞蛾之号以对孤鹜，乃为甚工（宋人笔记中多此语），其可笑有如此者。骈文本非宋人所工，徒以当时表奏皆用四六，故上下风行耳。欧阳永叔以四六得第，虽宗韩柳，不非骈体。（永叔举进士，试《左氏失之诬论》有"石言于晋，神降于莘；内蛇斗而外蛇伤，新鬼大而故鬼小"语，颇以自矜。）东坡虽亦作四六，而常讥骈体。平心论之，宋人四六实有可议处也。清乾隆时，作骈体者规摹燕许，斐然可观。李申耆选《骈体文钞》（申耆，姚姬传之弟子，肄业钟山书院，反对师说，乃作是书），取《过秦论》《报任少卿书》，一切以为骈体，则何以异于桐城耶？阮芸台妄谓古人有文有辞，辞即散体、文即骈体，举孔子《文言》以证文必骈体，不悟《系辞》称辞，亦骈体也。刘申叔文本不工，而雅信阮说。余弟子黄季刚初亦以阮说为是，在北京时，与桐城姚仲实争，姚自以老耄，不肯置辩。或语季刚：呵斥桐城，非姚所惧；祇以末流，自然心服。其后白话盛行，两派之争，泯于无形。由今观之，骈散二者本难偏废。头绪纷繁者，当用骈；叙事者，止宜用散；议论者，骈散各有所宜。不知当时何以各执一偏，如此其固也。

邹阳，纵横家也。观其上书（《邹阳》七篇，《汉志》入纵横家。《史记》，邹阳与鲁仲连同传。周孔之作不论，论汉人之作，相如、子云之文非有为而作，故特数邹阳），行文以骈。而文气之盛，异于后之四六。是故谓骈体气弱，未为笃论。宋子京《笔记》谓作史不应有骈语；刘子玄亦云：史文用骈，似箫笛杂鼙鼓、脂粉饰壮士。此谓叙事不宜用骈也。不仅宋子京、刘子玄如此，六朝人作史，亦无用骈语者。唐诏令皆用骈体，而欧阳永叔撰《新唐书》，一切削去，此则太过。夫诏令以骈而不可录；罪人供状，词旨鄙俚，莫此为甚，何为而可录耶？后人不愿为散体者，谓散体短于说理，不知《崇有》《神灭》之作，亦非易为。若夫桐城派导源震川（尧峰亦然），阳湖略变其法，而大旨则同。震川之文，好摇曳生姿，一言可了者，故作冗长之语。曾涤笙讥之曰："神乎、味乎？徒辞费耳。"此谓震川未脱八股气息也。至于散之讥骈，谓近俳优，此亦未当。玉溪而后，雕绘满眼，弊固然矣。若《文选》所录，固无襞积拥肿之病也。今以口说衡之，历举数事，不得不骈；单述一理，非散不可。二者并用，乃达神旨。以故，骈散之争，实属无谓。若立意为骈，或有心作散，比于削趾适屦，可无须尔。

骈散合一之说，汪容甫倡之，李申耆和之。然晋人为文，如天马行空，绝无依傍，随笔写去，使人难分段落。今观容甫之文，句句锻炼，何尝有天马行空之致；容甫讥呵望溪，而湘绮并诮汪、方。湘绮之文，才高于汪，取法魏晋，兼宗两汉。盖深知明七子之弊，专学西汉，有所不逮；但取晋宋，又不甘心。故其文上取东汉，下取魏晋，而自成湘绮之文也。若论骈散合一，汪、李尚非其至，湘绮乃成就耳。然湘绮列传碑版，摹拟《史记》，袭其成语，往往有失检之处。如《邹汉勋传》云："如邹汉勋者，又何以称焉？"此袭用《史记·伯夷列传》语而有误也。

夫许由、卞随、务光之事，太史疑其非实，故作此问。若邹汉勋者，又何疑焉？

三、周秦以来文章之盛。论历代文学，当自周始。孔子曰："郁郁乎文哉，吾从周。"周初之文，厥维经典，不能论其优劣。春秋而后，始有优劣可言。春秋时文体未备，综其所作，记事、叙言多而单篇论说少。七国时文体完具，但无碑版一体。钟鼎虽与碑版相近，然其文不可索解。故正式碑版，断自秦后起也。（任昉《文章缘起》，其书真伪不可知，所论亦未可信据。）概而论之，文章大体备于七国；若其细碎，则在六朝。六朝之后，亦有新体，如墓志，本为不许立碑者设；后世碑与墓志并用，其在六朝，墓志不为正式文章也。又如寿序，宋以前犹未著。然论文学之盛衰，固不拘于文体之损益。

自唐以来，论文皆以气为主。气之盛衰，不可强为。大抵见理清、感情重，自然气盛。周秦之作，未有不深于理者，故篇篇有气。论感情，亦古人重于后人。《颜氏家训》谓："别易会难，古人所重；江南饯送，下泣言离。"梁武帝送弟王子侯出为东郡，云："我年已老，与汝分张，甚以恻怆。"数行泪下。非独爱别离如此，即杯酒失意，白刃相仇，亦惟深于感情者为然。何者？爱深者恨亦深，二者成正比例也。今以《诗经》观之，好贤如《缁衣》，恶恶如《巷伯》，皆可谓甚真。至于《楚辞·离骚》之忠怨，《国殇》之严杀，皆各尽其致。汉人叙战争者，如《项羽本纪》《李陵列传》，有如目睹，非徒其事迹之奇也，乃其文亦极描写之能事矣。此在后世文人为之，虽有意描写，亦不能几及。何也？其情不至也。大抵抒情之作，往往宜于小说。然自唐以降，小说家但能叙鬼怪，而不能叙战争攻杀。此由实情所无，想像亦有所不逮。惟有男女之情，今古不变，后世小说，类能道之。然人之爱情，岂仅限于男女？君臣、父子、兄弟、朋友，无不有爱情焉。而后世小说之能事，则尽于述男女而已。

汉人之文，后世以为高，然说理之作实寡。魏晋渐有说理之作，但不能上比周秦。今人真欲上拟周秦两汉，恐贻举鼎绝膑之诮。明七子李空同辈，高谈秦汉，其实邯郸学步耳。后七子如李沧溟文，非其至者，而诗尚佳；王凤洲文胜于沧溟，颇能叙战争及奇伟之迹，此亦由于情感激发尔。如杨椒山之事，人人愤慨，故凤洲所作行状，有声有色。顾持较《史》《汉》，犹不能及。以《史》《汉》文出无心，凤洲则有意摹拟，着力与不着力，自有间也。

抒情说理之作如此，其非抒情亦非说理如《七发》之类者亦然（《七发》亦赋类）。《七发》气势浩汗，无堆垛之迹，拟作者《七启》《七命》即大有径庭。相如、子云之赋，往往用同偏旁数字堆垛以成一句，然堆垛而不觉其重。何也？有气行乎其间，自然骨力开张也。降及东汉，气骨即有不逮。然《两都》《两京》以及《三都》，犹粗具规模，后此则无能为之者矣。此类文字，不关情之深、理之邃，以余度之，殆与体气有关。汉人之强健，恐什佰于今人，故其词气之盛，亦非后世所及。今人发古墓，往往见古人尸骨大于今人，此一证也。武梁祠画像，其面貌虽不可细辨，然鼻准隆起，有如犹太、回族人，此又一证也。汉世尚武之风未替，文人为将帅者，往往而有。又汉行征兵制，而其时歌谣，无道行军之苦者。唐代即不然，杜诗《兵车行》《石壕吏》之属可证也。由此可见，唐人之体气已不逮汉人，此又一证也。以汉人坚强好勇，故发为文章，举重若轻，任意堆垛而不见堆垛之迹，此真古今人不相及矣。不特文章为然，见于道德者亦然。道德非尽出于礼，亦生于情。情即有关于气体。体气强则情重，德行则厚；体气弱，情亦薄。德行亦衰。孔子曰："仁者必有勇。"知无勇不能行仁也。《吕氏春秋·慎大览》称孔子之劲，举国门之关，而不肯以力闻。《史记·仲尼弟子传》云：子路性鄙，少孔子九岁，好勇力，志伉直，冠雄鸡，佩豭豚，陵暴孔子。孔子设礼诱之，乃儒服委质，因门人请为弟子。今观孝堂山石刻子路像，奋袖抽剑，雄鸡之冠，与《史记》所言符合。知孔子之服之路，非仅用礼，亦能以力胜矣。后世理学家不取粗暴之徒，殆亦为无孔子之力故耳。（澹台灭明之斩蛟，亦好勇之征也。）夫并生一时代者，体格之殊，当不甚远。孔子、墨子，时代相接。孔子之勇如此，则墨子之以自苦为极，若救宋之役，百舍重茧而不息，亦可信矣。自两汉以迄六朝，文气日以衰微者，其故可思也。《世说新语》记王子猷、子敬俱坐一室，上忽发火，子猷遽走避，不惶取屐；子敬神色恬然，徐唤左右，扶凭而出，不异平常。尔时膏粱子弟，染于游惰如此，体气之弱可知矣。有唐国势，虽不逮两汉，犹胜于六朝。故燕许大手笔，文虽骈体，气骨特健，自此一变而为韩柳之散文。宋代尚文，讳言武事，欧、曾、王、苏之作，气骨已劣于韩、柳。余常谓文不论骈散，要以气骨为主。曾涤笙倡阴阳刚柔之说，合于东人所谓壮美、优美者。以历代之作程之：周、秦、两汉之文刚，魏、晋南朝之文柔；唐代武功犹著，故其文虽不及两汉，犹有两汉遗风；宋代国势已弱，故欧、苏、曾、王之文，近于六朝；南宋及元，中国既微，文不成文；洪武肇兴，驱逐胡虏，国势虽不如汉唐，优于赵宋实远。其异于汉唐者，汉唐自然强盛，明则有勉强之处耳。明人鉴于宋人外交之卑屈，故特自尊大。凡外夷入贡，表章须一律写华文，朝鲜、安南文化之国，许其称臣；南洋小国及满洲之属，则降而称奴。天使册封，不可径入其国城，须特建天桥，逾城而入；贡使之入中国者，官秩虽高，见典史不可不用手本，不可不称大人。外夷称中国曰天朝者，即始于此。诸如此类，即可见明代国势之盛，出于勉强。国势如此，国人体气恐亦类此。其见于文事者，台阁体不足为代表，归震川闲情冷韵之作，亦不足为代表，所可代表者，为前后七子之作。彼等强学秦汉，力不足以赴之，譬如举鼎绝膑，不自觉其面红耳赤也。归震川生长昆山，王凤洲生长太仓，籍贯同隶苏州，而气味差池。震川与凤洲争名，二人皆自谓学司马子长，然凤洲专取《史记》描摹之笔及浓重之处，震川则以为《史记》佳处在闲情冷韵。盖苏州人好作冷语，震川之文，苏州人之文也。震川殆知秦汉不易学，而又不甘自谓不逮秦汉，故专摹《史记》之冷语欤？由此遂启桐城派之先河。桐城派不皆效法震川，顾其主平淡、不主浓重则同。姚姬传学问之博，胜于方望溪，而文之气魄则更小，谋篇过六七百字者甚罕。梅伯言修饰更精，而气体尤不逮矣。曾涤笙以为学梅伯言而以为未足，颇有粗枝大叶之作，气体近于阳刚。此其故关于国势、体力。清初国势之盛，乃满洲之盛，非汉族之盛。汉人慑伏于满洲淫威之下，绿营兵丁大抵羸劣，营汛武职官俸薄，往往出为贾竖，自谋生活，其权力犹不如今之警察，故汉人皆以当兵为耻。夫不习戎事，则体力弱；及其为文，自然疲苶矣。曾涤笙自办团练，以平洪杨之乱，国势既变，湘军亦俨然一世之雄，故其文风骨遒上，得阳刚之气为多。虽继起无人，然并世有王湘绮，亦可云近于阳刚矣。湘绮与涤笙路径不同，涤笙自桐城入而不为八家所囿；湘绮虽不明言依附七子，其路径实与七子相同，其所为诗，宛然七子作也。惟明人见小欲速，文章之士，不讲其他学问。昌黎云：作文宜略识字。七子不能，故虽高谈秦汉，终不能逮。湘绮可谓识字者矣，故其文优于七子也。由上所论，历代文章之盛衰，本之国势及风俗，其彰彰可见者也。

文之变迁，不必依骈散为论，然综观尚武之世，作者多散文；尚文之世，作者多骈文。秦汉尚武，故为散文，骈句罕见。东汉崇儒术，渐有骈句。魏晋南朝，纯乎尚文，故骈俪盛行。唐代尚武，散体复兴。（唐人散体，非始于韩柳。韩柳之前，有独孤及、梁肃、萧颖士、元结辈，其文渐趋于散。惟魄力不厚。至昌黎乃渐厚耳。譬之山岭脉络，来至独孤、萧、梁，至韩柳乃结成高峰也。）宋不尚武，故其文通行四六。作散文者，仅欧、曾、王、苏数人而已。（姚姬传云：论文章，虽朱子亦未为是。大抵南宋之文，为后世场屋之祖。吕东莱、陈止斋、叶水心，学问虽胜，文则不工。《东莱博议》，纯乎场屋之文。陈止斋、叶水心之作，当时所谓对策八面锋，亦仅可应试而已。）余波及于明清。

桐城一派，上接秦汉、下承韩柳固不足，以继北宋之轨则有余，胜于南宋之作远矣。

唐宋以来之散文，导源于独孤及、萧颖士辈，是固然矣。然其前犹可推溯，人皆不措意耳。《文中子》书，虽不可信，要不失为初唐人手笔。其书述其季弟王绩（字无功，号东皋子），作《五斗先生传》（见《事君》篇），其文今不可见。以意度之，殆拟陶渊明之《五柳先生传》。其可见者，《醉乡记》《负苓者传》，皆散漫而不用力，于陶氏为近，不可不推为唐代散文之发端。又马、周所作章奏，摹拟贾太傅《治安策》，于散体中为有骨力。唐人视周为策士一流，不与文学之士同科，实亦散文之滥觞也。大凡文品与当时国势不符者，文虽工而人不之重。燕许庙堂之文，当时重之，而陆宣公论事明白之作，见重于后世者，当时反不推崇。萧颖士之文，平易自然。元结始为谲怪，独孤及、梁肃变其本而加之厉。至昌黎始明言词必己出，凡古人已用之语，必摒弃不取，而别铸新词。昌黎然、柳州亦然，皇甫湜、孙樵，无不皆然。风气既成，宜乎宣公奏议之不见崇矣。然造词之风，实非始于昌黎。《唐阙史》云："左将军吐突承璀（昌黎同时人）方承恩顾，及将败之岁，有妖生所居。先是，承璀尝华一室，红梁粉壁，为谨诏救藏机务之所。一日，晨启其户，有毛生地，高二尺许，承璀大恶之，且恐事泄，乃躬执箕帚，芟除以瘗，虽防口甚固，而娓娓有知者。承璀尤不欲达于班列。一日，命其甥尝所亲附者曰：'姑为我微行省阒之间，伺其丛谈，有言者否。'甥禀教敛躬而往，至省寺，即词诘守卫，辄不许进。方出安上门，逢二秀士，自贡院回，笑相谓曰：'东广坤毳可以为异矣。'甥驰告曰：'醋大知之久矣（原注：中官谓南班，无贵贱皆呼醋大），且易其名呼矣。'谓左军为东广、地毛为坤毳矣。"易左军地毛曰东广坤毳，则与称龙门曰虬户无异，以言之者无碍，闻之者立悟。知唐人好以僻字易常名，乃其素习。故樊宗师作《绛守居园池记》，而昌黎称为文从字顺也。今观其文，代东方以丙、西方以庚，亦东广坤毳之类。昌黎称之者，以其语语生造，合于己意也。盖造词为当时风尚，而昌黎则其杰出者耳。

欧阳永叔号称宗师韩柳，其实与韩柳异辙。惟以不重四六为学韩柳耳。永叔《题绛守居园池记》，诋呵樊氏，不遗余力，可知其与昌黎异趣矣。宋子京与永叔同时，皆以学昌黎为名，而子京喜造词，今《新唐书》在，人以涩体称之，可证也。夫自作单篇，未尝不可造词；作史则不当专务生造。子京之文，有盛名于时，及永叔之文行，趋之者皆崇自然；于是子京之文不复见称道。故知文品不合于时代，虽工亦不行也。

唐末迄于五代，文之衰弊已极。北宋初年，柳河东（开）、穆伯长（修），稍为杰出。河东文实不工，伯长才力薄弱，而故为佶屈聱牙。于时王禹偁所作，实较柳穆为胜，惟才力亦薄弱耳。禹偁激赏丁谓、孙何，《宋史·丁谓传》云：谓与何同袖文谒禹偁，禹偁重之，以为自唐韩愈、柳宗元后，三百年始有此作。二人之文，今不可见。穆伯长弟子尹师鲁（洙），文颇可观。苏子美（舜钦）亦佳，师鲁之文，永叔所自出，惟师鲁简练，永叔摇曳为异。永叔之文，震川一派所自昉也。苏子美仕不得志，颇效柳州之所为，永叔亟称之。此二家较柳穆王三家为胜。又永叔同时有刘原父（敞），才力宏大，司马温公文亦醇美。今人率称八家，以余论之，唐宋不止八家。唐有萧颖士、独孤及、韩愈、柳宗元、李翱六家（皇甫湜、孙樵不足数），宋则尹洙、苏舜钦、刘敞、宋祁、司马光、欧阳修、曾巩、王安石、苏洵父子，合十一家（柳、穆、王不必取，苏门如秦观之《淮海集》、苏过之《斜川集》，文非不佳，惟不出东坡之窠臼，故不取。元结瑰怪，杜牧粗豪，亦不取），合之可称唐宋十七家。茅鹿门之所以定为八家者，盖韩柳以前之作，存者无多；宋初人文亦寡。六家之文，于八股为近；韩柳名高，不得不取：故遂定为八家耳。

权德与年辈高于昌黎，文亦不恶，惟少林下风度耳。明台阁体即自此出。杜牧之文为侯朝宗、魏叔子所自出。惟粗豪太过耳。近桐城、阳湖二派，拈雅健二字以为论文之准。然则权德与雅而不健，杜牧之健而不雅。雅健并行，二家所短。若依此选文，唐可八家（合权、杜数之），宋可十六家（合柳、穆、王、秦、苏过数之），允为文章楷则矣。（雅健者，文章入门之要诀，不仅散文之须雅健，骈文亦须雅健，派别可以不论。）乾嘉间朱竹君（筠）《笥河文集》行于北方，其文亦雅而不健，似台阁一路。姚姬传笑之，以为笥河一生为文学宋景濂，永远是门外汉。是故，雅而不健，不可；健而不雅，亦不可。明于雅健二字，或为独行之文，或为著作之文，各视其人之力以为趣舍，庶乎可以言文。

继此复须讨论者，文章之分类是也。《文心雕龙》分为十九类，《古文辞类纂》则为十三类。今依陆士衡《文赋》为说，取其简要也。自古惟能文之士为能论文，否则皮傅之语，必无是处。士衡《文赋》，区分十类，虽有不足，然语语确切，可作准绳，其言曰："诗缘情而绮靡，赋体物而浏亮，碑披文以相质，诔缠绵而凄怆，铭博约而温润，箴顿挫而清壮，颂优游以彬蔚，论精微而朗畅，奏平彻以闲雅，说炜晔而谲诳。"十类以外，传状序记，士衡所未齿列。今案：家传一项，晋人所作，有《李郃传》《管辂传》，全文今不可见。就唐人所引观之，大抵散漫，无密栗之致。行状一项，《文选》录任彦昇《竟陵文宣王行状》一篇，体裁与后世所作不类。原行状之体，本与传同，而当时所作，文多质少，语率含浑。（行状上之尚书，考功司据以拟谥，李翱以为今之行状，文过其质，不可为据，始变文为质，不加藻饰。）游记一项，古人视同小说，不以入文苑。东汉初，马第伯作《封禅仪记》，偶然乘兴之笔。后则游记渐孳，士衡时尚无是也。序录一项，古人皆自著书而自为序。刘向为各家之书作序，此乃在官之作；后世为私家著述作序者，古人无是也。此四项，士衡所不论，今就士衡所赋者论之：

诗、赋：士衡缘情、体物二语，实作诗造赋之要。赋本古诗之流，七国时始为别子之祖。至汉，《子虚》《上林》，篇幅扩大，而《古诗十九首》仍为短章。盖体物者，铺陈其事，不厌周详，故曰浏亮。缘情者，咏歌依违，不可直言，故曰绮靡。然赋亦有缘情之作，如班孟坚之《幽通》、张平子之《思玄》、王仲宣之《登楼》，皆偶一为之，非赋之正体也。

碑、诔：古人刻石，不以碑名。秦皇刻石，峄山、泰山、琅琊、芝罘、碣石、会稽诸处，皆直称刻石，不称碑。庙之有碑，本以丽牲；墓之有碑，本以下棺。作碑文者，东汉始盛。今汉碑存者百余通，皆属文言。往往世系之下，缀以考语；所治何学，又加考语；每历一官，辄加考语，无直叙其事者。故曰"披文以相质也"。不若是，将与行状、家传无别。魏晋不许立碑；北朝碑文，体制近于汉碑；中唐以前之碑，体制亦未变也。独孤及、梁肃始为散文，然犹不直叙也。韩昌黎作《南海神庙碑》，纯依汉碑之体；作《曹成王碑》，用字瑰奇，以此作碑则可，作传即不可。桐城诸贤不知此，以昌黎之碑为独创，不知本袭旧例也。（昌黎犹知文体，宋以后渐不然。）宋人作碑，一如家传，惟首尾异耳。此实非碑之正体。观夫蔡中郎为人作碑，一人作二三篇，以其本是文言，故属辞可以变化；若为质言，岂有一人之事迹，可作二三篇述之耶？至汉碑有称"诔曰"者，知碑与诔本不必分，然大体亦有区别。碑虽主于文饰，仍以事实为重。诔则但须缠绵凄怆而已。后世作诔者少，潘安仁《马汧督诔》，乃是披文相质之作。碑与诔故是同类。后世祭文，则与诔同源。

铭、箴：碑亦有铭。此所谓铭，则器物之铭也。崔子玉《座右铭》，多作格言，乃《太公家教》之类，取其义，不取其文耳。张孟阳《剑阁铭》云："敢告梁益。"是箴体也。所谓博约温润者，语不宜太繁，又不宜太露。然则《剑阁铭》是铭之正轨也。箴之由来已久。官箴王阙，本以刺上，后世作箴，皆依《虞箴》为法，扬子云、崔亭伯官箴、州箴，合四十余篇。所与铭异者，有顿挫之句，以直言为极，故曰"顿挫而清壮"也。张茂先《女史箴》，笔路渐异，尚能合法；至昌黎《五箴》，则失其步趋者也。

颂、论：三颂而外，秦碑亦颂之类也。刻石颂德，斯之谓颂矣。惟古代之颂，用之祭祀。生人作颂，始于秦碑，及后人作碑亦称"颂曰"是也。柳子厚作《平淮西雅》，其实颂也。颂与雅，后世不甚分耳。要以优游炳蔚为贵。论者，评议臧否之作。人之思想，愈演愈深，非论不足以发表其思想，故贵乎精微朗畅也。士衡拟《过秦》作《辩亡论》，议封建作《五等论》。二者皆论政之文，故为粗枝大叶，而非论之正体。当以诸子为法，论名理不论事理，乃为精微朗畅者矣。庄荀之论，无一不合精微朗畅之旨。韩非亦有之，但不称论耳。（论事之作，不以为正体，王褒《四子讲德论》作于汉代，周秦无有也。）《文选》录王褒《四子讲德论》，论事本非正体，当为士衡所不数。盖周秦而后，六朝清谈佛法诸论，合乎正轨。《崇有论》反对清谈，《神灭论》反对佛法，此亦非朗畅不能取胜。此种论，唐以后不能作。盖唐以后人只能论事理，不能论名理矣。刘梦得、柳子厚作《天论》，似乎精细，要未臻精微朗畅之地。宋儒有精微之理，而作文不能朗畅，故流为语录。

奏、说：七国时游说，多取口说而鲜上书，上书即奏也。纵横家之作，大抵放恣，苏秦、范雎是矣，即李斯《谏逐客》亦然。自汉人乃变为平彻闲雅之作，以天下统一，纵横之风替也。平则易解，雅则可登于庙堂。此种体式，自汉至唐不变。至明人奏议，辄以痛骂为能事，故焦里堂谓温柔敦厚之教至明人而尽。如杨叔山劾严嵩曰贼嵩，虽出忠愤，甚非法式。又如刘良佐、刘泽清称福王拘囚太子是无父子，不纳童氏是无夫妇。又如万历时御史献酒、色、财、气四箴，此皆乖于进言之道。自唐以来，奏议以陆宣公为最善，既平彻又闲雅，可谓正体；所不足者，微嫌繁冗耳。唐人好文，三四千言之奏，人主犹能遍览，若在后世，正恐无暇及此。曾涤笙自谓学陆宣公，今观其文，类于八股，平固有之，雅则未能。甲午战后，王湘绮尝代李少荃奏事，多引

《诗》《书》，摹拟汉作，雅则有余，平则不足。于是知平彻闲雅之难也。说者古人多为口说，原非命笔为文，《文心雕龙》讥评士衡，谓"自非谲敌，则惟忠与信，披肝胆以献主，飞文敏以济辞，此说之本也"。不悟七国游士，纵横捭阖，肆口陈言，取快一时，确有炜晔谲诳之观，然其说必与事实相符，乃得见听。苏秦之合纵，非易事也。而六国之君听之者，固以其口辩捷给，亦为有其实学耳。《国策》言苏子去秦而归，揣摩太公阴谋之符，然后出说人主。由今观之，苏子亦不徒恃阴谋，盖明于地理耳。七国时地图难得，惟涉路远者，知舆地大势。荀子游于列国，故《议兵篇》所言地理不误，自余若孟子之贤，犹不知淮泗之不入江。（《孟子》："决汝汉、排淮泗而注之江。"不知淮泗不入江也。）汉兴，萧何入关，收秦图籍，故能知天下形势。否则，高祖起自草莽，何由知之？惟苏秦居洛阳，必尝见地图，故每述一国境界，悉中事情，然后言其财赋之多寡，兵力之强弱，原原本本，了然无遗。其说赵肃侯也，谓"臣请以天下之地图按之。"夫以草泽匹夫，而深知国情如此，宜乎六国之君不敢不服其说矣。后世口说渐少，惟战争时或有之，留侯之借箸、武侯之求救于孙权，皆所谓谲诳者。后杜牧之作《燕将录》，载浑忠为燕牧刘济使，说魏牧田季安；又元和十四年说刘济子忠，皆慷慨立谈，类于苏秦。颇疑牧之所文饰，非当时实事。昌黎作《董晋行状》，述晋对李怀光语，亦口若悬河。晋服官无闻，此亦疑昌黎所文饰也。然则苏秦而后，口说可信者，惟留侯、诸葛二事。要皆炜晔谲诳，不尽出于忠信，以此知士衡之说为不可易也。

综上所论，知士衡所举十条，语语谛当，可作准绳。至其所未及者，祭文准诔，传状准史。（今人如欲作传，不必他求，只依《史》《汉》可矣。行状与传，大体相同，惟首尾为异。且行状所以议谥，明以来议谥不据行状，则行状无所用之，不作可也。）序记之属，古人所轻。官修书库，序录提要，盖非一人所能为。若私家著述，于古只有自序；他人作之，亦当提挈纲首，不可徒为肤泛。记惟游记可作，《水经注》、马第伯《封禅仪记》，皆足取法。宋人游记叙山水者，多就琐碎之处著笔，而不言大势，实无足取。余谓《文赋》十类之外，补此数条已足。姚氏《古文辞类纂》分十三类，大旨不谬。然所见甚近，以唐宋直接周秦诸子、《史》《汉》，置东汉、六朝于不论，一若文至西汉即斩焉中绝，昌黎之出真似石破天惊者也。天下安有是事耶？（桐城派所说源流不明，不知昌黎亦有师承。）余所论者，似较姚氏明白。

第六章

订　孔①

上

日本有远藤隆吉者，自以为习汉事，其言曰：孔子出于支那，则支那之祸本也。夫差第《韶》《武》，制为邦者四代，非一意循旧也，以其卓跞过人，后生自以瞻望弗及，重神其言，革一义若有刑戮，则一意循旧自此始。故更八十世而无进取者，咎亡于孔氏。祸本成，其胙尽矣。（略举远滕氏《支那哲学史》。）

章炳麟曰：一意循旧者，汉世博士有之，魏、晋以后亡是也。追惟仲尼闻望之隆，则在六籍。六籍者，道、墨所周闻。故墨子称《诗》《书》《春秋》多太史中秘书。而老聃为守臧史，得其本株。异时倚相、苌叔诸公，不降志于删定六艺。墨翟虽博闻，务在神道，珍秘而弗肯宣。继志述事，缵老之绩，而布彰六籍，令人人知前世废兴，中夏所以创业垂统者，孔氏也。遭焚散复出，则关轴自持于孔氏。诸子却走，职矣。且古者世禄，子就父学，为畴官。后世虽已变更，九流犹称家。孟轲言法家拂士，荀卿称家言邪学，百家无所窜，小家珍说之所愿皆衰，其遗迹也。宦于大夫，谓之"宦御事师"。（《曲礼》"宦学事师"，学

①此文选自《检论》卷三。

亦作御。）言仕者又与学同（《说文》："仕，学也"），明不仕则无所受书。周官宾兴万民，以礼、乐、射、御、书、数，六籍不与焉。（礼乐亦士庶常行者耳，必无周官之典。）尚犹局于乡遂。王畿方百万里，被教者六分一耳。及管子制五官技，能为《诗》《易》《春秋》者，予之一马之田，一金之衣。（《山权数》。）氓庶之识故事者，若此其寡也。管子虽厉学，不遍九服，又令细民以是干小禄、致末秩。其学蕞陋，长见笑于大方之家。自老聃写书征藏，以治孔氏，然后竹帛下庶人。六籍既定，诸书复稍出金匮石室间。民以昭苏，不为徒役。九流自此作，世卿自此堕，朝命不擅威于肉食，国史不聚奸于故府。故直诸夏覆亡，虽无与立，而必有与毙也。不曰"贤于尧舜"，岂可得哉？

夫神化之道，与时宜之，故五帝不同礼，三王不沿乐。布六籍者，要以识前事，非谓旧章可永循也。汉初古文既不远布，而仲尼名实已高岩矣。诸儒睹秦余敝法，欲有更易，持之未有其故，由是破碎六籍，定以己意，参之天官、历象、五行、神仙诸家，一切假名孔氏，以为魁柄，则六籍为巫书。哀、平之间，《周官》《左氏》始兴，神道渐褫。更二百年，而得黄初。后王所以更制者，未尝不随时变，何乃无进取哉！且旧章诚不可与永守，政不骤革，斟酌向今，未有不借资于史。先汉之史，则谁乎？其惟姬周旧典，见于六籍者。故虽言通经致用，未害也。迁、固承流，而继事者相次十有余家。法契之变，善败之数，则多矣。犹言通经致用，则不与知六籍本意。

章炳麟曰：仲尼，良史也。辅以丘明，而次《春秋》，料比百家，若旋机玉斗矣。谈、迁嗣之，后有《七略》。孔子殁，名实足以抗者，汉之刘歆。（书布天下，功由仲尼。其后独有刘歆而已。微孔子，则学皆在官，民不知古，乃无定臬。然自秦皇以后，书复不布。汉兴，虽除挟书之禁，建元以还，百家尽黜，民间惟有五经、《论语》，犹非师授不能得。自余竟无传者。东平王求《史记》于汉廷，桓谭假《庄子》于班嗣，明其得书之难也。

向、歆理校雠之事，书既杀青，复可迻写，而书贾亦赁鬻焉。故后汉之初，王充游洛阳书肆，已见有卖书者。其后邠卿章句之儒，而见《周官》；康成草莱之氓，而窥《史记》，则书之传者广矣。至梁时，阮孝绪以处士撰《七录》，是为天禄石渠之守，迻于民间也。然以钞撮重烦，犹多窒滞。及冯道为镂版之术，而负贩益多矣。《宋史·刑昺传》：景德二年，上问昺："经板几何？"昺曰："国初不及四千，今十余万，经传正义皆具。"则他书可以例推。由此观之，冯道功亦不细。学之高下，行之衰正，非此所论也。）

下

往时定儒家，莫若孟、荀。私以《论语》晻昧，《三朝记》与诸告饬，总纰经记，辞义映如也。下比孟轲，博习故事则贤，而辩察少歉矣。荀卿以积伪俟化治身，以隆礼县群众。道不过三代，以绝殊瑰；法不贰后王，以綦文理。始终以礼穿凿，故科条皆湿然无自戾者。其正名也，与墨子相扶持。有所言缘，先于西来桑门之书。由斯道也，虽百里而民献比肩可也。其视孔子，长幼断可识矣。夫孟、荀道术，皆踊绝孔氏，惟才美弗能与等比，故终身无鲁相之政，三千之化。才与道术本异出，而流俗多视是崇堕之。故仲尼名独尊，其道术固未逮也。怀是者十余年，中间颇论九流旧闻。上观庄生，为《齐物论释》。又以闲暇，质定老聃、韩非、惠施诸书。方事改革，负缥东海，独抱持《春秋》，窥识前圣作史本意，卒未知其道术崇庳也。

以炎、黄、喾、尧之灵，幸而时济，光复旧物。间气相捔，逼于舆台，去食七日，不起于床，欷然叹曰：余其未知羑里、匡人之事！夫不学《春秋》，则不能解辫发，削左衽。不学《易》，则终身不能无大过，而悔吝随之。始玩爻象，重籀《论语》诸书，霴然若有瘳者。圣人之道，罩笼群有，不亟以辩智为贤。上观《周易》，物类相召，势数相生，足以彰往察来。审度圣人之所忧患，与其卦序所次时物变迁，上考皇世而不缪，百世以俟后王群盗而不惑。洋洋美德乎！诚非孟、荀之所逮闻也。诸所陈说，列于《论语》者，时地异制，人物异训，不以一型锢铸，所谓大道固似不肖也。

人亦有言：西极之圣，守其一术，强聒而不舍，娄遇而不异辞，大秦三哲以之；东极之圣，退藏于密，外虞机以制辞言，从其品物，因变流形，浮屠、老聃、仲尼、庄周以之。虞机虽审，权议虽变，岂直无本要哉？道在一贯。持其枢者，忠恕也。躬行莫先，而方迻以为学，则守文者所不省已。心能推度曰恕，周以察物曰忠。故夫闻一以知十，举一隅而以三隅反者，恕之事也。夫彼是之辩，正处正色正味之位，其侯度诚未可壹也。守恕者善比类，诚令比类可以遍知者，是絜矩可以审方圆。物情之纷，非若方圆可以量度也。故用矩者困，而务比类者疑。周以察物，举其征符而辨其骨理者，忠之事也。故疏通知远者恕，文理密察者忠。身观焉忠也，方不障恕也。上者寂然不动，感而遂通天下之故，无有远近幽深，遂知来物。中之方人，用法察迻言也。下者至于原本山川，极命草木，合契比律，审曲面势，莫不依是。以知忠恕于学，犹鸟有两翮，而车之左右轮。学不兼是，菩沛将蔽之，日中而主爝，水沫为谪也，而况于躬行乎？

荀卿盖云："万物莫形而不见，莫见而不论，莫论而失位。"此谓用忠者矣。"坐于室而见四海，处于今而论久远，疏观万物而知其情，参稽治乱而通其度，经纬天地而材官万物，制割大理而宇宙里。"此谓用恕者矣。夫墨子者，辩以经说，主以天志，行以兼爱、尚同。天志、尚同之末，以众暴寡。（墨子《兼爱》《天志》诸篇，亦论以众暴寡之非。然既云天志、尚同，设有异天志而殊群众者，不为众之所暴，得乎？物类淘汰，势自然也。）惟尽恕，远忠也。荀卿虽解蔽，观其约束，举无以异于墨氏。（荀子虽非墨氏，惟其文质异流耳。《墨子·尚同篇》极论一人一义、十人十义、百人百义之非，欲令万民上同天子；天子所是必是之，天子所非必非之。荀卿论治，正与相符。）

体忠恕者，独有庄周。《齐物》之篇，恢恑谲怪，道通为一。三子之乐蓬艾，虽唐尧不得更焉。兹盖老聃之所流传，儒道所以不相牾牾，夫何晻昧矣哉？《三朝记》小辨，亦言忠恕。（《三朝记》：哀公欲学小辨，孔子对以力忠信，云"知忠必知中，知中必知恕，知恕必知外。内思毕心曰知中，中以应实曰知恕，内恕外度曰知外"。此言以忠恕为学，则无所不辨也。周以察物，疑其碎矣。物虽小别，非无会通。内思毕心者，由异而观其同也。）其余华泽也。

第七章

原 墨 ①

周末文敝，百家皆欲变周之文，从夏之忠，自墨子初言法禹
傀也。彼汉世五经家，不法其意，而法其度，牵三正往复，沾沾
损益于丧祭、车服、官曹名号之间，日崇其彤。忠者固为是邪？
墨子者，善法意。尊天敬鬼，失犹同汉儒。其戾于王度者，非乐
为大。彼苦身劳形以忧天下，以若自毁，终以自堕者，亦非乐为
大。何者？喜怒生杀之气，作之者声也。故浑然击鼓，士忾怒
矣。铿然撞錞于，继以吹箫，而人人知惨悼。儒者之颂舞，熊经
猿攫，以廉制其筋骨，使行不恣步，战不恣伐，惟以乐倡之，故
人乐习也。无乐则无舞，无舞则荼弱多疾疫，不能处憔悴。将使
苦身劳形以忧天下，是何异于腾驾蹇驴，而责其登大行之阪矣！
嗟乎！钜子之传，至秦汉间而斩。非其道之不逮申、韩、商、
慎，惟不自为计，故距之百年而堕。

夫文始五行之舞，遭秦未灭。今五经粗可见，《乐》书独亡，
其亦昉于六国之季，墨者昌言号呼以非乐，虽儒者亦鲜诵习焉。
故灰烬之余，虽有窦公、制氏，而不能记其尺札也。呜呼！佚、
翟之祸，至自弊以弊人，斯亦酷矣。诋其"兼爱"而谓之"无
父"，则末流之嚚言，有以取讥于君子，顾非其本也。张载之言
曰："凡天下疲癃残疾鳏寡茕独，皆吾兄弟之颠连而无告者。"或

①此文选自《检论》卷三。

曰：其理一，其分殊。庸渠知墨氏兼爱之旨，将不一理而殊分乎？夫墨家宗祀严父，以孝视天下，孰曰无父？（详《孝经本夏法说》，此不具疏。）至于陵谷之葬，三月之服，制始于禹。禹之世，奔命世也。墨翟亦奔命世也。伯禽三年而报政，曰革其故俗，丧三年乃除。太公反之，五月而报政。然则短丧之制，前倡于禹，后继踵于尚父。惟晏婴镵之，庐杖衰麻，皆过其职。墨子以短丧法禹，于晏婴则师其嬿啬，而不能师其居丧，斯已左矣。且夫兼爱者，人主之道，非士民所当务也。而夏固不能兼爱。诚能兼爱，夏启不当私其奸子。（又案《水经·淇水注》：《论语比考谶》曰："邑名朝歌，颜渊不舍，七十弟子掩目，宰予独顾，由蹙堕车。"宋均田："子路患宰予顾觑凶地，故以足蹙之，使堕车也。"寻朝歌回车，本墨子事，而《论语谶》以为颜渊，此六国儒者从墨非乐之证也。至于古乐，亦多怪迂，诚有宜简汰者。然乐必无可废之义。）

　　向作《原墨》，逾数年，得长沙曹耀湘《墨子笺》，其说曰："古者士大夫居丧，皆有其实，而不徒务其文。虽魏晋之间，风尚旷达，而凡纵情越礼者，犹见讥于时。墨子之为丧也，近以三日，久以三月，为时极少。而观其书中《节用》《非乐》诸篇所陈，则墨家平日所以自奉养其耳目口体者，盖无以甚殊于居丧之时，虽以三月为期，谓之终身之忧可也。今士大夫为丧，徒有其文，而无其实。姜御未尝偶离于室，膏粱未尝暂辍于口，衣冠之色稍异，而轻暖未尝有变，则墨子所讥久丧，今日为已陈刍狗，不足置辩矣！"其说最为通达。因念夏、殷之世，丧期短促，皆以服食起居未致其美耳。周世文物大盛，故丧期必限以三年。短丧之法，亦惟墨家食粝羹藿、服屦衣褐者，可以行之，非他人所得借口。

第八章

清　儒①

古之言虚，以为两柠之间，当其无柠。（本《墨子·经上》。柠即枬，柱上小方木也。）六艺者（凡言六艺，在周为礼、乐、射、御、书、数，在汉为六经。此自古今异语，各不相因，言者各就便宜，无为甘辛互忌），古《诗》积三千余篇，其他益繁，鬷触无协；仲尼剟其什九，而弗能专施于一术。故曰：达于九流，非儒家擅之也。

六艺，史也。上古史官，司国命，而记注义法未备，其书卓绝不循。《易》最恢奇，《诗》《书》亦时有盈辞；《礼》《春秋》者，其言径直易见观，故荀子为之，隆礼义，杀《诗》《书》。礼义隆，则《士礼》《周官》与夫公冠、奔丧之典，杂沓并出，而偕列于经。《诗》《书》杀，则伏生删百篇而为二十九（《尚书大传》明言六誓五诰，其篇具在伏书。伏书所无，如《汤诰》者，虽序在百篇，而五诰不与焉。以是知二十九篇，伏生自定其目，乃就百篇杀之，特托其辞于孔子耳。谓授读未卒遽死者，非也。知杀《诗》《书》之说，则近儒谓孔子本无百篇，壁中之书，皆歆、莽驾言伪撰者，亦非也）；《齐诗》之说五际六情，庋《颂》与《国风》，而举二《雅》。（迮鹤寿曰：十五《国风》，诸侯之风也；三《颂》，宗庙之乐也；唯二《雅》述王者政教，故四始五

①此文选自《检论》卷四。

际，专用二《雅》，不用《风》《颂》。案刘子骏《移太常博士》曰：一人不能独尽其经，或为《雅》，或为《颂》，相合而成。疑三家《诗》皆杀本经，而专取其一帙。今可见者，独《齐诗》。《齐诗》怪诞，诚不可为典要，以证荀说行于汉儒尔。）

虽然，治经恒以诵法讨论为剂。诵法者，以其义束身，而有隆杀；讨论者，以其事观世，有其隆之，无或杀也。西京之儒，其诵法既狭隘，事不周浃而比次之，是故龃龉失实，犹以师说效用于王官，制法决事，兹益害也。杜、贾、马、郑之伦作，即知"抟国不在敦古"；博其别记，稽其法度，核其名实，论其群众以观世，而六艺复返于史，秘祝之病不渍于今。其源流清浊之所处，风化芳臭气泽之所及，则昭然察矣。变于魏、晋，定于唐，及宋、明始荡。继汉有作，而次清儒。

清世理学之言，竭而无余华；多忌，故歌诗文史楛；愚民，故经世先王之志衰。（三事皆有作者，然其弗逮宋、明远甚。）家有智慧，大凑于说经，亦以纾死，而其术近工眇踔善矣。

始故明职方郎昆山顾炎武为《唐韵正》《易、诗本音》，古韵始明，其后言声音训诂者禀焉；太原阎若璩撰《古文尚书疏证》，定东晋晚书为作伪，学者宗之；济阳张尔岐始明《仪礼》；而德清胡渭审察地望，系之《禹贡》，皆为硕儒，然草创未精博，时糅杂元、明谰言。其成学著系统者，自乾隆朝始：一自吴，一自皖南。吴始惠栋，其学好博而尊闻。皖南始江永、戴震，综形名，任裁断。此其所异也。

先栋时有何焯、陈景云、沈德潜，皆尚洽通，杂治经史文辞。至栋，承其父士奇学，揖志经术，撰《九经古义》《周易述》《明堂大道录》《古文尚书考》《左传补注》，始精眇，不惑于谀闻；然亦泛滥百家，尝注《后汉书》及王士祯诗，其余笔语尤众。栋弟子有江声、余萧客。声为《尚书集注音疏》，萧客为《古经解钩沉》，大共笃于尊信，缀次古义，鲜下己见。而王鸣盛、钱大昕亦被其风，稍益发舒。教于扬州，则汪中、刘台拱、李惇、贾田祖，以次兴起；萧客弟子甘泉江藩，复缵续《周易述》，皆陈义尔雅，渊乎古训是则者也。

震生休宁，受学婺源江永，治小学、礼经、算术、舆地，皆深通。其乡里同学有金榜、程瑶田，后有凌廷堪、三胡。三胡者，匡衷、承珙、培翚也，皆善治《礼》，而瑶田兼通水地、声律、工艺、谷食之学。震又教于京师，任大椿、卢文弨、孔广森皆从问业，弟子最知名者，金坛段玉裁、高邮王念孙。玉裁为《六书音均表》以解《说文》，《说文》明。念孙疏《广雅》，以经传诸子转相证明，诸古书文义诘诎者毕理解；授子引之，为《经传释词》，明三古辞气，汉儒所不能理绎，其小学训诂，自魏以来，未尝有也。（王引之尝被诏修《字典》，今《字典》缪妄如故，岂虚署其名邪？抑朽蠹之质不足刻彫也？）近世德清俞樾、瑞安孙诒让，皆承念孙之学。樾为《古书疑义举例》，辨古人称名抵牾者，各从条列，使人无所疑眩，尤微至。世多以段、王、俞、孙为经儒，卒最精者乃在小学，往往得名家支流，非汉世《凡将》《急就》之俦也。凡戴学数家，分析条理，皆密严瑮，上溯古义，而断以己之律令，与苏州诸学殊矣。

然自明未有浙东之学。万斯大、斯同兄弟，皆鄞人，师事余姚黄宗羲，称说《礼经》，杂陈汉、宋，而斯同独尊史法。其后余姚邵晋涵、鄞全祖望继之，尤善言明末遗事。会稽章学诚为文史、校雠诸《通义》，以复歆、固之学，其卓约近《史通》。而说《礼》者羁縻不绝。定海黄式三传浙东学，始与皖南交通。其子以周作《礼书通故》，三代度制大定。唯浙江上下诸学说，亦至是完集云。

初，太湖之滨，苏、常、松江、太仓诸邑，其民侈丽。自晚明以来，喜为文辞比兴，饮食会同，以博依相问难，故好浏览而无纪纲，其流风遍江之南北。惠栋兴，犹尚该洽百氏，乐文采者相与依违之。及江永、戴震起徽州，徽州于江南为高原，其民勤苦善治生，故求学深邃，言直核而无温藉，不便文士。震始入四库馆，诸儒皆震竦之，愿敛衽为弟子。天下视文士渐轻，文士与经儒始交恶。而江淮间治文辞者，故有方苞、姚范、刘大櫆，皆产桐城，以效法曾巩、归有光相高，亦愿尸程、朱为后世，谓之桐城义法。震为《孟子字义疏证》，以明材性，学者自是疑程、朱。桐城诸家，本未得程、朱要领，徒援引肤末，大言自壮（案方苞出自寒素，虽未识程、朱深旨，其孝友严整躬行足多矣。诸姚生于纨绔襦之间，特稍恬愉自持，席富厚者自易为之，其他躬行，未有闻者。既非诚求宋学，委蛇宁静，亦不足称实践，斯愈庳也），故尤被轻蔑。从子姚鼐欲从震学，震谢之，犹亟以微言匡饬。鼐不平，数持论诋朴学残碎。其后方东树为《汉学商兑》，徽识益分。（东树亦略识音声训故，其非议汉学，非专诬谰之言。然东树本以文辞为宗，横欲自附宋儒，又奔走阮元、邓廷桢间，躬行佞谀，其行与言颇相反。然汉学自三数大师外，亦多拘牵之见。《诗》宗毛公是也，顾未能简异郑《笺》。郑《笺》多杂三家，文义又辀戾不调，将何取焉？《易》宗孟氏，乃因《说文叙》中有《易》孟氏为古文之说，不知其为文误，而强切为先秦师说。其于费氏，又重郑轻王，不悟王《易》多同马氏，古文家说固然。王、郑言《易》，其高下亦奚啻霄壤乎！又王肃虽多诬造，然其探本贾、马之说，尚为古文旧谊，与康成杂糅今古有殊。今人宁尊郑氏而黜贾、马，其见已鄙，酿嘲之由，宜在兹乎！）阳湖恽敬、陆继辂，亦阴自桐城受义法。其余为俪辞者众，或阳奉戴氏，实不与其学相容。（俪辞诸家，独汪中称颂戴氏，学已不类。其他率多辞人，或略近惠氏，戴则绝远。）夫经说尚朴质，而文辞贵优衍，其分涂自然也。

文士既以熙荡自喜，又耻不习经典，于是有常州今文之学，务为瑰意眇辞，以便文士。今文者：《春秋》，公羊；《诗》，齐；《尚书》，伏生。而排摈《周官》，《左氏春秋》，《毛诗》，马、郑《尚书》。然皆以公羊为宗。始武进庄存与，与戴震同时，独喜治公羊氏，作《春秋正辞》，犹称说《周官》。其徒阳湖刘逢禄，始专主董生、李育，为《公羊释例》，属辞比事，类列彰较，亦不欲苟为恢诡。然其辞义温厚，能使览者说绎。及长洲宋翔凤，最善傅会，牵引饰说，或采翼奉诸家，而杂以谶纬神秘之辞。翔凤尝语人曰："《说文》始一而终亥，即古之《归藏》也。"其义瑰玮，而文特华妙，与治朴学者异术，故文士尤利之。道光末，邵阳魏源夸诞好言经世，尝以术奸说贵人，不遇；晚官高邮知州，益牢落，乃思治今文为名高。然素不知师法略例，又不识字，作诗、书《古微》，凡《诗》今文有齐、鲁、韩，《书》今文有欧阳、大小夏侯，故不一致，而齐、鲁、大小夏侯，尤相攻击如仇雠，源一切捆合之，所不能通，即归之古文，尤乱越无条理。仁和龚自珍，段玉裁外孙也，稍知书，亦治《公羊》，与魏源相称誉。而仁和邵懿辰为《尚书通义》《礼经通论》，指《逸书》十六篇、《逸礼》三十九篇为刘歆矫造，顾反信东晋古文，称诵不衰，斯所谓倒植者。要之，三子皆好姚易卓荦之辞，欲以前汉经术助其文采，不素习绳墨，故所论支离自陷，乃往往如谵语。惟德清戴望述《公羊》以赞《论语》，为有师法。而湘潭王闿运遍注五经。闿运弟子，有井研廖平，自名其学，时有新义，以庄周为儒术，《左氏》为六经总传，说虽不根，然犹愈魏源辈绝无伦类者。

大抵清世经儒，自今文而外，大体与汉儒绝异。不以经术明治乱，故短于风议；不以阴阳断人事，故长于求是。短长虽异，要之皆征其通雅。何者？传记、通论，阔远难用，固不周于治乱；建议而不雠，夸诬何益？魑鬼、象纬、五行、占卦之术，以神教蔽六艺，怪妄。孰与断之人道，夷六艺于古史，徒料简事类，不曰吐言为律，则上世人事污隆之迹，犹大略可知。以此综贯，则可以明流变；以此裂分，则可以审因革。故惟惠栋、张惠言诸家，其治《周易》，不能无捃摭阴阳，其他几于屏阁。虽或琐碎识小，庶将远于巫祝者矣。

晚有番禺陈澧，善治声律、《切韵》，为一家言。当惠、戴学衰，今文家又守章句，不调洽于他书，始鸠合汉、宋，为《通义》及《读书记》，以郑玄、朱熹遗说最多，故弃其大体绝异者，独取小小翕盍，以为比类。此犹揃豪于千马，必有其分刌色理同者。澧亦絜行，善教授，诸显贵务名者多张之。弟子不能传其声律韵书，稍尚记诵，以言谈勮说取人。及翁同和、潘祖荫用事，专以谀闻召诸小儒；学者务得宋元雕椠，而昧经记常事，清学始大衰。仲长子曰："天下学士有三奸焉。实不知，详不言，一也；窃他人之说，以成己说，二也；受无名者，移知者，三也。"（见《意林》五引《昌言》。按今世游闲之士，多喜刺探贵人意旨，因以酬对；或有预检书传，用应猝乏，深可鄙笑！昔宋世荀昶，欲举其子万秋对策以示沙门慧琳。慧琳曰："此不须看。若非先见而答，贫道不能为；若先见而答，贫道奴皆能为。"今之取人意旨者，多似慧琳所讥。乃至科举对策，学校考验，悉亦类此。）

自古今文师法散绝，则唐有《五经》《周礼》《仪礼》诸疏，宋人继之，命曰《十三经注疏》。然《书》用枚颐，《左氏春秋》用杜预，《孝经》用唐玄宗，皆不厌人望。《周易》家王弼者，费氏之宗子，道大而似不肖，常见笑世儒，《正义》又疏略。枚颐伪为古文，仍世以为壁藏于宣父，其当刊正久矣。《毛诗传》最笃雅，《笺》失其宗，而《诗谱》能知远。郑氏《三礼》无间也，疏人或未通故言旧事，多违其本。

至清世为疏者，《易》有惠栋《述》，江藩、李林松《述补》（用荀、虞二家为主，兼采汉儒各家及《乾凿度》诸纬书），张惠言《虞氏义》虽拘滞，趣以识古；《书》有江声《集注音疏》，孙星衍《古今文注疏》（皆削伪古文。其注孙用《大传》《史记》、马、郑为主；江间入己说，然皆采自古书，未有以意铩析者）；《诗》有陈奂《传疏》（用毛《传》，弃郑《笺》）；《周礼》有孙诒让《正义》；《仪礼》有胡培翚《正义》；《春秋左传》有刘文淇《正义》（用贾、服注；不具则兼采杜解）；《公羊传》有陈立《义疏》；《论语》有刘宝楠《正义》；《孝经》有皮锡瑞《郑注疏》；《尔雅》有邵晋涵《正义》，郝懿行《义疏》；《孟子》有焦循《正义》。

诸《易》义不足言，而《诗》疏稍胶固，其他皆过旧释。用物精多，时使之也。惟《礼记》《谷梁传》独阙（邵晋涵有《谷梁正义》，见钱大昕《邵君墓志铭》。世未见其书，亦或未成），将孔疏翔实，后儒弗能加；而谷梁氏淡泊鲜味，治之者稀，前无所袭，非一人所能就故？他《易》有姚配中（著《周易姚氏学》），《书》有刘逢禄（著《书序述闻》《尚书今古文集解》），《诗》有马瑞辰（著《毛诗传笺通释》）、胡承珙（著《毛诗后笺》），探啧达旨，或高出新疏上。若惠士奇、段玉裁之于《周礼》（惠有《礼说》，段有《汉读考》），段玉裁、王鸣盛之于《尚书》（段有《古文尚书撰异》，王有《尚书后案》），刘逢禄、凌曙、包慎言之于《公羊》（刘有《公羊何氏释例》及《解诂笺》，凌有《公羊礼疏》，包有《公羊历谱》），惠栋之于《左氏》（有《补注》），皆新疏所采也。焦循为《易通释》，取诸卦爻中文字声类相比者，从其方部，触类而长，所到冰释，或以天元术通之，虽陈义屈奇，诡更师法，亦足以名其家。（李善兰曰：太极即点，天元即线，天元自乘即面，天元再乘即体，准此则四元术所云太极，即可比《易》之太极矣。太极引而长之，为天元，则太极生两仪矣；天元自乘，则两仪生四象也；天元再乘，则四象生八卦也。然则太极即旋机，犹欧罗巴人所谓重心；而王弼之说，真无可易矣。焦循虽少重王弼，然犹以玄言为非，则滞于常见也。）黄式三为《论语后案》，时有善言，异于先师，信美而不离其枢者也。《谷梁传》惟侯康为可观（著《谷梁礼证》），其余大抵疏阔。《礼记》在《三礼》间独寡训说。朱彬为《训纂》，义不师古；陈乔枞、俞樾并为《郑读考》，江永有《训义择言》，皆短促，不能具大体。其他《礼笺》（金榜著）、《礼说》（金鹗著）、《礼书通故》（黄以周著）诸书，博综《三礼》，则四十九篇在其中矣。而秦蕙田《五礼通考》，穷尽二千余年度法，欲自比《通典》，喜以世俗正古礼，虽博识，固不知量也。

　　然流俗言十三经，《孟子》故儒家，宜出；唯《孝经》《论语》,《七略》入之六艺,使专为一种,亦以尊圣泰甚,徇其时俗。六艺者官书,异于口说。礼堂六经之策,皆长二尺四寸。(《盐铁论·诏圣篇》:"二尺四寸之律,古今一也。"《后汉书·曹褒传》:《新礼》"写以二尺四寸简"。是官书之长,周、汉不异。)《孝经》谦半之;论语》八寸策者,三分居一,又谦焉(郑《论语序》),以是知二书故不为经,宜隶《论语》儒家,出《孝经》,使傅《礼记》通论。(凡名经者,不皆正经。贾子《容经》,亦《礼》之传记也。)即十三经者,当财减也。独段玉裁少之,谓宜增《大戴礼记》《国语》《史记》《汉书》《资治通鉴》及《说文解字》《周髀算经》《九章算术》,皆保氏书数之遗,集是八家,为二十一经。其言阔达,为雅儒所不能论。

至于古之六艺,唐、宋注疏所不存者,《逸周书》则校释于朱右曾,《尚书》欧阳、夏侯遗说则考于陈乔枞,三家《诗》遗说考于陈乔枞,《齐诗》翼氏学疏证于陈乔枞,《大戴礼记》补注于孔广森,《国语》疏于龚丽正、董增龄。其扶微辅弱,亦足多云。及夫单篇通论,醇美确固者,不可胜数。一言一事,必求其征,虽时有穿凿,弗能越其绳尺,宁若计簿善承展视而不惟其道,以俟后之咨于故实而考迹上世污隆者,举而措之,则质文蕃变,较然如丹墨可别也。然故明故训者,多说诸子,唯古史亦以度制事状征验,其务观世知化,不欲以经术致用,灼然矣!

若康熙、雍正、乾隆三世,纂修七经,辞义往往鄙倍,虽蔡沈、陈澔为之臣仆而不敢辞;时援古义,又椎钝弗能理解,譬如薰粪杂糅,徒睹其污点耳。而徇俗贱儒,如朱彝尊、顾栋高、任启运之徒,瞀学冥行,奋笔无怍,所谓乡曲之学,深可忿疾,譬之斗筲,何足选也!

第九章

原 儒①

　　儒有三科，关达、类、私之名。达名为儒，儒者，术士也（《说文》）。太史公《儒林列传》曰："秦之季世坑术士，而世谓之坑儒。"司马相如言："列仙之儒，居山泽间，形容甚臞。"（《汉书·司马相如传》语，《史记》儒作传，误。）赵太子悝亦语庄子曰："夫子必儒服而见王，事必大逆。"（《庄子·说剑》篇）此虽道家方士言儒也。《盐铁论》曰："齐宣王褒儒尊学，孟轲、淳于髡之徒，受上大夫之禄，不任职而论国事。盖齐稷下先生千有余人，湣王矜功不休，诸儒谏不从，各分散，慎到、捷子亡去，田骈如薛，而孙卿适楚。"（《论儒》。）王充《儒增》《道虚》《谈天》《说日》是应，举儒书所称者，有鲁般刻鸢；由基中杨；李广射寝石，矢没羽；荆轲以匕首擿秦王，中铜柱入尺；女娲炼石；共工触柱；鲑鲦治狱；屈轶指佞；黄帝骑龙；淮南王犬吠天上，鸡鸣云中；日中有三足乌；月中有兔蟾蜍。是诸名籍，道、墨、刑法、阴阳、神仙之伦，旁有杂家所记，列传所录，一谓之儒，明其皆公族。

　　儒之名盖出于需。需者，云上于天，而儒亦知天文、识旱潦。何以明之？鸟知天将雨者曰鷸（《说文》），舞旱暵者以为衣冠。（《释鸟》："翠，鷸。"是鷸即翠。《地官》舞师"教皇舞，帅

---

① 此文选自《国故论衡》下卷。

而舞旱暵之事"，《春官》乐师"有皇舞"，故书皇皆作"翌"。郑司农云：翌舞者，以羽覆冒头上，衣饰翡翠之羽。寻旱暵求雨而服翡翠者，以翠为知雨之鸟故。）鹬冠者，亦曰术氏冠（《汉·五行志》注引《礼图》），又曰圜冠。庄周言儒者冠圜冠者知天时，履句屦者知地形，缓佩玦者事至而断（《田子方》篇文，《五行志》注引《逸周书》文同《庄子》，圜字作鹬。《续汉书·舆服志》云："鹬冠前圈。"），明灵星舞子吁嗟以求雨者谓之儒，故曾皙之狂而志舞雩，原宪之狷而服华冠（华冠亦名建华冠，《晋书·舆服志》以为即鹬冠，华皇亦一声之转），皆以忿世为巫，辟易放志于鬼道。（阳狂为巫，古所恒有，曾、原二生之志，岂以灵保自命哉！董仲舒不喻斯旨，而崇饰土龙，乞效虾蟆，燔猭荐脯，以事求雨，其愚亦甚。）古之儒知天文占候，谓其多技，故号遍施于九能，诸有术者，悉昡之矣。

类名为儒，儒者，知礼乐射御书数。《天官》曰儒以道得民，说曰：儒，诸侯保氏，有六艺以教民者。《地官》曰联师儒，说曰：师儒，乡里教以道艺者。此则躬备德行为师，效其材艺为儒。养由基射白猿，应矢而下；尹儒学御三年，受秋驾。《吕氏》曰："皆六艺之人也。"（《吕氏春秋·博志》篇。）明二子皆儒者，儒者则足以为桢干矣。

私名为儒。《七略》曰："儒家者流，盖出于司徒之官，助人君顺阴阳明教化者也。游文于六经之中，留意于仁义之际，祖述尧、舜，宪章文、武，宗师仲尼，以重其言，于道为最高。"周之衰，保氏失其守，史籀之书，商高之算，蜂门之射，范氏之御，皆不自儒者传。故孔子曰："吾犹及史之阙文也，有马者借人乘之，今亡矣夫。"盖名契乱，执辔调御之术，亦浸不正，自诡鄙事，言君子不多能，为当世名士显人隐讳。及《儒行》称十五儒，《七略》疏《晏子》以下五十二家，皆粗明德行政教之趣而已，未及六艺也。其科于《周官》为师，儒绝而师假摄其名。然自孟子、孙卿，多自拟以天子三公，智效一官，德征一国则劣矣。而末流亦弥以哗世取宠，及郦生、陆贾、平原君之徒，铺歠不廉，德行亦败，乃不如刀笔吏。

是三科者，皆不见五经家。往者商瞿、伏胜、谷梁赤、公羊高、浮丘伯、高堂生诸老，《七略》格之，名不登于儒籍。（若《孙卿书叙录》云：韩非号韩子，又浮丘伯皆受业为名儒。此则韩非、浮丘并得名儒之号，乃达名矣。《盐铁论·毁学》篇云：包丘子修道白屋之下，乐其志，或非专治经者。）儒者游文，而五经家专致，五经家骨鲠守节过儒者，其辩智弗如。（传经之士，古文家吴起、李克、虞卿、孙卿而外，知名于七国者寡。儒家则孟子、孙卿、鲁连、宁越皆有显闻。盖五经家不务游说，其才亦未逮也。至汉则五经家复以其术取宠，本末兼陨。然古文家独异是。古文家务求是，儒家务致用，亦各有适，兼之者李克、孙卿数子而已。五经家两无所当，顾欲两据其长，《春秋断狱》之言，遂为厉于天下。）此其所以为异。自太史公始以儒林题齐、鲁诸生，徒以润色孔氏遗业，又尚习礼乐弦歌之音，乡饮大射，事不违艺，故比而次之。及汉有董仲舒、夏侯始昌、京房、翼奉之流，多推五胜，又占天官风角，与鹖冠同流。草窃三科之间，往往相乱。晚有古文家出，实事求是，征于文不征于献，诸在口说，虽游、夏犹黜之，斯盖史官支流，与儒家益绝矣。

冒之达名，道、墨、名、法、阴阳、小说、诗赋、经方、本草、蓍龟、形法，此皆术士，何遽不言儒。局之类名，蹴鞠弋道近射，历谱近数，调律近乐，犹虎门之儒所事也。（若以类名之儒言之，赵爽、刘徽、祖暅之明算，杜夔、阮咸、万宝常之知乐，悉古之真儒矣。）今独以传经为儒，以私名则异，以达名类名则偏，要之题号由古今异。儒犹道矣，儒之名于古通为术士，于今专为师氏之守；道之名于古通为德行道艺，于今专为老聃之徒。道家之名，不以题诸方技者，嫌与老氏掍也。传经者复称儒，即与私名之儒淆乱。（《论衡·书解》篇曰："著作者为文儒，说经者为世儒。世儒业易为，文儒之业，卓绝不循。彼虚说，此实篇。"案所谓文儒者，九流六艺太史之属；所谓世儒者，即今文家。以此为别，似可就部，然世儒之名，又非可加诸刘歆、许慎也。）孔子曰今世命儒亡常，以儒相诟病，谓自师氏之守以外，皆宜去儒名便，非独经师也。以三科悉称儒，名实不足以相检，则儒常相伐，故有理情性陈王道，而不丽保氏，身不跨马，射不穿札，即与驳者，则以訾窳诟之，以多艺匡之，是以类名宰私名也。有审方圆正书名，而不经品庶，不念烝民疾疢，即与驳者，则以他技诟之，以致远匡之，是以私名宰类名也。有综九流齑万物，而不一孔父，不蟞蘁为仁义，即与驳者，则以左道诟之，以尊师匡之，是以私名宰达名也。今令术士艺人闳眇之学，皆弃捐儒名，避师氏贤者路，名喻则争自息。不然，儒家称师，艺人称儒，其余各名其家，泛言曰学者，旁及诗赋，而泛言曰文学（文学名见《韩子》，盖亦七国时泛称也），亦可以无相鏖矣。礼乐世变易，射御于今粗牨，无参连白矢交衢和鸾之技，独书数仍世益精博。凡为学者，未有能舍是者也。三科虽殊，要之以书数为本。

第十章

原　道①

上

　　孔父受业于征藏史，韩非传其书，儒家、道家、法家异也，有其同；庄周述儒、墨、名、法之变，已与老聃分流，尽道家也，有其异。是樊然者，我乃知之矣。老聃据人事嬗变，议不逾方。庄周者，旁罗死生之变、神明之运，是以钜细有校。儒法者流，削小老氏以为省，终之其殊在量，非在质也。然自伊尹、太公有拨乱之材，未尝不以道家言为急（《汉·艺文志》道家有《伊尹》五十一篇、《太公》二百三十七篇），迹其行事，以间谍欺诈取人，异于儒、法，今可见者犹在《逸周书》。故周公诋齐国之政；而仲尼不称伊、吕，管子者祖述太公，谓之小器，有由也。（《管子》八十六篇亦在道家。）

　　老聃为周征藏史，多识故事，约《金版》《六弢》之旨，著五千言以极其情，则伊、吕亡所用。亡所用故归于朴，若墨翟守城矣，巧过于公输般，故能坏其攻具矣。谈者多以老聃为任权数，其流为范蠡、张良。今以庄周《胠箧》《马蹄》相角，深黜圣知，为其助大盗，岂遽与老聃异哉？老聃所以言术，将以撝前

---

①此文选自《国故论衡》下卷。

王之隐匿，取之玉版，布之短书，使人人户知其术则术败。会前世简毕重滞，力不行远，故二三奸人得因自利。及今世有赫蹄雕镂之技，其书遍行，虽权数亦几无施矣。老聃称"古之善为道者，非以明民，将以愚之"，"民之难治，以其智多"。愚之何道哉？以其明之，所以愚之。今是驵侩则欺罔人，然不敢欺罔其类，交知其术也，故耿介甚。以是知去民之诈，在使民户知诈，故曰"以智治国国之贼，不以智治国国之福。"知此二者亦稽式。何谓稽式？谓人有发奸擿伏之具矣。粤无镈，燕无函，秦无卢，胡无弓车，夫人而能之，则工巧废矣。常知稽式，是谓玄德。玄德深远，而与物反。伊尹、太公、管仲虽知道，其道盗也。得盗之情，以网捕者，莫若老聃，故老聃反于王伯之辅，同于庄周，嬗及儒家，痟矣！若其开物成务，以前民用，玄家弗能知，儒者扬雄之徒亦莫识也。知此者韩非最贤。（凡周秦解故之书今多亡佚，诸子尤寡。《老子》独有《解老》《喻老》二篇。后有说《老子》者，宜据韩非为大传而疏通证明之，其贤于王辅嗣远矣。韩非他篇亦多言术，由其所习不纯，然《解老》《喻老》未尝杂以异说，盖其所得深矣。）非之言曰："先物行先理动之谓前识，前识者，无缘而妄意度也。""以詹何之察，苦心伤神，而后与五尺之愚童子同功，故曰：'前识者'道之华也，而愚之首也。"（《解老》。）夫不事前识，则卜筮废，图谶断，建除、堪舆、相人之道黜矣。巫守既绝，智术穿凿，亦因以废，其事尽于征表。此为道艺之根，政令之原。是故私智不效则问人，问人不效则求图书，图书不效则以身按验。故曰绝圣弃智者，事有未来，物有未睹，不以小慧隐度也。绝学无忧者，方策足以识梗概，古今异、方国异、详略异，则方策不独任也。不上贤使民不争者，以事观功，将率必出于介胄，宰相必起于州部，不贵豪杰，不以流誉用人也。（按不上贤之说，历世守此者寡。汉世选吏多出掾史，犹合斯义。及魏晋间而专徇虚名矣。其后停年格兴，弊亦差少，选曹之官，即古司士所不得废也。观远西立宪之政，至于朋党争权，树标揭鼓以求选任，处大官者，悉以苞苴酒食得之，然后知老子、韩非所规深远矣。顾炎武、黄宗羲皆自谓明习法制，而多扬破格用人之美，攻选曹拘牵之失，夫乌知法！）

名其为简，繁则如牛毛。夫繁故足以为简矣，剧故足以为整暇矣。庄周因之以号《齐物》。齐物者，吹万不同，使其自己。官天下者以是为北斗招摇，不慕往古，不师异域，清问下民，以制其中，故相地以衰征、因俗以定契自此始。韩非又重申束之曰："凡物之有形者，易裁割也。何以论之？有形则有短长，有短长则有小大，有小大则有方圆，有方圆则有坚脆，有坚脆则有轻重，有轻重则有黑白。短长、小大、方圆、坚脆、轻重、黑白之谓理，理定而物易割，故议于大庭而后言则立，权议之士知之矣。故欲成方圆而随其规矩，则万物之功形矣。万物莫不有规矩，议言之士，计会规矩也。圣人尽随于万物之规矩，故曰：'不敢为天下先。'"（《解老》。）推此以观，其用至孅悉也。

玄家或佚荡为简，犹高山之与深渊、黑漆之与白垩也。玄家之为老，息废事服，吟啸以忘治乱。韩非论之曰："随时以举事，因资而立功，用万物之能而获利其上，故曰：'不为而成。'"（《喻老》。）明不为在于任官，非旷务也。又曰："法令滋章，盗贼多有。"玄家以为老聃无所事法，韩非论之曰："一人之作，日亡半日，十日亡五人功；万人之作，日亡半日，十日亡五万人功矣。然则数变业者，其人弥众，其亏弥大。"（《解老》。）明官府征令不可亟易，非废法也。综是数者，其要在废私智、绝县媒，不身质疑事，而因众以参伍，非出史官周于国闻者，谁与领此！然故去古之宥，成今之别，其名当，其辞辩，小家珍说无所容其迂，诸以伪抵谰者无所阅其奸欺。老聃之言，则可以保傅人天矣。大匠不斫，大庖不豆，故《春秋》宝书之文，任之孔、左。断神事而公孟言无鬼，尚裁制而公孙论坚白，贵期验而王充作《论衡》，明齐物而儒、名、法不道天志。（按儒家、法家皆出于道，道则非出于儒也。韩愈疑田子方为庄子师。按庄子所称钜人明哲非独一田子方，其题篇者又有则阳、徐无鬼辈，将悉是庄子师邪？俗儒又云庄子述《天下》篇，首列六经，明其尊仰儒术。六经者周之史籍，道、墨亦诵习之，岂专儒家之业！）

老子之道任于汉文，而太史公《儒林列传》言孝文帝本好刑名之言，是老氏固与名法相倚也。然孝文假借便佞，令邓通铸钱布天下，既悖刑名之术；信任爱盎，淮南之狱，不自责躬，而迁怒县传不发封者，枉杀不辜，戾法已甚，岂老氏所以莅政哉！若其责岁计于平、勃；听处当于释之；贾生虽贤，非历试则不任以卿相；亚夫虽杰，非劳军则不属以吴楚，斯中老氏之绳尺矣。盖公、汲黯以清净不扰为治，特其一端。世人云汉治本于黄老，然未足尽什一也。诸葛治蜀，庶有冥符。夫其开诚心，布公道，尽忠益时者虽仇必赏，犯法怠慢者虽亲必罚，服罪输情者虽重必释，游辞巧饰者虽轻必戮，庶事精练，物理其本，循名责实，虚伪不齿，声教遗言，经事综物，文采不艳，而过于丁宁周至，公诚之心，形于文墨，老氏所经，盖尽于此。（诸葛之缺犹在上贤，刘巴方略未著，而云运筹帷幄吾不如子初远矣；马谡言过其实，优于兵谋，非能亲莅行陈者也，而违众用之，以取覆败。盖汉末人士，务在崇奖虚名，诸葛亦未能自外尔。）汉世学者数言救僿以忠，终其所尚，乃在正朔、服色、徽识之间，不悟礼为忠信之薄。外炫仪容，适与忠反，不有诸葛，谁知其所底哉？杜预为黜陟课，云：使名不越功而独美，功不后名而独隐。亦有不上贤遗意。韩延寿治郡，谢安柄国，并得老氏绪言。而延寿以奢僭致戮，谢安不综名实，皆非其至。其在下者，谈、迁父子其著也。道家出于史官，故史官亦贵道家。然太史持论，过在上贤，不察功实。李广数败而见称，晁错立效而被黜，多与道家背驰。要其贵忠任质则是也。黄生以汤、武弑君，此不明庄子意者。七国齐晋之主，多由强臣盗位，故庄生言之则为抗；汉世天位已定，君能恣行，故黄生言之则为诌。要与伊、吕殊旨，则犹老氏意也。杨王孙之流，徒有一节，未足多尚。晋世嵇康愤世之流，近于庄氏；李充亦称老子，而好刑名之学，深抑虚浮之士；阮裕谓人不须广学，应以礼让为先，皆往往得其微旨。葛洪虽抵拒老庄，然持论必与前识上贤相反，故其言曰："叔向之母，申氏之子，非不一得，然不能常也。陶唐稽古而失任，姬公钦明而谬授，尼父远得崇替于未兆，近失澹台于形骸，延州审清浊于千载之外，而蔽奇士于咫尺之内，知人之难，如此其甚。郭泰所论，皆为此人过上圣乎？但其所得者显而易识，其失者人不能纪。"（《抱朴子·清鉴》篇。）是亦可谓崇实者矣。

若夫扇虚言以流闻望，借玄辞以文膏粱，适与老子尚朴之义相戾。然则晋之乱端，远起汉末，林宗、子将，实惟国蠹，祸始于前王，而衅彰于叔季。若厉上贤之戒，知前识之非，浮民夸士，何由至哉！《中论·考伪》篇曰：今之为名者，巧人之雄，伪夫之杰，"然中才之徒，咸拜手而赞之，扬声以和之，被死而后论其遗烈，被害而犹恨己不逮"。《谴交》篇曰：世之衰也，"取士不由于乡党，考行不本于伐阅，多助者为贤才，寡助者为不肖，序爵听无证之论，班录采方国之谣。民见其如此者，知富贵可以从众为也，知名誉可以虚哗获也，乃离其父兄，去其邑里，不修道义，不治德行，讲偶时之说，结比周之党，汲汲皇皇，无日以处，更相叹扬，迭为表里，梼杌生华，憔悴布衣，以欺人主、惑宰相、窃选举、盗荣宠者，不可胜数。桓灵之世，其甚者也。自公卿大夫，州牧郡守，王事不恤，宾客为务，冠盖填门，儒服塞道，饥不暇餐，倦不获已。殷殷沄沄，俾夜作昼，下及小司，列城墨绶，莫不相商以得人，自矜以下士。星言风驾，送往迎来，亭传常满，吏卒传问，炬火夜行，阍寺不闭，把臂揿腕，扣矢矢誓，推托恩好，不较轻重，文书委于官曹，系囚积于图圄，而不皇省也。详察其为，非欲忧国恤民、谋道讲德也，徒营己治私、求执逐利而已。有策名于朝而称门生于富贵之家者，比屋有之。为之师而无以教，弟子亦不受业。或奉货行赂，以自固结，求志属托，规图仕进，然揿目指掌，高谈大语，若此之类，言之独可羞，而行之者不知耻。"是则林宗、子将之伦，所务可知。儒士为之，诚不足异；而魏氏中世道家猝起，不矫其失，弥益增华。庄生所云上诚好知，使民接迹诸侯之境，结轨千里之外，矫言伪行以求富贵者，宵乎如未闻也。王粹尝图庄周于室，欲令嵇含为赞。含援笔为吊文曰："帝婿王弘远，华池丰屋，广延贤彦，图庄生垂纶之象，记先达辞聘之事，画真人于刻桷之室，载退士于进趣之堂，可谓托非其所，可吊不可赞也。"（《晋书·嵇含传》。）斯足以扬榷诚伪、平章白黑矣！

中

老聃不尚贤，墨家以尚贤为极，何其言之反也？循名异，审分同矣。老之言贤者，谓名誉、谈说、才气也；墨之言贤者，谓材力、技能、功伐也。不尚名誉，故无朋党；不尊谈说，故无游士；不贵才气，故无骤官，然则材力、技能、功伐举矣。

墨者曰："以德就列，以官服事，以劳殿常。"（《尚贤上》篇。）世之言贤，侈大而不可斠试。朝市之地，菽井之间，扬徽题褚，以衔其名氏，选者尚曰任众。众之所与，不由质情，徒一二人眩之也。会在战国，好人又因缘外交，自暴其声，以舆马瑞节之间，而得淫名者众。既不校练，功楛未可知；就有桢材，其能又不与官适。夫茹黄之骏，而不可以负重；囊佗之强，而不可从猎。不检其材，猥以贤遍授之官，违分职之道，则管仲、乐毅交困。是故古之能官人者，不由令名。问其师学，试之以其事，事就则有劳，不就则无劳，举措之分以此。故韩非曰："视锻锡而察青黄，区冶不能以必剑；水击鹄雁，陆断驹马，则臧获不疑钝利。发齿吻形容，伯乐不能以必马；授车就驾而观其末涂，则臧获不疑驽良。观容服、听辞言，仲尼不能以必士；试之官职，课其功伐，则庸人不疑于愚智。"（《显学》篇。）此夫所谓不尚贤者也。尚贤者非舍功实而用人，不尚贤者非投钩而用人，其所谓贤不同，故其名异。不征其所谓而征其名，犹以鼠为璞矣。慎子蔽于执，故曰夫块不失道，无用贤圣（《庄子·天下》篇）；汲黯蔽于世卿，故愤用人如积薪，使后来者居上。诚若二子言，则是名宗大族世为政也。夫老聃曰："三十辐共一毂，当其无，有车之用；埏埴以为器，当其无，有器之用；凿户牖以为室，当其无，有室之用。故有之以为利，无之以为用。"今处中者已无能矣，其左右又益罢，是重尪也。重尪者安赖有君吏？明其所以任使者，皆股肱毕强，技术辐凑，明刑辟而治官职者也。则此言不尚贤者，非慎、汲之所守也。

君之不能，势所趣矣。何者？辩自己成、艺自己出、器自己造之谓能，待辈群而成者非能。往古黔首僻陋侗愚，小慧之士得前民造作，是故庖牺作结绳，神农尝百药，黄帝制衣裳，少康为秫酒，皆以其能登用为长。后世官器既备，凡学道立方者，必有微妙之辩，巧缜之技，非绝人事苦心焦形以就则不至。人君者，在黄屋羽葆之中，有料民听事之劳矣，心不两役，欲与畴人百工比巧犹不得，况其至展察者！君之能尽乎南面之术矣。其道简易，不名一器，下不比于瓦缶，上又不足当玉卮。又其成事，皆待众人，故虽斥地万里，破敌钜亿，分之即一人斩一级矣；大施钩梯，凿山通道，分之即一人治一坡矣。其事至微浅，而筹策者犹在将吏。故夫处大官载神器者，佻人之功，则剽劫之类也。

已无半技，则奄尹之伦也。然不竟废黜者，非谓天命所属与其祖宗之功足以垂远也，老子固曰无之以为用。君人者既不觉悟，以是自庶侈，谓名实皆在己，为民主者又弥自喜，是故《齐物》之论作，而达尊之位成。一国之中，有力不辩官府，而俗以之功、民以之慧、国以之华者，其行高世，其学钜子，其艺大匠，其辞瑰称。有其一者，权藉虽薄也，其尊当比人主而已矣。凡学术分科至博，而治官者多出于习政令。汉尝黜九流，独任吏，次即贤良文学。贤良文学既褊陋，而吏识王度、通故事，又有八体之技，能窥古始，自优于贤良文学也。今即习政令最易，其他皆刭心。习易者擅其威，习难者承流以仰咳唾。不平，是故名家有去尊（见《原名》篇），凡在官者名曰仆役，仆役则服因徒之服，当其在官，不与齐民齿。

下

人君者，剽劫之类，奄尹之伦。老聃明君术，是同于剽劫奄尹也。曰：异是。道者，内以尊生，外以极人事，筐析之以尽学术，非独君守矣。故韩非曰："道者，万物之所然，万理之所稽也。理者，成物之文。道者，万物之所以成。物有理不可以相簿，而道尽稽万物之理，故不得不化。不得不化，故无常操。无常操，是以死生气禀焉，万智斟酌焉，万事废兴焉。天得之以高，地得之以臧，维斗得之以成其威，日月得之以恒其光，五常得之以常其位，列星得之以端其行，四时得之以御其变气，轩辕得之以擅四方，赤松得之与天地统，圣人得之以成文章。道与尧舜俱智，与接舆俱狂，与桀纣俱灭，与汤武俱昌。譬诸饮水，溺者多饮之即死，渴者适饮之即生；譬若剑戟，愚人以行忿则祸生，圣人以诛暴则福成。故得之以死，得之以生，得之以败，得之以成。"（《解老》。）此其言道，犹浮屠之言"如"邪？（译皆作真如，然本但一如字。）有差别此谓理，无差别此谓道。死生成败皆道也，虽得之犹无所得，《齐物》之论由此作矣。韩非虽解老，然他篇娓娓以临政为齐，反于政必黜，故有《六反》之训，《五蠹》之诟。夫曰："斩敌者受赏，而高慈惠之行；拔城者受爵禄，而信廉爱之说；坚甲厉兵以备难，而美荐绅之饰；富国以农，距敌恃卒，而贵文学之士；废敬上畏法之民，而养游侠私剑之属，举行如此，治强不可得也。"（《五蠹》。）

然不悟政之所行与俗之所贵，道固相乏，所赏者当在彼，所贵者当在此。今无慈惠廉爱，则民为虎狼也；无文学，则士为牛马也。有虎狼之民、牛马之士，国虽治，政虽理，其民不人。世之有人也，固先于国，且建国以为人乎？将人者为国之虚名役也？韩非有见于国，无见于人；有见于群，无见于孑。政之弊以众暴寡，诛岩穴之士；法之弊以愚割智，无书简之文。以法为教，无先王之语，以吏为师。（《五蠹》。）今是有形之类，大必起于小；行久之物，族必起于少。（《喻老》。）韩非之所知也。众所不类，其终足以立烝民，蓬艾之间，有陶铸尧舜者，故众暴寡非也。其有回遹乱常、与众不适者，法令所不能治，治之益甚，民以情伪相攻即自败。故老子曰："常有司杀者杀，夫代司杀者杀，是谓代大匠斫。"韩非虽贤，犹不悟。且韩非言大体，固曰不引绳之外，不推绳之内，不急法之外，不缓法之内矣（《大体》）。明行法不足具得奸邪，贞廉之行可贱邪？不逆天理，不伤情性（《大体》），人之求智慧辩察者，情性也，文学之业可绝邪？荣辱之责，在于己不在于人（《大体》），匹夫之行可抑邪？

庄周明老聃意，而和之以齐物，推万类之异情，以为无正味正色，以其相伐，使并行而不害，其道在分异政俗，无令干位，故曰得其环中，以应无穷者，各适其欲以流解说，各修其行以为工宰，各致其心以效微妙而已矣。政之所具不过经令，法之所禁不过奸害，能说诸心，能研诸虑，以成天下之亹亹者，非政之所与也。采药以为食，凿山以为宫，身无室家农圃之役、升斗之税，不上于王府，虽不臣天子，不耦群众，非法之所禁，版法格令，不得剟一字也。操奇说者能非之，不以非之剟其法，不以尊法罪其非，君臣上下，六亲之际，雅俗所守，治眇论者所驳也，守之者不为变，驳之者无所刑。国有群职，王公以出治，师以式民，儒以通古今会文理，百工以审曲面执立均出度，其权异，其尊不异。地有九州，赋不齐上下，音不齐清浊，用不齐器械，居不齐宫室，其枢同，其取予不同，皆无使相干也。夫是之谓大清明，夫是之谓天下之至柔，驰骋天下之至坚。法家者，削小老氏以为省，能令其国称娸，而不能与之为人。党得庄生绪言以自饬省，赏罚不厌一，好恶不厌岐，一者以为群众，岐者以优匹士，因道全法，则君子乐而大奸止。

其后独王弼能推庄生意，为《易略例》，明一以象曰："自统而寻之，物虽众，则知可以执一御也；由本以观之，义虽博，则知可以一名举也。处旋机以观大运，则天地之动，未足怪也；据会要以观方来，则六合辐凑，未足多也。故举卦之名，义有主矣；观其彖辞，则思过半矣。夫古今虽殊，军国异容，中之为用，故未可远也。品制万变，宗主存焉。"（《明象》。）明岐以爻曰："情伪之动，非数之所求也。故合散屈伸，与体相乖。形躁好静，质柔爱刚，体与情反，质与愿违。巧历不能定其算数，圣明不能为之典要，法制所不能齐，度量所不能均也。召云者龙，命吕者律，二女相违，而刚柔合体。隆坻永叹，远壑必盈。投戈散地，则六亲不能相保；同舟而济，则胡越何患乎异心。故苟识其情，不忧乖违；苟明其趣，不烦强武。"（《明爻通变》。）推而极之，大象准诸此，宁独人事之云云哉！道若无歧，宇宙至今如抟炭，大地至今如㧑乳已！

第十一章

原　名①

　　《七略》记名家者流出于礼官。古者名位不同，礼亦异数。孙卿为《正名》篇，道后王之成名，"刑名从商，爵名从周，文名从礼，散名之加于万物者，则从诸夏之成俗曲期"。即礼官所守者，名之一端，所谓爵名也。庄周曰《春秋》以道名分（《天下》篇），盖颇有刑爵文，其散名犹不辩，五石六鹢之尽其辞，已榷略矣。且古之名家考伐阅，程爵位，至于尹文，作为华山之冠，表上下平（《庄子·天下》篇及注），而惠施之学去尊（《吕氏春秋·爱类》篇：匡章谓惠子曰："公之学去尊，今又王齐王，何其倒也？"），此犹老庄之为道，与伊尹、太公相塞。诚守若言，则名号替，徽识绝，朝仪不作，绵蕝不布。民所以察书契者，独有万物之散名而已。曲学以徇世，欲王齐王以寿黔首之命，免民之死，是施自方其命，岂不悖哉！自吕氏患刑（当作形）名异充，声实异谓，既以若术别贤不肖矣（《吕氏春秋·正名》篇）；其次刘劭次《人物志》、姚信述《士纬》、魏文帝著《士操》、卢毓论《九州人士》（皆见《隋书·经籍志》名家），皆本文王官人之术，又几反于爵名。（案《魏志·邓艾传》注引苟绰《冀州记》曰：爰俞清贞贵素辩于论议，采公孙龙之辞以谈微理。是魏晋间自有散名之学而世不传。盖所趣在品题人物，不嗜

───────────

①此文选自《国故论衡》下卷。

正名辩物之术也。）

　　然自州建中正，而世谓之奸府，浸以见薄。刑名有邓析传之，李悝以作具律，杜预又革为《晋名例》，其言曰：法者，盖绳墨之断例，非穷理尽性之书也，故文约而例直，听直而禁简。例直易见，禁简难犯。易见则人知所避，难犯则几于刑厝。厝刑之本，在于简直，故必审名分。审名分者，必忍小理。古之刑书，铭之钟鼎，铸之金石，所以远塞异端，使无淫巧。今所注皆网罗法意，格之以名分，使用之者执名例以审趣舍，伸绳墨之直，去析薪之理。（《晋书·杜预传》。）其条六百二十，其字二万七千六百五十七，而可以左右百姓，下民称便。惟其审刑名（按累代法律，惟《晋律》为平恕，今竟亡佚，亦民之无禄也），尽而不污，过爵名远矣，然皆名之一隅，不为纲纪。老子曰：“名可名，非常名。”名者，庄周以为化声。孙卿亦云名无固宜，故无常也，然约定俗成则不易，可以期命。万物者，惟散名为要，其他乃与法制推移。自惠施、公孙龙，名家之杰，务在求胜，其言不能无放纷，尹文尤短。察之儒墨，墨有《经》上下，儒有孙卿《正名》，皆不为造次辩论，务穷其柢。鲁胜有言，取辩乎一物，而原极天下之污隆，名之至也。墨翟、孙卿近之矣。

　　凡领录散名者，论名之所以成、与其所以存长者、与所以为辩者也。名之成，始于受，中于想，终于思。领纳之谓受，受非爱憎不著；取像之谓想，想非呼召不征；造作之谓思，思非动变不形。（本《成唯识论》所说。）名言者，自取像生。故孙卿曰：“缘天官。凡同类同情者，其天官之意物也同。故比方之疑似而通，是所以共其约名以相期也。”（以上《正名》篇文。）此谓想随于受，名役于想矣。又曰：“心有征知。征知则缘耳而知声可也，缘目而知形可也。然而征知必将待天官之当簿其类然后可也。”（《正名》篇文。）接于五官曰受，受者谓之当簿；传于心曰想，想者谓之征知。一接焉一传焉曰缘。凡缘有四。（识以所对之境为所缘缘；五识与意识迭相扶助，互称为增上缘；凡境像名言义理方在意识，而能引续不断，是有意根，故前识于后识为等无间缘；一切心物之因，名曰阿赖耶识，为因缘。）增上缘者，谓之缘耳知声，缘目知形，此名之所以成也。名虽成，臧于胸中，久而不渝，浮屠谓之法。（色、声、香、味、触，皆感受者也。感受之境已逝，其相犹在，谓之法。）《墨经》曰："知而不以五路，说在久。"《说》曰："智者若疟病之之于疟也。（上"之"字训"者"。）智以目见，而目以火见，而火不见，惟以五路知（句）。久（读），不当以目见（句）。若以火。"（《经下》及《经说》下。）此谓疟不自知，病疟者知之；火不自见，用火者见之。是受、想之始也。受、想不能无五路，及其形谢，识笼其象，而思能造作。见无待于天官，天官之用，亦若火矣。

五路者，若浮屠所谓九缘：一曰空缘，二曰明缘，三曰根缘，四曰境缘，五曰作意缘，六曰分别依，七曰染净依，八曰根本依，九曰种子依。自作意而下，诸夏之学者不亟辩，泛号曰智。目之见必有空明根境与智，耳不资明，鼻舌身不资空，独目为具五路。既见物已，虽越百旬，其像在，于是取之，谓之独影。独影者，知声不缘耳，知形不缘目，故曰不当。不当者，不直也，是故赖名。曩令所受者逝，其想亦逝，即无所仰于名矣，此名之所以存也。泰始之名，有私名足也；思以综之，名益多，故《墨经》曰"名，达、类、私"。（《经上》。）孙卿曰："万物虽众，有时而欲遍举之，故谓之物，物也者，大共名也。有时而欲遍举之，故谓之鸟兽，鸟兽也者，大别名也。"（《正名》。）若则骐骥骊骝为私，马为类，畜为达，兽为别，物为共也。有时而欲摄举之，从马曰驷，从人曰师，从木曰林，从绳曰网，浮屠以为众法聚集言论。（《瑜伽师地论》十六说，下同。）孙卿曰："单足以喻则单，单不足以喻则兼。"（《正名》）人马木绳，单矣；师驷林网，兼矣。有时而欲辩异举之，以药为丸，其名异，自和合起（如雀卵、茹蘆、乌贼合以为丸，其药各殊，其丸是一）；以瓶为败瓦，其名异，自碎坏起；以谷为便利，其名异，自转变起；以金带钩为指环，俄以指环为金带钩，其名异，自加功起，浮屠以为非常言论。孙卿曰：物有同状而异所者，虽可合，谓之二实。有异状而同所者，谓之化。有化而无别，谓之一实。（《正名》。）此名之所以长也。诸同类同情者，谓之众同分。其受想同，其思同，是以有辩。辩所依隐有三。《墨经》曰："知，闻、说、亲。名、实、合、为。"《说》曰："知：传受之，闻也；方不㢓（即障字），说也；身观焉，亲也。所以谓，名也；所谓，实也；名实偶，合也。志行，为也。"（《经上》及《经说》上。）亲者，因明以为现量；说者，因明以为比量；闻者，因明以为声量。（案传受为闻，故曰声量，往古之事则征史传，异域之状则察地志，皆非身所亲历，亦无术可以比知，其势不能无待传受。然印度诸宗所甄独在名理，故声量唯取圣教，亦名为圣教量。诸宗哲学既非一轨，各持其圣教量以为辩，则违立敌共许之律。故自陈那以后，独用现量比量，而圣教量遂废。若夫史传地志，天下所公，则不得独废也。要之圣教量者，特声量之一端。）

赤白者，所谓显色也；方圆者，所谓形色也；宫徵者，所谓声也；薰臭者，所谓香也；甘苦者，所谓味也；坚柔燥湿轻重者，所谓触也。遇而可知，历而可识，虽圣狂弗能易也，以为名种。以身观为极，阻于方域，蔽于昏冥，县于今昔，非可以究省也。而以其所省者善隐度其未所省者，是故身有五官，官簿之而不谛审，则检之以率。从高山下望家上，木芊芊若著。日中视日，财比三寸盂，旦暮乃如径尺铜盘，校以句股重差，近得其真也。官簿之而不遍，则齐之以例，故审堂下之阴，而知日月之行、阴阳之变；见瓶水之冰，而知天下之寒、鱼鳖之臧也；尝一味肉，而知一镬之味、一鼎之调。官簿之而不具，则仪之以物，故见角帷墙之端，察其有牛；飘风堕曲尘庭中，知其里有酿酒者，其形虽隔，其性行不可隔，以方不障为极。有言苍颉隶首者，我以此其有也，彼以此其无也。苍颉隶首之形不可见，又无端兆足以拟有无，虽发家得其骷骨，人尽有骨，何遽为苍颉隶首？亲与说皆穷，征之史官故记，以传受之为极。今辩者所持说尔，违亲与闻，其辩亦不立（违于亲者，因明谓之见量相违；违于闻者，因明谓之世间相违。如言冰热火寒，此见量相违者也；如未至天山而言天山无有，此世间相违者也），此所以为辩者也。

　　辩说之道，先见其旨，次明其柢，取譬相成，物故可形，因明所谓宗、因、喻也。印度之辩，初宗，次因，次喻（兼喻体、喻依）。大秦之辩，初喻体（近人译为大前提），次因（近人译为小前提），次宗。其为三支比量一矣。《墨经》以因为故，其立量次第，初因，次喻体，次宗，悉异印度、大秦。（如印度量，声是无常，所作性故，凡所作者皆是无常，喻如瓶。如大秦量，凡所作者皆无常，声是所作，故声无常。如《墨子》量，声是所作、凡所作者皆无常，故声无常。）《经》曰："故，所得而后成也。"《说》曰："故，小故，有之不必然，无之必不然。体也，若有端。大故，有之必无然（案无是羡文），若见之成见也。"夫分于兼之谓体，无序而最前之谓端。特举为体，分二为节之谓见。（皆见《经上》及《经说》上。本云："见，体、尽。"《说》曰："见，时者，体也；二者，尽也。"案时读为特，尽读为节，《管子·弟子职》曰："聖之高下，乃承厥火，以聖为烬。"与此以尽为节同例。特举之则为一体，分二之则为数节。）今设为量曰，声是所作（因），凡所作者皆无常（喻体），故声无常（宗）。初以因，因局，故谓之小故（犹今人译为小前提者）；无序而最前，故拟之以端。次以喻体，喻体通，故谓之大故（犹今人译为大前提者），此凡所作，体也；彼声所作，节也，故拟以见之成见（上见谓体，下见谓节）。因不与宗相剀切，故曰有之不必然。无因者，宗必不立，故曰无之必不然。喻体次因，以相要束，其宗必成，故曰有之必然。验《墨子》之为量，固有喻体无喻依矣。何者？万物无虑有同品，而奇觚者或无同品，以无同品则无喻。《墨经》曰："不可偏去而二，说在见与俱、一与二、广与修。"（《经下》，修旧误循。）诸有形者，广必有修，修亦必有广矣。云线有长无广者，形学之乱。（谓《几何原本》，此语弥儿尝驳之。）《墨子》知其不偏去，倪也，固有有修无广者矣。骋而往，不彭亨而及，招摇无尽，不以针缝鸟翾之宽据方分，此之谓时。今欲成时之有修无广也，即无同品。虽然，若是者，岂直无喻依，固无喻体。（如云凡有直往无旁及者，必有修无广。时是直往无旁及者，故时有修无广。然除时以外，更无有直往无旁及者。心量生灭，亦有旁延之境，乃至君统世系，不计旁及之处则可，不得谓无旁及，故初句喻体即不可说。）喻依者，以检喻体而制其款言，因足以摄喻依，谓之同品定有性。负其喻依者，必无以因为也，谓之异品遍无性。（并取《因明论》说。）大秦与《墨子》者，其量皆先喻体后宗。先喻体者，无所容喻依，斯其短于因明。立量者，常则也，有时不可用三支，若《墨经》之驳仁内义外曰："仁，爱也。义，利也。爱利，此也；所爱所利，彼也。爱利不相为外内，所爱利亦不相为外内。其为仁内也，义外也；举爱，则所利也，是狂举也。若左目出，右目入。"（《经说》下。）此以三支则不可说也。破人者，有违宗，有同彼，有胜彼（《大毗婆沙论》二十七所说），亦无所用三支。何谓违宗？彼以物有如种极微也（如种极微，今称原子），而忌言人有庵摩罗识，因言无相者无有。（此即近世唯物论说。无相谓色声香味触皆不可得，非徒无形无色而已。）诘之曰：如种极微有相不？则解矣。何谓同彼？彼以异域之政可法也，古之政不可法，因言时异俗异，胡可得而法？诘之曰：地异俗异可得法不？则解矣。何谓胜彼？彼以世多寃言也，谓言皆妄。诘之曰：是言妄不？则解矣。《墨经》曰："以言为尽悖。悖，说在其（旧误倒）言。"（《经下》）此谓胜彼破也。

为说者曰：三支不足以原物，故曰漆淖水淖，合两淖则为蹇，湿之则为干；金柔锡柔，合两柔则为刚，燔之则为淖。或湿而干，或燔而淖，类固不必可推知也。凡以说者，不若以亲。（案近世主经验之论，理学家多持此说。）自智者观之，亲亦有绌。行旅草次之间，得被发魌头而魌服者，此亲也，信目之谛，疑目之眩，将在说矣。眩人召圜案，圜案自垣一方来，即种瓜瓠，荫未移，其实子母钩带，千人见之，且剖食之，亲以目以口则信，说以心意则不信。远视黄山，气皆青，俯察海波，其白皆为苍，易位视之而变，今之亲者非昔之亲者。《墨经》曰："法同则观其同，法异则观其宜。"（《经上》。）亲有同异，将以说观其宜，是使亲诎于说也。原物之质，闻不若说，说不若亲。今有闻火浣布者，目所未睹，体所未御，以说又无类，因谓无火浣布，则人莫不然，谓之蔽锢。《墨经》曰："知其所以不知（以字当为羡文），说在以名取。"（《经下》。）此乃使亲、说交诎于闻也。凡原物者，以闻、说、亲相参伍。参伍不失，故辩说之术奏。未其参伍，固无所用辩说。且辩说者，假以明物，诚督以律令则败。夫主期验者任亲，亟亲之而言成典，持以为矩。矩者，曰：尽，莫不然也。必，不已也。（《墨经上》。）而世未有尽验其然者，则必之说废。今言火尽热，非能遍拊天下之火也，拊一方之火而因言凡火尽热，此为逾其所亲之域。虽以术得热之成火，所得火犹不遍，以是言凡火尽热，悖。《墨经》通之曰："无穷不害兼，说在盈否。知，不知其数而知其尽也，说在明者。"（《经下》。）则此言尽然不可知，比量成而试之。信多合者，则比量不惑也。若是，言凡火尽热者，以为宗则不悖，以为喻体犹悖。（宗者所以测未来，故虽言凡火尽热无害。喻体者，据已往之成效言之。已往未尝遍验天下之火，则言凡火尽热为逾其所验之境。）言必有明日者，以昨往有今，以累昨往尽有今，拟仪之也。物固有断，则昨或不断而今或断。言必有明日者，是犹言人必有子姓，以说不比，以亲即无征。是故主期验者越其期验。《墨经》说推类之难曰："此然是必然，则俱为糜。"（糜读为靡，《经下》及《经说》下。）此庄周所以操齐物夫？

第十二章

儒术真论 ①

昔韩非《显学》，胪列八儒，而传者独有孟、荀，其他种别，未易寻也。西京贾傅，为荀子再传，而董、刘诸公，已不能以一家名。且弘、汤之法盛行，而儒杂刀笔；参以灾祥鬼神，而儒杂墨术。自东京以来，盖相率如是。《荀子·儒效》云：其言议谈说，已无以异于墨子矣。然而明不能分别，是俗儒者也。然则七国之季，已有杂糅无师法者，后此何足论。今以《墨子·公孟》篇公孟子、程子与墨子相问难者，记其大略。此足以得儒术之真。其于八儒虽无可专属，要之微言故训，有上通于内圣外王之道，与夫混淆失真者，固大有殊矣。由斯推衍，其说可以卢牟六合，经纬冯生。盖圣道之大，无能出其范者。抑括囊无辩，谓之腐儒。今既摭拾诸子，旁采远西，用相研究，以明微旨，其诸君子亦有乐乎此欤？

惠定宇谓公孟子即公明子，为孔子之徒。近人孙诒让仲容则云：《潜夫论》志《氏姓》篇：卫公族有公孟氏，《左传·定十二年》疏谓公孟絷之后，以字为氏，则自有公孟氏，非公明氏也。《说苑·修文》篇有公孟子高见颛孙子莫及曾子，此公孟子疑即子高，盖七十子之弟子也。（以上孙说。）余谓子莫告公孟子高之言曰："去尔外厉，与尔内色胜，而心自取之，去三者而可矣。"

---

①此文选自1899年8月17日—1900年2月10日《清议报》第23—34册。

今公孟子谓墨子曰："君子共己以待，问焉则言，不问焉则止。"又曰："实为善人孰不知？今子遍从人而说之，何其劳也。"即本子莫去外厉之意，则公孟子即公孟子高明甚。然即此愈知公孟即公明。《孟子·万章》篇有长息问公明高，即为公孟子高。且孟子言舜之怨慕，而举公明高之言以为证。又言："人少则慕父母，五十而慕者，独有大舜。"今公孟子则曰："三年之丧，学吾之慕父母。"墨子驳之则曰："夫婴儿子之知，独慕父母而已，父母不可得也。然号而不止，此其故何也？即愚之至也。然则儒者之知，岂有以贤于婴儿子哉！"是公孟子之言，与孟子所述慕父母义，若合镮印。则知公孟子、公孟子高、公明高为一人明甚。公孟、公明虽异族，然同声相借，亦有施之姓氏者。今夫司徒、申屠、胜屠，本一语也。而因其字异，遂为三族。荀与孙、虢与郭，本异族也，而因其声同，遂相假借。今公孟、公明，亦犹荀孙、虢郭，虽种胄有殊，而文字相贸，亦无不可。然既严事曾子，其不得为孔子之徒明矣。惠说亦未合也。今观其立说，亦醇疵互见，而宣尼微旨，于此可睹。捃摭秘逸，灼然如晦之见明者，凡数大端。呜呼！可不谓卓欤？

公孟子谓子墨子曰："昔者圣王之列也，上圣立为天子，其次立为卿大夫。今孔子博于诗书，察于礼乐，详于万物。若使孔子当圣王，则岂不以孔子为天子哉！"

按玄圣素王，本见《庄子》。今观此义，则知始元终麟，实以自王，而河图不出，文王既丧，其言皆以共主自任，非图谶妄言也。门人为臣，孔子以为行诈，诸侯卿尹之尊，非所以处上圣，进退失据，故斥言其欺。不然，子弓南面，任为天子。（见《说苑·修文》篇。）尚无所讳，而辞此区区乎？知此者独有梅子真尔？

公孟子曰："无鬼神。"又曰："君子必学祭祀。"子墨子曰："执无鬼而学祭礼，是犹无客而学客礼也，是犹无鱼而为鱼罟也。"子墨子谓程子曰："儒以天为不明（旧脱天字，毕本据下文增），以鬼为不神，天鬼不说，此足以丧天下。"

按仲尼所以凌驾千圣，迈尧、舜轹公旦者，独在以天为不明及无鬼神二事。《荀子》曰：道者，非天之道，非地之道，人之所以道也，君子之所道也。（《儒效》篇。）此儒者穷高极远测深厚之义。若夫天体，余尝谓苍苍之天，非有形质，亦非有大圜之气。盖日与恒星，皆有地球，其阿屯以太，上薄无际，其间空气复厚，而人视之苍然，皆众日之余气，固非有天也。王育说，天诎西北为无，其说稍诞。盖天本无物，故无字从天诎之以指事，因下民所见，不得无所指斥，故强以颠义引申之而曰天。六经言天言帝，有周公以前之书，而仲尼删述，未或革更，若曰道曰自然而已矣。郊祭大报天而主日，万物之主，皆赖日之光热，而非有赖于天。故假言曰帝，其真即日。或以北极为耀瑰宝，北极又大于日九十三倍，故亦尊之，此则恒星万数，上帝亦可云万数。六帝之说，不遍不赅，要非虚增，然恒星各帝其地球而已，于此地球何与？明堂宗祀，盖自外至者也。且太微五星，固玄远矣，即至昵之日，虽昭昭大明，而非有恩威生杀之志，因上帝而有福善祸淫之说，其害犹细，其识已愚，因是以及鬼神，则诬妄日出，而人伦殆废。

盖太古民俗，无不尊严鬼神，五洲一也。感生帝之说，中国之羲、农，日本之诺、册二神，印度之日朝、月朝，犹太之耶稣，无不相类。以此致无人伦者，中外亦复不异。惟其感生，故有炎、黄异德兄弟婚媾之说，盖曰各出一帝，虽为夫妇，不为黩也。尧之厘降，不避近属，实肇于是。其后以为成俗，则夏、商以来，六世而通婚姻，皆感生之说撼之矣。周道始隆，百世远别，此公旦所以什伯于尧、舜、汤、武，然依违两可，攻其支流，而未埋其源窟。《生民》之诗，犹曰履敏，则犷俗虽革，而精意未宣，小家珍说，反得以攻其阙。惟仲尼明于庶物，察于人伦，知天为不明，知鬼神为无，遂以此为拔本塞原之义，而万物之情状大著。由是感生帝之说诎，而禽兽行绝矣。此所以冠生民横大陆也。

何以知无鬼神？曰：斫卉木，磔羊彘，未闻其有鬼神，彼人固不得独有也。人所以有知者，分于父母，精虫胚珠是也。二者又摄引各点以为我有，使成官骸，而七情益扩，故成此知识，由于两精相搏，以生神明也。斯如两水相触，即便生浪。（水犹精，浪犹神，而两水之所以相触者，亦先有其浪，则父母交感之神也。）两味相和，乃生隽永，及精气相离而死，则神亦无存。譬之水既淤堙，浪即无有，两味化分，寻索隽永，了不可得。故精离则死，死则无知，其流定各质，久则合于他物，或入草木，或入胎卵，未有不化者。化之可见者，茅蒐是已。苌弘之血为碧，郑缓之精为秋柏之实，然已与他物合，则其质既杂，自有柏与碧之知，而非弘、缓之知矣。此精气为物也。气弗聚者，散而从于空气，涣然飘泊，此游魂为变也。夫焉有精化既离，而神识能独立者乎？《圆觉经》云：我今此身，四大和合，所谓发毛爪齿，皮肉筋骨，髓脑垢色，皆归于地。唾涕脓血，津液涎沫，痰泪精气，大小便利，皆归于水。暖气归火，动转归风。四大各离，今者妄身，当在何处？《宝积经》云：此身生时，与其父母，四大种性，一类歌罗逻身。若唯地大。无水界者，譬如有人，握干麨灰，终不和合。若唯水界。无地界者，譬如油水，无有坚实，即便流散。若唯地水。无火界者，譬如夏月，阴处肉团，无日光照，即便烂坏。若唯地水火。无风界者，即不增长。《庵提遮女了义经》云：若能明知地水火风四缘，毕竟未曾自得，有所和合，以为生义。若知地水火风毕竟不自得，有所散，是为死义。是佛家亦以各质相磨而生，各质相离而死，而必言即合即离，生死一致，则黄马骊牛之遁辞矣。然死后六道，不尽为鬼，则亦与精气为物之义相近。其终不决言无鬼者，盖既言真者离身而有如来藏，则不得不言妄者离身而为鬼。然又言俄鬼有胎生化生，则所谓鬼者，亦物魅之类，而与人死者有殊。然则释家盖能识此旨，而故为不了以自圆其说也。

难曰：若以知识为分于父母，则父母安始，追溯无尽，非如来藏而何？然如来藏者，彼岂能道其有始耶？于如来藏亦言无始，而必责万物以有始，亦惑矣。难曰：知识果分于父母，则瞽瞍、鲧禹，曷为相反？曰：夫岂独神识然，形亦然矣。张苍之父，长不满五尺，苍长八尺余，苍子复长八尺，及孙类长六尺余。(《汉书·张苍传》。) 可得云形体非分于父母耶？要之形之短长，知之顽圣，此高下之分，非相反也。以神识言，又岂独父子然。虽一身亦有善恶是非先后相贸者。颜涿聚，梁父之大盗也，学于孔子；段干木，晋国之大驵也，学于子夏；高何县子石，齐国之暴者也，指于乡曲，学于子墨子；索卢参，东方之巨狡也，学于禽滑黎。并为名士显人，(《吕氏春秋·尊师篇》。) 如是者多矣。或有诹政虑事，一念之间，而筹画顿异，至于疚心自讼者。子夏投杖，汉高销印，斯类亦众，夫岂得谓有两身与两心耶？父母与子，何以异是？原夫二气相凝，非亲莫效，及脂膏既就，即有染习，贾生《胎教》，明著其义。是时材性高下，又由其亲一时之行迹而成，斯则得于其亲者，与初凝又少殊矣。及夫免乳以后，则见闻之习，师友之导，情状万端，趣非殊族，其异于亲也固宜。荀子有言：涂之人可以为禹。(《性恶篇》。) 此则君师牧民，由斯以作。然具此可以为禹之材，非父母授之乎？大抵形体智识，一成不移，而形之肥瘠，识之优劣，则外感相因，可入熔冶，不移者由于胚珠，可移者由于所染。夫鲁鸡之伏鹄卵，其雏犹鹄；而桑枝之续桃本，则其实非桑。非物之形性，一可变更，一不可变更也。卵中之胚，是鹄非鸡，故鹄不以鸡伏而易。(土蜂煦姁桑虫之旧说，虫学家曾辨其误。) 树木之胚，是桃非桑，故桃能以桑体为己，此胚珠不移之说也。啮蹄在辔，驯良从御，骎骒无牧，泛驾不习，此因染致移之说也。乃若时代逾久，则物之形体，亦有因智识优劣而渐变者。要之，改良则分剂增多，退化则分剂减少，上古之颠木，迹层之枯鱼，皆吾郊宗石室，惟其求明趋化，以有吾侪之今日。昊天罔极，如何可酬？抑亲亲之杀，既具斯形，则知爱类而已。

难曰：人见厉魅，经籍多有，近世民俗，亦有传言。宁得自守单辞，谓鬼神为诬惑？曰：以佛家言，六道之中，饿鬼居一，一在地下五百由旬，一在人天之间。是则畛域区处，与人隔绝，人未尝有至饿鬼处者，而饿鬼独能至人处乎？且以阿修罗之强悍，诸天之智力，不至人处，而饿鬼以羸劣之质，独能至人处乎？是岂得以所见证其必有也。然则见者云何？曰：耳目有愆，齐襄之见彭生是也；心惑若寐，狐突之遇共君是也。二者皆一时假相，非有真形，乃其真者，则亦有之。太史公曰：学者多言无鬼神，然言有物。（《留侯世家》。）此最为豁然塙斯者。山精物魅，如龙夔魍魉者，固未尝无也，以其体不恒见，诡出都市，而人遂以鬼神目之，斯亦惑之甚矣。太古顽民，见镤惊鬼，有熊蚩尤，惑乱不异，见彼煮蒿，遂崇巫祝。清庙之守，后为墨家，敬天尊鬼，遂与儒术相訾。夫岂非先圣哲王之法，而以难儒术，则犹以金椎攻太山矣。无鬼而祭者，亦知其未尝食，而因是以致思慕。至胙肉必餍饫之者，亦以形体神识，分于二人，己在则亲之神识所分，犹在吾体，故食胙无异亲之食之也。然则祭为其名，而胙致其实，何无客学礼无鱼作罟之可比乎？若夫天神地祇，则因是而准则之，苟有圣王，且当厘汰焉。呜呼！如太史公言，则秦汉间儒者，犹知无鬼神义。然武、昭以后，儒者说经，已勿能守。独王仲任有《论死》篇，晋人无鬼神论，而儒者又群哗焉。然则荀子谓言议谈说，无以异于墨子者，汉后诸儒，顾不然欤？

公孟子谓子墨子曰："有义不义，无祥不祥。"公孟子曰："贫富寿夭，醋然在天，不可损益。"子墨子曰："儒以命为有贫富寿夭治乱安危有极矣，不可损益也。"

按墨子背周而从夏，《洪范》五行之说，以义不义，推祥不祥。禹陈九畴，而墨子畅之，皆天鬼之说所流行也。惟墨子于五行，信其德而不信其方位。阴阳家之言，则所必绝，故其答日者曰："帝以甲乙杀青龙于东方，以丙丁杀赤龙于南方，以庚辛杀白龙于西方，以壬癸杀黑龙于北方。若用子之言，则是禁天下之行者也。"《洪范》之言，则因五行以施五德，而顺之者吉，逆之者凶，故墨子独所尊信。汉初伏生，可谓大儒，然《五行传》犹拘牵天道。西京尊尚此学，实墨者之余烬也。荀子曰：夫日月之有蚀，风雨之不时，怪星之尝见，是无世而不常有之，上明而政平，则是虽并世起无伤也。上暗而政险，则是虽无一至者无益也。(《天论》篇。) 是则于五行感应之说，儒者已显斥之。而仲尼删《书》犹登《洪范》者，明夷六五，赵宾以为阴阳气亡箕子。箕子者，万物方荄兹也。盖《易》与箕子，若为两途。《象传》于明夷，一曰文王以之，一曰箕子以之，独以二人并称。缘伏羲以河图为《周易》，而文王衍其词；禹以洛书为《洪范》，而箕子畅其义。文王之说，当行于域中；而箕子之说，可被于营州玄菟之境，与中国之教殊矣。录之者见施政要服，有与京周异术者也。若夫督宗之教，于五福六极，固非所信焉尔。

虽然，禹与箕子之陈《洪范》，亦草创之初得其觕义耳！其精者则固异于祸福感应之说，而知各质散点相吸相离之自然。此其说在《庄子·天运》。其言曰：天其运乎？地其处乎？日月其争于所乎？孰主张是？孰维纲是？孰居无事推而行是？意者其有机缄而不得已耶？意者其运转而不能自止耶？云者为雨乎？雨者为云乎？孰隆施是？孰居无事淫乐而劝是？风起北方，一西一东，有上彷徨，孰嘘吸是？孰居无事而披拂是？敢问何故？巫咸祒曰：来！吾语女，天有六极五常，帝王顺之则治，逆之则凶，九洛之事，治成德备，监照下土，天下戴之，此谓上皇。(以上《庄子》。) 九洛即洛书九畴；六极五常，即六极五福。而其事由于帝王之自取，非由上皇为主宰，亦诊无眚符瑞以为劝戒，其成败治乱，应其行政而致。若天运地处，竟无主张维纲也，此则非墨子所知矣。

命之为说，公孟只言贫富寿夭，而墨子后增以治乱安危，盖诬儒者矣。治乱安危，惟人所措。至于贫富寿夭，则固有说，如伯夷之夭，原思之贫，此其志愿，又不可言命也。若夫单豹之遇虎，则夭有命矣；邓通之寄死，则贫有命矣。所谓命者，词穷语绝，不得已之借名，其所自出，则佛氏亦以为因果，是又以祸福感应与定命合而为一，其论巧矣。然师子尊者受挥刀断首之祸，而佛亦罹木枪马麦之患，虽至成道，尚不能免难，是则其所谓因果者，乃恩怨之报酬，而非善恶之赏罚矣。余谓报酬之义，异于《洪范》。盖非自主宰，而在私相予夺，此固理之必然者。悬土囊而击之，则土囊亦反触人，物莫不有跃力，况有知者乎？《吕览·诬徒》云：草木鸡狗牛马，不可谯诟遇之，谯诟遇之，则亦谯诟报人。然则命固有偶遇者，而亦有由于报酬者，然非如佛家所谓前生事也。自吾始祖以往，鱼鸟兽猿之祖，不知其更数百世，吾岂能知其恩怨所在哉？德几无小，灭宗无大，九世之仇，百年之德，至于今而始报之子孙，即报者亦不知其所以。盖先人之神识伏藏体中也是。故《易》说余庆余殃，必以家言，明其报复在种胄也。凡言命者，斯亦一端。至夫禄命推验，则非可凭矣。（全谢山《原命》引宋景濂谓：一日之内，同时生者不少，而显晦吉凶寿夭悬绝，故赵普与军校，蔡京与粉儿，高叔嗣与陈友谅皆同命。童轩亦言高榖与李昂，单昂与王稽，皆同甲子而绝不相似。余中之衍《皇极经世》之说，推其渊源于王天悦，谓某甲之年月，必得某甲之日时而后富寿，苟得某甲之日时而遂贫贱，水陆舟车之所产，东西南北之所居，莫不有合，此其所以有同物而不同运者。余谓同物相应，多在细微，而非禄命家所能推。以余所见，鸿胪卿朱克勤，与大学士李鸿章，生同物，而朱夭李寿，显晦亦殊，然其女则先后适张佩纶、吴伟才与左宗棠。生同物，后左为大帅，屠寇数万。吴为屠者，刲豕数万。然则择婿多杀，则同矣。而升沈荣辱之事，长短久近之期，则截然各异，以此知支干甲子所应非诬，而毫毛冥合，无关大体，是岂禄命家所能知乎？）故古之言知命者，谓知其不可如何，而非谓其机祥算数也。要之一人际遇，非能自主，合群图事，则成败视其所措。故一人有命，而国家无命。荀子曰：人之命在天，国之命在礼，君人者隆礼尊贤而王，重法爱民而霸，好利多诈而危，权谋倾覆幽险而尽亡矣。（《天论》篇。）此以见一人之命有定限，而一国之命无定限也。又曰：从天而颂之，孰与制天命而用之。是则以天为不足称颂，而国命可自己制，其何有天哉？曰：天者自然而已。曰：命者遭遇而已。从俗之言，则曰天命，夫岂以苍苍者布令于下哉？嗟乎！愚者之颂天，宋偃之射天，上官安之骂天，其敬慢不同，而其以天为有知，或则哀吁，或则怨望，其愚一也。汉世之儒，勿信祸福感应而独言命者，惟王仲任耳！然执泥小数，至谓项羽用兵，实过高祖，其兴亡亦由天命。若国之安危，亦不能不出于此者，是亦固矣。若夫大儒之说，天无威庆而人有报施，一人则成亏前定，而合群则得丧在我，斯所以异于阴骘下民之说也。

右三事，儒术所以深根宁极，无出其范者。神怪之教，婴之自溃，昧此而言儒，汉后所以无统纪也。非儒有抵诬孔子语，则所举儒说，亦必不可尽信。其驳昏丧诸礼，又皆小节，故勿论。

第三篇

梁启超讲国学

梁启超（1873—1929 年），字卓如，号任公，又号饮冰室主人，广东新会人，我国近代史上著名政治活动家、启蒙思想家、教育家、史学家和文学家。梁启超在学术研究上涉猎广泛，在哲学、文学、史学、经学、法学、伦理学、宗教学等领域均有建树，所著《清代学术概论》《墨子学案》《中国近三百年学术史》《中国文化史》等影响巨大。其中尤以史学研究成绩最著，先后撰写了《新史学》《中国史叙论》等专著，批判封建史学，发动"史学革命"。他的《中国历史研究法》是中国第一部系统阐述现代史学理论和方法的专著，是中国史学史上的一座里程碑。总共算下来，他一生著述有 1000 多万字，收于《饮冰室合集》。

————— 第一章 —————

新史学

中国之旧史

于今日泰西通行诸学科中，为中国所固有者，惟史学。史学者，学问之最博大而最切要者也，国民之明镜也，爱国心之源泉也。今日欧洲民族主义所以发达，列国所以日进文明，史学之功居其半焉。然则但患其国之无兹学耳，苟其有之，则国民安有不团结，群治安有不进化者？虽然，我国兹学之盛如彼，而其现象如此，则又何也？今请举中国史学之派别，表示之而略论之。

史学

第一　正史 ┌（甲）官书　所谓二十四史是也。
　　　　　└（乙）别史　如华峤《后汉书》、习凿齿《蜀汉春秋》
　　　　　　　　　　　《十六国春秋》、《华阳国志》《元秘史》等，其
　　　　　　　　　　　实皆正史体也。

第二　编年　《资治通鉴》等是也。

第三　纪事本末 ┌（甲）通体　如《通鉴纪事本末》《绎史》等是也。
　　　　　　　 └（乙）别体　如平定某某方略、《三案始末》等是也。

第四　政书 ┌（甲）通体　如《通典》《文献通考》等是也。
　　　　　 ├（乙）别体　如《唐开元礼》《大清会典》《大清通
　　　　　 │　　　　　礼》等是也。
　　　　　 └（丙）小纪　如《汉官仪》等是也。

第五　杂史 ┌（甲）综记　如《国语》《战国策》等是也。
　　　　　 ├（乙）琐记　如《世说新语》《唐代丛书》《明季稗
　　　　　 │　　　　　史》等是也。
　　　　　 └（丙）诏令奏议　四库另列一门，其实杂史耳。

第六　传记 ┌（甲）通体　如各省通志、《天下郡国利病书》等是也。
　　　　　 └（乙）别体　如纪行等书是也。

第七　地志 ┌（甲）通体　如《满汉名臣传》《国朝先正事略》等是也。
　　　　　 └（乙）别体　如某帝实录、某人年谱等是也。

第八　学史　如《明儒学案》《国朝汉学师承记》等是也。

第九　史学 ┌（甲）理论　如《史通》《文史通义》等是也。
　　　　　 ├（乙）事论　如《历代史论》《读通鉴论》等是也。
　　　　　 └（丙）杂论　如《廿二史劄记》《十七史商榷》等是也。

第十　附庸 ┌（甲）外史　如《西域图考》《职方外纪》等是也。
　　　　　 ├（乙）考据　如《禹贡图考》等是也。
　　　　　 └（丙）注释　如裴松之《三国志注》等是也。

都为十种二十二类。

试一缮四库之书，其汗牛充栋浩如烟海者，非史学书居十六七乎？上自太史公、班孟坚，下至毕秋帆、赵瓯北，以史家名者不下数百。兹学之发达，二千年于兹矣。然而陈陈相因，一丘之貉，未闻有能为史界辟一新天地，而令兹学之功德普及于国民者，何也？吾推其病源，有四端焉。

一曰知有朝廷而不知有国家。吾党常言，二十四史非史也，二十四姓之家谱而已。其言似稍过当，然按之作史者之精神，其实际固不诬也。吾国史家，以为天下者君主一人之天下。故其为史也，不过叙某朝以何而得之，以何而治之，以何而失之而已，舍此则非所闻也。昔人谓《左传》为相砍书。岂惟《左传》，若二十四史，真可谓地球上空前绝后之一大相砍书也。虽以司马温公之贤，其作《通鉴》，亦不过以备君王之浏览（其论语无一非忠告君主者）。盖从来作史者，皆为朝廷上之君若臣而作，曾无有一书为国民而作者也。其大弊在不知朝廷与国家之分别，以为舍朝廷外无国家。于是乎有所谓正统闰统之争论，有所谓鼎革前后之笔法。如欧阳之《新五代史》、朱子之《通鉴纲目》等，今日盗贼，明日圣神；甲也天命，乙也僭逆。正如群蛆啄矢，争其甘苦；狙公赋芋，辨其四三，自欺欺人，莫此为甚！吾中国国家思想，至今不能兴起者，数千年之史家，岂能辞其咎耶？

二曰知有个人而不知有群体。历史者，英雄之舞台也，舍英雄几无历史，虽泰西良史，亦岂能不置重于人物哉？虽然，善为史者，以人物为历史之材料，不闻以历史为人物之画像；以人物为时代之代表，不闻以时代为人物之附属。中国之史，则本纪、列传，一篇一篇，如海岸之石，乱堆错落。质而言之，则合无数之墓志铭而成者耳。夫所贵乎史者，贵其能叙一群人相交涉相竞争相团结之道，能述一群人所以休养生息同体进化之状，使后之读者爱其群、善其群之心，油然生焉。今史家多于鲫鱼，而未闻有一人之眼光，能见及此者。此我国民之群力群智群德所以永不发生，而群体终不成立也。

三曰知有陈迹而不知有今务。凡著书贵宗旨，作史者将为若干之陈死人作纪念碑耶？为若干之过去事作歌舞剧耶？殆非也。将使今世之人，鉴之裁之，以为经世之用也。故泰西之史，愈近世则记载愈详。中国不然，非鼎革之后，则一朝之史不能出现。又不惟正史而已，即各体莫不皆然。故温公《通鉴》，亦起战国而终五代。果如是也，使其朝自今以往，永不易姓，则史不其中绝乎？使如日本之数千年一系，岂不并史之为物而无之乎？太史公作《史记》，直至《今上本纪》，且其记述，不少隐讳焉，史家之天职然也。后世专制政体日以进步，民气学风日以腐败，其末流遂极于今日。推病根所从起，实由认历史为朝廷所专有物，舍朝廷外无可记载故也。不然，则虽有忌讳于朝廷，而民间之事，其可纪者不亦多多乎？何并此而无也？今日我辈欲研究二百六十八年以来之事实，竟无一书可凭借，非官牍铺张循例之言，则口碑影响疑似之说耳。时或借外国人之著述，窥其片鳞残甲，然甲国人论乙国之事，例固百不得一，况吾国之向闭关不与人通者耶！于是乎吾辈乃穷。语曰：知古而不知今，谓之陆沉。夫陆沉我国民之罪，史家实尸之矣。

四曰知有事实而不知有理想。人身者，合四十余种原质而成者也，合眼耳鼻舌手足脏腑皮毛筋络骨节血轮精管而成者也。然使采集四十余种原质，作为眼耳鼻舌手足脏腑皮毛筋络骨节血轮精管，无一不备，若是者可谓之人乎？必不可。何则？无其精神也。史之精神维何？曰理想是已。大群之中有小群，大时代之中有小时代，而群与群之相际，时代与时代之相续，其间有消息焉，有原理焉。作史者苟能勘破之，知其以若彼之因，故生若此之果；鉴既往之大例，示将来之风潮，然后其书乃有益于世界。今中国之史，但呆然曰：某日有甲事，某日有乙事，至此事之何以生，其远因何在，近因何在，莫能言也。其事之影响于他事或他日者若何，当得善果，当得恶果，莫能言也。故汗牛充栋之史书，皆如蜡人院之偶像，毫无生气，读之徒费脑力。是中国之史，非益民智之具，而耗民智之具也。

以上四者，实数千年史家学识之程度也。缘此四蔽，复生二病。

其一，能铺叙而不能别裁。英儒斯宾塞曰："或有告者曰：邻家之猫，昨日产一子。以云事实，诚事实也，然谁不知为无用之事实乎？何也？以其与他事毫无关涉，于吾人生活上之行为，毫无影响也。然历史上之事迹，其类是者正多，能推此例以读书观万物，则思过半矣。"此斯氏教人以作史读史之方也。泰西旧史家，固不免之；而中国殆更甚焉。某日日食也，某日地震也，某日册封皇子也，某日某大臣死也，某日有某诏书也，满纸填塞，皆此等邻猫生子之事实，往往有读尽一卷，而无一语有入脑之价值者。就中如《通鉴》一书，属稿十九年，别择最称精善，然今日以读西史之眼读之，觉其有用者，亦不过十之二三耳（《通鉴》载奏议最多，盖此书专为格君而作也。吾辈今日读之，实嫌其冗），其他更何论焉。至如《新五代史》之类，以别裁自命，实则将大事皆删去，而惟存邻猫生子等语，其可厌不更甚耶？故今日欲治中国史学，真有无从下手之慨。二十四史也，九通也，《通鉴》《续通鉴》也，《大清会典》《大清通礼》也，《十朝实录》《十朝圣训》也，此等书皆万不可不读，不读其一，则罣漏正多。然尽此数书而读之，日读十卷，已非三四十年不为功矣。况仅读此数书，而决不能足用，势不可不于前所列十种二十二类者一一涉猎之（杂史、传志、札记等所载，常有有用过于正史者。何则？彼等常载民间风俗，不似正史专为帝王作家谱也）。人寿几何？何以堪此！故吾中国史学知识之不能普及，皆由无一善别裁之良史故也。

其二，能因袭而不能创作。中国万事，皆取述而不作主义，而史学其一端也。细数二千年来史家，其稍有创用之才者，惟六人：一曰太史公，诚史界之造物主也。其书亦常有国民思想，如项羽而列诸本纪，孔子、陈涉而列诸世家，儒林、游侠、刺客、货殖而为之列传，皆有深意存焉。其为立传者，大率皆于时代极有关系之人也。而后世之效颦者，则胡为也。二曰杜君卿。《通典》之作，不纪事而纪制度。制度于国民全体之关系，有重于事焉者也，前此所无而杜创之，虽其完备不及《通考》，然创作之功，马何敢望杜耶？三曰郑渔仲。夹漈之史识，卓绝千古，而史才不足以称之。其《通志》二十略，以论断为主，以记述为辅，实为中国史界放一光明也，惜其为太史公范围所困，以纪传十之七八，填塞全书，支床叠屋，为大体玷。四曰司马温公。《通鉴》亦天地一大文也，其结构之宏伟，其取材之丰赡，使后世有欲著通史者，势不能不据为蓝本，而至今卒未有能逾之者焉。温公亦伟人哉。五曰袁枢。今日西史，大率皆纪事本末之体也。而此体在中国，实惟袁枢创之，其功在史界者亦不少。但其著《通鉴纪事本末》也，非有见于事与事之相联属，而欲求其原因结果也，不过为读《通鉴》之方便法门，著此以代抄录云尔。虽为创作，实则无意识之创作，故其书不过为《通鉴》之一附庸，不能使学者读之有特别之益也。六曰黄梨洲。黄梨洲著《明儒学案》，史家未曾有之盛业也。中国数千年，惟有政治史，而其他一无所闻。梨洲乃创为学史之格，使后人能师其意，则中国文学史可作也，中国种族史可作也，中国财富史可作也，中国宗教史可作也。诸类此者，其数何限？梨洲既成《明儒学案》，复为《宋元学案》，未成而卒。使假以十年，或且有《汉唐学案》《周秦学案》之宏著，未可料也。梨洲诚我国思想界之雄也。若夫此六君子以外（袁枢实不能在此列），则皆所谓公等碌碌，因人成事。《史记》以后，而二十一部，皆刻画《史记》；《通典》以后，而八部皆摹仿《通典》，何其奴隶性至于此甚耶？若琴瑟之专一，谁能听之！以故每一读辄惟恐卧，而思想所以不进也。

合此六弊，其所贻读者之恶果，厥有三端：一曰难读。浩如烟海，穷年莫殚，前既言之矣。二曰难别择。即使有暇日，有耐性，遍读应读之书，而苟非有极敏之眼光，极高之学识，不能别择其某条有用某条无用，徒枉费时日脑力。三曰无感触。虽尽读全史，而曾无有足以激厉其爱国之心，团结其合群之力，以应今日之时势而立于万国者。然则吾中国史学，外貌虽极发达，而不能如欧美各国民之实受其益也，职此之由。

今日欲提倡民族主义，使我四万万同胞强立于此优胜劣败之世界乎？则本国史学一科，实为无老、无幼、无男、无女、无智、无愚、无贤、无不肖所皆当从事，视之如渴饮饥食，一刻不容缓者也。然遍览乙库中数十万卷之著录，其资格可以养吾所欲、给吾所求者，殆无一焉。呜呼！史界革命不起，则吾国遂不可救。悠悠万事，惟此为大。新史学之著，吾岂好异哉？吾不得已也。

史学之界说

欲创新史学，不可不先明史学之界说。欲知史学之界说，不可不先明历史之范围。今请析其条理而论述之。

第一，历史者，叙述进化之现象也。现象者何？事物之变化也。宇宙间之现象有二种：一曰为循环之状者。二曰为进化之状者。何谓循环？其进化有一定之时期，及期则周而复始，如四时之变迁，天体之运行是也。何谓进化？其变化有一定之次序，生长焉，发达焉，如生物界及人间世之现象是也。循环者，去而复来者也，止而不进者也。凡学问之属于此类者，谓之天然学。进化者，往而不返者也，进而无极者也。凡学问之属于此类者，谓之历史学。天下万事万物，皆在空间，又在时间（空间、时间，佛典译语，日本人沿用之。若依中国古义，则空间，宇也；时间，宙也。其语不尽通行，故用译语）。而天然界与历史界，实分占两者之范围。天然学者，研究空间之现象者也；历史学者，研究时间之现象者也。就天然界以观察宇宙，则见其一成不变，万古不易，故其体为完全，其象如一圆圈。就历史界以观察宇宙，则见其生长而不已，进步而不知所终，故其体为不完全，且其进步又非为一直线，或尺进而寸退，或大涨而小落，其象如一螺线。明此理者，可以知历史之真相矣。

由此观之，凡属于历史界之学（凡政治学、群学、平准学、宗教学等，皆近历史界之范围），其研究常较难。凡属于天然界之学（凡天文学、地理学、物质学、化学等，皆天然界范围），其研究常较易。何以故？天然界已完全者也，来复频繁，可以推算，状态一定，可以试验。历史学未完全者也，今犹日在生长发达之中，非逮宇宙之末劫，则历史不能终极，吾生有涯，而此学无涯。此所以天然诸科学起源甚古，今已斐然大成，而关于历史之各学，其出现甚后，而其完备难期也。

此界说既定，则知凡百事物，有生长有发达有进步者，则属于历史之范围。反是者，则不能属于历史之范围。又如于一定期中，虽有生长发达，而及其期之极点，则又反其始，斯仍不得不以循环目之。如动植物，如人类，虽依一定之次第，以生以成，然或一年，或十年，或百年，而盈其限焉，而反其初焉，一生一死，实循环之现象也。故物理学、生理学等，皆天然科学之范围，非历史学之范围也。

孟子曰："天下之生久矣，一治一乱。"此误会历史真相之言也。苟治乱相嬗无已时，则历史之象当为循环，与天然等，而历史学将不能成立。孟子此言盖为螺线之状所迷，而误以为圆状，未尝观自有人类以来万数千年之大势，而察其真方向之所在，徒观一小时代之或进或退或涨或落，遂以为历史之实状如是云尔。譬之江河东流以朝宗于海者，其大势也；乃或所见局于一部，偶见其有倒流处，有曲流处，因以为江河之行，一东一西，一北一南，是岂能知江河之性矣乎（春秋家言，有三统，有三世。三统者，循环之象也，所谓三王之道若循环，周而复始是也。三世者，进化之象也，所谓据乱、升平、太平，与世渐进是也。三世则历史之情状也，三统则非历史之情状也。三世之义既治者，则不能复乱。借曰有小乱而必非与前此之乱等也，苟其一治则复一乱，则所谓治者必非真治也。故言史学者，当从孔子之义，不当从孟子之义）！吾中国所以数千年无良史者，以其于进化之现象，见之未明也。

第二，历史者，叙述人群进化之现象也。进化之义既定矣，虽然，进化之大理不独人类为然，即动植物乃至无机世界，亦常有进化者存，而通行历史所纪述，常限于人类者，则何以故？此不徒吾人之自私其类而已。人也者，进化之极则也，其变化千形万状而不穷者也。故言历史广义，则非包万有而并载之，不能完成；至语其狭义，则惟以人类为之界。虽然，历史之范围，可限于人类，而人类之事实，不能尽纳诸历史。夫人类亦不过一种之动物耳，其一生一死，固不免于循环，即其日用饮食，言论行事，亦不过大略相等，而无进化之可言。故欲求进化之迹，必于人群。使人人析而独立，则进化终不可期，而历史终不可起。盖人类进化云者，一群之进也，非一人之进也。如以一人也，则今人必无以远过于古人。语其体魄，则四肢、五官，古犹今也；质点血轮，古犹今也。语其性灵，则古代周、孔、柏（柏拉图）、阿（阿里士多德）之智识能力，必不让于今人，举世所同认矣。然往往有周、孔、柏、阿所不能知之理，不能行之事，而今日乳臭小儿知之、能之者，何也？无他，食群之福，享群之利，借群力之相接相较相争相师相摩相荡相维相系相传相嬗，而智慧进焉，而才力进焉，而道德进焉。进也者，人格之群，非寻常之个人也（人类天性之能力能随文明进化之运而渐次增长与否，此问题颇难决定。试以文明国之一小儿不许受教育，不许蒙社会之感化、沐文明之恩泽，则其长成能有以异于野蛮国之小儿乎？恐不能也。盖由动物进而为人，已为生理上进化之极点，由小儿进为成人，已为生理上进化之极点，然则一个人殆无进化也。进化者，别超于个人之上之一人格而已，即人群是也）。然则历史所最当注意者，惟人群之事，苟其事不关系人群者，虽奇言异行，而必不足以入历史之范围也。

畴昔史家，往往视历史如人物传者然。夫人物之关系于历史固也，然所以关系者，亦谓其于一群有影响云尔。所重者在一群，非在一人也。而中国作史者，全反于此目的，动辄以立佳传为其人之光宠，驯至连篇累牍胪列无关世运之人之言论行事，使读者欲卧欲呕，虽尽数千卷，犹不能于本群之大势有所知焉，由不知史之界说限于群故也。

第三，历史者，叙述人群进化之现象而求得其公理公例者也。凡学问必有客观主观二界。客观者，谓所研究之事物也；主观者，谓能研究此事物之心灵也（亦名所界、能界。能、所二字，佛典译语常用为名词）。和合二观，然后学问出焉。史学之客体，则过去现在之事实是也；其主体，则作史读史者心识中所怀之哲理是也。有客观而无主观，则其史有魄无魂，谓之非史焉可也（偏于主观而略于客观者，则虽有佳书，亦不过为一家言，不得谓之为史）。是故善为史者，必研究人群进化之现象，而求其公理公例之所在，于是有所谓历史哲学者出焉。历史与历史哲学虽殊科，要之，苟无哲学之理想者，必不能为良史，有断然也。虽然，求史学之公理公例，固非易易。如彼天然科学者，其材料完全，其范围有涯，故其理例亦易得焉。如天文学，如物质学，如化学，所已求得之公理公例不可磨灭者，既已多端，而政治学群学宗教学等，则瞠乎其后，皆由现象之繁赜，而未到终点也。但其事虽难，而治此学者不可不勉。大抵前者史家不能有得于是者，其蔽二端：一曰知有一局部之史，而不知自有人类以来全体之史也。或局于一地，或局于一时代，如中国之史，其地位则仅叙述本国耳，于吾国外之现象，非所知也（前者他国之史亦如是）。其时代则上至书契以来，下至胜朝之末止矣，前乎此，后乎此，非所闻也。夫欲求人群进化之真相，必当合人类全体而比较之，通古今文野之界而观察之，内自乡邑之法团（凡民间之结集而成一人格之团体者，谓之法团，亦谓之法人。法人者，法律上视之与一个人无异也。一州之州会，一市之市会乃至一学校、一会馆、一公司，皆统名为法团），外至五洲之全局，上自穷古之石史（地质学家从地底僵石中考求人物进化之迹，号曰石史），下至昨今之新闻，何一而非客观所当取材者？综是焉以求其公理公例，虽未克完备，而所得必已多矣。问畴昔之史家，有能焉者否也？二曰徒知有史学，而不知史学与他学之关系也。夫地理学也，地质学也，人种学也，人类学也，言语学也，群学也，政治学也，宗教学也，法律学也，平准学也（即日本所谓经济学），皆与史学有直接之关系。其他如哲学范围所属之伦理学、心理学、论理学、文章学及天然科学范围所属之天文学、物质学、化学、生理学，其理论亦常与史学有间接之关系，何一而非主观所当凭借者？取诸学之公理公例，而参伍钩距之，虽未尽适用，而所得又必多矣。问畴昔之史家，有能焉者否也？

夫所以必求其公理公例者，非欲以为理论之美观而已，将以施诸实用焉，将以贻诸来者焉。历史者，以过去之进化，导未来之进化者也。吾辈食今日文明之福，是为对于古人已得之权利，而继续此文明，增长此文明，孳殖此文明，又对于后人而不可不尽之义务也。而史家所以尽此义务之道，即求得前此进化之公理公例，而使后人循其理率其例以增幸福于无疆也。史乎！史乎！其责任至重，而其成就至难！中国前此之无真史家也，又何怪焉！而无真史家，亦即吾国进化迟缓之一原因也。吾愿与同胞国民筚路蓝缕以辟此途也。

（以上说界说竟。作者初研究史学，见地极浅，自觉其界说尚有未尽未安者，视吾学他日之进化，乃补正之。著者识。）

历史与人种之关系

历史者何？叙人种之发达与其竞争而已。舍人种则无历史。何以故？历史生于人群，而人之所以能群，必其于内焉有所结，于外焉有所排，是即种界之所由起也；故始焉自结其家族以排他家族，继焉自结其乡族以排他乡族，继焉自结其部族以排他部族，终焉自结其国族以排他国族。此实数千年世界历史经过之阶级，而今日则国族相结相排之时代也。夫群与群之互有所排也，非大同太平之象也，而无如排于外者不剧，则结于内者不牢；结于内者不牢，则其群终不可得合，而不能占一名誉之位置于历史上。以故世界日益进步，而种族之论亦日益昌明。呜呼！后乎此者，其有种界尽破万国大同之郅治乎？吾不敢知。若在今日，则虽谓人种问题为全世界独一无二之问题，非过言也。

有历史的人种，有非历史的人种。等是人种也，而历史的非历史的何以分焉？曰，能自结者，为历史的；不能自结者，为非历史的。何以故？能自结者则排人，不能自结者则排于人。排人者则能扩张本种以侵蚀他种，骎骎焉垄断世界历史之舞台；排于人者则本种日以陵夷衰微，非惟不能扩张于外，而且澌灭于内，寻至失其历史上本有之地位，而舞台为他人所占。故夫叙述数千年来各种族盛衰兴亡之迹者，是历史之性质也；叙述数千年来各种族所以盛衰兴亡之故者，是历史之精神也。

近世言人种学者，其论不一。或主张一元说，而以为世界只有一人种。或主张多元说，而区分为四种（康德），为五种（布曼伯），为六种（巴科安），为七种（韩特），为八种（亚加智），其多者乃至十一种，十五种，十六种，二十二种，六十种，其最多者分为六十三种（巴喀）。甚者以言语之分，而区为一千乃至二千余人种。然今所通行，则五种之说，所谓黄色种、白色种、棕色种、黑色种、红色种是也。或以南洋群岛太平洋群岛纽西仑诸土人，及中亚美利加之土人，合于黄种，以澳洲、南印度之土人合于黑种，而成为三大种。今勿具论。要之，缘附于此抟抟员舆上之千五百兆生灵，其可以称为历史的人种者，不过黄、白两族而已。今条其派别如下：

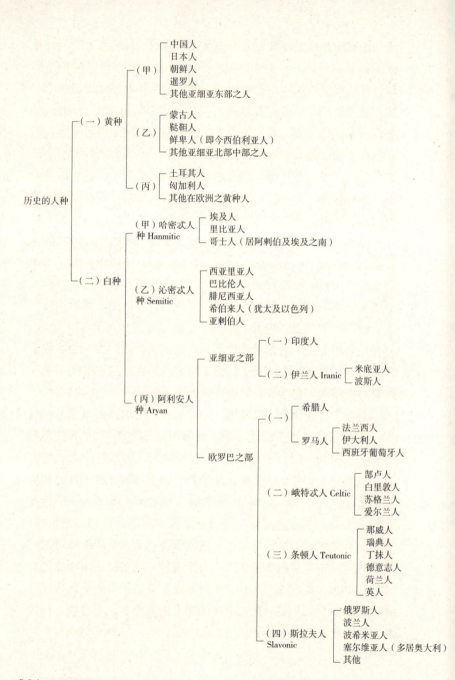

历史的人种
- （一）黄种
  - （甲）
    - 中国人
    - 日本人
    - 朝鲜人
    - 暹罗人
    - 其他亚细亚东部之人
  - （乙）
    - 蒙古人
    - 鞑靼人
    - 鲜卑人（即今西伯利亚人）
    - 其他亚细亚北部中部之人
  - （丙）
    - 土耳其人
    - 匈加利人
    - 其他在欧洲之黄种人
- （二）白种
  - （甲）哈密忒人种 Hanmitic
    - 埃及人
    - 里比亚人
    - 哥士人（居阿剌伯及埃及之南）
  - （乙）沁密忒人种 Semitic
    - 西亚里亚人
    - 巴比伦人
    - 腓尼西亚人
    - 希伯来人（犹太及以色列）
    - 亚剌伯人
  - （丙）阿利安人种 Aryan
    - 亚细亚之部
      - （一）印度人
      - （二）伊兰人 Iranic
        - 米底亚人
        - 波斯人
    - 欧罗巴之部
      - （一）
        - 希腊人
        - 罗马人
          - 法兰西人
          - 伊大利人
          - 西班牙葡萄牙人
      - （二）峨特忒人 Celtic
        - 郜卢人
        - 白里敦人
        - 苏格兰人
        - 爱尔兰人
      - （三）条顿人 Teutonic
        - 那威人
        - 瑞典人
        - 丁抹人
        - 德意志人
        - 荷兰人
        - 英人
      - （四）斯拉夫人 Slavonic
        - 俄罗斯人
        - 波兰人
        - 波希米亚人
        - 塞尔维亚人（多居奥大利）
        - 其他

同为历史的人种也，而有世界史的与非世界史的之分。何谓世界史的？其文化武力之所及，不仅在本国之境域，不仅传本国之子孙，而扩之充之以及于外，使全世界之人类受其影响，以助其发达进步，是名为世界史的人种。吾熟读世界史，察其彼此相互之关系，而求其足以当此名者，其后乎此者吾不敢知，其前乎此者，则吾不得不以让诸白种，不得不以让诸白种中之阿利安种。而于其中复分为两大时期，前期为阿利安种与哈密沁、沁密忒两种合力运动时代，后期为阿利安种独力运动时代。前期之中，复分为三小时期：一、哈密忒全盛时代；二、沁密忒全盛时代；三、阿利安与哈沁融合时代。于后期之中，亦分为三小时期：一、希腊罗马人时代；二、条顿人时代；三、斯拉夫人时代（所谓各时代者，非此时代终而彼时代乃始也，其界限常不能甚分明，往往后时代中仍抱前时代之余波，前时代中已含后时代之种子，不过就其大势略区别之，取便称呼耳。观下文自明）。试略论之。夫以狭义言之，欧罗巴文明实为今日全世界一切文明之母，此有识者所同认也。欧罗巴文明何自起？其发明光大之者，为阿利安民族，其组织而导引之者，为哈密忒与沁密忒之两民族。若世界文明史而有正统也，则其统不得不托始于哈密忒人。代表哈密忒者，曰埃及。埃及文明之花，实现于距今四五千年以前。于金字塔观其工艺之伟大（金字塔者，埃及古王之坟陵也。其最大者，容积七千四百万立方英尺，底阔七百六十四英尺，侧衮四百八十英尺，世界最大之石碑也。其能运如许重大之石材，上举于数百丈之高处，则其时工械力之大可想），于木乃伊想其化学之发明（木乃伊者，埃及古王之尸体，以药物浸裹之，使其不朽，至今犹有存者，则当时之人已明化学，可以概见），尼罗河畔，实历史上最荣誉之纪念场哉！自摩西为埃及王女所收养，遍学其教术，吸取其智识，既乃率同族以开犹太（详见《旧约全书·出埃及记》），是沁密忒文明出于埃及之明证也（其余巴比伦、叙利亚文明，亦得力于埃及不少，史家能言其详）。希腊古哲，如德黎 Thales，如毕达哥拉 Pydlagoras，如梭伦 Solon，如德谟吉来图 Democritus，如柏拉图 Plato，皆尝受教于埃及僧侣，而德谟吉来图、柏拉图二氏，且躬自游历埃土，而遏狄加人（希腊四大族之一）之宗教，及其群治制度，多承埃及之遗迹，是阿利安文明出于埃及之明证也。故今日欧洲文明，以希腊为父，以泌密忒为祖，以哈密忒为祖之所自出。虽然，哈密忒人，能创造之以待人取法者也；泌密忒人，能创造之且能传播之者也；阿利安人，能创造之能传播之且最能取法于人者也。故三族之优劣胜败于此判焉矣。

哈密忒于世界文明，仅有间接之关系，至泌密忒而始有直接之关系。当希腊人文未发达之始，其政治学术宗教，卓然有牢笼一世之概者，厥惟亚西里亚（或译作亚述）、巴比伦、腓尼西亚诸国。泌密忒人，实世界宗教之源泉也，犹太教起于是，基督教起于是。希腊古代之神话，其神名及其祭礼，无一不自亚西里亚、腓尼西亚而来。新旧巴比伦之文学美术，影响于后代，其尤著者也。腓尼西亚之政体，纯然共和政治，为希腊所取法。其商业及航海术亦然，且以贸易之力，传播其文明，直普及于意大利，作罗马民族之先驱。故腓尼西亚国虽小，而关系于世界史者最大。若希伯来人之有摩西、耶稣两教主，其势力浸润全欧人民之脑中者，更不待论矣。故世界史正统之第二段在泌密忒人，而亚里西亚、巴比伦、希伯来为其主脑，腓尼西亚为其枢机。

其在第三段，为世界史之主人翁者，则希腊也。希腊代表阿利安种之一部。其民族则土著之"毕拉士治"Pelasgi 人与西迁之阿利安人（阿利安分亚洲之部、欧洲之部，两者已详前表。希腊之阿利安，则自伊兰高原西来者也）混合而成者也，阿利安族之所长，在贵自由，重考验，务进步。惟贵自由，故其于政治也，不甘压制而倡言平等；惟重考验，故其于学问也，不徇现象而探求原理；惟务进步，故其于社会一切事物也，不泥旧例而日事革新。阿利安族所以亘数千年至今常执全世界之牛耳者，皆此之由，而希腊人其最初之登场者也。希腊之代表，惟雅典与斯巴达。雅典右文，斯巴达尚武。两者虽不调和，而皆足以发挥阿利安族之特性，故史家或以今世欧罗巴，为古代希腊之放影，以古代希腊，为今世欧罗巴之缩图，非过言也。然其民族之团结力，只能建设市府政治，不能成就国家政治，故虽握霸权于历史上者七百年，卒服属于他国以致灭亡。

其在第四段，为世界之主人翁者，则罗马也。罗马位于古代史与近世史之过渡时代，而为其津梁。其武力既能挥斥八极，建设波斯以来梦想不及之绝大帝国，而其立法之智识，权利的思想，实为古代文明国所莫能及。集无量异种之民族，置之中央集权制度之下，为一定之法律以部勒之，故自罗马建国以后，而前此之旧民族，皆同化于罗马，如螟蠃之与螟蛉。自罗马解纽以后，而后此之新民族皆赋形于罗马，如大河之播九派。今日欧洲大陆诸国，其言语、文学、宗教、风俗，各不相远，皆由其曾合并于罗马一统之下，浸润于同种之泽使然也。故希腊能吸集哈密忒、沁密忒两族之文明，纳诸阿利安族中，以成一特色；而罗马则承希腊正统，举其所吸集者、所结构者，以兵力而播之于世界。虽谓罗马为希腊之一亢宗子可也。虽然，罗马文明，其传袭希腊者固多，其独自结构者亦不少；如法律之制定，宗教之传播，其尤著也。

自希腊罗马以后，世界史之主位，既全为阿利安人所占，及于罗马末路，而阿利安族中之新支派，纷纷出现，除拉丁民族（即罗马族）外，则峨特民族、条顿民族、斯拉夫民族，其最者也。峨特民族在阿利安中，以战胜攻取闻。其人为印度阿利安之一派，自西历纪元前二世纪，即已侵入欧洲，发轫于小亚细亚，越今之瑞典、德意志、法兰西、意大利、西班牙诸地，直至爱尔兰之西岸、苏格兰之高原，皆有足迹焉。后乃自中部欧罗巴，蹂躏希腊、马基顿，蔓延全陆，所至竞争斗恣杀掠，使人战栗。故峨特人在世界史上，其影响所及亦不尠。虽然，其人能冒险而不能忍耐，故战胜之结果，无一可表见；而其血气之勇，终不足以敌罗马节制之师，卒被征服。及罗马亡后，遂服属于条顿人之辖下。今之苏格兰人、爱尔兰人及法兰西人之一部，实峨特民族性质之代表也。

条顿民族之移住欧洲也，在拉丁、峨特两族之后，而其权力之影响于历史则过之。自中世以后，欧罗巴历史之中心点，实条顿人也。其民族移动之原因及其年代，虽不可确考，要之，自西历纪元二三世纪，始出现于欧罗巴东部，而其中有势力于历史上者，复分四派：其在东欧者曰高特族 Goth，其在西欧者曰福伦喀族 Frank，其在北欧者曰撒逊族 Saxon，亦称日耳曼族，其在南欧者曰阿里曼族 Alemanni。兹将千余年前条顿民族之位置列表如下：

条顿民族之位置沿革表

	西历纪元三世纪	四世纪	五世纪	六世纪以后
高特族之位置		本世纪中叶，西高特族始见于多恼河之下流。其末叶，东高特族自多瑙河下流入布加里亚。	西高特族建设王国。东高特族转入意大利建国焉。	本世纪末叶为东罗马帝国所灭，其支派占有北日耳曼之地。
福伦喀族之位置	居来因河之下流	本世纪中叶入于加利亚，建设多数之小王国。	本世纪末叶大败罗马军，使法兰西（指今地）境内不留罗马只骑。复胜高特、阿里曼诸族。	建设查里曼大帝国，成今日欧洲群雄树立之势。

	西历纪元三世纪	四世纪	五世纪	六世纪以后
撒逊族之位置	自埃士河越埃尔比河，宅居于今荷斯顿及丁抹诸地。		本世纪中叶撒逊人分为两派，一派越海与盎格鲁人共征服英国之大部，别成所谓盎格鲁撒逊民族者，其一派蹂躏大陆诸邦。	六世纪以来屡与福伦喀族争斗，至九世纪福伦喀王国建立，撒逊人亦全占有北日耳曼之全部。十一世纪盎格鲁撒逊人全征服英国。
阿里曼族之位置	居多恼、麻因两河间，即日耳曼中部也。势力颇强，屡挫罗马军。		本世纪之末，为福伦喀族所阻，遏其进路。	

由是观之，世界文明史之第五段，实惟阿利安族中罗马人与条顿人争长时代，而罗马人达于全盛，为日中将昃之形，条顿人气象方新，有火然泉达之观。峨特人虽奋血气之勇，偶耸动一世耳目，而其内力不足以敌此两族，昙花一现，遂为天演所淘汰，归于劣败之数。自六世纪以后，而全欧文明之霸权，渐全归条顿人矣。

蹑条顿人之迹而有大势力于历史上者，斯拉夫人也，以冒险之精神、道义之观念论之，条顿人迥非斯拉夫人所能及。若夫坚实耐久，立于千苦万难之中，毅然终始不失其特性者，则斯拉夫人殆冠宇内而无两也。彼等好战之心，不如条顿人之盛，若一且不得已而跃马执剑，则无论如何之大敌，决不足以慑其前。彼等个人自由之观念，视条顿人虽大有所缺乏，至其注意公益，服从于一定主权之下，听其指麾，全部一致，其为国民的运动，又远非条顿人所能几也。故识者谓世界史之正统，其代条顿人以兴者，将在斯拉夫人，非虚言也。

条顿民族既兴以后，而罗马民族之力尚未衰。中世史之末叶，意大利自由市府勃兴，实为今世国家之嚆矢。而西班牙、葡萄牙、法兰西人，当十四五世纪，国势且蒸蒸日上，西辟美洲，东略印度，南开南洋，阿利安人之势力范围，始磅礴于欧洲以外。其主动者，皆罗马人也。虽然，以物竞天择之公例，罗马人之老大，终不敌条顿人之少年。未几而荷兰人起，与之竞争。未几而英吉利人起，一举而代之。近则德意志人，复骎骎然凌厉中原矣。故觇罗马、条顿两族之盛衰，但于其殖民历史之沿革焉足矣。北阿美利加也（初为法人、班人所开，今全属盎格鲁撒逊族矣），南阿美利加也（本为班人、葡人所开，今为德意志势力范围），印度也（初为法人所经营，后卒全归英辖），南洋群岛也（初亦班、葡人航海所觅，今全为英、荷属），皆告我辈以两民族消长之明效也。今日全地球之土地主权，其百分之九十分，属于白种人。而所谓白种人者，则阿利安人而已。所谓阿利安人者，则条顿人而已。条顿人实今世史上独一无二之主人翁也。

论正统

中国史家之谬，未有过于言正统者也。言正统者，以为天下不可一日无君也，于是乎有统。又以为天无二日、民无二王也，于是乎有正统。统之云者，殆谓天所立而民所宗也；正之云者，殆谓一为真而余为伪也。千余年来，陋儒龂龂于此事，攘臂张目，笔斗舌战，支离蔓衍，不可穷诘。一言蔽之曰：自为奴隶根性所束缚，而复以煽后人之奴隶根性而已。是不可以不辩。

统字之名词何自起乎？殆滥觞于《春秋》。《春秋公羊传》曰："何言乎王正月？大一统也。"此即后儒论正统者所援为依据也。庸讵知《春秋》所谓大一统者，对于三统而言，《春秋》之大义非一，而通三统实为其要端。通三统者，正以明天下为天下人之天下，而非一姓之所得私有，与后儒所谓统者，其本义既适相反对矣。故夫统之云者，始于霸者之私天下，而又惧民之不吾认也，乃为是说以箝制之曰：此天之所以与我者，吾生而有特别之权利，非他人所能几也。因文其说曰："宣聪明，作父母。"曰："辨上下，定民志。"统之既立，然后任其作威作福，恣睢蛮野，而不得谓之不义，而人民之稍强立不挠者，乃得坐之以不忠不敬大逆无道诸恶名，以锄之摧之。此统之名所由立也。《记》曰："得乎丘民而为天子。"若是乎，无统则已，苟其有统，则创垂之而继续之者，舍斯民而奚属哉？故泰西之良史，皆以叙述一国国民系统之所由来，及其发达进步盛衰兴亡之原因结果为主，诚以民有统而君无统也。借曰君而有统也，则不过一家之谱牒，一人之传记，而非可以冒全史之名，而安劳史家之哓哓争论也。然则以国之统而属诸君，则固已举全国之人民，视同无物，而国民之资格，所以永坠九渊而不克自拔，皆此一义之为误也。故不扫君统之谬见，而欲以作史，史虽充栋，徒为生民毒耳。

统之义已谬，而正与不正，更何足云。虽然，亦既有是说矣，其说且深中于人心矣，则辞而辟之，固非得已。正统之辨，昉于晋而盛于宋。朱子《通鉴纲目》所推定者，则秦也，汉也，东汉也，蜀汉也，晋也，东晋也，宋、齐、梁、陈也，隋也，唐也，后梁、后唐、后汉、后晋、后周也。本朝乾隆间《御批通鉴》从而续之，则宋也，南宋也，元也，明也，清也。所谓正统者，如是如是，而其所据为理论，以衡量夫正不正者，约有六事：

一曰以得地之多寡而定其正不正也。凡混一宇内者，无论其为何等人，而皆奉之以正，如晋、元等是。

二曰以据位之久暂，而定其正不正也。虽混一宇内，而享之不久者，皆谓之不正，如项羽、王莽等是。

三曰以前代之血胤为正，而其余皆为伪也。如蜀汉、东晋、南宋等是。

四曰以前代之旧都所在为正，而其余皆为伪也。如因汉而正魏，因唐而正后梁、后唐、后晋、后汉、后周等是。

五曰以后代之所承者所自出者为正，而其余为伪也。如因唐而正隋，因宋而正周等是。

六曰以中国种族为正，而其余为伪也。如宋、齐、梁、陈等是。

此六者，互相矛盾，通于此则窒于彼，通于彼则窒于此，而据朱子《纲目》及《通鉴辑览》等所定，则前后互歧，进退失据，无一而可焉。请穷诘之。夫以得地之多寡而定，则混一者固莫与争矣。其不能混一者，自当以最多者为最正，则苻秦盛时，南至邛僰，东抵淮泗，西极西域，北尽大碛，视司马氏版图过之数倍。而宋金交争时代，金之幅员，亦有天下三分之二，而果谁为正而谁为伪也？如以据位之久暂而定，则如汉唐等之数百年，不必论矣。若夫拓跋氏之祚，回轶于宋齐梁陈；钱镠、刘隐之系，远过于梁唐晋汉周；而西夏李氏，乃始唐乾符，终宋宝庆，凡三百五十余年，几与汉唐埒，地亦广袤万里，又谁为正而谁为伪也？如以前代之血胤而定，则杞宋当二日并出，而周不可不退处于篡僭。而明李槃以宇文氏所臣属之萧岿为篡贼，萧衍延苟全之性命而使之统陈；以沙陀夷族之朱邪存勖，不知所出之徐知诰冒李唐之宗，而使之统分据之天下者，将为特识矣。而顺治十八年间，故明弘光、隆武、永历，尚存正朔，而视同闰位，何也？而果谁为正而谁为伪也？如以前代旧都所在而定，则刘、石、慕容、苻、姚、赫连、拓跋所得之土，皆五帝三王之故宅也；女真所抚之众，皆汉唐之遗民也，而又谁为正谁为伪也？如以后代所承所出者为正，则晋既正矣，而晋所自出之魏，何以不正？前既正蜀，而后复正晋，晋自篡魏，岂承汉而兴邪？唐既正矣，且因唐而正隋矣，而隋所自出之宇文，宇文所自出之拓跋，何以不正？前正陈而后正隋，隋岂因灭陈而始有帝号邪？又乌知夫谁为正而谁为伪也！若夫以中国之种族而定，则诚爱国之公理，民族之精神，虽迷于统之义，而犹不悖于正之名也。而惜乎数千年未有持此以为鹄者也。李存勖、石敬瑭、刘智远，以沙陀三小族，窃一掌之地，而觍然奉为共主。自宋至明百年间，黄帝子孙，无尺寸土，而史家所谓正统者，仍不绝如故也。而果谁为正而谁为伪也？于是乎而持正统论者，果无说以自完矣。

大抵正统之说之所以起者，有二原因：（其一）则当代君臣，自私本国也。温公所谓"宋魏以降，各有国史，互相排黜。南谓北为索虏，北谓南为岛夷。朱氏代唐，四方幅裂。朱邪入汴，比之穷新（原注：唐庄宗自以为继唐，比朱梁于有穷篡夏，新室篡汉），运历年纪，弃而不数。此皆私己之偏辞，非大公之通论也"（《资治通鉴》卷六十九），诚知言矣。自古正统之争，莫多于蜀魏问题。主都邑者以魏为真人，主血胤者以蜀为宗子，而其议论之变迁，恒缘当时之境遇。陈寿主魏，习凿齿主蜀，寿生西晋，而凿齿东晋也。西晋踞旧都，而上有所受，苟不主都邑说，则晋为僭矣，故寿之正魏，凡以正晋也。凿齿时则晋既南渡，苟不主血胤说，而仍沿都邑，则刘、石、苻、姚正，而晋为僭矣。凿齿之正蜀，凡亦以正晋也。其后温公主魏，而朱子主蜀，温公生北宋，而朱子南宋也。宋之篡周宅汴，与晋之篡魏宅许者同源。温公之主都邑说也，正魏也，凡以正宋也。南渡之宋与江东之晋同病，朱子之主血胤说也，正蜀也，凡亦以正宋也。盖未有非为时君计者也。至如五代之亦觍然目为正统也，更宋人之謷言也。彼五代抑何足以称代？朱温盗也，李存勖、石敬瑭、刘智远沙陀犬羊之长也。温可代唐，则侯景、李全可代宋也；沙陀三族可代中华之主，则刘聪、石虎可代晋也。郭威非夷非盗，差近正矣，而以黥卒乍起，功业无闻，乘人孤寡，夺其穴以篡立，以视陈霸先之能平寇乱，犹奴隶耳。而况彼五人者，所掠之地，不及禹域二十分之一，所享之祚合计仅五十二年。而顾可以圣仁神武某祖某皇帝之名奉之乎？其奉之也，则自宋人始也。宋之得天下也不正，推柴氏以为所自受，因而溯之，许朱温以代唐，而五代之名立焉（以上采王船山说）。其正五代也，凡亦以正宋也。至于本朝，以异域龙兴，入主中夏，与辽金元前事相类，故顺治二年三月，议历代帝王祀典，礼部上言，谓辽则宋曾纳贡，金则宋尝称侄，帝王庙祀，似不得遗。骎骎乎欲伪宋而正辽金矣，后虽惮于清议，未敢悍然，然卒增祀辽太祖、太宗、景宗、圣宗、兴宗、道宗，金太祖、太宗、世宗、章宗、宣宗、哀宗。其后复增祀元魏道武帝、明帝、孝武帝、文成帝、献文帝、孝文帝、宣武帝、孝明帝，岂所谓兔死狐悲，物伤其类者耶？由此言之，凡数千年来哓哓于正不正、伪不伪之辩者，皆当时之霸者与夫霸者之奴隶，缘饰附会，以保其一姓私产之谋耳。而时过境迁之后，作史者犹慷他人之慨，断断焉辩得失于鸡虫，吾不知其何为也。

（其二）由于陋儒误解经义，煽扬奴性也。陋儒之说，以为帝王者圣神也；陋儒之意，以为一国之大，不可以一时而无一圣神焉者，又不可以同时而有两圣神焉者。当其无圣神也，则无论为乱臣为贼子为大盗为狗偷为仇雠为夷狄，而必取一人一姓焉，偶像而尸祝之曰：此圣神也！此圣神也！当其多圣神也，则于群圣群神之中，而探阄焉，而置棋焉，择取其一人一姓而膜拜之曰：此乃真圣神也！而其余皆乱臣贼子大盗狗偷仇雠夷狄也。不宁惟是，同一人也，甲书称之为乱贼偷盗仇雠夷狄，而乙书则称之为神圣焉。甚者同一人也，同一书也，而今日称之为乱贼偷盗仇雠夷狄，明日则称之为神圣焉。夫圣神自圣神，乱贼自乱贼，偷盗自偷盗，夷狄自夷狄，其人格之相去，不可以道里计，一望而知，无能相混者也，亦断未有一人之身，而能兼两涂者也。异哉！此至显至浅至通行至平正之方人术，而独不可以施诸帝王也。谚曰："成即为王，败即为寇。"此真持正统论之史家所奉为月旦法门者也，夫众所归往谓之王，窃夺殄民谓之寇。既王矣，无论如何变相，而必不能堕而为寇。既寇矣，无论如何变相，而必不能升而为王，未有能相印焉者也。如美人之抗英而独立也，王也，非寇也，此其成者也。即不成焉，如菲律宾之抗美，波亚之抗英，未闻有能目之为寇者也。元人之侵日本，寇也，非王也，此其败者也。即不败焉，如蒙古蹂躏俄罗斯，握其主权者数百年，未闻有肯认之为王者也。中国不然，兀术也，完颜亮也，在《宋史》则谓之为贼为虏为仇，在《金史》则某祖某皇帝矣，而两皆成于中国人之手，同列正史。而"诸葛亮入寇""丞相出师"等之差异，更无论也。朱温也，燕王棣也，始而曰叛曰盗，忽然而某祖某皇帝矣，而曹丕、司马炎之由名而公，由公而王，由王而帝，更无论也。准此以谈，吾不能不为匈奴冒顿、突厥颉利之徒悲也，吾不能不为汉吴楚七国、淮南王安、晋八王、明宸濠之徒悲也，吾不能不为上官桀、董卓、桓温、苏峻、侯景、安禄山、朱泚、吴三桂之徒悲也，吾不得不为陈涉、吴广、新市平林、铜马赤眉、黄巾、窦建德、王世充、黄巢、张士诚、陈友谅、张献忠、李自成、洪秀全之徒悲也。彼其与圣神，相去不能以寸耳，使其稍有天幸，能于百尺竿头，进此一步，何患乎千百年后赡才博学正言谠论倡天经明地义之史家，不奉以"承天广运、圣德神功、肇纪立极、钦明文思、睿哲显武、端毅弘文、宽裕中和、大成定业、太祖高皇帝"之徽号，而有腹诽者则曰大不敬，有指斥者则曰逆不道。此非吾过激之言也。试思朱元璋之德，何如窦建德？萧衍之才，何如王莽？赵匡胤之功，何如项羽？李存勖之强，何如冒顿？杨坚传国之久，何如李元昊？朱温略地之广，何如洪秀全？而皆于数千年历史上巍巍然圣矣神矣。吾无以名之，名之曰幸不幸而已。若是乎，史也者，赌博耳！儿戏耳！鬼蜮之府耳！势利之林耳！以是为史，安得不率天下而禽兽也？而陋儒犹嚣嚣然曰：此天之经也！地之义也！人之伦也！国之本也！民之坊也！吾不得不深恶痛绝夫陋儒之毒天下如是其甚也。

然则不论正统则亦已耳，苟论正统，吾敢翻数千年之案而昌言曰：自周秦以后，无一朝能当此名者也。（第一）夷狄不可以为统，则胡元及沙陀三小族，在所必摈，而后魏、北齐、北周、契丹、女真，更无论矣。（第二）篡夺不可以为统，则魏、晋、宋、齐、梁、陈、北齐、北周、隋、后周、宋，在所必摈，而唐亦不能免矣。（第三）盗贼不可以为统，则后梁与明在所必摈，而汉亦如唯之与阿矣。然则正统当于何求之？曰：统也者，在国非在君也，在众非在一人也；舍国而求诸君，舍众人而求诸一人，必无统之可言，更无正之可言。必不获已者，则如英、德、日本等立宪君主之国，以宪法而定君位继承之律。其即位也，以敬守宪法之语誓于大众，而民亦公认之。若是者，其犹不谬于得丘民为天子之义，而于正统庶乎近矣。虽然，吾中国数千年历史上，何处有此？然犹断断于百步五十步之间，而曰统不统正不正，吾不得不怜其愚，恶其妄也。后有良史乎？盍于我国民系统盛衰强弱主奴之间，三致意焉尔。

论书法

新史氏曰：吾一不解夫中国之史家，何以以书法为独一无二之天职也？吾一不解夫中国之史家，何以以书法为独一无二之能事也？吾一不解夫中国之史家，果据何主义以衡量天下古今事物，而敢嚣嚣然以书法自鸣也？史家之言曰：书法者，本《春秋》之义，所以明正邪，别善恶，操斧钺权，褒贬百代者也。书法善，则为良史；反是，则为秽史。嘻！此謷言也。《春秋》之书法，非所以褒贬也。夫古人往矣，其人与骨皆已朽矣，孔子岂其不惮烦，而一一取而褒贬之？《春秋》之作，孔子所以改制而自发表其政见也，生于言论不自由时代，政见不可以直接发表，故为之符号标识焉以代之。书尹氏卒，非贬尹氏也，借尹氏以讥世卿。书仲孙忌帅师围运，非贬仲孙忌也，借仲孙忌以讥二名也。此等符号标识，后世谓之书法。惟《春秋》可以有书法。《春秋》，经也，非史也，明义也，非记事也。使《春秋》而史也，而记事也，则天下不完全、无条理之史，孰有过于《春秋》者乎？后人初不解《春秋》之为何物，胸中曾无一主义，摭拾一二断烂朝报，而规规然学《春秋》，天下之不自量，孰此甚也！吾敢断言曰：有《春秋》之志者，可以言书法；无《春秋》之志者，不可以言书法。

问者曰：书法以明功罪，别君子小人，亦使后人有所鉴焉，子何绝之甚？曰：是固然也；虽然，史也者，非纪一人一姓之事也，将以述一民族之运动、变迁、进化、堕落，而明其原因结果也，故善为史者，必无暇断断焉褒贬一二人；亦决不肯断断焉褒贬一二人。何也？褒贬一二人，是专科功罪于此一二人，而为众人卸其责任也。上之启枭雄私天下之心，下之堕齐民尊人格之念，非史家所宜出也。吾以为一民族之进化堕落，其原因决不在一二人。以为可褒则宜俱褒，以为可贬则宜俱贬。而中国史家，只知有一私人之善焉恶焉功焉罪焉，而不知有一团体之善焉恶焉功焉罪焉。以此牖民，此群治所以终不进也。吾非谓书法褒贬之必可厌，吾特厌夫作史者以为舍书法褒贬外，无天职无能事也。

今之谈国事者，辄曰恨某枢臣病国，恨某疆臣殃民。推其意，若以为但能屏逐此一二人，而吾国之治即可与欧美最文明国相等者然，此实为旧史家谬说所迷也。吾见夫今日举国之官吏士民，其见识与彼一二人者相伯仲也，其意气相伯仲也，其道德相伯仲也，其才能相伯仲也。先有无量数病国殃民之人物，而彼一二人乃乘时而出焉，偶为其同类之代表而已。一二人之代表去，而百千万亿之代表者，方且比肩而立，接踵而来，不植其本，不清其源，而惟视进退于一二人，其有济乎？其无济乎？乃举国之人，莫或自讥自贬，而惟讥贬以一二人，吾不能不为一二人呼冤也。史者也，求有益于群治也，以此为天职为能事，问能于群治有丝毫之影响焉否也。

且旧史家所谓功罪善恶，亦何足以为功罪善恶？彼其所纪载，不外君主与其臣妾交涉之事。大率一切行谊，有利于时君者，则谓之功，谓之善，反是者则谓之罪，谓之恶。其最所表彰者，则死节之臣也，其最所痛绝者，叛逆及事二姓者也。夫君子何尝不贵死节？虽然，古人亦有言，君为社稷死则死之，为社稷亡则亡之，苟为己死而为己亡，非其亲昵，谁敢任之？若是乎，死节之所以可贵者，在死国，非在死君也。试观二十四史所谓忠臣，其能合此资格者几何人也？事二姓者，一奴隶之不足，而再奴隶焉，其无廉耻不待论也。虽然，亦有辩焉：使其有救天下之志，而欲凭借以行其道也，则佛肸召而子欲往矣，公山召而子欲往矣。伊尹且五就汤而五就桀矣，未见其足以为圣人病也。苟不尔者，则持禄保位富贵骄人以终身于一姓之朝，安用此斗量车载之忠臣为也！《纲目》书莽大夫扬雄死，后世言书法者所最津津乐道也。吾以为扬雄之为人，自无足取耳，若其人格之价值，固不得以事莽不事莽为优劣也。新莽之治，与季汉之治，则何择焉？等是民贼也，而必大为鸿沟以划之曰：事此贼者忠义也，事彼贼者奸佞也，吾不知其何据也。雄之在汉，未尝得政，未尝立朝，即以旧史家之论理律之，其视魏徵之事唐，罪固可末减焉矣。而雄独蒙此大不韪之名，岂有他哉？李世民幸而王莽不幸，故魏徵幸而扬雄不幸而已。吾非欲为儇薄卑靡之扬雄讼冤，顾吾见夫操斧钺权之最有名者，其衡量人物之论据，不过如是，吾有以见史家之与人群渺不相涉。至于叛逆云者，吾不知泗上之亭长，何以异于渔阳之戍卒；晋阳之唐公，何以异于宸濠之亲藩；陈桥之检点，何以异于离石之校尉。乃一则夷三族而复被大憨之名，一则履九五而遂享神圣之号，天下岂有正义哉！惟权力是视而已。其间稍有公论者，则犯颜死谏之臣时或表彰之是已。虽然，然所谓敢谏者，亦大率为一姓私事十之九，而为国民公义者十之一。即有一二，而史家之表彰之者，亦必不能如是其力也。嘻！吾知其故矣。霸者之所最欲者，则臣妾之为之死节也。其次则匡正其子孙之失德而保其祚也。所最恶者，臣妾之背之而事他人也。其尤甚者，则发难而与己为敌也。故其一赏一罚，皆以此为衡。汉高岂有德于雍齿而封之？岂有憾于丁公而杀之？所谓为人妇则欲其和我，为我妇则欲其为我詈人耳。而彼等又知夫人类有尚名誉之性质，仅以及身之赏罚而不足以惩劝也，于是鼎革之后，辄命其臣妾修前代之史，持此衡准以赏罚前代之人，因以示彼群臣群妾曰：尔其效此，尔其毋效彼。此霸者最险最黠之术也。当崇祯、顺治之交，使无一洪承畴，则本朝何以有今日？使多一史可法，则本朝又何以有今日？而洪则为《国史·贰臣传》之首，史则为《明史·忠烈传》之魁矣。夫以此两途判别洪、史之人格，夫谁曰不宜？顾吾独不许夫霸者之利用此以自固而愚民也。问二千年来史家之书法，其有一字非为霸者效死力乎？无有也。霸者固有所为而为之，吾无责焉，独不解乎以名山大业自期者，果何德于彼，而必以全力为之拥护也。故使克林威尔生于中国，吾知其必与赵高、董卓同诟；使梅特涅生于中国，吾知其必与武乡、汾阳齐名。何也？中国史家书法之性质则然也。

吾非谓史之可以废书法，顾吾以为书法者，当如布尔特奇之《英雄传》，以悲壮淋漓之笔，写古人之性行事业，使百世之下，闻其风者，赞叹舞蹈，顽廉懦立，刺激其精神血泪，以养成活气之人物；而必不可妄学《春秋》，侈衮钺于一字二字之间，使后之读者，加注释数千言，犹不能识其命意之所在。吾以为书法者，当如吉朋之《罗马史》，以伟大高尚之理想，褒贬一民族全体之性质，若者为优，若者为劣，某时代以何原因而获强盛，某时代以何原因而致衰亡，使后起之民族读焉，而因以自鉴曰：吾侪宜尔，吾侪宜毋尔；而必不可专奖厉一姓之家奴走狗，与夫一二矫情畸行，陷后人于狭隘偏枯之道德之域，而无复发扬蹈厉之气。君不读龙门《史记》乎，史公虽非作史之极轨，至其为中国史家之鼻祖，尽人所同认矣。《史记》之书法也，岂尝有如庐陵之《新五代史》，晦庵之《通鉴纲目》，咬文嚼字，矜愚饰智，断断于缌小功之察而问无齿决者哉！

论纪年

或问新史氏曰：子之驳正统论，辩矣。虽然，昔之史家说正统者，其意非必皆如吾子所云云也。盖凡史必有纪年，而纪年必借王者之年号，因不得不以一为主，而以余为闰也。司马温公尝自言之矣（《资治通鉴》卷六十九）。新史氏曰：审如是也，则吾将更与子论纪年。

纪年者何义也？时也者，过而不留者也。立乎今日以指往日，谓之去年，谓之前年，谓之前三年，前十年。再推而上之，则词穷矣。言者既凌乱而难为之名，听者亦瞀惑而莫知所指矣。然人生在世，则已阅数十寒暑，其此年与彼年交涉比较之事，不一而足。而人之愈文明者，其脑筋所容之事物愈多，恒喜取数百年数千年以前之事而记诵之讨论之。然而年也者，过而不留者也，至无定而无可指者也。无定而无可指，则其所欲记之事，皆无所附丽，故不得不为之立一代数之记号，化无定为有定，然后得以从而指名之，于是乎有纪年。凡天地间事物之名号，其根原莫不出于指代，而纪年亦其一端也。

凡设记号者，皆将使人脑筋省力也；故记号恒欲其简，不欲其繁。当各国之未相遇也，各自纪年，盖记号必不能暗同，无可如何也。及诸国既已相通，交涉之事日多，而所指之年，其代数记号，各参差不相符，则于人之脑筋甚劳，而于事甚不便。故孔子作《春秋》，首据其义曰：诸侯不得改元，惟王者然后改元。所以齐万而为一，去繁而就简，有精意存焉也（孔子前皆各国各自纪元。详见《纪年公理》）。

既明纪年之性质及其公例矣，然则一地之中，而并时有数种纪年，固为不便，百年之内，而纪年之号屡易，其不便亦相等明矣。何也？一则横繁，一则竖繁也。是故欲去繁而就简者，必不可不合横竖而皆一之。今吾国史家之必以帝王纪年也，岂不以帝王为一国之最巨物乎哉！然而帝王在位之久，无过六十年者（康熙六十一年，在中国数千年中实独一无二也）。其短者，或五年，或三年，或二年一年乃至半年。加以古代一帝之祚，改元十数，瞀乱繁杂，不可穷诘。故以齐氏《纪元编》所载年号，合正统僭伪计之，不下千余。即专以史家所谓正统者论，计自汉孝武建元（以前无年号），以迄今光绪，二千年间，而为年号者，三百十有六。今试于此三百十六之中，任举其一以质诸学者，虽极淹博者，吾知其不能具对也。于是乎强记纪元，遂为谈史学者一重要之学科，其糜脑筋于无用亦甚矣。试读西史，观其言几千几百年，或言第几世纪，吾一望而知其距今若干年矣。或有译本以中国符号易之，而曰唐某号某年，宋某号某年，则梦然不知其何指矣（译西书而易以中国年号，最为无理。非惟淆乱难记，亦乖名从主人之义。若言中国事而用西历，其谬更不待辩矣）。夫中国人与中国符号相习，宜过于习他国矣，然难若天渊焉者何也？一极简，一极繁。苟通此义，则帝王纪年之法，其必不可以久行于今日文明繁备之世，复何待言！

西人之用耶稣纪元，亦自千四百年以来耳。古代之巴比伦人，以拿玻纳莎王为纪元（前747）。希腊人初时，以执政官或大祭司在位之年纪之，其后改以和灵之大祭为纪元（前767）。罗马人以罗马府初建之年为纪元（前753）。回教国民以教祖摩哈麦德避难之年为纪元（前622）。犹太人以《旧约·创世记》所言世界开辟为纪元（前3761），自耶稣立教以后，教会以耶稣流血之年为纪元。至第六世纪，罗马一教士，倡议改用耶稣降生为纪元，至今世界用之者过半。此泰西纪年之符号逐渐改良，由繁杂而趋于简便之大略也。要之，苟非在极野蛮时代，断无以一帝一号为纪年者；有之，其惟亚洲中之中国、朝鲜、日本诸国而已（日本近亦以神武天皇开国为纪元）。

曰：然则中国当以何纪？曰：昔上海强学会之初开也，大书孔子卒后二千四百七十三年。当时会中一二俗士，闻之舌挢汗下色变，曰：是不奉今王正朔也，是学耶稣也。而不知此实太史之例也。《史记》于《老子列传》大书孔子卒后二百七十五年，而其余各国世家，皆书孔子卒，此史公开万世纪元之定法也。近经学者讨论，谓当法其生，不法其死，以孔子卒纪，不如以孔子生纪。至今各报馆用之者既数家，达人著书，亦往往采用。此号殆将易天下矣。用此为纪，厥有四善：符号简，记忆易，一也。不必依附民贼，纷争正闰，二也。孔子为我国至圣，纪之使人起尊崇教主之念，爱国思想亦油然而生，三也。国史之繁密而可纪者，皆在孔子以后，故用之甚便，其在孔子前者，则用西历纪元前之例，逆而数之，其事不多，不足为病，四也。有此四者，则孔子纪元，殆可以俟诸百世而不惑矣。或以黄族鼻祖之故，欲以黄帝纪；或以孔子大同托始故，欲以帝尧纪；或以中国开辟于夏后故，欲以大禹纪；或以中国一统于秦故，欲以秦纪。要皆以事理有所窒，于公义无所取，故皆不足置辩；然则以孔子生纪元，殆后之作史者所宜同认矣。

纪元之必当变也，非以正统闰统之辩而始然也。然纪元既不以帝号，则史家之争正统者，其更无说以自文矣。不然，以新莽之昏虐，武后之淫暴，而作史者势不能不以其始建国、天凤、地皇、光宅、垂拱、永昌、天授、长寿、延载、天册、登封、神功、圣历、久视、长安等年号，厕之于建元之下，光绪之上，其为我国史污点也，不亦甚乎！况污点国史者，又岂直新莽、武后乎哉！

---第二章---

《论语》《孟子》
附论《大学》《中庸》《孝经》及其他

总说

《论语》《孟子》两书，近人多呼为"经书"。古代不然，汉儒对于古书之分类，以《诗》《书》《礼》《乐》《易》《春秋》为"六艺"，亦谓之"六经"，实为古书中之最见宝贵者。次则名为"记"或"传"，乃解释或补注诸经者，《论语》即属此类。又次则为诸子，乃于六经之外别成一家言者，《孟子》即属此类。故《论》《孟》两书，在汉时不过二三等书籍。然汉文帝时已将此二书置博士，（"置博士"者，在大学中专设一科，以专门之博士任教授也。）是曾经特别崇重，然不久亦罢。（罢博士者，废此专科也。）六朝隋唐以来，《论语》研究尚盛，《孟子》则亦仅侪于诸子之列耳。自宋儒从《礼记》中抽出《大学》《中庸》两篇，合诸《论》《孟》，称为"四书"。明清两代，以八股取士，试题悉出"四书"。于是"四书"之诵习，其盛乃驾"六经"而上之。六七百年来，数岁孩童入三家村塾者，莫不以四书为主要读本，其书遂形成一般常识之基础，且为国民心理之总关键。

《论语》编辑者及其年代

《汉书·艺文志》云:"《论语》者,孔子应答弟子时人及弟子相与言而接闻于夫子之语也。当时弟子各有所记。夫子既卒,门人相与辑而论纂,故谓之《论语》。"据此,则谓《论语》直接成于孔子弟子之手。虽然,书中所记如鲁哀公、季康子、子服景伯诸人,皆举其谥,诸人之死皆在孔子卒后。书中又记曾子临终之言,曾子在孔门齿最幼,其卒年更当远后于孔子。然则此书最少应有一部分为孔子卒后数十年七十子之门人所记,无疑。书中有子、曾子皆称"子"。全书第一章记孔子语,第二章即记有子语,第三章记孔子语,第四章即记曾子语。窃疑纂辑成书,当出有子、曾子门人之手,而所记孔子言行,半承有、曾二子之笔记或口述也。

《论语》之真伪

先秦书赝品极多,学者最宜慎择。《论语》为孔门相传宝典,大致可信。虽然,其中未尝无一部分经后人附益窜乱,大抵各篇之末,时有一二章非原本者。盖古用简书,传抄收藏皆不易,故篇末空白处,往往以书外之文缀记填入。在本人不过为省事备忘起见,非必有意作伪,至后来辗转传抄,则以之误混正文。周秦古书中似此者不少,《论语》中亦有其例。如《雍也篇》末"子见南子"章,《乡党篇》末"色斯举矣"章,《季氏篇》末"齐景公"章,《微子篇》末"周公谓鲁公""周有八士"章,皆或与孔门无关,或文义不类,疑皆非原文。然此犹其小者,据崔东壁(述)所考证,则全书二十篇中,末五篇——《季氏》《阳货》《微子》《子张》《尧曰》——皆有可疑之点。因汉初有所传有"鲁论""齐论""古论"之分,篇数及末数篇之篇名各有不同,文句亦间互异。王莽时佞臣张禹者合三本而一之,遂为今本(见《汉书·艺文志》《张禹传》及何晏《论语集解序》）。此末五篇中，最少应有一部分为战国末年人所窜乱。其证据：一、《论语》通例，称孔子皆曰"子"，惟记其与君大夫问答乃称"孔子"。此五篇中，屡有称"孔子"或"仲尼"者。二、《论语》所记门弟子与孔子对面问答，亦皆呼之为"子"。对面呼"夫子"，乃战国时人语，春秋时无之，而此五篇中屡称"夫子"。三、《季氏篇》"季氏将伐颛臾，冉有、季路见于孔子"云云，考冉有、季路并无同时仕于季氏之事。四、《阳货篇》记"公山弗扰以费畔，召，子欲往"云云，又记"佛肸以中牟畔，召，子欲往"云云。考弗扰叛时，孔子正为鲁司寇，率师堕费，弗扰正因反抗孔子政策而作乱，其乱亦由孔子手平定之，安有以一造反之县令而敢召执政，其执政方督师讨贼，乃欲应以召？且云"其为东周"，宁有此理？佛肸以中牟叛赵，为赵襄子时事，见《韩诗外传》。赵襄子之立，在孔子卒后五年，孔子何从与肸有交涉？凡此诸义，皆崔氏所疏证，大致极为精审。（参观《崔东壁遗书》内《洙泗考信录》，《畿辅丛书》中亦有此书。）由此言之，《论语》虽十有八九可信，然其中仍有一二出自后人依托，学者宜分别观之也。

《论语》之内容及其价值

《论语》一书，除前所举可疑之十数章外，其余则字字精金美玉，实人类千古不磨之宝典。盖孔子人格之伟大，宜为含识之俦所公认，而《论语》则表现孔子人格唯一之良书也。其书编次体例，并无规定，篇章先后，似无甚意义。内容分类，亦难得正确标准，略举纲要，可分为以下各类：

一、关于个人人格修养之教训。

二、关于社会伦理之教训。

三、政治谈。

四、哲理谈。

五、对于门弟子及时人因人施教（注重个性的）的问答。

六、对于门弟子及古人时人之批评。

七、自述语。

八、孔子日常行事及门人诵美孔子之语（映入门弟子眼中之孔子人格）。

上所列第一、二项，约占全书三分之二，其余六项约合占三分之一。第一项人格修养之教训，殆全部有历久不磨的价值。第四项之哲理谈，虽着语不多（因孔子之教，专贵实践，罕言性与天道），而皆渊渊入微。第二项之社会伦理，第三项之政治谈，其中一部分对当时阶级组织之社会立言，或不尽适于今日之用，然其根本精神，固自有俟诸百世而不惑者。第五项因人施教之言，则在学者各自审其个性之所近所偏而借以自鉴。第六项对人的批评，读之可以见孔子理想人格之一斑。第七项孔子自述语及第八项别人对于孔子之观察批评，读之可以从各方面看出孔子之全人格。《论语》全书之价值大略如此。要而言之，孔子这个人有若干价值，则《论语》这部书，亦连带的有若干价值也。

读《论语》法

吾侪对于如此有价值之书，当用何法以善读之耶？我个人所认为较简易且善良之方法如下：

第一，先注意将后人窜乱之部分剔出，以别种眼光视之，免使朦混真相。

第二，略依前条所分类，将全书纂抄一过，为部分的研究。

第三，或作别种分类，以教义要点——如论"仁"、论"学"、论"君子"等为标准，逐条抄出，比较研究。

第四，读此书时，即立意自作一篇《孔子传》或《孔子学案》，一面读便一面思量组织法且整理资料，到读毕时自然能极彻底极正确地了解孔子。

第五，读此书时，先要略知孔子之时代背景，《左传》《国语》，实主要之参考书。

第六，此书文义并不艰深，专读白文自行绅绎其义最妙，遇有不解时，乃翻阅次条所举各注。

上所举者，为书本上知识方面之研究法。其实我辈读《论语》之主要目的，还不在此。《论语》之最大价值，在教人以人格的修养。修养人格，决非徒恃记诵或考证，最要是身体力行，使古人所教变成我所自得。既已如此，则不必贪多务广，果能切实受持一两语，便可以终身受用。至某一两语最合我受用，则全在各人之自行领会，非别人所能参预。别人参预，则已非自得矣。要之，学者苟能将《论语》反复熟读若干次，则必能暂然有见于孔子之全人格，以作自己祈向之准鹄。而其间亦必有若干语句，恰与自己个性相针对，读之别有会心，可以作终身受持之用也。《论语》文并不繁，熟读并不费力，吾深望青年勿蔑弃此家宝也。

《论语》注释书及关系书

《论语》注释，有汉郑康成注，已佚，近人有辑本。有魏何晏《集解》、宋邢昺《义疏》，现行《十三经注疏》所载者即是。但其中要语，多为后人新疏所以采，不读亦得。为便于学者计，列举以下之注释书及关系书各种：

一、宋朱熹《论语集注》《论语或问》

《集注》简而明，最便读者，但其中有稍涉理障处。《或问》时于《集注》外有所发明。

二、清戴望《论语注》

此书亦简明，训诂视朱注为精审，但多以公羊家言为解，穿凿附会，间亦不免。

三、清刘宝楠《论语正义》

最精博，但太繁，非专家研究者不必读。

四、清颜元《四书正误》《论语》之部

此书正朱注之误也，可见习斋一家学说。

五、清焦循《论语通释》

此书将《论语》教义要点分类研究，其方法最可学。

六、清阮元《揅经堂集》中《论语论仁解》

此书一短篇文，专取《论语》言"仁"之一部抄下通贯研究，其方法可学。

七、清崔述《洙泗考信录附余录》

此书为最谨严之孔子传，其资料十九取自《论语》，辨《论语》窜乱之部分，当略以此书所疑者为标准。

◎以上说《论语》竟。

《孟子》之编纂者及篇数

《史记·孟子荀卿列传》云："孟子乃述唐、虞、三代之德，是以所如者不合。退而与万章之徒序诗书，述仲尼之意，作《孟子》七篇。"赵岐《孟子题辞》云："退而论集，所与高第弟子公孙丑、万章之徒，难疑问答，又自撰其法度之言，著书七篇二百六十一章三万四千六百八十五字。"据此则汉儒传说，皆谓此书为孟子自撰。然书中称时君皆举其谥，如梁惠王、襄王、齐宣王、鲁平公、邹穆公皆然，乃至滕文公之年少亦毕如是。其人未必皆先孟子而卒，何以皆称其谥？又书中于孟子门人多以"子"称之，乐正子、公都子、屋庐子、徐子、陈子皆然，不称子者无几。果孟子所自著，恐未必自称其门人皆曰子。细玩此书，盖孟子门人万章、公孙丑等所追述，故所记二子问答之言最多，而二子在书中亦不以子称也。其成书年代虽不可确指，然最早总在周赧王十九年（前296）梁襄王卒之后，上距孔子卒一百八十余年，下距秦始皇并六国七十余年也。今本《孟子》七篇，而《汉书·艺文志》儒家云《孟子》十一篇"，应劭《风俗通·穷通篇》亦云然，赵岐《题辞》云："又有《外书》四篇——《性善》《辨文》《说孝经》《为政》，其文不能宏深，不与《内篇》相似，似非《孟子》本真，后人依放而托也。"据此，知汉时所流传者，尚有《外书》四篇，与今七篇混为一本。赵邠卿（岐）鉴定为赝品，故所作《孟子章句》，惟释七篇。此后赵注独行，而《外篇》遂废，后人或以为惜。但吾侪颇信邠卿鉴别力不谬，其排斥《外篇》，不使珷玞乱玉，殆可称《孟子》功臣。今《外篇》佚文，见于《法言》《盐铁论》《颜氏家训》、李善《文选注》等书有若干条，经近人辑出，诚有如邠卿所谓"不能宏深，不与《内篇》相似"也。至明季姚士璘所传《孟子外书》四篇，则又伪中出伪，并非汉时之旧，更不足道矣。

《孟子》之内容及其价值

孟子与荀卿，为孔门下两大师。就学派系统论，当时儒、墨、道、法四家并峙，孟子不过儒家一支流，其地位不能比老聃、墨翟，但《孟子》在文化史上有特别贡献者二端：

一、高唱性善主义，教人以自动的扩大人格，在哲学上及教育学上成为一种有永久价值之学说。

二、排斥功利主义，其用意虽在矫当时之弊，然在政治学、社会学上最少亦代表一面真理。

其全书要点略如下：

一、哲理谈。穷究心性之体相，证成性善之旨。《告子》上下篇、《尽心》上篇，多属此类。

二、政治谈。发挥民本主义，排斥国家的功利主义，提出经济上种种理想的建设。《梁惠王》上下篇、《滕文公》上篇，全部皆属此类，其余各篇亦多散见。

三、一般修养谈。多用发扬蹈厉语，提偈独立自尊的精神，排斥个人的功利主义。《滕文公》《告子》《尽心》三篇最多，余篇亦常有。

四、历史人物批评。借古人言论行事证成自己的主义。《万章篇》最多。

五、对于他派之辩争。其主要者如后儒所称之辟杨墨，此外如对于告子论性之辩难，对于许行、陈仲子之呵斥，对于法家者流政策之痛驳等皆是。

六、记孟子出处辞受及日常行事等。

上各项中，惟第四项之历史谈价值最低，因当时传说，多不可信，而孟子并非史家，其著书宗旨又不在综核古事，故凡关于此项之记载及批评，应认为孟子借事明义，不可当史读。第五项辩争之谈，双方皆持之有故言之成理，未可偏执一是。第二项之政治谈，因时代不同，其具体的制度自多不适用，然其根本精神固有永久价值。余三项价值皆极高。

读《孟子》法

读《论语》《孟子》一类书，当分两种目的：其一为修养受用，其一为学术的研究。为修养受用起见，《论语》如饭，最宜滋养；《孟子》如药，最宜祓除及兴奋。读《孟子》，第一，宜观其砥砺廉隅，崇尚名节，进退辞受取与之间竣立防闲，如此然后可以自守而不至堕落。第二，宜观其气象博大，独往独来，光明俊伟，绝无藏闪，能常常诵习体会，人格自然扩大。第三，宜观其意志坚强，百折不回，服膺书中语，对于环境之压迫，可以增加抵抗力。第四，宜观其修养下手工夫简易直捷，无后儒所言支离玄渺之二病。要之《孟子》为修养最适当之书，于今日青年尤为相宜。学者宜摘取其中精要语熟诵，或抄出常常阅览，使其精神深入我之"下意识"中，则一生做人基础可以稳固，而且日日向上，至老不衰矣。

学术的研究，方面极多，宜各随兴味所注，分项精求。惟每研究一项，必须对于本书所言彻头彻尾理会一番，且须对于他书有关系的资料博为搜采参核。试举数例：

一、如欲研究《孟子》哲学，必须先将书中所谓性、所谓心、所谓情、所谓才、所谓义、所谓理……种种名词，仔细推敲，求得其正确之意义。复又须贯通全书，求得某几点为其宗旨之主脑，然后推寻其条理所由衍出。

又须将别派学说与之对照研究，如《荀子》《春秋繁露》等书，观其所自立说，及批驳《孟子》者何如。

二、欲研究《孟子》之政治论，宜先提挈出几个大纲领——例如民本主义、统一主义、非功利主义等等，观其主张之一贯。又须熟察时代背景，遍观反对派学说，再下公正的批评。

三、《孟子》辟异端，我辈不必随声附和。然可从书中发见许多"异端"的学说，例如杨朱、许行、宋牼、陈仲子、子莫、白圭、告子、淳于髡等，其书皆不传，且有并姓名亦不见于他书者，从《孟子》书中将其学说摭拾研究，便是古代学术史绝好资料。

四、将本书所载孟子所见之人所历之地及其行事言论钩稽排比，可以作一篇极翔实的《孟子小传》。

以上不过略举数例，学者如有研究兴味，则方面尚多，在各人自择而已。

《孟子》之注释书及关系书

最古之《孟子》注释书为东汉赵岐之《孟子章句》，且每章缀以章指，其书现存。全文见焦循《孟子正义》中，今不另举。

一、宋朱熹《孟子集注》

性质及价值皆同《论语集注》。

二、清焦循《孟子正义》

考证最精审，且能发明大义，现行各注疏未有其比。

三、清戴震《孟子字义疏证》

此书乃戴氏发表自己哲学意见之作，并非专为解释《孟子》，但研究《孟子》哲学，自应以此为极要之参考品。

四、清陈澧《东塾读书记》内《孟子》之卷

此卷将《孟子》全书拆散而比观之，所发明不少，其治学方法最可学。

五、清崔述《孟子事实录》

此书为极谨严孟子小传。

◎以上说《孟子》竟。

附论《大学》《中庸》

《大学》《中庸》，本《小戴礼记》中之两篇。《礼记》为七十子后学者所记，其著作年代，或在战国末或在西汉不等，其价值本远在《论》《孟》下。自宋程正叔抽出此二篇特别提倡，朱晦庵乃创为四子书之名。其次序：一《大学》，二《论语》，三《孟子》，四《中庸》。于是近七八百年来，此二篇之地位骤高，几驾群经而上之，斯大奇矣。

区区《大学》一篇，本不知谁氏作，而朱晦庵以意分为经、传两项。其言曰："经一章，盖孔子之言而曾子述之；传十章，则曾子之意而门人记之。"然而皆属意度，羌无实证。晦庵又因其书有与自己理想不尽合者，乃指为有错简，以意颠倒其次序；又指为有脱漏，而自作补格致传一章。此甚非学者态度所宜出也。而明清两朝，非惟以《大学》侪诸经，且几将朱氏补传与孔子之言同视矣。中间王阳明主张"《大学》古本"对于朱氏所改、所补而倡异议，然重视《大学》之观念，迄未稍变。惟清初有陈乾初确者，著《大学辨》一篇，力言此书非孔子曾子作，且谓其"专言知不言行，与孔门教法相戾"。此论甫出，攻击蜂起，共指为非圣无法。后亦无人过问。自此书列于四书之首，其篇中"致知格物"四字，惹起无数异说。辩难之作，可汗十牛。然以此为孔子教人入德之门，非求得其说不可。由吾侪观之，此篇不过秦汉间一儒生之言，原不值如此之尊重而固守也。

《中庸》篇，朱晦庵谓"子思作之以授孟子"，其言亦无据。篇中有一章袭孟子语而略有改窜，据崔东壁所考证，则其书决出孟子之后也。此篇论心论性，精语颇多，在哲学史上极有价值。

要而论之，《大学》《中庸》，不失为儒门两篇名著，读之甚有益于修养，且既已人人诵习垂千年，形成国民常识之一部分，故今之学者，亦不可以不一读。但不必尊仰太过，反失其相当之位置耳。

附论《孝经》

《孝经》自汉以来，已与《论语》平视，今且列为十三经之一。共传"孔子志在《春秋》，行在《孝经》"，以为孔子手著书即此两种。其实此二语出自纬书，纯属汉人附会。"经"之名，孔子时并未曾有。专就命名论，已足征其妄。其书发端云："仲尼居，曾子侍。"安有孔子著书而作此称谓耶？书中文义皆极肤浅，置诸《戴记》四十九篇中犹为下乘，虽不读可也。

附论其他关于孔子之记载书

记载孔子言论行事之书，惟《论语》为最可信，其他先秦诸子所记，宜以极严冷谨慎之态度观之。盖凡一伟大人物，必有无数神话集于其身，不可不察也。今传《孔子家语》《孔丛子》两书，皆晋人伪作，万不可读。有《孔子集语》一书，乃宋人采集群书言孔子事者，大半诬孔子而已。学者诚诵法孔子，则一部《论语》，终身受用不尽，"岂买菜也，而求添乎"？

◎以上附论竟。

第三章

《史记》

《史记》作者之略历及其年代

《史记》百三十篇，汉太史令司马迁作。迁字子长，（见扬雄《法言》及王充《论衡》。）左冯翊夏阳人，（据自序"司马氏入少梁"语，案推汉地。）今陕西之同州韩城县也。司马氏世典周史。迁父谈，以汉武帝建元元封间仕为太史令。谈卒，迁袭官。迁生卒年不见于《太史公自序》及《汉书·司马迁传》，惟据《自序》云："为太史令，五年而当太初元年。"张守节正义云："案：迁年四十二岁。"以此推算，知迁生于景帝中元五年（前145）。父谈，学《天官》于唐都，受《易》于杨何，习道论于黄子。迁皆传其学，迁又受业孔安国治《尚书》，闻《春秋》于董仲舒，喜游历，足迹遍天下，其所经行之地见于本书者如下：

《五帝本纪》："余尝西至空同，北过涿鹿，东渐于海，南浮江淮矣。"

《河渠书》："余南登庐山，观禹疏九江，遂至于会稽大湟，上姑苏，望五湖；东窥洛汭、大邳，迎河，行淮、泗、济、漯洛渠；西瞻蜀之岷山及离碓；北自龙门至于朔方。"

《齐太公世家》："吾适齐，自泰山属之琅邪，北被于海，膏壤二千余里。"

《魏世家》："吾适故大梁之墟。"

《孔子世家》："余适鲁，观仲尼庙堂。"

《伯夷列传》："余登箕山，其上盖有许由冢云。"

《孟尝君列传》："吾尝过薛，其俗闾里率多暴桀子弟，与邹鲁殊。"

《信陵君列传》："吾过大梁之墟，求问其所谓夷门。夷门者，城之东门也。"

《春申君列传》："吾适楚，观春申君故城宫室，盛矣哉。"

《屈原贾生列传》："余适长沙，观屈原所自沉渊。"

《蒙恬列传》："吾适北边，自直道归，行观蒙恬取为秦筑长城亭障。"

《淮阴侯列传》："吾如淮阴，淮阴人为余言韩信。""余视其母冢。"

《樊郦滕灌列传》："吾适丰沛，问其遗老，观故萧、曹、樊哙、滕公之家。"

《太史公自序》："二十而南游江淮，上会稽，探禹穴，窥九疑，浮于沅、湘；北涉汶、泗，讲业齐鲁之都，观孔子之遗风，乡射邹峄；戹困鄱、薛、彭城，过梁、楚以归。""奉使西征巴、蜀以南，南略邛、笮、昆明。"

吾侪试取一地图，按今地，施朱线，以考迁游踪，则知当时全汉版图，除朝鲜河西岭南诸新开郡外，所历殆遍矣。迁初仕为郎中，及继父任太史令，则奉诏修《太初历》。自发议迄颁定，皆迁主之，始末具详《汉书·律历志》。修历事毕，从事作史。史未成，因上书救李陵，获罪下蚕室。已而为中书令，尊宠任事。其卒年无考，大率在武帝末年。今据王静安国维所著《太史公系年考略》，略表其行历年代如下：

西纪前一四五年（景帝中元五年）迁生。

前一四〇年（武帝建元元年）六岁。

前一三六年（建元五年）十岁。《自序》云："年十岁则诵古文。"

前一三四年（元光元年）十二岁。

前一二八年（元朔元年）十八岁。

前一二六年（元朔三年）二十岁。《自序》云："二十而南游江、淮……过梁、楚以归。"（全文见前。）所记或不止一年事，要之自二十岁起游学四方也。

前一二二年（元狩元年）二十四岁。《史记》所记事，讫于是年，说详下。

前一一六年（元鼎元年）三十岁。《自序》云："于是迁仕为郎中。"其年无考，大约在元狩元鼎间。

前一一〇年（元封元年）三十六岁。《自序》云："奉使西征巴、蜀……还报命。是岁，天子始建汉家之封。"迁归自南，见父谈于河淮之间。未几，谈卒，遗命使迁撰史。

前一〇八年（元封三年）三十八岁。始为太史令，《自序》云："太史公卒三岁，而迁为太史令，𬘫石室金匮之书。"

前一〇四年（太初元年）四十二岁。据《汉书·律历志》，元封七年，因太史令司马迁等言历法废坏，宜改正朔，乃诏以明年为太初元年，命迁等造汉历，选邓平及民间治历者二十余人参其事。事竣，诏迁颁所造八十一分历，即所谓《太初历》也。迁生平事业，造历之功，盖亚于作史云。

《史记》盖以是年属稿，《自序》云："五年（为太史令后之五年）而当太初元年……太史公曰：孔子卒后至于今五百岁……小子何敢让焉……于是论次其文……"

前一〇〇年（天汉元年）四十六岁。

前九八年（天汉三年）四十八岁。下狱被刑，《自序》云："七年而太史公遭李陵之祸，幽于缧绁。"徐广注云："天汉三年。"（据《李将军列传》及《匈奴列传》，李陵降匈奴，在天汉二年。）是时《史记》尚未成书，故《报任安书》云："草创未就，适会此祸，惜其不成，是以就极刑而无愠色。"

前九六年（太始元年）五十岁。《汉书·本传》云："迁既被刑之后，为中书令尊宠任职事。"当在此数年中。

前九三年（太始四年）五十三岁。是年有报益州刺史任安书，书见《汉书·本传》，不著年月，惟书中有"会东从上来"语，又有"涉旬月迫季冬，仆又薄从上雍"语。考《汉书·武帝纪》："是年春三月，行幸太山。夏四月，幸不其。五月，还幸建章宫。"即所谓"东从上来"也。又"冬十二月，行幸雍，祠五畤"，即所谓"季冬从上雍"也。故知报书在是年，迁时为宦侍，故每出必扈行也。

前九二年（征和元年）五十四岁。

前八八年（后元元年）若迁尚在，则其年五十八岁。明年武帝崩，迁卒年，绝无可考。惟据《汉书·宣帝纪》载武帝后元二年遣使尽杀长安狱囚，内谒者令郭穰夜至郡邸狱云云。案《后汉书·百官志》，知内谒者令即中书谒者令，亦即中书令。然则其时迁已不在中书，计当前卒矣。大约迁之年代与武帝相始终也。

《史记》之名称及其原料

《史记》之名，非迁书原名也。其见于《汉书》者，《艺文志》述刘歆《七略》称"太史公百三十篇"，《杨恽传》谓之"太史公记"，应劭《风俗通》（卷一、卷六）同，《宣元六王传》谓之"太史公书"，班彪《略论》、王充《论衡》同，而《风俗通》（卷二）时或称"太史记"，是知两汉时并未有名迁书为"史记"者。本书中"史记"之名凡八见：（一）《周本纪》云："太史伯阳读史记。"（二）《十二诸侯年表》云："孔子论史记旧闻。"（三）《十二诸侯年表》云："左丘明因孔子史记具论其语。"（四）《六国表》云："秦烧天下书，诸侯史记尤甚。"（五）《六国表》云："史记独藏周室。"（六）《天官书》云："余观史记考事。"（七）《孔子世家》云："乃因鲁史记作《春秋》。"（八）《太史公自序》云：

"绅史记石室金匮之书。"皆指古史也。"史记"之名，盖起于魏晋间，实"太史公记"之省称耳。

《史记》所据之原料，据班彪《略论》，则（一）《左传》，（二）《国语》，（三）《世本》，（四）《战国策》，（五）陆贾《楚汉春秋》。

今考本书中自述其所取材者如下：

《五帝本纪》："予观《春秋》《国语》。"

《殷本纪》："自成汤以来，采于《诗》《书》。"

《秦始皇本纪》："吾读秦记。"

《孝武本纪》："余究观方士祠官之言。"

《三代世表》："余读谍记，稽其历谱。"

《十二诸侯年表》："太史公读春秋历谱谍。""秦记不载日月，其文略不具。""余于是因秦记，踵春秋之后……著诸，所闻兴坏之端。"

《吴太伯世家》："余读《春秋》古文。"

《卫康叔世家》："余读世家言。"

《伯夷列传》："学者载籍极博，犹考信于六艺。"

《管晏列传》："吾读管氏《牧氏》《山高》《乘马》《轻重》《九府》及《晏子春秋》。"

《司马穰苴列传》："余读司马兵法。"

《孙吴列传》："《孙子》十三篇，吴起兵法，世多有。"

《仲尼弟子列传》："悉取《论语》弟子问，并次为篇。"

《孟子荀卿列传》："余读孟子书。""自如孟子至于吁子，世多有其书。"

《商鞅列传》："余尝读商君开塞耕战书。"

《屈原贾生列传》："余读《离骚》《天问》《招魂》《哀郢》。"

《郦生陆贾列传》："余读陆生《新语书》。"

《儒林列传》："余读功令。"

大抵除班彪所举五书外，史公所采主要材料：（一）六艺，

（二）秦史记，（三）谍纪（或即世本），（四）诸子著书现存者，（五）功令官书，（六）方士言。而秦火后"诸侯史记"之湮灭，则史公最感苦痛者也。

史公史料，多就地采访，观前条所列游踪可见，各篇中尚有明著其所亲见闻者如下：

《项羽本纪》："吾闻之周生。"

《赵世家》："吾闻冯王孙。"

《魏世家》："吾适故大梁之墟，墟中人言曰。"

《淮阴侯列传》："吾如淮阴，淮阴人为余言。"

《樊郦滕灌列传》："余与他广通，为言高祖功臣之兴时若此云。"

《冯唐传》："唐子遂与余善。"

《韩长孺列传》："余与壶遂定律历，观韩长孺之义。"

《李将军列传》："余睹李将军，悛悛如鄙人。"

《卫将军骠骑列传》："苏建语余曰。"

《游侠列传》："吾观郭解状貌不如中人。"

凡此皆《史记》资料多取诸载籍以外之证也。

《史记》著述之旨趣

《史记》自是中国第一部史书，但吾侪最当注意者，"为作史而作史"，不过近世史学家之新观念。从前史家作史，大率别有一"超史的"目的，而借史事为其手段。此在各国旧史皆然，而中国为尤甚也。孔子所作《春秋》，表面上像一部二百四十年的史，然其中实孕含无数"微言大义"，故后世学者不谓之史而谓之经。司马迁实当时春秋家大师董仲舒之受业弟子，其作《史记》盖窃比《春秋》，故其《自序》首引仲舒所述孔子之言曰："我欲载之空言，不如见之于行事之深切著明也。"其意若曰，吾本有种种理想，将以觉民而救世，但凭空发议论，难以警切，不如借现成的历史上事实做个题目，使读者更为亲切有味云尔。《春秋》旨趣既如此，则窃比《春秋》之史记可知。故迁《报任安书》云："欲以究天人之际，通古今之变，成一家之言。"《自序》亦云："略以拾遗补蓺，成一家之言，厥协六经异传，整齐百家杂语，藏诸名山，副在京师，俟后世圣人君子。"由此观之，其著书最大目的，乃在发表司马氏"一家之言"，与荀卿著《荀子》，董生著《春秋繁露》，性质正同。不过其"一家之言"，乃借史的形式以发表耳，故仅以近世的观念读《史记》，非能知《史记》者也。

《史记》之史的价值

然则《史记》不复有史的价值耶？是又不然。据《自序》"司马氏世典周史"，古代学术，率为官府所专有，而史官尤为其渊海。谈、迁父子入汉，世守其业。《自序》云："百年之间，天下遗文古事，靡不毕集太史公。太史公仍父子相续纂其职。"盖当时具备作史资格者，无如迁父子。故谈临终以此责迁，而迁亦毅然以此自任。前此史家著述成绩何如，今不可尽考。略以现存之几部古史观之，大抵为断片的杂记，或顺按年月纂录。其自出机杼，加以一番组织，先定全书规模然后驾驭去取各种资料者，盖未之前有。有之，自迁书始也。《自序》云："余所谓述故事整齐其世传，所谓作也。"此迁自谦云尔。作史安能凭空自造，舍"述"无由？史家惟一职务，即在"整齐其世传"，"整齐"即史家之创作也。能否"整齐"，则视乎其人之学识及天才。太史公知整齐之必要，又知所以整齐，又能使其整齐理想实现，故太史公为史界第一创作家也。

《史记》创造之要点，以余所见者如下：

一、以人物为中心。历史由环境构成耶？由人物构成耶？此为史界累世聚讼之问题。以吾侪所见，虽两方势力俱不可蔑，而人类心力发展之功能，固当畸重。中国史家，最注意于此，而实自太史公发之。其书百三十篇，除十表八书外，余皆个人传记，在外国史及过去古籍中无此体裁。以无数个人传记之集合体成一史，结果成为人的史而非社会的史，是其短处。然对于能发动社会事变之主要人物，各留一较详确之面影以传于后，此其所长也。长短得失且勿论，要之太史公一创作也。

二、历史之整个的观念。从前的史，或属于一件事的关系文书——如《尚书》；或属于各地方的记载——如《国语》《战国策》；或属于一时代的记载——如《春秋》及《左传》；《史记》则举其时所及知之人类全体自有文化以来数千年之总活动冶为一炉。自此始认识历史是整个浑一的，为永久相续的，非至秦汉统一后。且文化发展至相当程度，则此观念不能发生。而太史公实应运而生，《史记》实为中国通史之创始者。自班固以下，此意荒矣。故郑渔仲樵、章实斋学诚力言《汉书》以后"断代史"之不当。虽责备或太过，然史公之远识与伟力，则无论何人不能否定也。

上二项就理想方面论。

三、组织之复杂及其联络。《史记》以十二本纪、十表、八书、三十世家、七十列传组织而成。其本纪及世家之一部分为编年体，用以定时间的关系。其列传则人的记载，贯彻其以人物为历史主体之精神。其书则自然界现象与社会制度之记述，与"人的史"相调剂。内中意匠特出，尤在十表。据桓谭《新论》谓其"旁行斜上并效周谱"，或以前尝有此体制亦未可知。然各表之分合间架，出诸史公之惨澹经营。表法既立，可以文省事多，而事之脉络亦具。《史记》以此四部分组成全书，互相调和，互保联络，遂成一部博大谨严之著作。后世作断代史者，虽或于表、志门目间有增灭，而大体组织，不能越其范围。可见史公创作力之雄伟，能笼罩千古也。

四、叙列之扼要而美妙。后世诸史之列传，多借史以传人。

《史记》之列传，惟借人以明史。故与社会无大关系之人，滥竽者少。换一方面看，立传之人，并不限于政治方面，凡与社会各部分有关系之事业，皆有传为之代表。以行文而论，每叙一人，能将其面目活现。又极复杂之事项——例如《货殖列传》《匈奴列传》《西南夷列传》等所叙，皆能剖析条理缜密而清晰，其才力固自夐绝。

上二项就技术方面论。

要之《史记》价值，久为学界所公认。吾侪赞美，适成赘词。反不如攻其阙失，犹足附于史公忠臣之列。今姑述此四项，致吾敬仰云尔。

《史记》成书年代及后人补续窜乱之部分

现存古书，十有九非本来面目，非加一番别择整理工夫。而贸然轻信，殊足以误人。然别择整理之难，殆未有甚于《史记》者。今欲从事研究，盖有先决问题二：一为《史记》是否已成书之问题，二为《史记》记事最终年限问题。

《史记》是否已成书耶？按《自序》则百三十篇粲然具备，似悉出史公手定，故此问题，二千年从未发生。然据《汉书·司马迁传》已云"十篇有录无书"，《后汉书·班彪传》亦云"十篇缺焉"，注家谓"迁没之后亡"，则认为书本完成后乃亡佚云尔。吾细考史公年历，则不能无疑。《报任安书》自述下狱时事，云："草创未就，会遭此祸，惜其不成，是以就极刑而无愠色。"则其时书尚未成可知，时天汉三年也。自此以后，去太史令职而为中书令，"金匮石室之藏"不复能如昔时之恣其绅读。又近侍尊宠，每有巡幸，无役不从。依《汉书·武帝纪》所载："太始二年，正月，行幸回中，登陇首。三年，正月，行幸甘泉。五月，行幸东海至琅邪成山，登之罘，冬乃归。四年，三月，行幸泰山。四月，幸不其。十二月，行幸雍，四至安定北地。"此皆史公官中书时事，计数年间能安居京师从事著述者殆无几日。《报任安书》所谓"卒卒无须臾之间得竭志意"，盖实情也。《报任安书》已经考定为太始四年冬间作，玩其语气，史确未成。《书》云："仆诚已著此书，则偿前辱之责，虽万被戮岂有悔哉。"下又云："是以肠一日而九迴，居则忽忽若有所亡，出则不知其所往。每念斯耻，汗未尝不发背沾衣也。"则书未成而前辱未偿明甚。越二年而巫蛊难作，史公存亡已不可考矣。然则书竟不成而赍志以没，未可知也。信如是也，则《史记》之有缺篇，非亡佚而原缺也。而今本乃百三十篇，一无所欠，其果为迁书之旧耶？否耶。

《史记》所记事，以何年为最终年限耶？据《自序》曰："故述往事，思来者。卒述陶唐以来，至于麟止。"集解："张晏曰：'武帝获麟，以为述事之端。上包黄帝，下至麟止，犹春秋止于获麟也。'"《汉书·扬雄传》云："太史公记六国，历楚汉，讫麟止。"《后汉书·班彪传》云："太史令司马迁，上自黄帝，下讫获麟，作本纪、世家、列传、书、表凡百三十篇。"上据迁所自言及扬雄、班固言，（《扬雄传》，雄所自作，班书全采之。《班彪传》，班固作、范书全采之。）则"麟止"一语，殆为铁案。案：武帝获麟，在元狩元年冬十月（前122）。孔子作《春秋》，讫于鲁哀公十四年西狩获麟。《史记》窃比《春秋》，时亦适有获麟之事，故所记以此为终限。然则《武帝本纪》当叙至元狩元年十月止，年表、世家、列传称是。凡此年以后之记事，皆非原文，此标准宜为最可信据者。

虽然，本书所载元狩元年以后之事甚多，而年限亦有异说。其年限之异说，则：

一、讫太初说。《太史公自序》最末一段云："余述历黄帝以来，至太初而讫。"《汉书·叙传》云："太初以后，阙而不录。"太初凡四年，若讫太初四年（前101），则逾麟止之限二十二年。

二、讫天汉说。《汉书·司马迁传》赞云："述楚汉春秋，接其后事，讫于天汉。"《史记》之集解、索隐、正义皆主是说。天汉接太初后，凡四年。若讫天汉四年（前97），则逾麟止之限二十六年。

三、讫武帝末说。《建元以来侯者年表》末附："褚先生曰：太史公记事，尽于武帝之末。"武帝最末一年为后元二年（前87）。若讫于此，则逾麟止之限三十六年。

上第二、第三两种异说出自后人之口，且暂置不理。惟第一异说之讫太初，则与讫麟止语同出《自序》。一篇之中，矛盾至此，实令人迷惑。查"讫麟止"语，在《自序》大序之正文中，"讫太初"语，乃在小序之后另附一行，文体突兀不肖。又《汉书》本传全录《自序》而不载此一行，似班固所见《自序》原本，并无此语。衡以史公窃比《春秋》之本意，固宜以"麟止"为断也。但太初天汉事，尚为史公所及见耳。今本《史记》，不独太初天汉事盈篇累幅也，乃至记武帝后事者，且不一而足。如：

一、《酷吏传》载："杜周捕治桑弘羊昆弟子。"事在昭帝元凤间（前80—前75），距武帝崩六年至十二年。

二、《楚元王世家》："地节二年中人上书告楚王谋反。"宣帝地节二年（前68）距武帝崩十九年。

三、《齐悼惠王世家》载："建始三年，城阳王景卒。同年菑川王横卒。"成帝建始三年（前30）距武帝崩五十七年。

四、《将相名臣表》，武帝后续以昭、宣、元、成四帝，直至鸿嘉元年止。成帝鸿嘉元年（前20）距武帝崩六十七年。

上不过举数条为例，书中所记昭、宣、元、成间事，盖更仆难数。无论如何曲解，断不能谓太史公及见建始鸿嘉时事。然而此诸条者，固明明在今本正文中。稍粗心读去，绝不能辨矣。吾侪据此等铁证，可以断言今本《史记》决非史公之旧，其中有一部分乃后人羼乱。

然则《史记》何故容后人羼乱耶？某部分属于后人羼乱耶？其来由及种类约有三：

第一类，原本缺亡而后人补作者。《汉书·司马迁传》云：
"十篇缺，有录无书。"颜注引张晏曰："亡《景纪》《武纪》《礼
书》《乐书》《兵书》《汉兴以来将相年表》《日者列传》《三王世
家》《龟策列传》《傅靳列传》。元、成之间褚先生补缺，作《武
帝纪》《三王世家》《日者》《龟策列传》，言辞鄙陋，非迁本意
也。"案：今本《三王世家》《日者》《龟策》两传，皆有褚先生
补文，附于赞词之后，而史公原文，似亦未尝缺。若《武帝纪》
则并褚补字样而无之，而其文乃割裂《封禅书》，赞语亦全与
《封禅书》同，非原文明矣。其余张晏所举诸篇，今本皆现存，
其不足信益明。又《三代世表》《建元以来侯者年表》《陈涉世
家》《外戚世家》《梁孝王世家》《田叔列传》等篇，皆各有"褚
先生曰"一段补文附于赞语后，则褚补原不仅四篇也。如《张丞
相列传》于赞语后有一大段补文，但并无"褚先生曰"字样，知
补者又不独一褚先生也。补文别附赞后者，吾辈能识别之。若如
《武帝纪》之类，竟以补文作正文，或所补并非褚先生之旧者，
则后人从何辨耶？

第二类，后人续撰者。《汉书·艺文志》于"《太史公》
百三十篇"（《史记》本名《太史公书》）之后，接列"冯商所续
《太史公》七篇"。刘知几《史通·正史篇》云："《史记》太初已
后，阙而不录。其后刘向、向子歆，及诸好事者若冯商、卫衡、
扬雄、史岑、梁审、肆仁、晋冯、段肃、金丹、冯衍、韦融、萧
奋、刘恂等相次撰续，迄于哀平间，犹名《史记》。"（《后汉书·
班彪传》注亦列举续《史记》者，尚有阳城卫、史孝山二人，孝
山当即岑。）据此，则西汉、东汉之交，续《史记》者将二十家，
而皆仍其旧名，即班彪续作数十篇，亦仅名为《后传》。（见《彪
传》。）盖自冯商、刘向以迄班、彪，其意皆欲各据所立时代以次
递续，不别为书。其截采《史记》记汉初以来之一部分，续以昭
宣迄哀平之部分，以成断代之史，则自班固始耳。（然《汉书·古
今人表》所表皆汉以前人，则其体裁仍是补续《史记》也。）当

初既未有印书，传抄皆用竹木简或缣帛，弃携两艰，用之弥啬，各家所续本，或即以涂附于原抄本中。即不然，而学者辗转诵习，竟将续本与原本合抄以图省便，亦意中事。故今本《史记》，有冯商、刘向、刘歆……诸人手笔杂入其中者，定不少也。

总之书中关于汉事之记载，若严格的甄别，宜以元狩元年以前为断，即稍宽，亦只能截至太初末而止。其有溢出此年限外者，决非史公之旧也。然此犹较易辨别，其最难者，则有：

第三类，后人故意窜乱者。西汉末学界一大公案起焉，曰今古文之争。事缘刘歆典校中秘书，自称发现各种古文经传，其主要者则《春秋左氏传》《周礼》《古文尚书》，其余群经亦皆有古本，而其学说十九与汉初以来诸师所传者相背戾。又有各种纬书，亦皆起自哀平间，其言荒诞不可究诘。东汉以后，多数学者，皆信此等书为先秦古籍，而今文家则谓是皆歆及其徒党所伪造以媚王莽而助其篡。内中与《史记》问题关系最密切者，尤在《尚书》《左传》两书。今文家"谓《尚书》为备，（意谓汉初诸师所传二十八篇之《尚书》已完备无缺，无所谓百篇及《书序》也。）谓《左氏》不传《春秋》"，（意谓《左氏春秋》即《国语》，纯属别行之史，并非为春秋传也。）然则史公所述三代前及春秋间事，宜以《尚书》二十八篇及原本《左氏春秋》——即《国语》为限，而今《史记》乃多有助"古文家言"张目者。严鞫此谳，乃不能不归狱于歆等之有意窜乱。

然则歆等窜乱，果有可能性耶？曰：有。其一，据《汉书·王莽传》："元始四年，征天下有《逸礼》《古书》（即《古文尚书》）、《毛诗》《周官》《尔雅》、天文、图谶、钟律、月令、兵法、史篇、文字，通知其意者，皆诣公车。前后至者千数，皆令记说廷中，将令正乖缪壹异说。"古文学说之掩袭天下，自此役始。盖此千数人者，皆承莽、歆意旨以改窜古书为职者也，而"史篇"亦在其中。则迁书之遭蹂躏，实意中事。时歆方典中秘书，则彼之所改，自称定本，谁复能与抗辩？其二，续《史记》

者十六人，而歆与居一。歆所续今虽不传，然其人学博名高，其书必有可观，故班固《汉书》多采之。（黄省曾《西京杂记》序谓"班固《汉书》全取刘歆"，虽言或太过，然歆书为固书最重要之原料，殆不可疑。）今本《史记》以后人补续之语羼入正文者，既所在多有，（见前文。）且尤有后世妄人取《汉书》窜补者，（见下文。）则其中有一部分为歆手笔，并无足怪。

上所举第一、第二类，清代乾嘉诸儒考证颇详。其第三类，则吾师康南海先生（有为）之《新学伪经考》初发此疑，近人崔觯甫（适）著《史记探原》大发其覆，虽其中有过当之处，而大致盖可取。今略综诸家之说，推考各篇真伪如下：

第一，全篇原缺后人续补者。《汉书》本传明言："十篇缺，有录无书。"班固所不及见者，后人何由得见？故下列十篇，应认为全伪。

《孝景本纪》，张晏云："亡。"司马贞云："取班书补之。"

《孝武本纪》，张晏云："武纪亡，褚先生补作也。"司马贞云："褚先生集合武帝事以编年，今止取《封禅书》补之，信其才之薄也。"今案：此纪即《封禅书》之下半，疑并不出褚先生手，或褚补亦亡，后人再割裂他篇充数耶。

《汉兴以来将相名臣年表》，张晏云："亡。"裴骃云："太始以后，后人所续。"案：当从张说，全篇为后人补续。

《礼书》，张晏云："亡。"司马贞云："取荀卿《礼论》。"

《乐书》，张晏云："亡。"司马贞云："取《礼记》《乐记》。"

《律书》，张晏云："兵书亡。"颜师古："序目无兵书。"司马贞云："兵书，迁没之后，亡，褚少孙以律书补之。"

《三王世家》，张晏云："亡，褚先生补。"案：今本于太史公赞后附录褚补文，而赞前则录三封荣，实则前后皆褚补也。

《日者列传》《龟策列传》，张晏云："亡，褚先生补。"案：此两篇文甚芜鄙，是否即褚补原本，尚未敢信。

《傅靳蒯成列传》，张晏云："亡。"案：今本盖后人从《汉书》

录补。

第二，明著续之文及补续痕迹易见者。

《三代世表》，篇末自"张夫子问褚先生曰"以下。

《张丞相传》，篇末自"孝武时丞相多"以下。

《田叔列传》，篇末自"褚先生曰"以下。

《平津侯主父列传》，篇末自"太皇太后诏"以下，又自"班固称曰"以下。

《滑稽列传》，篇末"褚先生曰"以下。

以上各条，今武英殿版本皆改为低一格，以示识别。

第三，全篇可疑者。班固称有录无书者虽仅十篇，然吾侪因此已得知《史记》确为未成之书，或虽成而已有亡佚。原书未成之推定，说已详前。即已成之部分，亦有亡佚之可能性。以卷帙浩瀚之书，在传写极艰之时代，散亡甚易，略可想见。《汉书》本传云："迁既死后其书稍出。"据此，似是一部分陆续传布。《后汉书·窦融传》云："光武赐融以太史公《五宗世家》《外戚世家》《魏其侯列传》。"则摘篇别写单行，固有明例矣。则各家抄本有一部分亡缺，亦事理之常。要之原缺续补者既有十篇，则所缺所补亦可至十篇以外，《淮南子》所谓凿一孔而百隙随也。今本《史记》中多有与《汉书》略同，而玩其文义，乃似《史记》割裂《汉书》，非《汉书》删取《史记》者。崔适指出各篇如下：

《孝武本纪》，妄人录《汉书·郊祀志》。

《律书》《历书》，妄人录《汉书·律历志》。

《天官书》，妄人录《汉书·天文志》。

《封禅书》，妄人录《汉书·郊祀志》。

《河渠书》，妄人录《汉书·沟洫志》。

《平准书》，妄人录《汉书·食货志》。

《张丞相列传》，妄人录《汉书》。

《南越尉佗列传》，妄人录《汉书》。

《循吏列传》，妄人所补。

《汲郑列传》，妄人录《汉书》。

《酷吏列传》，妄人录《汉书》。

《大宛列传》，妄人录《汉书·张骞李广列传》。

崔氏疑古太勇，其言虽未可据为典要，然既对于此诸篇提出问题，且颇能言之有故，持之成理，则吾辈固宜一为推勘矣。

第四，元狩或太初以后之汉事为后人续补，窜入各篇正文者。此类在年表、世家、列传中甚多，不复枚举。

第五，各篇正文中为刘歆故意窜乱者。此项辨别甚难，举要点数端如下：

一、凡言"终始五德"者，《五帝本纪》《秦始皇本纪》《十二诸侯年表》《孟子荀卿列传》、张苍传等篇。

二、凡言"十二分野"者，《十二诸侯年表》、齐宋郑世家、张苍传等篇。

三、凡言《古文尚书》及所述《书序》，夏殷周本纪、齐鲁卫宋世家等篇。

四、凡记汉初古文传授者，《儒林列传》、张苍传等篇。

以上所论关于《史记》真本之种种考证，多采自近人著作而略断以己意，其言颇繁重，或为读者所厌，吾所以不惮烦为此者，欲学者知今本《史记》非尽原文而已。着手读《史记》以前，必须认定此事实，否则必至处处捍格难通也。

读《史记》法之一

读《史记》有二法：一、常识的读法；二、专究的读法。两种读法，有共同之入门准备。

一、先读《太史公自序》及《汉书·司马迁传》，求明了作者年代、性行、经历及全书大概。

二、读《汉书·叙传》论《史记》之部，刘知几《史通》之《六家篇》《二体篇》《正史篇》，郑樵《通志·总序》论《史记》

之部,《隋书·经籍志》及《四库提要》之史部正史类关于记述《史记》之部分,求略识本书在史学界之位置及价值。

今先论常识的读法。《史记》为正史之祖,为有组织、有宗旨之第一部古史书,文章又极优美,二千年来学者家弦户诵,形成国民常识之一部,其地位与六经诸子相并。故凡属学人,必须一读,无可疑者。惟全篇卷帙颇繁,卒业不易,今为节啬日力计,先剔出以下各部分:

一、十表但阅序文,表中内容不必详究,但浏览其体例,略比较各表编次方法之异同便得。

二、八书本为极重要之部分,惟今所传似非原本,与其读此,不如读《汉书》各志,故可全部从省。

三、世家中吴、齐、鲁、管蔡、陈杞、卫、宋、晋、楚、越、郑各篇,原料十九采自《左传》,既读《左传》,则此可省。但战国一部分之世家仍须读,因《战国策》太无系统故。

四、《武帝纪》《日者传》《龟策传》等,已证明为伪书,且芜杂浅俚,自可不读。《扁鹊仓公传》等,似是长编非定本,一涉猎便足。

以上所甄别,约当全书三分之一,所省精力已不少,其余各部分之读法略举如下:

第一,以研究著述体例及宗旨为目的而读之。《史记》以极复杂之体裁混合组织,而配置极完善,前既言之矣。专就列传一部分论,其对于社会文化确能面面顾及。政治方面代表之人物无论矣;学问艺术方面,亦盛水不漏。试以刘向《七略》比附之,如《仲尼弟子》《老庄申韩》《孟子荀卿》等传,于先秦学派网罗略具,《儒林传》于秦汉间学派渊源叙述特详,则六艺略、诸子略之属也;如《司马穰苴》《孙子吴起》等传,则兵书略之属也;如《屈原贾生》《司马相如》等传,则诗赋略之属也;如《扁鹊仓公传》,则方技略之属也;如《龟策》《日者》两传,则术数略之属也。又如《货殖传》之注重社会经济,《外戚》《佞幸》两传暗示汉代政治祸机所伏，处处皆具特识。又其篇目排列，亦似有微意。如本纪首唐、虞，世家首吴泰伯，列传首伯夷，皆含有表章让德之意味。此等事前人多已论列，不尽穿凿附会也。

若以此项目的读《史记》，宜提高眼光，鸟瞰全书，不可徒拘于寻行数墨，庶几所谓"一家之言"者，可以看出。

第二，以研究古代史迹为目的而读之。《史记》既为最古之通史，欲知古代史迹，总应以之为研究基础。为此项目的而读，宜先用"观大略"的读法，将全篇一气呵成浏览一过，再用自己眼光寻出每个时代之关键要点所在，便专向几个要点有关系之事项，注意精读。如此方能钩元提要，不至泛滥无归。

第三，以研究文章技术为目的而读之。《史记》文章之价值，无论何人当不能否认。且二千年来相承诵习，其语调字法，早已形成文学常识之一部。故专为学文计，亦不能不以此书为基础。学者如以此项目的读《史记》，则宜择其尤为杰作之十数篇精读之。孰为杰作，此凭各人赏会，本难有确定标准。吾生平所最爱读者，则以下各篇：《项羽本纪》《信陵君列传》《廉颇蔺相如列传》《鲁仲连邹阳列传》《淮阴侯列传》《魏其武安侯列传》《李将军列传》《匈奴列传》《货殖列传》《太史公自序》。

上诸篇皆肃括宏深，实叙事文永远之模范。班叔皮称，史公"善序述事理，辩而不华，质而不俚，文质相称，良史之才"。如诸篇者，洵足当之矣。学者宜精读多次，或务成诵，自能契其神味，辞远鄙倍。至如明清选家最乐道之《伯夷列传》《管晏列传》《屈原贾生列传》等，以吾论之，反是篇中第二等文字耳。

读《史记》法之二

今当继论专究的读法。《史记》为千古不朽之名著，本宜人人共读。徒以去今太远，文义或诘屈难晓，郡国名物等事，世嬗称易，或不审所指，加以传写讹舛，窜乱纷纭，时或使人因疑生蔑，后辈诵习渐希。盖此之由，谓宜悉心整理一番，俾此书尽人乐读。吾侪有志，未能逮也。谨述所怀条理以质当世，有好学者或独力或合作以成之，亦不朽之盛事也。

一、《史记》确有后人续补窜乱之部分，既如前述。宜略以前文所论列为标准，严密考证。凡可疑者，以朱线围之，俾勿与原本相混，庶几渐还史公之真面目。学者欲从事此种研究，可以崔适《史记探源》为主要参考书，而以自己忠实研究之结果下最后之判断。

二、吾侪之重视《史记》，实在其所记先秦古事。因秦汉以后事，有完备之《汉书》可读。唐、虞、三代、春秋、战国之事，有组织的著述，未或能过《史记》也。而不幸《史记》关于此点，殊不足以餍吾侪所期，后人窜乱之部分无论矣。即其确出史公手者，其所述古史可信之程度，亦远在所述汉事下。此事原不能专怪史公，因远古之史，皆含有半神话的性质，极难辨别。此各国所同，不独我国为然矣。近古——如春秋、战国，资料本尚不少，而秦焚一役，"诸侯史记"荡尽，凭借缺如，此亦无可如何者。顾吾侪所致憾于史公，不在其搜采之不备，而在其别择之不精。善夫班叔皮之言也："迁之著作，采获古今，贯穿经传，至广博也。一人之精，文重思烦，故其书刊落不尽，尚有盈辞，多不齐一。"（《后汉书·班彪传》）试将《史记》古史之部分与现存先秦古籍相较，其中芜累诬诞之辞，盖实不少。即本书各篇互相矛盾，亦所在而有，此非"文重思烦，刊落不尽"之明效耶？然居今日而治古史，则终不能不以《史记》为考证之聚光点。学者如诚忠于史公，谓宜将汉以前之本纪、世家、年表全部磨勘一度，从本书及他书搜集旁证、反证，是正其讹谬而汰存其精粹，略用裴注《三国志》之义例，分注于各篇各段之下，庶几乎其有信史矣。学者欲从事此种研究，则梁玉绳《史记志疑》、崔述《考信录》实最重要之参考书。钱大昕《廿二史考异》、王鸣盛《十七史商榷》、赵翼《二十二史札记》三书中《史记》之部，次之。其余清儒札记、文集中，亦所在多有。然兹事既极繁重，且平决聚讼，殊大非易。成功与否，要视其人之学力及判断何如耳。然有志之青年，固不妨取书中一二篇为研究之尝试。纵令不能得满意之结果，其于治学之方法及德性，所裨已多矣。

三、《史记》之训诂名物，有非今之人所能骤解者，故注释不可少。然旧注非失之太简，即失之太繁，宜或删或补。最好以现今中学生所难了解者为标准，别作简明之注，再加以章节、句读之符号，庶使尽人能读。

四、地理为史迹筋络，而古今地名殊称，直读或不知所在。故宜编一地名检目，古今对照。

五、我国以帝王纪年，极难记忆。春秋、战国间，各国各自纪年，益复杂不易理。宜于十表之外补一大事年表，贯通全书。以西历纪，而附注该事件所属之朝代或国邑纪年于其下。其时代则从《十二诸侯年表》，以共和元年起，盖前乎此者无征也，其事件则以载于本书者为限。

以上五项，为整理《史记》方法之纲要。学者如能循此致力，则可以《史记》之学名其家，而裨益于后进者且不赀矣。至如就《史记》内容分类研究，或比较政治组织，或观察社会状态，则问题甚多，取材各异，在学者自择也。

第四章

《左传》《国语》

《左传》之来历

《左传》，举全称则《春秋左氏传》。《汉书·艺文志》："《春秋古经》十二篇，《左氏传》三十卷。"原注云："左丘明，鲁太史。"《左传》著录始此。《志》所录刘歆《七略》文云："仲尼……以鲁……史官有法，故与左丘明观其史记……有所褒讳贬损，不可书见，口授弟子，弟子退而异言。丘明恐弟子各安其意，以失其真，故论本事而作传，明夫子不以空言说经也。"前乎此者，则《史记·十二诸侯年表》云："孔子……西观周室，论史记旧闻，兴于鲁而次《春秋》……七十子之徒，口受其传指，为有所刺讥褒讳挹损之文辞，不可以书见也。鲁君子左丘明，惧弟子人人异端，各安其意失其真，故因孔子史记，具论其语，成《左氏春秋》。"据此，则《左传》为注释孔子之《春秋》而作，与《春秋》同时先后成书，似甚明。

虽然，考汉代对于《左传》传习经过之事实，则不能无疑。盖西汉一代经师，似未尝以此书为与《春秋经》有何等关系，起而张之者实自刘歆始。《汉书·歆传》云："歆校中秘书，见古文《春秋左氏传》，大好之……初，《左氏传》多古字古言，学者传训故而已。及歆治《左氏》，引传文以解经，转相发明……歆以为左丘明好恶与圣人同，亲见夫子，而公羊、谷梁在七十子后，传闻之与亲见之，其详略不同……及歆亲近，欲建立《左氏春秋》及《毛诗》《逸礼》《古文尚书》，皆列于学官……诸博士或不肯置对，歆因移书太常博士，责让之曰：'……《春秋左氏》，丘明所修……藏于秘府，伏而未发……缀学之士，不思废绝之阙……信口说而背传记，是末师而非往古……犹欲抱残守缺，挟恐见破之私意，而无从善服义之公心……以《尚书》为备，谓《左氏》为不传《春秋》，岂不哀哉……'其言甚切，诸儒皆怨恨。是时名儒光禄大夫龚胜，以歆移书，上书深自罪责，愿乞骸骨罢。及儒者师丹为大司空，亦大怒，奏歆改乱旧章……"据本传所记，吾侪可以得下列各项事实：（一）《左传》"藏于秘府"，外人罕得见，歆校中秘书乃见之。（二）"引传文以解经"自歆始，前此无有。（三）诸博士皆谓"《左氏》为不传《春秋》"。（四）歆以全力争立此书于学官，至于激动公愤。

《左氏》不传《春秋》

既有此类事实，吾辈对于《左传》，当然不能不引起怀疑。第一，《左传》全书真伪问题。第二，《左传》对于《春秋》有无关系之问题。第一问题极易解决，因书中皆记春秋时代实事，断非后人所能全部捏造。且《史记》征引其文甚多，司马迁已见其书，可见非西汉末年始有。故今所当讨论者，惟在第二问题。

对于此问题之解答，吾辈盖左祖汉博士"《左氏》不传《春秋》"之说。案：《左氏》释经之文，有不可解者四端：

一、无经之传。例如隐五年："曲沃庄伯伐翼……翼侯奔随。"经本无关于此事之文，何以有传？夫传以释经，既无经可谓传乎？

二、有经而不释经之传。凡传以释经义，非述其事也。例如隐五年："九月，初献六羽。"《公羊传》曰："何以书，讥始僭诸公也。"是释其义也。《左传》但述羽数，此与经同述一义耳，岂似传体。

三、释不书于经之传。例如隐元年："五月，费伯帅师城郎，不书，非公命也。"夫释经而释不书于经者，则传书者不当释黄帝何以无典，吴楚何以无风乎？

四、释经而显违经意之传。例如隐三年书："尹氏卒。"《公羊传》云："讥世卿。"为昭二十三年"尹氏立王子朝"张本也，此孔子反对贵族政体之大义，书中盖屡见。《左氏》改"尹"为"君"，谓为隐公之母，凡以避世卿之讥，祖庇王氏而已。

要之孔子之《春秋》，孟子所谓："其事则齐桓、晋文，其文则史，其义则丘窃取之矣。"董生所谓："文成数万，其指数千，万物聚散，皆在《春秋》。"盖每条皆必有所谓"义"、所谓"指"者存焉。若如《左氏》所释，则全书皆鲁史官之旧，而孔子仅得比于一抄胥，此何为者？故《左氏》自《左氏》，《春秋》自《春秋》，"引传解经"实刘歆作俑耳。

《左氏春秋》与《国语》

然则《左氏》原书当何如？《史记·太史公自序》云："左丘失明，厥有《国语》。"《五帝本纪》云："余观《春秋》《国语》。"似司马迁所见而据为资料者，只有一部《国语》。而《史记》各篇引今本《左传》文甚多，引今本《国语》文甚少。因此惹起一问题，司马迁所见《国语》，是否即为今本《国语》？《史记》所引《左传》诸文，是否包含在迁所见《国语》之中？质言之，则《左传》《国语》是一是二之问题也。韦昭《国语解叙》云："左丘明……复采录前世穆王以来，下讫鲁悼智伯之诛……以为《国语》。其文不主于经，故号曰外传。"此东汉人之说，盖起自《左传》盛行之后。号曰"外传"，对《左氏》之为内传言也。然今本《国语》则大怪，论其年代，固以春秋为中坚，与《春秋》

一书时代略相函，然其中述隐元年至哀十四年二百四十年间事反极少，将极主要之部分概从阙略。再反观今本《左传》亦大怪，既云释《春秋》，自当以隐元年至哀十四年为起讫之大限，乃发端记"惠公元妃孟子……"事已在隐前，犹可曰为隐公摄位直接张本，不得不追述也。至如桓二年"晋穆侯夫人姜氏以条之役生太子……"一篇，所记事远在春秋前数十年，经中又绝无关于此事之文。释经而缕缕道此，果何为者？全书最末一篇，记悼四年智伯之灭，又远在获麟后数十年，与孔子的《春秋》有何关系？释经而缕缕道此，又何为者？是故今本《国语》与今本《左传》，若析而为二，则两书皆可谓自乱其例，不足以列于著作之林；若合而为一，则西周末、东周初三百余年间一良史也，其书则本名《国语》，或亦称《左氏春秋》。"左氏春秋"者，犹《晏子春秋》《吕氏春秋》纯为一独立之著述，与孔子之《春秋》绝无主从的关系也，其由"左氏春秋"而变成"春秋左氏传"，则自刘歆之引传解经始也。以上所推测若不谬，则所得结论为下列数项：

一、《国语》即《左氏春秋》，并非二书。

二、其书分国为纪，并非编年。

三、刘歆将鲁惠、隐间迄哀、悼间之一部分抽出，改为编年体，取以与孔子所作《春秋》年限相比附，谓之《春秋左氏传》。其余无可比附者，剔出，仍其旧名及旧体例，谓之《国语》。

四、凡今本《左传》释经之文，皆非原书所有，皆刘歆"引传释经"之结果。内中有"君子曰"云云者亦同。

五、其余全书中经刘歆窜入者当不少。

关于考证《左传》真伪之参考书：

刘逢禄《左传春秋考证》。

康有为《新学伪经考》，关于《左传》之部。

崔适《史记探原》，关于《左传》之部。

《左传》《国语》之著作者年代及其史的价值

考证至此，则此书之著作者及其年代，将皆成问题。依《史记·十二诸侯年表》及《汉书·艺文志》，则著者姓左名丘明。志谓为孔子弟子，表谓为鲁之君子。然《太史公自序》云："左丘失明，顾有《国语》。"则其人名丘，非名丘明也。且既为孔子弟子，则《仲尼弟子列传》何故遗之？因此则《十二诸侯年表》有无经后人窜乱，且成问题（崔适直指为窜乱——说详《史记探原》卷四页二）。谓为"孔子弟子左丘明"者，作伪者因《论语》有"左丘明耻之，丘亦耻之"之语，因影射之谓"好恶与圣人同"耳。其书既"不传《春秋》"，则所谓"与孔子观史记"云云皆属虚构，而其人殆不名丘明。但此属小节且勿论，究竟左氏其人者何时人耶？《左传》《国语》皆述晋灭智伯事，《国语》述越灭吴事，事皆在孔子卒后二十余年，则其成书最早亦后于孔子作《春秋》约三十年矣。尤足怪者，"腊"为秦节，"庶长"为秦爵，而此两名乃见于《左传》。且"庶长"者，商鞅所设之武功爵也，而作者道之。得毋其成书乃在商鞅相秦后耶？记陈敬仲事曰："八世之后，莫之与京。"记季札适鲁听乐曰："郑其先亡乎？"适晋，说赵文子、韩宣子、魏献子曰："晋国其萃于三族乎？"《左氏》好语神怪，种种"浮夸"之词（用韩愈评语），本数见不鲜。然当敬仲初亡命于齐时，而决言其八世之后必篡齐；当郑七卿辑睦时，而决言其必先亡；当晋范中行全盛时，而决言其必萃于韩赵魏。预言吻合至此，宁复情理，以常识判之，则谓其书成于田氏伐齐、三家分晋、韩灭郑以后，殆不为过。故先辈或以《左传》为战国初期作品，上距孔子卒百年前后，吾颇信之。

上所指摘者，皆非关后人窜乱，实原书固有之瑕类也，浮夸如此，然则其所记述，尚有史的价值否？换言之，则吾辈应认此书为信史否耶？平心而论，历史间杂神话，良为古代任何民族之所不能免。《左传》在许多中外古史中，比较的已算简洁。所记之事，经作者剪裁润色，带几分文学的（寓言的）色彩者，固所在而有，然大部分盖本诸当时史官之实录。试将前半部与后半部比较，其文体不同之处，尚可以看出。知其所据原料，多属各时代旧文。故时代精神，能于字里行间到处表现也。要之《国语》《左传》，实二千年前最可宝贵之史料，不容以小疵掩其大醇也。

读《左传》法之一

我国现存史籍，若以近世史的观念读之，固无一能尽如人意。但吾侪试思，西历纪元前四五百年之史部著作，全世界能有几何？《左传》一书，无论其原本为分国记载或编年记载，要之不失为一种有系统、有别裁的作品，在全人类历史学界为一先进者。故吾侪以世界的眼光观察，已认此书为有精读的必要。若专就本国文献论，则我族文化，实至春秋时代始渐成熟，其位置恰如个人之甫达成年。后此历史上各方面文物之演进，其渊源皆溯诸春秋。故吾以为欲断代的研究国史，当以春秋时代为出发点。若侈谈三代以前，则易为神话所乱，失史家严正态度。若仅注重秦汉以后，则中国国民性之根核，社会组织变迁之脉络等，将皆无从理解。故吾常谓治国史者，以清代史为最要，次则春秋战国。战国苦无良史（《战国策》文学臭味太浓，非严格的史），而春秋时代幸有一《左传》，吾侪宜如何珍惜而宝习也？

《左传》一书，内容极丰富，极复杂，作史料读之，可谓最有价值而且有趣味。在文献学上任何方面，皆可以于本书中得若干资料以为研究基础。盖此书性质虽属政治史，然对于社会情状，常能为摄影的记述。试以《资治通鉴》比之，当感《通鉴》纯为政治的，而《左传》实兼为社会的也。所以能如此者，固由《左氏》史识特高，抑亦历史本身使然。其一，春秋时代，各地方皆在较狭的区域内分化发展，政治上乃至文化上并无超越的中心点，故其史体与后来之专以京师政局作主脑者有异。其二，彼时代之社会组织，纯为阶级的。一切文化，皆贵族阶级之产物。贵族阶级，虽非多数的，然究竟已为复数的，故其史体与后来之专为皇帝一人作起居注者有异。《左传》所叙述之对象——史的实质如此，此其所以在古史中能有其特殊之价值也。

古今治《左传》者多矣。以研究方法论，吾以为莫良于顾栋高之《春秋大事表》。彼书盖先定出若干门类为自己研究范围，然后将全部书拆散，撷取各部分资料以供自己驾驭。记曰："属辞比事，《春秋》之教。"顾书真能善属而善比者。吾以为凡读史皆当用此法，不独《左传》也。但吾对于此书稍觉不满者有三端：第一，嫌其体裁专限于表。用表法诚极善，顾书各表，惨淡经营，令人心折者诚极多。但仍有许多资料非用表的形式所能整理者，顾氏以"表"名其书，自不容以不能表者为限。吾侪赓续研治，则须广其意以尽其用也。第二，嫌其所表偏于政治。《左传》本属政治史，多表政治，固所当然。然政治以外之事项，可表者正自不少，是宜有以补之。第三，嫌其多表释经语。"《左氏》不传《春秋》"，为吾侪所确信。今对于刘歆引传释经之语，研究其义例，非惟枉费精力，抑亦使《春秋》之旨愈荒也。此三端吾以为对于顾著宜修正或增益者。但其方法则吾无间然，愿学者循其矩而神而明之也。

马骕《左传事纬》、高士奇《左传记事本末》，皆仿袁枢治《通鉴》之例，以一事之起讫编年，此亦读《左氏》之一法。惟其所分之事，或失诸细碎，而大者反割裂遗漏。学者如能用其法，而以己之律令断制之，所得或较多也。

吾侪今日治《左传》，最好以社会学者的眼光治之，不斤斤于一国一事件之兴亡得失，而多注意于当时全社会共同现象。例如，当时贵族阶级如何受教育法，所受者为何种教育；当时贵族政治之合议组织如何；其政权授受程序如何；当时地方行政状况如何；当时国际交涉之法例如何；当时财产所有权及其承袭与后来之异同奚若；当时婚姻制度与后来之异同奚若；当时人对于自然界灾变作何等观念；当时可称为宗教者有多少种类，其性质何如……如此之类，随时特拈出所欲研究之问题，通全书以搜索资料。资料略集，乃比次而论断之。所研究积数十题，则一时代之社会遗影，略可睹矣。

吾侪研究史料，往往有须于无文字中求之者。例如：（一）春秋时代是否已行用金属货币；（二）春秋时代是否有井田；（三）春秋时代是否用铁器；（四）春秋时代曾否有不行贵族政治之国家……诸如此类。留心研索，亦可以拈出若干题。若其可作反证之资料甚缺乏乃至绝无，则否定之断案，或遂可成立，此亦治古史之一妙用也。

以上所述，皆史学家应采之通法。无论读何史皆可用之，不独《左传》。但《左传》既为最古之史，且内容甚丰，取材较易，先从彼着手，最可引起趣味也。

读《左传》法之二

《左传》自宋以来，列于五经，形成国民常识之一部，故虽非专门史学家亦当一读。其中嘉言懿行，有益修养及应世之务者不少，宜谙记或抄录之。

《左传》文章优美，其记事文对于极复杂之事项——如五大战役等，纲领提挈得极严谨而分明，情节叙述得极委曲而简洁，可谓极技术之能事。其记言文渊懿美茂，而生气勃勃，后此亦殆未有其比。又其文虽时代甚古，然无佶屈聱牙之病，颇易诵习。故专以学文为目的，《左传》亦应在精读之列也。

第五章

《诗经》

《诗经》之年代

《诗经》为古籍中最纯粹可信之书，绝不发生真伪问题，故但考其年代已足。

孟子云："王者之迹熄而诗亡，诗亡然后《春秋》作。"未述《诗》之起原而惟概指其终局，似论三百篇皆春秋前作品也。今案：各篇年代最古而有征者为《商颂》五篇。《国语》云："正考父校商之名颂十二篇于周大师，以《那》为首。"郑司农云："自考父至孔子，又亡其七篇。"后世说《诗》者或以今《商颂》为考父作，此误读《国语》耳。此五篇乃至十二篇者，殆商代郊祀乐章，春秋时宋国沿用之，故得传于后。犹汉魏郊祀乐府，至今虽失其调而犹存其文也。其次则《豳风》之《七月》一篇，后世注家谓周公述后稷、公刘之德而作，然羌无实据。玩诗语似应为周人自豳迁岐以前之民间作品。且篇首"七月流火，九月授衣"云云，所用为夏正，故亦可推定为夏时代作品。果尔，则三百篇中此为最古，且现存一切文学作品中亦此为最古矣。其最晚者如《秦风》之"我送舅氏，曰至渭阳"，相传为秦襄公送晋文公之诗。如《陈风》之"胡为乎株林，从夏南"，相传为刺陈灵公暱夏姬之诗。果尔，则为春秋中叶作品。然尽人皆可有舅，不必秦康；夏南为夏姬虽极近似，亦无以证其必然。故《诗》讫何年，实难论定。惟《鲁颂·闵宫》篇"周公之孙，庄公之子"，其为鲁僖公时作品更无可疑。则三百篇中不乏春秋时作品，盖可推断。然《国风》有邶、鄘、唐、魏，皆春秋前旧国，二雅有多篇可考定为周厉宣时事。则假定全书诸篇以西周末、东周初——约西纪前九百年至七百年——时人所作为中坚，其间最古之若干篇，约距今三千四五百年前。最晚之若干篇，约距今二千六七百年前。虽不中不甚远矣。

然则何故惟彼时代独有诗——或诗独盛耶？其一，社会文化渐臻成熟之后，始能有优美的文艺作品出现。"周监二代，郁郁乎文。"中国社会脱离僿野状态，实自周始。周初犹属启蒙时代，故可传之作品尚少。至东迁前后，人文益进，名作乃渐多。又，诗本为表情之具。周初社会静谧，冲动情感之资料较少。东迁前后，乱离呻吟，不期而全社会强烈之感情被蒸发焉，此或亦多诗之一因也。其二，问者曰，若尔则春秋中叶以后诗宜更多，曷为反少？此问题复可作两种解答：一、文体本逐时代而变迁。此类之诗，盛行已数百年，或春秋中叶以后，渐为社会所厌倦，不复有名作。二、"輶轩采诗"之制度，传记屡言，吾侪应认为事实的存在。三百篇之辑集成书，殆由于此。此事本为周代美政之一，由王室行之。春秋以降，王室式微，斯典乃废。虽有歌什，莫为撷纂，遂至沦逸，孟子所谓"王迹熄而诗亡"也。

孔子删《诗》说不足信

《史记·孔子世家》云："古者诗三千余篇，及至孔子，去其重，取可施于礼义，上采契、后稷，中述殷、周之盛，至幽、厉之缺，三百五篇。"此说若确，则今本《诗经》，实为孔子所手选，如徐孝穆之选《玉台新咏》、王介甫之选《唐百家诗》。然汉唐学者多不信此说，孔颖达云："书传所引之诗，见在者多，亡逸者少。则孔子所录，不容十分去九，迁言未可信也。"谨案：《论语》云："诗三百一言以蔽之……"又云："诵诗三百授之以政不达……"此皆孔子之言，而述诗篇数，辄举三百，可见孔子素所诵习即止此数，而非其所自删明矣。《左传》记吴季札适鲁观乐，事在孔子前，而所歌之风，无出今十五国外者，益可为三百篇非定自孔子之明证。且孔子如删诗也，则以何为标准耶？如后人所谓"贞淫"耶？郑、卫言情之作具在，未尝删也。且如逸诗之见于传记者，如《论语》之"唐棣之华，偏其反而。岂不尔思，室是远而。"如《左传》之"虽有丝麻，无弃菅蒯。虽有姬姜，无弃憔悴。""思我王度，式如玉，式如金。形发之力，而无醉饱之心。"凡此之类，何字何句悖于"礼义"而孔子乃删之哉？是故以吾侪所信，则孔子决无删诗之事。今三百篇，是否曾经一度有意识的编纂，不可深考。藉曰有之，则编纂者或史官太师之属，不能确指为谁。要之春秋时士大夫所同讽诵者即此三百余篇，纵有佚亡，亦不过百之一二，此则按诸故实而略可断言者也。

然则孔子于《诗经》未尝有所致力耶？曰：有之。《论语》述孔子言曰："吾自卫反鲁，然后乐正，雅颂各得其所。"《孔子世家》曰："诗三百篇，孔子皆弦而歌之，以求合韶武雅颂之音。"《庄子》曰"孔子诵诗三百，歌诗三百，弦诗三百，舞诗三百。"窃意前此之诗不皆能入乐，或入乐而沦紊其谱。孔子最嗜音乐，最通音乐，故反鲁之后，以乐理诏鲁太师，又取三百篇之谱阙者补之，舛者订之，故云乐正而雅颂得所，故云弦歌以求合韶武，是故雅颂之文犹昔也。失所得所，则弦之歌之舞之而始见，孔子正乐即正诗也。故乐无经，以诗为经，"雅言诗书执礼"而无乐，乐在诗中，不可分也。诗乐合体，其或自孔子始也（看魏源《古诗微》上编之《三夫子正乐论》）。

《诗序》之伪妄

《诗经》之传授，在汉初则有鲁、齐、韩三家立于学官，而古文《毛氏传》晚出。东汉以后，毛独行而三家废。今官书题此书为"毛诗"，而村学究且有呼为"毛经"者，可叹，亦可笑也。《毛传》真伪久成问题，吾于他书论今古文公案者已屡及之，今不再赘。而其伪中出伪，贻误后学最甚者，尤莫如所谓"诗序"。《诗序》今附《毛传》以行，每篇之首，序说所以作此诗之意或并及作诗之人。首篇《关雎》之序特长，盖千数百言，总论全书旨趣，谓之大序。自余各篇，短者不及十言。较长者数十言，谓之小序。夫读诗者恒欲知作诗之人与作诗之旨，此人情也。而诗三百篇一一求其人与其旨以实之，殆不可能，故孟子贵"以意逆志"；《左传》称"断章取义"；申公之授《鲁诗》，"无传疑，疑者盖阙不传"；韩婴作《韩诗外传》；刘向作《新序》，皆实行逆志断章之教。西汉以前之说诗者类皆如此。今所谓《诗序》者，乃逐篇一一取其人与其旨凿言之若有所受焉。此所以为学者所共乐习，二千年奉为鸿宝以迄于兹也。

《诗序》谁所作耶？《后汉书·儒林传》述其来历甚明，传云："谢曼卿善《毛诗》，乃为其训。卫宏从曼卿受学，因作《毛诗序》，善得风雅之旨，于今传于世。"则序为宏作，铁案如山，宁复有疑辩之余地？乃隋唐以后之传说则大可异，或云序之首句为大毛公作，次句以下为小毛公作；或云大序是子夏作，小序是子夏毛公合作。（《隋书·经籍志》称序为子夏所创，毛公及卫敬仲更加润益。）尤可骇者，宋程颐以大序为孔子所作，小序为当时国史所作。以《史记》《汉书》从未齿及之诗序范蔚宗时"传于世"共知出卫宏手者，乃辗转攀引嫁名及于孔子、子夏，而千余年共认为神圣不可侵犯之宝典，真不可思议之怪象矣。

《诗》非必皆无作者主名，然断不能谓篇篇皆可得作者主名。《诗》非必皆无本事，然断不能谓篇篇皆有本事。以三百篇论，则无主名无本事者其数必远过于有主名有本事者，又至易见也。鲁、齐、韩三家书虽亡，其佚说时时见于他籍。间有述各篇之主名或年代或本事，则其义率较所谓《毛诗序》者为长。（如以《关雎》为康王时诗，以《采薇》为懿王时诗，以驺虞为主鸟兽之官，以《宾之初筵》为卫武公饮酒悔过作之类，盖有所受之也。）《毛诗》家所谓大毛公、小毛公者是否有其人，本已属问题。藉曰有之，然质诸刘歆、班固，亦未言二毛有作序之事。而卫宏生东汉之初，果何所受而能知申公、辕固、韩婴所不知，或另树一说以与为难者？故但考明诗序之来历，则其书之无价值，本已不待辩。若细按其内容，则捧腹喷饭之资料更不可一二数。例如《郑风》，见有"仲"字则曰祭仲，见有"叔"字，则曰其共叔段，余则连篇累牍皆曰"刺忽""刺忽"。郑立国数百年，岂其于仲段忽外遂无他人？而诗人讴歌，岂其于美刺仲段忽外遂无他情感？凿空武断，可笑一至此极。其余诸篇，大率此类也。故欲治《诗经》者非先将《毛序》拉杂摧烧之，其蔀障不知所极矣。（看崔述《读风偶识》卷一《通论诗序》、卷二《通论十三国风》。）

《朱熹集传》，亦每篇述作诗之旨而颇纠正卫序，较洁净矣。而又别有其凿空武断之途，故学者宜并举而廓清之。

南、风、雅、颂释名

"四诗"之说，见于《孔子世家》。其说是否为后人附益，尚难断定。若古有此说，则甚易解。盖三百篇本以类从，分为四体，曰南、曰风、曰雅、曰颂。自《毛诗序》不得"南"之解，将周、召二南侪于邶、鄘以下之诸风，名为"十五国风"，于是四诗余其三，而析小、大雅为二以足之，诗体紊矣。今分释其名如下：

一、释南。《诗·鼓钟》篇："以雅以南"。"南"与"雅"对举，雅既为诗之一体，则南亦必为诗之一体甚明。《礼记·文王世子》之"胥鼓南"、《左传》之"象箾南籥"，皆指此也。此体诗何以名之为"南"，无从臆断。毛氏于《鼓钟》传云："南夷之乐曰南。"《周礼》旄人郑注、公羊昭二十五年何注皆云："南方之乐曰任。""南""任"同音，当本一字，乃至后此汉魏乐府所谓"盐"、所谓"艳"者（河鹊盐、归国盐、突厥盐、黄帝盐、疏勒盐、三妇艳），亦即此字所变术，盖未可知。但《毛诗序》必谓《鼓钟》之"南"非二南之"南"，其释二南则谓："南，言王化自北而南。"则望文生义，极可笑，此如某帖括家选古诗解《昔昔盐》为食盐矣。窃意"南"为当时一种音乐之名，其节奏盖自为一体，与雅颂等不同。据《仪礼·乡饮酒礼》《燕礼》皆于工歌间歌笙奏之后，终以合乐。合乐所歌为《周南》之《关雎》《葛覃》《卷耳》，《召南》之《鹊巢》《采薇》《采蘋》。《论语》亦云："《关雎》之乱，洋洋乎盈耳哉！""乱"者曲终所奏也。综合此种资料以推测，"南"似为一种合唱的音乐，于乐终时歌之。歌者不限于乐工，故曰"其乱，洋洋盈耳"矣。

二、释风。《毛诗序》释"风"字之义，谓："上以风化下，下以风刺上。"亦是望文生义。窃疑"风"者"讽"也，为讽诵之讽字之本文。《汉书·艺文志》云："不歌而诵谓之赋。""风"殆只能讽诵而不能歌者，故《仪礼》《礼记》《左传》中所歌之诗，惟风无有。《左传》述宴享时所及之风诗则皆赋也，正所谓不歌而诵也。（《左传》季札观乐篇，遍歌各国风，其文可疑，恐是孔子正乐以后之学者所记。详《左传》解题。）后此风能歌与否不可知。若能，恐在孔子正乐后也。

三、释雅。雅者，正也，殆周代最通行之乐，公认为正声，故谓之雅。《仪礼·乡饮酒》云："工歌《鹿鸣》《四牡》《皇皇者华》，笙《南陔》《白华》《华黍》，乃间歌《鱼丽》，笙《由庚》；歌《南有嘉鱼》，笙《崇丘》；歌《南山有台》，笙《由仪》……

工告于乐正曰：'正乐备……'"（笙诗六篇，有声无辞，晋束皙谓其亡而补之，妄也。窃疑歌与笙同时合作，相依而节，如今西乐所谓"伴奏"。例如歌《鱼丽》时，即笙《由庚》以为伴。《由庚》但有音符之谱，而无辞可歌，其音节则与所歌《鱼丽》相应也。《南陔》之与《鹿鸣》《白华》之与《四牡》《华黍》之与《皇皇者华》《崇丘》之与《南有嘉鱼》《由仪》之与《南山有台》并同。）凡小雅、大雅之诗皆用此体，故谓之正乐，谓之雅。

四、释颂。后人多以颂美之义释颂，窃疑不然。《汉书·儒林传》云："鲁徐生善为颂。"苏林注云："颂貌威仪。"颜师古注云："颂读与容同。"颂字从页，页即人面，故容貌实颂字之本义也。然则《周颂》《商颂》等诗何故名为颂耶？南、雅皆唯歌，颂则歌而兼舞。《周官》："奏无射，歌夹钟，舞大武。"《礼记》："朱干玉戚冕而舞大武。"《大武》为《周颂》中主要之篇，而其用在舞，舞则舞容最重矣，故取所重名此类诗曰颂。《乐记》云："夫武，始而北出，再成而灭商，三成而南，四成而南国是疆，五成而分，周公左，召公右，六成复缀以崇天子。夹振之而四伐，盛威于中国也。分夹而进，事蚤济也。久立于缀，以待诸侯之至也。"（今本《周颂》惟"于皇武王"一章下句标题为"武"。然据《左传》宣十二年，楚庄王云："武王克商，作《武》，其卒章曰'耆定尔功'。其三曰：'敷时绎思，我徂维求定。'其六曰：'绥万邦，屡丰年。'……"今本惟"耆定尔功"在《武》之章。"敷时绎思"云云，其章名曰《赉》，"绥万邦"云云，其章名曰《桓》，而春秋时人乃并指为《武》之一部，且确数其篇次，可见今本分章非古，而《大武》之诗不止一章矣。）观此则《大武》舞容何若，尚可仿佛想见。三颂之诗，皆重舞节，此其所以与雅、南之唯歌者有异，与风之不歌而诵者更异也。（略以后世之体比附之，则《风》为民谣，《南》《雅》为乐府歌辞，《颂》则剧本也。）

上"四诗"之分析解释，前人多未道及，吾亦未敢遽自信，姑悬一说以待来者。

读《诗》法之一

诗三百篇，为我国最古而最优美之文学作品。其中颂之一类，盖出专门文学家、音乐家所制，最为典重斋皇。雅之一类，亦似有一部分出专门家之手。南与风则纯粹的平民文学也。前后数百年间各地方、各种阶级、各种职业之人，男女两性之作品皆有。所写情感对于国家社会、对于家庭、对于朋友个人相互交际、对于男女两性间之怨慕等等，莫不有其代表之作。

其表现情感之法，有极缠绵而极蕴藉者；例如："君子于役，不知其期，曷至哉？鸡栖于埘。君子于役，如之何勿思！"如："陟彼岵兮，瞻望父兮。父曰：'嗟，予子行役，夙夜无寐。上慎旃哉，犹来无止。'"如："习习谷风，以阴以雨。黾勉同心，不宜有怒。采葑采菲，无以下体。德音莫违，及尔同死。"有极委婉而实极决绝者；例如："泛彼柏舟，在彼中河。髧彼两髦，实维我仪。之死矢靡他，母也天只，不谅人只。"有极沉痛而一发务使尽者；例如："蓼蓼者莪，匪莪伊蒿。哀哀父母，生我劬劳。"如："苕之华，其叶青青。知我如此，不如无生。"有于无字句处写其深痛或挚爱者；例如："彼黍离离，彼稷之苗。行迈靡靡，中心摇摇。知我者谓我心忧，不知我者谓我何求。悠悠苍天，此何人哉？"如："瞻彼日月，悠悠我思。道之云远，曷云能来？"有其辞繁而不杀以曲达菀结不可解之情者；例如：《谷风》《载驰》《鸱鸮》《节南山》《正月》《十月之交》《小弁》《桑柔》诸篇（全文不录）。有极淡远而一往情深者；例如："蒹葭苍苍，白露为霜。所谓伊人，在水一方，溯洄从之，道阻且长。溯游从之，宛在水中央。"有极旖旎而含情邈然者；例如："春日载阳，有鸣苍庚。女执懿筐，遵彼微行，爰求柔桑。春日迟迟，采蘩祁祁。女心伤悲，殆及公子同归。"

凡此之类，各极表情文学之能事。（上所举例不过随感忆所及，随摭数章，令学者循此以注意耳，非谓表情佳什仅此，亦非谓表情法之种类仅此也。）故治《诗》者宜以全诗作文学品读，专从其抒写情感处注意而赏玩之，则《诗》之真价值乃见也。

孔子曰："诗可以兴，可以观，可以群，可以怨。"孔子于文学与人生之关系看出最真切，故能有此言。古者以《诗》为教育主要之工具，其目的在使一般人养成美感有玩赏文学的能力，则人格不期而自进于高明。夫名诗仅讽诵涵泳焉，所得已多矣，况孔子举三百篇皆弦而歌之。合文学、音乐为一，以树社会教育之基础，其感化力之大云胡可量。子之武城，闻弦歌之声，子游对以"君子学道则爱人，小人学道则易使"，谓以诗教也，谓美感之能使社会向上也。吾侪学《诗》，亦学孔子之所学而已。

《诗》学之失，自伪《毛序》之言"美刺"始也。伪序以美刺释《诗》者十而八九，其中"刺时""刺其君""刺某人"云云者又居彼八九中之八九。夫感慨时政，憎嫉恶社会，虽不失为诗人情感之一，然岂舍此遂更无可抒之情感者？伪序乃悉举而纳之于刺。例如《邶风》之《雄雉》，《王风》之《君子于役》，明为夫行役在外而妻念之之作，与时君何与？而一以为刺卫宣公，一以为刺周平王。《邶风》之《谷风》，《卫风》之《氓》，明是弃妇自写其哀怨，而一以为刺夫妇失道，一以为刺时。诸如此类，指不胜指。信如彼说，则三百篇之作者乃举如一黄蜂，终日以螫人为事，自身复有性情否耶？三百篇尽成"爱书"，所谓温柔敦厚者何在耶？又如男女相悦之诗十九释为刺淫，彼盖泥于孔子"思无邪"之言，以为"淫则邪，刺之则无邪"也。信如彼说，则构淫词以为刺，直"劝百讽一"耳。谓之无邪可乎？不知男女爱悦，亦情之正，岂必刺焉而始有合于无邪之旨也？是故自美刺之说行，而三百篇成为"司空城旦书"，其性灵之神圣瘖没不曜者二千年于兹矣。学者速脱此梏，乃可与语于学《诗》也。

读《诗》法之二

前段所说，专就陶养情感一方面言。但古人学《诗》，尚有第二目的，在应用一方面。孔子曰："不学《诗》，无以言。"又曰："诵《诗》三百，授之以政，不达。使于四方，不能专对。虽多，亦奚以为。"学《诗》何故能言、能专对？授之以政何故能达耶？为政者不外熟察人情，批其窾郤，因而导之。而吾人所以御事应务，其本则在"多识前言往行以畜其德"。古人学《诗》，将以求此也。《左传》襄二十八年云："赋诗断章，余取所求焉。"断章取所求，即学《诗》应用方面之法也。是故"绵蛮黄鸟，止于丘隅"，孔子读之则曰："于止知其所止，可以人而不如鸟乎？""高山仰止，景行行止。"孔子读之则曰："诗之好仁如此，乡道而行，不知年数之不足。俛焉日有孳孳，毙而后已。"司马迁读之则曰："虽不能至，而心向往之。""如切如磋，如琢如磨。"子贡读之，悟所以处贫富者。"巧笑倩兮，美目盼兮，素以为绚兮。"子夏读之，明"礼后"之义，孔子并赞叹之曰："赐也，商也，始可与言诗也已矣。""徹彼桑土，绸缪牖户。今此下民，或敢侮予。"孟子读之则曰："能治其国家谁敢侮之。""鸤鸠在桑，其子七兮。淑人君子，其仪一兮。"荀子读之则曰："故君子结于一也。"自余如《左传》所记列国卿大夫之赋诗言志，以及《韩诗外传》《新序》之或述事或树义而引诗以证成之。凡此之类，并不必问其诗之本事与其本意，通吾之所感于作者之所感，引而申之，触类而长之，此亦锻炼德性增益才智之一法，古人所恒用而今后尚可袭用者也。

读《诗》法之三

现存先秦古籍，真赝杂糅，几于无一书无问题。其精金美玉字字可信可宝者，《诗经》其首也。故其书于文学价值外尚有一重要价值焉，曰可以为古代史料或史料尺度。

所谓可以为史料者，非谓如伪《毛序》之比附《左传》《史记》强派某篇为某王某公之事云也。《诗经》关系政治者本甚希，即偶有一二属于当时宫廷事实者（如卫武公饮酒悔过，许穆夫人赋《载驰》之类），亦不甚足重轻，可置勿论。（《诗经》中关于具体的政治史料反不可尽信，盖文人之言华而不实者多也。如《鲁颂·閟宫》有"庄公之子"语，明为颂僖公无疑，而篇中又云"戎狄是膺，荆舒是惩"，僖公何从有此丰功伟烈耶？）虽然，历史决不限于政治，其最主要者在能现出全社会心的、物的两方面之遗影。而高尚的文学作品，往往最能应给此种要求。《左传》季札观乐一篇对于十五国风之批评，即从社会心理方面研究《诗经》也。（其果否为季札所批评，且勿论。）吾侪若能应用此方法而扩大之，则对于"《诗》的时代"——西纪前九〇〇至六〇〇年之中华民族之社会组织的基础及其人生观之根核，可以得较明确的概念。而各地方民性之异同及其次第醇化之迹，亦可以略见。其在物质方面，则当时动植物之分布、城郭宫室之建筑、农器兵器礼器用器之制造、衣服饮食之进步……凡此种种状况，试分类爬梳，所得者至复不少。故以史料读《诗经》几于无一字无用也。

所谓史料之尺度者，古代史神话与赝迹太多，吾侪欲严密鉴别，不能不择一两部较可信之书以为准据，以衡量他书所言以下真伪之判决，所谓正日月者视北辰也。若是者，吾名之曰史料之尺度，例如研究孔子史迹当以《论语》为尺度是也。有诗时代及有诗以前之时代，正式之史未出现（诗亡然后《春秋》作），而传记谶纬所记古事多糅杂不可究诘。《诗经》既未经后人窜乱，全部字字可信，其文虽非为记事而作，而偶有所记，吾辈良可据为准鹄。例如，"天命玄鸟，降而生商。""厥初生民，时维姜嫄。"乃商周人述其先德之诗。而所言如此，则稷契为帝喾子之说，当然成问题。例如，"帝作邦作对，自大伯王季。"明是周人历述其创业之主，则泰伯有无逃荆蛮之事，亦成问题（恐周人自文武以前，亦如殷制，兄终弟及）。例如，各篇中屡言夏禹，如"禹敷下土方""缵禹之绪"等，而尧舜无一字道及，则尧舜为何等人亦可成问题。诸如此类，若以史家极谨严的态度临之，宁阙疑勿武断。则以《诗经》为尺度，尚可得较洁净之史也。

说《诗》注《诗》之书

《诗》居六艺之首，自汉以来，传习极盛，解说者无虑千百家。即今现存之笺释等类书亦无虑千百种，略读之已使人头白矣，故吾劝学者以少读为妙。若必欲参考，则姑举以下各书：

西汉今文《诗》说有鲁、齐、韩三家，其传皆亡，仅余一《韩诗外传》为《韩诗》之别子。刘向之《新序》及《说苑》，说《诗》语极多。向固治《鲁诗》也。欲知西汉《诗》说之大概，此三书宜读。

清陈乔枞有《三家诗遗说考》，搜采三家说略备，可参考。

现行《十三经注疏》本《诗经》，为毛传、郑康成笺、孔颖达疏，所谓古文家言也。《毛序》之万不可信，吾已极言之。惟毛传于训诂颇简洁，可读也。郑笺十九申毛，时亦纠之，穿凿附会者不少，宜分别观。孔疏颇博洽而断制少。清儒新疏，有陈奂《诗毛氏传疏》最精审，专宗毛，虽郑亦不苟同也。次则马瑞辰《毛诗传笺通释》、胡承珙《毛诗后笺》，亦好。而王引之《经义述闻》《经传释词》中关于《毛诗》各条，皆极好。学者读此类书，宜专取其关于训诂名物方面观之，其关于礼制者已当慎择，关于说《诗》意者，切勿为其所囿。

宋儒注释书，朱熹《诗经集传》颇洁净。其教人脱离传笺直玩诗旨，颇可学，但亦多武断处。其对于训诂名物，远不逮清儒之精审。

通论《诗》旨之书，清魏源《诗古微》、崔述《读风偶识》，极有理解，可读。姚际恒《九经通论》中《诗经》之部当甚好，但我尚未见其书。

吾关于整理《诗经》之意见有二：其一，训诂名物之部。清儒笺释，已十得八九。汇观参订，择善以从，泐成一极简明之新注，则读者于文义可以无阂。其二，《诗》旨之部。从《左传》所记当时士大夫之"赋诗断章"起，次《论语》《孟子》《礼记》及周秦诸子引《诗》所取义，下至《韩诗外传》《新序》《说苑》及两《汉书》各传中之引《诗》语止，博采其说分系本《诗》之下，以考见古人"以意逆志""告往知来"之法，俾《诗》学可以适用于人生。兹事为之并不难，惜吾有志焉而未之逮也。

第六章

《楚辞》

《楚辞》之编纂及其篇目

《汉书·艺文志》无《楚辞》，惟载"《屈原赋》二十五篇"。及王逸为《楚辞章句》，其《离骚》篇后序云："屈原……依诗人之义而作《离骚》……复作《九歌》以下凡二十五篇。楚人高其行义，玮其文采，以相教传……后世雄俊，莫不瞻慕，舒肆妙虑，缵述其词。逮至刘向典校经书，分为十六卷……今臣复以所记所知，稽之旧章，作十六卷章句……"据此，则《楚辞》似是刘向所编定。然今本第十六卷即刘向所作《九叹》，复有第十七卷为王逸所作《九思》，殆两人各以己作附骥耶。其各篇次第，今本与陆德明《经典释文》本亦有异同。今录其篇名、篇数、篇次及相传作者人名为表如下：

（篇名）	（篇数）	（今本篇次）	（释文篇次）	（旧题作者名）
离骚	一篇	第一	第一	屈原
九歌	十一篇	第二	第三	屈原
天问	一篇	第三	第四	屈原

（篇名）	（篇数）	（今本篇次）	（释文篇次）	（旧题作者名）
九章	九篇	第四	第五	屈原
远游	一篇	第五	第六	屈原
卜居	一篇	第六	第七	屈原
渔父	一篇	第七	第八	屈原
九辩	十一篇	第八	第二	宋玉
招魂	一篇	第九	第十	宋玉
大招	一篇	第十	第十六	屈原或景差
惜誓	一篇	第十一	第十五	贾谊
招隐士	一篇	第十二	第九	淮南小山
七谏	七篇	第十三	第十二	东方朔
哀时命	一篇	第十四	第十四	庄忌
九怀	九篇	第十五	第十一	王褒
九叹	九篇	第十六	第十三	刘向
九思	九篇	第十七	第十七	王逸

《九歌》篇目：东皇太一、云中君、湘君、湘夫人、大司命、少司命、东君、河伯、山鬼、国殇、礼魂。

《九章》篇目：惜诵、涉江、哀郢、抽思、怀沙、思美人、惜往日、橘颂、悲回风。

《七谏》《九怀》《九叹》《九思》各篇子目不录。

上各篇自《惜誓》以下，皆汉人所作。朱熹《楚辞辩证》云："《七谏》《九怀》《九思》《九叹》虽为骚体，然其词气平缓，意不深切，如无所疾痛而强为呻吟者。就其中《谏》《叹》，犹或粗有可观，两王则卑已甚矣。故虽幸附书尾，而人莫之读。"故熹所作《楚辞集注》，将彼四家之三十四篇删去，而补以贾生之《吊屈文》及《鹏鸟赋》。其目如下：

卷一　离骚经第一

卷二　离骚九歌第二

卷三　离骚天问第三

卷四　离骚九章第四

卷五　离骚远游第五　离骚卜居第六　离骚渔父第七

原注云："以上《离骚》凡七题二十五篇，皆屈原作，今定为五卷。"

卷六　续离骚九辩第八　宋玉

卷七　续离骚招魂第九　宋玉　续离骚大招第十　景差

卷八　续离骚惜誓第十一　贾谊　续离骚吊屈原第十二　贾谊续离骚鹏鸟赋第十三　贾谊　续离骚哀时命第十四　庄忌

洪兴祖补注本自《渔父》以上皆于篇下各缀以"离骚"二字，而《离骚》篇题为"离骚经"，《九辩》以下则每篇篇名下缀以"楚辞"二字。朱熹因之而略加修正，故自《离骚》至《渔父》，每篇皆冠以"离骚"二字，《九辩》以下则冠以"续离骚"三字。

今本篇次与《释文》本有异同。洪兴祖云："《九章》第四，《九辩》第八，而王逸《九章》注云：'皆解于《九辩》中。'知《释文》篇第，盖旧本也，后人始以作者次叙之耳。"朱熹云："今按天圣十年陈说之序，以为'旧本篇第混并，首尾差互，如考其人之先后重定其篇'，然则今本说之所定也欤。"启超按：洪、朱所论甚当。欲知刘向、王逸原本，宜遵《释文》，今本非也。

上所举篇数、篇次等，虽甚琐末，然实为考证屈原作品之基本资料，故不惮详述之。

《屈原赋》二十五篇。《楚辞》中汉人作品，向不为人所重视，更无考证之必要。吾侪研究《楚辞》，实际上不过研究屈原而已。吾侪所亟欲知者，《汉书·艺文志》称"《屈原赋》二十五篇"，究竟今《楚辞》中某二十五篇为屈原所作耶？此问题颇复杂。旧说通以《离骚》一篇、《九歌》十一篇、《天问》一篇、《九章》九篇、《远游》《卜居》《渔父》各一篇，以当二十五篇之数，其《九辩》《招魂》则归诸宋玉。《大招》是否在二十五篇中，则存疑焉。吾窃疑非是，据所臆测，则刘向所集之二十五篇篇名当如下：

《离骚》一篇，

《九辩》一篇，

《九歌》十篇，

《卜居》一篇，

《渔父》一篇，

《天问》一篇，

《招魂》一篇，

《远游》一篇，

《惜诵》《涉江》《哀郢》《抽思》《思美人》《橘颂》《悲回风》《怀沙》各一篇。

上八篇今本更入以《惜往日》一篇，合题为《九章》。

吾此说颇奇特，今须加以说明者，一为《大招》是否屈原作之问题。二为《招魂》是否宋玉作之问题。三为《九辩》作者问题。四为《九歌》篇数问题。五为《九章》是否旧名及其中各篇有无伪品问题。今一一钩稽疏证如下：

一、王逸《大招》章句云："《大招》，屈原之所作也。或曰景差，疑不能明也。"今按《大招》明为摹仿《招魂》之作，其辞靡弱不足观。篇中有"小腰秀颈若鲜卑只"语，鲜卑为东胡余种经冒顿摧灭别保鲜卑山因而得号者，其以此名通于中国，盖在东汉。非惟屈原不及知，即景差亦不及知。此篇决为汉人作无疑，故《释文》本列诸第十六，在全书之最末，则刘向编集时殆亦不认为先秦作品矣，故语屈原赋当先将此篇剔出。

二、《招魂》，今本目录注指为宋玉作，《文选》亦同。然《史记·屈原列传》赞云："余读《离骚》《天问》《招魂》《哀郢》，悲其志。"然则司马迁明认为《招魂》为屈原作。此篇对于厌世主义与现世快乐主义两方皆极力描写而两皆拨弃，实全部《楚辞》中最酣肆、最深刻之作。后人因篇名《招魂》，且中有"魂魄离散汝筮予之"语，遂谓必屈原死后后人悼吊之作，因嫁名宋玉，所谓痴人前说不得梦也。谓宜从《史记》，以本篇还诸屈原。

三、《九辩》向未有以加诸二十五篇中者。虽然，有一事颇难索解，《释文》本何故以此篇置诸第二——在《离骚》之后《九歌》之前？王逸释"九"字之义亦详见本篇下，而《九歌》《九章》略焉，则此为王本原次甚明。夫第一篇及第三以下之二十余篇皆屈原作，而中间忽以非屈原作之一篇置第二，甚可异也。且全部《楚辞》除汉人诸作外，向来拟议为宋玉、景差等所作者只有《九辩》《招魂》《小招》三篇。《大招》决属汉拟，《招魂》决为屈作，如前文所辩证，殆成信谳。仅余此《九辩》一篇（《九辩》原只一篇，故无子目，王逸本厘为十一篇，朱熹本厘为九篇，皆以意割裂耳），以宋辞而虱屈集，益大可异也。且"启《九辩》与《九歌》"语见《离骚》，或《辩》《歌》同属古代韵文名称，屈并用之，故吾窃疑《九辩》实刘向所编屈赋中之一篇。虽无确证，要不失为有讨论价值之一问题也。

四、《九歌》十一篇，明载子目，更无问题。惟末篇《礼魂》，仅有五句（"成礼兮会鼓，传芭兮代舞。姱女倡兮容与。春兰兮秋菊，长无绝兮终古"），似不能独立成篇。窃疑此为前十篇之"乱辞"，每篇歌毕，皆殿以此五句。果尔，则《九歌》仅有十篇耳。

五、今本《九章》凡九篇，有子目。惟其中《惜往日》一篇，文气拖沓靡弱，与他篇绝不类，疑属汉人拟作，或吊屈原之作耳。"九章"之名，似亦非旧。《哀郢》，九章之一也，史公以之与《离骚》《天问》《招魂》并举，认为独立的一篇。《怀沙》亦九章之一也，本传全录其文，称为"怀沙之赋"，是史公未尝谓此两篇为《九章》之一部分也。窃疑《九章》之名，全因摹袭《九辩》《九歌》而起。或编集者见《惜诵》至《悲回风》等散篇，体格大类相类，遂仿《辩》《歌》例赋予以一总名，又见只有八篇，遂以晚出之《惜往日》足之为九。殊不知《辩》《歌》之"九"字，皆别有取义，非指篇数，观《辩》《歌》之篇，皆非九可知也。褒之《九怀》、向之《九叹》、逸之《九思》，篇皆取盈九数，适见其陋耳。故吾疑《九章》名非古。藉曰古有之，则篇数亦不嫌仅八，而《惜往日》一篇，必当在料拣之列也。

若吾所臆测不甚谬，则将旧说所谓二十五篇者删去《惜往日》，以《礼魂》分隶《东皇太一》等十篇之末，不别为篇，而补入《九辩》《招魂》，恰符二十五之数。此二十五篇是否皆屈原作品，抑有战国末年无名氏之作而后人概归诸屈原，虽尚有研究之余地（近人胡适有此说），然而刘向、班固所谓二十五篇之《屈原赋》，殆即指此无可疑者。

屈原之行历及性格

《史记》有屈原列传，载原事迹颇详，举其大概则：

一、原为楚同姓贵族。

二、原事楚怀王，官左徒，曾大被信任。

三、原为同列上官大夫所排，遂被疏放，然犹尝任齐使。

四、怀王十六年（前313），秦张仪谲诈怀王绝齐交，破合纵之局，原请杀张仪。

五、怀王三十年（前二九九年），秦昭王诱怀王会武关，原谏不听，王遂被胁留，客死于秦。

六、顷襄王立（前二九八年），原为令尹子兰所谮，王怒而迁放之，原遂自沉。

关于屈原身世之唯一的资料，只有此传，后此言原事者皆本之。故汉王逸谓："原在怀王时被谗见疏作《离骚》……顷襄王迁原于江南，原复作《九歌》《天问》《远游》《九章》《卜居》《渔父》等篇。"宋洪兴祖谓："原被放在怀王十六年，至十八年复召用之，顷襄王立复放。"惟清王懋竑不信《史记》，谓原决无再召再放事，谓原决不及见顷襄王。其言曰："《卜居》言：'既放三年，不得复见。'《哀郢》言：'九年而不复。''壹反之无时。'则初无召用再放之事。"（《白田草堂存稿》卷三《书楚辞后》，下同。）又云："谏怀王入秦者，据《楚世家》乃昭睢，非屈原也。夫原谏王不听而卒被留，以致客死，此忠臣之至痛，而原诸篇乃无一语以及之。至《惜往日》《悲回风》临绝之音，愤懑伉激，略无所讳而亦只反复于隐蔽障壅之害孤臣放子之冤。其于国家，则但言其委衔勒弃舟楫将卒于乱亡，而不云祸殃之已至是也。是诱会被留，乃原所不及见。而顷襄王之立，则原之自沉久矣。"懋竑所辩尚多，皆从原作品本身立反证，极有价值。又传中令尹子兰等事，亦不足信。朱熹云："《楚辞》以香草比君子，然以世乱俗衰，人多变节，遂深责椒兰之不可恃，而揭车江蓠，亦以次书罪，初非以为实有是人而以椒兰为名字者也。而史迁作屈原传乃有令尹子兰之说，班氏《古今人表》又有令尹子椒之名……王逸因之又讹以为司马子兰、大夫子椒……流误千载，无一人觉其非，甚可叹也。使其果然，则又当有子车、子离、子椴之俦，盖不知其几人矣。"（《楚辞辩证》卷上）上所论难，皆可谓读书得间。要之《史记》所载古代史迹，本多采自传闻，鉴别非甚精审，况后人窜乱亦多。即以屈原列传论，篇中自相矛盾处且不少（王懋竑列举之）。故吾侪良不宜轻信，更不宜牵合附会以曲为之说。大概屈原为楚贵族，生卒于西纪前四世纪之下半纪，曾一度与闻国政，未几被黜放，放后逾九年乃自杀，其足迹在今湖北、湖南两省，亦或尝至江西，此为屈原之基本的史迹。过此以往，阙疑可也。

司马光谓屈原"过于中庸，不可以训"，故所作《通鉴》，削原事不载。屈原性格诚为极端的，而与中国人好中庸之国民性最相反也，而其所以能成为千古独步之大文学家，亦即以此。彼以一身同时含有矛盾两极之思想，彼对于现实社会，极端的恋爱，又极端的厌恶。彼有冰冷的头脑，能剖析哲理，又有滚热的感情，终日自煎自焚。彼绝不肯同化于恶社会，其力又不能化社会，故终其身与恶社会斗，最后力竭而自杀。彼两种矛盾性日日交战于胸中，结果所产烦闷至于为自身所不能担荷而自杀。彼之自杀实其个性最猛烈、最纯洁之全部表现，非有此奇特之个性不能产此文学，亦惟以最后一死能使其人格与文学永不死也。吾尝有屈原研究一篇（见《学术讲演集》第三辑），关于此点，论列颇详尽，可参看（彼文关于屈原史迹及作品之考证，与斯篇稍有异同）。

《楚辞》注释书及其读法

《楚辞》多古字古言，非注释或不能悉解。汉武帝时，淮南王安已作《离骚章句》，东汉则班固、贾逵皆续有所释，然亦只限于《离骚》。及王逸乃为《楚辞章句》十六卷，遍释诸篇。宋则有洪兴祖为之补注，而朱熹别加删订为《楚辞集注》。今三本并存，其余释者尚多，不具举。（清戴震有《楚辞笺》，不审尚存否。若存，必当有可观。）王逸年辈在郑玄、高诱、韦昭前，所释训诂名物多近正，最可贵。其释篇中之义则以为："《离骚》之文，依诗取兴，引类譬喻，故善鸟香草以配忠贞，恶禽臭物以比谗佞，灵修美人以媲于君，宓妃佚女以譬贤臣，虬龙鸾凤以托君子，飘风云霓以为小人……"此在各篇中固偶有如此托兴者（《离骚》篇或更多），若每篇每段每句皆胶例而凿求之，则偾甚矣。人之情感万端，岂有舍"忠君爱国"外即无所用其情者？若全书如王注所解，则屈原成为一虚伪者或钝根者，而二十五篇悉变为方头巾家之政论，更何文学价值之足言。故王注虽有功本书，然关于此点，所失实非细也。后世作者往往不为文学而从事文学，而恒谬托高义于文学以外，皆由误读《楚辞》启之，而注家实不能不任其咎。朱注对于此等曲说颇有芟汰，较为洁净。（《楚辞辩证》对于《九歌》诸篇所论云："《东皇太一》旧说以为'原意谓人尽心以事神，则神惠以福，今竭忠以事君，而君不见信，故为此以自伤'。补注又谓：'此言人臣陈德义礼乐以事上，则上无忧患。'《云中君》旧说以为'事神已讫，复念怀王不明而太息忧劳'，补注又谓：'以云神喻君德，而怀王不能，故心以为忧。'皆外增赘说以害全篇之大旨，曲生碎义以乱本文之正意。"又云：《湘君》一篇，情意曲折，最为详尽，而为说者之谬为尤多，以致全然不见其语意之脉络次第，至其卒章犹以'遗玦捐袂'为求贤，而'采杜若'为好贤之无已，皆无复有文理也。"又云："佳人召予正指湘夫人而言，而五臣谓'若有君命，则亦将然'，补注以佳人为'贤人同志者'，如此则此篇何以名为湘夫人乎？"读此可知旧注之穿凿可笑，而朱氏之特识为不可及也。）惜仍有所拘牵，芟涤未尽耳。（例如《九歌》总序下注云："此卷诸篇皆以事神不答而不能忘其敬爱，比事君不合而不能忘其忠赤。"虽稍直捷，然终未能脱旧注桎梏，何如直云《九歌》皆祀神乐章，而屈原自抒其想像力及情感耶？）故吾以为治《楚辞》者，对于诸家之注，但取其名物训诂而足，其敷陈作者之旨者，宜悉屏勿观也。

我国最古之文学作品，三百篇外，即数《楚辞》。三百篇为中原遗声，《楚辞》则南方新兴民族所创之新体；三百篇虽亦有激越语，而大端皆主于温柔敦厚。《楚辞》虽亦有含蓄语，而大端在将情感尽情发泄；三百篇为极质正的现实文学，《楚辞》则富于想像力之纯文学，此其大较也。其技术之应用亦不同道，而《楚辞》表情极回荡之致，体物尽描写之妙，则亦一进步也。吾以为凡为中国人者，须获有欣赏《楚辞》之能力，乃为不虚生此国。吾愿学者循吾说而广之，讽诵餍饫之既久，必能相说以解也。

第四篇

王国维讲国学

  王国维（1877—1927 年），字伯隅、静安，号观堂、永观，浙江海宁人，我国近代在哲学、文学、美学、史学、古文字、考古学等多方面成就卓著的学术巨子，国学大师。王国维在学术享有极高的声誉，是中国第一个运用西方哲学、文学、美学观点和方法对中国古典文学进行分析的学者，同时又是第一个将考古学与历史学结合起来的学者。他首次建立起了较为系统的文学、史学研究的近代标准和方法，被誉为"中国近三百年来学术的结束人，最近八十年来学术的开创者"。其生平著述共有 60 多种，其中以《观堂集林》最为著名。

第一章

上古至五代之戏剧

　　歌舞之兴，其始于古之巫乎？巫之兴也，盖在上古之世。《楚语》："古者民神不杂，民之精爽不携贰者，而又能齐肃衷正。（中略）如此，则明神降之。在男曰觋，在女曰巫。（中略）及少皞之衰，九黎乱德，民神杂糅，不可方物。夫人作享，家为巫史。"然则巫觋之兴，在少皞之前，盖此事与文化俱古矣。巫之事神，必用歌舞。《说文解字》（五）："巫，祝也。女能事无形以舞降神者也。象人两褒舞形，与工同意。"故《商书》言："恒舞于宫，酣歌于室，时谓巫风。"《汉书·地理志》言："陈太姬妇人尊贵，好祭祀，用史巫，故其俗巫鬼。"《陈诗》曰："坎其击鼓，宛邱之下，无冬无夏，治其鹭羽。"又曰："东门之枌，宛邱之栩，子仲之子，婆娑其下。"此其风也。郑氏《诗谱》亦云。是古代之巫，实以歌舞为职，以乐神人者也。商人好鬼，故伊尹独有巫风之戒。及周公制礼，礼秩百神，而定其祀典。官有常职，礼有常数，乐有常节，古之巫风稍杀。然其余习，犹有存者：方相氏之驱疫也，大蜡之索万物也，皆是物也。故子贡观于蜡，而曰一国之人皆若狂，孔子告以张而不弛，文武不能。后人以八蜡为三代之戏礼（《东坡志林》），非过言也。

　　周礼既废，巫风大兴；楚越之间，其风尤盛。王逸《楚辞章句》谓："楚国南部之邑，沅湘之间，其俗信鬼而好祠，其祠必作歌乐鼓舞，以乐诸神。屈原见俗人祭祀之礼，歌舞之乐，其词鄙俚，因为作《九歌》之曲。"古之所谓巫，楚人谓之曰灵。《东皇太一》曰："灵偃蹇兮姣服，芳菲菲兮满堂。"《云中君》曰："灵连蜷兮既留，烂昭昭兮未央。"此二者，王逸皆训为巫，而他灵字则训为神。案《说文》（一）："灵，巫也。"古虽言巫而不言灵，观于屈巫之字子灵，则楚人谓巫为灵，不自战国始矣。

古之祭也必有尸。宗庙之尸，以子弟为之。至天地百神之祀，用尸与否，虽不可考，然《晋语》载"晋祀夏郊，以董伯为尸"，则非宗庙之祀，固亦用之。《楚辞》之灵，殆以巫而兼尸之用者也。其词谓巫曰灵，谓神亦曰灵，盖群巫之中，必有象神之衣服形貌动作者，而视为神之所冯依：故谓之曰灵，或谓之灵保。《东君》曰："思灵保兮贤姱。"王逸《章句》，训灵为神，训保为安。余疑《楚辞》之灵保，与《诗》之神保，皆尸之异名。《诗·楚茨》云："神保是飨。"又云："神保是格。"又云："鼓钟送尸，神保聿归。"《毛传》云："保，安也。"《郑笺》亦云："神安而飨其祭祀。"又云："神安归者，归于天也。"然如毛、郑之说，则谓神安是飨，神安是格，神安聿归者，于辞为不文。《楚茨》一诗，郑孔二君皆以为述绎祭宾尸之事，其礼亦与古礼《有司彻》一篇相合，则所谓神保，殆谓尸也。其曰"鼓钟送尸，神保聿归"，盖参互言之，以避复耳。知《诗》之神保为尸，则《楚辞》之灵保可知矣。至于浴兰沐芳，华衣若英，衣服之丽也；缓节安歌，竽瑟浩倡，歌舞之盛也；乘风载云之词，生别新知之语，荒淫之意也。是则灵之为职，或偃蹇以象神，或婆娑以乐神，盖后世戏剧之萌芽，已有存焉者矣。

巫觋之兴，虽在上皇之世，然俳优则远在其后。《列女传》云："夏桀既弃礼义，求倡优侏儒狎徒，为奇伟之戏。"此汉人所纪，或不足信。其可信者，则晋之优施，楚之优孟，皆在春秋之世。案《说文》（八）："优，饶也；一曰倡也，又曰倡乐也。"古代之优，本以乐为职，故优施假歌舞以说里克。《史记》称优孟，亦云楚之乐人。又优之为言戏也，《左传》："宋华弱与乐辔少相狎，长相优。"杜注："优，调戏也。"故优人之言，无不以调戏为主。优施鸟乌之歌，优孟爱马之对，皆以微词托意，甚有谑而为虐者。《谷梁传》："颊谷之会，齐人使优施舞于鲁君之幕下。"孔子曰："笑君者罪当死，使司马行法焉。"厥后秦之优旃，汉之幸倡郭舍人，其言无不以调戏为事。要之，巫与优之别：巫以乐神，而优以乐人；巫以歌舞为主，而优以调谑为主；巫以女为之，而优以男为之。至若优孟之为孙叔敖衣冠，而楚王欲以为相；优施一舞，而孔子谓其笑君；则于言语之外，其调戏亦以动作行之，与后世之优，颇复相类。后世戏剧，当自巫、优二者出；而此二者，固未可以后世戏剧视之也。

附考：古之优人，其始皆以侏儒为之，《乐记》称优侏儒。颊谷之会，孔子所诛者，《谷梁传》谓之优，而《孔子家语》、何休《公羊解诂》，均谓之侏儒。《史记·李斯列传》："侏儒倡优之好，不列于前。"《滑稽列传》亦云："优旃者，秦倡侏儒也。"故其自言曰："我虽短也，幸休居。"此实以侏儒为优之一确证也。《晋语》"侏儒扶卢"，韦昭注："扶，缘也；卢，矛戟之秘，缘之以为戏。"此即汉寻橦之戏所由起。而优人于歌舞调戏外，且兼以竞技为事矣。

汉之俳优，亦用以乐人，而非以乐神。《盐铁论·散不足》篇虽云："富者祈名岳，望山川，椎牛击鼓，戏倡舞像"；然《汉书·礼乐志》载郊祭乐人员，初无优人，惟朝贺置酒陈前殿房中，有常从倡三十人，常从象人（孟康曰：象人，若今戏鱼虾狮子者也。韦昭曰：著假面者也。）四人，诏随常从倡十六人，秦倡员二十九人，秦倡象人员三人，诏随秦倡一人，此外尚有黄门倡。此种倡人，以郭舍人例之，亦当以歌舞调谑为事。以倡而兼象人，则又兼以竞技为事，盖自汉初已有之，《贾子新书·匈奴篇》所陈者是也。至武帝元封三年，而角抵戏始兴。《史记·大宛传》："安息以黎轩善眩人献于汉。是时上方巡狩海上，乃悉从外国客，大觳抵，出奇戏诸怪物，及加其眩者之工；而觳抵奇戏岁增变甚盛，益兴，自此始。"按角抵者，应劭曰："角者，角技也，抵者，相抵触也。"文颖曰："名此乐为角抵者，两两相当，角力角技艺射御，故名角抵，盖杂技乐也。"是角抵以角技为义，故所包颇广，后世所谓百戏者是也。角抵之地，汉时在平乐观。观张衡《西京赋》所赋平乐事，殆兼诸技而有之。"乌获扛鼎，都卢寻橦，冲狭燕濯，胸突铦锋，跳丸剑之挥霍，走索上而相逢"，则角力角技之本事也。"巨兽之为曼延，舍利之化仙车，吞刀吐火，云雾杳冥"，所谓加眩者之工而增变者也。"总会仙倡，戏豹舞罴，白虎鼓瑟，苍龙吹箎"，则假面之戏也。"女娲坐而长歌，声清畅而委蛇，洪厓立而指挥，被毛羽之襳襹，度曲未终，云起雪飞"，则歌舞之人，又作古人之形象矣。"东海黄公，赤刀粤祝，冀厌白虎，卒不能救"，则且敷衍故事矣。至李尤《平乐观赋》（《艺文类聚》六十三）亦云："有仙驾雀，其形蚴虬，骑驴驰射，狐兔惊走，侏儒巨人，戏谑为偶"，则明明有俳优在其间矣。及元帝初元五年，始罢角抵，然其支流之流传于后世者尚多，故张衡、李尤在后汉时，犹得取而赋之也。

至魏明帝时，复修汉平乐故事。《魏略》（《魏志·明帝纪》裴注所引）："帝引谷水过九龙殿前，水转百戏。岁首，建巨兽，鱼龙曼延，弄马倒骑，备如汉西京之制。"故魏时优人，乃复著闻。《魏志·齐王纪》注引《世语》及《魏氏春秋》云："司马文王镇许昌，征还击姜维，至京师，帝于平乐观，以临军过中领军许允，与左右小臣谋，因文王辞，杀之，勒其众以退大将军，已书诏于前。文王入，帝方食栗，优人云午等唱曰：'青头鸡，青头鸡。'青头鸡者，鸭也（谓押诏书），帝惧，不敢发。"又《魏书》（裴注引）载：司马师等《废帝奏》亦云："使小优郭怀、袁信，于广望观下作辽东妖妇，嬉亵过度，道路行人掩目。"太后废帝令亦云："日延倡优，恣其丑谑。"则此时倡优，亦以歌舞戏谑为事；其作辽东妖妇，或演故事，盖犹汉世角抵之余风也。

晋时优戏，殊无可考。惟《赵书》（《太平御览》卷五百六十九引）云："石勒参军周延为馆陶令，断官绢数万匹，下狱，以八议宥之。后每大会，使俳优著介帻，黄绢单衣。优问：'汝何官，在我辈中？'曰：'我本为馆陶令。'斗数单衣，曰：'正坐取是，入汝辈中。'以为笑。"唐段安节《乐府杂录》，亦载此事云："参军始自后汉馆陶令石耽。"然后汉之世，尚无参军之官，则《赵书》之说殆是。此事虽非演故事而演时事，又专以调谑为主，然唐宋以后，脚色中有名之参军，实出于此。自此以后以迄南朝，亦有俗乐。梁时设乐，有曲、有舞、有技；然六朝之季，恩幸虽盛，而徘优罕闻，盖视魏晋之优，殆未有以大异也。

由是观之，则古之俳优，但以歌舞及戏谑为事。自汉以后，则间演故事；而合歌舞以演一事者，实始于北齐。顾其事至简，与其谓之戏，不若谓之舞之为当也。然后世戏剧之源，实自此始。《旧唐书·音乐志》云："代面出于北齐。北齐兰陵王长恭，才武而面美，常著假面以对敌。尝击周师金墉城下，勇冠三军，齐人壮之，为此舞以效其指挥击刺之容，谓之《兰陵王入阵曲》。"《乐府杂录》与崔令钦《教坊记》所载略同。又《教坊记》云："《踏摇娘》：北齐有人姓苏，鮑鼻，实不仕，而自号为郎中。嗜饮酗酒，每醉，辄殴其妻。妻衔悲诉于邻里。时人弄之：丈夫著妇人衣，徐步入场，行歌。每一叠，旁人齐声和之云：'踏摇和来，踏摇娘苦，和来。'以其且步且歌，故谓之踏摇；以其称冤，故言苦。及其夫至，则作殴斗之状，以为笑乐。"此事《旧唐书·音乐志》及《乐府杂录》亦纪之。但一以苏为隋末河内人，一以为后周士人。齐周隋相距，历年无几，而《教坊记》所纪独详，以为齐人，或当不谬。此二者皆有歌有舞，以演一事；而前此虽有歌舞，未用之以演故事，虽演故事，未尝合以歌舞：不可谓非优戏之创例也。盖魏齐周三朝，皆以外族入主中国，其与西域诸国，交通频繁，龟兹、天竺、康国、安国等乐，皆于此时入中国；而龟兹乐则自隋唐以来，相承用之，以迄于今。此时外国戏剧，当与之俱入中国，如《旧唐书·音乐志》所载《拨头》一戏，其最著之例也。案《兰陵王》《踏摇娘》二舞，《旧志》列之歌舞戏中，其间尚有《拨头》一戏。《志》云：“《拨头》者，出西域，胡人为猛兽所噬，其子求兽杀之，为此舞以象之也。”《乐府杂录》谓之“钵头”，此语之为外国语之译音，固不待言；且于国名、地名、人名三者中，必居其一焉。其入中国，不审在何时。按《北史·西域传》有拔豆国，去代五万一千里，（按五万一千里，必有误字，《北史·西域传》诸国，虽大秦之远，亦仅去代三万九千四百里，拔豆上之南天竺国去代三万一千五百里，叠伏罗国去代三万一千里，此五万一千里，疑亦三万一千里之误也。）隋唐二《志》，即无此国，盖于后魏之初，一通中国，后或亡或隔绝，已不可知。如使“拨头”与“拔豆”为同音异译，而此戏出于拔豆国，或由龟兹等国而入中国，则其时自不应在隋唐以后，或北齐时已有此戏；而《兰陵王》《踏摇娘》等戏，皆模仿而为之者软。

此种歌舞戏，当时尚未盛行，实不过为百戏之一种。盖汉魏以来之角抵奇戏，尚行于南北朝，而北朝尤盛。《魏书·乐志》言：太宗增修百戏，撰合大曲。《隋书·音乐志》亦云：“齐武平中，有鱼龙烂漫，俳优侏儒，（中略）奇怪异端，百有余物，名为百戏。周明帝武成间，朔旦会群臣，亦用百戏。及宣帝时，征齐散乐人并会京师为之。至隋炀帝大业二年，突厥染干来朝，炀帝欲夸之，总追四方散乐，大集东都。自是每岁正月，万国来朝，留至十五日，于端门外建国门内，绵亘八里，列为戏场。百官起棚夹路，从昏至旦，以纵观，至晦而罢。伎人皆衣锦绣缯彩，其歌舞者多为妇人服，鸣环珮，饰以花眊者，殆三万人。”故柳彧上书谓：“鸣鼓聒天，燎炬照地，人戴兽面，男为女服，倡优杂技，诡状异形。”（《隋书·柳彧传》）薛道衡《和许给事善心戏场转韵诗》（《初学记》卷十五），所咏亦略同。虽侈靡跨于汉代，然视张衡之赋西京，李尤之赋平乐观，其言固未有大异也。

至唐而所谓歌舞戏者,始多概见。有本于前代者,有出新撰者,今备举之。

一、《代面》 《大面》

《旧唐书·音乐志》一则(见前)

《乐府杂录》鼓架部条:"有代面:始自北齐神武弟,有胆勇,善战斗,以其颜貌无威,每入阵即著面具,后乃百战百胜。戏者衣紫、腰金、执鞭也。"

《教坊记》:"大面出北齐兰陵王长恭,性胆勇,而貌妇人,自嫌不足以威敌,乃刻为假面,临阵著之,因为此戏,亦入歌曲。"

二、《拨头》 《钵头》

《旧唐书·音乐志》一则(见前)

《乐府杂录》鼓架部条:"钵头:昔有人父为虎所伤,遂上山寻其父尸。山有八折,故曲八叠。戏者被发素衣,面作啼,盖遭丧之状也。"

三、《踏摇娘》 《苏中郎》 《苏郎中》

《旧书·音乐志》:"踏摇娘生于隋末河内。河内有人,貌恶而嗜酒,常自号郎中;醉归,必殴其妻。其妻美色善歌,为怨苦之辞。河朔演其声而被之弦管,因写其夫之容;妻悲诉,每摇顿其身,故号"踏摇娘"。近代优人改其制度,非旧旨也。"

《乐府杂录》鼓架部条:"苏中郎:后周士人苏葩,嗜酒落魄,自号中郎;每有歌场,辄入独舞。今为戏者,著绯、戴帽,面正赤,盖状其醉也。即有踏摇娘。"

《教坊记》一则(见前)

四、参军戏

《乐府杂录》俳优条:"开元中,黄幡绰、张野狐弄参军。始自汉馆陶令石耽。耽有赃犯,和帝惜其才,免罪;每宴乐,即令衣白夹衫,命俳优弄辱之,经年乃放。后为参军,误也。开元中，有李仙鹤善此戏，明皇特授韶州同正参军，以食其禄；是以陆鸿渐撰词，言韶州参军，盖由此也。"

赵璘《因话录》（卷一）："肃宗宴于宫中，女优有弄假官戏，其绿衣秉简者，谓之参军桩。"

范摅《云溪友议》（卷九）：元稹廉问浙东，"有俳优周季南季崇，及妻刘采春，自淮甸而来，善弄《陆参军》，歌声彻云。"

（附）《五代史·吴世家》："徐氏之专政也，杨隆演幼懦，不能自持；而知训尤凌侮之。尝饮酒楼上，命优人高贵卿侍酒，知训为参军，隆演鹑衣髽髻为苍鹘。"

（附）姚宽《西溪丛语》（下）引《吴史》："徐知训怙威骄淫，调谑王，无敬长之心。尝登楼狎戏，荷衣木简，自称参军，令王髽髻鹑衣，为苍头以从。"

五、《樊哙排君难》戏 《樊哙排闼》剧

《唐会要》（卷三十三）："光化四年正月，宴于保宁殿，上制曲，名曰《赞成功》。时盐州雄毅军使孙德昭等，杀刘季述反正，帝乃制曲以褒之，仍作《樊哙排君难》戏以乐焉。"

宋敏求《长安志》（卷六）："昭宗宴李继昭等将于保宁殿，亲制《赞成功》曲以褒之，仍命伶官作《樊哙排君难》戏以乐之。"

陈旸《乐书》（卷一百八十六）："昭宗光化中，孙德昭之徒刃刘季述，始作《樊哙排闼》剧。"

此五剧中，其出于后赵者一（参军），出于北齐或周隋者二（《大面》《踏摇娘》），出于西域者一（《拨头》），惟《樊哙排君难》戏乃唐代所自制，且其布置甚简，而动作有节，固与《破阵乐》《庆善乐》诸舞，相去不远；其所异者，在演故事一事耳。顾唐代歌舞戏之发达，虽止于此，而滑稽戏则殊进步。此种戏剧，优人恒随时地而自由为之；虽不必有故事，而恒托为故事之形；惟不容合以歌舞，故与前者稍异耳。其见于载籍者，兹复汇举之，其可资比较之助者，颇不少也。

《资治通鉴》(卷二百十二):"侍中宋璟,疾负罪而妄诉不已者,悉付御史台治之,谓中丞李谨度曰:'服不更诉者,出之,尚诉未已者,且系。'由是人多怨者。会天旱,优人作魃状,戏于上前。问:'魃何为出?'对曰:'奉相公处分。'又问:'何故?'对曰:'负罪者三百余人,相公悉以系狱抑之,故魃不得不出。'上心以为然。"

《旧唐书·文宗纪》:"太和六年二月己丑寒食节,上宴群臣于麟德殿。是日,杂戏人弄孔子。帝曰:'孔子古今之师,安得侮黩。'亟命驱出。"

高彦休《唐阙史》(卷下):"咸通中,优人李可及者,滑稽谐戏,独出辈流。虽不能托讽匡正,然智巧敏捷,亦不可多得。尝因延庆节缁黄讲论毕,次及倡优为戏,可及乃儒服险巾,褒衣博带,摄齐以升讲座,自称'三教论衡'。其隅坐者问曰:'既言博通三教,释迦如来是何人?'对曰:'是妇人。'问者惊曰:'何也?'对曰:'《金刚经》云:敷座而坐。或非妇人,何烦夫坐然后儿坐也。'上为之启齿。又问曰:'太上老君何人也?'对曰:'亦妇人也。'问者益所不喻。乃曰:'《道德经》云:吾有大患,是吾有身,及吾无身,吾复何患。倘非妇人,何患乎有娠乎?'上大悦。又问:'文宣王何人也?'对曰:'妇人也。'问者曰:'何以知?'对曰:'《论语》云:沽之哉!沽之哉!吾待贾者也。向非妇人,待嫁奚为?'上意极欢,宠锡甚厚。翌日,授环卫之员外职。"

唐无名氏《玉泉子真录》(《说郛》卷四十六):"崔公铉之在淮南,尝俾乐工集其家僮,教以诸戏。一日,其乐工告以成就,且请试焉。铉命阅于堂下,与妻李坐观之。僮以李氏妒忌,即以数僮衣妇人衣,曰妻曰妾,列于旁侧。一僮则执简束带,旋辟唯诺其间。张乐,命酒,不能无属意者,李氏未之悟也。久之,戏愈甚,悉类李氏平昔所尝为。李氏虽少悟,以其戏偶合,私谓不敢而然,且观之。僮志在发悟,愈益戏之。李果怒,骂之曰:'奴敢无礼，吾何尝如此。'僮指之，且出，曰：'咄咄！赤眼而作白眼，讳乎？'铉大笑，几至绝倒。"

孙光宪《北梦琐言》（卷六）："光化中，朱朴自《毛诗》博士登庸，恃其口辩，可以立致太平。由藩邸引导，闻于昭宗，遂有此拜。对扬之日，面陈时事数条，每言'臣为陛下致之'。洎操大柄，无以施展，自是恩泽日衰，中外腾沸。内宴日，俳优穆刀陵作念经行者，至御前曰：'若是朱相，即是非相。'翌日出官。"

附 五代

《北梦琐言》（卷十四）："刘仁恭之军，为汴帅败于内黄。尔后汴帅攻燕，亦败于唐河。他日命使聘汴，汴帅开宴，俳优戏医病人以讥之。且问：病状内黄，以何药可瘥？其聘使谓汴帅曰：'内黄，可以唐河水浸之，必愈。'宾主大笑。"

钱易《南部新书》（卷癸）："王延彬独据建州，称伪号。一旦大设，伶官作戏，辞云：'只闻有泗州和尚，不见有五县天子。'"

郑文宝《江南余载》（卷上）："徐知训在宣州，聚敛苛暴，百姓苦之。入觐侍宴，伶人戏，作绿衣大面若鬼神者。旁一人问：'谁？'对曰：'我宣州土地神也，吾主人入觐，和地皮掘来，故得至此。'"

又（卷上）："张崇帅庐州，人苦其不法。因其入觐，相谓曰：'渠伊必不来矣。'崇闻之，计口征渠伊钱。明年又入觐，人不敢交语，唯道路相目，捋须为庆而已。崇归，又征捋须钱。其在建康，伶人戏为死而获谴者曰：'焦湖百里，一任作獭。'"

观上文之所汇集，知此种滑稽戏，始于开元，而盛于晚唐。以此与歌舞戏相比较，则一以歌舞为主，一以言语为主；一则演故事，一则讽时事；一为应节之舞蹈，一为随意之动作；一可永久演之，一则除一时一地外，不容施于他处：此其相异者也。而此二者之关纽，实在参军一戏。参军之戏，本演石耽或周延故事。又《云溪友议》谓"周季南等弄《陆参军》，歌声彻云"，则似为歌舞剧。然至唐中叶以后，所谓参军者，不必演石耽或周延；凡一切假官，皆谓之参军。《因话录》所谓"女优有假官戏，其绿衣秉简者谓之参军桩"是也。由是参军一色，遂为脚色之主。其与之相对者，谓之苍鹘。李义山《骄儿诗》："忽复学参军，按声唤苍鹘。"《五代史·吴世家》所纪，足以证之。上所载滑稽剧中，无在不可见此二色之对立。如李可及之儒服险巾，褒衣博带；崔铉家童之执简束带，旋辟唯诺；南唐伶人之绿衣大面，作宣州土地神：皆所谓参军者为之，而与之对待者，则为苍鹘。此说观下章所载宋代戏剧，自可了然，此非想象之说也。要之：唐、五代戏剧，或以歌舞为主，而失其自由；或演一事，而不能被以歌舞。其视南宋、金、元之戏剧，尚未可同日而语也。

---------- 第二章 ----------

宋之滑稽戏

今日流传之古剧，其最古者出于金、元之间。观其结构，实综合前此所有之滑稽戏及杂戏、小说为之。又宋、元之际，始有南曲、北曲之分，此二者，亦皆综合宋代各种乐曲而为之者也。今欲溯其发达之迹，当分为三章论之：一、宋之滑稽戏，二、宋之杂戏小说，三、宋之乐曲是也。

宋之滑稽戏，大略与唐滑稽戏同，当时亦谓之杂剧。兹复汇集之如下：

刘攽《中山诗话》："祥符天禧中，杨大年、钱文僖、晏元献、刘子仪以文章立朝，为诗皆宗李义山，后进多窃义山语句。尝内宴，优人有为义山者，衣服败裂，告人曰：'吾为诸馆职挦撦至此。'闻者欢笑。"

范镇《东斋纪事》（卷一）："赏花、钓鱼，赋诗，往往有宿构者。天圣中，永兴军进山水石适至，会命赋山水石，其间多荒恶者，盖出其不意耳。中坐，优人入戏，各执笔若吟咏状。其一人忽仆于界石上，众扶掖起之。既起，曰：'数日来作赏花钓鱼诗，准备应制，却被这石头擦倒。'左右皆大笑。翌日，降出其诗，令中书铨定。秘阁校理韩义最为鄙恶，落职与外任。"

张师正《倦游杂录》（江少虞《皇朝事实类苑》卷六十四引）："景祐末，诏以郑州为奉宁军，蔡州为淮康军。范雍自侍郎领淮康节钺，镇延安。时羌人旅拒戍边之卒，延安为盛。有内臣卢押班者，为钤辖，心常轻范。一日军府开宴，有军伶人杂剧，称参军梦得一黄瓜，长丈余，是何祥也？一伶贺曰：'黄瓜上有刺，必作黄州刺史。'一伶批其颊曰：'若梦见镇府萝卜，须作蔡州节度使？'范疑卢所教，即取二伶杖背，黥为城旦。"

宋无名氏《续墨客挥犀》（卷五）："熙宁九年，太皇生辰，教坊例有献香杂剧。时判都水监侯叔献新卒，伶人丁仙现假为一道士善出神，一僧善入定。或诘其出神何所见，道士云：'近曾出神至大罗，见玉皇殿上，有一人披金紫，熟视之，乃本朝韩侍中也。手捧一物，窃问旁立者，曰：韩侍中献国家金枝玉叶万世不绝图。'僧曰：'近入定到地狱，见阎罗殿侧，有一人衣绯垂鱼，细视之，乃判都水监侯工部也。手中亦擎一物，窃问左右，云：为奈河水浅，献图欲别开河道耳。'时叔献兴水利以图恩赏，百姓苦之，故伶人有此语。"（江少虞《皇朝事实类苑》卷六十五引此条作《倦游杂录》。）

朱彧《萍洲可谈》（卷三）："熙宁间，王介甫行新法，（中略）其时多引人上殿。伶人对上作俳，跨驴直登轩陛，左右止之。其人曰：'将谓有脚者尽上得。'荐者少沮。"

陈师道《谈丛》（卷一）："王荆公改科举，暮年乃觉其失，曰：'欲变学究为秀才，不谓变秀才为学究也。'盖举子专诵《王氏章句》而不解其义，正如学究诵注疏尔。教坊杂戏亦曰：'学诗于陆农师，学易于龚深之（之当作父）。'盖讥士之寡闻也。"

王辟之《渑水燕谈录》（卷十）："顷有秉政者，深被眷倚，言事无不从。一日御宴，教坊杂剧为小商，自称姓赵，以瓦瓿卖沙糖。道逢故人，喜而拜之。伸足误踏瓿倒，糖流于地。小商弹采叹息曰：'甜采，你即溜也，怎奈何？'左右皆笑。俚语以王姓为甜采。"

李廌《师友谈记》："东坡先生近令门人作《人不易物赋》，或戏作一联曰：'伏其几而袭其裳，岂为孔子；学其书而戴其帽，未是苏公。'（士大夫近年仿东坡桶高檐短帽，名曰"子瞻样"。）滕因言之，公笑曰：'近扈从醴泉观，优人以相与自夸文章为戏者，一优丁仙现曰："吾之文章，汝辈不可及也。"众优曰："何也？"曰："汝不见吾床上子瞻乎？"'上为解颜，顾公久之。"

《萍洲可谈》（卷三）："王德用为使相，黑色，俗号黑相。尝与北使伴射，使已中的，黑相取箭铒头，一发破前矢，俗号劈筈箭。姚麟亦善射，为殿帅十年，伴射，尝蒙奖赐。崇宁初，王恩以遭遇处位殿帅，不习弓矢，岁岁以伴射为窘。伶人对御作俳，先一人持一矢入，曰：'黑相劈筈箭，售钱三百万。'又一人持八矢入，曰：'老姚射不输箭，售钱三百万。'后二人挽箭一车入，曰：'车箭卖一钱。'或问：'此何人家箭，价贱如此？'答曰：'王恩不及垛箭。'"

又："崇宁铸九鼎，帝鼐居中，八鼎各镇一隅。是时行当十钱，苏州无赖子弟冒法盗铸。会浙中大水，伶人对御作俳：今岁东南大水，乞遣彤鼎往镇苏州。或作鼎神附奏云：'不愿前去，恐一例铸作当十钱。'朝廷因治章绖之狱。"

曾敏行《独醒杂志》（卷九）："崇宁二年，铸大钱，蔡元长建议，俾为折十。民间不便。优人因内宴，为卖浆者，或投一大钱，饮一杯，而索偿其余。卖浆者对以方出市，未有钱，可更饮浆。乃连饮至于五六，其人鼓腹曰：'使相公改作折百钱，奈何！'上为之动。法由是改。又，大农告乏时，有献禀俸减半之议。优人乃为衣冠之士，自束带衣裾，被身之物，辄除其半。众怪而问之，则曰：'减半。'已而两足共穿半袴，蹾而来前。复问之，则又曰：'减半。'乃长叹曰：'但知减半，岂料难行。'语传禁中，亦遂罢议。"

洪迈《夷坚志》丁集（卷四）："俳优侏儒，周技之下且贱者，然亦能因戏语而箴讽时政，有合于古矇诵工谏之义，世目为杂剧者是已。崇宁初，斥远元祐忠贤，禁锢学术，凡偶涉其时所为所行，无论大小，一切不得志。伶者对御为戏：推一参军作宰相，据坐，宣扬朝政之美。一僧乞给公据游方，视其戒牒，则元祐三年者，立涂毁之，而加以冠巾。一道士失亡度牒，闻被载时，亦元祐也，剥其羽服，使为民。一士人以元祐五年获荐，当免举，礼部不为引用，来自言，即押送所属屏斥。已而，主管宅库者附耳语曰：'今日在左藏库，请相公料钱一千贯，尽是元祐钱，合取钧旨。'其人俯首久之，曰：'从后门搬入去。'副者举所持挺杖其背，曰：'你做到宰相，元来也只要钱！'是时，至尊亦解颜。"

又："蔡京作宰，弟卞为元枢。卞乃王安石婿，尊崇妇翁。当孔庙释奠时，跻于配享而封舒王。优人设孔子正坐，颜、孟与安石侍侧。孔子命之坐，安石揖孟子居上，孟辞曰：'天下达尊，爵居其一，轲近蒙公爵，相公贵为真王，何必谦光如此。'遂揖颜，曰：'回也陋巷匹夫，平生无分毫事业，公为命世真儒，位貌有间，辞之过矣。'安石遂处其上。夫子不能安席，亦避位。安石惶惧拱手，云'不敢'。往复未决。子路在外，情愤不能堪，径趋从礼室，挽公冶长臂而出。公冶为窘迫之状，谢曰：'长何罪？'乃责数之曰：'汝全不救护丈人，看取别人家女婿。'其意以讥卞也。时方议欲升安石于孟子之上，为此而止。"

又："又常设三辈为儒、道、释，各称颂其教。儒者曰：'吾之所学，仁、义、礼、智、信，曰五常。'遂演畅其旨，皆采引经书，不杂媒语。次至道士，曰：'吾之所学，金、木、水、火、土，曰五行。'亦说大意。末至僧，僧抵掌曰：'二子腐生常谈，不足听；吾之所学，生、老、病、死、苦，曰五化。藏经渊奥，非汝等所得闻，当以现世佛菩萨法理之妙，为汝陈之。盍以次问我？'曰：'敢问生？'曰：'内自太学辟雍，外至下州偏县，凡秀才读书者，尽为三舍生。华屋美馔，月书季考，三岁大比，脱白挂绿，上可以为卿相。国家之于生也如此。'曰：'敢问老？'曰：'老而孤独贫困，必沦沟壑，今所在立孤老院，养之终身。国家之于老也如此。'曰：'敢问病？'曰：'不幸而有疾，家贫不能拯疗，于是有安济坊，使之存处，差医付药，责以十全之效。其于病也如此。'曰：'敢问死？'曰：'死者人所不免，惟贫民无所归，则择空隙地为漏泽园；无以敛，则与之棺，使得葬埋。春秋享祀，恩及泉壤。其于死也如此。'曰：'敢问苦？'其人瞑目不应，阳若恻悚然。促之再三，乃蹙额答曰：'只是百姓一般受无量苦。'徽宗为恻然长思，弗以为罪。"

周密《齐东野语》（卷二十）："宣和间，徽宗与蔡攸辈在禁中，自为优戏。上作参军趋出，攸戏上曰：'陛下好个神宗皇帝。'上以杖鞭之曰：'你也好个司马丞相。'"

又（卷十）："宣和中，童贯用兵燕蓟，败而窜。一日内宴，教坊进伎，为三四婢，首饰皆不同。其一当额为髻，曰：蔡太师家人也；其二髻偏坠，曰：郑太宰家人也；又一人满头为髻如小儿，曰：童大王家人也。问其故。蔡氏者曰：'太师觐清光，此名朝天髻。'郑氏者曰：'吾太宰奉祠就第，此懒梳髻。'至童氏者曰：'大王方用兵，此三十六髻也。'"（三十六计，走为上计，宋人有此俗语。）

刘绩《霏雪录》："宋高宗时，羹人瀹馄饨不熟，下大理寺。优人扮两士人，相貌各异；问其年，一曰甲子生，一曰丙子生。优人告曰：'此二人皆合下大理。'高宗问故。优人曰：'饪子饼子皆生，与馄饨不熟者同罪。'上大笑，赦原羹人。"

张知甫《可书》："金人自侵中国，惟以敲棒击人脑而毙。绍兴间，有伶人作杂戏云：'若要胜金人，须是我中国一件件相敌，乃可。且如金国有粘罕，我国有韩少保；金国有柳叶枪，我国有凤凰弓；金国有凿子箭，我国有锁子甲；金国有敲棒，我国有天灵盖。'人皆笑之。"

岳珂《桯史》（卷七）："秦桧以绍兴十五年四月丙子朔，赐第望仙桥；丁丑，赐银绢万匹两，钱千万，彩千缣。有诏：'就第赐燕，假以教坊优伶。'宰执咸与。中席，优长诵致语，退，有参军者前，褒桧功德，一伶以荷叶交椅从之。诙语杂至，宾欢既洽。参军方拱揖谢，将就椅，忽坠其蹼头，乃总发为髻，如行伍之巾，后有大巾镮，为双叠胜。伶指而问曰：'此何镮？'曰：
'二圣镮。'遽以朴击其首，曰：'尔但坐太师交椅，请取银绢例
物，此镮掉脑后可也。'一坐失色。桧怒，明日下伶于狱，有死
者。于是语禁始益繁。"

《夷坚志》丁集（卷四）："绍兴中，李椿年行经界量田法。
方事之初，郡县奉命严急，民当其职者颇困苦之。优者为先圣先
师，鼎足而坐。有弟子从末席起，咨叩所疑。孟子奋然曰：'仁政
必自经界始。吾下世千五百年，其言乃为圣世所施用，三千之徒
皆不如。'颜子默默无语。或于傍笑曰：'使汝不是短命而死，也
须做出一场害人事。'时秦桧方主李议，闻者畏获罪，不待此段
之毕，即以谤亵圣贤叱执送狱。明日，杖而逐出境。"

又："壬戌省试，秦桧之子熺、侄昌时、昌龄，皆奏名。公
议籍籍，而无敢辄语。至乙丑春首，优者即戏场，设为士子赴南
宫，相与推论知举官为谁。指侍从某尚书、某侍郎当主文柄，优
长者非之曰：'今年必差彭越。'问者曰：'朝廷之上，不闻有此官
员。'曰：'汉梁王也。'曰：'彼是古人，死已千年，如何来得？'
曰：'前举是楚王韩信，信、越一等人，所以知今为彭王。'问者
嗤其妄，且扣厥指。笑曰：'若不是韩信，如何取得他三秦！'四
座不敢领略，一哄而出。秦亦不敢明行谴罚云。"

明田汝成《西湖游览志余》（卷二十二，此条当出宋人小说，
未知所本）："绍兴间，内宴，有优人作善天文者，云：'世间贵官
人，必应星象，我悉能窥之。法当用浑仪，设玉衡，若对其人窥
之，则见星而不见其人。玉衡不能卒办，用铜钱一文亦可。'乃
令窥光尧，云：'帝星也。'秦师垣，曰：'相星也。'韩蕲王，曰：
'将星也。'张循王，曰：'不见其星。'众皆骇，复令窥之，曰：
'中不见星，只见张郡王在钱眼内坐。'殿上大笑。俊最多资，故
讥之。"

张端义《贵耳集》（卷下）："寿皇赐宰执宴，御前杂剧，妆
秀才三人。首问曰：'第一秀才，仙乡何处？'曰：'上党人。'次

问第二秀才仙乡何处？曰：'泽州人。'次问第三秀才，曰：'湖州人。'又问上党秀才：'汝乡出何生药？曰：'某乡出人参。'次问泽州秀才：'汝乡出甚生药？'曰：'某乡出甘草。'次问湖州出甚生药？曰：'出黄蘗。''如何湖州出黄蘗？''最是黄蘗苦人！'当时皇伯秀王在湖州，故有此语。寿皇即日召入，赐第，奉朝请。"

又："何自然中丞，上疏乞朝廷并库，寿皇从之。方且讲究未定，御前有燕，杂剧伶人妆一卖故衣者，持裤一腰，只有一只裤口。买者得之，问：'如何著？'卖者曰：'两脚并做一裤口。'买者曰：'裤却并了，只恐行不得。'寿皇即寝此议。"

《桯史》（卷十）：淳熙间，"胡给事元质既新贡院，嗣岁庚子，适大比，（中略）会初场赋题，出《舜闻善若决江河》，而以'闻善而行、沛然莫御'为韵。士既就案矣。（中略）忽一老儒摘《礼部韵》示诸生，谓沛字惟十四泰有之，一为颠沛，一为沛邑，注无沛决之义。惟它有霈字，乃从雨，为可疑。众曰是，哄然叩帘请。（中略）或入于房，执考校者一人叚之。考校者惶遽，急曰：'有雨头也得，无雨头也得。'或又咨其误，曰：'第二场更不敢也。'盖一时祈脱之辞。移时稍定，试司申'鼓噪场屋'，胡以其不称于礼遇也，怒，物色为首者，尽系狱。韦布益不平。既拆号，例宴主司以劳还，毕三爵，优伶序进。有儒服立于前者，一人旁揖之，相与诧博洽，辨古今，岸然不相下。因各求挑试所诵忆。其一问：'汉名宰相凡几？'儒服以萧、曹以下，枚数之无遗。群优咸赞其能。乃曰：'汉相吾言之矣。敢问唐三百年间，名将帅何人也？'旁揖者亦诎指英卫以及季叶，曰：'张巡、许远、田万春。'儒服奋起争曰：'巡、远是也。万春之姓雷，历考史牒，未有以雷为田者。'揖者不服，撑拒腾口。俄一绿衣参军，自称教授，前据几，二人敬质疑。曰：'是故雷姓。'揖者大诟，袒裼奋拳，教授遽作恐惧状，曰：'有雨头也得，无雨头也得！'坐中方失色，知其讽己也。忽优有黄衣者，持令旗跃出稠人中，曰：

'制置大学给事台旨：试官在座，尔辈安得无礼。'群优亟敛下，唶曰：'第二场更不敢也。'侠庑皆笑，席客大惭。明日遁去，遂释系者。胡意其为郡士所使，录优而诘之，杖而出诸境。然其语盛传至今。"

又（卷五）："韩平原在庆元初，其弟仰胄为知阁门事，颇与密议，时人谓之大小韩，求捷径者争趋之。一日内宴，优人有为衣冠到选者，自叙履历才艺，应得美官，而流滞铨曹，自春徂冬，未有所拟。方徘徊浩叹，又为日者散帽持扇，过其旁，遂邀使谈庚甲，问以得禄之期。日者厉声曰：'君命甚高，但于五星局中，财帛宫若有所碍。目下若欲亨达，先见小寒；更望事成，必见大寒可也。'优盖以寒为韩。侍宴者皆缩颈匿笑。"

张仲文《白獭髓》（《说郛》卷三十八）："嘉泰末年，平原公恃有扶日之功，凡事自作威福，政事皆不由内出。会内宴，伶人王公瑾曰：'今日政如客人卖伞，不由里面。'"

叶绍翁《四朝闻见录》（戊集）："韩侂胄用兵既败，为之须发俱白，困闷不知所为。优伶因上赐侂胄宴，设樊迟、樊哙，旁有一人曰樊恼。又设一人，揖问迟：'谁与你取名？'对以夫子所取。则拜曰：'此圣门之高弟也。'又揖问哙，曰：'谁名汝？'对曰：'汉高祖所命。'则拜曰：'真汉家之名将也。'又揖恼，曰：'谁名汝？'对以'樊恼自取'。又因郭倪、郭果（按果当作倬）败，因赐宴，优伶以生菱进于桌上，命二人移桌，忽生菱坠，尽碎。其一人曰：'苦，苦，苦！坏了多少生灵，只因移果桌！'"

《贵耳集》（卷下）："袁彦纯尹京，专一留意酒政。煮酒卖尽，取常州宜兴县酒、衢州龙游县酒在都下卖。御前杂剧，三个官人：一曰京尹，二曰常州太守，三曰衢州太守。三人争坐位，常守让京尹曰：'岂宜在我二州之下？'衢守争曰：'京尹合在我二州之下。'常守问曰：'如何有此说？'衢守云：'他是我二州拍户。'宁庙亦大笑。"

又："史同叔为相日，府中开宴，用杂剧人。作一士人念诗，曰：'满朝朱紫贵，尽是读书人。'旁一士人曰：'非也，满朝朱紫贵，尽是四明人。'自后相府有宴，二十年不用杂剧。"

《桯史》（卷十三）："蜀伶多能文，俳语率杂以经史，凡制帅幕府之燕集，多用之。嘉定中，吴畏斋帅成都，从行者多选人，类以京削系念。伶知其然。一日，为古衣冠服数人，游于庭，自称孔门弟子。交质以姓氏，或曰常，或曰於，或曰吾。问其所莅官，则合而应曰：'皆选人也。'固请析之，居首者率然对曰：'子乃不我知，《论语》所谓常从事於斯矣，即某其人也。官为从事而系以姓，固理之然。'问其次，曰：'亦出《论语》，于从政乎何有，盖即某官氏之称。'又问其次，曰：'某又《论语》十七篇所谓：吾将仕者。'遂相与叹诧，以选调为淹抑。有恧恧其旁者，曰：'子之名不见于七十子，固圣门下第，盍叩十哲而请教焉？'如其言，见颜、闵方在堂，群而请益。子骞蹙额曰：'如之何？何必改！'兖公应之曰：'然！回也不改。'众怃然不怡，曰：'无已，质诸夫子。'如之，夫子不答，久而曰：'钻遂改火，急可已矣。'坐客皆愧而笑。闻者至今启颜。优流侮圣言，直可诛绝。特记一时之戏语如此。"

《齐东野语》（卷十三）："蜀优尤能涉猎古今，援引经史，以佐口吻，资笑谈。当史丞相弥远用事，选人改官，多出其门。制闻大宴，有优为衣冠者数辈，皆称为孔门弟子，相与言吾侪皆选人。遂各言其姓，曰'吾为常从事'，'吾为於从政'，'吾为吾将仕'，'吾为路文学'。别有二人出，曰：'吾宰予也。夫子曰：於予与改。可谓侥幸。'其一曰：'吾颜回也。夫子曰：回也不改。吾为四科之首而不改，汝何为独决？'曰：'吾钻故，汝何不钻？'曰：'吾非不钻，而钻弥坚耳。'曰：'汝之不改，宜也。何不钻弥远乎？'其离析文义，可谓侮圣言；而巧发微中，有足称言者焉。有袁三者，名尤著。有从官姓袁者，制蜀，颇乏廉声。群优四人，分主酒、色、财、气，各夸张其好尚之乐，而余者互讥笑之。至袁优，则曰：'吾所好者，财也。'因极言财之美利，众亦讥诮不已。徐以手自指曰：'任你讥笑，其如袁丈好此何！'"

又："近者己亥，史岩之为京尹，其弟以参政督兵于淮。一日内宴，伶人衣金紫，而幞头忽脱，乃红巾也。或惊问曰：'贼裹红巾，何为官亦如此？'傍一人答云：'如今做官的都是如此。'于是褫其衣冠，则有万回佛自怀中坠地。其旁者曰：'他虽做贼，且看他哥哥面。'"

又："女冠吴知古用事，人皆侧目。内宴，参军肆筵张乐，胥辈请佥文书，参军怒曰：'吾方听觱栗，可少缓。'请至再三，其答如前。胥击其首曰：'甚事不被觱栗坏了！'盖是俗呼黄冠为觱栗也。"

又："王叔知吴门日，名其酒曰'彻底清'。锡宴日，伶人持一樽，夸于众曰：'此酒名彻底清。'既而开樽，则浊醪也。旁诮之云：'汝既为彻底清，却如何如此？'答云：'本是彻底清，被钱打得浑了。'"

罗大经《鹤林玉露》（卷三）："端平间，真西山参大政，未及有所建置而薨。魏鹤山督师，亦未及有所设施而罢。临安优人，装一儒生，手持一鹤；别一儒生与之解后，问其姓名，曰：'姓锺名庸。'问所持何物，曰：'大鹤也。'因倾盖欢然，呼酒对饮。其人大嚼洪吸，酒肉靡有孑遗。忽颠仆于地，群数人曳之不动。一人乃批其颊，大骂曰：'说甚《中庸》《大学》，吃了许多酒食，一动也动不得。'遂一笑而罢。或谓有使其为此，以姗侮君子者，府尹乃悉黥其人。"

《西湖游览志余》（卷二，不知其所本）："丁大全作相，与董宋臣表里。（中略）一日内宴，一人专打锣，一人扑之，曰：'今日排当，不奏他乐，丁丁董董不已，何也？'曰：'方今事皆丁董，吾安得不丁董？'"

仇远《稗史》（《说郛》卷二十五）："至元丙子，北兵入杭，庙朝为虚。有金姓者，世为伶官，流离无所归。一日，道遇左丞范文虎，向为宋殿帅时，熟知其为人，谓金曰：'来日公宴，汝来献伎，不愁贫贱。'如期往，为优戏，作诨曰：'某寺有钟，寺僧不敢击者数日，主僧问故，乃言钟楼有巨神，神怪不敢登也。主僧亟往视之，神即跪伏投拜，主僧曰：'汝何神也？'答曰：'钟神。'主僧曰：'既是钟神，何故投拜？'众皆大笑，范为之不怿。其人亦不顾。识者莫不多之。"

附　辽金伪齐

《宋史·孔道辅传》："道辅奉使契丹，契丹宴使者，优人以文宣王为戏，道辅艴然径出。"

邵伯温《闻见前录》（卷十）："潞公谓温公曰：'吾留守北京，遣人入大辽侦事，回云：见辽主大宴群臣，伶人剧戏作衣冠者，见物必攫取，怀之。有从其后以梃朴之者，曰：司马端明耶？君实清名，在夷狄如此。'温公愧谢。"

沈作喆《寓简》（卷十）："伪齐刘豫既僭位，大宴群臣。教坊进杂剧。有处士问星翁曰：'自古帝王之兴，必有受命之符，今新主有天下，抑有嘉祥美瑞以应之乎？'星翁曰：'固有之。新主即位之前一日，有一星聚东井，真所谓符命也。'处士以杖击之，曰：'五星，非一也，乃云聚耳。一星，又何聚焉？'星翁曰：'汝固不知也。新主圣德，比汉高祖只少四星儿里。'"

《金史·后妃传》：章宗元妃李氏，"势位熏赫，与皇后侔。一日，宴宫中，优人玳瑁头者，戏于上前。或问：'上国有何符瑞？'优曰：'汝不闻凤凰见乎？'曰：'知之而未闻其详。'优曰：'其飞有四，所应亦异。若向上飞，则风雨顺时；向下飞，则五谷丰登；向外飞，则四国来朝；向里飞（音同李妃），则加官进禄。'上笑而罢。"

宋辽金三朝之滑稽剧，其见于载籍者略具于此。此种滑稽剧，宋人亦谓之杂剧，或谓之杂戏。吕本中《童蒙训》曰："作杂剧者，打猛诨入，却打猛诨出。"吴自牧《梦粱录》亦云："杂剧全用故事，务在滑稽。"孟元老《东京梦华录》云："圣节内殿杂戏，为有使人预宴，不敢深作谐谑。"则无使人时可知。是宋人杂剧，固纯以诙谐为主，与唐之滑稽剧无异。但其中脚色，较为著明，而布置亦稍复杂；然不能被以歌舞，其去真正戏剧尚远。然谓宋人戏剧，遂止于此，则大不然。虽明之中叶，尚有此种滑稽剧，观文林《琅邪漫钞》、徐咸《西园杂记》、沈德符《万历野获编》所载者，全与宋滑稽剧无异。若以此概明之戏剧，未有不笑之者也。宋剧亦然。故欲知宋元戏剧之渊源，不可不兼于他方面求之也。

第三章

宋之小说杂戏

　　宋之滑稽戏，虽托故事以讽时事，然不以演事实为主，而以所含之意义为主。至其变为演事实之戏剧，则当时之小说，实有力焉。

　　小说之名起于汉，《西京赋》云："小说九百，本自虞初。"《汉书·艺文志》有"《虞初周说》九百四十四篇"。其书之体例如何，今无由知。唯《魏略》（《魏志·王粲传》注引）言："临淄侯植，诵俳优小说数千言。"则似与后世小说，已不相远。六朝时，干宝、任昉、刘义庆诸人，咸有著述；至唐而大盛。今《太平广记》所载，实集其成。然但为著述上之事，与宋之小说无与焉。宋之小说，则不以著述为事，而以讲演为事。灌园耐得翁《都城纪胜》谓说话有四种：一小说，一说经，一说参请，一说史书。《梦粱录》（卷二十）所纪略同。《武林旧事》（卷六）所载诸色伎艺人中，有书会（谓说书会），有演史，有说经诨经，有小说。而《都城纪胜》《梦粱录》均谓小说人能以一朝一代故事，顷刻间提破。则演史与小说，自为一类。此三书所记，皆南渡以后之事；而其源则发于宋初。高承《事物纪原》（卷九）："仁宗时，市人有能谈三国事者，或采其说，加缘饰，作影人。"《东坡志林》（卷六）：王彭尝云："涂巷中小儿薄劣，为其家所厌苦，辄与钱令聚坐，听说古话，至说三国事"云云。《东京梦华录》（卷五）所载京瓦伎艺，有霍四究说三分，尹常卖《五代史》。至南渡以后，有敷衍《复华篇》及《中兴名将传》者，见于《梦粱录》，此皆演史之类也。其无关史事者，则谓之小说。《梦粱录》云："小说一名银字儿，如烟粉、灵怪、传奇、公案、朴刀、杆棒、发迹、变泰等事。"则其体例，亦当与演史大略相同。今日所传之《五代平话》，实演史之遗；《宣和遗事》，殆小说之遗也。此种说话，以叙事为主，与滑稽剧之但托故事者迥异。其发达之迹，虽略与戏曲平行；而后世戏剧之题目，多取诸此，其结构亦多依仿为之，所以资戏剧之发达者，实不少也。

至与戏剧更相近者，则为傀儡。傀儡起于周季，《列子》以偃师刻木人事，为在周穆王时，或系寓言；然谓列子时已有此事，当不诬也。《乐府杂录》以为起于汉祖平城之围，其说无稽。《通典》则云："《窟礧子》作偶人以戏，善歌舞，本丧家乐也。汉末始用之于嘉会。"其说本于应劭《风俗通》，则汉时固确有此戏矣。汉时此戏结构如何，虽不可考，然六朝之际，此戏已演故事。《颜氏家训·书证篇》："或问：'俗名傀儡子为郭秃，有故实乎？'答曰：《风俗通》云：诸郭皆讳秃，当是前世有姓郭而病秃者，滑稽调戏，故后人为其象，呼为郭秃。'"唐时傀儡戏中之郭郎实出于此，至宋犹有此名。唐之傀儡，亦演故事。《封氏闻见记》（卷六）："大历中，太原节度辛景云葬日，诸道节度使使人修祭。范阳祭盘，最为高大，刻木为尉迟鄂公突厥斗将之象，机关动作，不异于生。祭讫，灵车欲过，使者请曰：'对数未尽。'又停车，设项羽与汉高祖会鸿门之象，良久乃毕。"至宋而傀儡最盛，种类亦最繁：有悬丝傀儡，走线傀儡，杖头傀儡，药发傀儡，肉傀儡，水傀儡各种。（见《东京梦华录》《武林旧事》《梦粱录》。）《梦粱录》云："凡傀儡，敷衍烟粉、灵怪、铁骑、公案、史书、历代君臣将相故事话本，或讲史，或作杂剧，或如崖词。（中略）大抵弄此，多虚少实，如《巨灵神》《朱姬大仙》等也。"则宋时此戏，实与戏剧同时发达，其以敷衍故事为主，且较胜于滑稽剧。此于戏剧之进步上，不能不注意者也。

傀儡之外，似戏剧而非真戏剧者，尚有影戏。此则自宋始有之。《事物纪原》（卷九）："宋朝仁宗时，市人有能谈三国事者，或采其说加缘饰、作影人，始为魏吴蜀三分战争之象。"《东京梦华录》所载京瓦伎艺，有影戏，有乔影戏。南宋尤盛。《梦粱录》云："有弄影戏者，元汴京初以素纸雕簇，自后人巧工精，以羊皮雕形，以彩色装饰，不致损坏。（中略）其话本与讲史书者颇同，大抵真假相半。公忠者雕以正貌，奸邪者刻以丑形，盖亦寓褒贬于其间耳。"然则影戏之为物，专以演故事为事，与傀儡同。此亦有助于戏剧之进步者也。

以上三者，皆以演故事为事。小说但以口演，傀儡、影戏则为其形象矣，然而非以人演也。其以人演者，戏剧之外，尚有种种，亦戏剧之支流，而不可不一注意也。

三教　《东京梦华录》（卷十）：十二月，"即有贫者三教人，为一火，装妇人神鬼，敲锣击鼓，巡门乞钱，俗呼为打夜胡。"

讶鼓　《续墨客挥犀》（卷七）："王子醇初平熙河，边陲宁静，讲武之暇，因教军士为讶鼓戏，数年间遂盛行于世。其举动舞装之状，与优人之词，皆子醇初制也。或云：'子醇初与西人对阵，兵未交，子醇命军士百余人，装为讶鼓队，绕出军前，虏见皆愕眙，进兵奋击，大破之。'"《朱子语类》（卷一百三十九）亦云："如舞讶鼓，其间男子、妇人、僧道、杂色，无所不有，但都是假的。"

舞队　《武林旧事》（卷二）所纪舞队，全与前二者相似。今列其目：

《查查鬼》（《查大》）、《李大口》（《一字口》）、《贺丰年》《长瓠敛》（《长头》）、《兔吉》（《兔毛大伯》）、《吃遂》《大憨儿》《粗妲》《麻婆子》《快活三郎》《黄金杏》《瞎判官》《快活三娘》《沈承务》《一脸膜》《猫儿相公》《洞公猾》《细妲》《河东子》《黑遂》《王铁儿》《交椅》《夹棒》《屏风》《男女竹马》《男女杵歌》《大小斫刀鲍老》《交衮鲍老》《子弟清音》《女童清音》《诸国献宝》《穿心国入贡》《孙武子教女兵》《六国朝》《四国朝》《遏云社》《绯绿社》《胡安女》《凤阮稽琴》《扑蝴蝶》《回阳丹》《火药》《瓦盆鼓》《焦锤架儿》《乔三教》《乔迎酒》《乔亲事》《乔乐神》(《马明王》)、《乔捉蛇》《乔学堂》《乔宅眷》《乔像生》《乔师娘》《独自乔》《地仙》《旱划船》《教象》《装态》《村田乐》《鼓板》《踏撬》(一作《踏跷》)、《扑旗》《抱锣装鬼》《狮豹蛮牌》《十斋郎》《耍和尚》《刘衮》《散钱行》《货郎》《打娇惜》。

　　其中装作种种人物，或有故事。其所以异于戏剧者，则演剧有定所，此则巡回演之。然后来戏名曲名中，多用其名目，可知其与戏剧非毫无关系也。

第四章

宋之乐曲

前二章既述宋代之滑稽戏及小说杂戏，后世戏剧之渊源，略可于此窥之。然后代之戏剧，必合言语、动作、歌唱，以演一故事，而后戏剧之意义始全。故真戏剧必与戏曲相表里。然则戏曲之为物，果如何发达乎？此不可不先研究宋代之乐曲也。

宋之歌曲其最通行而为人人所知者，是为词，亦谓之近体乐府，亦谓之长短句。其体始于唐之中叶，至晚唐五代，而作者渐多，及宋而大盛。宋人宴集，无不歌以侑觞；然大率徒歌而不舞。其歌亦以一阕为率。其有连续歌此一曲者，如欧阳公之〔采桑子〕，凡十一首；赵德麟之〔商调·蝶恋花〕，凡十首。一述西湖之胜，一咏《会真》之事，皆徒歌而不舞。其所以异于普通之词者，不过重叠此曲，以咏一事而已。

其歌舞相兼者，则谓之传踏（曾慥《乐府雅词》卷上），亦谓之转踏（王灼《碧鸡漫志》卷三），亦谓之缠达（《梦粱录》卷二十）。北宋之转踏，恒以一曲连续歌之。每一首咏一事，共若干首则咏若干事。然亦有合若干首而咏一事者。《碧鸡漫志》（卷三）谓石曼卿作《拂霓裳转踏》，述开元天宝遗事是也。其曲调唯〔调笑〕一调用之最多。今举其一例：

调笑转踏　郑仅（《乐府雅词》卷上）

良辰易失，信四者之难并。佳客相逢，实一时之盛会。用陈妙曲，上助清欢。女伴相将，调笑入队。

秦楼有女字罗敷，二十未满十五余，金镮约腕携笼去，攀枝折叶城南隅。使君春思如飞絮，五马徘徊芳草路，东风吹鬓不可亲，日晚蚕饥欲归去。

归去，携笼女，南陌春愁三月暮，使君春思如飞絮，五马徘徊频驻。蚕饥日晚空留顾，笑指秦楼归去。

石城女子名莫愁，家住石城西渡头，拾翠每寻芳草路，采莲时过绿蘋洲。五陵豪客青楼上，醉倒金壶待清唱，风高江阔白浪飞，急催艇子操双桨。

双桨，小舟荡，唤取莫愁迎叠浪，五陵豪客青楼上，不道风高江广。千金难买倾城样，那听绕梁清唱。

绣户朱帘翠幕张，主人置酒宴华堂，相如年少多才调，消得文君暗断肠。断肠初认琴心挑，幺弦暗写相思调，从来万曲不关心，此度伤心何草草！

草草，最年少，绣户银屏人窈窕，瑶琴暗写相思调，一曲关心多少。临邛客舍成都道，苦恨相逢不早！（此三曲分咏罗敷莫愁文君三事，尚有九曲咏九事，文多略之。）

放　队

新词宛转递相传，振袖倾鬟风露前，月落乌啼云雨散，游人陌上拾花钿。

此种词前有勾队词，后以一诗一曲相间，终以放队词，则亦用七绝，此宋初体格如此。然至汴宋之末，则其体渐变。《梦粱录》（卷二十）："在京时，只有缠令缠达，有引子尾声为缠令，引子后只有两腔迎互循环，间有缠达。"此缠达之音，与传踏同，其为一物无疑也。吴《录》所云，与上文之传踏相比较，其变化之迹显然。盖勾队之词，变而为引子；放队之词，变而为尾声；曲前之诗，后亦变而用他曲：故云引子后只有两腔迎互循环也。今缠达之词皆亡，唯元剧中正宫套曲，其体例全自此出，观第七章所引例，自可了然矣。

传踏之制，以歌者为一队，且歌且舞，以侑宾客。宋时有与此相似，或同实异名者，是为队舞。《宋史·乐志》："队舞之制，其名各十。小儿队凡七十二人：一曰柘枝队，二曰剑器队，三曰婆罗门队，四曰醉胡腾队，五曰诨臣万岁乐队，六曰儿童感圣乐队，七曰玉兔浑脱队，八曰异域朝天队，九曰儿童解红队，十曰射雕回鹘队。女弟子队凡一百五十三人：一曰菩萨蛮队，二曰感化乐队，三曰抛球乐队，四曰佳人剪牡丹队，五曰拂霓裳队，六曰采莲队，七曰凤迎乐队，八曰菩萨献香花队，九曰彩云仙队，十曰打球乐队。"其装饰各由其队名而异：如佳人剪牡丹队，则衣红生色砌衣，戴金冠，剪牡丹花；采莲队则执莲花；菩萨献香花队则执香花盘。其舞未详，其曲宋人或取以填词。其中有拂霓裳队，而《碧鸡漫志》谓石曼卿作《拂霓裳传踏》，恐与传踏为一，或为传踏之所自出也。

宋时舞曲，尚有曲破。《宋史·乐志》："太宗洞晓音律，制曲破二十九。"此在唐五代已有之，至宋时又藉以演故事。史浩《鄮峰真隐漫录》之《剑舞》即是也。今录其辞如下：

剑舞鄮峰真隐漫录》卷四十六）

二舞者对厅立袇上，（下略）乐部唱〔剑器曲破〕，作舞一段了。二舞者同唱〔霜天晓角〕。

莹莹巨阙，左右凝霜雪；且向玉阶掀舞，终当有用时节。唱彻，人尽说，宝此刚不折，内使奸雄落胆，外须遣豺狼灭。

乐部唱曲子，作舞《剑器曲破》一段。舞罢，二人分立两边。别二人汉装者出，对坐。桌上设酒桌。竹竿子念：

"伏以断蛇大泽，逐鹿中原，佩赤帝之真符，接苍姬之正统。皇威既振，天命有归，量势虽盛于重瞳，度德难胜于隆准。鸿门设会，亚父输谋，徒矜起舞之雄姿，厥有解纷之壮士。想当时之贾勇，激烈飞扬，宜后世之效颦，回翔宛转。双鸾奏技，四座腾欢。"

乐部唱曲子，舞《剑器曲破》一段。一人左立者，上裀舞，有欲刺右汉装者之势，又一人舞进前，翼蔽之。舞罢，两舞者并退。汉装者亦退。复有两人唐装者出，对坐，桌上设笔砚纸，舞者一人换妇人装，立裀上。竹竿子念：

"伏以云鬟耸苍璧，雾縠罩香肌，袖翻紫电以连轩，手握青蛇而的皪。花影下游龙自跃，锦裀上蹁凤来仪，逸态横生，瑰姿谲起。领此入神之技，诚为骇目之观，巴女心惊，燕姬色沮。岂唯张长史草书大进，抑亦杜工部丽句新成。称妙一时，流芳万古，宜呈雅态，以洽浓欢。"

乐部唱曲子，舞《剑器曲破》一段，作龙蛇蜿蜒曼舞之势。两人唐装者起。二舞者，一男一女，对舞，结《剑器曲破》彻。竹竿子念：

"项伯有功扶帝业，大娘驰誉满文场，合兹二妙甚奇特，欲使嘉宾醹一觞。霍如羿射九日落，矫如群帝骖龙翔，来如雷霆收震怒，罢如江海含晴光。歌舞既终，相将好去。"

念了，二舞者出队。

由此观之，其乐有声无词，且于舞踏之中，寓以故事，颇与唐之歌舞戏相似。而其曲中有"破"有"彻"，盖截大曲人破以后用之也。

此外兼歌舞之伎，则为大曲。大曲自南北朝已有此名。南朝大曲，则清商三调中之大曲，《宋书·乐志》所载者是也。北朝大曲，则《魏书·乐志》言之而不详。至唐而雅乐、清乐、燕乐、西凉、龟兹、安国、天竺、疏勒、高昌乐中，均有大曲（见《大唐六典》卷十四《协律郎》条注）。然传于后世者，唯胡乐大曲耳。其名悉载于《教坊记》，而其词尚略存于《乐府诗集》近代曲辞中。宋之大曲，即自此出。教坊所奏，凡十八调四十大曲，《文献通考》及《宋史·乐志》具载其目。此外亦尚有之，故又有五十大曲，及五十四大曲之称（详见予《唐宋大曲考》，兹略之）。其曲辞之存于今日者，有董颖〔薄媚〕（《乐府雅词》卷上）、曾布〔水调歌头〕（王明清《玉照新志》卷二）、史浩〔采莲〕（《鄮峰真隐漫录》卷四十五），三曲稍长，然亦非其全遍。其中间一二遍，则于宋词中间遇之。大曲遍数，多至一二十。其各遍之名，则唐时有排遍、入破、彻（《乐府诗集》卷七十九）。而排遍、入破，又各有数遍。彻者，入破之末一遍也。宋大曲则王灼谓："凡大曲有散序、靸、排遍、攧、正攧、入破、虚催、实催、衮遍、歇拍、杀衮，始成一曲，谓之大遍。"（《碧鸡漫志》卷三）沈括亦云："所谓大遍者，有序、引、歌、歃、嗺、哨、催、攧、衮、破、行、中腔、踏歌之类，凡数十解。"（《梦溪笔谈》卷五）沈氏所列各名，与现存大曲不合。王说近之。惟攧后尚有延遍，实催前尚有衮遍（即张炎《词源》所谓中衮）。而散序与排遍，均不止一遍，排遍且多至八九，故大曲遍数，往往至于数十，唯宋人多裁截用之。即其所用者，亦以声与舞为主，而不以词为主，故多有声无词者。自北宋时，葛守诚撰四十大曲，而教坊大曲，始全有词。然南宋修内司所编《乐府混成集》，大曲一项，凡数百解，有谱无词者居半（周密《齐东野语》卷十），则亦不以词重矣。其攧、破、催、衮，以舞之节名之。此种大曲，遍数既多，自于叙事为便，故宋人咏事多用之。今录董颖〔薄媚〕，以示其一例；宋人大曲之存者，以此为最长矣。

薄媚（西子词）（《乐府雅词》卷上）

排遍第八

怒涛卷雪，巍岫布云，越襟吴带如斯。有客经游，月伴风随。值盛世，观此江山美，合放怀，何事却兴悲？不为回头，旧国天涯，为想前君事，越王嫁祸献西施，吴即中深机。阖庐死，有遗誓，勾践必诛夷。吴未干戈出境，仓卒越兵，投怒夫差，鼎沸鲸鲵。越遭劲敌，可怜无计脱重围！归路茫然，城郭邱墟，飘泊稽山里。旅魂暗逐战尘飞，天日惨无辉。

排遍第九

自笑平生，英气凌云，凛然万里宣威。那知此际，熊虎涂穷，来伴麋鹿卑栖。既甘臣妾，犹不许，何为计？争若都燔宝器，尽诛吾妻子，径将死战决雄雌，天意恐怜之。偶闻太宰正擅权，贪赂市恩私。因将宝玩献诚，虽脱霜戈，石室囚系忧嗟，又经时。恨不如巢燕自由归，残月朦胧，寒雨潇潇，有血都成泪。备尝崄厄反邦畿，冤愤刻肝脾。

第十撷

种陈谋，谓吴兵正炽，越勇难施；破吴策，唯妖姬。有倾城妙丽，名称（一作字）西子岁方笄，算夫差惑此，须致颠危。范蠡微行，珠贝为香饵，苎萝不钓钓深闺。吞饵果殊姿。素肌纤弱，不胜罗绮。鸾镜畔，粉面淡匀，梨花一朵琼壶里，嫣然意态娇春，寸眸剪水，斜鬟松翠，人无双宜。名动君王，绣履容易，来登玉陛。

入破第一

窄湘裙，摇汉佩，步步香风起。敛双蛾，论时事，兰心巧会君意。殊珍异宝，犹自朝臣未与，妾何人，被此隆恩，虽令效死奉严旨。隐约龙姿忻悦，更把甘言说。辞俊美，质娉婷，天教汝众美兼备。闻吴重色，凭汝和亲，应为靖边陲。将别金门，俄挥粉泪，靓妆洗。

第二虚催

飞云驶香车，故国难回睇，芳心渐摇，迤逦吴都繁丽。忠臣子胥，预知道为邦祟，谏言先启，愿勿容其至。周亡褒姒，商倾妲己。吴王却嫌胥逆耳，才经眼便深恩爱，东风暗绽娇蕊，彩鸾翻妒伊，得取次于飞共戏，金屋看承，他宫尽废。

第三衮遍

华宴夕，灯摇醉，粉菡萏，笼蟾桂。扬翠袖，含风舞，轻妙处，惊鸿态，分明是瑶台琼榭，阆苑蓬壶景，尽移此地。花绕仙步，莺随管吹。宝帐暖，留春百和，馥郁融鸳被。银漏永，楚云浓，三竿日犹褪霞衣。宿醒轻腕嗅，宫花双带系，合同心时，波下比目，深怜到底。

第四催拍

耳盈丝竹，眼摇珠翠，迷乐事，宫闱内。争知渐国势陵夷。奸臣献佞，转恣奢淫，天谴岁屡饥。从此万姓，离心解体。越遣使阴窥虚实，蚤夜营边备。兵未动，子胥存，虽堪伐，尚畏忠义。斯人既戮，又且严兵卷土赴黄池，观衅种蠡，方云可矣。

第五衮遍

机有神，征鼙一鼓，万马襟喉地。庭喋血，诛留守，怜屈服，敛兵还，危如此。当除祸本，重结人心，争奈竟荒迷。战骨方埋，灵旗又指，势连败，柔荑携泣，不忍相抛弃。身在兮，心先死，宵奔兮，兵已前围。谋穷计尽，唳鹤啼猿，闻处分外悲。丹穴纵近，谁容再归。

第六歇拍

哀诚屡吐，甬东分赐，垂暮日置荒隅，心知愧。宝锷红委，鸾存凤去，辜负恩怜，情不似虞姬。尚望论功，荣归故里。降令曰：吴无赦汝，越与吴何异。吴正怨，越方疑，从公论合去妖类。蛾眉宛转，竟殒鲛绡，香骨委尘泥。渺渺姑苏，荒芜鹿戏。

第七煞衮

王公子，青春更才美，风流慕连理。耶溪一日，悠悠回首凝思。云鬟烟鬓，玉珮霞裾，依约露妍姿。送目惊喜，俄迁玉趾。同仙骑洞府归去，帘栊窈窕戏鱼水。正一点犀通，遽别恨何已！媚魄千载，教人属意，况当时金殿里。

此曲自〔排遍第八〕至〔煞衮〕，共十遍，而截去〔排遍第七〕以上不用。此种大曲，遍数既多，虽便于叙事，然其动作皆有定则，欲以完全演一故事，固非易易。且现存大曲，皆为叙事体，而非代言体。即有故事，要亦为歌舞戏之一种，未足以当戏曲之名也。

由上所述宋乐曲观之，则传踏仅以一曲反复歌之；曲破与大曲，则曲之遍数虽多，然仍限于一曲。至合数曲而成一乐者，唯宋鼓吹曲中有之。宋大驾鼓吹，恒用〔导引〕、〔六州〕、〔十二时〕三曲。梓宫发引，则加〔衬陵歌〕，虞主回京，则加〔虞主歌〕，各为四曲。南渡后郊祀，则于〔导引〕、〔六州〕、〔十二时〕三曲外，又加〔奉禋歌〕、〔降仙台〕二曲，共为五曲。合曲之体例，始于鼓吹见之。若求之于通常乐曲中，则合诸曲以成全体者，实自诸宫调始。诸宫调者，小说之支流，而被之以乐曲者也。《碧鸡漫志》（卷二）："熙宁元丰间，泽州孔三传始创诸宫调古传，士大夫皆能诵之。"《梦粱录》（卷二十）云："说唱诸宫调，昨汴京有孔三传，编成传奇灵怪，入曲说唱。"《东京梦华录》（卷五）纪崇观以来瓦舍伎艺，有"孔三传、耍秀才诸宫调"。《武林旧事》（卷六）所载诸色伎艺人，诸宫调传奇有高郎妇等四人。则南北宋均有之。今其词尚存者，唯金董解元之《西厢》耳。董解元《西厢》，胡元瑞、焦理堂、施北研笔记中，均有考订，讫不知为何体。沈德符《野获编》（卷二十五）且妄以为金人院本模范。以余考之，确为诸宫调无疑。观陶南村《辍耕录》谓："金章宗时董解元所编《西厢记》，时代未远，犹罕有人能解之。"则后人不识此体，固不足怪也。此编之为诸宫调有三证：本书卷一〔太平赚〕词云："俺平生情性好疏狂，疏狂的情性难拘束。一回家想么，诗魔多，爱选多情曲。比前贤乐府不中听，在诸宫调里却著数。"此开卷自叙作词缘起，而自云"在诸宫调里"，其证一也。元凌云翰《柘轩词》有〔定风波〕词赋《崔莺莺传》云："翻残金旧日诸宫调本，才入时人听。"则金人所赋《西厢》词，自为诸宫调，其证二也。此书体例，求之古曲，无一相似。独元王伯成《天宝遗事》，见于《雍熙乐府》《九宫大成》所选者，大致相同。而元钟嗣成《录鬼簿》（卷上）于王伯成条下注云："有《天宝遗事诸宫调》行于世。"王词既为诸宫调，则董词之为诸宫调无疑，其证三也。其所以名诸宫调者，则由宋人所用大曲传踏，不过一曲，其为同一宫调中甚；唯此编每宫调中，多或十余曲，少或一二曲，即易他宫调，合若干宫调以咏一事，故谓之诸宫调。今录二三调以示其例：

〔黄钟宫·出队子〕最苦是离别，彼此心头难弃舍。莺莺哭得似痴呆，脸上啼痕都是血，有千种恩情何处说。夫人道"天晚教郎疾去"，怎奈红娘心似铁，把莺莺扶上七香车。君瑞攀鞍空自撷，道得个冤家宁奈些。

〔尾〕马儿登程，坐车儿归舍。马儿往西行，坐车儿往东拽，两口儿一步儿离得远如一步也。

〔仙吕调·点绛唇〕〔缠令〕美满生离，据鞍兀兀离肠痛。旧欢新宠，变作高唐梦。回首孤城，依约青山拥。西风送，戍楼寒重，初品〔梅花弄〕。

〔瑞莲儿〕衰草凄凄一径通，丹枫索索满林红。平生踪迹无定著，如断蓬。听塞鸿，哑哑的飞过暮云重。

〔风吹荷叶〕忆得枕鸳衾凤，今宵管半壁儿没用。触目凄凉千万种：见滴流流的红叶，淅零零的微雨，率剌剌的西风。

〔尾〕驴鞭半袅，吟肩双耸，休问离愁轻重，向个马儿上驮也驮不动。（离蒲西行三十里，日色晚矣，野景堪画。）

〔仙吕调·赏花时〕落日平林噪晚鸦，风袖翩翩催瘦马，一径入天涯，荒凉古岸，衰草带霜滑。瞥见个孤林端入画，篱落萧疏带浅沙，一个老大伯捕鱼虾，横桥流水，茅舍映荻花。

〔尾〕驼腰的柳树上有鱼槎，一竿风旆茅檐上挂。澹烟潇洒，横锁著两三家。（生投宿于村落。）

此上八曲，已易三调，全书体例皆如是。此于叙事最为便利，盖大曲等先有曲，而后人借以咏事；此则制曲之始，本为叙事而设。故宋金杂剧院本中，后亦用之（见后二章），非徒供说唱之用而已。

宋人乐曲之不限一曲者，诸宫调之外，又有赚词。赚词者，取一宫调之曲若干，合之以成一全体。此体久为世人所不知，案《梦粱录》（卷二十）："绍兴年间，有张五牛大夫，因听动鼓板中有〔太平令〕或赚鼓板，即今拍板大节抑扬处是也，遂撰为赚。赚者，误赚之之义，正堪美听中，不觉已至尾声，是不宜为片序也。又有覆赚，其中变花前月下之情，及铁骑之类。"云云。是唱赚之中，亦有敷演故事者，今已不传。其常用赚词，余始于《事林广记》（日本翻元泰定本戊集卷二）中发见之。其前且有唱赚规例，今具录如下：

（遏云要诀）"夫唱赚一家，古谓之道赚。腔必真，字必正。欲有墩亢掣拽之殊，字有唇喉齿舌之异，抑分轻清重浊之声，必别合口半合口之字，更忌马罳鞑子，俗语乡谈。如对圣案，但唱乐道、山居、水居、清雅之词，切不可以风情花柳艳冶之曲；如此，则为渎圣。社条盃赛，筵会吉席，上寿庆贺，不在此限。假如未唱之初，执拍当胸，不可高过鼻，须假鼓板村掇，三拍起引子，唱头一句。又三拍至两片结尾，三拍煞；入序，尾，三拍巾斗煞；入赚，头一字当一拍，第一片三拍，后仿此。出赚三拍，出声巾斗又三拍煞。尾声，总十二拍：第一句四拍，第二句五拍，第三句三拍煞。此一定不逾之法。"

遏云致语（筵会用）〔鹧鸪天〕

遇酒当歌酒满斝，一觞一咏乐天真，三杯五盏陶情性，对月临风自赏心。环列处，总佳宾，歌声缭亮遏行云，春风满座知音者，一曲教君侧耳听。

圆社市语〔中吕官·圆里圆〕

〔紫苏丸〕相逢闲暇时，有闲的打唤睸儿，呵喝啰声嗽道臁厮，俺嗏欢喜，才下脚，须和美。试问伊家，有甚夹气，又管甚官场侧背，算人间落花流水。

〔缕缕金〕把金银锭打旋起，花星临照我，怎鞞避？近日间游戏，因到花市帘儿下，瞥见一个表儿圆，咱每便著意。

〔好女儿〕生得宝妆跷，身分美，绣带儿缠脚，更好肩背。画眉儿入鬓春山翠。带著粉钳儿，更缩个朝天髻。

〔大夫娘〕忙入步，又迟疑，又怕五角儿冲撞我没跷踢。网儿尽是札，圆底都松例，要抛声忒壮果难为，真个费脚力。

〔好孩子〕供送饮三杯，先入气，道今宵打歌处，把人拍惜。怎知他水脉透不由得你。咱们只要表儿圆时，复地一合儿美。

〔赚〕春游禁陌，流莺往来穿梭戏，紫燕归巢，叶底桃花绽蕊。赏芳菲，蹴秋千高而不远，似踏火不沾地，见小池，风摆荷叶戏水。素秋天气，正玩月斜插花枝，赏登高佳料沙羔美，最好当场落帽，陶潜菊绕篱。仲冬时，那孩儿忌酒怕风，帐幕中缠脚忒稔腻。讲论处，下梢团圆到底，怎不则剧。

〔越恁好〕勘脚并打二步步随定伊，何曾见走衮，你于我，我与你，场场有踢，没些拗背。两个对垒，天生不枉作一对。脚头果然厮稠密密。

〔鹘打兔〕从今后一来一往，休要放脱些儿，又管甚搅闲底，拽闲定白打臁厮，有千般解数，真个难比。

骨自有

〔尾声〕五花丛里英雄辈，倚玉偎香不暂离，做得个风流第一。

《事林广记》虽载此词，然不著其为何时人所作。以余考之，则当出南渡之后。词前有"遏云要诀"，遏云者，南宋歌社之名。《武林旧事》（卷三）"二月八日，为相川张王生辰，霍山行宫朝拜极盛，百戏竞集。如绯绿社（杂剧）、齐云社（蹴球）、遏云社（唱赚）等"云云。《梦粱录》（卷十九）《社会》条下亦载之。今此词之首，有遏云要诀、遏云致语，又云"唱赚""道赚"，而词中又有赚词，则为宋遏云社所唱赚词无疑也。所唱之曲，题为"圆社市语"，圆社，谓蹴球，《事林广记》戊集（卷二）《圆社摸场》条，起四句云："四海齐云社，当场蹴气球，作家偏著所，圆社最风流。"今曲题如此，而曲中所使，皆蹴球家语，则圆社为齐云社无疑。以遏云社之人，唱齐云社之事，谓非南宋人所作不可也。此词自其结构观之，则似北曲；自其曲名，则疑为南曲。盖其用一宫调之曲，颇似北曲套数。其曲名则〔缕缕金〕、〔好孩儿〕、〔越恁好〕三曲，均在南曲中吕宫，〔紫苏丸〕则在南曲仙吕宫，北曲中无此数调。〔鹘打兔〕则南北曲皆有，唯皆无〔大夫娘〕一曲。盖南北曲之形式及材料，在南宋已全具矣。

第五章

宋官本杂剧段数

由前三章研究之所得，而后宋之戏曲，可得而论焉。戏曲之作，不能言其始于何时。宋《崇文总目》（卷一）已有周优人《曲辞》二卷。原释云："周吏部侍郎赵上交，翰林学士李昉，谏议大夫刘陶，司勋郎中冯古，纂录燕优人曲辞。"此燕为刘守光之燕，或契丹之燕，其曲辞为乐曲或戏曲，均不可考。《宋史·乐志》亦言真宗不喜郑声，而或为杂剧词，未尝宣布于外。《梦梁录》（卷二十）亦云："向者汴京教坊大使孟角球，曾做杂剧本子，葛守诚撰四十大曲。"则北宋固确有戏曲。然其体裁如何，则不可知。惟《武林旧事》（卷十）所载官本杂剧段数，多至二百八十本。今虽仅存其目，可以窥两宋戏曲之大概焉。

就此二百八十本精密考之，则其用大曲者一百有三，用法曲者四，用诸宫调者二，用普通词调者三十有五。兹分别叙之。

大曲一百有三本：

〔六么〕二十本（案《宋史·乐志》《文献通考·教坊部》十八调中，中吕调、南吕调、仙吕调，均有〔绿腰〕大曲，"六么"即其略字也。）

《争曲六么》《扯拦六么》《教鳌六么》《鞭帽六么》《衣笼六么》《厨子六么》《孤夺旦六么》《王子高六么》《崔护六么》《骰子六么》《照道六么》《莺莺六么》《大宴六么》《驴精六么》《女生外向六么》《慕道六么》《三偌慕道六么》《双拦哮六么》《赶厥

夹六么》《羹汤六么》。

〔瀛府〕六本（《宋史·乐志》及《通考·教坊部》十八调中，正宫、南吕宫中，均有〔瀛府〕大曲。）

《索拜瀛府》《厚熟瀛府》《哭骸子瀛府》《醉院君瀛府》《懊骨头瀛府》《赌钱望瀛府》。

〔梁州〕七本（《宋史·乐志》及《通考·教坊部》十八调中，正宫调、道调宫、仙吕宫、黄钟宫，均有〔梁州〕大曲。）

《四僧梁州》《三索梁州》《诗曲梁州》《头钱梁州》《食店梁州》《法事馒头梁州》《四哮梁州》。

〔伊州〕五本（《宋史·乐志》及《通考·教坊部》十八调，越调、歇指调中，均有〔伊州〕大曲。）

《领伊州》《铁指甲伊州》《闹伍伯伊州》《裴少俊伊州》《食店伊州》。

〔新水〕四本（《宋史·乐志》及《通考·教坊部》十八调，双调中有〔新水调〕大曲。"新水"，即〔新水调〕之略也。）

《桶担新水》《双哮新水》《烧花新水》《新水爨》。

〔薄媚〕九本（《宋史·乐志》及《通考·教坊部》十八调，道调宫、南吕宫中，均有〔薄媚〕大曲。）

《简帖薄媚》《请客薄媚》《错取薄媚》《传神薄媚》《九妆薄媚》《本事现薄媚》《打调薄媚》《拜褥薄媚》《郑生遇龙女薄媚》。

〔大明乐〕三本（《宋史·乐志》及《通考·教坊部》十八调，大石调中有〔大明乐〕大曲。）

《土地大明乐》《打球大明乐》《三爷老大明乐》。

〔降黄龙〕五本（案《宋史·乐志》及《通考·教坊部》大曲中，无〔降黄龙〕之名，然张炎《词源》卷下云："如〔六么〕，如〔降黄龙〕，皆大曲。"又云："大曲〔降黄龙〕花十六，当用十六拍。"今《董西厢》及南北曲均有〔降黄龙衮〕一调，衮者，大曲中一遍之名，则此五本为大曲无疑。）

《列女降黄龙》《双旦降黄龙》《柳批上官降黄龙》《入寺降黄

龙》《偷标降黄龙》。

〔胡渭州〕四本（《宋史·乐志》及《通考·教坊部》十八调，小石调、林钟商中均有〔胡渭州〕大曲。）

《赶厥胡渭州》《单番将胡渭州》《银器胡渭州》《看灯胡渭州》。

〔石州〕三本（《宋史·乐志》及《通考·教坊部》十八调，越调中有〔石州〕大曲。）

《单打石州》《和尚那石州》《赶厥石州》。

〔大圣乐〕三本（《宋史·乐志》及《通考·教坊部》十八调，道调宫中有〔大圣乐〕大曲。）

《塑金刚大圣乐》《单打大圣乐》《柳毅大圣乐》。

〔中和乐〕四本（《宋史·乐志》及《通考·教坊部》十八调，黄钟宫中有〔中和乐〕大曲。）

《霸王中和乐》《马头中和乐》《大打调中和乐》《封鹭中和乐》。

〔万年欢〕二本（《宋史·乐志》及《通考·教坊部》十八调，中吕宫中有〔万年欢〕大曲。）

《喝贴万年欢》《托合万年欢》。

〔熙州〕三本（案《宋史·乐志》及《通考·教坊部》十八调，四十大曲中无〔熙州〕之名。然洪迈《容斋随笔》卷十四云：“今世所传大曲，皆出于唐。而以州名者五：伊、凉、熙、石、渭也。”周邦彦《片玉词》有〔氏州第一〕词。毛晋注《清真集》作〔熙州摘遍〕，是氏州即熙州。摘遍者，谓摘大曲之一遍为之，亦宋人语，则〔熙州〕之为大曲审矣。）

《迓鼓熙州》《骆驼熙州》《二郎熙州》。

〔道人欢〕四本（《宋史·乐志》及《通考·教坊部》十八调，中吕调中有〔道人欢〕大曲。）

《大打调道人欢》《会子道人欢》《打拍道人欢》《越娘道人欢》。

〔长寿仙〕三本（《宋史·乐志》及《通考·教坊部》十八调，般涉调中有〔长寿仙〕大曲。）

《打勘长寿仙》《偌卖旦长寿仙》《分头子长寿仙》。

〔剑器〕二本（《宋史·乐志》及《通考·教坊部》十八调，中吕宫、黄钟宫中，均有〔剑器〕大曲。）

《病爷老剑器》《霸王剑器》。

〔延寿乐〕二本（《宋史·乐志》及《通考·教坊部》十八调，仙吕宫中有〔延寿乐〕大曲。）

《黄杰进延寿乐》《义养娘延寿乐》。

〔贺皇恩〕二本（《宋史·乐志》及《通考·教坊部》十八调，林钟商中有〔贺皇恩〕大曲。）

《扯篮儿贺皇恩》《催妆贺皇恩》。

〔采莲〕三本（《宋史·乐志》及《通考·教坊部》十八调，双调中有〔采莲〕大曲。）

《唐辅采莲》《双哮采莲》《病和采莲》。

〔保金枝〕一本（《宋史·乐志》及《通考·教坊部》十八调，仙吕宫中有〔保金枝〕大曲。）

《槛偌保金枝》。

〔嘉庆乐〕一本（《宋史·乐志》及《通考·教坊部》十八调，小石调中有〔嘉庆乐〕大曲。）

《老孤嘉庆乐》。

〔庆云乐〕一本（《宋史·乐志》及《通考·教坊部》十八调，歇指调中有〔庆云乐〕大曲。）

《进笔庆云乐》。

〔君臣相遇乐〕一本（《宋史·乐志》及《通考·教坊部》十八调，歇指调中有〔君臣相遇乐〕大曲，"相遇乐"，即〔君臣相遇乐〕之略也。）

《裴航相遇乐》。

〔泛清波〕二本（《宋史·乐志》及《通考·教坊部》十八

调，林钟商中有〔泛清波〕大曲。）

《能知他泛清波》《三钓鱼泛清波》。

〔彩云归〕二本（《宋史·乐志》及《通考·教坊部》十八调，仙吕调中有〔彩云归〕大曲。）

《梦巫山彩云归》《青阳观碑彩云归》。

〔千春乐〕一本（《宋史·乐志》及《通考·教坊部》十八调，黄钟羽中有〔千春乐〕大曲。）

《禾打千春乐》。

〔罢金钲〕一本（《宋史·乐志》及《通考·教坊部》十八调，南吕调中有〔罢金钲〕大曲。）

《牛五郎罢金钲》（原作〔罢金征〕，误也）。

以上百有三本，皆为大曲。其为曲二十有八，而其中二十六，在《教坊部》四十大曲中。余如〔降黄龙〕、〔熙州〕二曲之为大曲，亦有宋人之说可证也。

法曲四本：

《棋盘法曲》《孤和法曲》《藏瓶法曲》《车儿法曲》。

《宋史·乐志》有法曲部。其曲二：一曰〔道调宫·望瀛〕，二曰〔小石调·献仙音〕。《词源》（卷下）谓大曲片数（即遍数）与法曲相上下，则二者略相似也。

诸宫调二本：

《诸宫调霸王》《诸宫调卦册儿》。

按此即以诸宫调填曲也。

普通词调三十本：

《打地铺逍遥乐》《病郑逍遥乐》《崔护逍遥乐》《瀽洒逍遥乐》《四郑舞杨花》《四偌满皇州》（原脱满字）、《浮沤暮云归》《五柳菊花新》《四季夹竹桃》《醉花阴爨》《夜半乐爨》《木兰花爨》《月当厅爨》《醉还醒爨》《扑蝴蝶爨》《满皇州卦铺儿》《白苎卦铺儿》《探春卦铺儿》《三哮好女儿》《二郎神变二郎神》《大双头莲》《小双头莲》《三笑月中行》《三登乐院公狗儿》《三教安公子》《普天乐打三教》《满皇州打三教》《三姐醉还醒》《三姐黄莺儿》《卖花黄莺儿》。

其不见宋词，而见于金元曲调者九本：

《四小将整乾坤》《棹孤舟爨》《庆时丰卦铺儿》《三哮上小楼》《鹊打兔变二郎神》《双罗罗啄木儿》《赖房钱啄木儿》《围城啄木儿》《四国朝》。

此外有不著其名，而实用曲调者。如《三十拍爨》则李涪《刊误》云："雀酒三十拍，促曲名〔三台〕。"则实用〔三台〕曲也。《三十六拍爨》当亦仿此。《钱手帕爨》注云："小字〔太平歌〕"，则用〔太平歌〕曲也。余如《两相宜万年芳》之〔万年芳〕，《病孤三乡题》《王魁三乡题》《强偕三乡题》之〔三乡题〕，《三哮文字儿》之〔文字儿〕，虽词曲调中，均不见其名，以他本例之，疑亦俗曲之名也。又如《崔智韬艾虎儿》《雌虎》（原注云：崔智韬）二本，并不见有用歌曲之迹，而关汉卿《谢天香》杂剧楔子曰："郑六遇妖狐，崔韬逢雌虎，大曲内尽是寒儒。"则此二本之一，当以大曲演之。此外各本之类此者，当亦不乏也。

由此观之，则此二百八十本中，其用大曲、法曲、诸宫调、词曲调者，共一百五十余本，已过全数之半，则南宋杂剧，殆多以歌曲演之，与第二章所载滑稽戏迥异。其用大曲、法曲、诸宫调，则曲之片数颇多，以敷衍一故事，自觉不难。其单用词调及曲调者，只有一曲，当以此曲循环敷演，如上章传踏之例，此在元明南曲中，尚得发见其例也。

且此二百八十本，不皆纯正之戏剧。如《打调薄媚》《大打调中和乐》《大打调道人欢》三本，则刘昌诗《芦浦笔记》（卷三）谓街市戏谑，有打砌打调之类，实滑稽戏之支流，而佐以歌曲者也。如《门子打三教爨》《双三教》《三教安公子》《三教闹著棋》《打三教庵宇》《普天乐打三教》《满皇州打三教》《领三教》，则演前章所述三教人者也。《迓鼓儿熙州》《迓鼓孤》，则前章所云讶鼓之戏也。《天下太平爨》及《百花爨》，则《乐府杂录》所谓字舞花舞也。案《齐东野语》（卷十）云：州郡遇圣节锡宴，率命猥伎数十，群舞于庭，作天下太平字，殊为不经；而唐王建《宫词》云，"每过舞头分两向，太平万岁字当中"，则此事由来久矣"，云云。可知宋代戏剧，实综合种种之杂戏；而其戏曲，亦综合种种之乐曲，此事观后数章自益明也。

　　此项官本杂剧，虽著录于宋末，然其中实有北宋之戏曲，不可不知也。如《王子高六么》一本，实神宗元丰以前之作。赵彦卫《云麓漫钞》（卷十）："王迥字子高，旧有周琼姬事，胡徽之为作传，或用其传作〔六么〕。"朱彧《萍洲可谈》（卷一）："王迥美姿容，有才思，少年时不甚持重，间为狎邪辈所诬，播入乐府。今〔六么〕所歌奇俊王家郎者，乃迥也。元丰初，蔡持正举之，可任监司，神宗忽云：'此乃奇俊王家郎乎？'持正叩头请罪。"（又见一宋人小说云：或荐子高于王荆公，公举此语。今不能举其书名。案子高尝从荆公游，则语或近是。）则此曲实作于神宗时，然至南宋末尚存。吴文英《梦窗乙稿》中，〔惜秋华〕词自注尚及之。然其为北宋之作，无可疑也。又如《三爷老大明乐》《病爷老剑器》二本，爷老二字，中国夙未闻有此，疑是契丹语。《唐书·房琯传》："彼曳落河虽多，岂能当我刘秩等。"愚谓曳落河即《辽史》屡见之拽刺。《辽史·百官志》云："走卒谓之拽刺"，元马致远《荐福碑》杂剧，尚有曳刺，为傔从之属。爷老二字，当亦曳刺之同音异译，此必北宋与辽盟聘时输入之语。则此二本，当亦为北宋之作。以此推之，恐尚不止此数本。然则此二百八十本，与其视为南宋之作，不若视为两宋之作为妥也。

第六章

金院本名目

两宋戏剧，均谓之杂剧，至金而始有院本之名。院本者，《太和正音谱》云："行院之本也。"初不知行院为何语，后读元刊《张千替杀妻》杂剧云："你是良人良人宅眷，不是小末小末行院。"则行院者，大抵金元人谓倡伎所居，其所演唱之本，即谓之院本云尔。院本名目六百九十种，见于陶九成《辍耕录》（卷二十五）者，不言其为何代之作。而院本之名，金元皆有之，故但就其名，颇难区别。以余考之，其为金人所作，殆无可疑者也（见下）。自此目观之，甚与宋官本杂剧段数相似，而复杂过之。其中又分子目若干。曰"和曲院本"者十有四本。其所著曲名，皆大曲法曲，则和曲殆大曲法曲之总名也。曰"上皇院本"者十有四本。其中如《金明池》《万岁山》《错入内》《断上皇》等，皆明示宋徽宗时事，他可类推，则上皇者谓徽宗也。曰"题目院本"者二十本。按题目，即唐以来合生之别名。高承《事物纪原》（卷九）《合生》条言：《唐书·武平一传》平一上书：比来妖伎胡人于御座之前，"或言妃主情貌，或列王公名质，咏歌舞蹈，名曰合生，始自王公，稍及闾巷"，则合生之原，起于唐中宗时也，今人亦谓之唱题目云云。此云题目，即唱题目之略也。曰"霸王院本"者六本，疑演项羽之事。曰"诸杂大小院本"者一百八十有九，曰"院么"者二十有一，曰"诸杂院爨"者一百有七。陶氏云："院本又谓之五花爨弄。"则爨亦院本之异名也。

曰"冲撞引首"者一百有九，曰"拴搐艳段"者九十有二。案《梦粱录》（卷二十）云："杂剧先做寻常熟事一段，名曰艳段；次做正杂剧。"则引首与艳段，疑各相类。艳段，《辍耕录》又谓之焰段。曰："焰段，亦院本之意，但差简耳。取其如火焰，易明而易灭也。"其所以不得为正杂剧者，当以此；但不知所谓冲撞、拴搐，作何解耳。曰"打略拴搐"者八十有八，曰"诸杂砌"者三十。案《芦浦笔记》谓："街市戏谑，有打砌、打调之类。"疑杂砌亦滑稽戏之流。然其目则颇多故事，则又似与打砌无涉。《云麓漫抄》（卷八）："近日优人作杂班，似杂剧而稍简略。金虏官制，有文班武班，若医卜倡优，谓之杂班。每宴集，伶人进，曰杂班上，故流传作此。"然《东京梦华录》已有杂扮之名。《梦粱录》亦云："杂扮或曰杂班，又名经（当作纽）元子，又谓之拔和，即杂剧之后散段也。顷在汴京时，村落野夫，罕得入城，遂撰此端，多是借装为山东河北村叟，以资笑端。"则自北宋已有之。今"打略拴搐"中，有《和尚家门》《先生家门》《秀才家门》《列良家门》《禾下家门》各种，每种各有数本，疑皆装此种人物以资笑剧，或为杂扮之类；而所谓杂砌者，或亦类是也。

更就其所著曲名分之，则为大曲者十六：

《上坟伊州》《烧花新水》《熙州骆驼》《列良瀛府》《贺贴万年欢》《拵廪降黄龙》《列女降黄龙》（以上和曲院本）

《进奉伊州》（诸杂大小院本）

《闹夹棒六幺》《送宣道人欢》《扯彩延寿乐》《讳老长寿仙》《背箱伊州》《酒楼伊州》《抹面长寿仙》《羹汤六幺》（以上诸杂院爨）

为法曲者七：

《月明法曲》《郓王法曲》《烧香法曲》《送香法曲》（以上和曲院本）

《闹夹棒法曲》《望瀛法曲》《分拐法曲》（以上诸杂院爨）

为词曲调者三十有七：

《病郑逍遥乐》《四皓逍遥乐》《四酸逍遥乐》（以上和曲院本）

《春从天上来》（上皇院本）

《杨柳枝》（题目院本）

《似娘儿》《丑奴儿》《马明王》《斗鹌鹑》《满朝欢》《花前饮》《卖花声》《隔帘听》《击梧桐》《海棠春》《更漏子》（以上诸杂大小院本）

《逍遥乐打马铺》《夜半乐打明皇》《集贤宾打三教》《喜迁莺剁草鞋》《上小楼哀头子》《单兜望梅花》《双声叠韵》《河转迓鼓》《和燕归梁》《谒金门爨》（以上诸杂院爨）

《憨郭郎》《乔捉蛇》《天下乐》《山麻稭》《捣练子》《净瓶儿》《调笑令》《斗鼓笛》《柳青娘》（以上冲撞引首）

《归塞北》《少年游》（以上拴搐艳段）

《春从天上来》《水龙吟》（以上打略拴搐）

又"拴搐艳段"中，有一本名《诸宫调》，殆以诸宫调敷演之。则其体裁，全与宋官本杂剧段数相似；唯著曲名者，不及全体十分之一，而官本杂剧则过十分之五，此其相异者也。

此院本名目中，不但有简易之剧，且有说唱杂戏在其间。如：

《讲来年好》《讲圣州序》《讲乐章序》《讲道德经》《讲蒙求爨》《讲心字爨》。

此即推说经诨经之例而广之。他如：

《订注论语》《论语谒食》《擂鼓孝经》《唐韵六帖》。

疑亦此类。又有：

《背鼓千字文》《变龙千字文》《摔盒千字文》《错打千字文》《木驴千字文》《埋头千字文》。

此当取周兴嗣《千字文》中语，以演一事，以悦俗耳，在后世南曲宾白中犹时遇之；盖其由来已古，此亦说唱之类也。又如：

《神农大说药》《讲百果爨》《讲百花爨》《讲百禽爨》。

案《武林旧事》（卷六）载说药有杨郎中、徐郎中、乔七官人，则南宋亦有之。其说或借药名以制曲，或说而不唱，则不可知；至讲百果、百花、百禽，亦其类也。

"打略拴搐"中，有《星象名》《果子名》《草名》等。以名字终者二十六种，当亦说药之类。又有：

《和尚家门》四本，《先生家门》四本（自其子目观之，先生谓道士也），《秀才家门》十本，《列良家门》六本（列良谓日者），《禾下家门》五本（禾下谓农夫），《大夫家门》八本（大夫谓医士），《卒子家门》四本，《良头家门》二本（良头未详），《邦老家门》五本（邦老谓盗贼），《都子家门》三本（都子谓乞丐），《孤下家门》三本（孤下谓官吏），《司吏家门》二本，《仵作行家门》一本，《撅俫家门》一本（撅俫未详）。

此五十五本，殆摹写社会上种种人物职业，与三教、迓鼓等戏相似。此外如"拴搐艳段"中之《遮截架解》《三打步》《穿百倬》，"打略拴搐"中之《难字儿》《猜谜》等，则并竞技游戏等事而有之。此种或占演剧之一部分，或用为戏剧中之材料，虽不可知，然可见此种戏剧，实综合当时所有之游戏技艺，尚非纯粹之戏剧也。

此院本名目之为金人所作，盖无可疑。《辍耕录》云："金有杂剧、院本、诸宫调。院本、杂剧，其实一也。国朝院本杂剧，始厘而二之。"今此目之与官本杂剧段数同名者十余种，而一谓之杂剧，一谓之院本，足明其为金之院本，而非元之院本，一证也。中有《金皇圣德》一本，明为金人之作，而非宋元人之作，二证也。如《水龙吟》《双声叠韵》等之以曲调名者，其曲仅见于《董西厢》，而不见于元曲，三证也。与宋官本杂剧名例相同，足证其为同时之作，四证也。且其中关系开封者颇多，开封者，宋之东都，金之南都，而宣宗贞祐后迁居于此者也，故多演宋汴京时事。"上皇院本"且勿论，他如郓王、蔡奴，汴京之人也，金明池、陈桥，汴京之地也，其中与宋官本杂剧同名者，或犹是北宋之作，亦未可知。然宋金之间，戏剧之交通颇易，如杂班之名，由北而入南，唱赚之作，由南而入北（唱赚始于绍兴间，然《董西厢》中亦多用之）。又如演蔡中郎事者，则南有负鼓盲翁之唱，而院本名目中亦有《蔡伯喈》一本：可知当时戏曲流传，不以国土限也。

第七章

古剧之结构

　　宋金以前杂剧院本，今无一存。又自其目观之，其结构与后世戏剧迥异，故谓之古剧。古剧者，非尽纯正之剧，而兼有竞技游戏在其中，既如前二章所述矣。盖古人杂剧，非瓦舍所演，则于宴集用之。瓦舍所演者，技艺甚多，不止杂剧一种；而宴集时所以娱耳目者，杂剧之外，亦尚有种种技艺。观《宋史·乐志》《东京梦华录》《梦粱录》《武林旧事》，所载天子大宴礼节可知。即以杂剧言，其种类亦不一。正杂剧之前，有艳段，其后散段谓之杂扮（见第六章），二者皆较正杂剧为简易。此种简易之剧，当以滑稽戏竞技游戏充之，故此等亦时冒杂剧之名，此在后世犹然。明顾起元《客座赘语》谓："南都万历以前，大席则用教坊打院本，乃北曲四大套者。中间错以撮垫圈，舞观音，或百丈旗，或跳队。"明代且然，则宋金固不足怪。但其相异者，则明代竞技等，错在正剧之中间，而宋金则在其前后耳。至正杂剧之数，每次所演，亦复不多。《东京梦华录》谓："杂剧入场，一场两段。"《梦粱录》亦云："次做正杂剧，通名两段。"《武林旧事》（卷一）所载"天基圣节排当乐次"，亦皇帝初坐，进杂剧二段，再坐，复进二段。此可以例其余矣。

　　脚色之名，在唐时只有参军、苍鹘，至宋而其名稍繁。《梦粱录》（卷二十）云："杂剧中末泥为长，每一场四人或五人。（中略）末泥色主张，引戏色分付，副净色发乔，副末色打诨。或添一人，名曰装孤。"《辍耕录》（卷二十五）所述略同。唯《武林旧事》（卷一）所载"乾淳教坊乐部"中，杂剧三甲，一甲或八人或五人。其所列脚色五，则有戏头而无末泥，有装旦而无装孤，而引戏、副净、副末三色则同，唯副净则谓之次净耳。《梦粱录》云："杂剧中末泥为长。"则末泥或即戏头；然戏头、引戏，实出古舞中之舞头、引舞。（唐王建《宫词》："舞头先拍第三声"，又："每过舞头分两向"，则舞头唐时已有之。《宋史·乐志》有引舞，亦谓之引舞头。《乐府杂录·傀儡》条有引歌舞者郭郎，则引舞亦始于唐也。）则末泥亦当出于古舞中之舞末。《东京梦华录》（卷九）云："舞旋多是雷中庆，……舞曲破撷前一遍，舞者入场，至歇拍，一人入场，对舞数拍，前舞者退，独后舞者终其曲，谓之舞末。"末之名当出于此。又长言之则为末泥也。净者，参军之促音，宋代演剧时，参军色手执竹竿子以句之（见《东京梦华录》卷九），亦如唐代协律郎之举麾乐作，偃麾乐止相似，故参军亦谓之竹竿子。由是观之，则末泥色以主张为职，参军色以指麾为职，不亲在搬演之列。故宋戏剧中净、末二色，反不如副净、副末之著也。

唐之参军、苍鹘，至宋而为副净、副末二色。夫上既言净为参军之促音，兹何故复以副净为参军也？曰：副净本净之副，故宋人亦谓之参军。《梦华录》中执竹竿子之参军，当为净；而第二章滑稽剧中所屡见之参军，则副净也。此说有征乎？曰：《辍耕录》云"副净古谓之参军，副末古谓之苍鹘，鹘能击禽鸟，末可打副净"。此说以第二章所引《夷坚志》（丁集卷四）、《桯史》（卷七）、《齐东野语》（卷十三）诸事证之，无乎不合；则参军之为副净，当可信也。故净与末，始见于宋末诸书；而副净与副末，则北宋人著述中已见之。黄山谷〔鼓笛令〕词云："副靖传语木大，鼓儿里且打一和。"王直方《诗话》（《苕溪渔隐丛话》前集卷二十引）载："欧阳公致梅圣俞简云：'正如杂剧人，上名下韵不来，须副末接续。'"凡宋滑稽剧中，与参军相对待者，虽不言其为何色，其实皆为副末。此出于唐代参军与苍鹘之关系，其来已古。而《梦粱录》所谓末泥色主张，引戏色分付，副净色发乔，副末色打诨，此四语实能道尽宋代脚色之职分也。主张、分付，皆编排命令之事，故其自身不复演剧。发乔者，盖乔作愚谬之态，以供嘲讽；而打诨，则益发挥之以成一笑柄也。试细玩第二章所载滑稽剧，无在不可见发乔打诨二者之关系。至他种杂剧，虽不知如何，然谓副净、副末二色，为古剧中最重之脚色，无不可也。

至装孤、装旦二语，亦有可寻味者。元人脚色中有孤有旦，其实二者非脚色之名；孤者，当时官吏之称，旦者，妇女之称。其假作官吏妇女者，谓之装孤、装旦则可；若径谓之孤与旦，则已过矣。孤者，当以帝王官吏自称孤寡，故谓之孤；旦与姐不知其义。然《青楼集》谓张奔儿为风流旦，李娇儿为温柔旦，则旦疑为宋元倡伎之称。优伶本非官吏，又非妇人，故其假作官吏妇人者，谓之装孤、装旦也。

要之：宋杂剧、金院本二目所现之人物，若姐、若旦、若徕，则示其男女及年齿；若孤、若酸、若爷老、若邦老，则示其职业及位置；若厥、若偌，则示其性情举止（其解均见拙著《古剧脚色考》）；若哮、若郑、若和，虽不解其义，亦当有所指示。然此等皆有某脚色以扮之，而其自身非脚色之名，则可信也。

宋杂剧、金院本二目中，多被以歌曲。当时歌者与演者，果一人否，亦所当考也。滑稽剧之言语，必由演者自言之；至自唱歌曲与否，则当视此时已有代言体之戏曲否以为断。若仅有叙事体之曲，则当如第四章所载史浩《剑舞》，歌唱与动作，分为二事也。

综上所述者观之，则唐代仅有歌舞剧及滑稽剧，至宋金二代而始有纯粹演故事之剧，故虽谓真正之戏剧起于宋代，无不可也。然宋金演剧之结构，虽略如上，而其本则无一存，故当日已有代言体之戏曲否，已不可知。而论真正之戏曲，不能不从元杂剧始也。

第八章

元杂剧之渊源

　　由前数章之说，则宋金之所谓杂剧院本者，其中有滑稽戏，有正杂剧，有艳段，有杂班，又有种种技艺游戏。其所用之曲，有大曲，有法曲，有诸宫调，有词，其名虽同，而其实颇异。至成一定之体段，用一定之曲调，而百余年间无敢逾越者，则元杂剧是也。元杂剧之视前代戏曲之进步，约而言之，则有二焉。宋杂剧中用大曲者几半。大曲之为物，遍数虽多，然通前后为一曲，其次序不容颠倒，而字句不容增减，格律至严，故其运用亦颇不便。其用诸宫调者，则不拘于一曲，凡同在一宫调中之曲，皆可用之。顾一宫调中，虽或有联至十余曲者，然大抵用二三曲而止，移宫换韵，转变至多，故于雄肆之处，稍有欠焉。元杂剧则不然，每剧皆用四折，每折易一宫调，每调中之曲，必在十曲以上；其视大曲为自由，而较诸宫调为雄肆。且于正宫之〔端正好〕、〔货郎儿〕、〔煞尾〕，仙吕宫之〔混江龙〕、〔后庭花〕、〔青哥儿〕，南吕宫之〔草池春〕、〔鹌鹑儿〕、〔黄钟尾〕，中吕宫之〔道和〕，双调之□□□、〔折桂令〕、〔梅花酒〕、〔尾声〕，共十四曲：皆字句不拘，可以增损，此乐曲上之进步也。其二则由叙事体而变为代言体也。宋人大曲，就其现存者观之，皆为叙事体；金之诸宫调，虽有代言之处，而其大体只可谓之叙事。独元杂剧于科白中叙事，而曲文全为代言。虽宋金时或当已有代言体之戏曲，而就现存者言之，则断自元剧始，不可谓非戏曲上之一大进步也。此二者之进步，一属形式，一属材质，二者兼备，而后我中国之真戏曲出焉。

顾自元剧之进步言之，虽若出于创作者，然就其形式分析观之，则颇不然。元剧所用曲，据周德清《中原音韵》所纪，则黄钟宫二十四章，正宫二十五章，大石调二十一章，小石调五章，仙吕四十二章，中吕三十二章，南吕二十一章，双调一百章，越调三十五章，商调十六章，商角调六章，般涉调八章，都三百三十五章（章即曲也）。而其中小石、商角、般涉三调，元剧中从未用之。故陶九成《辍耕录》（卷二十七）无此三调之曲，仅有正宫二十五章，黄钟十五章，南吕二十章，中吕三十八章，仙吕三十六章，商调十六章，大石十九章，双调六十章，都二百三十章。二者不同。观《太和正音谱》所录，全与《中原音韵》同。则以曲言之，陶说为未备矣。然剧中所用，则出于陶《录》二百三十章外者甚少。此外百余章，不过元人小令套数中用之耳。今就此三百三十五章研究之，则其曲为前此所有者几半。更分析之，则出于大曲者十一：

〔降黄龙衮〕（黄钟）

〔小梁州〕、〔六么遍〕（以上正宫）

〔催拍子〕（大石）

〔伊州遍〕（小石）

〔八声甘州〕、〔六么序〕、〔六么令〕（以上仙吕）

〔普天乐〕（《宋史·乐志》太宗撰大曲，有《平晋普天乐》，此或其略语也）、〔齐天乐〕（以上中吕）

〔梁州第七〕（南吕）。

出于唐宋词者七十有五：

〔醉花阴〕、〔喜迁莺〕、〔贺圣朝〕、〔昼夜乐〕、〔人月圆〕、〔抛球乐〕、〔侍香金童〕、〔女冠子〕（以上黄钟宫）

〔滚绣球〕、〔菩萨蛮〕（以上正宫）

〔归塞北〕（即词之〔望江南〕）、〔雁过南楼〕（晏殊《珠玉词》〔清商怨〕中有此句，其调即词之〔清商怨〕）、〔念奴娇〕、〔青杏儿〕（宋词作〔青杏子〕）、〔还京乐〕、〔百字令〕（以上大石）

〔点绛唇〕、〔天下乐〕、〔鹊踏枝〕、〔金盏儿〕（词作〔金盏子〕）、〔忆王孙〕、〔瑞鹤仙〕、〔后庭花〕、〔太常引〕、〔柳外楼〕（即〔忆王孙〕）（以上仙吕）

〔粉蝶儿〕、〔醉春风〕、〔醉高歌〕、〔上小楼〕、〔满庭芳〕、〔剔银灯〕、〔柳青娘〕、〔朝天子〕（以上中吕）

〔乌夜啼〕、〔感皇恩〕、〔贺新郎〕（以上南吕）

〔驻马听〕、〔夜行船〕、〔月上海棠〕、〔风入松〕、〔万花方三台〕、〔滴滴金〕、〔太清歌〕、〔捣练子〕、〔快活年〕（宋词作〔快活年近拍〕）、〔豆叶黄〕、〔川拨掉〕（宋词作〔拨棹子〕）、〔金盏儿〕、〔也不罗〕（原注即〔野落索〕。案其调即宋词之〔一落索〕也）、〔行香子〕、〔碧玉箫〕、〔骤雨打新荷〕、〔减字木兰花〕、〔青玉案〕、〔鱼游春水〕（以上双调）

〔金蕉叶〕、〔小桃红〕、〔三台印〕、〔耍三台〕、〔梅花引〕、〔看花回〕、〔南乡子〕、〔糖多令〕（以上越调）

〔集贤宾〕、〔逍遥乐〕、〔望远行〕、〔玉抱肚〕、〔秦楼月〕（以上商调）

〔黄莺儿〕、〔踏莎行〕、〔垂丝钓〕、〔应天长〕（以上商角调）

〔哨遍〕、〔瑶台月〕（以上般涉调）

其出于诸宫调中各曲者，二十有八：

〔出队子〕、〔刮地风〕、〔寨儿令〕、〔神仗儿〕、〔四门子〕、〔文如锦〕、〔啄木儿煞〕（以上黄钟）

〔脱布衫〕（正宫）

〔荼蘼香〕、〔玉翼蝉煞〕（以上大石）

〔赏花时〕、〔胜葫芦〕、〔混江龙〕（以上仙吕）

〔迎仙客〕、〔石榴花〕、〔鹊打兔〕、〔乔捉蛇〕（以上中吕）

〔一枝花〕、〔牧羊关〕（以上南吕）

〔搅筝琶〕、〔庆宣和〕（以上双调）

〔斗鹌鹑〕、〔青山口〕、〔凭栏人〕、〔雪里梅〕（以上越调）

〔耍孩儿〕、〔墙头花〕、〔急曲子〕、〔麻婆子〕（以上般涉调）

然则此三百三十五章，出于古曲者一百有十，殆当全数之三分之一。虽其词字句之数，或与古词不同，当由时代迁移之故；其渊源所自，要不可诬也。此外曲名，尚有虽不见于古词曲，而可确知其非创造者如下：

〔六国朝〕（大石）曾敏行《独醒杂志》（卷五）："先君尝言宣和末客京师，街巷鄙人，多歌蕃曲，名曰〔异国朝〕、〔四国朝〕、〔六国朝〕、〔蛮牌序〕、〔蓬蓬花〕等。其言至俚，一时士大夫亦皆歌之。"则汴宋末已有此曲也。

〔憨郭郎〕（大石）《乐府杂录·傀儡子》条云："其引歌舞有郭郎者，发正秃，善优笑，闾里呼为郭郎，凡戏场必在俳儿之首也。"《后山诗话》载杨大年《傀儡诗》："鲍老当筵笑郭郎"，则宋时尚有之，其曲当出宋代也。

〔叫声〕（中吕）《事物纪原》（卷九）《吟叫》条："嘉祐末，仁宗上仙"，"四海遏密，故市井初有叫果子之戏。其本盖自至和嘉祐之间叫〔紫苏丸〕，泪乐工杜人经'十叫子'始也。京师凡卖一物，必有声韵，其吟哦俱不同；故市人采其声调，间以词章，以为戏乐也。今盛行于世，又谓之吟哦也。"《梦粱录》（卷二十）："今街市与宅院，往往效京师叫声，以市井诸色歌叫卖合之声，采合宫商，成其词也。"

〔快活三〕（中吕）《东京梦华录》（卷七）：关扑"有名者，任大头、快活三之类。"《武林旧事》（卷二）"舞队"有《快活三郎》《快活三娘》二种，盖亦宋时语也。

〔鲍老儿〕、〔古鲍老〕（中吕）杨文公诗："鲍老当筵笑郭郎。"《武林旧事》（卷二）"舞队"中有《大小斫刀鲍老》《交衮鲍老》，则亦宋时语也。

〔四边静〕（中吕）《云麓漫钞》（卷四）："巾之制，有圆顶、方顶、砖顶、琴顶，秦伯阳又以砖顶服去顶上之重纱，谓之四边净。"则此亦宋时语也。

〔乔捉蛇〕(中吕)《武林旧事》(卷二)"舞队"中有《乔捉蛇》,金人院本名目中,亦有《乔捉蛇》一本。

〔拨不断〕(仙吕)《武林旧事》(卷六)"唱〔拨不断〕"有张胡子、黄三二人,则亦宋时旧曲也。

〔太平令〕(仙吕)《梦粱录》(卷二十):"绍兴年间,有张五牛大夫,因听动鼓板中有〔太平令〕或赚鼓板","遂撰为赚"。则亦宋时旧曲也。

此上十章,虽不见于现存宋词中,然可证其为宋代旧曲,或为宋时习用之语,则其有所本,盖无可疑。由此推之,则其他二百十余章,其为宋金旧曲者,当复不鲜,特无由证明之耳。

虽元剧诸曲配置之法,亦非尽由创造。《梦粱录》谓宋之缠达,引子后只有两腔,迎互循环。今于元剧仙吕宫、正宫中曲,实有用此体例者。今举其例:如马致远《陈抟高卧》剧第一折,(仙吕)第五曲后,实以〔后庭花〕、〔金盏儿〕二曲迎互循环。今举其全折之曲名:

〔仙吕·点绛唇〕、〔混江龙〕、〔油葫芦〕、〔天下乐〕、〔醉中天〕、〔后庭花〕、〔金盏儿〕、〔后庭花〕、〔金盏儿〕、〔醉中天〕、〔金盏儿〕、〔赚煞〕。

郑廷玉《看钱奴买冤家债主》第二折,则其例更明:

〔正宫·端正好〕、〔滚绣球〕、〔倘秀才〕、〔滚绣球〕、〔倘秀才〕、〔滚绣球〕、〔倘秀才〕、〔滚绣球〕、〔倘秀才〕、〔塞鸿秋〕、〔随煞〕。

此中〔端正好〕一曲,当宋缠达中之引子,而以〔滚绣球〕、〔倘秀才〕二曲循环迎互,至于四次,〔随煞〕则当缠达之尾声,唯其上多〔塞鸿秋〕一曲。《陈持高卧》剧之第四折亦然。其全折之曲名如下:

〔正宫·端正好〕、〔滚绣球〕、〔倘秀才〕、〔滚绣球〕、〔倘秀才〕、〔叨叨令〕、〔倘秀才〕、〔滚绣球〕、〔倘秀才〕、〔滚绣球〕、

〔倘秀才〕、〔三煞〕、〔二煞〕、〔煞尾〕。

元刊无名氏《张千替杀妻》杂剧第二折亦同：

〔端正好〕、〔滚绣球〕、〔倘秀才〕、〔滚绣球〕、〔倘秀才〕、〔滚绣球〕、〔倘秀才〕、〔滚绣球〕、〔叨叨令〕、〔尾声〕。

此亦皆以〔滚绣球〕、〔倘秀才〕二曲相循环，中唯杂以〔叨叨令〕一曲。他剧正宫曲中之相循环者，亦皆用此二曲，故《中原音韵》于此二曲下皆注"子母调"。此种自宋代缠达出，毫无可疑。可知元剧之构造，实多取诸旧有之形式也。

且不独元剧之形式为然，即就其材质言之，其取诸古剧者不少。兹列表以明之：

元杂剧		宋官本杂剧	金院本名目	其他
作者	剧名			
关汉卿	姑苏台范蠡进西施		范蠡	董颖薄媚大曲
同	包待制三勘蝴蝶梦		蝴蝶梦	
同	隋炀帝牵龙舟		牵龙舟	
同	刘盼盼闹衡州		刘盼盼	
高文秀	刘先主襄阳会		襄阳会	
白朴	鸳鸯简墙头马上（一作裴少俊墙头马上）	裴少俊伊州	鸳鸯简墙头马	
同	崔护谒浆	崔护六么崔护逍遥乐		
庾天锡	隋炀帝风月锦帆舟		牵龙舟	
同	薛昭误入兰昌宫		兰昌宫	
同	封陟先生骂上元	封陟中和乐		
李文蔚	蔡逍遥醉写石州慢		蔡逍遥	
李直夫	尾生期女渰蓝桥		渰蓝桥	
吴昌龄	唐三藏西天取经		唐三藏	

元杂剧		宋官本杂剧	金院本名目	其 他
作者	剧名			
同	张天师断风花雪月	风花雪月爨	风花雪月	
王实甫	韩彩云丝竹芙蓉亭		芙蓉亭	
同	崔莺莺待月西厢记	莺莺六么		董解元西厢诸宫调
李寿卿	船子和尚秋莲梦		船子和尚四不犯	
尚仲贤	海神庙王魁负桂英	王魁三乡题		宋末有王魁戏文
同	凤凰坡越娘背灯	越娘道人欢		
同	洞庭湖柳毅传书	柳毅大圣乐		
同	崔护谒浆	（见前）		
同	张生煮海		张生煮海	
史九敬先	花间四友庄周梦		庄周梦	
郑光祖	崔怀宝月夜闻筝		月夜闻筝	
范 康	曲江池杜甫游春		杜甫游春	
沈 和	徐驸马乐昌分镜记			南宋有乐昌分镜戏文
周文质	孙武子教女兵			宋舞队有孙武子教女兵
赵善庆	孙武子教女兵			同上
无名氏	朱砂担滴水浮沤记	浮沤传永成双浮沤暮云归		
同	逞风流王焕百花亭			宋末有王焕戏文
同	双斗医		双斗医	
同	十样锦诸葛论功		十样锦	

今元剧目录之见于《录鬼簿》《太和正音谱》者，共五百余种。而其与古剧名相同，或出于古剧者，共三十二种。且古剧之目，存亡恐亦相半，则其相同者，想尚不止于此也。

由元剧之形式材料两面研究之，可知元剧虽有特色，而非尽出于创造；由是其创作之时代，亦可得而略定焉。

第九章

元剧之时地

　　元杂剧之体，创自何人，不见于纪载。钟嗣成《录鬼簿》所著录，以关汉卿为首。宁献王《太和正音谱》以马致远为首。然《正音谱》之评曲也，于关汉卿则云："观其词语，乃可上可下之才；盖所以取者，初为杂剧之始，故卓以前列。"盖《正音谱》之次第，以词之甲乙论，而非以时代之先后。其以汉卿为杂剧之始，固与《录鬼簿》同也。汉卿时代，颇多异说。杨铁崖《元宫词》云："开国遗音乐府传，白翎飞上十三弦，大金优谏关卿在，《伊尹扶汤》进剧编。"此关卿当指汉卿而言。虽《录鬼簿》所录汉卿杂剧六十本中，无《伊尹扶汤》，而郑光祖所作杂剧目中有之。然马致远《汉宫秋》杂剧中有云："不说它《伊尹扶汤》，则说那《武王伐纣》。"案《武王伐纣》乃赵文殷所作杂剧，则《伊尹扶汤》亦必为杂剧之名。马致远时代，在汉卿之后，郑光祖之前，则其所云《伊尹扶汤》剧，自当为关氏之作，而非郑氏之作。其不见于《录鬼簿》者，亦犹其所作《窦娥冤》《续西厢》等，亦未为钟氏所著录也。杨诗云云，正指汉卿，则汉卿固逮事金源矣。《录鬼簿》云："汉卿，大都人，太医院尹。"明蒋仲舒《尧山堂外纪》（卷六十八）则云："金末为太医院尹，金亡不仕。"则不知所据。据《辍耕录》（卷二十三）则汉卿至中统初尚存。案自金亡至元中统元年，凡二十六年。果使金亡不仕，则似无于元代进杂剧之理。宁视汉卿生于金代，仕元，为太医院尹，为稍当也。又《鬼董》五卷末，有元泰定丙寅临安钱孚跋，云"关解元之所传"，后人皆以解元为即汉卿。《尧山堂外纪》遂误以此书为汉卿所作。钱氏《元史艺文志》仍之。案解元之称，始于唐；而其见于正史也，始于《金史·选举志》。金人亦喜称人为解元，如董解元是已。则汉卿得解，自当在金末。若元则唯太宗九年（金亡后三年）秋八月一行科举，后废而不举者七十八年。至仁宗延祐元年八月，始复以科目取士，遂为定制。故汉卿得解，即非在金世，亦必在蒙古太宗九年。至世祖中统之初，固已垂老矣。杂剧苟为汉卿所创，则其创作之时，必在金天兴与元中统间二三十年之中，此可略得而推测者也。

《正音谱》虽云汉卿为杂剧之始，然汉卿同时，杂剧家业已辈出，此未必由新体流行之速，抑由元剧之创作诸家亦各有所尽力也。据《录鬼簿》所载，于杨显之则云"与汉卿莫逆交，凡有珠玉，与公较之"；于费君祥则云"与汉卿交，有《爱女论》行于世"；于梁进之则云"与汉卿世交"。又如红字李二、花李郎二人，皆注教坊刘耍和婿。按《辍耕录》所载院本名目，前章既定为金人之作，而云教坊魏、武、刘三人鼎新编辑，刘疑即刘耍和。金李治敬斋《古今黈》（卷一）云："近者伶官刘子才，蓄才人隐语数十卷。"疑亦此人，则其人自当在金末，而其婿之时代，当与汉卿不甚相远也。他如石子章，则《元遗山诗集》（卷九）有答石子璋兼送其行七律一首；李庭《寓庵集》（卷二）亦有送石子章北上七律一首。按寓庵生于金承安三年，卒于元至元十三年，其年代与遗山略同。如杂剧家之石子章，即《遗山》《寓庵集》中之人，则亦当与汉卿同时矣。

此外与汉卿同时者，尚有王实甫。《西厢记》五剧，《录鬼簿》属之实甫。后世或谓王作，而关续之（都穆《南濠诗话》，王世贞《艺苑卮言》）；或谓关作，而王续之者（《雍熙乐府》卷十九，载无名氏《西厢十咏》）。然元人一剧，如《黄粱梦》《骈骟裘》等，恒以数人合作，况五剧之多乎？且合作者，皆同时人，自不能以作者与续者定时代之先后也。则实甫生年，固不后于汉卿。又汉卿有《闺怨佳人拜月亭》一剧，实甫亦有《才子佳人拜月亭》剧，其所谱者乃金南迁时事，事在宣宗贞祐之初，距金亡二十年。或二人均及见此事，故各有此本欤。

此外元初杂剧家，其时代确可考者，则有白仁甫朴。据元王博文《天籁集序》谓："仁甫年甫七岁，遭壬辰之难。"又谓："中统初，开府史公，将以所业荐之于朝。"按壬辰为金哀宗天兴元年，时仁甫年七岁，则至中统元年庚辰，年正三十五岁，故于至元一统后，尚游金陵。盖视汉卿为后辈矣。

由是观之，则元剧创造之时代，可得而略定矣。至有元一代之杂剧，可分为三期：一、蒙古时代：此自太宗取中原以后，至至元一统之初。《录鬼簿》卷上所录之作者五十七人，大都在此期中。（中如马致远、尚仲贤、戴善甫，均为江浙行省务官，姚守中为平江路吏，李文蔚为江州路瑞昌县尹，赵天锡为镇江府判，张寿卿为浙江省掾史，皆在至元一统之后。侯正卿亦曾游杭州，然《录鬼簿》均谓之前辈名公才人，与汉卿无别，或其游宦江浙，为晚年之事矣。）其人皆北方人也。二、一统时代：则自至元后至至顺后至元间，《录鬼簿》所谓"已亡名公才人，与余相知或不相知者"是也。其人则南方为多，否则北人而侨寓南方者也。三、至正时代：《录鬼簿》所谓"方今才人"是也。此三期，以第一期之作者为最盛，其著作存者亦多，元剧之杰作大抵出于此期中。至第二期，则除宫天挺、郑光祖、乔吉三家外，殆无足观，而其剧存者亦罕。第三期则存者更罕，仅有秦简夫、萧德祥、朱凯、王晔五剧，其去蒙古时代之剧远矣。

就诸家之时代，今取其有杂剧存于今者，著之。

第一期

关汉卿　杨显之　张国宝（一作国宾）　石子章　王实甫　高文秀　郑廷玉　白朴　马致远　李文蔚　李直夫　吴昌龄　武汉臣　王仲文　李寿卿　尚仲贤　石君宝　纪君祥　戴善

甫　李好古　孟汉卿　李行道　孙仲章　岳伯川　康进之　孔文
卿　张寿卿

第二期

杨梓　宫天挺　郑光祖　范康　金仁杰　曾瑞　乔吉

第三期

秦简夫　萧德祥　朱凯　王晔

此外如王子一、刘东生、谷子敬、贾仲名、杨文奎、杨景言、汤式，其名均不见《录鬼簿》。《元曲选》于谷子敬、贾仲名诸剧，皆云元人，《太和正音谱》则直以为明人。案王刘诸人不见他书；唯贾仲名则元人有同姓名者。《元史·贾居贞传》："居贞字仲明，真定获鹿人，官至江西行省参知政事。卒于至元十七年，年六十三。"则尚为元初人，似非作曲之贾仲名。且《正音谱》宁献王所作，纪其同时之人，当无大谬。又谷贾二人之曲，虽气骨颇高，而伤于绮丽，颇于元曲不类；则视为明初人，当无大误也。

更就杂剧家之里居研究之，则如下表。

大　都	中书省所属			河南江北等处行中书省所属		江浙等处行中书省所属	
关汉卿	李好古　保定	陈无妄　东平		赵天锡　汴梁		金仁杰　杭州	
王实甫	彭伯威　同	王廷秀　益都				范　康　同	
庾天锡	白　朴　真定	武汉臣　济南		陆显之　汴梁		沈　和	
马致远	李文蔚　同	岳伯川　同		钟嗣成　汴梁		鲍天祐　同	
王仲文	尚仲贤　同	康进之　棣州		姚守中　洛阳		陈以仁　同	
杨显之	戴善甫　同	吴昌龄　西京		孟汉卿　亳州		范居中　同	
	李寿卿　太原						
纪君祥	侯正卿　同	刘唐卿　同		张鸣善　扬州		施　惠　同	

大 都	中书省所属	河南江北等处行中书省所属	江浙等处行中书省所属
费君祥	史九敬先　同　乔吉甫　西京	孙子羽　同	黄天泽　同
费唐臣	江泽民　同　石君宝　平阳		沈拱同
张国宝	郑廷玉　彰德　于伯渊　同		周文质　同
石子章	赵公辅　同		萧德祥　同
李宽甫	赵文殷　同　狄君厚　同		陆登善　同
梁进之	陈宁甫　大名　孔文卿　同		王　晔　同
孙仲章	李进取　同　郑光祖　同		王仲元　同
赵明道	宫天挺　同　李行甫　同		杨　梓　嘉兴
李子中	高文秀　东平		
李时中	张时起　同		
曾　瑞	顾仲清　同		
	张寿卿　同		
王伯成　涿州	赵良弼　同		

　　由上表观之，则六十二人中，北人四十九，而南人十三。而北人之中，中书省所属之地，即今直隶、山东西产者，又得四十六人。而其中大都产者，十九人；且此四十六人中，其十分之九，为第一期之杂剧家，则杂剧之渊源地，自不难推测也。又北人之中，大都之外，以平阳为最多。其数当大都之五分之二。按《元史·太宗纪》："太宗二七年，耶律楚材请立编修所于燕京，经籍所于平阳，编集经史，至世祖至元二年，始徙平阳经籍所于京师。"则元初除大都外，此为文化最盛之地，宜杂剧家之多也。至中叶以后，则剧家悉为杭州人。中如宫天挺、郑光祖、曾瑞、乔吉、秦简夫、钟嗣成等，虽为北籍，亦均久居浙江。盖杂剧之

根本地，已移而至南方，岂非以南宋旧都，文化颇盛之故欤。

　　元初名臣中有作小令套数者，唯杂剧之作者，大抵布衣，否则为省掾令史之属。蒙古色目人中，亦有作小令套数者，而作杂剧者，则唯汉人（其中唯李直夫为女真人）。盖自金末重吏，自掾史出身者，其任用反优于科目。至蒙古灭金，而科目之废，垂八十年，为自有科目来未有之事。故文章之士，非刀笔吏无以进身；则杂剧家之多为掾史，固自不足怪也。沈德符《万历野获编》（卷二十五）及臧懋循《元曲选序》均谓蒙古时代，曾以词曲取士，其说固诞妄不足道。余则谓元初之废科目，却为杂剧发达之因。盖自唐宋以来，士之竞于科目者，已非一朝一夕之事，一旦废之，彼其才力无所用，而一于词曲发之。且金时科目之学，最为浅陋（观刘祁《归潜志》卷七、八、九数卷可知）。此种人士，一旦失所业，固不能为学术上之事，而高文典册，又非其所素习也。适杂剧之新体出，遂多从事于此；而又有一二天才出于其间，充其才力，而元剧之作，遂为千古独绝之文字。然则由杂剧家之时代爵里，以推元剧创造之时代，及其发达之原因，如上所推论，固非想象之说也。

　　附考：案金以律赋策论取士。逮金亡后，科目虽废，民间犹有为此学者。如王博文《白仁甫天籁集序》谓："律赋为专门之学，而太素有能声（太素，仁甫字），号后进之翘楚。"案仁甫金亡时不及十岁，则其作律赋，必在科目已废之后。当时人士之热中科目如此。又元代士人不平之气，读宫天挺《范张鸡黍》剧第一、二折，可见一斑也。

第十章

元剧之存亡

　　元人所作杂剧，共若干种，今不可考。明李开先作《张小山乐府序》云："洪武初年，亲王之国，必以词曲千七百本赐之。"然宁献王权亦当时亲王之一，其所作《太和正音谱》卷首，著录元人杂剧，仅五百三十五本，加以明初人所作，亦仅五百六十六本。则李氏之言或过矣。元钟嗣成《录鬼簿序》，作于至顺元年，而书中纪事，讫于至正五年。其所著录者，亦仅四百五十八本。虽此二书所未著录而见于他书，或尚传于今者，亦尚有之；然现今传本出于二书外者，不及百分之五，则李氏所云千七百本，或兼小令套数言之。而其中杂剧，至多当亦不出千种；又其烜赫有名者，大都尽于二书所录，良可信也。至明隆万间而流传渐少，长兴臧懋循之刻《元曲选》也，从黄州刘延伯借元人杂剧二百五十种。然其所刻百种内，已有明初人作六种（《儿女团圆》《金安寿》《城南柳》《误入桃源》《对玉梳》《萧淑兰》），则二百五十种中，亦非尽元人作矣。与臧氏同时刊行杂剧者，有无名氏之《元人杂剧选》，海宁陈与郊之《古名家杂剧》，而金陵唐氏世德堂亦有汇刊之本。唐氏所刊，仅见残本三种：一为明王九思作，余二种皆《元曲选》所已刊。至《元人杂剧选》与《古名家杂剧》二书，至为罕觏，存佚已不可知。第就其目观之，则《元人杂剧选》之出《元曲选》外者，仅马致远《踏雪寻梅》、罗贯中《龙虎风云会》、无名氏《九世同居》《荷金锭》四种耳。

《古名家杂剧》正续二集，虽多至六十种，然并刻明人之作，内同于《元曲选》者三十九种，同于《元人杂剧选》者一种；此外则除明周宪王、徐文长、汪南溟，各四种外，所余唯八种，且为元为明尚不可知。可知隆万间人所见元曲，当以臧氏为富矣。姚士粦《见只编》谓："汤海若先生妙于音律，酷嗜元人院本。自言箧中所藏，多世不常有，已至千种。"朱竹垞《静志居诗话》谓："山阴祁氏淡生堂所藏元明传奇，多至八百余部。"汤氏自言未免过于夸大。若祁氏所藏，有明人作在内，则其中元剧，当亦不过二三百种。何元朗《四友斋丛说》（卷三十七）谓其家所藏杂剧本，几三百种，则当时元剧存者，其数略可知矣。惟钱遵王也是园藏曲，则目录具存。其中确为元人作者一百四十一种，而注元明间人及古今无名氏杂剧者，凡二百有二种，共三百四十三种。其后钱书归泰兴季氏，《季沧苇书目》载钞本元曲三百种一百本，当即此书。则季氏之元曲三百种，当亦含明人作在内也。自是以后，藏书家罕注意元剧。唯黄氏丕烈于题跋中时时夸其所藏词曲之富，而其所跋元曲，仅《太平乐府》数种。向颇疑其夸大，然其所藏《元刊杂剧三十种》，今藏乃显于世。此书木函上，刊黄氏手书题字，有云"《元刻古今杂剧乙编》。士礼居藏。"不知当时共有几编。而其前尚有甲编，则固无疑。如甲编种数，与乙编同，则其所藏元刊杂剧，当有六十种，可谓最大之秘笈矣。今甲编存佚不可知，但就其乙编言之，则三十种中为《元曲选》所无者，已有十七种。合以《元曲选》中真元剧九十四种，与《西厢》五剧，则今日确存之元剧，而为吾辈所能见者，实得一百十六种。今从《录鬼簿》之次序，并补其所未载者，叙录之如下：

关汉卿十三本（凡元刊本均不著作者姓名，并识。）

《关张双赴西蜀梦》（元刊本。《录鬼簿》《太和正音谱》并著录。《正音谱》作《双赴梦》。）

《闺怨佳人拜月亭》（元刊本。《录鬼簿》《正音谱》《也是园书目》并著录。亭《录鬼簿》作庭。钱目作《王瑞兰私祷拜月亭》。）

《钱大尹智宠谢天香》（《元曲选》甲集下。《录鬼簿》《正音谱》《也是园书目》并著录。）

《杜蕊娘智赏金线池》（《元曲选》辛集上。《录鬼簿》《正音谱》《也是园书目》著录。）

《望江亭中秋切鲙旦》（《元曲选》癸集上。《录鬼簿》《正音谱》《也是园书目》著录。）

《赵盼儿风月救风尘》（《元曲选》乙集上。《录鬼簿》《正音谱》《也是园书目》著录。《录鬼簿》作《烟月旧风尘》。）

《关大王单刀会》（元刊本。《录鬼簿》《正音谱》《也是园书目》著录。）

《温太真玉镜台》（《元曲选》甲集下。《录鬼簿》《正音谱》《也是园书目》著录。）

《诈妮子调风月》（元刊本。《录鬼簿》《正音谱》著录。）

《包待制三勘蝴蝶梦》（《元曲选》丁集下。《正音谱》《也是园书目》著录。）

《感天动地窦娥冤》（《元曲选》壬集下。《正音谱》《也是园书目》著录。）

《包待制智斩鲁斋郎》（《元曲选》戊集下。《也是园书目》著录，作元无名氏。《元曲选》题元大都关汉卿撰。）

《崔莺莺待月西厢记》第五剧（明归安凌氏覆周定王刊本。近贵池刘氏覆凌本。他本皆改易体例，不足信据。

《南濠诗话》《艺苑卮言》，皆以第五剧为汉卿作，是也。）

高文秀三本：

《黑旋风双献功》（《元曲选》丁集下。《录鬼簿》《正音谱》著录。《录鬼簿》作《黑旋风双献头》。）

《须贾谇范叔》（《元曲选》庚集下。《录鬼簿》《正音谱》《也是园书目》著录。《录鬼簿》作《须贾谇范雎》。）

《好酒赵元遇上皇》（元刊本。《录鬼簿》《正音谱》《也是园书目》著录。）

郑廷玉五本：

《楚昭王疏者下船》（元刊本。《元曲选》乙集下。《录鬼簿》《正音谱》《也是园书目》著录。）

《包待制智勘后庭花》（《元曲选》己集上。《录鬼簿》《正音谱》《也是园书目》著录。）

《布袋和尚忍字记》（《元曲选》庚集上。《录鬼簿》《正音谱》《也是园书目》著录。）

《看钱奴买冤家债主》（元刊本。《元曲选》癸集上。《录鬼簿》《正音谱》《也是园书目》著录。）

《崔府君断冤家债主》（《元曲选》庚集上。《也是园书目》著录，作元郑廷玉撰。《元曲选》题元无名氏撰。）

白朴二本：

《唐明皇秋夜梧桐雨》（《元曲选》丙集上。《录鬼簿》《正音谱》《也是园书目》著录。）

《裴少俊墙头马上》（《元曲选》乙集下。《录鬼簿》《正音谱》《也是园书目》著录。《录鬼簿》作《鸳鸯简墙头马上。）

马致远六本：

《江州司马青衫泪》（《元曲选》己集上。《录鬼簿》《正音谱》《也是园书目》著录。）

《吕洞宾三醉岳阳楼》（《元曲选》丁集下。《录鬼簿》《正音谱》《也是园书目》著录。）

《太华山陈抟高卧》（元刊本。《元曲选》戊集上。《录鬼簿》《正音谱》《也是园书目》著录。）

《破幽梦孤雁汉宫秋》（《元曲选》甲集上。《录鬼簿》《正音谱》《也是园书目》著录。《录鬼簿》无"破幽梦"三字。）

《半夜雷轰荐福碑》（《元曲选》丁集上。《正音谱》《也是园书目》著录。）

《马丹阳三度任风子》(元刊本。《元曲选》癸集下。《正音谱》《也是园书目》著录。)

李文蔚一本：

《同乐院燕青博鱼》(《元曲选》乙集上。《录鬼簿》《正音谱》《也是园书目》著录。《录鬼簿》作《报冤台燕青扑鱼》。)

李直夫一本：

《便宜行事虎头牌》(《元曲选》丙集上。《录鬼簿》《正音谱》《也是园书目》著录。《录鬼簿》作《武元皇帝虎头牌》。)

吴昌龄二本：

《张天师断风花雪月》(《元曲选》乙集上。《录鬼簿》《正音谱》著录。《录鬼簿》作《张天师夜断辰钩月》，《正音谱》作《辰钩月》。)

《花间四友东坡梦》(《元曲选》辛集上。《正音谱》《也是园书目》著录。)

王实甫二本：

《崔莺莺待月西厢记》(明归安凌氏覆周定王刊本。近覆凌本。《录鬼簿》《正音谱》《也是园书目》著录。)

《四丞相歌舞丽春堂》(《元曲选》己集上。《录鬼簿》《正音谱》《也是园书目》著录。《录鬼簿》"四丞相"作"四大王"。)

武汉臣三本：

《散家财天赐老生儿》(元刊本。《元曲选》丙集上。《录鬼簿》《正音谱》《也是园书目》著录。)

《李素兰风月玉壶春》(《元曲选》丙集下。《也是园书目》著录，作元无名氏；《元曲选》题武汉臣撰。)

《包待制智勘生金阁》(《元曲选》癸集下。《也是园书目》著录，作元无名氏；《元曲选》题武汉臣撰。)

王仲文一本：

《救孝子烈母不认尸》(《元曲选》戊集上。《录鬼簿》《正音谱》著录。)

李寿卿二本：

《说专诸伍员吹箫》（《元曲选》丁集下。《录鬼簿》《正音谱》《也是园书目》著录。）

《月明和尚度柳翠》（《元曲选》辛集下。《录鬼簿》《正音谱》《也是园书目》著录。《录鬼簿》作《月明三度临歧柳》。）

尚仲贤四本：

《洞庭湖柳毅传书》（《元曲选》癸集上。《录鬼簿》《正音谱》《也是园书目》著录。）

《尉迟公三夺槊》（元刊本。《录鬼簿》《正音谱》著录。）

《汉高祖濯足气英布》（元刊本。《元曲选》辛集上。《录鬼簿》《正音谱》《也是园书目》著录。《元曲选》不著谁作。）

《尉迟公单鞭夺槊》（《元曲选》庚集下。《也是园书目》著录。）

石君宝三本：

《鲁大夫秋胡戏妻》（《元曲选》丁集上。《录鬼簿》《正音谱》《也是园书目》著录。）

《李亚仙诗酒曲江池》（《元曲选》乙集下。《录鬼簿》《正音谱》著录。）

《诸宫调风月紫云庭》（元刊本。《录鬼簿》《正音谱》著录。《录鬼簿》"庭"作"亭"，又戴善甫亦有《宫调风月紫云亭》，此不知石作或戴作也。）

杨显之二本：

《临江驿潇湘夜雨》（《元曲选》乙集上。《录鬼簿》《正音谱》《也是园书目》著录。）

《郑孔目风雪酷寒亭》（《元曲选》己集下。《录鬼簿》《正音谱》《也是园书目》著录。郑孔目《录鬼簿》作萧县君。）

纪君祥一本：

《赵氏孤儿冤报冤》（元刊本。《元曲选》壬集上。《录鬼簿》《正音谱》《也是园书目》著录。冤报冤钱目作大报仇。）

戴善甫一本：

《陶学士醉写风光好》（《元曲选》丁集上。《录鬼簿》《正音谱》《也是园书目》著录。陶学士《录鬼簿》作陶秀实。）

李好古一本：

《沙门岛张生煮海》（《元曲选》癸集下。《录鬼簿》《正音谱》《也是园书目》著录。《录鬼簿》无"沙门岛"三字。）

张国宾三本：

《公孙汗衫记》（元刊本。《元曲选》甲集下。《录鬼簿》《正音谱》著录。《录鬼簿》公字上有"相国寺"三字。《元曲选》作《相国寺公孙合汗衫》。）

《薛仁贵衣锦还乡》（元刊本。《元曲选》乙集下。《录鬼簿》《正音谱》著录。）

《罗李郎大闹相国寺》（《元曲选》壬集下。《也是园书目》著录，元无名氏；《元曲选》题元张国宾撰。）

石子章一本：

《秦翛然竹坞听琴》（《元曲选》壬集上。《录鬼簿》《正音谱》《也是园书目》著录。）

孟汉卿一本：

《张鼎智勘魔合罗》（元刊本。《元曲选》辛集下。《录鬼簿》《正音谱》《也是园书目》著录。钱目及《元曲选》作《张孔目智勘魔合罗》。）

李行道一本：

《包待制智勘灰阑记》（《元曲选》庚集上。《录鬼簿》《正音谱》著录。）

王伯成一本：

《李太白贬夜郎》（元刊本。《录鬼簿》《正音谱》著录。）

孙仲章一本：

《河南府张鼎勘头巾》（《元曲选》丁集下。《也是园书目》著录。《录鬼簿》孙仲章下无此本，而陆登善下有之，《元曲选》题元孙仲章撰。）

康进之一本：

《梁山泊李逵负荆》（《元曲选》壬集下。《录鬼簿》《正音谱》著录。《录鬼簿》作《梁山泊黑旋风负荆》。）

岳伯川一本：

《岳孔目借铁拐李还魂》（元刊本。《元曲选》丙集下。《录鬼簿》《正音谱》《也是园书目》著录。《录鬼簿》《元曲选》作《吕洞宾度铁拐李岳》。钱目作《铁拐李借尸还魂》。）

狄君厚一本：

《晋文公火烧介子推》（元刊本。《录鬼簿》《正音谱》著录。）

孔文卿一本：

《东窗事犯》（元刊本。《录鬼簿》《正音谱》《也是园书目》著录。《录鬼簿》、钱目均作《秦太师东窗事犯》。案金仁杰亦有此本，未知孔作或金作也。）

张寿卿一本：

《谢金莲诗酒红梨花》（《元曲选》庚集上。《录鬼簿》《正音谱》《也是园书目》著录。）

马致远、李时中、花李郎、红字李二合作一本：

《邯郸道省悟黄粱梦》（《元曲选》戊集上。《录鬼簿》《正音谱》《也是园书目》著录。《录鬼簿》、钱目作《开坛阐教黄粱梦》。）

宫天挺一本：

《死生交范张鸡黍》（元刊本。《元曲选》己集上。《录鬼簿》《正音谱》《也是园书目》著录。）

郑光祖四本：

《㑇梅香翰林风月》（《元曲选》庚集下。《录鬼簿》《正音谱》《也是园书目》著录。钱目作《㑇梅香骗翰林风月》。）

《周公辅成王摄政》（元刊本。《录鬼簿》《正音谱》著录。）

《醉思乡王粲登楼》（《元曲选》戊集下。《录鬼簿》《正音谱》

《也是园书目》著录。）

《迷青琐倩女离魂》（《元曲选》戊集上。《录鬼簿》《正音谱》《也是园书目》著录。）

金仁杰一本：

《萧何追韩信》（元刊本。《录鬼簿》《正音谱》著录。《录鬼簿》作《萧何月夜追韩信》）。

范康一本：

《陈季卿悟道竹叶舟》（元刊本。《元曲选》己集下。《录鬼簿》《正音谱》《也是园书目》著录。）

曾瑞一本：

《王月英元夜留鞋记》（《元曲选》辛集上。《录鬼簿》《正音谱》《也是园书目》著录。《录鬼簿》作《佳人才子误元宵》。）

乔吉甫三本：

《玉箫女两世姻缘》（《元曲选》己集下。《录鬼簿》《正音谱》《也是园书目》著录。）

《杜牧之诗酒扬州梦》（《元曲选》戊集下。《录鬼簿》《正音谱》《也是园书目》著录。）

《李太白匹配金钱记》（《元曲选》甲集上。《录鬼簿》《正音谱》《也是园书目》著录。《录鬼簿》作《唐明皇御断金钱记》。）

秦简夫二本：

《东堂老劝破家子弟》（《元曲选》乙集上。《录鬼簿》《正音谱》《也是园书目》著录。）

《宜秋山赵礼让肥》（《元曲选》己集下。《录鬼簿》《正音谱》《也是园书目》著录。）

萧德祥一本：

《王翛然断杀狗劝夫》（《元曲选》甲集下。《录鬼簿》《也是园书目》著录。钱目作无名氏撰。）

朱凯一本：

《昊天塔孟良盗骨殖》（《元曲选》甲集下。《录鬼簿》《正音谱》著录。《录鬼簿》无"昊天塔"三字,《正音谱》及《元曲选》作元无名氏撰。)

王晔一本:

《破阴阳八卦桃花女》(《元曲选》戊集下。《录鬼簿》《也是园书目》著录。钱目作元无名氏撰。)

杨梓一本:

《霍光鬼谏》(元刊本。《正音谱》著录,作元无名氏撰。今据姚桐寿《乐郊私语》定为杨梓撰。)

李致远一本:

《都孔目风雨还牢末》(《元曲选》癸集上。《正音谱》《也是园书目》著录,均作元无名氏撰。《元曲选》题元李致远撰。钱目作《小妻大妇还牢末》。)

杨景贤一本:

《马丹阳度脱刘行首》(《元曲选》辛集上。《正音谱》《也是园书目》均作无名氏撰。《元曲选》题元杨景贤撰,或与明初之杨景言为一人。)

无名氏二十七本:

《严子陵垂钓七里滩》(元刊本。各家均未著录,唯《录鬼簿》宫天挺条下有《严子陵钓鱼台》。此剧气骨,亦与宫氏《范张鸡黍》相似,疑或即此本。)

《诸葛亮博望烧屯》(元刊本。《正音谱》《也是园书目》著录。)

《张千替杀妻》(元刊本。《正音谱》著录,作《张子替杀妻》。)

《小张屠焚儿救母》(元刊本。各家均未著录。)

《陈州粜米》(《元曲选》甲集上。未著录。)

《玉清庵错送鸳鸯被》(《元曲选》甲集上。《也是园书目》著录。)

《随何赚风魔蒯通》(《元曲选》甲集上。未著录。)

《争报恩三虎下山》(《元曲选》甲集下。未著录。)

《庞居士误放来生债》(《元曲选》乙集下。未著录。)

《朱砂担滴水浮沤记》(《元曲选》丙集上。《正音谱》《也是园书目》著录。)

《包待制智赚合同文字》(《元曲选》丙集上。《也是园书目》著录。)

《冻苏秦衣锦还乡》(《元曲选》丙集下。《正音谱》著录,作《苏秦还乡》,又有《张仪冻苏秦》一本。)

《小尉迟将斗将认父归朝》(《元曲选》丙集下。《也是园书目》著录,《小尉迟将斗将将鞭认父》。)

《神奴儿大闹开封府》(《元曲选》丁集上。《正音谱》《也是园书目》著录。)

《谢金吾诈拆清风府》(《元曲选》丁集上。未著录。)

《庞涓夜走马陵道》(《元曲选》戊集上。《正音谱》《也是园书目》著录。)

《朱太守风雪渔樵记》(《元曲选》戊集下。《也是园书目》著录。)

《孟德耀举案齐眉》(《元曲选》己集上。《正音谱》《也是园书目》著录。)

《李云英风送梧桐叶》(《元曲选》庚集下。《也是园书目》著录。)

《两军师隔江斗智》(《元曲选》辛集上。未著录。)

《玎玎珰珰盆儿鬼》(《元曲选》辛集下。《正音谱》《也是园书目》著录。)

《逞风流王焕百花亭》(《元曲选》壬集上。《也是园书目》著录。)

《锦云堂暗定连环计》(《元曲选》壬集上。《正音谱》《也是园书目》著录。《正音谱》作《王允连环计》。钱目作《锦云堂美女连环计》。)

《金水桥陈琳抱妆匣》(《元曲选》壬集上。《正音谱》《也是园书目》著录。）

《风雨像生货郎旦》（《元曲选》癸集上。《正音谱》《也是园书目》著录。）

《萨真人夜断碧桃花》（《元曲选》癸集上。《也是园书目》著录，"夜断"作"夜斩"。）

《冯玉兰夜月泣江舟》（《元曲选》癸集下。未著录。）

上百十六本，我辈今日所据以为研究之资者，实止于此。此外零星折数，如白朴之《箭射双雕》，费唐臣之《苏子瞻风雪贬黄州》，李进取之《神龙殿栾巴噀酒》，赵明道之《陶朱公范蠡归湖》，鲍天祐之《王妙妙死哭秦少游》，周文质之《持汉节苏武还乡》，《雍熙乐府》中均有一折，吾人耳目所及，仅至于此。至如明季所刊之《元人杂剧选》《古名家杂剧》与钱遵王所藏钞本，虽绝不经见，要不能遽谓之已佚。此外佚籍，恐尚有发见之一日，但以大数计之，恐不能出二百种以上也。

第十一章

元剧之结构

元剧以一宫调之曲一套为一折。普通杂剧，大抵四折，或加楔子。案《说文》（六）："楔，櫼也。"今木工于两木间有不固处，则斫木札入之，谓之楔子，亦谓之櫼。杂剧之楔子亦然。四折之外，意有未尽，则以楔子足之。昔人谓北曲之楔子，即南曲之引子，其实不然。元剧楔子，或在前，或在各折之间，大抵用〔仙吕·赏花时〕或〔端正好〕二曲。唯《西厢记》第二剧中之楔子，则用〔正宫·端正好〕全套，与一折等，其实亦楔子也。除楔子计之，仍为四折。唯纪君祥之《赵氏孤儿》，则有五折，又有楔子，此为元剧变例。又张时起之《赛花月秋千记》，今虽不存，然据《录鬼簿》所纪，则有六折。此外无闻焉。若《西厢记》之二十折，则自五剧构成，合之为一，分之则仍为五。此在元剧中亦非仅见之作。如吴昌龄之《西游记》，其书至国初尚存，其著录于《也是园书目》者云四卷，见于曹寅《栋亭书目》者云六卷。明凌濛初《西厢序》云："吴昌龄《西游记》有六本"，则每本为一卷矣。凌氏又云："王实甫《破窑记》《丽春园》《贩茶船》《进梅谏》《于公高门》，各有二本。关汉卿《破窑记》《浇花旦》，亦有二本。"此必与《西厢记》同一体例。此外《录鬼簿》所载：如李文蔚有《谢安东山高卧》，下注云："赵公辅次本"，而于赵公辅之《晋谢安东山高卧》下，则注云："次本"；武汉臣有《虎牢关三战吕布》，下注云："郑德辉次本"，而于郑德辉此剧下，则注云："次本"。盖李武二人作前本，而赵郑续之，以成一全体者也。余如武汉臣之《曹伯明错勘赃》，尚仲贤之《崔护谒浆》，赵子祥之《太祖夜斩石守信》《风月害夫人》，赵文殷之《宦门子弟错立身》，金仁杰之《蔡琰还朝》，皆注"次本"。虽不言所续何人，当亦续《西厢记》之类。然此不过增多剧数，而每剧之以四折为率，则固无甚出入也。

杂剧之为物，合动作、言语、歌唱三者而成。故元剧对此三者，各有其相当之物。其纪动作者，曰科；纪言语者，曰宾、曰白；纪所歌唱者，曰曲。元剧中所纪动作，皆以科字终。后人与白并举，谓之科白，其实自为二事。《辍耕录》纪金人院本，谓教坊"魏、武、刘三人，鼎新编辑，魏长于念诵，武长于筋斗，刘长于科泛"。科泛或即指动作而言也。宾白，则余所见周宪王自刊杂剧，每剧题目下，即有全宾字样。明姜南《抱璞简记》（《续说郛》卷十九）曰："北曲中有全宾全白。两人相说曰宾，一人自说曰白。"则宾白又有别矣。臧氏《元曲选序》云："或谓元取士有填词科，（中略）主司所定题目外，止曲名及韵耳。其宾白，则演剧时伶人自为之，故多鄙俚蹈袭之语。"填词取士说之妄，今不必辨。至谓宾白为伶人自为，其说亦颇难通。元剧之词，大抵曲白相生；苟不兼作白，则曲亦无从作，此最易明之理也。今就其存者言之，则《元曲选》中百种，无不有白，此犹可诿为明人之作也。然白中所用之语，如马致远《荐福碑》剧中之"曳剌"，郑光祖《王粲登楼》剧中之"点汤"，一为辽金人语，一为宋人语，明人已无此语，必为当时之作无疑。至《元刊杂剧三十种》，则有曲无白者诚多；然其与《元曲选》复出者，字句亦略相同，而有曲白相生之妙，恐坊间刊刻时，删去其白，如今日坊刊脚本然。盖白则人人皆知，而曲则听者不能尽解。此种刊本，当为供观剧者之便故也。且元剧中宾白，鄙俚蹈袭者固多，然其杰作如《老生儿》等，其妙处全在于白。苟去其白，则其曲全无意味。欲强分为二人之作，安可得也。且周宪王时代，去元未远，观其所自刊杂剧，曲白俱全，则元剧亦当如此。愈以知臧说之不足信矣。

元剧每折唱者，止限一人，若末，若旦；他色则有白无唱，若唱，则限于楔子中；至四折中之唱者，则非末若旦不可。而末若旦所扮者，不必皆为剧中主要之人物；苟剧中主要之人物，于此折不唱，则亦退居他色，而以末若旦扮唱者，此一定之例也。然亦有出于例外者，如关汉卿之《蝴蝶梦》第三折，则旦之外，俫儿亦唱；尚仲贤之《气英布》第四折，则正末扮探子唱，又扮英布唱；张国宾之《薛仁贵》第三折，则丑扮禾旦上唱，正末复扮伴哥唱；范子安之《竹叶舟》第三折，则首列御寇唱，次正末唱。然《气英布》剧探子所唱，已至尾声，故元刊本及《雍熙乐府》所选，皆至尾声而止，后三曲或后人所加。《蝴蝶梦》《薛仁贵》中，俫及丑所唱者，既非本宫之曲，且刊本中皆低一格，明非曲。《竹叶舟》中，列御寇所唱，明曰道情，至下〔端正好〕曲，乃入正剧。盖但以供点缀之用，不足破元剧之例也。唯《西厢记》第一、第四、第五剧之第四折，皆以二人唱。今《西厢》只有明人所刊，其为原本如此，抑由后人窜入，则不可考矣。

元剧脚色中，除末、旦主唱，为当场正色外，则有净有丑。而末、旦二色，支派弥繁。今举其见于元剧者，则末有外末、冲末、二末、小末，旦有老旦、大旦、小旦、旦俫、色旦、搽旦、外旦、贴旦等。《青楼集》云："凡妓以墨点破其面为花旦"，元剧中之色旦、搽旦，殆即是也。元剧有外旦、外末，而又有外；外则或扮男，或扮女，当为外末、外旦之省。外末、外旦之省为外，犹贴旦之后省为贴也。案《宋史·职官志》："凡直馆院则谓之馆职，以他官兼者谓之贴职。"又《武林旧事》（卷四）"乾淳教坊乐部"，有"衙前"，有"和顾"；而和顾人中，如朱和、蒋宁、王原全下，皆注云"次贴衙前"，意当与贴职之贴同，即谓非衙前而充衙前（衙前谓临安府乐人）也。然则曰冲、曰外、曰贴，均系一义，谓于正色之外，又加某色，以充之也。此外见于元剧者，以年龄言，则有若孛老、卜儿、俫儿，以地位职业言，则有若孤、细酸、伴哥、禾旦、曳剌、邦老，皆有某色以扮之；而其身则非脚色之名，与宋金之脚色无异也。

元剧中歌者与演者之为一人，固不待言。毛西河《词话》，独创异说，以为演者不唱，唱者不演。然《元曲选》各剧，明云末唱、旦唱，《元刊杂剧》亦云"正末开"，或"正末放"，则为旦、末自唱可知。且毛氏"连厢"之说，元明人著述中从未见之，疑其言犹蹈明人杜撰之习。即有此事，亦不过演剧中之一派，而不足以概元剧也。

演剧时所用之物，谓之砌末。焦理堂《易余籥录》（卷十七）曰："《辍耕录》有诸杂砌之目，不知所谓。按元曲《杀狗劝夫》，祇从取砌末上，谓所埋之死狗也。《货郎旦》外旦取砌末付净科，谓金银财宝也。《梧桐雨》正末引宫娥挑灯拿砌末上，谓七夕乞巧筵所设物也。《陈抟高卧》外扮使臣引卒子捧砌末上，谓诏书缥帛也。《冤家债主》和尚交砌末科，谓银也。《误入桃源》正末扮刘晨，外扮阮肇带砌末上，谓行李包裹或采药器具也。又净扮刘德引沙三、王留等将砌末上，谓春社中羊酒纸钱之属也。"余谓焦氏之解砌末是也。然以之与杂砌相牵合，则颇不然。杂砌之解，已见上文，似与砌末无涉。砌末之语，虽始见元剧，必为古语。案宋无名氏《续墨客挥犀》（卷七）云："问今州郡有公宴，将作曲，伶人呼细末将来，此是何义？对曰：凡御宴进乐，先以弦声发之，然后众乐和之，故号丝抹将来。今所在起曲，遂先之以竹声，不唯讹其名，亦失其实矣。"又张表臣《珊瑚钩诗话》（卷二）亦云："始作乐必曰丝抹将来，亦唐以来如是。"余疑砌末或为细末之讹。盖丝抹一语，既讹为细末，其义已亡，而其语独存，遂误视为将某物来之意，因以指演剧时所用之物耳。

第十二章

元剧之文章

元杂剧之为一代之绝作，元人未之知也。明之文人始激赏之，至有以关汉卿比司马子长者（韩文靖邦奇）。三百年来，学者文人，大抵屏元剧不观。其见元剧者，无不加以倾倒。如焦里堂《易余籥录》之说，可谓具眼矣。焦氏谓一代有一代之所胜，欲自楚骚以下，撰为一集，汉则专取其赋，魏晋六朝至隋，则专录其五言诗，唐则专录其律诗，宋专录其词，元专录其曲。余谓律诗与词，固莫盛于唐宋，然此二者果为二代文学中最佳之作否，尚属疑问。若元之文学，则固未有尚于其曲者也。元曲之佳处何在？一言以蔽之，曰：自然而已矣。古今之大文学，无不以自然胜，而莫著于元曲。盖元剧之作者，其人均非有名位学问也；其作剧也，非有藏之名山，传之其人之意也。彼以意兴之所至为之，以自娱娱人。关目之拙劣，所不问也；思想之卑陋，所不讳也；人物之矛盾，所不顾也。彼但摹写其胸中之感想，与时代之情状，而真挚之理，与秀杰之气，时流露于其间。故谓元曲为中国最自然之文学，无不可也。若其文字之自然，则又为其必然之结果，抑其次也。

明以后传奇，无非喜剧，而元则有悲剧在其中。就其存者言之，如《汉宫秋》《梧桐雨》《西蜀梦》《火烧介子推》《张千替杀妻》等，初无所谓先离后合、始困终亨之事也。其最有悲剧之性质者，则如关汉卿之《窦娥冤》，纪君祥之《赵氏孤儿》，剧中虽有恶人交构其间，而其蹈汤赴火者，仍出于其主人翁之意志，即列之于世界大悲剧中，亦无愧色也。

元剧关目之拙，固不待言。此由当日未尝重视此事，故往往互相蹈袭，或草草为之。然如武汉臣之《老生儿》，关汉卿之《救风尘》，其布置结构，亦极意匠惨淡之致，宁较后世之传奇，有优无劣也。

然元剧最佳之处，不在其思想结构，而在其文章。其文章之妙，亦一言以蔽之，曰：有意境而已矣。何以谓之有意境？曰：写情则沁人心脾，写景则在人耳目，述事则如其口出是也。古诗词之佳者无不如是，元曲亦然。明以后，其思想结构尽有胜于前人者，唯意境则为元人所独擅。兹举数例以证之。其言情述事之佳者，如关汉卿《谢天香》第三折：

〔正宫·端正好〕我往常在风尘，为歌妓，不过多见了几个筵席，回家来仍作个自由鬼；今日倒落在无底磨牢笼内！

马致远《任风子》第二折：

〔正宫·端正好〕添酒力晚风凉，助杀气秋云暮，尚兀自脚趔趄醉眼模糊。他化的我一方之地都食素，单则俺杀生的无缘度。

语语明白如画，而言外有无穷之意。又如《窦娥冤》第二折：

〔斗虾蟆〕空悲戚，没理会，人生死，是轮回。感著这般病疾，值著这般时势，可是风寒暑湿，或是饥饱劳役；各人证候自知，人命关天关地，别人怎生替得？寿数非干一世。相守三朝五夕，说甚一家一计。又无羊酒缎匹，又无花红财礼，把手为活过日，撒手如同休弃。不是窦娥忤逆，生怕旁人论议。不如听咱劝你，认个自家悔气。割舍的一具棺材停置，几件布帛收拾，出了咱家门里，送入他家坟地。这不是你那从小儿年纪，指脚的夫妻，我其实不关亲，无半点凄怆泪。休得要心如醉，意似痴，便这等嗟嗟怨怨，哭哭啼啼。

此一曲直是宾白，令人忘其为曲。元初所谓当行家，大率如此；至中叶以后，已罕觏矣。其写男女离别之情者，如郑光祖《倩女离魂》第三折：

〔醉春风〕空服遍睡眩药不能痊，知他这腌臜病何日起。要好时直等的见他时，也只为这症候因他上得。得。一会家缥缈呵，忘了魂灵；一会家精细呵，使著躯壳；一会家混沌呵，不知天地。

〔迎仙客〕日长也愁更长，红稀也信尤稀，春归也奄然人未归。我则道相别也数十年，我则道相隔著数万里，为数归期，则那竹院里刻遍琅玕翠。

此种词如弹丸脱手，后人无能为役；唯南曲中《拜月》《琵琶》差能近之。至写景之工者，则马致远之《汉宫秋》第三折：

〔梅花酒〕呀！对著这迥野凄凉，草色已添黄，兔起早迎霜。犬褪得毛苍，人搦起缨枪，马负著行装，车运著馔粮，打猎起围场。他他他伤心辞汉主，我我我携手上河梁。他部从，入穷荒；我銮舆，返咸阳。返咸阳，过宫墙；过宫墙，绕回廊；绕回廊，近椒房；近椒房，月昏黄；月昏黄，夜生凉；夜生凉，泣寒螀；泣寒螀，绿纱窗；绿纱窗，不思量。

〔收江南〕呀！不思量，便是铁心肠，铁心肠也愁泪滴千行；美人图今夜挂昭阳，我那里供养，便是我高烧银烛照红妆。

（尚书云）陛下回銮罢，娘娘去远了也。（驾唱）

〔鸳鸯煞〕我煞大臣行，说一个推辞谎，又则怕笔尖儿那火编修讲。不见那花朵儿精神，怎趁那草地里风光。唱道伫立多时，徘徊半晌，猛听的塞雁南翔，呀呀的声嘹亮，却原来满目牛羊，是兀那载离恨的毡车半坡里响。

以上数曲，真所谓写情则沁人心脾，写景则在人耳目，述事则如其口出者。第一期之元剧，虽浅深大小不同，而莫不有此意境也。

古代文学之形容事物也，率用古语，其用俗语者绝无。又所用之字数亦不甚多。独曲以许用衬字故，故辄以许多俗语或以自然之声音形容之。此自古文学上所未有也。兹举其例，如《西厢记》第四剧第四折：

〔雁儿落〕绿依依墙高柳半遮，静悄悄门掩清秋夜，疏剌剌林梢落叶风，昏惨惨云际穿窗月。

〔得胜令〕惊觉我的是颤巍巍竹影走龙蛇，虚飘飘庄周梦蝴蝶，絮叨叨促织儿无休歇，韵悠悠砧声儿不断绝；痛煞煞伤别，急煎煎好梦儿应难舍，冷清清的咨嗟，娇滴滴玉人儿何处也？

此犹仅用三字也。其用四字者，如马致远《黄粱梦》第四折：

〔叨叨令〕我这里稳丕丕土炕上迷飔没腾的坐，那婆婆将粗剌剌陈米喜收希和的播，那蹇驴儿柳阴下舒著足乞留恶滥的卧，那汉子去脖项上婆娑没索的摸。你则早醒来了也么哥，你则早醒来了也么哥，可正是窗前弹指时光过。

其更奇绝者，则如郑光祖《倩女离魂》第四折：

〔古水仙子〕全不想这姻亲是旧盟，则待教袄庙火刮刮匝匝烈焰生。将水面上鸳鸯忔楞楞腾分开交颈，疏剌剌沙鞴雕鞍撒了锁鞋，厮琅琅汤偷香处喝号提铃，支楞楞争弦断了不续碧玉筝，吉丁丁珰精砖上摔破菱花镜，扑通通东井底坠银瓶。

又无名氏《货郎旦》剧第三折，则用叠字，其数更多。

〔货郎儿六转〕我则见黯黯惨惨天涯云布，万万点点潇湘夜雨；正值著窄窄狭狭沟沟堑堑路崎岖，黑黑黯黯彤云布，赤留赤律潇潇洒洒断断续续，出出律律忽忽鲁鲁阴云开处，霍霍闪闪电光星注；正值著飏飏摔摔风，淋淋渌渌雨，高高下下凹凹答答一水模糊，扑扑簌簌湿湿渌渌疏林人物，却便似一幅惨惨昏昏潇湘水墨图。

由是观之，则元剧实于新文体中自由使用新言语。在我国文学中，于《楚辞》、内典外，得此而三。然其源远在宋金二代，不过至元而大成。其写景抒情述事之美，所负于此者，实不少也。

元曲分三种，杂剧之外，尚有小令、套数。小令只用一曲，与宋词略同。套数则合一宫调中诸曲为一套，与杂剧之一折略同。但杂剧以代言为事，而套数则以自叙为事，此其所以异也。元人小令套数之佳，亦不让于其杂剧。兹各录其最佳者一篇，以示其例，略可以见元人之能事也。

小令

〔天净沙〕（无名氏。此词《庶斋老学丛谈》及元刊《乐府新声》，均不著名氏，《尧山堂外纪》以为马致远撰，朱竹垞《词综》仍之，不知何据。）

枯藤老树昏鸦，小桥流水人家，古道西风瘦马，夕阳西下，断肠人在天涯。

套数

《秋思》（马致远。见元刊《中原音韵》《乐府新声》）

〔双调·夜行船〕百岁光阴如梦蝶，重回首往事堪嗟！昨日春来，今朝花谢，急罚盏夜阑灯灭。

〔乔木查〕秦宫汉阙，做衰草牛羊野，不恁渔樵无话说。纵荒坟横断碑，不辨龙蛇。

〔庆宣和〕投至狐踪与兔穴，多少豪杰，鼎足三分半腰折，魏耶？晋耶？

〔落梅风〕天教富，不待奢，无多时好天良夜，看钱奴硬将心似铁，空辜负锦堂风月。

〔风入松〕眼前红日又西斜，疾似下坡车，晚来清镜添白雪，上床与鞋履相别。莫笑鸠巢计拙，葫芦提一就装呆。

〔拨不断〕利名竭，是非绝，红尘不向门前惹，绿树偏宜屋角遮，青山正补墙东缺，竹篱茅舍。

〔离亭宴煞〕蛩吟罢一枕才宁贴，鸡鸣后万事无休歇，算名利何年是彻！密匝匝蚁排兵，乱纷纷蜂酿蜜，闹穰穰蝇争血。裴公绿野堂，陶令白莲社，爱秋来那些？和露滴黄花，带霜烹紫蟹，煮酒烧红叶。人生有限杯，几个登高节？嘱付与顽童记者，便北海探吾来，道东篱醉了也。

〔天净沙〕小令，纯是天籁，彷佛唐人绝句。马东篱《秋思》一套，周德清评之以为万中无一，明王元美等亦推为套数中第一，诚定论也。此二体虽与元杂剧无涉，可知元人之于曲，天实纵之，非后世所能望其项背也。

元代曲家，自明以来，称"关马郑白"。然以其年代及造诣论之，宁称"关白马郑"为妥也。关汉卿一空倚傍，自铸伟词，而其曲言尽人情，字字本色，故当为元人第一。白仁甫、马东篱，高华雄浑，情深文明。郑德辉清丽芊绵，自成馨逸。均不失为第一流。其余曲家，均在四家范围内。唯宫大用瘦硬通神，独树一帜。以唐诗喻之：则汉卿似白乐天，仁甫似刘梦得，东篱似李义山，德辉似温飞卿，而大用则似韩昌黎。以宋词喻之：则汉卿似柳耆卿，仁甫似苏东坡，东篱似欧阳永叔，德辉似秦少游，大用似张子野。虽地位不必同，而品格则略相似也。明宁献王曲品，跻马致远于第一，而抑汉卿于第十。盖元中叶以后，曲家多祖马、郑，而祧汉卿，故宁王之评如是。其实非笃论也。

元剧自文章上言之，优足以当一代之文学。又以其自然故，故能写当时政治及社会之情状，足以供史家论世之资者不少。又曲中多用俗语，故宋金元三朝遗语，所存甚多。辑而存之，理而董之，自足为一专书。此又言语学上之事，而非此书之所有事也。

第十三章

元院本

　　元人杂剧之外，尚有院本。《辍耕录》云："国朝杂剧院本，分而为二。"盖杂剧为元人所创，而院本则金源之遗，然元人犹有作之者。《录鬼簿》（卷下）云："屈英甫名彦英，编《一百二十行》及《看钱奴》院本"是也。元人院本，今无存者，故其体例如何，全不可考。唯明周宪王《吕洞宾花月神仙会》杂剧中，有院本一段。此段系宪王自撰，或剪裁金元旧院本充之，虽不可知；然其结构简易，与北剧南戏，均截然不同。故作元院本观可，即金人院本，亦即此而可想像矣。今全录其文如下：

　　末云："小生昨日街上闲行，见了四个乐工，自山东瀛州来到此处，打趓觅钱。小生邀他今日在大姐家，庆会小生生辰，若早晚还不见来。"

　　办净同捷讥、付末、末泥上，相见了，做院本《长寿仙献香添寿》。院本上。捷云："歌声才住。"末泥云："丝竹暂停。"净云："俺四人佳戏向前。"付末云："道甚清才谢乐？"捷云："今日双秀才的生日，您一人要一句添寿的诗。"捷先云："桧柏青松常四时。"付末云："仙鹤仙鹿献灵芝。"末泥云："瑶池金母蟠桃宴。"付净云："都活一千八百岁。"付末打云："这言语不成文章，再说。"净云："都活二千九百岁。"付末云："也不成文章。"净云："有了，有了，都活三万三千三百岁，白了髭髯白了眉。"付末云：“好好！到是一个寿星。”捷云：“我问你一人要一件祝寿底物。”捷云：“我有一幅画儿，上面三个人儿：两个是福禄星君，一个是南极老儿。”问付末云：“我有一幅画儿，上面四科树儿：两科是青松翠柏，两科是紫竹灵芝。”问末泥云：“我有一幅画儿，上面两般物儿：一个是送酒黄鹤，一个是衔花鹿儿。”净趋抢云：“我也有。我有一幅图儿，上面一个靶儿，我也不识是甚物，人都道是春画儿。”付末打云：“这个甚底，将来献寿。”净云：“我子愿欢会长生。”净趋抢云：“俺一人要两般乐器：一般是丝，一般是竹，与双秀才添寿咱。”捷云：“我有一个玉笙，有一架银筝，就有一个小曲儿添寿，名是〔醉太平〕。”

捷唱：“有一排玉笙，有一架银筝，将来献寿凤鸾鸣，感天仙降庭。玉笙吹出悠然兴，银筝挡得新词令，都来添寿乐官星，祝千年寿宁。”

末泥云：“我也有一管龙笛，一张锦瑟，就有一个曲儿添寿。”

末泥唱：“品龙笛凤声，弹锦瑟泉鸣，供筵前添寿老人星，庆千春万龄。瑟呵！冰蚕吐出丝明净，笛呵！紫筠调得声相应。我将这龙笛锦瑟贺升平，饮香醪玉瓶！”

付末云：“我也有一面琵琶，一管紫箫，就有个曲儿添寿。”

付末唱：“拨琵琶韵美，吹箫管声齐，琵琶箫管庆樽席，向筵前奏只。琵琶弹出长生意，紫箫吹得天仙会，都来添寿笑嘻嘻，老人星贺喜！”

净趋抢云：“小子儿也有一条弦儿一个孔儿的丝竹，就有一个曲儿添寿。”

净唱：“弹棉花的木弓，吹柴草的火筒，这两般丝竹不相同，是俺付净色的受用。这木弓弹了棉花呵！一夜温暖衣衾重。这火筒吹著柴草呵！一生饱食凭他用。这两般，不受饥，不受冷，过三冬，比你乐器的有功。”

付末打云：“付净的巧语能言。”净云：“说遍这丝竹管弦。”付末云：“蓝采和手执檀板。”净云：“汉钟离书捧真筌。”付末云：“铁拐李忙吹玉管。"净云："白玉蟾舞袖翩翩。"付末云："韩湘子生花藏叶。"净云："张果老击鼓喧阗。"付末云："曹国舅高歌大曲。"净云："徐神翁慢抚琴弦。"付末云："东方朔学蹧焰爨。"净云："吕洞宾掌记词篇。"付末云："总都是神仙作戏。"净云："庆千秋福寿双全。"付末云："问你付净的办个甚色?"净云："哎哎! 哎哎! 我办个富乐院里乐探官员。"付末收住："世财红粉高楼酒, 都是人间喜乐时。"

末云："深谢四位伶官, 逢场作戏, 果然是锦心绣口, 弄月嘲风。"

此中脚色, 末泥、付末、付净(即副末、副净)三色, 与《辍耕录》所载院本中脚色同, 唯有捷讥而无引戏。案上文说唱, 皆捷讥在前, 则捷讥或即引戏。捷讥之名, 亦起于宋。《武林旧事》(卷六)"诸色伎艺人"中, 商谜有捷机和尚是也。此四色中, 以付净、付末二色为重。且以付净色为尤重, 较然可见。此犹唐宋遗风。其中付末打付净者三次, 亦古代鹘打参军之遗; 而末一段, 付净、付末各道一句, 又欧阳公《与梅圣俞书》所谓如"杂剧人上名下韵不来, 须副末接续"者也。此一段之为古曲, 当无可疑。即非古曲, 亦必全仿古剧为之者。以其足窥金元之院本, 故兹著之。

院本之体例, 有白有唱, 与杂剧无异。唯唱者不限一人, 如上例中捷讥、末泥、付末、付净, 各唱〔醉太平〕一曲是也。明徐充《暖姝由笔》(《续说郛》卷十九)曰："有白有唱者名杂剧, 用弦索者名套数, 扮演戏跳而不唱者名院本。"杂剧与套数之别, 既见上章, 绝非如徐氏之说。至谓院本演而不唱, 则不独金人院本以曲名者甚多, 即上例之中, 亦有歌曲。而《水浒传》载白秀英之演院本, 亦有白有唱, 可知其说之无根矣。且院本一段之中, 各色皆唱, 又与南曲戏文相近, 但一行于北, 一行于南。其实院本与南戏之间, 其关系较二者之与元杂剧更近。以二者一出于金院本, 一出于宋戏文, 其根本要有相似之处; 而元杂剧则出于一时之创造故也。

第十四章

南戏之渊源及时代

元剧进步之二大端，既于第八章述之矣。然元剧大都限于四折，且每折限一宫调，又限一人唱，其律至严，不容逾越。故庄严雄肆，是其所长；而于曲折详尽，犹其所短也。至除此限制，而一剧无一定之折数，一折（南戏中谓之一出）无一定之宫调；且不独以数色合唱一折，并有以数色合唱一曲，而各色皆有白有唱者，此则南戏之一大进步，而不得不大书特书以表之者也。

南戏之渊源于宋，殆无可疑。至何时进步至此，则无可考。吾辈所知，但元季既有此种南戏耳。然其渊源所自，或反古于元杂剧。今试就其曲名分析之，则其出于古曲者，更较元北曲为多。今南曲谱录之存者，皆属明代之作。以吾人所见，则其最古者，唯沈璟之《南九宫谱》二十二卷耳。此书前有李维桢序，谓出于陈白二谱；然其注新增者不少。今除其中之犯曲（即集曲）不计，则仙吕宫曲凡六十九章，羽调九章，正宫四十六章，大石调十五章，中吕宫六十五章，般涉调一章，南吕宫八十四章，黄钟宫四十章，越调五十章，商调三十六章，双调八十八章，附录三十九章，都五百四十三章。而其中出于古曲者如下。出于大曲者二十四：

〔剑器令〕（仙吕引子）

〔八声甘州〕（仙吕慢词）

〔梁州令〕、〔齐天乐〕（以上正宫引子）

〔普天乐〕（正宫过曲）

〔催拍〕、〔长寿仙〕（以上大石调过曲）

〔大胜乐〕（疑即〔大圣乐〕）、〔薄媚〕（以上南吕引子）

〔梁州序〕、〔大胜乐〕、〔薄媚衮〕（以上南吕过曲）

〔降黄龙〕（黄钟过曲）

〔入破〕、〔出破〕（以上越调近词）

〔新水令〕（双调引子）

〔六么令〕（双调过曲）

〔薄媚曲破〕（附录过曲）

〔入破第一〕、〔破第二〕、〔衮第三〕、〔歇拍〕、〔中衮第五〕、〔煞尾〕、〔出破〕（以上黄钟过曲，见《琵琶记》）（七曲相连，实大曲之七遍，而亡其调名者也。）

其出于唐宋词者一百九十：

〔卜算子〕、〔番卜算〕、〔探春令〕、〔醉落魄〕、〔天下乐〕、〔鹊桥仙〕、〔唐多令〕、〔似娘儿〕、〔鹧鸪天〕（以上仙吕引子）

〔碧牡丹〕、〔望梅花〕、〔感庭秋〕、〔喜还京〕、〔桂枝香〕、〔河传序〕、〔惜黄花〕、〔春从天上来〕（以上仙吕过曲）

〔河传〕、〔声声慢〕、〔杜韦娘〕、〔桂枝香〕（以上仙吕慢词）

〔天下乐〕、〔喜还京〕（以上仙吕近词）

〔浪淘沙〕（羽调近词）

〔燕归梁〕、〔七娘子〕、〔破阵子〕、〔瑞鹤仙〕、〔喜迁莺〕、〔猴山月〕、〔新荷叶〕（以上正宫引子）

〔玉芙蓉〕、〔锦缠道〕、〔小桃红〕、〔三字令〕、〔倾杯序〕、〔满江红急〕、〔醉太平〕、〔双鸂鶒〕、〔洞仙歌〕、〔丑奴儿近〕（以上正宫过曲）

〔安公子〕（正宫慢词）

〔东风第一枝〕、〔少年游〕、〔念奴娇〕、〔烛影摇红〕（以上大石引子）

〔沙塞子〕、〔沙塞子急〕、〔念奴娇序〕、〔人月圆〕（以上大石

过曲）

〔蓦山溪〕、〔乌夜啼〕、〔丑奴儿〕（以上大石慢词）

〔插花三台〕（大石近词）

〔粉蝶儿〕、〔行香子〕、〔菊花新〕、〔青玉案〕、〔尾犯〕、〔剔银灯引〕、〔金菊对芙蓉〕（以上中吕引子）

〔泣颜回〕（见《太平广记》有〔哭颜回〕曲）、〔好事近〕、〔驻马听〕、〔古轮台〕、〔渔家傲〕、〔尾犯序〕、〔丹凤吟〕、〔舞霓裳〕、〔山花子〕、〔千秋岁〕（以上中吕过曲）

〔醉春风〕、〔贺圣朝〕、〔沁园春〕、〔柳梢青〕（以上中吕慢词）

〔迎仙客〕（中吕近词）

〔哨遍〕（般涉调慢词）

〔恋芳春〕、〔女冠子〕、〔临江仙〕、〔一翦梅〕、〔虞美人〕、〔意难忘〕、〔薄倖〕、〔生查子〕、〔于飞乐〕、〔步蟾宫〕、〔满江红〕、〔上林春〕、〔满园春〕（以上南吕引子）

〔贺新郎〕、〔贺新郎衮〕、〔女冠子〕、〔解连环〕、〔引驾行〕、〔竹马儿〕、〔绣带儿〕、〔锁窗寒〕、〔阮郎归〕、〔浣溪沙〕、〔五更转〕、〔满园春〕、〔八宝妆〕（以上南吕过曲）

〔贺新郎〕、〔木兰花〕、〔乌夜啼〕（以上南吕慢词）

〔绛都春〕、〔疏影〕、〔瑞云浓〕、〔女冠子〕、〔点绛唇〕、〔传言玉女〕、〔西地锦〕、〔玉漏迟〕（以上黄钟引子）

〔绛都春序〕、〔画眉序〕、〔滴滴金〕、〔双声子〕、〔归朝欢〕、〔春云怨〕、〔玉漏迟序〕、〔传言玉女〕、〔侍香金童〕、〔天仙子〕（以上黄钟过曲）

〔浪淘沙〕、〔霜天晓角〕、〔金蕉叶〕、〔杏花天〕、〔祝英台近〕（以上越调引子）

〔小桃红〕、〔雁过南楼〕、〔亭前柳〕、〔绣停针〕、〔祝英台〕、〔忆多娇〕、〔江神子〕（以上越调过曲）

〔凤凰阁〕、〔高阳台〕、〔忆秦娥〕、〔逍遥乐〕、〔绕池游〕、

〔三台令〕、〔二郎神慢〕、〔十二时〕（以上商调引子）

〔满园春〕、〔高阳台〕、〔击梧桐〕、〔二郎神〕、〔集贤宾〕、〔莺啼序〕、〔黄莺儿〕（以上商调过曲）

〔集贤宾〕、〔永遇乐〕、〔熙州三台〕、〔解连环〕（以上商调慢词）

〔骤雨打新荷〕（小石调近词）

〔真珠帘〕、〔花心动〕、〔谒金门〕、〔惜奴娇〕、〔宝鼎现〕、〔捣练子〕、〔风入松慢〕、〔海棠春〕、〔夜行船〕、〔贺圣朝〕、〔秋蕊香〕、〔梅花引〕（以上双调引子）

〔画锦堂〕、〔红林檎〕、〔醉公子〕（以上双调过曲）

〔柳摇金〕、〔月上海棠〕、〔柳梢青〕、〔夜行船序〕、〔惜奴娇〕、〔品令〕、〔豆叶黄〕、〔字字双〕、〔玉交枝〕、〔玉抱肚〕、〔川拨棹〕（以上仙吕入双调过曲）

〔红林檎〕、〔泛兰舟〕（以上双调慢词）

〔帝台春〕（附录引子）

〔鹤冲天〕、〔疏影〕（以上附录过曲）

出于金诸宫调者十三：

〔胜葫芦〕、〔美中美〕（以上仙吕过曲）

〔石榴花〕、〔古轮台〕、〔鹘打兔〕、〔麻婆子〕、〔荼蘼香傍拍〕（以上中吕过曲）

〔一枝花〕（南吕引子）

〔出队子〕、〔神仗儿〕、〔啄木儿〕、〔刮地风〕（以上黄钟过曲）

〔山麻秸〕（越调过曲）

出于南宋唱赚者十：

〔赚〕、〔薄媚赚〕（以上仙吕近词）

〔赚〕、〔黄钟赚〕（以上正宫过曲）

〔本宫赚〕（大石过曲）

〔本宫赚〕、〔梁州赚〕（以上南吕过曲）

〔赚〕（南吕近词）

〔本宫赚〕（越调过曲）

〔人赚〕（越调近词）

同于元杂剧曲名者十有三：

〔青哥儿〕（仙吕过曲）

〔四边静〕（正宫过曲）

〔红绣鞋〕、〔红芍药〕（以上中吕过曲）

〔红衫儿〕（南吕过曲）

〔水仙子〕（黄钟过曲）

〔秃厮儿〕、〔梅花酒〕（以上越调过曲）

〔绵搭絮〕（越调近词）

〔梧叶儿〕（商调过曲）

〔五供养〕（双调过曲）

〔沉醉东风〕、〔雁儿落〕、〔步步娇〕（以上仙吕人双调过曲）

〔货郎儿〕（附录过曲）

其有古词曲所未见、而可知其出于古者，如下：

〔紫苏丸〕（仙吕过曲）《事物纪原》（卷九）《吟叫》条："嘉
祐末，仁宗上仙，……四海遏密，故市井初有叫果子之戏。盖自
至和嘉祐之间，叫〔紫苏丸〕，洎乐工杜人经十叫子始也。京师
凡卖一物，必有声韵，其吟哦俱不同，故市人采其声调，间以词
章，以为戏乐也。"则〔紫苏丸〕乃北宋叫声之遗，南宋赚词中，
犹有此曲，见第四章。

〔好女儿〕、〔缕缕金〕、〔越恁好〕（均中吕过曲）均见第四章
所录南宋赚词。

〔耍鲍老〕（中吕过曲），又（黄钟过曲）、〔鲍老催〕（黄钟过
曲）见第八章〔鲍老儿〕条。

〔合生〕（中吕过曲）见第六章。

〔杵歌〕（中吕过曲）、〔园林杵歌〕（越调过曲）《事物纪原》
（卷九）有《杵歌》一条；又《武林旧事》（卷二）舞队中有《男

女杵歌》。

〔大迓鼓〕（南吕过曲）见第三章。

〔刘衮〕（南吕过曲）、〔山东刘衮〕（仙吕入双调过曲）《武林旧事》（卷四）杂剧三甲，内中祇应一甲五人，内有次净刘衮。又（卷二）舞队中有《刘衮》，又金院本名目中有《调刘衮》一本。

〔太平歌〕（黄钟过曲）南宋官本杂剧段数，《钱手帕爨》下，注小字〔太平歌〕。

〔蛮牌令〕（越调过曲）见第八章〔六国朝〕条。

〔四国朝〕（双调引子）见第八章〔六国朝〕条。

〔破金歌〕（仙吕入双调过曲）此词云"破金"，必南宋所作也。

〔中都俏〕（附录过曲）案金以燕京为中都。元世祖至元元年，又改燕京为中都，九年改大都，则此为金人或元初遗曲也。

以上十八章，其为古曲或自古曲出，盖无可疑。此外想尚不少。总而计之，则南曲五百四十三章中，出于古曲者凡二百六十章，几当全数之半；而北曲之出于古曲者，不过能举其三分之一，可知南曲渊源之古也。

南戏之曲名，出于古曲者其多如此。至其配置之法，一出中不以一宫调之曲为限，颇似诸宫调。其有一出首尾，只用一曲，终而复始者，又颇似北宋之传踏。又《琵琶记》中第十六出，有大曲一段，凡七遍；虽失其曲名，且其各遍之次序，与宋大曲不尽合，要必有所出。可知南戏之曲，亦综合旧曲而成，并非出于一时之创造也。

更以南戏之材质言之，则本于古者更多。今日所存最古之南戏，仅《荆》《刘》《拜》《杀》与《琵琶记》五种耳。《荆》谓《荆钗》，《刘》谓《白兔》，《拜》《杀》则谓《拜月》《杀狗》二记。此四本与《琵琶》均出于元明之间（见下），然其源颇古。施愚山《矩斋杂记》云："传奇《荆钗记》，丑诋孙汝权。按汝权宋名进士，有文集，尚气谊，王梅溪先生好友也。梅溪劾史浩八罪，汝权恧恩之，史氏切齿，故入传奇，谬其事以污之。温州周天锡字懋宠，尝辨其诬，见《竹懒新著》。"施氏之说，信否不可知，要足备参考也。《白兔记》演李三娘事，然元刘唐卿已有《李三娘麻地捧印》杂剧，则亦非创作矣。《杀狗》则元萧德祥有《王翛然断杀狗劝夫》杂剧。《拜月》之先，已有关汉卿《闺怨佳人拜月亭》、王实甫《才子佳人拜月亭》二剧。《琵琶》则陆放翁既有"满村听唱蔡中郎"之句；而金人院本名目，亦有《蔡伯喈》一本。又祝允明《猥谈》谓：南戏，"余见旧牒，其时有赵闳夫榜禁，颇述名目，如《赵真女蔡二郎》等，亦不甚多。"余案元岳伯川《吕洞宾度铁拐李岳》杂剧，第二折〔煞尾〕云："你学那守三贞赵真女，罗裙包土将坟台建"，则其事正与《琵琶记》中之赵五娘同。岳伯川元初人，则元初确有此南戏矣。且今日《琵琶记》传本第一出末，有四语，末二语云："有贞有烈赵真女，全忠全孝蔡伯喈。"此四语实与北剧之题目正名相同。则虽今本《琵琶记》，其初亦当名《赵真女》或《蔡伯喈》；而《琵琶》之名，乃由后人追改，则不徒用其事，且袭其名矣。然则今日所传最古之南戏，其故事关目，皆有所由来，视元杂剧对古剧之关系，更为亲密也。

南戏始于何时，未有定说。明祝允明《猥谈》(《续说郛》卷四十六)云："南戏出于宣和之后，南渡之际，谓之温州杂剧。予见旧牒，其时有赵闳夫榜禁，颇述名目，如《赵真女蔡二郎》等，亦不甚多"云云。其言"出于宣和之后"，不知何据。以余所考，则南戏当出于南宋之戏文，与宋杂剧无涉；唯其与温州相关系，则不可诬也。戏文二字，未见于宋人书中；然其源则出于宋季。元周德清《中原音韵》云："南宋都杭，吴兴与切邻，故其戏文如《乐昌分镜》等，唱念呼吸，皆如约韵。"(谓沈约韵)此但浑言南宋，不著其为何时。刘一清《钱唐遗事》则云："贾似道少时，佻侻尤甚。自入相后，犹微服闲行，或饮于伎家。至戊辰己巳间，《王焕》戏文盛行于都下，始自太学，有黄可道者为之。"则戏文于度宗咸淳四五年间，既已盛行，尚不言其始于何时也。叶子奇《草木子》则云："俳优戏文，始于王魁，永嘉人作之。识者曰：若见永嘉人作相，国当亡。及宋将亡，乃永嘉陈宜中作相。其后元朝南戏盛行，及当乱，北院本特盛，南戏遂绝。"案宋官本杂剧中，有《王魁三乡题》，其翻为戏文，不知始于何时，要在宋亡前百数十年间。至以戏文为永嘉人所作，亦非无据。案周密《癸辛杂志》别集上，纪温州乐清县僧祖杰，杨髡之党，（中略）旁观不平，乃撰为戏文以广其事。又撰《琵琶记》之高则诚亦温州永嘉人。叶盛《菉竹堂书目》，有《东嘉韫玉传奇》。则宋元戏文大都出于温州，然则叶氏永嘉始作之言，祝氏"温州杂剧"之说，其或信矣。元一统后，南戏与北杂剧并行。《青楼集》云："龙楼景、丹墀秀，皆金门高之女，俱有姿色，专工南戏。"《录鬼簿》谓："南北调合腔，自沈和甫始。"又云："萧德祥，凡古文俱檃括为南曲，街市盛行，又有南曲戏文等。"以南曲戏文四字连称，则南戏出于宋末之戏文，固昭昭矣。

然就现存之南戏言之，则时代稍后。后人称《荆》《刘》《拜》《杀》，为元四大家。明无名氏亦以《荆钗记》为柯丹邱撰，世亦传有元刊本。（贵池刘氏有之，余未见。然闻缪艺风秘监言，中有制义数篇，则为洪武后刊本明矣。）然柯敬仲未闻以制曲称，想旧本当题丹邱子或丹邱先生撰。丹邱子者，明宁献王道号也。（《千顷堂书目》，有丹邱子《太和正音谱》二卷，谱中亦自称丹邱先生。其实此书，乃宁献王撰，故书中著录，讫于明初人也。）后人不知，见丹邱二字，即以为敬仲耳。《白兔记》不知撰人。《杀狗记》据《静志居诗话》（卷四）则为徐畖所作。畖字仲由，淳安人，洪武初征秀才，至藩省辞归。则其人至明初尚存，其制作之时，在元在明已不可考矣。《拜月亭》（其刻于《六十种曲》中者，易名《幽闺记》）则明王元美、何元朗、臧晋叔等皆以为元施君美（惠）所撰。君美杭人，卒于至顺、至正间。然《录鬼簿》谓君美诗酒之暇，唯以填词和曲为事，有《古今砌话》编成一集，而无一语及《拜月亭》。虽《录鬼簿》但录杂剧，不录南戏，然其人苟有南戏或院本，亦必及之，如范居中、屈彦英、萧德祥等是也。则《拜月》是否出君美手，尚属疑问，唯就曲文观之，定为元人之作，当无大谬。而其撰人与时代，确乎可知者，唯《琵琶》一记耳。

作《琵琶》者，人人皆知其为高则诚。然其名则或以为高拭，或以为高明，其字则或以为则诚，或以为则成。蒋仲舒《尧山堂外纪》（卷七十六）："高拭字则成，作《琵琶记》者。或谓方谷真据庆元时，有高明者，避地鄞之栎社，以词曲自娱。（中略）案高明，温州瑞安人，以《春秋》中至正乙酉第，其字则诚，非则成也。或曰二人同时同郡，字又同音，遂误耳。"以上皆蒋氏说。王元美《艺苑卮言》，亦云南曲高拭则诚，遂掩前后。朱竹垞《静志居诗话》，于高明条下，引《外纪》之说，复云"涵虚子曲谱，有高拭而无高明，则蒋氏之言，或有所据"云云。余案元刊本张小山《北曲联乐府》，前有海粟冯子振、燕山高拭题词，此即涵虚子曲谱中之高拭。《琵琶》乃南曲戏文，则其作者自当为永嘉之高明，而非燕山之高拭。况明人中如姚福《青溪暇笔》、田艺衡《留青日札》，皆以作《琵琶》者为高明，当不谬也。既为高明，则其字自当为则诚，而非则成。至其作《琵琶记》之时代，则据《青溪暇笔》及《留青日札》，均谓在寓居栎社之后。其寓居栎社，据《留青日札》及《列朝诗集》，又在方国珍降元之后。按国珍降元者再，其初降时，尚未据庆元，其再降则在至正十六年；则此记之作，亦在至正十六年以后矣。然《留青日札》，又谓高皇帝微时，尝奇此戏。案明太祖起兵在至正十二年闰三月，若微时已有此戏，则当成于十二年以前。又《日札》引一说，谓："初东嘉以伯喈为不忠不孝，梦伯喈谓之曰：'公能易我为全忠全孝，当有以报公。'遂以全忠全孝易之，东嘉后果发解。"案则诚中进士第，在至正五年，则成书又当在五年以前。然明人小说所载，大抵无稽之说，宁从《青溪暇笔》及《留青日札》前说，谓成书于避地栎社之后，为较妥也。

由是观之，则现存南戏，其最古者，大抵作于元明之间。而《草木子》反谓"元朝南戏盛行，及当乱，北院本（此谓元人杂剧）特盛，南戏遂绝"者，果何说欤？曰：叶氏所记，或金华一地之事。然元代南戏之盛，与其至明初而衰息，此亦事实，不可诬也。沈氏《南九宫谱》所选古传奇，如《刘盼盼》《王焕》《韩寿》《朱买臣》《古西厢》《王魁》《孟姜女》《冤家债主》《玩江楼》《李勉》《燕子楼》《郑孔目》《墙头马上》《司马相如》《进梅谏》《诈妮子》《复落倡》《崔护》等，其名各与宋杂剧段数、金院本名目、元人杂剧相同，复与明代传奇不类，疑皆元人所作南戏。此外命名相类者，亦尚有二十余种，亦当为同时之作也。而自明洪武至成弘间，则南戏反少。沈德符《万历野获编》（卷二十五）原明之南曲，谓"《四节》《连环》《绣襦》之属，出于成、弘间，始为时所称"，则元明之间，南曲一时衰熄，事或然也。观明初曲家所作，杂剧多而传奇绝少，或足证此事欤。

第十五章

元南戏之文章

元之南戏，以《荆》《刘》《拜》《杀》并称，得《琵琶》而五。此五本尤以《拜月》《琵琶》为眉目，此明以来之定论也。元南戏之佳处，亦一言以蔽之，曰自然而已矣。申言之，则亦不过一言，曰有意境而已矣。故元代南北二戏，佳处略同；唯北剧悲壮沈雄，南戏清柔曲折，此外殆无区别。此由地方之风气，及曲之体制使然。而元曲之能事，则固未有间也。

元人南戏，推《拜月》《琵琶》。明代如何元朗、臧晋叔、沈德符辈，皆谓《拜月》出《琵琶》之上。然《拜月》佳处，大都蹈袭关汉卿《闺怨佳人拜月亭》杂剧，但变其体制耳。明人罕睹关剧，又尚南曲，故盛称之。今举其例，资读者之比较焉。

关剧第一折：

〔油葫芦〕分明是风雨催人辞故国，行一步一太息，两行愁泪脸边垂。一点雨间一行凄惶泪，一阵风对一声长吁气。百忙里一步一撒，索与他一步一提。这一对绣鞋儿分不得帮和底，稠紧紧粘煨煨带着淤泥。

南戏《拜月亭》第十三出：

〔剔银灯〕（老旦）迢迢路不知是那里？前途去安身在何处？（旦）一点点雨间著一行行凄惶泪，一阵阵风对著一声声愁和气。

（合）云低，天色向晚，子母命存亡，兀自尚未知。

〔摊破地锦花〕（旦）绣鞋儿分不得帮和底，一步步提，百忙里褪了跟儿。（老旦）冒雨冲风，带水拖泥。（合）步迟迟，全没些气和力。

又如《拜月》南戏中第三十二出，实为全书中之杰作；然大抵本于关剧第三折。今先录关剧一段如下：

（旦做入房里科）（小旦云了）"夜深也，妹子你歇息去波，我也待睡也。（小旦云了）"梅香安排香案儿去，我去烧炷夜香咱。（梅香云了）。

〔伴读书〕你靠栏槛临台榭，我准备名香爇，心事悠悠凭谁说，只除向金鼎焚龙麝，与你殷勤参拜遥天月，此意也无别。

〔笑和尚〕韵悠悠比及把角品绝，碧荧荧投致那镫儿灭，薄设设衾共枕空舒设。冷清清不恁迭，闲遥遥生枝节，闷恹恹怎捱他如年夜？

（梅香云了）（做烧香科）

〔倘秀才〕天那！这一炷香，则愿削减俺尊君狠切。这一炷香，则愿俺那抛闪下的男儿较些。那一个耶娘不间叠，不似俺恣咮嗻劣缺。

（做拜月科，云）愿天下心厮爱的夫妻，永无分离，教俺两口儿早得团圆！（小旦云了）（做羞科）

〔叨叨令〕元来你深深的花底将身儿遮，搭搭的背后把鞋儿捻，涩涩的轻把我裙儿拽，煴煴的羞得我腮儿热。小鬼头，直到撞破我也末哥，直到撞破我也末哥，我一星星都索从头儿说。（小旦云了）"妹子，你不知我兵火中多得他本人气力来，我已此忘不下他。"（小旦云了）（打悲科）"恁姐夫姓蒋名世隆，字彦通，如今二十三岁也。（小旦打悲科）（做猛问科）

〔倘秀才〕来波，我怨感、我合哽咽；不刺，你啼哭、你为甚迭？（小旦云了）你莫不元是俺男儿旧妻妾？阿！是是是！当时只争个字儿别，我错呵了应者。

（小旦云了）你两个是亲弟兄？（小旦云了）（做欢喜科）

〔呆古朵〕似怎的呵，咱从今后越索著疼热，休想似在先时节！你又是我妹妹、姑姑，我又是你嫂嫂、姐姐。（小旦云了）这般者，俺父母多宗派，您兄弟无枝叶。从今后休从俺耶娘家根脚排，只做俺儿夫家亲眷者。

（小旦云了）若说著俺那相别呵，话长。

〔三煞〕他正天行汗病，换脉交阳，那其间被俺耶把我横拖倒拽在招商舍，硬厮强扶上走马车。谁想舞燕啼莺，翠鸾娇凤，撞著猛虎狞狼，蝎蝎顽蛇。又不敢号咷悲哭，又不敢嘱付丁宁，空则索感叹伤嗟！据著那凄凉惨切，一霎儿似痴呆。

〔二煞〕则就里先肝肠眉黛千千结，烟水云山万万叠。他便似烈焰飘风，劣心卒性；怎禁他后拥前推，乱棒胡茄。阿！谁无个老父，谁无个尊君，谁无个亲耶。从头儿看来，都不似俺那狠爹爹。

〔尾〕他把世间毒害收拾彻，我将天下忧愁结揽绝。（小旦云了）没盘缠，在店舍，有谁人，厮抬贴？那萧疏，那凄切，生分离，厮抛撇。从相别，那时节，音书无，信音绝。我这些时眼跳腮红耳轮热，眠梦交杂不宁贴。您哥哥暑湿风寒纵较些，多被那烦恼忧愁上断送也。（下）

《拜月》南戏第三十二出，全从此出，而情事更明白曲尽，今亦录一段以比较之。

（旦）呀！这丫头去了！天色已晚，只见半弯新月，斜挂柳梢，不免安排香案，对月祷告一番，争些误了。

〔二郎神慢〕拜星月，宝鼎中明香满爇（小旦潜上听科）（旦）上苍！这一炷香呵！愿我抛闪下的男儿疾效些，得再睹同欢同悦！（小旦）悄悄轻把衣袂拽，却不道小鬼头春心动也。（走科）（旦）妹子到那里去？（小旦）我也到父亲行去说。（旦扯科）

（小旦）放手！我这回定要去。（旦跪科）妹子饶过姐姐罢。（小旦）姐姐请起，那娇怯，无言俛首，红晕满腮颊。

〔莺集御林春〕恰才的乱掩胡遮，事到如今漏泄，姊妹心肠休见别，夫妻每是些周折。（旦）教我难推恁阻，罢！妹子我一星星对伊仔细从头说。（小旦）姐姐，他姓什么？

（旦）姓蒋。（小旦）呀！他也姓蒋？叫做什么名字？（旦）世隆名。（小旦）呀！他家在那里？（旦）中都路是家。（小旦）呀！姐姐，你怎么认得他？他是什么样人？（旦）是我男儿受儒业。

〔前腔〕（小旦悲科）听说罢姓名家乡，这情苦意切。闷海愁山，将我心上撇，不由人不泪珠流血。（旦）我凄惶是正理，只合此愁休对愁人说。妹子！他啼哭为何因，莫非是我男儿旧妻妾？

〔前腔〕（小旦）他须是瑞莲亲兄。（旦）呀！元来是令兄。为何失散了？（小旦）为军马犯阙。（旦）是！我晓得了，散失忙寻相应者，那时节只争个字儿差迭。妹子，和你比先前又亲，自今越更著疼热，你休随著我跟脚，久已后是我男儿那枝叶。

〔前腔〕（小旦）我须是你妹妹姑姑，你是我嫂嫂又是姐姐。未审家兄和你因甚别，两分离是何时节？（旦）正遇寒冬冷月，恨爹爹将奴拆散在招商舍。（小旦）你如今还思量著他么？（旦）思量起痛心酸，那其间染病耽疾。（小旦）那时怎生割舍得撇了？（旦）是我男儿，教我怎割舍。

〔四犯黄莺儿〕（小旦）他直恁太情切，你十分忒软怯，眼睁睁忍相抛撇。（旦）枉自怨嗟，无可计设，当不过他抢来推去望前拽。（合）意似虺蛇，性似蝎蜇，一言如何诉说。〔前腔〕（小旦）流水一似马和车，顷刻间途路赊，他在穷途逆旅应难舍。（旦）那时节呵，囊箧又竭，药食又缺，他那里闷恹恹捱不过如年夜。（合）宝镜分裂，玉钗断折，何日重圆再接。

〔尾〕自从别后信音绝，这些时魂惊梦怯，莫不是烦恼忧愁将人断送也。

细较南北二戏，则汉卿杂剧固酣畅淋漓，而南戏中二人对唱，亦宛转详尽，情与词偕，非元人不办。然则《拜月》纵不出于施君美，亦必元代高手也。

　　《拜月亭》南戏，前有所因；至《琵琶》则独铸伟词，其佳处殆兼南北之胜。今录其《吃糠》一节，可窥其一斑。

　　（商调过曲）〔山坡羊〕（旦）乱荒荒不丰稔的年岁，远迢迢不回来的夫婿，急煎煎不耐烦的二亲，软怯怯不济事的孤身体。衣典尽寸丝不挂体，几番拼死了奴身己，争奈没主公婆教谁看取。思之，虚飘飘命怎期，难捱，实丕丕灾共危。

　　〔前腔〕滴溜溜难穷尽的珠泪，乱纷纷难宽解的愁绪，骨崖崖难扶持的病身，战兢兢难捱过的时和岁。这糠，我待不吃你呵，教奴怎忍饥？我待吃你呵，教奴怎生吃？思量起来不如奴先死，图得不知亲死时。思之，虚飘飘命怎期，难捱，实丕丕灾共危。奴家早上，安排些饭与公婆吃，岂不欲买些鲑菜，争奈无钱可买。不想公婆抵死埋怨，只道奴家背他自吃了甚么东西，不知奴家吃的是米膜糠秕。又不敢教他知道，便使他埋怨杀我，我也不敢分说。苦，这些糠秕，怎生吃得下！（吃吐科）

　　（双调过曲）〔孝顺歌〕（旦）呕得我肝肠痛，珠泪垂，喉咙尚兀自牢嘎住。糠那！你遭砻，被椿杵，筛你簸扬你，吃尽控持，好似奴家身狼狈，千辛万苦皆经历。苦人吃著苦滋味，两苦相逢，可知道欲吞不去。（外净潜上觑科）

　　〔前腔〕（旦）糠和米，本是相依倚，被簸扬作两处飞。一贵与一贱，好似奴家与夫婿，终无见期。丈夫便是米呵，米在他方没处寻；奴家便似糠呵，怎的把糠来救得人饥馁？好似儿夫出去，怎的教奴供膳得公婆甘旨。（外净潜下科）

　　〔前腔〕（旦）思量我生无益，死又值甚底，不如忍饥死了为怨鬼。只一件公婆老年纪，靠奴家相依倚，只得苟活片时。片时苟活虽容易，到底日久也难相聚。漫把糠来相比，这糠尚兀自有人吃，奴家的骨头，知他埋在何处？（外净上）（净云）媳妇，你在这里吃甚么？（旦云）奴家不曾吃甚么。（净搜夺科）（旦云）婆婆你吃不得！（外云）咳！这是甚么东西？

〔前腔〕（旦）这是谷中膜，米上皮。（外云）呀！这便是糠，要他何用？（旦）将来伴锣可疗饥。（净云）唉！这糠只好将去喂猪狗，如何把来自吃。（旦）尝闻古贤书，狗彘食人食，也强如草根树皮。（外净云）恁的苦涩东西，怕不噎坏了你。（旦）啮雪吞毡，苏卿犹健，餐松食柏，到做得神仙侣。这糠呵！纵然吃些何虑。（净云）阿公，你休听他说谎，这糠如何吃得？（旦）爹妈休疑，奴须是你孩儿的糟糠妻室。（外净看，哭科）媳妇，我元来错埋怨了你，兀的不痛杀我也。

此一出实为一篇之警策，竹垞《静志居诗话》，谓闻则诚填词，夜案烧双烛，填至《吃糠》一出，句云"糠和米本一处飞"，"双烛花交为一"。吴舒凫《长生殿传奇序》，亦谓则诚居栎社沈氏楼，清夜案歌，几上蜡烛二枚，光交为一，因名其楼曰瑞光。此事固属附会，可知自昔皆以此出为神来之作。然记中笔意近此者，亦尚不乏。此种笔墨，明以后人全无能为役，故虽谓北剧南戏，限于元代可也。

第五篇

鲁迅讲国学

鲁迅（1881—1936年），原名周树人，字豫章，浙江绍兴人，我国现代最伟大的文学家、思想家、学者。鲁迅是五四新文化运动的旗手和灵魂，中国现代最伟大的反帝反封建斗士。他以自己的小说创作奠定了新文学运动的基石，小说集《呐喊》《彷徨》等已经成为中国现代文学的经典；他的杂文集《三闲集》《而已集》等，文笔犀利、思想深刻，是投向旧社会的匕首和投枪；他的散文集《野草》则为中国的白话散文诗开创了一个崭新的时代。他的作品已经被翻译成五十多种文字，是世界上颇有成就的作家之一。

第一章

汉文学史纲要

自文字至文章

在昔原始之民，其居群中，盖惟以姿态声音，自达其情意而已。声音繁变，浸成言辞，言辞谐美，乃兆歌咏。时属草昧，庶民朴淳，心志郁于内，则任情而歌呼，天地变于外，则祗畏以颂祝，踊跃吟叹，时越侪辈，为众所赏，默识不忘，口耳相传，或逮后世。复有巫觋，职在通神，盛为歌舞，以祈灵贶，而赞颂之在人群，其用乃愈益广大。试察今之蛮民，虽状极狉獉，未有衣服宫室文字，而颂神抒情之什，降灵召鬼之人，大抵有焉。吕不韦云，"昔葛天氏之乐，三人操牛尾，投足以歌八阕。"(《吕氏春秋》《仲夏纪》《古乐》) 郑玄则谓"诗之兴也，谅不于上皇之世。"(《诗谱序》) 虽荒古无文，并难征信，而证以今日之野人，揆之人间之心理，固当以吕氏所言，为较近于事理者矣。

然而言者，犹风波也，激荡既已，余踪杳然，独恃口耳之传，殊不足以行远或垂后。诗人感物，发为歌吟，吟已感漓，其事随讫。倘将记言行，存事功，则专凭言语，大惧遗忘，故古者尝结绳而治，而后之圣人易之以书契。结绳之法，今不能知；书契者，相传"古者庖牺氏之王天下也，仰则观象于天，俯则观法于地，观鸟兽之文与地之宜，近取诸身，远取诸物，于是始作八卦。"(《易下·系辞》)"神农氏复重之为六十四爻。"（司马贞《补史记》）颇似为文字所由始。其文今具存于《易》，积画成象，短长错综，变易有穷，与后之文字不相系属。故许慎复以为"黄帝之史仓颉，见鸟兽蹄远之迹，知分理之可相别异也，初造书契"（《说文解字序》）。要之文字成就，所当绵历岁时，且由众手，全群共喻，乃得流行，谁为作者，殊难确指，归功一圣，亦凭臆之说也。

许慎云，"仓颉之初作书，盖依类象形，故谓之文。其后形声相益，即谓之字。字者，言孳乳而浸多也。著于竹帛谓之书。书者，如也。……《周礼》八岁入小学，保氏教国子，先以六书。一曰指事，指事者，视而可识，察而可见，上下是也；二曰象形，象形者，画成其物，随体诘诎，日月是也；三曰形声，形声者，以事为名，取譬相成，江河是也；四曰会意，会意者，比类合谊，以见指㧑，武信是也；五曰转注，转注者，建类一首，同意相受，考老是也；六曰假借，假借者，本无其字，依声托事，令长是也。"（《说文解字序》）指事、象形、会意、为形体之事，形声、假借、为声音之事；转注者，训诂之事也。虞夏书契，今不可见。岣嵝禹书，伪造不足论。商周以来，则刻于骨甲金石者多有，下及秦汉，文字弥繁，而摄以六事，大抵弭合。意者文字初作，首必象形，触目会心，不待授受，渐而演进，则会意指事之类兴焉。今之文字，形声转多，而察其缔构，什九以形象为本柢，诵习一字，当识形音义三：口诵耳闻其音，目察其形，心通其义，三识并用，一字之功乃全。其在文章，则写山曰崚嶒嵯峨，状水曰汪洋澎湃，蔽芾葱茏，恍逢丰木，鳟鲂鳗鲤，如见多鱼。故其所函，遂具三美：意美以感心，一也；音美以感耳，二也；形美以感目，三也。

连属文字，亦谓之文。而其兴盛，盖亦由巫史乎。巫以记神事，更进，则史以记人事也，然尚以上告于天；翻今之《易》与《书》，间能得其仿佛。至于上古实状，则荒漠不可考，君长之名，且难审知，世以天皇地皇人皇为三皇者，列三才开始之序，继以有巢、燧人、伏羲、神农者，明人群进化之程，殆皆后人所命，非真号矣。降及轩辕，遂多传说，逮于虞、夏，乃有著于简策之文传于今。

巫史非诗人，其职虽止于传事，然厥初亦凭口耳；虑有愆误，则练句协音，以便记诵。文字既作，固无愆误之虞矣，而简策繁重，书削为劳，故复当俭约其文，以省物力，或因旧习，仍作韵言。今所传有黄帝《道言》（见《吕氏春秋》），《金人铭》（《说苑》），颛顼《丹书》（《大戴礼记》），帝喾《政语》（《贾谊新书》），虽并出秦汉人书，不足凭信，而大抵协其音，偶其词，使读者易于上口，则殆犹古之道也。

由前言更推度之，则初始之文，殆本与语言稍异，当有藻韵，以便传诵，"直言曰言，论难曰语"，区以别矣。然汉时已并称凡著于竹帛者为文章（《汉书·艺文志》）；后或更拓其封域，举一切可以图写，接于目睛者皆属之。梁之刘勰，至谓"人文之元，肇自太极"（《文心雕龙·原道》），三才所显，并由道妙，"形立则章成矣，声发则文生矣"，故凡虎斑霞绮，林籁泉韵，俱为文章。其说汗漫，不可审理。稍隘之义，则《易》有曰，"物相杂，故曰文。"《说文解字》曰，"文，错画也。"可知凡所谓文，必相错综，错而不乱，亦近丽尔之象。至刘熙云"文者，会集众彩以成锦绣，会集众字以成辞义，如文绣然也"（《释名》）。则确然以文章之事，当具辞义，且有华饰，如文绣矣。《说文》又有彣字，云："𧤛也"；"𧤛，彣彰也"。盖即此义。然后来不用，但书文章，今通称文学。

刘勰虽于《原道》一篇，以人"为五行之秀，实天地之心，心生而言立，言立而文明，自然之道也。傍及万品，动植皆文。……"而晋宋以来，文笔之辨又甚峻。其《总术篇》即云，"今之常言：有文有笔。以为无韵者笔也，有韵者文也。"萧绎所诠，尤为昭晰，曰："今之门徒，转相师受，通圣人之经者谓之儒；屈原、宋玉、枚乘、长卿之徒，止于辞赋则谓之文。……至如不便为诗如阎纂，善为章奏如伯松，若是之流，泛谓之笔。吟咏风谣，流连哀思者谓之文。"又曰，"笔，退则非谓成篇，进则不云取义，神其巧惠，笔端而已。至如文者，惟须绮縠纷披，宫徵靡曼，唇吻遒会，精灵荡摇。而古之文笔今之文笔，其源又异。"（《金楼子·立言篇》）盖其时文章界域，极可弛张，纵之则包举万汇之形声；严之则排摈简质之叙记，必有藻韵，善移人情，始得称文。其不然者，概谓之笔。

辞笔或诗笔对举，唐世犹然，逮及宋元，此义遂晦，于是散体之笔，并称曰文，且谓其用，所以载道，提挈经训，诛锄美辞，讲章告示，高张文苑矣。清阮元作《文言说》，其子福又作《文笔对》，复昭古谊，而其说亦不行。

《书》与《诗》

《周礼》，外史掌三皇五帝之书，今已莫知其书为何等。假使五帝书诚为五典，则今惟《尧典》在《尚书》中。"尚者，上也。上所为，下所书也。"（王充《论衡·须颂篇》）或曰："言此上代以来之书。"（孔颖达《尚书正义》）纬书谓"孔子求书，得黄帝玄孙帝魁之书，迄于秦穆公，凡三千二百四十篇。断远取近，定可为世法者百二十篇：以百二篇为《尚书》，十八篇为《中候》。去三千一百二十篇。"（《尚书·璇玑钤》）乃汉人侈大之言，不可信。《尚书》盖本百篇：《虞夏书》二十篇，《商书》《周书》各四十篇。今本有序，相传孔子所为，言其作意（《汉书·艺文志》），然亦难信，以其文不类也。秦燔烧经籍，济南伏生抱书藏山中，又失之。汉兴，景帝使晁错往从口授，而伏生旋老死，仅得自《尧典》至《秦誓》二十八篇；故汉人尝以拟二十八宿。

《书》之体例有六：曰典，曰谟，曰训，曰诰，曰誓，曰命，是称六体。然其中有《禹贡》，颇似记，余则概为训下与告上之词，犹后世之诏令与奏议也。其文质朴，亦诘屈难读，距以藻韵为饰，俾便颂习，便行远之时，盖已远矣。晋卫宏则云，"伏生老，不能正言，言不可晓，使其女传言教错。齐人语多与颖川异，错所不知，凡十二三，略以其意属读而已。"故难解之处多有。今即略录《尧典》中语，以见大凡：

"……帝曰：畴咨若时，登庸。放齐曰：胤子朱，启明。帝曰：吁！嚚讼，可乎？帝曰：畴咨若予采？驩兜曰：都！共工，方鸠僝工。帝曰：吁！静言庸违，象恭，滔天！帝曰：咨，四岳！汤汤洪水方割，荡荡怀山襄陵，浩浩滔天，下民其咨。有能，俾乂。佥曰：於，鲧哉！帝曰：吁，咈哉！方命，圮族。岳曰：异哉！试可，乃已。帝曰：往，钦哉！九载，绩用弗成。帝曰：咨，四岳！朕在位七十载，汝能庸命，巽朕位。岳曰：否德，忝帝位。曰：明明，扬侧陋！师锡帝曰：有鳏在下，曰虞舜。帝曰：俞！予闻。如何？岳曰：瞽子。父顽，母嚚，象傲。克谐以孝，烝烝乂，不格奸。帝曰：我其试哉。女于时观厥刑于二女，釐降二女于妫汭，嫔于虞。"

扬雄曰，"昔之说《书》者序以百，……虞夏之《书》浑浑尔，《商书》灏灏尔，《周书》噩噩尔。"（《法言·问神》）虞夏禅让，独饶治绩，敷扬休烈，故深大矣；周多征伐，上下相戒，事危而言切，则峻肃而不阿借；惟《商书》时有哀激之音，若缘厓而失其援，以为夷旷，所未详也。如《西伯戡黎》：

"西伯既戡黎，祖伊恐，奔告于王曰：天子！天既讫我殷命，格人元龟，罔敢知吉。非先王不相我后人，惟王淫戏用自绝。故天弃我，不有康食。不虞天性，不迪率典。今我民罔弗欲丧，曰，天曷不降威，大命不挚？今王其如台。王曰：呜呼！我生不有命在天？祖伊反曰：呜呼！乃罪多参在上，乃能责命于天？殷之即丧，指乃功，不无戮于尔邦！"

武帝时，鲁共王坏孔子旧宅，得其末孙惠所藏之书，字皆古文。孔安国以今文校之，得二十五篇，其五篇与伏生所诵相合，因并依古文，开其篇第，以隶古字写之，合成五十八篇。会巫蛊事起，不得奏上，乃私传其业于生徒，称《尚书》古文之学（《隋书·经籍志》）。而先伏生所口授者，缘其写以汉隶，遂反称今文。

孔氏所传，既以值巫蛊不行，遂有张霸之徒，伪造《舜典》《汩作》等二十四篇，亦称古文书，而辞义芜鄙，不足取信于世。若今本孔传《古文尚书》，则为晋豫章梅赜所奏上，独失《舜典》；至隋购募，乃得其篇，唐孔颖达疏之，遂大行于世。宋吴棫始以为疑；朱熹更比较其词，以为"今文多艰涩，而古文反平易"，"却似晋宋间文章"，并书序亦恐非安国作也。明梅鷟作《尚书考异》，尤力发其复，谓"《尚书》惟今文传自伏生口诵者为真古文。出孔壁中者，尽后儒伪作，大抵依约诸经《论》《孟》中语，并窃其字句而缘饰之"云。

诗歌之起，虽当早于记事，然葛天《八阕》，黄帝乐词，仅存其名。《家语》谓舜弹五弦之琴，造《南风》之诗曰："南风之熏兮，可以解吾民之愠兮；南风之时兮，可以阜吾民之财兮。"《尚书·大传》又载其《卿云歌》云："卿云烂兮，纠缦缦兮，日月光华，旦复旦兮！"辞仅达意，颇有古风，而汉魏始传，殆亦后人拟作。其可征信者，乃在《尚书·皋陶谟》，（伪孔传《尚书》分之为《益稷》）曰：

"……夔曰：於！予击石拊石，百兽率舞，庶尹允谐。帝庸作歌曰：敕天之命，惟时惟几。乃歌曰：股肱喜哉，元首起哉，百工熙哉！皋陶拜手稽首扬言曰：念哉！率作兴事，慎乃宪，钦哉！屡省乃成，钦哉！乃赓载歌曰：元首明哉，股肱良哉，庶事康哉！又歌曰：元首丛脞哉，股肱惰哉，万事堕哉！帝曰：俞，往，钦哉！"

以体式言，至为单简，去其助字，实止三言，与后之"汤之《盘铭》曰：苟日新，日日新，又日新"同式；又虽亦偶字履韵，而朴陋无华，殊无以胜于记事。然此特君臣相勖，冀各慎其法宪，敬其职事而已，长言咏叹，故命曰歌，固非诗人之作也。

自商至周，诗乃圆备，存于今者三百五篇，称为《诗经》。其先虽遭秦火，而人所讽诵，不独在竹帛，故最完。司马迁始以为："古者《诗》三千余篇，及至孔子，去其重，取其可施于礼义，上采契后稷，中述殷周之盛，至幽厉之缺。"然唐孔颖达已疑其言；宋郑樵则谓诗皆商周人作，孔子得于鲁太师，编而录之。朱熹于诗，其意常与郑樵合，亦曰："人言夫子删诗，看来只是采得许多诗，夫子不曾删去，只是刊定而已。"

《书》有六体，《诗》则有六义焉：一曰风，二曰赋，三曰比，四曰兴，五曰雅，六曰颂。风雅颂以性质言：风者，闾巷之情诗；雅者，朝廷之乐歌；颂者，宗庙之乐歌也。是为《诗》之三经。赋比兴以体制言：赋者直抒其情；比者借物言志；兴者托物兴辞也。是为《诗》之三纬。风以《关雎》始，雅有大小，小雅以《鹿鸣》始，大雅以《文王》始；颂以《清庙》始；是为四始。汉时，说《诗》者众，鲁有申培，齐有辕固，燕有韩婴，皆尝列于学官，而其书今并亡。存者独有赵人毛苌诗传，其学自谓传自子夏；河间献王尤好之。其诗每篇皆有序，郑玄以为首篇大序即子夏作，后之小序则子夏毛公合作也。而韩愈则云："子夏不序诗。"朱熹解诗，亦但信诗不信序。然据范晔说，则实后汉卫宏之所为尔。

毛氏《诗序》既不可信，三家《诗》又失传，作诗本义遂难通晓。而《诗》之篇目次第，又不甚以时代为先后，故后来异说滋多。明何楷作《毛诗世本古义》，乃以诗编年，谓上起于夏少康时（《公刘》《七月》等）而讫于周敬王之世（《下泉》），虽与孟子知人论世之说合，然亦非必其本义矣。要之《商颂》五篇，事迹分明，词亦诘屈，与《尚书》近似，用以上续舜皋陶之歌，或非诬欤？今录其《玄鸟》一篇；《毛诗》序曰：祀高宗也。

"天命玄鸟，降而生商，宅殷土芒芒。古帝命武汤，正域彼四方，方命厥后，奄有九有。商之先后，受命不殆，在武丁孙子。武丁孙子，武王靡不胜，龙旗十乘，大糦是承。邦畿千里，维民所止，肇域彼四海，四海来假。来假祁祁，景员维河，殷受命咸宜，百禄是何。"

至于二《雅》，则或美或刺，较足见作者之情，非如《颂》诗，大率叹美。如《小雅·采薇》，言征人远戍，虽劳而不敢息云：

"采薇采薇，薇亦作止。曰归曰归，岁亦莫止。靡室靡家，猃狁之故；不遑启居，猃狁之故。……彼尔维何？维常之华。彼路斯何？君子之车。戎车既驾，四牡业业；岂敢定居，一月三捷。……昔我往矣，杨柳依依；今我来思，雨雪霏霏，行道迟迟，载渴载饥。我心伤悲，莫知我哀！"

此盖所谓怨诽而不乱，温柔敦厚之言矣。然亦有甚激切者，如《大雅·瞻卬》：

"瞻卬昊天，则不我惠，孔填不宁，降此大厉。邦靡有定，士民其瘵。蟊贼蟊疾，靡有夷届；罪罟不收，靡有夷瘳！人有土田，女反有之；人有民人，女复夺之。此宜无罪，女反收之；彼宜有罪，女复说之！哲夫成城，哲妇倾城。……觱沸槛泉，维其深矣；心之忧矣，宁自今矣。不自我先，不自我后。藐藐昊天，无不克巩；无忝皇祖，式救尔后！"

《国风》之词，乃较平易，发抒情性，亦更分明。如：

"野有死麕，白茅包之；有女怀春，吉士诱之。林有朴樕；野有死鹿，白茅纯束；有女如玉。舒而脱脱兮；无感我帨兮；无使龙也吠！"（《召南·野有死麕》）

"溱与洧，方涣涣兮；士与女，方秉蕑兮。女曰观乎，士曰既且。且往观乎，洧之外，洵订且乐。维士与女，伊其相谑，赠之以勺药。……"（《郑风·溱洧》）

"山有枢，隰有榆。子有衣裳，弗曳弗娄；子有车马，弗驰弗驱；宛其死矣，他人是愉。山有栲，隰有杻。子有廷内，弗洒弗扫；子有钟鼓，弗鼓弗考，宛其死矣，他人是保。山有漆，隰有栗。子有酒食，何不日鼓瑟？且以喜乐，且以永日。宛其死矣，他人入室。"（《唐风》《山有枢》）

《诗》之次第，首《国风》，次《雅》，次《颂》。《国风》次第，则始周召二南，次邶、鄘、卫、王、郑、齐、魏、唐、秦、陈、桧、曹而终以豳。其序列先后，宋人多以为即孔子微旨所寓，然古诗流传来久，篇次未必一如其故，今亦无以定之。惟《诗》以平易之《风》始，而渐及典重之《雅》与《颂》；《国风》又以所尊之周室始，次乃旁及于各国，则大致尚可推见而已。

《诗》三百篇，皆出北方，而以黄河为中心。其十五国中，周南、召、南、王、桧、陈、郑在河南，邶、鄘、卫、曹、齐、魏、唐在河北，豳秦则在泾渭之滨，疆域概不越今河南、山西、陕西、山东四省之外。其民厚重，故虽直抒胸臆，犹能止乎礼义，忿而不戾，怨而不怒，哀而不伤，乐而不淫，虽诗歌，亦教训也。然此特后儒之言，实则激楚之言，奔放之词，《风》《雅》中亦常有，而孔子则曰：《诗》三百，一言以蔽之，曰：思无邪。"后儒因孔子告颜渊为邦，曰"放郑声"。又曰："恶郑声之乱雅乐也。"遂亦疑及《郑风》，以为淫逸，失其旨矣。自心不净，则外物随之，嵇康曰："若夫郑声，是音声之至妙，妙音感人，犹美色惑志，耽槃荒酒，易以丧业，自非至人，孰能御之。"（本集《声无哀乐论》）世之欲捐窈窕之声，盖由于此，其理亦并通于文章。

老庄

周室寖衰，风人辍采；故曰："王者之迹熄而诗亡。"志士欲救世弊，则穷竭神虑，举其知闻。而诸侯又方并争，厚招游学之士；或将取合世主，起行其言，乃复力斥异家，以自所执持者为要道，聘辩腾说，著作云起矣。然当时足称"显学"者，实止三家，曰道，曰儒，曰墨。

道家书据《汉书·艺文志》所录有《伊尹》《太公》《辛甲》等，今皆不传；《鬻子》《筦子》亦后人作，故存于今者莫先于《老子》。老子名耳，字聃，姓李氏，楚人，盖生于周灵王初（约前570），尝为守藏室之史，见周之衰，遂去，至关，为关令尹喜著书上下篇，言道德之意，五千余言而去，莫知其所终也。今书又离为八十一章，亦后人妄分，本文实惟杂述思想，颇无条贯；时亦对字协韵，以便记诵，与秦汉人所传之黄帝《金人铭》，颛顼《丹书》等（见第一篇）同：

"视之不见名曰夷，听之不闻名曰希，搏之不得名曰微。此三者不可致诘，故混而为一。其上不皦，其下不昧，绳绳不可名，复归于无物。是谓无状之状，无物之象，是谓惚恍。迎之不见其首，随之不见其后，执古之道，以御今之有。能知古始，是谓道纪。"

"执大象，天下往。往而不害，安平太。乐与饵，过客止；道之出口，淡乎其无味，视之不足见，听之不足闻，用之不足既。"

老子尝为周室守书，博见文典，又阅世变，所识甚多。班固谓"道家者流盖出于史官，历记成败存亡祸福古今之道，然后知秉要执本，清虚以自守，卑弱以自持"者盖以此。然老子之言亦不纯一，戒多言而时有愤辞，尚无为而仍欲治天下。其无为者，以欲"无不为"也。

"大道废，有仁义。智慧出，有大伪。六亲不和有孝慈，国家昏乱有忠臣。"

"民之饥，以其上食税之多，是以饥。民之难治，以其上之有为，是以难治。民之轻死，以其求生之厚，是以轻死。夫唯无以生为者，是贤于贵生。"

"……圣人处无为之事，行不言之教，万物作焉而不辞，生而不有，为而不恃，功成而弗居。夫唯弗居，是以不去。"

"为学日益，为道日损。损之又损，以至于无为。无为而无不为。取天下常以无事；及其有事，不足以取天下。"

儒、墨二家起老氏之后，而各欲尽人力以救世乱。孔子以周灵王二十一年（前551）生于鲁昌平乡陬邑，年三十余，尝问礼于老聃，然祖述尧舜，欲以治世弊，道不行，则定《诗》《书》，订《礼》《乐》，序《易》，作《春秋》。既卒（敬王四十一年＝前479），门人又相与辑其言行而论纂之，谓之《论语》。墨子亦鲁人，名翟，盖后于孔子百三四十年（约威烈王一至十年生），而尚夏道，兼爱尚同，非古之礼乐，亦非儒，有书七十一篇，今存者作十五卷。然儒者崇实，墨家尚质，故《论语》《墨子》，其文辞皆略无华饰，取足达意而已。时又有杨朱，主"为我"，殆未尝著书，而其说亦盛行于战国之世。孟子名轲（前372生前289卒）者，邹人，受学于子思，亦崇唐虞，说仁义，于杨墨则辞而辟之，著书七篇曰《孟子》。生当周季，渐有繁辞，而叙述则时特精妙，如墦间乞食一段，宋吴氏（《林下偶谈》）极推称之：

"齐人有一妻一妾而处室者。其良人出，则必餍酒食而后反；其妻问所与饮食者，尽富贵也。其妻告其妾曰：'良人出，则必餍酒食而后反，问其与饮食者，尽富贵也，而未尝有显者来，吾将瞷良人之所之也。'蚤起，施从良人之所之。遍国中无与立谈者，卒之东郭墦间之祭者，乞其余，不足，又顾而之他。此其为餍足之道也。其妻归，告其妾曰：良人者，所仰望而终身也，今若此。与其妾讪其良人，而相泣于中庭。而良人未之知也，施施从外来，骄其妻妾。"

然文辞之美富者，实惟道家，《列子》《鹖冠子》书晚出，皆后人伪作；今存者有《庄子》。庄子名周，宋之蒙人，盖稍后于孟子，尝为蒙漆园吏。著书十余万言，大抵寓言，人物土地，皆空言无事实，而其文则汪洋辟阖，仪态万方，晚周诸子之作，莫能先也。今存三十三篇，《内篇》七，《外篇》十五，《杂篇》十一；然《外篇》《杂篇》疑亦后人所加。于此略录《内篇》之文，以见大概：

"啮缺问乎王倪曰：子知物之所同是乎？曰：吾恶乎知之。子知子之所不知邪？曰：吾恶乎知之。然则物无知邪？曰：吾恶乎知之。虽然，尝试言之：庸讵知吾所谓知之非不知邪？庸讵知吾所谓不知之非知邪？且吾尝试问乎女：民湿寝则要疾偏死，鳅然乎哉？木处则惴栗恂惧，猿猴然乎哉？三者孰知正处。……自我观之：仁义之端，是非之途，樊然淆乱。吾恶能知其辩。啮缺曰：子不知利害，则至人固不知利害乎？王倪曰：至人神矣，大泽焚而不能热，河汉冱而不能寒，疾雷破山，风振海而不能惊。若然者乘云气，骑日月，而游乎四海之外。死生无变于己，而况利害之端乎？"（《齐物论》第二）

"泉涸，鱼相与处于陆，相呴以湿，相濡以沫，不如相忘于江湖。与其誉尧而非桀也，不如两忘而化其道。夫大块载我以形，劳我以生，佚我以老，息我以死，故善吾生者，乃所以善吾死也。"（《大宗师》第六）

"南海之帝为儵，北海之帝为忽，中央之帝为混沌。儵与忽时与相遇于混沌之地，混沌待之甚善。儵与忽谋报混沌之德，曰：人皆有七窍以视听食息，此独无有。尝试凿之。日凿一窍，七日而混沌死。"（《应帝王》第七）

末有《天下》一篇（胡适谓非庄周作），则历评"天下之治方术者"，最推关尹、老子，以为"古之博大真人"，而自述其文与意云：

"芴漠无形，变化无常。死与生与？天地并与？神明往与？芒乎何之，忽乎何适？万物毕罗，莫足以归。古之道术，有在于是者。庄周闻其风而悦之，以谬悠之说，荒唐之言，无端崖之辞，时纵恣而不傥，不以觭见之也。以天下为沉浊不可与庄语，以卮言为曼衍，以重言为真，以寓言为广。独与天地精神往来，而不敖倪于万物；不谴是非，以与世俗处。其书虽瑰玮，而连犿无伤也。其辞虽参差，而諔诡可观。彼其充实，不可以已。上与造物者游，而下与外死生无终始者为友。其于本也，弘大而辟，深闳而肆；其于宗也，可谓稠适而上遂矣。……"

故自史迁以来，均谓周之要本，归于老子之言。然老子尚欲言有无，别修短，知白黑，而措意于天下；周则欲并有无修短白黑而一之，以大归于"混沌"，其"不谴是非"，"外死生"，"无终始"，胥此意也。中国出世之说，至此乃始圆备。

察周季之思潮，略有四派。一邹鲁派，皆诵法先王，标榜仁义，以备世之急，儒有孔孟，墨有墨翟。二陈宋派，老子生于苦县，本陈地也，言清净之治，迨庄周生于宋，则且以"天下为沉浊不可与庄语"，自无为而入于虚无。三曰郑卫派，郑有邓析、申不害，卫有公孙鞅，赵有慎到、公孙龙，韩有韩非，皆言名法。四曰燕齐派，则多作空疏迂怪之谈，齐之驺衍、驺奭、田骈、接子等，皆其卓者，亦秦汉方士所从出也。

屈原及宋玉

战国之世，言道术既有庄周之蔑诗礼，贵虚无，尤以文辞，陵轹诸子。在韵言则有屈原起于楚，被谗放逐，乃作《离骚》。

逸响伟辞，卓绝一世。后人惊其文采，相率仿效，以原楚产，故称"楚辞"。较之于《诗》，则其言甚长，其思甚幻，其文甚丽，其旨甚明，凭心而言，不遵矩度。故后儒之服膺诗教者，或訾而绌之，然其影响于后来之文章，乃甚或在三百篇以上。

屈原，名平，楚同姓也，事怀王为左徒，博闻强志，明于治乱，娴于辞令，王令原草宪令，上官大夫欲夺其稿，不得，谗之于王，王怒而疏屈原。原彷徨山泽，见先王之庙及公卿祠堂，图画天地山川神灵，琦玮僪佹，及古贤圣怪物行事。因书其壁，呵而问之，以抒愤懑，曰《天问》。辞句大率四言；以所图故事，今多失传，故往往难得其解：

"……雄虺九首，鯈忽焉在？何所不死，长人何守？靡蓱九衢，枲华安居？一蛇吞象，厥大何如？黑水玄趾，三危安在？延年不死，寿何所止？鲮鱼何所，鬿堆焉处？羿焉彃日，乌焉解羽？……"

"……中央共牧后何怒？蜂蚁微命力何固？惊女采薇鹿何祐？北至回水萃何喜？兄有噬犬弟何欲，易之以百两卒无禄？……"

后盖又召还，尝欲联齐拒秦，不见用。怀王与秦婚，子兰劝王入秦，屈原止之，不听，卒为秦所留。长子顷襄王立，子兰为令尹，亦谗屈原，王怒而迁之。原在湘沅之间九年，行吟泽畔，颜色憔悴，作《离骚》，终怀石自投汨罗以死，时盖顷襄王十四五年（前285或前286）也。

《离骚》者，司马迁以为"离忧"，班固以为"遭忧"，王逸释以离别之愁思，扬雄则解为"牢骚"，故作《反离骚》，又作《畔牢愁》矣。其辞述己之始生，以至壮大，迄于将终，虽怀内美，重以修能，正道直行，而罹谗贼，于是放言遐想，称古帝，怀神山，呼龙虬，思佚女，申纾其心，自明无罪，因以讽谏。其文几二千言，中有云：

"……跪敷衽以陈辞兮，耿吾既得此中正。驷玉虬以乘鹥兮，溘埃风余上征。朝发轫于苍梧兮，夕余至乎县圃，欲少留此灵琐兮，日忽忽其将暮。吾令羲和弭节兮，望崦嵫而勿迫，路曼曼其修远兮，吾将上下而求索。饮余马于咸池兮，总余辔乎扶桑，折若木以拂日兮，聊逍遥以相羊。……览相观于四极兮，周流乎天余乃下，望瑶台之偃蹇兮，见有娀之佚女。吾令鸩为媒兮，鸩告余以不好；雄鸩之鸣逝兮，余犹恶其佻巧。……理弱而媒拙兮，恐导言之不固；时混浊而嫉贤兮，好蔽美而称恶。闺中既以邃远兮，哲王又不寤。怀朕情而不发兮，余焉能忍与此终古！……"

次述占于灵氛，问于巫咸，无不劝其远游，毋怀故宇，于是驰神纵意，将翱将翔，而睠怀宗国，终又宁死而不忍去也：

"……抑志而弭节兮，神高驰之邈邈；奏《九歌》而舞《韶》兮，聊假日以媮乐。陟升皇之赫戏兮，忽临睨夫旧乡；仆夫悲余马怀兮，蜷局顾而不行。乱曰：已矣哉！国无人，莫我知兮，又何怀乎故都？既莫足与为美政兮，吾将从彭咸之所居！"

今所传《楚辞》中有《九章》九篇，亦屈原作。又有《卜居》《渔父》，述屈原既放，与卜者及渔人问答之辞，亦云自制，然或后人取故事仿作之，而其设为问难，履韵偶句之法，则颇为词人则效，近如宋玉之《风赋》，远如相如之《子虚》《上林》，班固之《两都》皆是也。

《离骚》之出，其沾溉文林，既极广远，评骘之语，遂亦纷繁，扬之者谓可与日月争光，抑之者且不许与狂猖比迹，盖一则达观于文章，一乃局蹐于诗教，故其裁决，区以别矣。实则《离骚》之异于《诗》者，特在形式藻采之间耳。时与俗异，故声调不同；地异，故山川神灵动植皆不同；惟欲婚简狄，留二姚，或为北方人民所不敢道，若其怨愤责数之言，则三百篇中之甚于此者多矣。楚虽蛮夷，久为大国，春秋之世，已能赋诗，风雅之教，宁所未习，幸其固有文化，尚未沦亡，交错为文，遂生壮采。刘勰取其言辞，校之经典，谓有异有同，固雅颂之博徒，实战国之风雅，"虽取熔经义，亦自铸伟辞。……故能气往轹古，辞来切今，惊采绝艳，难与并能。"（《文心雕龙·辨骚》）可谓知言者已。

形式文采之所以异者，由二因缘，曰时与地。古者交接邻国，揖让之际，盖必诵诗，故孔子曰："不学《诗》，无以言。"周室既衰，聘问歌咏，不行于列国，而游说之风寖盛，纵横之士，欲以唇吻奏功，遂竞为美辞，以动人主。如屈原同时有苏秦者，其说赵司寇李兑也，曰："雒阳乘轩里苏秦，家贫亲老，无罢车驽马，桑轮蓬箧，赢縢担囊，触尘埃，蒙霜露，越漳河，足重茧，日百而舍，造外阙，愿造于前，口道天下之事。"（《赵策》一）自叙其来，华饰至此，则辩说之际，可以推知。余波流衍，渐及文苑，繁辞华句，固已非《诗》之朴质之体式所能载矣。况《离骚》产地，与《诗》不同，彼有河渭，此则沅湘，彼惟朴樕，此则兰茝；又重巫，浩歌曼舞，足以乐神，盛造歌辞，用于祀祭。《楚辞》中有《九歌》，谓"楚南郢之邑，沅湘之间，其俗信鬼而好祀，……屈原放逐，……愁思怫郁，出见俗人祭祀之礼，歌舞之乐，其词鄙俚，因为作《九歌》之曲"。而绮靡杳渺，与原他文颇不同，虽曰"为作"，固当有本。俗歌俚句，非不可沾溉词人，句不拘于四言，圣不限于尧舜，盖荆楚之常习，其所由来者远矣。今略录其《湘夫人》：

"帝子降兮北渚，目眇眇兮愁余。袅袅兮秋风，洞庭波兮木叶下。登白薠兮骋望，与佳期兮夕张。鸟何萃兮苹中，罾何为兮木上？沅有芷兮澧有兰，思公子兮未敢言；慌惚兮远望，观流水兮潺湲。麋何食兮庭中，蛟何为兮水裔？朝驰余马兮江皋，夕济兮西澨。闻佳人兮召予，将腾驾兮偕逝。筑室兮水中，葺之以荷盖。荪壁兮紫坛，播芳椒兮盈堂，桂栋兮兰橑，辛夷楣兮药房。……芷葺兮荷盖，缭之兮杜衡，合百草兮实庭，建芳馨兮庑门。九疑缤兮并迎，灵之来兮如云。捐余袂兮江中，遗余褋兮澧浦，搴汀洲兮杜若，将以遗兮远者。时不可兮骤得，聊逍遥兮容与。"

同时有儒者赵人荀况（约前315—前230），年五十始游学于齐，三为祭酒；已而被谗适楚，春申君以为兰陵令。亦作赋，《汉书》云十篇，今有五篇在《荀子》中，曰《礼》，曰《知》，曰《云》，曰《蚕》，曰《箴》，臣以隐语设问，而王以隐语解之，文亦朴质，概为四言，与楚声不类。又有《佹诗》，实亦赋，言天下不治之意，即以遗春申君者，则词甚切激，殆不下于屈原，岂身临楚邦，居移其气，终亦生牢愁之思乎？

"天下不治，请陈佹诗：天地易位，四时易乡。列星殒坠，旦暮晦盲。……仁人绌约，敖暴擅强。天下幽险，恐失世英。螭龙为蝘蜓，鸱枭为凤凰。比干见刳，孔子拘匡。昭昭乎其知之明也，郁郁乎其遇时之不祥也。……圣人共手，时几将矣，与愚以疑，愿闻反辞。其小歌曰：念彼远方，何其塞矣。仁人绌约，暴人衍矣。忠臣危殆，谗人般矣。璇玉瑶珠，不知佩也。杂布与锦，不知异也。……以盲为明；以聋为聪；以危为安；以吉为凶。呜呼上天，曷维其同！"

稍后，楚又有宋玉、唐勒、景差之徒，皆好辞，而以赋见称。然虽学屈原之文辞，终莫敢直谏，盖掇其哀愁，猎其华艳，而"九死未悔"之概失矣。宋玉者，王逸以为屈原弟子；事怀王之子襄王，为大夫，然不得志。所作本十六篇，今存十一篇，殆多后人拟作，可信者有《九辩》。《九辩》本古辞，玉取其名，创为新制，虽驰神逞想，不如《离骚》，而凄怨之情，实为独绝。如：

"皇天平分四时兮，窃独悲此凛秋。白露既下降百草兮，奄离披此梧楸。去白日之昭昭兮，袭长夜之悠悠。离芳蔼之方壮兮，余萎约而悲愁。秋既先戒以白露兮，冬又申之以严霜。……

岁忽忽而遒尽兮，恐余寿之弗将。悼余生之不时兮，逢此世之俇
攘。澹容与而独倚兮，蟋蟀鸣此西堂。心怵惕而震荡兮，何所忧
之多方？卬明月而太息兮，步列星而极明。"

又有《招魂》一篇，外陈四方之恶，内崇楚国之美，欲召魂
魄，来归修门。司马迁以为屈原作，然辞气殊不类。其文华靡，
长于敷陈，言险难则天地间皆不可居，述逸乐则饮食声色必极其
致，后人作赋，颇学其夸。句末俱用"些"字，亦为创格，宋沈
存中云，"今夔峡湖湘及南北江獠人，凡禁咒句尾皆称些，乃楚
人旧俗"也。

"……魂兮归来，南方不可以止<u>些</u>。雕题黑齿，得人肉以祀，
以其骨为醢<u>些</u>。蝮蛇蓁蓁，封狐千里<u>些</u>。雄虺九首，往来倏忽，
吞人以益其心<u>些</u>。魂兮归来，不可以久淫<u>些</u>。……魂兮归来，君
无上天<u>些</u>。虎豹九关，啄害下人<u>些</u>。一夫九首，拔木九千<u>些</u>。犲
狼从目，往来侁侁<u>些</u>。悬人以娭，投之深渊<u>些</u>。致命于帝，然
后得瞑<u>些</u>。归来归来，往恐危身<u>些</u>。……魂兮归来，入修门
<u>些</u>。……室家遂宗，食多方<u>些</u>。稻粢穱麦，挐黄粱<u>些</u>。大苦醎酸，
辛甘行<u>些</u>。肥牛之腱，臑若芳<u>些</u>。和酸若苦，陈吴羹<u>些</u>。腼鳖炮
羔，有柘浆<u>些</u>。……肴羞未通，女乐罗<u>些</u>。陈锺按鼓，造新歌<u>些</u>。
涉江采菱，发扬荷<u>些</u>。美人既醉，朱颜酡<u>些</u>。娭光眇视，目曾波
<u>些</u>。被文服纤，丽而不奇<u>些</u>。长发曼鬋，艳陆离<u>些</u>。……"

其称为赋者则九篇，（《文选》四篇；《古文苑》六篇，然《舞
赋》实傅毅作）大率言玉与唐勒景差同侍楚王，即事兴情，因而
成赋，然文辞繁缛填委，时涉神仙，与玉之《九辩》《招魂》及
当时情景颇违异，疑亦犹屈原之《卜居》《渔父》，皆后人依托为
之。又有《对楚王问》，（见《文选》及《说苑》）自辩所以不见
誉于士民众庶之故，先征歌曲，次引鲸凤，以明俗士之不能知圣
人。其辞甚繁，殆如游说之士所谈辩，或亦依托也。然与赋当并

出汉初。刘勰谓赋萌于《骚》，荀卿、宋玉，乃锡专名，与诗划境，蔚成大国；又谓"宋玉含才，始造'对问'"，于是枚乘《七发》，扬雄《连珠》，抒愤之文，郁然盛起。然则《骚》者，固亦受三百篇之泽，而特由其时游说之风而恢宏，因荆楚之俗而奇伟；赋与对问，又其长流之漫于后代者也。

唐勒、景差之文，今所传尤少。《楚辞》中有《大招》，欲效《招魂》而甚不逮，王逸云："屈原之所作也；或曰景差。"审其文辞，谓差为近。

李斯

秦始皇帝即位之初，相国吕不韦以列国常下士喜宾客，且多辩士，如荀况之徒，著书布天下，乃亦厚养士，使人人著其所知，集以为书，凡二十余万言，号曰《吕氏春秋》，布咸阳市门，延诸侯游士宾客，有能增损一字者予千金。始皇既壮，绌不韦；又渐并兼列国，虽亦召文学，置博士，而终则焚烧《诗》《书》，杀诸生甚众，重任丞相李斯，以法术为治。

李斯，楚上蔡人。少与韩非俱从荀况学帝王之术，成而入秦，为吕不韦舍人。说始皇，拜为长史，渐进至左丞相。二世二年（前208）宦者赵高诬以谋反，杀之，具五刑，夷三族。斯虽出荀卿之门，而不师儒者之道，治尚严急，然于文字，则有殊勋，六国之时，文字异形，斯乃立意，罢其不与秦文合者，画一书体，作《仓颉》七章，与古文颇不同，后称秦篆；又始造隶书，盖起于官狱多事，苟趋简易，施之于徒隶也。法家大抵少文采，惟李斯奏议，尚有华辞，如上书《谏逐客》云：

"……必秦国所生然后可，则是夜光之璧，不饰朝廷；犀象之器，不为玩好；郑卫之女，不充后宫；而骏良駃騠，不实外厩；江南金锡不为用，西蜀丹青不为采。……夫击瓮叩缶，弹筝搏髀，而歌呼呜呜快耳目者，真秦之声也。郑卫桑间，《昭虞》《武象》者，异国之乐也。今弃击瓮叩缶而就郑卫，退弹筝而取《昭虞》。若是者，何也？快意当前，适观而已矣。今取人则不然：不问可否，不论曲直，非秦者去，为客者逐。然则是所重者在乎色乐珠玉，而所轻者在乎人民也。此非所以跨海内，制诸侯之术也。……"

二十八年，始皇始东巡郡县，群臣乃相与诵其功德，刻于金石，以垂后世。其辞亦李斯所为，今尚有流传，质而能壮，实汉晋碑铭所从出也。如《泰山刻石文》：

"皇帝临位，作制明法，臣下修饰。二十六年，初并天下，罔不宾服。亲巡天下黎民，登兹泰山，周览东极。从臣思迹，本原事业，祗诵功德。治道运行，诸产得宜，皆有法式。大义休明，垂于后世，顺承勿革。皇帝躬圣，既平天下，不懈于治。……昭隔内外，靡不清净，施于后嗣。化及无穷，遵奉遗诏，永承重戒。"

三十六年，东郡民刻陨石以诅始皇，案问不服，尽诛石旁居人。始皇终不乐，乃使博士作《仙真人诗》；及行所游天下，传令乐人歌弦之。其诗盖后世游仙诗之祖，然不传。《汉书·艺文志》著秦时杂赋九篇；《礼乐志》云周有《房中乐》，至秦名曰《寿人》，今亦俱佚。故由现存者而言，秦之文章，李斯一人而已。

汉宫之楚声

秦既焚烧《诗》《书》，坑诸生于咸阳，儒者乃往往伏匿民间，或则委身于敌以舒愤怨。故陈涉起匹夫，旬月王楚，而鲁诸儒持孔氏之礼器归之；孔甲则为涉博士，与俱败死。汉兴，高祖亦不乐儒术，其佐又多刀笔之吏，惟郦食其、陆贾、叔孙通文雅，有博士余风。然其厕足汉廷，亦非尽因文术，陆贾虽称说《诗》《书》，顾特以辩才见赏，郦生固自命儒者，而高祖实以说客视之；至叔孙通，则正以曲学阿世取容，非重其能定朝仪，知典礼也。即位之后，过鲁，虽曾以中牢祀孔子，盖亦英雄欺人，将借此收揽人心，俾知一反秦之所为而已。高祖崩，儒者亦不见用，《汉书·儒林传》云："孝惠高后时，公卿皆武力功臣。孝文本好刑名之言。及至孝景，不任儒；窦太后又好黄老术，故诸博士具官待问，未有进者。"

故在文章，则楚汉之际，诗教已熄，民间多乐楚声，刘邦以一亭长登帝位，其风遂亦被宫掖。盖秦灭六国，四方怨恨，而楚尤发愤，誓虽三户必亡秦，于是江湖激昂之士，遂以楚声为尚。项籍困于垓下，歌曰："力拔山兮气盖世，时不利兮骓不逝！骓不逝兮可奈何？虞兮虞兮奈若何？"楚声也。高祖既定天下，因征黥布过沛，置酒沛宫，召故人父老子弟佐酒，自击筑歌曰："大风起兮云飞扬。威加海内兮归故乡。安得猛士兮守四方！"亦楚声也。且发沛中儿百二十人教之歌，群儿皆和习之。其后欲立戚夫人子赵王如意，因而废太子，不果，戚夫人泣涕，亦令作楚舞，而自为楚歌：

"鸿鹄高飞，一举千里，羽翼已就，横绝四海。横绝四海，又可奈何？虽有矰缴，尚安所施？"

《房中乐》始于周，以乐祖先。汉初，高帝姬唐山夫人作乐词，以从帝所好，亦楚声。至孝惠二年（前193）使乐府令夏侯宽备其箫管，更名《安世乐》，凡十六章，今录其二：

"丰草葽，女罗施。善何如，谁能回？大莫大，成教德；长莫长，被无极。"

"都荔遂芳，窅窊桂华。孝奏天仪，若日月光。乘玄四龙，回驰北行。羽旄殷盛，芬哉芒芒。孝道随世，我署文章。"

又以沛宫为原庙，令歌儿吹习高帝《大风》之歌，遂用百二十人为常员。文景相嗣，礼官肄之。楚声之在汉宫，其见重如此，故后来帝王仓卒言志，概用其声，而武帝词华，实为独绝。当其行幸河东，祠后土，顾视帝京，忻然中流，与群臣醵饮，自作《秋风辞》，缠绵流丽，虽词人不能过也：

> "秋风起兮白云飞，草木黄落兮雁南归。兰有秀兮菊有芳，怀佳人兮不能忘。泛楼船兮济汾河，横中流兮扬素波，箫鼓鸣兮发棹歌。欢乐极兮哀情多，少壮几时兮奈老何。"

降及少帝，将为董卓所鸩，与妻唐姬别，悲歌云："天道易兮我何艰，弃万乘兮退守藩。逆臣见迫兮命不延，逝将去汝兮适幽玄！"唐姬歌曰："皇天崩兮后土颓，身为帝兮命夭摧。死生路异兮从此乖，奈我茕独兮中心哀！"虽临危抒愤，词意浅露，而其体式，亦皆楚歌也。

贾谊与晁错

汉初善言治道，亦擅文章者，先有陆贾佐高祖，每称说《诗》《书》；高帝命著书言秦所以失天下及古今成败，每奏一篇，帝未尝不称善，名其书曰《新语》；今存。文帝时则有颍川贾山，尝借秦为喻，言治乱之道，名曰《至言》；其后每上书，言多激切，善指事意，然不见用。所言今多亡失，惟《至言》见于《汉书》本传。

贾谊，雒阳人，尝从秦博士张苍受《春秋左氏传》。年十八，以能诵《诗》《书》，属文称于郡中。廷尉吴公荐于文帝，召为博士，时年二十余，而善于答诏令，诸生莫能及。文帝悦之，一岁中超迁至大中大夫，且拟以任公卿。绛灌、冯敬等毁之曰："雒阳之人年少初学，专欲擅权，纷乱诸事。"于是帝亦疏之，不用其议；后以谊为长沙王太傅。谊既以谪去，意不自得，及渡湘水，为赋吊屈原，亦以自谕也：

"恭承嘉惠兮俟罪长沙，侧闻屈原兮自湛汨罗。造托湘流兮敬吊先生，遭世罔极兮乃殒厥身。呜呼哀哉兮逢时不祥，鸾凤伏窜兮鸱枭翱翔。阘茸尊显兮谗谀得志，贤圣逆曳兮方正倒植。……吁嗟默默，生之无故兮！斡弃周鼎，宝康瓠兮。腾驾罢牛，骖蹇驴兮。骥垂两耳，服盐车兮。章甫荐履，渐不可久兮。嗟苦先生，独离此咎兮。讯曰：已矣，国其莫我知兮，独壹郁其谁语。凤漂漂其高逝兮，夫固自引而远去。袭九渊之神龙兮，沕深潜以自珍；偭蟂獭以隐处兮，夫岂从虾与蛭螾。所贵圣人之神德兮，远浊世而自藏；使骐骥可得系而羁兮，岂云异夫犬羊。般纷纷其离此尤兮，亦夫子之故也；历九州而相其君兮，何必怀此都也！凤凰翔于千仞兮，览德辉而下之；见细德之险征兮，遥曾击而去之。彼寻常之污渎兮，岂能容夫吞舟之巨鱼；横江湖之鳣鲸兮，固将制于蝼蚁。"

三年，有鸮飞入谊舍，止于坐隅。长沙卑湿，谊自惧不寿，因作《服赋》以自广，服者，楚人之谓鸮也。大意谓祸福纠缠，吉凶同域，生不足悦，死不足患，纵躯委命，乃与道俱，见服细故，无足疑虑。其外死生，顺造化之旨，盖得之于庄生。岁余，文帝征谊，问鬼神之本，自叹为不能及。顷之，拜为帝少子梁怀王太傅。时复封淮南厉王子四人为列侯，谊上疏以谏；又以诸侯王僭拟，地或连数郡，非古之制，乃屡上书陈政事，请稍削之。其治安之策，洋洋至六千言，以为天下"事势，有可为痛哭者一，可为流涕者二，可为长太息者六，若其他背理而伤道者，难遍以疏举"，因历指其失，颇切事情，然不见听。居数年，怀王堕马死，无后；谊自伤为傅无状，哭泣岁余，亦死，年三十三（前200—前168）。

晁错，颍川人，少学申商刑名于轵张恢所，文帝时以文学为太常掌故，被遣从济南伏生受《尚书》，还，因上便宜事，以

《书》称说，诏以为太子舍人、门大夫、迁博士，拜太子家令。又以辩得幸太子，太子家号曰智囊。举贤良文学，对策高第，又数上书文帝，言削诸侯事及法令可更定者。帝不听，然奇其材，迁中大夫。景帝即位，以为内史，言事辄听，始宠幸倾九卿，法令多所更定，袁盎、申屠嘉皆弗善之，而错愈贵，迁为御史大夫。又请削诸侯之地，收其枝郡。其说削吴云：

"昔高帝初定天下，昆弟少，诸子弱，大封同姓，故孽子悼惠王王齐七十二城，庶弟元王王楚四十城，兄子王吴五十余城。封三庶孽，分天下半。今吴王前有太子之隙，诈称病不朝，于古法当诛。文帝不忍，因赐几杖，德至厚也。不改过自新，乃益骄恣，公即山铸钱，煮海为盐，诱天下亡人，谋作乱逆。今削之亦反，不削亦反。削之，其反亟，祸小；不削之，其反迟，祸大。"

错请削地之奏，诸贵人皆不敢难，惟窦婴争之，由是与错有隙。诸侯亦先疾其所更法令三十章，于是吴楚七国遂反，以诛错为名；窦婴、袁盎又说文帝，令晁错衣朝衣，斩于东市（前154）。

晁贾性行，其初盖颇同，一从伏生传《尚书》，一从张苍受《左氏》。错请削诸侯地，且更定法令；谊亦欲改正朔，易服色；又同被功臣贵幸所谮毁。为文皆疏直激切，尽所欲言；司马迁亦云："贾生晁错明申商。"惟谊尤有文采，而沉实则稍逊，如其《治安策》《过秦论》，与晁错之《贤良对策》《言兵事疏》《守边劝农疏》，皆为西汉鸿文，沾溉后人，其泽甚远；然以二人之论匈奴者相较，则可见贾生之言，乃颇疏阔，不能与晁错之深识为伦比矣。

惟其后之所以绝异者，盖以文帝守静，故贾生所议，皆不见用，为梁王傅，抑郁而终。晁错则适遭景帝，稍能改革，于是大获宠幸，得行其言，卒召变乱，斩于东市；又夙以刑名著称，遂复来"为人陗直刻深"之谤。使易地而处，所遇之主不同，则其晚节末路，盖未可知也。但贾谊能文章，平生又坎壈，司马迁哀其不遇，以与屈原同传，遂尤为后世所知闻。

藩国之文术

汉高祖虽不喜儒，文景二帝，亦好刑名黄老，而当时诸侯王中，则颇有倾心养士，致意于文术者。楚、吴、梁、淮南、河间五王，其尤著者也。

楚元王交为高祖同父少弟，好书多材艺。少时，与鲁穆生、白生、申公，俱受《诗》于孙卿门人浮丘伯。故好《诗》，既王楚，诸子亦皆读《诗》；申公始为《诗》传，号"鲁诗"；元王亦自为传，号"元王诗"。汉初治《诗》大师，皆居于楚；申公，白公之外，又有韦孟，为元王傅，傅子夷王，及孙王戊。戊荒淫不遵道，孟乃作诗讽谏；后遂去位，徙家于邹，又作诗一篇，其叙事布词，自为一体，皆有风雅遗韵。魏晋以来，递相师法，用以叙先烈，述祖德，故任昉《文章缘起》以为"四言诗起于前汉楚王傅韦孟《谏楚夷王戊》诗"也。

吴王濞者，高祖兄仲之子。文帝时，吴太子入见，与皇太子争博道，皇太子引博局提杀之。吴王由是怨望，藏亡匿死，积三十余年，故能使其众。然所用多纵横游说之士；亦有并擅文词者，如严忌、邹阳、枚乘等。吴既败，皆游梁。

梁孝王名武，文帝窦皇后少子也。七国之叛，梁距吴楚最有功，又最为大国，卤簿拟天子；招延四方豪杰，自山东游士莫不至。传《易》者有丁宽，以授田王孙，田授施仇、孟喜、梁丘贺，由是《易》有施孟梁丘三家之学。又有羊胜、公孙诡、韩安国，各以辩智著称。吴败，吴客又皆游梁；司马相如亦尝游梁，皆词赋高手，天下文学之盛，当时盖未有如梁者也。

严忌本姓庄，后避明帝讳，称严，会稽吴人。好词赋，哀屈原忠贞不遇，作词曰《哀时命》。遭景帝不好词赋，无所得志，乃游吴；吴败，徒步入梁，受知孝王，与邹阳、枚乘同见尊重，而忌名尤盛，世称庄夫子。《汉志》有《庄夫子赋》二十四篇；今仅存《哀时命》一篇，在《楚辞》中。

邹阳，齐人，初与严忌，枚乘等俱仕吴，皆以文辩著名。吴王将叛，阳作书以谏，不见用；乃去而之梁，从孝王游。其为人有智略，慷慨不苟合，为羊胜、公孙诡所谗，孝王怒，下阳于狱，将杀之。阳在狱中，上书自明：

"……语曰：有白头如新，倾盖如故。何则？知与不知也。故樊於期逃秦之燕，借荆轲首以奉丹事；王奢去齐之魏，临城自刭，以却齐而存魏。夫王奢樊於期，非新于齐秦而故于燕魏也，所以去二国，死两君者，行合于志而慕义无穷也。……今人主诚能去骄傲之心，怀可报之意，披心腹，见情素，堕肝胆，施德厚，终与之穷达，无爱于士，则桀之犬可使吠尧，而跖之客可使刺由。何况因万乘之权，假圣王之资乎？然则荆轲湛七族，要离燔妻子，岂足为大王道哉？……"

书奏，孝王立出之，卒为上客，后羊胜、公孙诡以罪死，阳独为梁王解深怒于天子。盖吴蓄深谋，偏好策士，故文辩之士，亦常有纵横家遗风，词令文章，并长辟阖，犹战国游士之口说也。《汉志》纵横家，有《邹阳》七篇，而不录其词赋，似阳之在汉，固以权略见称。《西京杂记》云：梁孝王游于忘忧之馆，集诸游士，使各为赋。枚乘《柳赋》，路乔如《鹤赋》，公孙诡《文鹿赋》，邹阳《酒赋》，公孙乘《月赋》，羊胜《屏风赋》，韩安国作《几赋》不成，邹阳代作。邹阳安国罚酒三升；赐枚乘路乔如绢，人五匹。《西京杂记》为晋葛洪作，托之刘歆，则诸赋或亦洪之所为耳。

枚乘，字叔，淮阴人，为吴王濞郎中。吴王谋为逆，乘上书以谏，吴王不纳，乃去而之梁。汉既平七国，乘由是知名，景帝召拜弘农都尉。乘久为大国上宾，不乐郡吏，以病去官；复游梁。梁客皆善属词，乘尤高。梁孝王薨，乘归淮阴。武帝自为太子闻乘名，及即位，乘年老，乃以安车蒲轮征乘，道死（前140）。

《汉志》有《枚乘赋》九篇；今惟《梁王菟园赋》存。《临灞池远诀赋》仅存其目，《柳赋》盖伪托。然乘于文林，业绩之伟，乃在略依《楚辞》《七谏》之法，并取《招魂》《大招》之意，自造《七发》。借吴楚为客主，先言舆辇之损，宫室之疾，食色之害，宜听妙言要道，以疏神导体。于是说以声色逸游之乐等等，凡六事，最末为观涛于广陵：

"……其始起也，洪淋淋焉若白鹭之下翔；其少进也，浩浩澄澄，如素车白马帷盖之张。其波涌而云乱，扰扰焉如三军之腾装。其旁作而奔起也，飘飘焉如轻车之勒兵。六驾蛟龙，附从太白。纯驰浩蜺，前后骆驿。颙颙卬卬，椐椐强强，莘莘将将。壁垒重坚，沓杂似军行。訇隐匈盖，轧盘涌裔，原不可当。观其两傍，则滂渤怫郁，暗漠感突，上击下律。有似勇壮之卒，突怒而无畏，蹈壁冲津，穷曲随隈，逾岸出追，遇者死，当者坏。……"

其说皆不入，则云：

"将为太子奏方术之士，有资略者，若庄周，魏牟，杨朱，墨翟，便娟，詹何之伦，使之论天下之精微，理万物之是非；孔老览观，孟子持筹而算之，万不失一。此亦天下要言妙道也，太子岂欲闻之乎？于是太子据几而起，曰：涣乎若一听圣人辩士之言。涊然汗出，霍然病已。"

由是遂有"七"体，后之文士，仿作者众，汉傅毅有《七激》，刘广有《七兴》，崔骃有《七依》，……凡十余家；递及魏晋，仍多拟造。谢灵运有《七集》十卷，卞景有《七林》十二卷，梁又有《七林》三十卷，盖即集众家此体为之，今俱佚；惟乘《七发》及曹植《七启》，张协《七命》，在《文选》中。

《文选》又有《古诗十九首》，皆五言，无撰人名。唐李善曰："并云古诗，盖不知作者；或云枚乘，疑不能明也。"然陈徐陵所集《玉台新咏》，则其中九首，明题乘名。审如是，乘乃不特始创七体，且亦肇开五古者矣，今录其三：

　　"西北有高楼，上与浮云齐，交疏结绮窗，阿阁三重阶。上有弦歌声，音响一何悲，谁能为此曲，无乃杞梁妻。清商随风发，中曲正徘徊，一弹再三叹，慷慨有余哀。不惜歌者苦，但伤知音稀。愿为双鸿鹄，奋翅起高飞。"

　　"……相去日已远，衣带日已缓。浮云蔽白日，游子不复返。思君令人老，岁月忽已晚。弃捐勿复道，努力加餐饭。"

　　"迢迢牵牛星，皎皎河汉女。纤纤濯素手，札札弄机杼，终日不成章，泣涕零如雨。河汉清且浅，相处复几许，盈盈一水间，脉脉不得语。"

　　其词随语成韵，随韵成趣，不假雕琢，而意志自深，风神或近楚《骚》，体式实为独造，诚所谓"畜神奇于温厚，寓感怆于和平，意愈浅愈深，词愈近愈远"者也。稍后李陵与苏武赠答，亦为五言，盖文景以后，渐多此体，而天质自然，终当以乘为独绝矣。

　　淮南王安为文帝所封，好书，鼓琴；招致宾客方术之士数千人，作为《内书》二十一篇，《外书》甚众；又有《中篇》八卷，言神仙黄白之术，亦二十余万言。时武帝方好艺文，以安为诸父，辩博善文辞，甚尊重之。尝使为《离骚传》，旦受诏，日食时上。传今亡；所传者惟《淮南》二十一篇，亦曰《鸿烈》。其书盖与诸游士讲论，掇拾旧文而成。其诸游士著者，则为苏飞、李尚、左吴、田由、雷被、毛被、伍被、晋昌等八人，是曰八公；又分造词赋，以类相从，或称《大山》，或称《小山》，其义犹《诗》之有《大雅》《小雅》也。小山之徒有《招隐士》之赋，其源虽出《离骚》《招魂》等，而不泥于迹象，为汉代楚辞之新声：

"桂树丛生兮山之幽，偃蹇连蜷兮枝相缭。山气龍嵸兮石嵯峨；溪谷崭岩兮水曾波。猿狖群啸兮虎豹嗥，攀援桂枝兮聊淹留。王孙游兮不归，春草生兮萋萋，岁暮兮不自聊，蟪蛄鸣兮啾啾。块兮轧，山曲岪，心淹留兮恫慌忽；罔兮沕，憭兮栗，虎豹穴，丛薄深林兮人上栗。嶔岑碕礒兮碅磳磈硊，树轮相纠兮林木茷骫；青莎杂树兮薠草靃靡；白鹿麏麚兮或腾或倚，状皃崟崟兮峨峨，凄凄兮漇漇。猕猴兮熊黑，慕类兮以悲。攀援桂枝兮聊淹留，虎豹斗兮熊黑咆，禽兽骇兮亡其曹。王孙兮归来，山中兮不可以久留。"

河间献王德为景帝子，亦好书，而所得皆古文先秦旧书。又立《毛氏诗》，《左氏春秋》博士；山东诸儒，多从而游。其所好盖与楚元王交相类。惟吴、梁、淮南三国之客，较富文词，梁客之上者，多来自吴，甚有纵横家余韵；聚淮南者，则大抵浮辩方术之士也。

武帝时文术之盛

武帝有雄材大略，而颇尚儒术。即位后，丞相卫绾即请奏罢郡国所举贤良治申商韩非苏秦张仪之言者。又以安车蒲轮征申公、枚乘等；议立明堂；置"五经"博士。元光间亲策贤良，则董仲舒、公孙弘等出焉。又早慕词赋，喜"楚辞"，尝使淮南王安为《离骚》作传。其所自造，如《秋风辞》(见第六篇)《悼李夫人赋》(见《汉书·外戚传》)等，亦入文家堂奥。复立乐府，集赵代秦楚之讴，以李延年为协律都尉，多举司马相如等数十人作诗颂，用于天地诸祠，是为《十九章》之歌。延年辄承意弦歌所造诗，谓之"新声曲"，实则楚声之遗，又扩而变之者也。其《郊祀歌》十九章，今存《汉书》《礼乐志》中，第三至第六章，皆题"邹子乐"。

"朱明盛长，敷与万物。桐生茂豫，靡有所诎。敷华就实，既阜既昌，登成甫田，百鬼迪尝。广大建祀，肃雍不忘。神若宥之，传世无疆。"（《朱明》三"邹子乐"）

"日出入安穷，时世不与人同。故春非我春，夏非我夏，秋非我秋，冬非我冬。泊如四海之沱，遍观是邪谓何。吾知所乐，独乐六龙。六龙之调，使我心若。訾，黄其何不来下！"（《日出入》九）

是时河间献王以为治道非礼乐不成，因献所集雅乐；大乐官亦肄习之以备数，然不常用，用者皆新声。至敖游醼饮之时，则又有新声变曲。曲亦昉于李延年。延年中山人，身及父母兄弟皆故倡，坐法腐刑，给事狗监中。性知音，善歌舞，武帝爱之，每为新声变曲，闻者莫不感动。尝侍武帝，起舞，歌曰："北方有佳人，绝世而独立，一顾倾人城，再顾倾人国。宁不知倾城与倾国，佳人难再得。"因进其女弟，得幸，号李夫人，早卒。武帝思念不已，方士齐人少翁言能致其魂，乃夜张烛设帐，而令帝居他帐遥望，见一好女，如李夫人之貌，然不得就视。帝愈益相思悲感，作为诗曰："是耶非耶？立而望之，偏何姗姗其来迟。"令乐府诸音家弦歌之。随事兴咏，节促意长，殆即所谓新声变曲者也。

文学之士，在武帝左右者亦甚众。先有严助，会稽吴人，严忌子也，或云族家子，以贤良对策高第，擢为中大夫。助荐吴人朱买臣召见，说《春秋》，言"楚词"，亦拜中大夫，与严助俱侍中。又有吾丘寿王、司马相如、主父偃、徐乐、严安、东方朔、枚皋、胶仓、终军、严葱奇等；而东方朔、枚皋、严助、吾丘寿王、司马相如尤见亲幸。相如文最高，然常称疾避事；朔皋持论不根，见遇如俳优；惟严助与寿王见任用。助最先进，常与大臣辩论国家便宜，有奇异亦辄使为文及作赋颂数十篇。寿王字子赣，赵人，年少以善格五召待诏，迁侍中中郎；有赋十五篇，见

《汉志》。

东方朔字曼倩，平原厌次人也。武帝初即位，征天下举方正贤良文学材力之士，待以不次之位，四方士多上书言得失，自衒鬻者以千数。朔初来，上书曰："臣朔少失父母，长养兄嫂。年十二学书，三冬，文史足用。十五学击剑。十六学诗书，诵二十二万言。十九学孙吴兵法，战阵之具，钲鼓之教，亦诵二十二万言。凡臣朔固已诵四十四万言。又常服子路之言。臣朔年二十二；长九尺三寸，目若悬珠，齿若编贝；勇若孟贲，捷若庆忌，廉若鲍叔，信若尾生。若此，可以为天子大臣矣。臣朔昧死，再拜以闻。"其文辞不逊，高自称誉。帝伟之，令待诏公车；渐以奇计俳辞得亲近，诙达多端，不名一行，然时观察颜色，直言切谏，帝亦常用之。尝至太中大夫，与枚皋郭舍人俱在左右，但诙啁而已，不得大官，因以刑名家言求试用，辞数万言，指意放荡，颇复诙谐，终不见用，乃作《答客难》（见《汉书》本传）以自慰谕。又有《七谏》（见《楚辞》），则言君子失志，自古而然。临终诫子云："明者处世，莫尚于中，优哉游哉，与道相从。首阳为拙，柳下为工。饱食安步，以仕代农。依隐玩世，诡时不逢。……圣人之道，一龙一蛇，形见神藏，与物变化，随时之宜，无有常家。"又黄老意也。朔盖多所通晓，然先以自衒进身，终以滑稽名世，后之好事者因取奇言怪语，附著之朔；方士又附会以为神仙，作《神异经》《十洲记》，托为朔造，其实皆非也。

枚皋者字少孺，枚乘孽子也。武帝征乘，道死，诏问乘子，无能为文者。皋上书自陈，得见，诏使作《平乐观赋》，善之，拜为郎，使匈奴。然皋好诙笑，为赋颂多嫚戏，故不得尊显，见视如倡，才比东方朔、郭舍人。作文甚疾，故所赋甚多，自谓不及司马相如，而颇诋娸东方朔，又自诋娸。班固云："其文骫骳，曲随其事，皆得其意，颇谈笑，不甚闲靡。凡可读者百二十篇，其尤嫚戏不可读者尚数十篇。"

至于儒术之士，亦擅文词者，则有菑川薛人公孙弘，字次卿，元光中贤良对策第一，拜博士，终为丞相，封平津侯，于是天下学士，靡然向风矣。广川董仲舒与公孙弘同学，于经术尤著，景帝时已为博士，武帝即位，举贤良对策，除江都相，迁胶西相，卒。尝作《士不遇赋》（见《古文苑》），有云：

"……观上世之清晖兮，廉士亦茕茕而靡归。殷汤有卞随与务光兮，周武有伯夷与叔齐；卞随务光遁迹于深山兮，伯夷叔齐登山而采薇。使彼圣贤其繇遭兮，矧举世而同迷。若伍员与屈原兮，固亦无所复顾。亦不能同彼数子兮，将远游而终古。……"

终则谓不若反身素业，归于一善，托声楚调，结以中庸，虽为粹然儒者之言，而牢愁猖狭之意尽矣。

小说家言，时亦兴盛。洛阳人虞初，以方士侍郎，号黄车使者，作《周说》九百四十三篇。齐人饶，不知其姓，为待诏，作《心术》二十五篇。又有《封禅方说》十八篇，不知何人作，然今俱亡。

诗之新制，亦复蔚起。《骚》《雅》遗声之外，遂有杂言，是为"乐府"。《汉书》云东方朔作八言及七言诗，各有上下篇，今虽不传，然元封三年作柏梁台，诏群臣二千石有能为七言诗，乃得上座，则其辞今具存，通篇七言，亦联句之权舆也：

"日月星辰和四时_{皇帝}，骖驾驷马从梁来_{梁王}，郡国士马羽林材_{大司马}，总领天下诚难治_{丞相}，和抚四夷不易哉_{大将军}，刀笔之吏臣执之_{御史大夫}。（中略）蛮吏朝贺常会期_{典属国}，柱枅欂栌相枝持_{大匠}，枇杷橘栗桃李梅_{大官令}，走狗逐兔张罘罳_{上林令}，啮妃女唇甘如饴_{郭舍人}，迫窘诘屈几穷哉_{东方朔}。"

褚少孙补《史记》云："东方朔行殿中，郎谓之曰：'人皆以先生为狂。'朔曰：'如朔等，所谓避世于朝廷间者也。古之人乃避世于深山中。'时坐席中酒酣，乃据地歌曰——

　　陆沉于俗，避世金马门。宫殿中，可以避世全身；何必深山之中，蒿庐之下。"

亦新体也，然或出后人附会。

五言有枚乘开其先，而是时苏李别诗，亦称佳制。苏武字子卿，京兆杜陵人，天汉元年，以中郎将使匈奴，留不遣。李陵字少卿，陇西成纪人，天汉二年击匈奴，兵败降虏，单于以女妻之，立为右校王；汉夷其族。至元始六年，苏武得归，故与陵以诗赠答：

　　"携手上河梁，游子暮何之。徘徊蹊路侧，恨恨不能辞。行人难久留，各言长相思。安知非日月，弦望自有时。努力崇明德，皓首以为期。"李陵与苏武
诗三首之一

　　"二凫俱北飞，一凫独南翔。子当留斯馆，我当归故乡。一别如秦胡，会见何讵央。怆恨切中怀，不觉泪沾裳。愿子长努力，言笑莫相忘。"苏武别李陵。见《初学记》
卷十八，然疑是后人拟作

　　武归后拜典属国；宣帝即位，赐爵关内侯，神爵二年（前60）卒，年八十余。陵则在匈奴二十余年，卒，有集二卷。诗以外，后世又颇传其书问，在《文选》及《艺文类聚》中。

司马相如与司马迁

　　武帝时文人，赋莫若司马相如，文莫若司马迁，而一则寥寂，一则被刑。盖雄于文者，常桀骜不欲迎雄主之意，故遇合常不及凡文人。

司马相如字长卿，蜀郡成都人。少时好读书，学击剑，故其亲名之曰犬子；既学，慕蔺相如之为人，更名相如。以赀为郎，事景帝。帝不好辞赋，时梁孝王来朝，游说之士邹阳、枚乘、严忌等皆从，相如见而悦之，因病免，游梁，与诸侯游士居，数岁，作《子虚赋》。武帝立，读而善之，曰："朕独不得与此人同时哉？"蜀人杨得意为狗监侍帝，因言是其邑人司马相如作，乃召问相如。相如曰：有是。然此乃诸侯之事，未足观，请为天子游猎之赋。帝令尚书给笔札。相如以"子虚"，虚言也，为楚称；"乌有先生"者，乌有此事也，为齐难；"亡是公"者，亡是人也，欲明天子之义。故虚借此三人为辞，以推天子诸侯之苑囿。其卒章归之于节俭，因以讽谏。其文具存《史记》及《汉书》本传中；《文选》则以后半为《上林赋》，或召问后之所续欤？

相如既奏赋，武帝大悦，以为郎；数岁，作《喻巴蜀檄》，旋拜中郎将，赴蜀，通西南夷，以蜀父老多言此事无益，大臣亦以为然，乃作《难蜀父老》文。其后，人有上书言相如使时受金，遂失官，岁余，复召为郎。然常闲居，不慕官爵，亦往往托辞讽谏，于游猎信谗之事，皆有微辞。拜孝文园令。武帝既以《子虚赋》为善，相如察其好神仙，乃曰："上林之事，未足美也，尚有靡者。臣尝为《大人赋》，未就；请具而奏之。"意以为列仙之儒，居山泽间，形容甚臞，非帝王之仙意。惟彼大人，居于中州，悲世迫隘，于是轻举，乘虚无，超无友，亦忘天地，而乃独存也。中有云：

"……屯余车而万乘兮，粹云盖而树华旗。使句芒其将行兮，吾欲往乎南娭。……纷湛湛其差错兮，杂遝胶辐以方驰。骚扰冲苁其纷挐兮，滂濞泱轧丽以林离。攒罗列聚丛以茏茸兮，蔓衍流烂痑以陆离。径入雷室之砰磷郁律兮，洞出鬼谷之掘礨嵬魁。……时若曖曖将混浊兮，召屏翳，诛风伯，刑雨师。西望昆仑之轧沕荒忽兮，直径驰乎三危。排阊阖而入帝宫兮，载玉女而与之俱归。登阆风而遥集兮，亢乌腾而壹止。低徊阴山翔以纡曲兮，吾乃今日睹西王母，暠然白首戴胜而穴处兮，亦幸有三足乌为之使。必长生若此而不死兮，虽济万世不足以喜。……"

既奏，武帝大悦，飘飘有凌云之气，似游天地之间意。盖汉兴好楚声，武帝左右亲信，如朱买臣等，多以楚辞进，而相如独变其体，益以瑰奇之意，饰以绮丽之辞，句之短长，亦不拘成法，与当时甚不同。故扬雄以为使孔门用赋，则贾谊升堂，相如入室。班固以为西蜀自相如游宦京师，而文章冠天下。盖后之扬雄、王褒、李尤，固皆蜀人也。然相如亦作短赋，则繁丽之词较少，如《哀二世赋》《长门赋》。独《美人赋》颇靡丽，殆即扬雄所谓"劝百而讽一，犹骋郑卫之音，曲终而奏雅"者乎？

"……途出郑卫，道由桑中，朝发溱洧，暮宿上宫。上宫闲馆，寂寥空虚，门阖昼掩，暧若神居。臣排其户而造其堂，芳香芬烈，黼帐高张；有女独处，婉然在床，奇葩逸丽，淑质艳光，睹臣迁延，微笑而言曰：'上客何国之公子，所从来无乃远乎？'遂设旨酒，进鸣琴。臣遂抚弦为《幽兰》《白雪》之曲。女乃歌曰：'独处室兮廓无依，思佳人兮情伤悲。有美人兮来何迟？日既暮兮华色衰，敢托身兮长自私。'玉钗挂臣冠，罗袖拂臣衣。时日西夕，玄阴晦冥，流风惨冽，素雪飘零，闲房寂谧，不闻人声。……臣乃脉定于内，心正于怀，信誓旦旦，秉志不回，翻然高举，与彼长辞。"

相如既病免，居茂陵，武帝闻其病甚，使所忠往取书，至则已死（前117）。仅得一卷书，言封禅事。盖相如尝从胡安受经。故少以文词游宦，而晚年终奏封禅之礼矣。于小学，则有《凡将篇》，今不存。然其专长，终在辞赋，制作虽甚迟缓，而不师故辙，自摅妙才，广博闳丽，卓绝汉代。明王世贞评《子虚》《上林》，以为材极富，辞极丽，运笔极古雅，精神极流动。长沙有其意而无其材；班、张、潘有其材而无其笔；子云有其笔而不得其精神流动之处云云，其为历代评骘家所倾倒，可谓至矣。

司马迁字子长，河内人，生于龙门。年十岁诵古文，二十而南游吴会，北涉汶泗，游邹鲁，过梁楚以归，仕为郎中。父谈，为太史令，元封初卒。迁继其业，天汉中李陵降匈奴，迁明陵无罪，遂下吏，指为诬上，家贫不能自赎，交游莫救，卒坐宫刑。被刑后为中书令，因益发愤，据《左氏》，《国语》；采《世本》《战国策》；述《楚汉春秋》，终成《史记》一百三十篇。始于黄帝，中述陶唐，而至武帝获白麟止，盖自谓其书所以继《春秋》也。其友益州刺史任安，尝责以古贤臣之义，迁报书有云：

"……所以隐忍苟活，函粪土之中而不辞者，恨私心有所不尽，鄙没世而文采不表于后也。古者富贵而名摩灭不可胜记，惟倜傥非常之人称焉。盖西伯拘而演《周易》；仲尼厄而作《春秋》；屈原放逐，乃赋《离骚》；左丘失明，厥有《国语》；孙子膑脚，《兵法》修列。……《诗》三百篇，大抵贤圣发愤之所为作也。此人皆意有所郁结，不得通其道，故述往事，思来者。及如左丘明无目，孙子断足，终不可用，退论书策，以舒其愤，思垂空文以自见。仆窃不逊，近自托于无能之辞，网罗天下放失旧闻，考之行事，稽其成败兴衰之理，凡百三十篇。亦欲以究天人之际，通古今之变，成一家之言。草创未就，适会此祸，惜其不成，是以就极刑而无愠色。仆诚已著此书，藏之名山，传之其人，通邑大都，则仆偿前辱之责，虽万被戮，岂有悔哉？然此可为智者道，难为俗人言也！……"

迁死后，书乃渐出；宣帝时，其外孙杨恽祖述其书，遂宣布焉。班彪颇不满，以为"采经摭传，分散数家之事，甚多疏略，或有抵梧。亦其涉略者广博，贯穿经传，驰骋古今上下数千载间，斯以勤矣。又其是非颇缪于圣人：论大道则先黄老而后六经，序游侠则退处士而进奸雄，述货殖则崇势利而羞贫贱，此其所蔽也。"汉兴，陆贾作《楚汉春秋》，是非虽多本于儒者，而太史职守，原出道家，其父谈亦崇尚黄老，则《史记》虽缪于儒术，固亦能远绍其旧业者矣。况发愤著书，意旨自激，其与任安书有云："仆之先人，非有剖符丹书之功，文史星历，近乎卜祝之间，固主上所戏弄，倡优畜之，流俗之所轻也。假令仆伏法受诛，若九牛亡一毛，与蝼蚁何异。"恨为弄臣，寄心楮墨，感身世之戮辱，传畸人于千秋，虽背《春秋》之义，固不失为史家之绝唱，无韵之《离骚》矣。惟不拘于史法，不囿于字句，发于情，肆于心而为文，故能如茅坤所言："读游侠传即欲轻生，读屈原，贾谊传即欲流涕，读庄周，鲁仲连传即欲遗世，读李广传即欲立斗，读石建传即欲俯躬，读信陵，平原君传即欲养士"也。

然《汉书》已言《史记》有缺，于是续者纷起，如褚先生、冯商、刘歆等。《汉书》亦有出自刘歆者，故崔适以为《史记》之文有与全书乖，与《汉书》合者，亦歆所续也；至若年代悬隔，章句割裂，则当是后世妄人所增与钞胥所脱云。

迁雄于文，而亦爱赋，颇喜纳之列传中。于《贾谊传》录其《吊屈原赋》及《服赋》，而《汉书》则全载《治安策》，赋无一也。《司马相如传》上下篇，收赋尤多，为《子虚》（合《上林》），《哀二世》，《大人》等。自亦造赋，《汉志》云八篇，今仅传《士不遇赋》一篇，明胡应麟以为伪作。

至宣帝时，仍修武帝故事，讲论六艺群书，博尽奇异之好；征能为楚辞者，于是刘向，张子侨，华龙，柳褒等皆被召，待诏金马门。又得蜀人王褒字子渊，诏之作《圣主得贤臣颂》，与张子侨等并待诏。褒能为赋颂，亦作俳文；后方士言益州有金马碧鸡之宝，宣帝诏褒往祀，于道病死。

第二章

中国小说史略

史家对于小说之著录及论述

小说之名，昔者见于庄周之云"饰小说以干县令"（《庄子·外物》），然案其实际，乃谓琐屑之言，非道术所在，与后来所谓小说者固不同。桓谭言"小说家合残丛小语，近取譬喻，以作短书，治身理家，有可观之辞。"（李善注《文选》三十一引《新论》）始若与后之小说近似，然《庄子》云尧问孔子，《淮南子》云共工争帝地维绝，当时亦多以为"短书不可用"，则此小说者，仍谓寓言异记，不本经传，背于儒术者矣。后世众说，弥复纷纭，今不具论，而征之史：缘自来论断艺文，本亦史官之职也。

秦既燔灭文章以愚黔首。汉兴，则大收篇籍，置写官；成哀二帝，复先后使刘向及其子歆校书秘府，歆乃总群书而奏其《七略》。《七略》今亡，班固作《汉书》，删其要为《艺文志》，其三曰《诸子略》，所录凡十家，而谓"可观者九家"，小说则不与，然尚存于末，得十五家。班固于志自有注，其有某曰云云者，唐颜师古注也。

《伊尹说》二十七篇。（其语浅薄，似依托也。）

《鬻子说》十九篇。（后世所加。）

《周考》七十六篇。（考周事也。）

《青史子》五十七篇。（古史官记事也。）

《师旷》六篇。（见《春秋》，其言浅薄，本与此同，似因托之。）

《务成子》十一篇。（称尧问，非古语。）

《宋子》十八篇。（孙卿道宋子，其言黄老意。）

《天乙》三篇。（天乙谓汤，其言殷时者，皆依托也。）

《黄帝说》四十篇。（迂诞依托。）

《封禅方说》十八篇。（武帝时。）

《待诏臣饶心术》二十五篇。（武帝时。师古曰，刘向《别录》云："饶，齐人也，不知其姓，武帝时待诏，作书，名曰《心术》。"）

《待诏臣安成未央术》一篇。（应劭曰，道家也，好养生事，为未央之术。）

《臣寿周纪》七篇。（项国圉人，宣帝时。）

《虞初周说》九百四十三篇。（河南人，武帝时以方士侍郎，号黄车使者。应劭曰：其说以《周书》为本。师古曰，《史记》云："虞初，洛阳人。"即张衡《西京赋》"小说九百，本自虞初"者也。）

《百家》百三十九卷。

右小说十五家，千三百八十篇。

小说家者流，盖出于稗官，街谈巷语，道听途说者之所造也。孔子曰："虽小道，必有可观者焉，致远恐泥。"是以君子弗为也，然亦弗灭也，闾里小知者之所及，亦使缀而不忘，如或一言可采，此亦刍荛狂夫之议也。

右所录十五家，梁时已仅存《青史子》一卷，至隋亦佚；惟据班固注，则诸书大抵或托古人，或记古事，托人者似子而浅薄，记事者近史而悠缪者也。

唐贞观中，长孙无忌等修《隋书》《经籍志》撰自魏徵，祖述晋荀勖《中经簿》而稍改变，为经史子集四部，小说故隶于子。其所著录，《燕丹子》而外无晋以前书，别益以记谈笑应对，叙艺术器物游乐者，而所论列则仍袭《汉书·艺文志》（后略称《汉志》）：

> 小说者，街谈巷语之说也，《传》载舆人之颂，《诗》美询于刍荛，古者圣人在上，史为书，瞽为诗，工诵箴谏，大夫规诲，士传言而庶人谤；孟春，徇木铎以求歌谣，巡省，观人诗以知风俗，过则正之，失则改之，道听途说，靡不毕纪，周官诵训掌道方志以诏观事，道方慝以诏避忌，而职方氏掌道四方之政事与其上下之志，诵四方之传道而观其衣物是也。孔子曰，"虽小道，必有可观者焉，致远恐泥。"

石晋时，刘昫等因韦述旧史作《唐书·经籍志》（后略称《唐志》），则以毋煚等所修之《古今书录》为本，而意主简略，删其小序发明，史官之论述由是不可见。所录小说，与《隋书·经籍志》（后略称《隋志》）亦无甚异，惟删其亡书，而增张华《博物志》十卷，此在《隋志》，本属杂家，至是乃入小说。

宋皇祐中，曾公亮等被命删定旧史，撰志者欧阳修，其《艺文志》（后略称《新唐志》）小说类中，则大增晋至隋时著作，自张华《列异传》戴祚《甄异传》至吴筠《续齐谐记》等志神怪者十五家一百十五卷，王延秀《感应传》至侯君素《旌异记》等明因果者九家七十卷，诸书前志本有，皆在史部杂传类，与耆旧高隐孝子良吏列女等传同列，至是始退为小说，而史部遂无鬼神传；又增益唐人著作，如李恕《诫子拾遗》等之垂教诫，刘孝孙《事始》等之数典故，李涪《刊误》等之纠讹谬，陆羽《茶经》等之叙服用，并入此类，例乃愈棼，元修《宋史》，亦无变革，仅增芜杂而已。

明胡应麟（《少室山房笔丛》二十八）以小说繁夥，派别滋多，于是综核大凡，分为六类：

> 一曰志怪：《搜神》《述异》《宣室》《酉阳》之类是也；
> 一曰传奇：《飞燕》《太真》《崔莺》《霍玉》之类是也；
> 一曰杂录：《世说》《语林》《琐言》《因话》之类是也；
> 一曰丛谈：《容斋》《梦溪》《东谷》《道山》之类是也；
> 一曰辩订：《鼠璞》《鸡肋》《资暇》《辩疑》之类是也；
> 一曰箴规：《家训》《世范》《劝善》《省心》之类是也。

清乾隆中，敕撰《四库全书总目提要》，以纪昀总其事，于小说别为三派，而所论列则袭旧志。

> ……迹其流别，凡有三派：其一叙述杂事，其一记录异闻，其一缀缉琐语也。唐宋而后，作者弥繁，中间诬谩失真，妖妄荧听者，固为不少，然寓劝戒，广见闻，资考证者，亦错出其中。班固称"小说家流盖出于稗官"，如淳注谓"王者欲知闾巷风俗，故立稗官，使称说之"。然则博采旁搜，是亦古制，固不必以冗杂废矣。今甄录其近雅驯者，以广见闻，惟猥鄙荒诞，徒乱耳目者，则黜不载焉。
> 《西京杂记》六卷。《世说新语》三卷。……
> > 右小说家类杂事之属……
> 《山海经》十八卷。《穆天子传》六卷。《神异经》一卷。……
> 《搜神记》二十卷。……《续齐谐记》一卷。……
> > 右小说家类异闻之属……
> 《博物志》十卷。《述异记》二卷。《酉阳杂俎》二十卷，《续集》十卷。……
> > 右小说家类琐语之属……

右三派者，校以胡应麟之所分，实止两类，前一即杂录，后二即志怪，第析叙事有条贯者为异闻，钞录细碎者为琐语而已。传奇不著录；丛谈辩订箴规三类则多改隶于杂家，小说范围，至是乃稍整洁矣。然《山海经》《穆天子传》又自是始退为小说，案语云："《穆天子传》旧皆入起居注类，……实则恍忽无征，又非《逸周书》之比，……以为信史而录之，则史体杂，史例破矣。今退置于小说家，义求其当，无庸以变古为嫌也。"于是小说之志怪类中又杂入本非依托之史，而史部遂不容多含传说之书。

至于宋之平话，元明之演义，自来盛行民间，其书故当甚夥，而史志皆不录。惟明王圻作《续文献通考》，高儒作《百川书志》，皆收《三国志演义》及《水浒传》，清初钱曾作《也是园书目》，亦有通俗小说《三国志》等三种，宋人词话《灯花婆婆》等十六种。然《三国》《水浒》，嘉靖中有都察院刻本，世人视若官书，故得见收，后之书目，寻即不载，钱曾则专事收藏，偏重版本，缘为旧刊，始以人录，非于艺文有真知，遂离叛于曩例也。史家成见，自汉迄今盖略同：目录亦史之支流，固难有超其分际者矣。

神话与传说

志怪之作，庄子谓有"齐谐"，列子则称"夷坚"，然皆寓言，不足征信。《汉志》乃云出于稗官，然稗官者，职惟采集而非创作。"街谈巷语"自生于民间，固非一谁某之所独造也，探其本根，则亦犹他民族然，在于神话与传说。

昔者初民，见天地万物，变异不常，其诸现象，又出于人力所能以上，则自造众说以解释之：凡所解释，今谓之神话。神话大抵以一"神格"为中枢，又推演为叙说，而于所叙说之神、之事，又从而信仰敬畏之，于是歌颂其威灵，致美于坛庙，久而愈进，文物遂繁。故神话不特为宗教之萌芽，美术所由起，且实为文章之渊源。惟神话虽生文章，而诗人则为神话之仇敌，盖当歌颂记叙之际，每不免有所粉饰，失其本来，是以神话虽托诗歌以光大，以存留，然亦因之而改易，而销歇也。如天地开辟之说，在中国所留遗者，已设想较高，而初民之本色不可见，即其例矣。

天地混沌如鸡子，盘古生其中，一万八千岁。天地开辟，阳清为天，阴浊为地，盘古在其中，一日九变，神于天，圣于地。天日高一丈，地日厚一丈，盘古日长一丈，如此万八千岁，天数极高，地数极深，盘古极长。后乃有三皇。(《艺文类聚》一引徐整《三五历记》)

天地，亦物也。物有不足，故昔者女娲氏炼五色石以补其阙，断鳌之足以立四极。其后共工氏与颛顼争为帝，怒而触不周之山，折天柱，绝地维，故天倾西北，日月星辰就焉，地不满东南，故百川水潦归焉。(《列子·汤问》)

迨神话演进，则为中枢者渐近于人性，凡所叙述，今谓之传说。传说之所道，或为神性之人，或为古英雄，其奇才异能神勇为凡人所不及，而由于天授，或有天相者，简狄吞燕卵而生商，刘媪得交龙而孕季，皆其例也。此外尚甚众。

尧之时，十日并出，焦禾稼，杀草木，而民无所食。猰貐凿齿九婴大风封豨修蛇，皆为民害。尧乃使羿……上射十日而下杀猰貐。……万民皆喜，置尧以为天子。(《淮南子·本经训》)

羿请不死之药于西王母，姮娥窃以奔月。(《淮南子·览冥训》。高诱注曰，姮娥羿妻。羿请不死之药于西王母，未及服之。姮娥盗食之，得仙，奔入月中为月精)

昔尧殛鲧于羽山，其神化为黄熊以入于羽渊。(《春秋左氏传》)

瞽瞍使舜上涂廪，从下纵火焚廪，舜乃以两笠自捍而下去，得不死。瞽瞍又使舜穿井，舜穿井为匿空，旁出。(《史记·舜本纪》)

中国之神话与传说，今尚无集录为专书者，仅散见于古籍，而《山海经》中特多。《山海经》今所传本十八卷，记海内外山川神祇异物及祭祀所宜，以为禹益作者固非，而谓因《楚辞》而造者亦未是；所载祠神之物多用糈（精米），与巫术合，盖古之巫书也，然秦汉人亦有增益。其最为世间所知，常引为故实者，有昆仑山与西王母。

昆仑之丘，是实惟帝之下都，神陆吾司之，其神状虎身而九尾，人面而虎爪。是神也，司天之九部及帝之囿时。（《西山经》）

玉山，是西王母所居也。西王母其状如人，豹尾虎齿而善啸，蓬发戴胜，是司天之厉及五残。（同上）

昆仑之墟方八百里，高万仞；上有木禾，长五寻，大五围；面有九井，以玉为槛；面有九门，门有开明兽守之。百神之所在。在八隅之岩，赤水之际，非仁羿莫能上。（《海内西经》）

西王母梯几而戴胜杖（案此字当衍），其南有三青鸟，为西王母取食，在昆仑墟北。（《海内北经》）

大荒之中有山，名曰丰沮玉门，日月所入。有灵山，巫咸巫即巫盼巫彭巫姑巫真巫礼巫抵巫谢巫罗十巫从此升降，百药爰在。（《大荒西经》）

西海之南，流沙之滨，赤水之后，黑水之前，有大山，名曰昆仑之丘。有神人面虎身有尾皆白处之。其下有弱水之渊环之。其外有炎火之山，投物辄然。有人戴胜，虎齿豹尾，穴处，名曰西王母。此山万物尽有。（同上）

晋咸宁五年，汲县民不准盗发魏襄王冢，得竹书《穆天子传》五篇，又杂书十九篇。《穆天子传》今存，凡六卷；前五卷记周穆王驾八骏西征之事，后一卷记盛姬卒于途次以至反葬，盖即杂书之一篇。传亦言见西王母，而不叙诸异相，其状已颇近于人王。

吉日甲子，天子宾于西王母，乃执白圭玄璧以见西王母。好献锦组百纯，□组三百纯，西王母再拜受之。□乙丑。天子觞西王母于瑶池之上。西王母为天子谣，曰："白云在天，山陵自出，道里悠远，山川间之，将子无死，尚能复来。"天子答之曰："予归东土，和治诸夏，万民平均，吾愿见汝，比及三年，将复而野。"天子遂驱升于弇山，乃纪丌迹于弇山之石，而树之槐，眉曰西王母之山。（卷三）

有虎在乎葭中。天子将至。七萃之士高奔戎请生捕虎，必全之，乃生捕虎而献之。天子命之为柙而畜之东虞，是为虎牢。天子赐奔戎畋马十驷，归之太牢，奔戎再拜諎首。（卷五）

汉应劭说，《周书》为虞初小说所本，而今本《逸周书》中惟《克殷》《世俘》《王会》《太子晋》四篇，记述颇多夸饰，类于传说，余文不然。至汲冢所出周时竹书中，本有《琐语》十一篇，为诸国卜梦妖怪相书，今佚，《太平御览》间引其文；又汲县有晋立《吕望表》，亦引《周志》，皆记梦验，甚似小说，或虞初所本者为此等，然别无显证，亦难以定之。

齐景公伐宋，至曲陵，梦见有短丈夫宾于前。晏子曰："君所梦何如哉？"公曰，"其宾者甚短，大上小下，其言甚怒，好俯。"晏子曰，"如是，则伊尹也。伊尹甚大而短，大上小下，赤色而髯，其言好俯而下声。"公曰，"是矣。"晏子曰，"是怒君师，不如违之。"遂不果伐宋。（《太平御览》三百七十八）

文王梦天帝服玄禳以立于令狐之津。帝曰，"昌，赐汝望。"文王再拜稽首，太公于后亦再拜稽首。文王梦之之夜，太公梦之亦然。其后文王见太公而讯之曰，"而名为望乎？"答曰，"唯，为望。"文王曰，"吾如有所见于汝。"太公言其年月与其日，且尽道其言，"臣以此得见也。"文王曰，"有之，有之。"遂与之归，以为卿士。（晋立《太公吕望表》石刻，以东魏立《吕望表》补阙字。）

他如汉前之《燕丹子》，汉杨雄之《蜀王本纪》，赵晔之《吴越春秋》，袁康，吴平之《越绝书》等，虽本史实，并含异闻。若求之诗歌，则屈原所赋，尤在《天问》中，多见神话与传说，如"夜光何德，死则又育？厥利惟何，而顾菟在腹？""鲧何所营？禹何所成？康回凭怒，地何故以东南倾？""昆仑县圃，其尻安在？增城九重，其高几里？""鲮鱼何所？鬿堆焉处？羿焉骅日？乌焉解羽？"是也。王逸曰，"屈原放逐，彷徨山泽，见楚有先王之庙及公卿祠堂，图画天地山川神灵玮璚诡及古贤圣怪物行事，……因书其壁，何而问之。"（本书注）是知此种故事，当时不特流传人口，且用为庙堂文饰矣。其流风至汉不绝，今在墟墓间犹见有石刻神祇怪物圣哲士女之图。晋既得汲冢书，郭璞为《穆天子传》作注，又注《山海经》，作图赞，其后江灌亦有图赞，盖神异之说，晋以后尚为人士所深爱。然自古以来，终不闻有荟萃熔铸为巨制，如希腊史诗者，第用为诗文藻饰，而于小说中常见其迹象而已。

中国神话之所以仅存零星者，说者谓有二故：一者华土之民，先居黄河流域，颇乏天惠，其生也勤，故重实际而黜玄想，不更能集古传以成大文。二者孔子出，以修身齐家治国平天下等实用为教，不欲言鬼神，太古荒唐之说，俱为儒者所不道，故其后不特无所光大，而又有散亡。

然详案之，其故殆尤在神鬼之不别。天神地祇人鬼，古者虽若有辨，而人鬼亦得为神祇。人神淆杂，则原始信仰无由蜕尽；原始信仰存则类于传说之言日出而不已，而旧有者于是僵死，新出者亦更无光焰也。如下例，前二为随时可生新神，后三为旧神有转换而无演进。

蒋子文，广陵人也，嗜酒好色，佻挞无度；常自谓骨青，死当为神。汉末为秣陵尉，逐贼至钟山下，贼击伤额，因解绶缚之，有顷遂死。及吴先主之初，其故吏见文于道，……谓曰，"我当为此土地神，以福尔下民，尔可宣告百姓，为我立庙，不

尔，将有大咎。"是岁夏大疫，百姓辄相恐动，颇有窃祠之者矣。（《太平广记》二九三引《搜神记》）

世有紫姑神，古来相传云是人家妾，为大妇所嫉，每以秽事相次役，正月十五日感激而死。故世人以其日作其形，夜于厕间或猪栏边迎之。……投者觉重（案投当作捉，持也），便是神来，莫设酒果，亦觉貌辉辉有色，即跳躧不住；能占众事，卜未来蚕桑，又善射钩；好则大僛，恶便仰眠。（《异苑》五）

沧海之中，有度朔之山，上有大桃木，……其枝间东北曰鬼门，万鬼所出入也。上有二神人，一曰神荼，一曰郁垒，主阅领万鬼，害恶之鬼，执以苇索而以食虎。于是黄帝乃作礼，以时驱之，立大桃人，门户画神荼郁垒与虎，悬苇索，以御凶魅。（《论衡》二十二引《山海经》，案今本中无之。）

东南有桃都山，……下有二神，左名隆，右名窦，并执苇索，伺不祥之鬼，得而煞之。今人正朝作两桃人立门旁，……盖遗象也。（《太平御览》二九及九一八引《玄中记》以《玉烛宝典》注补）

门神，乃是唐朝秦叔保、胡敬德二将军也。按传，唐太宗不豫，寝门外抛砖弄瓦，鬼魅呼号。……太宗惧之，以告群臣。秦叔保出班奏曰，"臣平生杀人如剖瓜，积尸如聚蚁，何惧魍魉乎？愿同胡敬德戎装立门外以伺。"太宗可其奏，夜果无警，太宗嘉之，命画工图二人之形像，……悬于宫掖之左右门，邪祟以息。后世沿袭，遂永为门神。（《三教搜神大全》七）

《汉书·艺文志》所载小说

《汉志》之叙小说家，以为"出于稗官"，如淳曰，"细米为稗。街谈巷说，甚细碎之言也。王者欲知里巷风俗，故立稗官，使称说之。"（本注）其所录小说，今皆不存，故莫得而深考，然审察名目，乃殊不似有采自民间，如《诗》之《国风》者。其中依托古人者七，曰：《伊尹说》《鬻子说》《师旷》《务成子》《宋子》《天乙》《黄帝》。记古事者二，曰：《周考》《青史子》，皆不言何时作。明著汉代者四家：曰《封禅方说》《待诏臣饶心术》《臣寿周纪》《虞初周说》。《待诏臣安成未央术》与《百家》，虽亦不云何时作，而依其次第，自亦汉人。

《汉志》道家有《伊尹说》五十一篇，今佚；在小说家之二十七篇亦不可考，《史记·司马相如传》注引《伊尹书》曰，"箕山之东，青鸟之所，有卢橘夏熟。"当是遗文之仅存者。《吕氏春秋·本味篇》述伊尹以至味说汤，亦云"青鸟之所有甘栌"，说极详尽，然文丰赡而意浅薄，盖亦本《伊尹书》。伊尹以割烹要汤，孟子尝所详辩，则此殆战国之士之所为矣。

《汉志》道家有《鬻子》二十二篇，今仅存一卷，或以其语浅薄，疑非道家言。然唐宋人所引逸文，又有与今本《鬻子》颇不类者，则殆真非道家言也。

> 武王率兵车以伐纣。纣虎旅百万，阵于商郊，起自黄鸟，至于赤斧，走如疾风，声如振霆。三军之士，靡不失色。武王乃命太公把白旄以麾之，纣军反走。（《文选李善注》及《太平御览》三百一）

青史子为古之史官，然不知在何时。其书隋世已佚，刘知几《史通》云"《青史》由缀于街谈"者，盖据《汉志》言之，非逮唐而复出也。遗文今存三事，皆言礼，亦不知当时何以入小说。

> 古者胎教，王后腹之七月而就宴室，太史持铜而御户左，太宰持斗而御户右，太卜持蓍龟而御堂下，诸官皆以其职御于门内。比及三月者，王后所求声音非礼乐，则太史缊瑟而称不习，所求滋味者非正味，则太宰倚斗而不敢煎调，而言曰，"不敢以待王太子。"太子生而泣，太史吹铜曰，"声中某律。"太宰曰，"滋味上某。"太卜曰，"命云某。"然后为王太子悬弧之礼

义。……(《大戴礼记·保傅篇》,《贾谊新书·胎教十事》)

古者年八岁而出就外舍,学小艺焉,履小节焉;束发而就大学,学大艺焉,履大节焉。居则习礼文,行则鸣佩玉,升车则闻和鸾之声,是以非僻之心无自入也。……古之为路车也,盖圆以象天,二十八橑以象列星,轸方以象地,三十幅以象月。故仰则观天文,俯则察地理,前视则睹和鸾之声,侧听则观四时之运:此巾车教之道也。(《大戴礼记·保傅篇》)

鸡者,东方之畜也。岁终更始,辨秩东作,万物触户而出,故以鸡祀祭也。(《风俗通义》八)

《汉志》兵阴阳家有《师旷》八篇,是杂占之书,在小说家者不可考,惟据本志注,知其多本《春秋》而已。《逸周书·太子晋篇》记师旷见太子,聆声而知其不寿,太子亦自知"后三年当宾于帝所",其说颇似小说家。

虞初事详本志注,又尝与丁夫人等以方祠诅匈奴大宛,见《郊祀志》,所著《周说》几及千篇,而今皆不传。晋唐人引《周书》者,有三事如《山海经》及《穆天子传》,与《逸周书》不类,朱右曾(《逸周书集训校释》十一)疑是《虞初说》。

岹山,神蓐收居之。是山也,西望日之所入,其气圆,神经光之所司也。(《太平御览》三)

天狗所止地尽倾,余光烛天为流星,长十数丈,其疾如风,其声如雷,其光如电。(《山海经》注十六)

穆王田,有黑鸟若鸠,翩飞而跱于衡,御者毙之以策,马佚,不克止之,踬于乘,伤帝左股。(《文选李善注》十四)

《百家》者,刘向《说苑叙录》云,"《说苑》《杂事》,……其事类众多,……除去与《新序》复重者,其余者浅薄不中义理,别集以为《百家》。"《说苑》今存,所记皆古人行事之迹,足为法戒者,执是以推《百家》,则殆为故事之无当于治道者矣。

其余诸家，皆不可考。今审其书名，依人则伊尹鬻熊师旷黄帝，说事则封禅养生，盖多属方士假托。惟青史子非是。又务成子名昭，见《荀子》，《尸子》尝记其"避逆从顺"之教；宋子名钘，见《庄子》，《孟子》作宋牼，《韩非子》作宋荣子，《荀子》引子宋子曰，"明见侮之不辱，使人不斗"，则"黄老意"，然俱非方士之说也。

今所见汉人小说

现存之所谓汉人小说，盖无一真出于汉人。晋以来，文人方士，皆有伪作，至宋明尚不绝。文人好逞狡狯，或欲夸示异书，方士则意在自神其教，故往往托古籍以炫人；晋以后人之托汉，亦犹汉人之依托黄帝伊尹矣。此群书中，有称东方朔班固撰者各二，郭宪刘歆撰者各一，大抵言荒外之事则云东方朔郭宪，关涉汉事则云刘歆班固，而大旨不离乎言神仙。

称东方朔撰者有《神异经》一卷，仿《山海经》，然略于山川道里而详于异物，间有嘲讽之辞。《山海经》稍显于汉而盛行于晋，则此书当为晋以后人作；其文颇有重复者，盖又尝散佚，后人钞唐宋类书所引逸文复作之也。有注，题张华作，亦伪。

南方有甘蔗之林，其高百丈，围三尺八寸，促节，多汁，甜如蜜。咋啮其汁，令人润泽，可以节蚘虫。人腹中蚘虫，其状如蚓，此消谷虫也，多则伤人，少则谷不消。是甘蔗能灭多盖少，凡蔗亦然。(《南荒经》)

西南荒中出讹兽，其状若菟，人面能言，常欺人，言东而西，言恶而善。其肉美，食之，言不真矣。(原注，言食其肉，则其人言不诚。)一名诞。(《西南荒经》)

昆仑之山有铜柱焉，其高入天，所谓"天柱"也，围三千里，周圆如削。下有回屋，方百丈，仙人九府治之。上有大鸟，

名曰希有，南向，张左翼覆东王公，右翼覆西王母；背上小处无羽，一万九千里，西王母岁登翼上，会东王公也。(《中荒经》)

《十洲记》一卷，亦题东方朔撰，记汉武帝闻祖洲瀛洲玄洲炎洲长洲元洲流洲生洲凤麟洲聚窟洲等十洲于西王母，乃延朔问其所有之物名，亦颇仿《山海经》。

玄洲在北海之中，戌亥之地，方七千二百里，去南岸三十六万里。上有大玄都，仙伯真公所治。多丘山。又有风山，声响如雷电，对天西北门。上多太玄仙官宫室，宫室各异。饶金芝玉草。乃是三天君下治之处，甚肃肃也。

征和三年，武帝幸安定。西胡月支献香四两，大如雀卵，黑如桑椹。帝以香非中国所有，以付外库。……到后元元年，长安城内病者数百，亡者大半。帝试取月支神香烧之于城内，其死未三月者皆活，芳气经三月不歇，于是信知其神物也，乃更秘录余香，后一旦又失之。……明年，帝崩于五柞宫，已亡月支国人鸟山震檀却死等香也。向使厚待使者，帝崩之时，何缘不得灵香之用耶？自合殒命矣！

东方朔虽以滑稽名，然诞谩不至此。《汉书·朔传》赞云，"朔之诙谐逢占射覆，其事浮浅，行于众庶，儿童牧竖，莫不炫耀，而后之好事者因取奇言怪语附著之朔。"则知汉世于朔，已多附会之谈。二书虽伪作，而《隋志》已著录，又以辞意新异，齐梁文人亦往往引为故实。《神异经》固亦神仙家言，然文思较深茂，盖文人之为。《十洲记》特浅薄，观其记月支国反生香，及篇首云，"方朔云：臣，学仙者也，非得道之人，以国家之盛美，将招名儒墨于文教之内，抑绝俗之道于虚诡之迹，臣故韬隐逸而赴王庭，藏养生而侍朱阙。"则但为方士窃虑失志，借以震眩流俗，且自解嘲之作而已。

称班固作者，一曰《汉武故事》，今存一卷，记武帝生于猗兰殿至崩葬茂陵杂事，且下及成帝时。其中虽多神仙怪异之言，而颇不信方士，文亦简雅，当是文人所为。《隋志》著录二卷，不题撰人，宋晁公武《郡斋读书志》始云"世言班固作"，又云，"唐张束之书《洞冥记》后云，《汉武故事》，王俭造也。"然后人遂径属之班氏。

　　帝以乙酉年七月七日生于猗兰殿，年四岁，立为胶东王。数岁，长公主抱置膝上，问曰，"儿欲得妇不？"胶东王曰，"欲得妇。"长主指左右长御百余人，皆云不用。末指其女问曰，"阿娇好不？"于是乃笑对曰，"好。若得阿娇，当作金屋贮之也。"长主大悦，乃苦要上，遂成婚焉。

　　上尝辇至郎署，见一老翁，须鬓皓白，衣服不整。上问曰，"公何时为郎？何其老也？"对曰，"臣姓颜名驷，江都人也，以文帝时为郎。"上问曰，"何其老而不遇也？"驷曰，"文帝好文而臣好武，景帝好老而臣尚少，陛下好少而臣已老：是以三世不遇。"上感其言，擢拜会稽都尉。

　　七月七日，上于承华殿斋，日正中，忽见有青鸟从西方来。上问东方朔，朔对曰，"西王母暮必降尊像上。"……是夜漏七刻，空中无云，隐如雷声，竟天紫气。有顷，王母至，乘紫车，玉女夹驭，戴七胜，青气如云，有二青鸟，夹侍母旁。下车，上迎拜，延母坐，请不死之药。母曰，"……帝滞情不遣，欲心尚多，不死之药，未可致也。"因出桃七枚，母自啖二枚，与帝五枚。帝留核著前。王母问曰，"用此何为？"上曰，"此桃美，欲种之。"母笑曰，"此桃三千年一著子，非下土所植也。"留至五更，谈语世事而不肯言鬼神，肃然便去。东方朔于朱鸟牖中窥母。母曰，"此儿好作罪过，疏妄无赖，久被斥逐，不得还天，然原心无恶，寻当得还，帝善遇之！"母既去，上惆怅良久。

　　其一曰《汉武帝内传》，亦一卷，亦记孝武初生至崩葬事，而于王母降特详。其文虽繁丽而浮浅，且窃取释家言，又多用

《十洲记》及《汉武故事》中语，可知较二书为后出矣。宋时尚不题撰人，至明乃并《汉武故事》皆称班固作，盖以固名重，因连类依托之。

到夜二更之后，忽见西南如白云起，郁然直来，径趋宫庭；须臾转近。闻云中箫鼓之声，人马之响。半食顷，王母至也。县投殿前，有似鸟集，或驾龙虎，或乘白麟，或乘白鹤，或乘轩车，或乘天马，群仙数千，光曜庭宇。既至，从官不复知所在，唯见王母乘紫云之辇，驾九色斑龙。别有五十天仙，……咸住殿下。王母唯扶二侍女上殿，侍女年可十六七，服青绫之袿，容眸流盼，神姿清发，真美人也！王母上殿，东向坐，著黄金褡襦，文采鲜明，光仪淑穆，带灵飞大绶，腰佩分景之剑，头上太华髻，戴太真晨婴之冠，履玄璃凤文之舄，视之可年三十许，修短得中，天姿掩蔼，容颜绝世，真灵人也！

帝跪谢。……上元夫人使帝还坐。王母谓夫人曰，"卿之为戒，言甚急切，更使未解之人，畏于意志。"夫人曰，"若其志道，将以身投饿虎，忘躯破灭，蹈火履水，固于一志，必无忧也。……急言之发，欲成其志耳，阿母既有念，必当赐以尸解之方耳。"王母曰，"此子勤心已久，而不遇良师，遂欲毁其正志，当疑天下必无仙人，是故我发阆宫，暂舍尘浊，既欲坚其仙志，又欲令向化不惑也。今日相见，令人念之。至于尸解下方，吾甚不惜。后三年，吾必欲赐以成丹半剂，石象散一。具与之，则彻不得复停。当今匈奴未弥，边陲有事，何必令其仓卒舍天下之尊，而便入林岫？但当问笃志何如。如其回改，吾方数来。"王母因拊帝背曰，"汝用上元夫人至言，必得长生，可不勖勉耶？"帝跪曰，"彻书之金简，以身佩之焉。"

又有《汉武洞冥记》四卷，题后汉郭宪撰。全书六十则，皆言神仙道术及远方怪异之事；其所以名《洞冥记》者，序云，"汉武帝明俊特异之主，东方朔因滑稽以匡谏，洞心于道教，使真迹之奥，昭然显著。今籍旧史之所不载者，聊以闻见，撰《洞冥记》四卷，成一家之书，"则所凭借亦在东方朔。郭宪字子横，汝南宋人，光武时征拜博士，刚直敢言，有"关东觥觥郭子横"之目，徒以濮酒救火一事，遽为方士攀引，范晔作《后汉书》，遂亦不察而置之《方术列传》中。然《洞冥记》称宪作，实始于刘昫《唐书》，《隋志》但云郭氏，无名。六朝人虚造神仙家言，每好称郭氏，殆以影射郭璞，故有《郭氏玄中记》，有《郭氏洞冥记》。《玄中记》今不传，观其遗文，亦与《神异经》相类；《洞冥记》今全，文如下：

> 黄安，代郡人也，为代郡卒，……常服朱砂，举体皆赤，冬不著裘，坐一神龟，广二尺。人问"子坐此龟几年矣？"对曰，"昔伏羲始造网罟，获此龟以授吾；吾坐龟背已平矣。此虫畏日月之光，二千岁即一出头，吾坐此龟，已见五出头矣。"……（卷二）

> 天汉二年，帝升苍龙阁，思仙术，召诸方士言远国遐方之事。唯东方朔下席操笔跪而进。帝曰，"大夫为朕言乎？"朔曰，"臣游北极，至种火之山，日月所不照，有青龙衔烛火以照山之四极。亦有园圃池苑，皆植异木异草；有明茎草，夜如金灯，折枝为炬，照见鬼物之形。仙人甯封常服此草，于夜暝时，转见腹光通外。亦名洞冥草。"帝令锉此草为泥，以涂云明之馆，夜坐此馆，不加灯烛；亦名照魅草；以藉足，履水不沉。（卷三）

至于杂载人间琐事者，有《西京杂记》，本二卷，今六卷者宋人所分也。末有葛洪跋，言"其家有刘歆《汉书》一百卷，考校班固所作，殆是全取刘氏，小有异同，固所不取，不过二万许言。今钞出为二卷，以补《汉书》之阙。"然《隋志》不著撰人，《唐志》则云葛洪撰，可知当时皆不信为真出于歆。段成式（《西阳杂俎·语资篇》）云，"庾信作诗，用《西京杂记》事，旋自追改曰，'此吴均语，恐不足用。'"后人因以为均作。然所谓吴均语者，恐指文句而言，非谓《西京杂记》也，梁武帝敕殷芸撰《小说》，皆钞撮故书，已引《西京杂记》甚多，则梁初已流行世间，固以葛洪所造为近是。或又以文中称刘向为家君，因疑非葛洪作，然既托名于歆，则摹拟歆语，固亦理势所必至矣。书之所记，正如黄省曾序言，"大约有四：则猥琐可略，闲漫无归，与夫杳昧而难凭，触忌而须讳者。"然此乃判以史裁，若论文学，则此在古小说中，固亦意绪秀异，文笔可观者也。

司马相如初与卓文君还成都，居贫忧懑，以所著鹔鹴裘就市人阳昌贳酒，与文君为欢。既而文君抱颈而泣曰，"我生平富足，今乃以衣裘贳酒！"遂相与谋，于成都卖酒。相如亲着犊鼻裈涤器，以耻王孙。王孙果以为病，乃厚给文君，文君遂为富人。文君姣好，眉色如望远山，脸际常若芙蓉，肌肤柔滑如脂，为人放诞风流，故悦长卿之才而越礼焉。……（卷二）

郭威，字文伟，茂陵人也，好读书，以谓《尔雅》周公所制，而《尔雅》有"张仲孝友"，张仲，宣王时人，非周公之制明矣。余尝以问杨子云，子云曰，"孔子门徒游夏之俦所记，以解释六艺者也"。家君以为《外戚传》称"史佚教其子以《尔雅》"，《尔雅》，小学也。又记言"孔子教鲁哀公学《尔雅》"，《尔雅》之出远矣，旧传学者皆云周公所记也，"张仲孝友"之类，后人所足耳。（卷三）

司马迁发愤作《史记》百三十篇，先达称为良史之才。其以伯夷居列传之首，以为善而无报也；为《项羽本纪》，以踞高位者非关有德也。及其序屈原贾谊，辞旨抑扬，悲而不伤，亦近代之伟才。（卷四）

（广川王去疾聚无赖发）栾书冢，棺柩明器，朽烂无余。有一白狐，见人惊走，左右击之，不能得，伤其左脚。其夕，王梦一丈夫须眉尽白，来谓王曰，"何故伤吾左脚？"乃以杖叩王左脚。王觉，脚肿痛生疮，至死不差。（卷六）

葛洪字稚川，丹阳句容人，少以儒学知名，究览典籍，尤好神仙导养之法，太安中，官伏波将军。以平贼功封关内侯。干宝深相亲善，荐洪才堪国史，而洪闻交址出丹，自求为勾漏令，行至广州，为刺史所留，遂止罗浮，年八十一，兀然若睡而卒（约290—370），有传在《晋书》。洪著作甚多，可六百卷，其《抱朴子》（内篇三）言太丘长颍川陈仲弓有《异闻记》，且引其文，略云郡人张广定以避乱置其四岁女于古冢中，三年复归，而女以效龟息得不死。然陈寔此记，史志既所不载，其事又甚类方士常谈，疑亦假托。葛洪虽去汉未远，而溺于神仙，故其言亦不足据。

又有《飞燕外传》一卷，记赵飞燕姊妹故事，题汉河东都尉伶玄子于撰，司马光尝取其"祸水灭火"语入《通鉴》，殆以为真汉人作，然恐是唐宋人所为。又有《杂事秘辛》一卷，记后汉选阅梁冀妹及册立事，杨慎序云，"得于安宁土知州万氏"，沈德符（《野获编》二十三）以为即慎一时游戏之作也。

六朝之鬼神志怪书（上）

中国本信巫，秦汉以来，神仙之说盛行，汉末又大畅巫风，而鬼道愈炽；会小乘佛教亦入中土，渐见流传。凡此，皆张皇鬼神，称道灵异，故自晋讫隋，特多鬼神志怪之书。其书有出于文人者，有出于教徒者。文人之作，虽非如释道二家，意在自神其教，然亦非有意为小说，盖当时以为幽明虽殊途，而人鬼乃皆实有，故其叙述异事，与记载人间常事，自视固无诚妄之别矣。

《隋志》有《列异传》三卷，魏文帝撰，今佚。惟古来文籍中颇多引用，故犹得见其遗文，则正如《隋志》所言，"以序鬼物奇怪之事"者也。文中有甘露年间事，在文帝后，或后人有增益，或撰人是假托，皆不可知。两《唐志》皆云张华撰，亦别无佐证，殆后有悟其抵牾者，因改易之。惟宋裴松之《三国志注》，后魏郦道元《水经注》皆已征引，则为魏晋人作无疑也。

南阳宋定伯年少时，夜行逢鬼，问曰，"谁？"鬼曰，"鬼也。"鬼曰，"卿复谁？"定伯欺之，言我亦鬼也。鬼问欲至何所，答曰欲至宛市，鬼言我亦欲至宛市。共行数里，鬼言步行大亟，可共迭相担也。定伯曰大善。鬼便先担定伯数里，鬼言卿大重，将非鬼也？定伯言，我新死，故重耳。定伯因复担鬼，鬼略无重。如是再三。定伯复言，我新死，不知鬼悉何所畏忌？鬼曰，唯不喜人唾。……行欲至宛市，定伯便担鬼至头上，急持之。鬼大呼，声咋咋索下。不复听之，径至宛市中，著地化为一羊。便卖之。恐其便化，乃唾之，得钱千五百。（《太平御览》八百八十四，《法苑珠林》六）

神仙麻姑降东阳蔡经家，手爪长四寸。经意曰，"此女子实好佳手，愿得以搔背。"麻姑大怒。忽见经顿地，两目流血。（《太平御览》三百七十）

武昌新县北山上有望夫石，状若人立者。相传云，昔有贞妇，其夫从役，远赴国难，妇携幼子，饯送此山，立望而形化为石。（《太平御览》八百八十八）

晋以后人之造伪书，于记注殊方异物者每云张华，亦如言仙人神境者之好称东方朔。张华字茂先，范阳方城人，魏初举太常博士，入晋官至司空，领著作，封壮武郡公，永康元年四月赵王伦之变，华被害，夷三族，时年六十九（232—300），传在《晋书》。华既通图纬，又多览方伎书，能识灾祥异物，故有博物洽闻之称，然亦遂多附会之说。梁萧绮所录王嘉《拾遗记》（九）言华尝"捃采天下遗逸，自书契之始，考验神怪，及世间闾里所说，造《博物志》四百卷，奏于武帝"，帝令芟截浮疑，分为十卷。其书今存，乃类记异境奇物及古代琐闻杂事，皆刺取故书，殊乏新异，不能副其名，或由后人缀辑复成，非其原本欤？今所存汉至隋小说，大抵此类。

《周书》曰，"西域献火浣布，昆吾氏献切玉刀，火浣布

污烧之则洁，刀切玉如蜡。"布汉世有献者，刀则未闻。(卷二《异产》)

取鳖锉令如棋子大，捣赤苋汁和合，厚以茅苞，五六月中作，投池中，经旬商商尽成鳖也。(卷四《戏术》)

燕太子丹质于秦，……欲归，请于秦王。王不听。谬言曰，"令乌头白，马生角，乃可。"丹仰而叹，乌即头白，俯而嗟，马生角。秦王不得已而遣之，为机发之桥，欲陷丹，丹驱驰过之而桥不发。遁到关，关门不开，丹为鸡鸣，于是众鸡悉鸣，遂归。(卷八《史补》)

老子云，"万民皆付西王母；唯王，圣人，真人，仙人，道人之命，上属九天君耳。"(卷九《杂说》上)

新蔡干宝字令升，晋中兴后置史官，宝始以著作郎领国史，因家贫求补山阴令，迁始安太守，王导请为司徒右长史，迁散骑常侍(四世纪中)。宝著《晋纪》二十卷，时称良史；而性好阴阳术数，尝感于其父婢死而再生，及其兄气绝复苏，自言见天神事，乃撰《搜神记》二十卷。以"发明神道之不诬"(自序中语)，见《晋书》本传。《搜神记》今存者正二十卷，然亦非原书，其书于神祇灵异人物变化之外，颇言神仙五行，又偶有释氏说。

汉下邳周式，尝至东海，道逢一吏，持一卷书，求寄载，行十余里，谓式曰，"吾暂有所过，留书寄君船中，慎勿发之！"去后，式盗发视，书皆诸死人录，下条有式名。须臾吏还，式犹视书。吏怒曰，"故以相告，而忽视之！"式叩头流血，良久，吏曰，"感卿远相载，此书不可除卿名，今日已去，还家三年勿出门，可得度也。勿道见吾书！"式还，不出已二年余，家皆怪之。邻人卒亡，父怒使往吊之，式不得已，适出门，便见此吏。吏曰，"吾令汝三年勿出，而今出门，知复奈何？吾求不见连累为鞭杖，今已见汝，可复奈何？后三日日中，当相取也。"……至三日日中，果见来取，便死。(卷五)

阮瞻字千里，素执无鬼论，物莫能难，每自谓此理足以辨正幽明。忽有客通名诣瞻，寒温毕，聊谈名理，客甚有才辨，瞻与之言良久，及鬼神之事，反复甚苦，客遂屈，乃作色曰，"鬼神古今圣贤所共传，君何得独言无？即仆便是鬼！"于是变为异形，须臾消灭。瞻默然，意色大恶，岁余而卒。（卷十六）

焦湖庙有一玉枕，枕有小坼。时单父县人杨林为贾客，至庙祈求，庙巫谓曰，"君欲好婚否？"林曰，"幸甚。"巫即遣林近枕边，因入坼中，遂见朱楼琼室。有赵太尉在其中，即嫁女与林，生六子，皆为秘书郎。历数十年，并无思归之志，忽如梦觉，犹在枕傍，林怆然久之。（今本无此条，见《太平寰宇记》一百二十六引）

续干宝书者，有《搜神后记》十卷。题陶潜撰。其书今具存，亦记灵异变化之事如前记，陶潜旷达，未必拳拳于鬼神，盖伪托也。

干宝字令升，其先新蔡人。父莹，有嬖妾。母至妒，宝父葬时，因生推婢著藏中，宝兄弟年小，不之审也。经十年而母丧，开墓，见其妾伏棺上，衣服如生，就视犹暖，舆还家，终日而苏，云宝父常致饮食，与之寝接，恩情如生。家中吉凶辄语之，校之悉验，平复数年后方卒。宝兄常病，气绝积日不冷，后遂寤，云见天地间鬼神事，如梦觉，不自知死。（卷四）

晋中兴后，谯郡周子文家在晋陵，少时喜射猎。常入山，忽山岫间有一人长五六丈，手捉弓箭，箭镝头广二尺许，白如霜雪，忽出声唤曰，"阿鼠！"（原注，子文小字）子文不觉应曰："喏。"此人便牵弓满镝向子文，子文便失魂厌伏。（卷七）

晋时，又有荀氏作《灵鬼志》，陆氏作《异林》，西戎主簿戴祚作《甄异传》，祖冲之作《述异记》，祖台之作《志怪》，此外作志怪者尚多，有孔氏殖氏曹毗等，今俱佚，间存遗文。至于现行之《述异记》二卷，称梁任昉撰者，则唐宋间人伪作，而袭祖冲之之书名者也，故唐人书中皆未尝引。

刘敬叔字敬叔，彭城人，少颖敏有异才，晋末拜南平国郎中令，入宋为给事黄门郎，数年，以病免，泰始中卒于家（约390—470），所著有《异苑》十余卷，行世。（详见明胡震亨所作小传，在汲古阁本《异苑》卷首）《异苑》今存者十卷，然亦非原书。

魏时，殿前大钟无故大鸣，人皆异之，以问张华，华曰，"此蜀郡铜山崩，故钟鸣应之耳。"寻蜀郡上其事，果如华言。（卷二）

义熙中，东海徐氏婢兰忽患羸黄，而拂拭异常，共伺察之，见扫帚从壁角来趋婢床，乃取而焚之，婢即平复。（卷八）

晋太元十九年，鄱阳桓阐杀犬祭乡里绥山，煮肉不熟。神怒，即下教于巫曰，"桓阐以肉生贻我，当谪令自食也。"其年忽变作虎，作虎之始，见人以斑皮衣之，即能跳跃噬逐。（卷八）

东莞刘邕性嗜食疮痂，以为味似鳆鱼。尝诣孟灵休，灵休先患灸疮，痂落在床，邕取食之，灵休大惊，痂未落者悉褫取饴邕。南康国吏二百许人，不问有罪无罪，递与鞭，疮痂落，常以给膳。（卷十）

临川王刘义庆（403—444）为性简素，爱好文义，撰述甚多（详见《宋书·宗室传》），有《幽明录》三十卷，见《隋志》史部杂传类，《新唐志》入小说。其书今虽不存，而他书征引甚多，大抵如《搜神》《列异》之类；然似皆集录前人撰作，非自造也。唐时尝盛行，刘知几（《史通》）云《晋书》多取之。

宋散骑侍郎东阳无疑有《齐谐记》七卷，亦见《隋志》，今佚。梁吴均作《续齐谐记》一卷，今尚存，然亦非原本。吴均字叔庠，吴兴故鄣人，天监初为吴兴主簿，旋兼建安王伟记室，终除奉朝请，以撰《齐春秋》不实免职，已而复召，使撰通史，未就，普通元年卒，年五十二（469—520），事详《梁书·文学传》。均凤有诗名，文体清拔，好事者或模拟之，称"吴均体"，故其为小说，亦卓然可观，唐宋文人多引为典据，阳羡鹅笼之记，尤其奇诡者也。

阳羡许彦于绥安山行，遇一书生，年十七八，卧路侧，云脚痛，求寄鹅笼中。彦以为戏言，书生便入笼，笼亦不更广，书生亦不更小，宛然与双鹅并坐，鹅亦不惊。彦负笼而去，都不觉重。前行息树下，书生乃出笼谓彦曰，"欲为君薄设。"彦曰，"善。"乃口中吐出一铜奁子，奁子中具诸肴馔。……酒数行，谓彦曰，"向将一妇人自随。今欲暂邀之。"彦曰，"善。"又于口中吐一女子，年可十五六，衣服绮丽，容貌殊绝，共坐宴。俄而书生醉卧，此女谓彦曰，"虽与书生结妻，而实怀怨，向亦窃得一男子同行，书生既眠，暂唤之，君幸勿言。"彦曰，"善。"女子于口中吐出一男子，年可二十三四，亦颖悟可爱，乃与彦叙寒温。书生卧欲觉，女子口吐一锦行障遮书生，书生乃留女子共卧。男子谓彦曰，"此女虽有情，心亦不尽，向复窃得一女人同行，今欲暂见之，愿君勿泄。"彦曰，"善。"男子又于口中吐一妇人，年可二十许，共酌，戏谈甚久，闻书生动声，男子曰，"二人眠已觉。"因取所吐女人，还纳口中。须臾，书生处女乃出谓彦曰，"书生欲起。"乃吞向男子，独对彦坐。然后书生起谓彦曰，"暂眠遂久，君独坐，当悒悒耶？日又晚，当与君别。"遂吞其女子，诸器皿悉纳口中，留大铜盘可二尺广，与彦别曰，"无以藉君，与君相忆也。"彦大元中为兰台令史，以盘饷侍中张散；散看其铭题，云是永平三年作。

然此类思想，盖非中国所故有，段成式已谓出于天竺，《酉阳杂俎》（《续集·贬误篇》）云，"释氏《譬喻经》云，昔梵志作术，吐出一壶，中有女子与屏，处作家室。梵志少息，女复作术，吐出一壶，中有男子，复与共卧。梵志觉，次第互吞之，柱杖而去。余以吴均尝览此事，讶其说以为至怪也。"所云释氏经者，即《旧杂譬喻经》，吴时康僧会译，今尚存；而此一事，则复有他经为本，如《观佛三昧海经》（卷一）说观佛苦行时白毫毛相云，"天见毛内有百亿光，其光微妙，不可具宣。于其光中，现化菩萨，皆修苦行，如此不异。菩萨不小，毛亦不大。"当又为梵志吐壶相之渊源矣。魏晋以来，渐译释典，天竺故事亦流传世间，文人喜其颖异，于有意或无意中用之，遂蜕化为国有，如晋人荀氏作《灵鬼志》，亦记道人入笼子中事，尚云来自外国，至吴均记，乃为中国之书生。

太元十二年，有道人外国来，能吞刀吐火，吐珠玉金银，自说其所受师，即白衣，非沙门也。尝行，见一人担担，上有小笼子，可受升余，语担人云，"吾步行疲极，欲寄君担。"担人甚怪之，虑是狂人，便语之云，"自可耳。"……即入笼中，笼不更大，其人亦不更小，担之亦不觉重于先。既行数十里，树下住食，担人呼共食，云"我自有食"，不肯出。……食未半，语担人"我欲与妇共食"，即复口吐出女子，年二十许，衣裳容貌甚美，二人便共食。食欲竟，其夫便卧；妇语担人，"我有外夫，欲来共食，夫觉，君勿道之。"妇便口中出一年少丈夫，共食。笼中便有三人，宽急之事，亦复不异。有顷，其夫动，如欲觉，妇便以外夫内口中。夫起，语担人曰，"可去！"即以妇内口中，次及食器物。……（《法苑珠林》六十一，《太平御览》三百五十九）

六朝之鬼神志怪书（下）

释氏辅教之书，《隋志》著录九家，在子部及史部，今惟颜之推《冤魂志》存，引经史以证报应，已开混合儒释之端矣，而余则俱佚。遗文之可考见者，有宋刘义庆《宣验记》，齐王琰《冥祥记》，隋颜之推《集灵记》，侯白《旌异记》四种，大抵记经像之显效，明应验之实有，以震耸世俗，使生敬信之心，顾后世则或视为小说。王琰者，太原人，幼在交址，受五戒，于宋大明及建元（五世纪中）年，两感金像之异，因作记，撰集像事，继以经塔，凡十卷，谓之《冥祥》，自序其事甚悉（见《法苑珠林》卷十七）。《冥祥记》在《珠林》及《太平广记》中所存最多，其叙述亦最委曲详尽，今略引三事，以概其余。

汉明帝梦见神人，形垂二丈，身黄金色，项佩日光。以问群臣，或对曰，"西方有神，其号曰佛，形如陛下所梦，得无是乎？"于是发使天竺，写致经像。表之中夏，自天子王侯，咸敬事之，闻人死精神不灭，莫不惧然自失。初，使者蔡愔将西域沙门迦叶摩腾等赍优填王画释迦佛像，帝重之，如梦所见也，乃遣画工图之数本，于南宫清凉台及高阳门显节寿陵上供养。又于白马寺壁画千乘万骑绕塔三匝之像，如诸传备载。（《珠林》十三）

晋谢敷字庆绪，会稽山阴人也，……少有高操，隐于东山，笃信大法，精勤不倦，手写《首楞严经》，当在都白马寺中，寺为灾火所延，什物余经，并成煨尽，而此经止烧纸头界外而已，文字悉存，无所毁失。敷死时，友人疑其得道，及闻此经，弥复惊异。……（《珠林》十八）

晋赵泰字文和，清河贝丘人也，……年三十五时，尝卒心痛，须臾而死。下尸于地，心暖不已，屈伸随人。留尸十日，平旦，喉中有声如雨，俄而苏活。说初死之时，梦有一人来近心下，复有二人乘黄马，从者二人，扶泰腋径将东行，不知可几里，至一大城，崔巍高峻，城色青黑。将泰向城门入，经两重门，有瓦屋可数千间，男女大小亦数千人，行列而立。吏著皂衣，有五六人，条疏姓字，云"当以科呈府君"。泰名在三十，须臾，将泰与数千人男女一时俱进。府君西向坐，简视名簿讫，复遣泰南入黑门。有人著绛衣坐大屋下，以次呼名，问"生时所事？作何孽罪？行何福善？谛汝等辞，以实言也！此恒遣六部使者常在人间，疏记善恶，具有条状，不可得虚。"泰答"父兄仕宦，皆二千石。我少在家，修学而已，无所事也，亦不犯恶。"乃遣泰为水官将作。……后转泰水官都督知诸狱事，给泰兵马，令案行地狱。所至诸狱，楚毒各殊：或针贯其舌，流血竟体；或被头露发，裸形徒跣，相牵而行，有持大杖，从后催促，铁床铜柱，烧之洞然，驱迫此人，抱卧其上，赴即焦烂，寻复还生；……或剑树高广，不知限量，根茎枝叶，皆剑为之，人众相跻，自登自攀，若有欣竞，而身首割截，尺寸离断。泰见祖父母及二弟在此狱中，相见涕泣。泰出狱门，见有二人赍文书，来语狱吏，言有三人，其家为其于塔寺中悬幡烧香，救解其罪，可出福舍。俄见三人自狱而出，已有自然衣服，完整在身，南诣一门，云名开光大舍。……泰案行毕，还水官处。……主者曰，"卿无罪过，故相使为水官都督，不尔，与地狱中人无以异也。"泰问主者曰，"人有何行，死得乐报？"主者唯言"奉法弟子精进持戒，得乐报，无有谪罚也。"泰复问曰，"人未事法时所行罪过，事法之后，得以除不？"答曰，"皆除也。"语毕，主者开滕箧检泰年纪，尚有余算三十年在，乃遣泰还。……时晋太始五年七月十三日也。……（《珠林》七，《广记》三百七十七）

佛教既渐流播，经论日多，杂说亦日出，闻者虽或悟无常而归依，然亦或怖无常而却走。此之反动，则有方士亦自造伪经，多作异记，以长生久视之道，网罗天下之逃苦空者，今所存汉小说，除一二文人著述外，其余盖皆是矣。方士撰书，大抵托名古人，故称晋宋人作者不多有，惟类书间有引《神异记》者，则为道士王浮作。浮，晋人；有浅妄之称，即惠帝时（3世纪末至4世纪初）与帛远抗论屡屈，遂改换《西域传》造老子《明威化胡经》者也（见唐释法琳《辩正论》六）。其记似亦言神仙鬼神，如《洞冥》《列异》之类。

陈敏，孙皓之世为江夏太守，自建业赴职，闻宫亭庙验（原注云言灵验），过乞在任安稳，当上银杖一枚。年限既满，作杖拟以还庙，捶铁以为干，以银涂之。寻征为散骑常侍，往宫亭，送杖于庙讫，即进路。日晚，降神巫宣教曰，"陈敏许我银杖，今以涂杖见与，便投水中，当以还之。欺蔑之罪，不可容也！"于是取银杖看之，剖视中见铁干，乃置之湖中。杖浮在水上，其疾如飞，遥到敏舫前，敏舟遂覆也。（《太平御览》七百十）

丹丘生大茗，服之生羽翼。（《事类赋》注十六）

《拾遗记》十卷，题晋陇西王嘉撰，梁萧绮录。《晋书·艺术列传》中有王嘉，略云，嘉字子年，陇西安阳人，初隐于东阳谷，后入长安，苻坚累征不起，能言未然之事，辞如谶记，当时鲜能晓之。姚苌入长安，逼嘉自随；后以答问失苌意，为苌所杀（约390）。嘉尝造《牵三歌谶》，又著《拾遗录》十卷，其事多诡怪，今行于世。传所云《拾遗录》者，盖即今记，前有萧绮序，言书本十九卷，二百二十篇，当苻秦之季，典章散灭，此书亦多有亡，绮更删繁存实，合为一部，凡十卷。今书前九卷起庖牺迄东晋，末一卷则记昆仑等九仙山，与序所谓"事讫西晋之末"者稍不同。其文笔颇靡丽，而事皆诞谩无实，萧绮之录亦附会，胡应麟（《笔丛》三十二）以为"盖即绮撰而托之王嘉"者也。

少昊以金德王，母曰皇娥，处璇宫而夜织，或乘桴木而昼游，经历穷桑沧茫之浦。时有神童，容貌绝俗，称为白帝之子，即太白之精，降乎水际，与皇娥宴戏，奏便娟之乐，游漾忘归。穷桑者，西海之滨，有孤桑之树，直上千寻，叶红椹紫，万岁一实，食之后天而老。……帝子与皇娥并坐，抚桐峰梓瑟，皇娥倚瑟而清歌曰，"天清地旷浩茫茫，万象回薄化无方，浛天荡荡望沧沧，乘桴轻漾著日傍，当其何所至穷桑，心知和乐悦未央。"俗谓游乐之处为桑中也，《诗·卫风》云"期我乎桑中"，盖类此也。……及皇娥生少昊，号曰穷桑氏，亦曰桑丘氏。至六国时，桑丘子著阴阳书，即其余裔也。……（卷一）

刘向于成帝之末，校书天禄阁，专精覃思。夜，有老人著黄衣，植青藜杖，登阁而进，见向暗中独坐诵书，老父乃吹杖端，烟燃，因以见向，说开辟已前。向因受五行洪范之文，恐辞说繁广忘之，乃裂帛及绅，以记其言，至曙而去。向请问姓名，云"我是太一之精，天帝闻卯金之子有博学者，下而观焉"。乃出怀中竹牒，有天文地图之书，"余略授子焉"。至向子歆，从向授其术。向亦不悟此人焉。（卷六）

洞庭山浮于水上，其下有金堂数百间，玉女居之，四时闻金石丝竹之声，彻于山顶。楚怀王之时，举群才赋诗于水湄。……后怀王好进奸雄，群贤逃越。屈原以忠见斥，隐于沅湘，披蓁菇草，混同禽兽，不交世务，采柏实以和桂膏，用养心神，被王逼逐，乃赴清泠之水，楚人思慕，谓之水仙。其神游于天河，精灵时降湘浦，楚人为之立祠，汉末犹在。（卷十）

《世说新语》与其前后

汉末士流，已重品目，声名成毁，决于片言，魏晋以来，乃弥以标格语言相尚，惟吐属则流于玄虚，举止则故为疏放，与汉之惟俊伟坚卓为重者，甚不侔矣。盖其时释教广被，颇扬脱俗之风，而老庄之说亦大盛，其因佛而崇老为反动，而厌离于世间则一致，相拒而实相扇，终乃汗漫而为清谈。渡江以后，此风弥甚，有违言者，惟一二枭雄而已。世之所尚，因有撰集，或者掇拾旧闻，或者记述近事，虽不过丛残小语，而俱为人间言动，遂脱志怪之牢笼也。

记人间事者已甚古，列御寇韩非皆有录载，惟其所以录载者，列在用以喻道，韩在储以论政。若为赏心而作，则实萌芽于魏而盛大于晋，虽不免追随俗尚，或供揣摩，然要为远实用而近娱乐矣。晋隆和（362）中，有处士河东裴启，撰汉魏以来迄于同时言语应对之可称者，谓之《语林》，时颇盛行，以记谢安语不实，为安所诋，书遂废（详见《世说新语·轻诋篇》）。后仍时有，凡十卷，至隋而亡，然群书中亦常见其遗文也。

娄护字君卿，历游五侯之门，每旦，五侯家各遗饷之，君卿口厌滋味，乃试合五侯所饷之鲭而食，甚美。世所谓"五侯鲭"，君卿所致。（《太平广记》二百三十四）

魏武云，"我眠中不可妄近，近辄斫人不觉。左右宜慎之！"后乃阳冻眠，所幸小儿窃以被覆之，因便斫杀，自尔莫敢近。（《太平御览》七百七）

钟士季尝向人道，"吾年少时一纸书，人云是阮步兵书，皆字字生义，既知是吾，不复道也。"（《续谈助》四）

祖士言与钟雅语相调，钟语祖曰，"我汝颍之士利如锥，卿燕代之士钝如槌。"祖曰，"以我钝槌，打尔利锥。"钟曰，"自有神锥，不可得打。"祖曰，"既有神锥，必有神槌。"钟遂屈。（《御览》四百六十六）

王子猷尝暂寄人空宅住，使令种竹。或问暂住何烦尔？啸咏良久，直指竹曰，"何可一日无此君。"（《御览》三百八十九）

《隋志》又有《郭子》三卷，东晋中郎郭澄之撰，《唐志》云，"贾泉注"，今亡。审其遗文，亦与《语林》相类。

宋临川王刘义庆有《世说》八卷，梁刘孝标注之为十卷，见《隋志》。今存者三卷曰《世说新语》，为宋人晏殊所删并，于注亦小有剪裁，然不知何人又加新语二字，唐时则曰新书，殆以《汉志》儒家类录刘向所序六十七篇中，已有《世说》，因增字以别之也。《世说新语》今本凡三十八篇，自《德行》至《仇隙》，以类相从，事起后汉，止于东晋，记言则玄远冷俊，记行则高简瑰奇，下至缪惑，亦资一笑。孝标作注，又征引浩博。或驳或申，映带本文，增其隽永，所用书四百余种，今又多不存，故世人尤珍重之。然《世说》文字，间或与裴郭二家书所记相同，殆亦犹《幽明录》《宣验记》然，乃纂缉旧文，非由自造：《宋书》

言义庆才词不多，而招聚文学之士，远近必至，则诸书或成于众手，未可知也。

阮光禄在剡，曾有好车，借者无不皆给。有人葬母，意欲借而不敢言。阮后闻之，叹曰，"吾有车而使人不敢借，何以车为？"遂焚之。（卷上《德行篇》）

阮宣子有令闻，太尉王夷甫见而问曰，"老庄与圣教同异？"对曰，"将无同。"太尉善其言，辟之为掾，世谓"三语掾"。（卷上《文学篇》）

祖士少好财，阮遥集好屐，并恒自经营，同是一累，而未判其得失。人有诣祖，见料视财物，客至，屏当未尽，余两小簏，著背后倾身障之，意未能平。或有诣阮，见自吹火蜡屐，因叹曰，"未知一生当著几量屐？"神色闲畅。于是胜负始分。（卷中《雅量篇》）

世目李元礼"谡谡如劲松下风"。（卷中《赏誉篇》）

公孙度目邴原："所谓云中白鹤，非燕雀之网所能罗也。"（同上）

刘伶恒纵酒放达，或脱衣裸形在屋中。人见讥之。伶曰，"我以天地为栋宇，屋室为裈衣，诸君何为入我裈中？"（卷下《任诞篇》）

石崇每要客燕集，常令美人行酒，客饮酒不尽者，使黄门交斩美人。王丞相与大将军尝共诣崇，丞相素不能饮，辄自勉强，至于沉醉。每至大将军，固不饮以观其变，已斩三人，颜色如故，尚不肯饮，丞相让之，大将军曰，"自杀伊家人，何预卿事？"（卷下《汰侈篇》）

梁沈约（441—513，《梁书》有传）作《俗说》三卷，亦此类，今亡。梁武帝尝敕安右长史殷芸（471—529，《梁书》有传）撰《小说》三十卷，至隋仅存十卷，明初尚存，今乃止见于《续谈助》及原本《说郛》中，亦采集群书而成，以时代为次第，而特置帝王之事于卷首，继以周汉，终于南齐。

晋咸康中，有士人周谓者，死而复生，言天帝召见，引升殿，仰视帝，面方一尺。问左右曰，"是古张天帝耶？"答云，"上古天帝，久已圣去，此近曹明帝也。"（《绀珠集》二）

孝武未尝见驴，谢太傅问曰，"陛下想其形当何所似？"孝武掩口笑云，"正当似猪。"（《续谈助》四。原注云，出《世说》。案今本无之。）

孔子尝游于山，使子路取水。逢虎于水所，与共战，揽尾得之，内怀中；取水还。问孔子曰，"上士杀虎如之何？"子曰，"上士杀虎持虎头。"又问曰，"中士杀虎如之何？"子曰，"中士杀虎持虎耳。"又问，"下士杀虎如之何？"子曰，"下士杀虎捉虎尾。"子路出尾弃之，因恚孔子曰，"夫子知水所有虎，使我取水，是欲死我。"乃怀石盘欲中孔子，又问"上士杀人如之何？"子曰，"上士杀人使笔端。"又问曰，"中士杀人如之何？"子曰，"中士杀人用舌端。"又问"下士杀人如之何？"子曰，"下士杀人怀石盘。"子路出而弃之，于是心服。（原本《说郛》二十五。原注云，出《冲波传》。）

鬼谷先生与苏秦张仪书云，"二君足下，功名赫赫，但春华到秋，不得久茂。日数将冬，时讫将老。子独不见河边之树乎？仆御折其枝，波浪激其根；此木非与天下人有仇怨，盖所居者然。子见嵩岱之松柏，华霍之树檀？上叶干青云，下根通三泉，上有猿狖，下有赤豹麒麟，千秋万岁，不逢斧斤之伐，此木非与天下之人有骨肉，亦所居者然。今二子好朝露之荣，忽长久之功，轻乔松之求延，贵一旦之浮爵，夫'女爱不极席，男欢不毕轮'，痛夫痛夫，二君二君！"（《续谈助》四。原注云，出《鬼谷先生书》。）

《隋志》又有《笑林》三卷，后汉给事中邯郸淳撰。淳一名竺，字子礼，颍川人，弱冠有异才，元嘉元年（151），上虞长度尚为曹娥立碑，淳者尚之弟子，于席间作碑文，操笔而成，无所点定，遂知名，黄初初（约221），为魏博士给事中，见《后汉书·曹娥传》及《三国·魏志·王粲传》等注。《笑林》今佚，遗文存二十余事，举非违，显纰缪，实《世说》之一体，亦后来诽谐文字之权舆也。

鲁有执长竿入城门者，初，竖执之不可入，横执之亦不可入，计无所出。俄有老父至曰，"吾非圣人，但见事多矣，何不以锯中截而入！"遂依而截之。（《太平广记》二百六十二）

平原陶丘氏，取渤海墨台氏女，女色甚美，才甚令，复相敬，已生一男而归。母丁氏，年老，进见女婿。女婿既归而遣妇。妇临去请罪，夫曰，"曩见夫人年德已衰，非昔日比，亦恐新妇老后，必复如此，是以遣，实无他故。"（《太平御览》四百九十九）

甲父母在，出学三年而归。舅氏问其学何所得，并序别父久。乃答曰，"渭阳之思，过于秦康。"既而父数之，"尔学奚益。"答曰，"少失过庭之训，故学无益。"（《广记》二百六十二）

甲与乙争斗，甲啮下乙鼻，官吏欲断之，甲称乙自啮落。吏曰，"夫人鼻高而口低，岂能就啮之乎？"甲曰，"他踏床子就啮之。"（同上）

《笑林》之后，不乏继作，《隋志》有《解颐》二卷。杨松玢撰，今一字不存，而群书常引《谈薮》，则《世说》之流也。《唐志》有《启颜录》十卷，侯白撰。白字君素，魏郡人，好学有捷才，滑稽善辩，举秀才为儒林郎，好为诽谐杂说，人多爱狎之，所在之处，观者如市。隋高祖闻其名，召令于秘书修国史，后给五品食，月余而死（约6世纪后叶）。见《隋书·陆爽传》。《启颜录》今亦佚，然《太平广记》引用甚多，盖上取子史之旧文，近记一己之言行，事多浮浅，又好以鄙言调谑人，诽谐太过，时复流于轻薄矣。其有唐世事者，后人所加也；古书中往往有之，在小说尤甚。

开皇中，有人姓出名六斤，欲参（杨）素，赍名纸至省门，遇白，请为题其姓，乃书曰"六斤半"。名既入，素召其人，问曰，"卿姓六斤半？"答曰，"是出六斤。"曰，"何为六斤半？"曰，"向请侯秀才题之，当是错矣。"即召白至，谓曰，"卿何为错题人姓名？"对云，"不错。"素曰，"若不错，何因姓出名六斤，请卿题之，乃言六斤半？"对曰，"白在省门，会卒无处觅称，既闻道是出六斤，斟酌只应是六斤半。"素大笑之。（《广记》二百四十八）

山东人娶蒲州女，多患瘿，其妻母项瘿甚大。成婚数月，妇家疑婿不慧，妇翁置酒盛会亲戚，欲以试之。问曰，"某郎在山东读书，应识道理。鸿鹤能鸣，何意？"曰，"天使其然。"又曰，"松柏冬青，何意？"曰，"天使其然。"又曰，"道边树有骨出者，何意？"曰，"天使其然。"妇翁曰，"某郎全不识道理，何因浪住山东？"因以戏之曰，"鸿鹤能鸣者颈项长，松柏冬青者心中强，道边树有骨出者车拨伤：岂是天使其然？"婿曰，"虾蟆能鸣，岂是颈项长？竹亦冬青，岂是心中强？夫人项下瘿如许大，岂是车拨伤？"妇翁羞愧，无以对之。（同上）

其后则唐有何自然《笑林》，今亦佚，宋有吕居仁《轩渠录》，沈征《谐史》，周文玘《开颜集》，天和子《善谑集》，元明又十余种；大抵或取子史旧文，或拾同时琐事，殊不见有新意。惟托名东坡之《艾子杂说》稍卓特，顾往往嘲讽世情，讥刺时病，又异于《笑林》之无所为而作矣。

至于《世说》一流，仿者尤众，刘孝标有《续世说》十卷，见《唐志》，然据《隋志》，则殆即所注临川书。唐有王方庆《续世说新书》（见《新唐志》杂家，今佚），宋有王谠《唐语林》，孔平仲《续世说》，明有何良俊《何氏语林》，李绍文《明世说新语》，焦竑《类林》及《玉堂丛话》，张墉《廿一史识余》，郑仲夔《清言》等；然纂旧闻则别无颖异，述时事则伤于矫揉，而世人犹复为之不已，至于清，又有梁维枢作《玉剑尊闻》，吴肃公作《明语林》，章抚功作《汉世说》，李清作《女世说》，颜从乔作《僧世说》，王晫作《今世说》，汪琬作《说铃》而惠栋为之补注，今亦尚有易宗夔作《新世说》也。

唐之传奇文（上）

小说亦如诗，至唐代而一变，虽尚不离于搜奇记逸，然叙述宛转，文辞华艳，与六朝之粗陈梗概者较，演进之迹甚明，而尤显者乃在是时则始有意为小说。胡应麟（《笔丛》三十六）云，"变异之谈，盛于六朝，然多是传录舛讹，未必尽幻设语，至唐人乃作意好奇，假个说以寄笔端。"其云"作意"，云"幻设"者，则即意识之创造矣。此类文字，当时或为丛集，或为单篇，大率篇幅曼长，记叙委曲，时亦近于俳谐，故论者每訾其卑下，贬之曰"传奇"，以别于韩柳辈之高文。顾世间则甚风行，文人往往有作，投谒时或用之为行卷，今颇有留存于《太平广记》中者（他书所收，时代及撰人多错误不足据），实唐代特绝之作也。然而后来流派，乃亦不昌，但有演述，或者摹拟而已，惟元明人多本其事作杂剧或传奇，而影响遂及于曲。

幻设为文，晋世固已盛，如阮籍之《大人先生传》，刘伶之《酒德颂》，陶潜之《桃花源记》《五柳先生传》皆是矣，然咸以寓言为本，文词为末，故其流可衍为王绩《醉乡记》，韩愈《圬者王承福传》，柳宗元《种树郭橐驼传》等，而无涉于传奇。传奇者流，源盖出于志怪，然施之藻绘，扩其波澜，故所成就乃特异，其间虽亦或托讽喻以纾牢愁，谈祸福以寓惩劝，而大归则究在文采与意想，与昔之传鬼神明因果而外无他意者，甚异其趣矣。

隋唐间，有王度者，作《古镜记》，（见《广记》二百三十，题曰《王度》），自述获神镜于侯生，能降精魅，后其弟勋（当作绩）远游，借以自随，亦杀诸鬼怪，顾终乃化去。其文甚长，然仅缀古镜诸灵异事，犹有六朝志怪流风。王度，太原祁人，文中子通之弟，东皋子绩兄也，盖生于开皇初（宋晁公武《郡斋读书志》十云通生于开皇四年），大业中为御史，罢归河东，复入长安为著作郎，奉诏修国史，又出兼芮城令，武德中卒（约585—625），史亦不成（见《古镜记》《唐文粹》及《新唐书·王绩传》，惟传云兄名凝，未详孰是），遗文仅存此篇而已。绩弃官归龙门后，史不言其游涉，盖度所假设也。

唐初又有《补江总白猿传》一卷，不知何人作，宋时尚单行，今见《广记》（四百四十四，题曰《欧阳纥》）中。传言梁将欧阳纥略地至长乐，深入溪洞，其妻遂为白猿所掠，逮救归，已孕，周岁生一子，"厥状肖焉"。纥后为陈武帝所杀，子询以江总收养成人，入唐有盛名，而貌类猕猴，忌者因此作传，云以补江总，是知假小说以施诬蔑之风，其由来亦颇古矣。

武后时，有深州陆浑人张鷟字文成，以调露初登进士第，为岐王府参军，屡试皆甲科，大有文誉，调长安尉，然性躁卞，儻荡无检，姚崇尤恶之；开元初，御史李全交劾鷟讪短时政，贬岭南，旋得内徙，终司门员外郎（约660—740，详见两《唐书·张荐传》）。日本有《游仙窟》一卷，题宁州襄乐县尉张文成作，莫休符谓"鷟弱冠应举，下笔成章，中书侍郎薛元超特授襄乐尉"（《桂林风土记》），则尚其年少时所为。自叙奉使河源，道中夜投大宅，逢二女曰十娘五嫂，宴饮欢笑，以诗相调，止宿而去，文近骈俪而时杂鄙语，气度与所作《朝野佥载》《龙筋凤髓判》正同，《唐书》谓"鷟下笔辄成，浮艳少理致，其论著率诋诮芜秽，然大行一时，晚进莫不传记。……新罗日本使至，必出金宝购其文"，殆实录矣。《游仙窟》中国久失传，后人亦不复效其体制，今略录数十言以见大概，乃升堂宴饮时情状也。

……十娘唤香儿为少府设乐，金石并奏，箫管间响：苏合弹琵琶，绿竹吹筚篥，仙人鼓瑟，玉女吹笙，玄鹤俯而听琴，白鱼跃而应节。清音眇叨，片时则梁上尘飞，雅韵铿锵，卒尔则天边雪落，一时忘味，孔丘留滞不虚，三日绕梁，韩娥余音是实。……两人俱起舞，共劝下官，……遂舞著词曰，"从来巡绕四边，忽逢两个神仙，眉上冬天出柳，颊中旱地生莲，千看千处妩媚，万看万种婵妍，今宵若其不得，刺命过与黄泉。"又一时大笑。舞毕，因谢曰，"仆实庸才，得陪清赏，赐垂音乐，惭荷不胜。"十娘咏曰，"得意似鸳鸯，情乖若胡越，不向君边尽，更知何处歇？"十娘曰，"儿等并无可收采，少府公云'冬天出柳，旱地生莲'，总是相弄也。"……

然作者蔚起，则在开元天宝以后。大历中有沈既济，苏州吴人，经学该博，以杨炎荐，召拜左拾遗史馆修撰。贞元时炎得罪，既济办贬处州司户参军，既入朝，位礼部员外郎，卒（约750—800）。撰《建中实录》，人称其能，《新唐书》有传。《文苑英华》（八百三十三）录其《枕中记》（亦见《广记》八十二，题曰《吕翁》）一篇，为小说家言，略谓开元七年，道士吕翁行邯郸道中，息邸舍，见旅中少年卢生侘傺叹息，乃探囊中枕授之。生梦娶清河崔氏，举进士，官至陕牧，入为京兆尹，出破戎虏，转吏部侍郎，迁户部尚书兼御史大夫，为时宰所忌，以飞语中之，贬端州刺史，越三年征为常传，未几同中书门下平章事。

嘉谟密命，一日三接，献替启沃，号为贤相，同列害之，复诬与边将交结，所图不轨，下制狱，府吏引从至其门而急收之。生惶骇不测，谓妻子曰，"吾家山东有良田五顷，足以御寒馁，何苦求禄？而今及此，思衣短褐乘青驹行邯郸道中，不可得也！"引刃自刎，其妻救之获免。其罹者皆死，独生为中官保之，减罪死投驩州。数年，帝知冤，复追为中书令，封燕国公，恩旨殊异。生五子，……其姻媾皆天下望族，有孙十余人。……

后年渐衰迈，屡乞骸骨，不许。病，中人候问，相踵于道，名医上药，无不至焉，……薨；生欠伸而悟，见其身方偃于邸舍，吕翁坐其傍，主人蒸黍未熟：触类如故。生蘧然而兴曰，"岂其梦寐也？"翁谓主人曰，"人生之适，亦如是矣。"生怃然良久，谢曰，"夫宠辱之道，穷达之运，得丧之理，死生之情，尽知之矣：此先生所以窒吾欲也。敢不受教！"稽首再拜而去。

如是意想，在歆慕功名之唐代，虽诡幻动人，而亦非出于独创，干宝《搜神记》有焦湖庙祝以玉枕使杨林入梦事（见第五篇），大旨悉同，当即此篇所本，明人汤显祖之《邯郸记》，则又本之此篇。既济文笔简练，又多规诲之意，故事虽不经，尚为当时推重，比之韩愈《毛颖传》；间亦有病其俳谐者，则以作者尝为史官，因而绳以史法，失小说之意矣。既济又有《任氏传》（见《广记》四百五十二）一篇，言妖狐幻化，终于守志殉人，"虽今之妇人有不如者"，亦讽世之作也。

"吴兴才人"（李贺语）沈亚之字下贤，元和十年进士第，太和初为德州行营使者柏耆判官，耆以罪贬，亚之亦谪南康尉，终郢州掾（约8世纪末至9世纪中），集十二卷，今存。亚之有文名，自谓"能创窈窕之思"，今集中有传奇文三篇（《沈下贤集》卷二卷四，亦见《广记》二百八十二及二百九十八），皆以华艳之笔，叙恍忽之情，而好言仙鬼复死，尤与同时文人异趣。《湘中怨》记郑生偶遇孤女，相依数年，一旦别去，自云"蛟宫之娣"，谪限已满矣，十余年后，又遥见之画舻中，含嚬悲歌，而"风涛崩怒"，竟失所在。《异梦录》记邢凤梦见美人，示以"弓弯"之舞；及王炎梦侍吴王久，忽闻筝鼓，乃葬西施，因奉教作挽歌，王嘉赏之。《秦梦记》则自述道经长安，客橐泉邸舍，梦为秦官有功，时弄玉婿萧史先死，因尚公主，自题所居曰翠微宫。穆公遇亚之亦甚厚，一日，公主忽无疾卒，穆公乃不复欲见亚之，遣之归。

将去，公置酒高会，声秦声，舞秦舞，舞者击膊拊髀呜呜而音有不快，声甚怨。……既，再拜辞去，公复命至翠微宫与公主侍人别，重入殿内时，见珠翠遗碎青阶下，窗纱檀点依然，宫人泣对亚之。亚之感咽良久，因题宫门诗曰，"君王多感放东归，从此秦宫不复期，春景自伤秦丧主，落花如雨泪胭脂。"竟别去，……觉卧邸舍。明日，亚之与友人崔九万具道；九万，博陵人，谙古，谓余曰，"《皇览》云，'秦穆公葬雍橐泉祈年宫下'，非其神灵凭乎？"亚之更求得秦时地志，说如九万云。呜呼！弄玉既仙矣，恶又死乎？

陈鸿为文，则辞意慷慨，长于吊古，追怀往事，如不胜情。鸿少学为史，贞元二十一年登太常第，始闲居遂志，乃修《大统纪》三十卷，七年始成（《唐文粹》九十五），在长安时，尝与白居易为友，为《长恨歌》作传（见《广记》四百八十六）。《新唐志》小说家类有陈鸿《开元升平源》一卷，注云，"字大亮，贞元主客郎中"，或亦其人也（约8世纪后半至9世纪中叶）。所作又有《东城老父传》（见《广记》四百八十五），记贾昌于兵火之后，忆念太平盛事，荣华苓落，两相比照，其语甚悲。《长恨歌传》则作于元和初，亦追述开元中杨妃入宫以至死蜀本末，法与《贾昌传》相类。杨妃故事，唐人本所乐道，然鲜有条贯秩然如此传者，又得白居易作歌，故特为世间所知，清洪昇撰《长生殿传奇》，即本此传及歌意也。传今有数本，《广记》及《文苑英华》（七百九十四）所录，字句已多异同，而明人附载《文苑英华》后之出于《丽情集》及《京本大曲》者尤异，盖后人（《丽情集》之撰者张君房？）又增损之。

天宝末，兄国忠盗丞相位，愚弄国柄，及安禄山引兵向阙，以讨杨氏为词。潼关不守，翠华南幸，出咸阳，道次马嵬亭，六军徘徊，持戟不进，从官郎吏伏上马前，请诛晁错以谢天下，国忠奉牦缨盘水，死于道周。左右之意未快，上问之，当时敢言者

请以贵妃塞天下怨，上知不免，而不忍见其死，反袂掩面，使牵之而去；仓皇展转，竟就死于尺组之下。（《文苑英华》所载）

天宝末，兄国忠盗丞相位，窃弄国柄，羯胡乱燕，二京连陷，翠华南幸，驾出都西门百余里，六师徘徊，拥戟不行，从官郎吏伏上马前，请诛错以谢之；国忠奉牦缨盘水，死于道周。左右之意未快，当时敢言者请以贵妃塞天下之怒，上惨容，但心不忍见其死，反袂掩面，使牵之而去。拜于上前，回眸血下，坠金钿翠羽于地，上自收之。呜呼，蕙心纨质，天王之爱，不得已而死于尺组之下，叔向母云"甚美必甚恶"，李延年歌曰"倾国复倾城"，此之谓也。（《丽情集》及《大曲》所载）

白行简字知退，其先盖太原人，后家韩城，又徙下邽，居易之弟也，贞元末进士第，累迁司门员外郎主客郎中，宝历二年（826）冬病卒，年盖五十余，两《唐书》皆附见《居易传》。有集二十卷，今不存，而《广记》（四百八十四）收其传奇文一篇曰《李娃传》，言荥阳巨族之子溺于长安倡女李娃，贫病困顿，至流落为挽郎，复为李娃所拯，勉之学，遂擢第，官成都府参军。行简本善文笔，李娃事又近情而耸听，故缠绵可观；元人已本其事为《曲江池》，明薛近衮则以作《绣襦记》。行简又有《三梦记》一篇（见原本《说郛》四），举"彼梦有所往而此遇之者，或此有所为而彼梦之者，或两相通梦者"三事，皆叙述简质，而事特瑰奇，其第一事尤胜。

天后时，刘幽求为朝邑丞，尝奉使夜归，未及家十余里，适有佛寺，路出其侧，闻寺中歌笑欢洽。寺垣短缺，尽得睹其中。刘俯身窥之，见十数人儿女杂坐，罗列盘馔，环绕之而共食。见其妻在坐中语笑。刘初愕然，不测其故，久之，且思其不当至此，复不能舍之。又熟视容止言笑无异，将就察之，寺门闭不得入，刘掷瓦击之，中其罍洗，破迸散走，因忽不见。刘逾垣直入，与从者同视殿庑，皆无人，寺扃如故。刘讶益甚，遂驰归。

比至其家，妻方寝，闻刘至，乃叙寒暄讫，妻笑曰，"向梦中与数十人同游一寺，皆不相识，会食于殿庭，有人自外以瓦砾投之，杯盘狼藉，因而遂觉。"刘亦具陈其见，盖所谓彼梦有所往而此遇之也。

唐之传奇文（下）

然传奇诸作者中，有特有关系者二人：其一，所作不多而影响甚大，名亦甚盛者曰元稹；其二，多所著作，影响亦甚大而名不甚彰者曰李公佐。

元稹字微之，河南河内人，举明经，补校书郎，元和初应制策第一，除左拾遗，历监察御史，坐事贬江陵，又自虢州长史征入，渐迁至中书舍人承旨学士，进工部侍郎同平章事，未几罢相，出为同州刺史，又改越州，兼浙东观察使。太和初，入为尚书左丞检校户部尚书，兼鄂州刺史武昌军节度使，五年七月暴疾，一日而卒于镇，时年五十三（779—831），两《唐书》皆有传。稹自少与白居易唱和，当时言诗者称元白，号为"元和体"，然所传小说，止《莺莺传》（见《广记》四百八十八）一篇。

《莺莺传》者，即叙崔张故事，亦名《会真记》者也。略谓贞元中，有张生者，性貌温美，非礼不动，年二十三未尝近女色。时生游于蒲，寓普救寺，适有崔氏孀妇将归长安，过蒲，亦寓兹寺，绪其亲则张为异派之从母。会浑瑊薨，军人因丧大扰蒲人，崔氏甚惧，而生与蒲将之党有善，得将护之，十余日后廉使杜确来治军，军遂戢。崔氏由此甚感张生，因招宴，见其女莺莺，生惑焉，托崔之婢红娘以《春词》二首通意，是夕得彩笺，题其篇曰《明月三五夜》，辞云，"待月西厢下，迎风户半开，隔墙花影动，疑是玉人来。"张喜且骇，已而崔至，则端服严容，责其非礼，竟去，张自失者久之，数夕后，崔又至，将晓而去，终夕无一言。

……张生辨色而兴，自疑曰，"岂其梦邪？"及明，睹妆在臂，香在衣，泪光荧荧然犹莹于茵席而已。是后又十余日，杳不复知。张生赋《会真诗》三十韵，未毕而红娘适至，因授之，以贻崔氏。自是复容之，朝隐而出，暮隐而入，同安于曩所谓西厢者几一月矣。张生常诘郑氏之情，则曰，"我不可奈何矣。"因欲就成之。无何，张生将至长安，先以情谕之，崔氏宛然无难词，然而愁怨之容动人矣。将行之夕，不可复见，而张生遂西下。……

明年，文战不利，张生遂止于京，贻书崔氏以广其意，崔报之，而生发其书于所知，由是为时人传说。杨巨源为赋《崔娘诗》，元稹亦续生《会真诗》三十韵，张之友闻者皆耸异，而张志亦绝矣。元稹与张厚，问其说，张曰：

"大凡天之所命尤物也，不妖其身，必妖于人。使崔氏子遇合富贵，秉娇宠，不为云为雨，则为蛟为螭，吾不知其变化矣。昔殷之辛，周之幽，据万乘之国，其势甚厚，然而一女子败之，溃其众，屠其身，至今为天下僇笑，予之德不足以胜妖孽，是用忍情。"

越岁余，崔已适人，张亦别娶，适过其所居，请以外兄见，崔终不出；后数日，张生将行，崔则赋诗一章以谢绝之云，"弃置今何道，当时且自亲，还将旧来意，怜取眼前人。"自是遂不复知。时人多许张为善补过者云。

元稹以张生自寓，述其亲历之境，虽文章尚非上乘，而时有情致，固亦可观，惟篇末文过饰非，遂堕恶趣，而李绅杨巨源辈既各赋诗以张之，稹又早有诗名，后秉节钺，故世人仍多乐道，宋赵德麟已取其事作《商调蝶恋花》十阕（见《侯鲭录》），金则有董解元《弦索西厢》，元则有王实甫《西厢记》，关汉卿《续西厢记》，明则有李日华《南西厢记》，陆采《南西厢记》等，其他曰《竟》曰《翻》曰《后》曰《续》者尤繁，至今尚或称道其事。唐人传奇留遗不少，而后来煊赫如是者，惟此篇及李朝威《柳毅传》而已。

李公佐字颛蒙，陇西人，尝举进士，元和中为江淮从事，后罢归长安（见所作《谢小娥传》中），会昌初，又为杨府录事，大中二年，坐累削两任官（见《唐书·宣宗纪》），盖生于代宗时，至宣宗初犹在（约770—850），余事未详；《新唐书·宗室世系表》有千牛备身公佐，则别一人也。其著作今存四篇，《南柯太守传》（见《广记》四百七十五，题《淳于棼》，今据《唐语林》改正）最有名，传言东平淳于棼家广陵郡东十里，宅南有大槐一株，贞元七年九月因沉醉致疾，二友扶生归家，令卧东庑下，而自秣马濯足以俟之。生就枕，昏然若梦，见二紫衣使称奉王命相邀，出门登车，指古槐穴而去。使者驱车入穴，忽见山川，终入一大城，城楼上有金书题曰"大槐安国"。生既至，拜驸马，复出为南柯太守，守郡三十载，"风化广被，百姓歌谣，建功德碑，立生祠宇"，王甚重之，递迁大位，生五男二女，后将兵与檀萝国战，败绩，公主又薨。生罢郡，而威福日盛，王疑惮之，遂禁生游从，处之私第，已而送归。既醒，则"见家之童仆拥篲于庭，二客濯足于榻，斜日未隐于西垣，余樽尚湛于东牖，梦中倏忽，若度一世矣。"其立意与《枕中记》同，而描摹更为尽致，明汤显祖亦本之作传奇曰《南柯记》。篇末言命仆发穴，以究根源，乃见蚁聚，悉符前梦，则假实证幻，余韵悠然，虽未尽于物情，已非《枕中》之所及矣。

……有大穴，根洞然明朗，可容一榻。上有积土壤以为城郭殿台之状，有蚁数斛，隐聚其中。中有小台，其色若丹，二大蚁处之，素翼朱首，长可三寸，左右大蚁数十辅之，诸蚁不敢近，此其王矣：即槐安国都是也。又穷一穴，直上南枝可四丈，宛转方中，亦有土城小楼，群蚁亦处其中：即生所领南柯郡也。……追想前事，感叹于怀，……不欲令二客坏之，遽令掩塞如旧。……复念檀萝征伐之事，又请二客访迹于外，宅东一里有古涧洞，侧有大檀树一株，藤萝拥织，上不见日，旁有小穴，亦有群蚁隐聚其间。檀萝之国，岂非此耶？嗟乎！蚁之灵异犹不可穷，况山藏木伏之大者所变化乎？……

《谢小娥传》（见《广记》四百九十一）言小娥姓谢，豫章人，八岁丧母，后嫁历阳侠士段居贞。夫妇与父皆习贾，往来江湖间，为盗所杀，小娥亦折足堕水，他船拯起之，流转至上元县，依妙果寺尼以居。初，小娥尝梦父告以仇人为"车中猴东门草"，又梦夫告以仇人为"禾中走一日夫"，广求智者，皆不能解，至公佐乃辨之曰，"车中猴，车字去上下各一画，是申字，又申属猴，故曰车中猴；草下有门，门中有东，乃蘭字也。又禾中走是穿田过，亦是申字也；一日夫者，夫上更一画，下有日，是春字也。杀汝父是申蘭，杀汝夫是申春，足可明矣。"小娥乃变男子服为佣保，果遇二贼于浔阳，刺杀之，并闻于官，擒其党，而小娥得免死。解谜获贼，甚乏理致，而当时亦盛传，李复言已演其文入《续玄怪录》，明人则本之作平话。（见《拍案惊奇》十九）

所余二篇，其一未详原题，《广记》则题曰《庐江冯媪》（三百四十三），记董江妻亡更娶，而媪见有女泣路隅一室中，后乃知即亡人之墓，董闻则罪以妖妄，逐媪去之，其事甚简，故文亦不华。其一曰《古岳渎经》（见《广记》四百六十七，题曰《李汤》），有李汤者，永泰时楚州刺史，闻渔人见龟山下水中有大铁锁，乃以人牛曳出之，风涛陡作，"一兽状有如猿，白首长鬐，雪牙金爪，闯然上岸，高五丈许，蹲踞之状若猿猴，但两目不能开，兀若昏昧，……久乃引颈伸欠，双目忽开，光彩若电，顾视人焉，欲发狂怒。观者奔走，兽亦徐徐引锁曳牛入水去，竟不复出。"当时汤与楚州知名之士，皆错愕不知其由。后公佐访古东吴，泛洞庭，登包山，入灵洞，探仙书，于石穴间得《古岳渎经》第八卷，乃得其故，而其经文字奇古，编次蠹毁，颇不能解，公佐与道士焦君共详读之，如下文：

"禹理水，三至桐柏山，惊风走雷，石号木鸣，土伯拥川，天老肃兵，功不能兴。禹怒，召集百灵，授命夔龙，桐柏等山君长稽首请命，禹因囚鸿濛氏，章商氏，兜卢氏，犁娄氏，乃获淮涡水神名无支祁，善应对言语，辨江淮之浅深，原隰之远近，形若猿猴，缩鼻高额，青躯白首，金目雪牙，颈伸百尺，力逾九象，搏击腾踔疾奔，轻利倏忽，闻视不可久。禹授之童律，不能制；授之乌木由，不能制；授之庚辰，能制。鸱脾桓胡木魅水灵山祆石怪奔号聚绕，以数千载，庚辰以战（一作戟）逐去，颈锁大索，鼻穿金铃，徙淮阴之龟山之足下，俾淮水永安流注海也。庚辰之后，皆图此形者，免淮涛风雨之难。"

宋朱熹（《楚辞辨证》中）尝斥僧伽降伏无支祁事为俚说，罗泌（《路史》）有《无支祁辩》，元吴昌龄《西游记》杂剧中有"无支祁是他姊妹"语，明宋濂亦隐括其事为文，知宋元以来，此说流传不绝，且广被民间，致劳学者弹纠，而实则仅出于李公佐假设之作而已。惟后来渐误禹为僧伽或泗洲大圣，明吴承恩演《西游记》，又移其神变奋迅之状于孙悟空，于是禹伏无支祁故事遂以堙昧也。

传奇之文，此外尚夥，其较显著者，有陇西李朝威作《柳毅传》（见《广记》四百十九），记毅以下第将归湘滨，道经泾阳，遇牧羊女子言是龙女，为舅姑及婿所贬，托毅寄书于父洞庭君，洞庭君有弟钱塘君性刚暴，杀婿取女归，欲以配毅，因毅严拒而止。后毅丧妻，徙家金陵，娶范阳卢氏，则龙女也，又徙南海，复归洞庭，其表弟薛嘏尝遇之于湖中，得仙药五十丸，此后遂绝影响。金人已取其事为杂剧（语见董解元《弦索西厢》中），元尚仲贤则作《柳毅传书》，翻案而为《张生煮海》，清李渔又折衷之而成《蜃中楼》。又有蒋防作《霍小玉传》（见《广记》四百八十七），言李益年二十擢进士第，入长安，思得名妓，乃遇霍小玉，寓于其家，相从者二年，其后年，生授郑县主簿，则坚约婚姻而别。及生觐母，始知已订婚卢氏，母又素严，生不敢拒，遂与小玉绝。小玉久不得生音问，竟卧病，踪迹招益，益亦不敢往。一日益在崇敬寺，忽有黄衫豪士强邀之，至霍氏家，小玉力疾相见，数其负心，长恸而卒。益为之缟素，旦夕哭泣甚哀，已而婚于卢氏，然为怨鬼所祟，竟以猜忌出其妻，至于三娶，莫不如是。杜甫《少年行》有云，"黄衫年少宜来数，不见堂前东逝波"，谓此也。又有许尧佐作《柳氏传》（见《广记》四百八十五），记诗人韩翃得李生艳姬柳氏，会安禄山反，因寄柳于法灵寺而自为淄青节度使书记，乱平复来，则柳已为蕃将沙吒利所取，淄青诸将中有侠士许虞侯者，劫以还翃。其事又见于孟棨《本事诗》，盖亦实录矣。他如柳珵（《广记》二百七十五《上清传》）薛调（又四百八十六《无双传》）皇甫枚（又四百九十一《非烟传》）房千里（同上《杨娼传》）等，亦皆有造作。而杜光庭之《虬髯客传》（见《广记》一百九十三）流传乃独广，光庭为蜀道士，事王衍，多所著述，大抵诞谩，此传则记杨素妓人之执红拂者识李靖于布衣时，相约遁去，道中又逢虬髯客，知其不凡，推资财，授兵法，令佐太宗兴唐，而自率海贼入扶余国杀其主，自立为王云。后世乐此故事，至作画图，谓之三侠；在曲则明凌初成有《虬髯翁》，张凤翼张太和皆有《红拂记》。

上来所举之外，尚有不知作者之《李卫公别传》，《李林甫外传》，郭湜之《高力士外传》，姚汝能之《安禄山事迹》等，惟著述本意，或在显扬幽隐，非为传奇，特以行文枝蔓，或拾事琐屑，故后人亦每以小说视之。

唐之传奇集及杂俎

造传奇之文，荟萃为一集者，在唐代多有，而煊赫莫如牛僧孺之《玄怪录》。僧孺字思黯，本陇西狄道人，居宛叶间，元和初以贤良方正对策第一，条指失政，鲠讦不避宰相，至考官皆调去，僧孺则调伊阙尉，穆宗即位，渐至御史中丞，后以户部侍郎同中书门下平章事，武宗时累贬循州长史，宣宗立，乃召还为太子少师，大中二年卒，赠太尉，年六十九（780—848），谥曰文简，有传在两《唐书》。僧孺性坚僻，而颇嗜志怪，所撰《玄怪录》十卷，今已佚，然《太平广记》所引尚三十一篇，可以考见大概。其文虽与他传奇无甚异，而时时示人以出于造作，不求见信；盖李公佐李朝威辈，仅在显扬笔妙，故尚不肯言事状之虚，至僧孺乃并欲以构想之幻自见，因故示其诡设之迹矣。《元无有》即其一例：

宝应中，有元无有，常以仲春末独行维扬郊野。值日晚，风雨大至，时兵荒后，人户多逃，遂入路旁空庄。须臾霁止，斜月方出，无有坐北窗，忽闻西廊有行人声，未几，见月中有四人，衣冠皆异，相与谈谐吟咏甚畅，乃云，"今夕如秋，风月若此，吾辈岂得不为一言，以展平生之事也？"……吟咏既朗，无有听之具悉。其一衣冠长人即先吟曰，"齐纨鲁缟如霜雪，寥亮高声予所发。"其二黑衣冠短陋人诗曰，"嘉宾良会清夜时，煌煌灯烛我能持。"其三故弊黄衣冠人，亦短陋，诗曰，"清冷之泉候朝汲，桑绠相牵常出入。"其四故黑衣冠人诗曰，"爨薪贮泉相煎熬，充他口腹我为劳。"无有亦不以四人为异，四人亦不虞无有之在堂隍也，递相褒赏，观其自负，则虽阮嗣宗《咏怀》，亦若不能加矣。四人迟明乃归旧所；无有就寻之，堂中惟有故杵灯台水桶破铛：乃知四人即此物所为也。（《广记》三百六十九）

牛僧孺在朝，与李德裕各立门户，为党争，以其好作小说，李之门客韦瓘遂托僧孺名撰《周秦行纪》以诬之。记言自以举进士落第将归宛叶，经伊阙鸣皋山下，因暮失道，遂止薄太后庙中，与汉唐妃嫔燕饮。太后问今天子为谁？则对曰，"'今皇帝先帝长子。'太真笑曰，'沈婆儿作天子也。大奇！'"复赋诗，终以昭君侍寝，至明别去，"竟不知其何如"（详见《广记》四百八十九）。德裕因作论，谓僧孺姓应图谶，《玄怪录》又多造隐语，意在惑民，《周秦行纪》则以身与后妃冥遇，欲证其身非人臣相，"及至戏德宗为沈婆儿，以代宗皇后为沈婆，令人骨战，可谓无礼于其君甚矣！"作逆若非当代，必在子孙，故"须以'太牢'少长咸置于法，则刑罚中而社稷安"也（详见《李卫公外集》四）。自来假小说以排陷人，此为最怪，顾当时说亦不行。惟僧孺既有才名，又历高位，其所著作，世遂盛传。而摹拟者亦不鲜，李复言有《续玄怪录》十卷，"分仙术感应二门"，薛渔思有《河东记》三卷，"亦记谲怪事，序云续牛僧孺之书"（皆见宋晁公武《郡斋读书志》十三）；又有撰《宣室志》十卷，以记仙鬼灵异事迹者，曰张读字圣朋，同张鷟之裔而牛僧孺之外孙也（见《唐书·张荐传》），后来亦疑为"少而习见，故沿其流波"（清《四库提要》子部小说家类三）云。

他如武功人苏鹗有《杜阳杂编》，记唐世故事，而多夸远方珍异，参寥子高彦休有《唐阙史》，虽间有实录，而亦言见梦升仙，故皆传奇，但稍迁变。至于康骈《剧谈录》之渐多世务，孙棨《北里志》之专叙狭邪，范摅《云溪友议》之特重歌咏，虽若弥近人情，远于灵怪，然选事则新颖，行文则迤逦，固仍以传奇为骨者也。迨裴铏著书，径称《传奇》，则盛述神仙怪谲之事，又多崇饰，以惑观者。铏为淮南节度副大使高骈从事，骈后失志，尤好神仙，卒以叛死，则此或当时谀导之作，非由本怀。聂隐娘胜妙手空空儿事即出此书（文见《广记》一百九十四），明人取以入伪作之段成式《剑侠传》，流传遂广，迄今犹为所谓文人者所乐道也。

段成式字柯古，齐州临淄人，宰相文昌子也，以荫为校书郎，累迁至吉州刺史，大中中归京，仕至太常少卿，咸通四年（863）六月卒，《新唐书》附见段志玄传末（余见《酉阳杂俎》及《南楚新闻》）。成式家多奇篇秘籍，博学强记，尤深于佛书，而少好畋猎，亦早有文名，词句多奥博，世所珍异，其小说有《庐陵官下记》二卷，今佚；《酉阳杂俎》二十卷凡三十篇，今具在，并有《续集》十卷：卷一篇，或录秘书，或叙异事，仙佛人鬼以至动植，弥不毕载，以类相聚，有如类书，虽源或出于张华《博物志》，而在唐时，则犹之独创之作矣。每篇各有题目，亦殊隐僻，如纪道术者曰《壶史》，钞释典者曰《贝编》，述丧葬者曰《尸窆》，志怪异者曰《诺皋记》，而抉择记叙，亦多古艳颖异，足副其目也。

夏启为东明公，文王为西明公，邵公为南明公，季札为北明公，四时主四方鬼。至忠至孝之人，命终皆为地下主者，一百四十年，乃授下仙之教，授以大道。有上圣之德，命终受三官书，为地下主者，一千年乃转三官之五帝，复一千四百年方得游行太清，为九宫之中仙。（卷二《玉格》）

始生天者五相，一光覆身而无衣，二见物生希有心，三弱颜，四疑，五怖。（卷三《贝编》）

国初僧玄奘往五印取经，西域敬之。成式见倭国僧金刚三昧，言尝至中天寺，寺中多画玄奘麻屦及匙箸，以彩云乘之，盖西域所无者，每至斋日，辄膜拜焉。（同上）

天翁姓张，名坚，字刺渴，渔阳人，少不羁，无所拘忌。常张罗得一白雀，爱而养之，梦刘天翁责怒，每欲杀之，白雀辄以报坚，坚设诸方待之，终莫能害。天翁遂下观之，坚盛设宾主，乃窃骑天翁车，乘白龙，振策登天，天翁乘余龙追之，不及。坚既到玄宫，易百官，杜塞北门，封白雀为上卿侯，改白雀之胤不

产于下土。刘翁失治，徘徊五岳作灾，坚患之，以刘翁为太山太守，主生死之籍。（卷十四《诺皋记》）

大历中，有士人庄在渭南，遇疾卒于京，妻柳氏因庄居。……士人祥斋日，暮，柳氏露坐逐凉，有胡蜂绕其首面，柳氏以扇击堕地，乃胡桃也。柳氏遽取，玩之掌中；遂长，初如拳，如碗，惊顾之际，已如盘矣。曝然分为两扇，空中轮转，声如分蜂，忽合于柳氏首。柳氏碎首，齿著于树。其物因飞去，竟不知何怪也。（同上）

又有聚文身之事者曰《黥》，述养鹰之法者曰《肉攫部》，《续集》则有《贬误》以收考证，有《寺塔记》以志伽蓝，所涉既广，遂多珍异，为世爱玩，与传奇并驱争先矣。

成式能诗，幽涩繁缛如他著述，时有祁人温庭筠字飞卿，河内李商隐字义山，亦俱用是相夸，号"三十六体"。温庭筠亦有小说三卷曰《干臊子》，遗文见于《广记》，仅录事略，简率无可观，与其诗赋之艳丽者不类。李于小说无闻，今有《义山杂纂》一卷，《新唐志》不著录，宋陈振孙（《直斋书录解题》十一）以为商隐作，书皆集俚俗常谈鄙事，以类相从，虽止于琐缀，而颇亦穿世务之幽隐，盖不特聊资笑噱而已。

杀风景

松下喝道　看花泪下　苔上铺席　斫却垂杨
花下晒裈　游春重载　石笋系马　月下把火
步行将军　背山起楼　果园种菜　花架下养鸡鸭

恶模样

作客与人相争骂……　做客踏翻台桌……
对丈人丈母唱艳曲　嚼残鱼肉归盘上　对众倒卧　横箸在羹碗上

十　诚

不得饮酒至醉　不得暗黑处惊人　不得阴损于人

不得独入寡妇人房　不得开人家书　不得戏取物不令人知　不得暗黑独行　不得与无赖子弟往还　不得借人物用了经旬不还（原缺一则）

中和年间有李就今字衮求，为临晋令，亦号义山，能诗，初举时恒游倡家，见孙棨《北里志》，则《杂纂》之作，或出此人，未必定属商隐，然他无显证，未能定也。后亦时有仿作者，宋有续，称王君玉，有再续，称苏东坡，明有三续，为黄允交。

宋之志怪及传奇文

宋既平一宇内，收诸国图籍，而降王臣佐多海内名士，或宣怨言，遂尽招之馆阁，厚其廪饩，使修书，成《太平御览》《文苑英华》各一千卷；又以野史传记小说诸家成书五百卷，目录十卷，是为《太平广记》，以太平兴国二年（977）三月奉诏撰集，次年八月书成表进，八月奉敕送史馆，六年正月奉旨雕印板（据《宋会要》及《进书表》），后以言者谓非后学所急，乃收版贮太清楼，故宋人反多未见。《广记》采摭宏富，用书至三百四十四种，自汉晋至五代之小说家言，本书今已散亡者，往往赖以考见，且分类纂辑，得五十五部，视每部卷帙之多寡，亦可知晋唐小说所叙，何者为多，盖不特稗说之渊海，且为文心之统计矣。今举较多之部于下，其末有杂传记九卷，则唐人传奇文也。

神仙五十五卷　女仙十五卷　异僧十二卷　报应三十三卷　征应（休咎也）十一卷　定数十五卷　梦七卷　神二十五卷　鬼四十卷　妖怪九卷　精怪六卷　再生十二卷　龙八卷　虎八卷　狐九卷

《太平广记》以李昉监修，同修者十二人，中有徐铉，有吴淑，皆尝为小说，今俱传。铉字鼎臣，扬州广陵人，南唐翰林学士，从李煜入宋，官至直学士院给事中散骑常侍，淳化二年坐累谪静难行军司马，中寒卒于贬所，年七十六（916—991），事详《宋史·文苑传》。铉在唐时已作志怪，历二十年成《稽神录》六卷，仅一百五十事，比修《广记》，常希收采而不敢自专，使宋白问李昉，昉曰，"讵有徐率更言无稽者！"遂得见收。然其文平实简率，既失六朝志怪之古质，复无唐人传奇之缠绵，当宋之初，志怪又欲以"可信"见长，而此道于是不复振也。

广陵有王姥，病数日，忽谓其子曰，"我死，必生西溪浩氏为牛，子当赎之，而我腹下有'王'字是也。"顷之遂卒，其西溪者，海陵之西地名也；其民浩氏，生牛，腹有白毛成"王"字。其子寻而得之，以束帛赎之以归。（卷二）

瓜村有渔人，妻得劳瘦疾，转相传染，死者数人。或云：取病者生钉棺中，弃之，其病可绝。顷之，其女病，即生钉棺中，流之于江，至金山，有渔人见而异之，引之至岸，开视之，见女子犹活，因取置渔舍中，多得鳗鲡鱼以食之，久之病愈，遂为渔人之妻，至今尚无恙。（卷三）

吴淑，徐铉婿也，字正仪，润州丹阳人，少而俊爽，敏于属文，在南唐举进士，以校书郎直内史，从李煜归宋，仕至职方员外郎，咸平五年卒，年五十六（947—1002），亦见《宋史·文苑传》。所著《江淮异人录》三卷，今有从《永乐大典》辑成本，凡二十五人，皆传当时侠客术士及道流，行事大率诡怪。唐段成式作《酉阳杂俎》，已有《盗侠》一篇，叙怪民奇异事，然仅九人，至荟萃诡诞幻人物，著为专书者，实始于吴淑，明人钞《广记》伪作《剑侠传》又扬其波，而乘空飞剑之说日炽；至今尚不衰。

成幼文为洪州录事参军，所居临通衢而有窗。一日坐窗下，时雨霁泥泞而微有路，见一小儿卖鞋，状甚贫窭，有一恶少年与儿相遇，绁鞋堕泥中。小儿哭求其价，少年叱之不与。儿曰，"吾家且未有食，待卖鞋营食，而悉为所污。"有书生过，悯之，为偿其值。少年怒曰，"儿就我求食，汝何预焉？"因辱骂之。生甚有愠色；成嘉其义，召之与语，大奇之，因留之宿。夜共话，成暂入内，及复出，则失书生矣，外户皆闭，求之不得，少顷复至前曰，"旦来恶子，吾不能容，已断其首。"乃掷之于地。成惊曰，"此人诚忤君子，然断人之首，流血在地，岂不见累乎？"书生曰，"无苦。"乃出少药，傅于头上，捽其发摩之，皆化为水，因谓成曰，"无以奉报，愿以此术授君。"成曰，"某非方外之士，不敢奉教。"书生于是长揖而去，重门皆锁闭，而失所在。

　　末代虽云崇儒，并容释道，而信仰本根，夙在巫鬼，故徐铉吴淑而后，仍多变怪谶应之谈，张君房之《乘异记》（咸平元年序），张师正之《括异志》，聂田之《祖异志》（康定元年序），秦再思之《洛中纪异》，毕仲询之《幕府燕闲录》（元丰初作），皆其类也。迨徽宗惑于道士林灵素，笃信神仙，自号"道君"，而天下大奉道法。至于南迁，此风未改，高宗退居南内，亦爱神仙幻诞之书，时则有知兴国军历阳郭彖字次象作《睽车志》五卷，翰林学士鄱阳洪迈字景卢作《夷坚志》四百二十卷，似皆尝呈进以供上览。诸书大都偏重事状，少所铺叙，与《稽神录》略同，顾《夷坚志》独以著者之名与卷帙之多称于世。

　　洪迈幼而强记，博极群书，然从二兄试博学宏词科独被黜，年五十始中第，为敕令所删定官。父皓曾忤秦桧，憾并及迈，遂出添差教授福州，累迁吏部郎兼礼部；尝接伴金使，颇折之，旋为报聘使，以争朝见礼不屈，几被抑留。还朝又以使金辱命论罢，寻起知泉州，又历知吉州，赣州，婺州，建宁及绍兴府。淳熙二年以端明殿学士致仕卒，年八十（1096—1175），谥文敏，有传在《宋史》。迈在朝敢于谠言，又广见洽闻，多所著述，考订辩证，并越常流，而《夷坚志》则为晚年遣兴之书，始刊于绍兴末，绝笔于淳熙初，十余年中，凡成甲至癸二百卷，支甲至支癸三甲至三癸备一百卷，四甲四乙各十卷，卷帙之多，几与《太平广记》等，今惟甲至丁八十卷支甲至支戊五十卷三志若干卷，又摘钞本五十卷及二十卷存。奇特之事，本缘希有见珍，而作者自序，乃甚以繁夥自憙，毫期急于成书，或以五十日作十卷，妄人因稍易旧说以投之，至有盈数卷者，亦不暇删润，径以入录（陈振孙《直斋书录解题》十一云），盖意在取盈，不能如本传所言"极鬼神事物之变"也。惟所作小序三十一篇，什九"各出新意，不相重复"，赵与峕尝撮其大略入所著《宾退录》（八），叹为"不可及"，则于此书可谓知言者已。

传奇之文，亦有作者：今讹为唐人作之《绿珠传》一卷，《杨太真外传》二卷，即宋乐史之撰也，《宋志》又有《滕王外传》《李白外传》《许迈传》各一卷，今俱不传。史字子正，抚州宜黄人，自南唐入宋为著作佐郎，出知陵州，以献赋召为三馆编修，又累献所著书共四百二十余卷，皆记叙科第孝弟神仙之事者，迁著作郎，直史馆，转太常博士，出知舒州，知黄州，又知商州，复职后再入文馆，掌西京勘磨司，赐金紫，景德四年卒，年七十八（930—1007），事详《宋史·乐黄目传》首。史又长于地理，有《太平寰宇记》二百卷，征引群书至百余种，而时杂以小说家言，至绿珠太真二传，本荟萃稗史成文，则又参以舆地志语；篇末垂诫，亦如唐人，而增其严冷，则宋人积习如是也，于《绿珠传》最明白：

……赵王伦乱常，孙秀使人求绿珠，……崇勃然曰，"他无所爱，绿珠不可得也！"秀自是谮伦族之。收兵忽至，崇谓绿珠曰，"我今为尔获罪。"绿珠泣曰，"愿效死于君前！"于是堕楼而死。崇弃东市，后人名其楼曰绿珠楼。楼在步庚里，近狄泉；

泉在正城之东。绿珠有弟子宋祎，有国色，善吹笛，后入晋明帝宫中。今白州有一派水，自双角山出，合容州江，呼为绿珠江，亦犹归州有昭君村昭君场，吴有西施谷脂粉塘，盖取美人出处为名。又有绿珠井，在双角山下，故老传云，汲此井饮者，诞女必多美丽，里闾有识者以美色无益于时，因以巨石镇之，尔后有产女端妍者，而七窍四肢多不完具。异哉，山水之使然！……

……其后诗人题歌舞妓者，皆以绿珠为名。……其故何哉？盖一婢子，不知书，而能感主恩，愤不顾身，志烈懔懔，诚足使后人仰慕歌咏也。至有享厚禄，盗高位，亡仁义之性，怀反复之情，暮四朝三，唯利是务，节操反不若一妇人，岂不愧哉？今为此传，非徒述美丽，窒祸源，且欲惩戒喜恩背义之类也。……

其后有亳州谯人秦醇字子复（一作子履），亦撰传奇，今存四篇，见于北宋刘斧所编之《青琐高议前集》及《别集》。其文颇欲规抚唐人，然辞意皆芜劣，惟偶见一二好语，点缀其间；又大抵托之古事，不敢及近，则仍由士习拘谨之所致矣，故乐史亦如此。一曰《赵飞燕别传》，序云得之李家墙角破筐中，记赵后入宫至自缢，复以冥报化为大鼋事，文中有"兰汤滟滟，昭仪坐其中，若三尺寒泉浸明玉"语，明人遂或击节诧为真古籍，与今人为杨慎伪造之汉《杂事秘辛》所惑正同。所谓汉伶玄撰之《飞燕外传》亦此类，但文辞殊胜而已。二曰《骊山记》，三曰《温泉记》，言张俞不第还蜀，于骊山下就故老问杨妃逸事，故老为具道；他日俞再经骊山，遇杨妃遣使相召，问人间事，且赐浴，明日敕吏引还，则惊起如梦觉，乃题诗于驿，后步野外，有牧童送酬和诗，云是前日一妇人之所托也。四曰《谭意歌传》，则为当时故事：意歌本良家子，流落长沙为倡，与汝州民张正字者相悦，婚约甚坚，而正字迫于母命，竟别娶；越三年妻殁，适有客来自长沙，责正字负义，且述意歌之贤，遂迎以归。后其子成进士，意歌"终身为命妇，夫妻偕老，子孙繁茂"，盖袭蒋防之

《霍小玉传》，而结以"团圆"者也。

不知何人作者有《大业拾遗记》二卷，题唐颜师古撰，亦名《隋遗录》。跋言会昌年间得于上元瓦棺寺阁上，本名《南部烟花录》，乃《隋书》遗稿，惜多缺落，因补以传；末无名，盖与造本文者出一手。记起于炀帝将幸江都，命麻叔谋开河，次及途中诸纵恣事，复造迷楼，怠荒于内，时之人望，乃归唐公，宇文化及将谋乱，因请放宫奴分直上下，诏许之，"是有焚草之变"。其叙述颇陵乱，多失实，而文笔明丽，情致亦时有绰约可观览者。

……长安贡御车女袁宝儿，年十五，腰肢纤堕，骇冶多态，帝宠爱之特厚。时洛阳进合蒂迎辇花，云得之嵩山坞中，人不知名，采者异而贡之。……帝令宝儿持之，号曰"司花女"。时虞世南草征辽指挥德音敕于帝侧，宝儿注视久之。帝谓世南曰，"昔传飞燕可掌上舞，朕常谓儒生饰于文字，岂人能若是乎？及今得宝儿，方昭前事；然多憨态，今注目于卿，卿才人，可便嘲之！"世南应诏为绝句曰，"学画鸦黄半未成，垂肩𩑺袖太憨生，缘憨却得君王惜，长把花枝傍辇行。"帝大悦。……

……帝昏湎滋深，往往为妖祟所惑，尝游吴公宅鸡台，恍惚间与陈后主相遇。……舞女数十许，罗侍左右，中一人迥美，帝屡目之。后主云，"殿下不识此人耶？即丽华也。每忆桃叶山前乘战舰与此子北渡，尔时丽华最恨，方倚临春阁试东郭𤩴紫毫笔，书小砑红绡作答江令'璧月'句，诗词未终，见韩擒虎跃青骢驹，拥万甲直来冲人，都不存去就，便至今日。"俄以绿文测海蠡酌红粱新酿劝帝，帝饮之甚欢，因请丽华舞"玉树后庭花"，丽华辞以抛掷岁久，自井中出来，腰肢依拒，无复往时姿态，帝再三索之，乃徐起终一曲。后主问帝，"萧妃何如此人？"帝曰，"春兰秋菊，各一时之秀也。"……

又有《开河记》一卷，叙麻叔谋奉隋炀诏开河，虐民掘墓，纳贿，食小儿，事发遂诛死；《迷楼记》一卷，叙炀帝晚年荒恣，因王义切谏，独居二日，以为不乐，复入宫，后闻童谣，自识运尽。《海山记》二卷，则始自降生，次及兴土木，见妖鬼，幸江都，询王义，以至遇害，无不具记。三书与《隋遗录》相类，而叙述加详，顾时杂俚语，文采逊矣。《海山记》已见于《青琐高议》中，自是北宋人作，余当亦同，今本有题唐韩偓撰者，明人妄增之。帝王纵恣，世人所不欲遭而所乐道，唐人喜言明皇，宋则益以隋炀，明罗贯中复撰集为《隋唐志传》，清褚人获又增改以为《隋唐演义》。

《梅妃传》一卷亦无撰人，盖见当时图画有把梅美人号梅妃者，泛言唐明皇时人，因造此传，谓为江氏名采苹，入宫因太真妒复见放，值禄山之乱，死于兵。有跋，略谓传是大中二年所写，在万卷朱遵度家，今惟叶少蕴与予得之；末不署名，盖亦即撰本文者，自云与叶梦得同时，则南渡前后之作矣。今本或题唐曹邺撰，亦明人妄增之。

宋之话本

宋一代文人之为志怪，既平实而乏文采，其传奇，又多托往事而避近闻，拟古且远不逮，更无独创之可言矣。然在市井间，则别有艺文兴起。即以俚语著书，叙述故事，谓之"平话"，即今所谓"白话小说"者是也。

然用白话作书者，实不始于宋。清光绪中，敦煌千佛洞之藏经始显露，大抵运入英法，中国亦拾其余藏京师图书馆；书为宋初所藏，多佛经，而内有俗文体之故事数种，盖唐末五代人钞，如《唐太宗入冥记》《孝子董永传》《秋胡小说》则在伦敦博物馆，《伍员入吴故事》则在中国某氏，惜未能目睹，无以知其与后来小说之关系。以意度之，则俗文之兴，当由二端，一为娱心，一为劝善，而尤以劝善为大宗，故上列诸书，多关惩劝，京师图书馆所藏，亦尚有俗文《维摩》《法华》等经及《释迦八相成道记》《目连入地狱故事》也。

《唐太宗入冥记》首尾并阙，中间仅存，盖记太宗杀建成元吉，生魂被勘事者；讳其本朝之过，始盛于宋，此虽关涉太宗，故当仍为唐人之作也，文略如下：

> ……判官懔恶，不敢道名字。帝曰，"卿近前来。"轻道："姓崔，名子玉。""朕当识。"言讫，使人引皇帝至院门，使人奏曰："伏惟陛下且立在此，容臣入报判官速来。"言讫，使来者到厅拜了，"启判官：奉大王处，太宗是生魂到，领判官推勘，见在门外，未敢引。"判官闻言，惊忙起立，……

宋有《梁公九谏》一卷（在《士礼居丛书》中），文亦朴陋如前记，书叙武后废太子为庐陵王，而欲传位于侄武三思，经狄仁杰极谏者九，武后始感悟，召还复立为太子。卷首有范仲淹《唐相梁公碑文》，乃贬守鄱阳时作，则书出当在明道二年（1033）以后矣。

第六谏

> 则天睡至三更，又得一梦，梦与大罗天女对手着棋，局中有子，旋被打将，频输天女，忽然惊觉。来日受朝，问诸大臣，其梦如何？狄相奏曰，"臣圆此梦，于国不祥。陛下梦与大罗天女对手着棋，局中有子，旋被打将，频输天女：盖谓局中有子，不得其位，旋被打将，失其所主。今太子庐陵王贬房州千里，是谓局中有子，不得其位，遂感此梦。臣愿东宫之位，速立庐陵王为储君，若立武三思，终当不得！"

然据现存宋人通俗小说观之，则与唐末之主劝惩者稍殊，而实出于杂剧中之"说话"。说话者，谓口说古今惊听之事，盖唐时亦已有之，段成式《酉阳杂俎》（《续集》四《贬误篇》）有云，"予太和末，因弟生日观杂戏，有市人小说，呼扁鹊作'褊鹊'字，上声。……"李商隐《骄儿诗》（集一）亦云，"或谑张飞胡，或笑邓艾吃。"似当时已有说三国故事者，然未详。宋都汴，民物康阜，游乐之事甚多，市井间有杂伎艺，其中有"说话"，执此业者曰"说话人"。说话人又有专家，孟元老（《东京梦华录》五）尝举其目，曰小说，曰合生，曰说诨话，曰说三分，曰说《五代史》。南渡以后，此风未改，据吴自牧（《梦粱录》二十）所记载则有四科如下：

> 说话者，谓之舌辨，虽有四家数，各有门庭：
> 且"小说"名"银字儿"，如烟粉灵怪传奇公案朴刀杆棒发迹变态之事。……谈论古今，如水之流。
> "谈经"者，谓演说佛书，"说参请"者，谓宾主参禅悟道等事。……又有"说诨经"者。
> "讲史书"者，谓讲说《通鉴》汉唐历代书史文传兴废战争之事。
> "合生"，与起今随今相似，各占一事也。

灌园耐得翁（《都城纪胜》）述临安盛事，亦谓说话有四家，曰小说，曰说经说参请，曰说史，曰合生，而分小说为三类，即"一者银字儿，如烟粉灵怪传奇；说公案，皆是搏拳提刀赶棒及发迹变态之事；说铁骑儿，谓士马金鼓之事"是也。周密之书（《武林旧事》六），叙四科又略异，曰演史，曰说经诨经，曰小说，曰说诨话，无合生；且谓小说有雄辩社（卷三），则其时说话人不惟各守家数，且有集会以磨炼其技艺者矣。

说话之事，虽在说话人各运匠心，随时生发，而仍有底本以作凭依，是为"话本"。《梦粱录》（二十）影戏条下云，"其话本与讲史书者颇同，大抵真假相半。"又小说讲经史条下云，"盖小说者，能讲一朝一代故事，顷刻间捏合。"《都城纪胜》所说同，惟"捏合"作"提破"而已。是知讲史之体，在历叙史实而杂以虚辞，小说之体，在说一故事而立知结局，今所存《五代史平话》及《通俗小说》残本，盖即此二科话本之流，其体式正如此。

《新编五代史平话》者，讲史之一，孟元老所谓"说《五代史》"之话本，此殆近之矣。其书梁唐晋汉周每代二卷，各以诗起，次入正文，又以诗终。惟《梁史平话》始于开辟，次略叙历代兴亡之事，立论颇奇，而亦杂以诞妄之因果说。

> 龙争虎战几春秋，五代梁唐晋汉周，
> 兴废风灯明灭里，易君变国若传邮。

粤自鸿荒既判，风气始开，伏羲画八卦而文籍生，黄帝垂衣裳而天下治。……那时诸侯皆已顺从，独蚩尤共炎帝侵暴诸侯，不服王化。黄帝乃帅诸侯，兴兵动众，……遂杀死炎帝，活捉蚩尤，万国平定。这黄帝做着个厮杀的头脑，教天下后世习用干戈。……汤伐桀，武王伐纣，皆是以臣弑君，篡夺了夏殷的天下。汤武不合做了这个样子，后来周室衰微，诸侯强大，春秋之世二百四十年之间，臣弑其君的也有，子弑其父的也有。孔子圣人为见三纲沦，九法致，秉那直笔，做一卷书，唤做《春秋》，褒奖他善的，贬罚他恶的，故孟子道是"孔子作《春秋》而乱臣贼子惧"。只有汉高祖姓刘字季，他取秦始皇天下不用篡弑之谋，真个是：

> 手拿三尺龙泉剑，夺却中原四百州。

刘季杀了项羽，立着国号曰汉，只因疑忌功臣，如韩信彭越陈豨之徒，皆不免族灭诛夷。这三个功臣抱屈衔冤，诉于天帝，天帝可怜见三个功臣无辜被戮，令他每三个托生做三个豪杰出来：韩信去曹家托生做着个曹操，彭越去孙家托生做着个孙权，陈豨去那宗室家托生做着个刘备。这三个分了他的天下，……三国各有史，道是《三国志》是也。……

于是更自晋及唐，以至黄巢变乱，朱氏立国，其下卷今阙，必当讫于梁亡矣。全书叙述，繁简颇不同，大抵史上大事，即无发挥，一涉细故，便多增饰，状以骈俪，证以诗歌，又杂诨词，以博笑噱，如说黄巢下第，与朱温等为盗，将劫侯家庄马评事时途中情景，即其例也：

> ……黄巢道，"若去劫他时，不消贤弟下手，咱有桑门剑一口，是天赐黄巢的，咱将剑一指，看他甚人，也抵敌不住。"道罢便去，行过一个高岭，名做悬刀峰，自行了半个日头，方得下岭。好座高岭！是：根盘地角，顶接天涯，苍苍老桧拂长空，挺挺孤松侵碧汉，山鸡共日鸡齐斗，天河与洞水接流，飞泉飘雨脚廉纤，怪石与云头相轧。怎见得高？
>
> 几年撧下一樵夫，至今未曾撧到底。
>
> 黄巢兄弟四人过了这座高岭，望见那侯家庄。好座庄舍！但见：石惹闲云，山连溪水，堤边垂柳，弄风袅袅拂溪桥，路畔闲花，映日丛丛遍野渡。那四个兄弟望见庄舍远不出五里田地，天色正晡，同入个树林中弹了，待晚西却行到那马家门首去。……

《京本通俗小说》不知本几卷，今存卷十至十六，每卷一篇，曰《碾玉观音》，曰《菩萨蛮》，曰《西山一窟鬼》，曰《志诚张主管》，曰《拗相公》，曰《错斩崔宁》，曰《冯玉梅团圆》等，每篇各具首尾，顷刻可了，与吴自牧所记正同。其取材多在近时，或采之他种说部，主在娱心，而杂以惩劝。体制则什九先以闲话或他事，后乃缀合，以入正文。如《碾玉观音》因欲叙咸安郡王游春，则辄举春词至十余首：

> 山色晴岚景物佳，暖烘回雁起平沙，东郊渐觉花供眼，南陌依稀草吐芽。
>
> 堤上柳，未藏鸦，寻芳趁步到山家，陇头几树红梅落，红杏枝头未着花。
>
> 这首《鹧鸪天》说孟春景致，原来又不如仲春词做得好：
>
> …… ……
>
> 这三首词，都不如王荆公看见花瓣儿片片风吹下地来，原来

这春归去是东风断送的。有诗道：

春日春风有时好，春日春风有时恶，

不得春风花不开，花开又被风吹落。

苏东坡道，不是东风断送春归去，是春雨断送春归去。有诗道：

雨前初见花间蕊，雨后全无叶底花，

蜂蝶纷纷过墙去，却疑春色在邻家。

秦少游道，也不干风事，也不干雨事，是柳絮飘将春色去。有诗道：

三月柳花轻复散，飘扬淡荡送春归，

此花本是无情物，一向东飞一向西。

……　……

王岩叟道，也不干风事，也不干雨事，也不干柳絮事，也不干蝴蝶事，也不干黄莺事，也不干杜鹃事，也不干燕子事，是九十日春光已过春归去。曾有诗道：

怨风怨雨两俱非，风雨不来春亦归，

腮边红褪青梅小，口角黄消乳燕飞，

蜀魄健啼花影去，吴蚕强食柘桑稀，

直恼春归无觅处，江湖辜负一蓑衣。

说话的因甚说这春归词？绍兴年间，行在有个关西延州延安府人，本身是三镇节度使咸安郡王，当时怕春归去，将带着许多钧眷游春，……

此种引首，与讲史之先叙天地开辟者略异，大抵诗词之外，亦用故实，或取相类，或取不同，而多为时事。取不同者由反入正，取相类者较有浅深，忽而相牵，转入本事，故叙述方始，而主意已明，耐得翁之所谓"提破"，吴自牧之所谓"捏合"，殆指此矣。凡其上半，谓之"得胜头回"，头回犹云前回，听说话者多军民，故冠以吉语曰得胜，非因进讲宫中，因有此名也。至于文式，则与《五代史平话》之铺叙琐事处颇相似，然较详。《西山一窟鬼》述吴秀才一为鬼诱，至所遇无一非鬼，盖本之《鬼董》（四）之《樊生》，而描写委曲琐细，则虽明清演义亦无以过之，如其记订婚之始云：

……开学堂后，有一年之上，也罪过，那街上人家都把孩子们来与它教训，颇有些趱足。当日正在学堂里教书，只听得青布帘儿上铃声响，走将一个人入来。吴教授看那入来的人：不是别人，却是十年前搬去的邻舍王婆。原来那婆子是个"撮合山"，专靠做媒为生。吴教授相揖罢，道，"多时不见。而今婆婆在那里住？"婆子道，"只道教授忘了老媳妇，如今老媳妇在钱塘门里沿城住。"教授问，"婆婆高寿？"婆子道，"老媳妇犬马之年七十有五。教授青春多少？"教授道，"小子二十有二。"婆子道，"教授方才二十有二，却像三十以上人，想教授每日价费多少心神；据我媳妇愚见，也少不得一个小娘子相伴。"教授道，"我这里也几次问人来，却没这般头脑。"婆子道，"这个'不是冤家不聚会'。好教官人得知，却有一头好亲在这里，一千贯钱房计，带一个从嫁，又好人才，却有一床乐器都会，又写得算得，又是咋嗹大官府第出身，只要嫁个读书官人。教授却是要也不？"教授听得说罢，喜从天降，笑逐颜开，道，"若还真个有这人时，可知好哩！只是这个小娘子如今在那里？"……

南宋亡，杂剧消歇，说话遂不复行，然话本盖颇有存者，后人目染，仿以为书，虽已非口谈，而犹存曩体，小说者流有《拍案惊奇》《醉醒石》之属，讲史者流有《列国演义》《隋唐演义》之属，惟世间于此二科，渐不复知所严别，遂俱以"小说"为通名。

宋元之拟话本

　　说话既盛行，则当时若干著作，自亦蒙话本之影响。北宋时，刘斧秀才杂辑古今稗说为《青琐高议》及《青琐摭遗》，文辞虽拙俗，然尚非话本，而文题之下，已各系以七言，如

《流红记》（红叶题诗娶韩氏）
《赵飞燕外传》（别传叙飞燕本末）
《韩魏公》（不罪碎盏烧须人）
《王榭》（风涛飘入乌衣国）

等，皆一题一解，甚类元人剧本结末之"题目"与"正名"，因疑汴京说话标题，体裁或亦如是，习俗浸润，乃及文章。至于全体被其变易者，则今尚有《大唐三藏法师取经记》及《大宋宣和遗事》二书流传，皆首尾与诗相始终，中间以诗词为点缀，辞句多俚，顾与话本又不同，近讲史而非口谈，似小说而无捏合。钱曾于《宣和遗事》，则并《灯花婆婆》等十五种并谓之"词话"（《也是园书目》十），以其有词有话也，然其间之《错斩崔宁》《冯玉梅团圆》两种，亦见《京本通俗小说》中，本说话之一科，传自专家，谈吐如流，通篇相称，殊非《宣和遗事》所能企及。盖《宣和遗事》虽亦有词有说，而非全出于说话人，乃由作者掇拾故书，益以小说，补缀联属，勉成一书，故形式仅存，而精采遂逊，文辞又多非己出，不足以云创作也。《取经记》尤苟简。惟说话消亡，而话本终蜕为著作，则又赖此等为其枢纽而已。

　　《大唐三藏法师取经记》三卷，旧本在日本，又有一小本曰《大唐三藏取经诗话》，内容悉同，卷尾一行云"中瓦子张家印"，张家为宋时临安书铺，世因以为宋刊，然逮于元朝，张家或亦无恙，则此书或为元人撰，未可知矣。三卷分十七章，今所见小说之分章回者始此；每章必有诗，故曰诗话。首章两本俱阙，次章

则记玄奘等之遇猴行者。

行程遇猴行者处第二

僧行六人，当日起行。……偶于一日午时，见一白衣秀才，从正东而来，便揖和尚，"万福万福！和尚今往何处，莫不是再往西天取经否？"法师合掌曰："贫道奉敕，为东土众生未有佛教，是取经也。"秀才曰："和尚生前两回去取经，中路遭难，此回若去，千死万死！"法师云："你如何得知？"秀才曰："我不是别人，我是花果山紫云洞八万四千铜头铁额猕猴王。我今来助和尚取经，此去百万程途，经过三十六国，多有祸难之处。"法师应曰："果得如此，三世有缘，东土众生，获大利益。"当便改呼为猴行者。僧行七人，次日同行，左右伏事。猴行者因留诗曰：

百万程途向那边，今来佐助大师前，

一心祝愿逢真教，同往西天鸡足山。

三藏法师诗答曰：

此日前生有宿缘，今朝果遇大明仙，

前途若到妖魔处，望显神通镇佛前。

于是借行者神通，偕入大梵天王宫，法师讲经已，得赐"隐形帽一顶，金镮锡杖一条，钵盂一只，三件齐全"，复反下界，经香林寺，履大蛇岭九龙池诸危地，俱以行者法力，安稳进行；又得深沙神身化金桥，渡越大水，出鬼子母国女人国而达王母池处，法师欲桃，命猴行者往窃之。

入王母池之处第十一

……法师曰："愿今日蟠桃结实，可偷三五个吃。"猴行者曰："我因八百岁时偷吃十颗，被王母捉下，左肋判八百，右肋判三千铁棒，配在花果山紫云洞，至今肋下尚痛，我今定是不敢偷吃也。"……前去之间，忽见石壁高岑万丈，又见一石盘，阔四五里地，又有两池，方广数十里，渺渺万丈，鸦乌不飞。七人才坐，正歇之次，举头遥望，万丈石壁之中，有数株桃树，森森耸翠，上接青天，枝叶茂浓，下浸池水。……行者曰："树上今有十余颗，为地神专在彼处守定，无路可去偷取。"师曰："你神通广大，去必无妨。"说由未了，攧下三颗蟠桃入池中去，师甚敬惶，问此落者是何物？答曰："师不要敬（惊字之略），此是蟠桃正熟，攧下水中也。"师曰："可去寻取来吃！"……

行者以杖击石，先后现二童子，一云三千岁，一云五千岁，皆挥去。

……又敲数下，偶然一孩儿出来，问曰："你年多少？"答曰："七千岁。"行者放下金镮杖，叫取孩儿入手中，问和尚你吃否？和尚闻语，心敬便走。被行者手中旋数下，孩儿化成一枚乳枣。当时吞入口中，后归东土唐朝，遂吐出于西川，至今此地中生人参是也。空中见有一人，遂吟诗曰：

花果山中一子才，小年曾此作场乖，

而今耳热空中见，前次偷桃客又来。

由是竟达天竺，求得经文五千四百卷，而阙《多心经》，回至香林寺，始由定光佛见授。七人既归，则皇帝郊迎，诸州奉法，至七月十五日正午，天宫乃降采莲舡，法师乘之，向西仙去；后太宗复封猴行者为铜筋铁骨大圣云。

《大宋宣和遗事》世多以为宋人作，而文中有吕省元《宣和讲篇》及南儒《咏史诗》，省元南儒皆元代语，则其书或出于元人，抑宋人旧本，而元时又有增益，皆不可知，口吻有大类宋人者，则以钞撮旧籍而然，非著者之本语也。书分前后二集，始于称述尧舜而终以高宗之定都临安，案年演述，体裁甚似讲史。惟节录成书，未加融会，故先后文体，致为参差，灼然可见。其剿取之书当有十种。前集先言历代帝王荒淫之失者其一，盖犹宋人讲史之开篇；次述王安石变法之祸者其二，亦北宋末士论之常套；次述安石引蔡京人朝至童贯蔡攸巡边者其三，首一为语体，次二为文言而并杂以诗者；其四，则梁山泺聚义本末，首述杨志卖刀杀人，晁盖劫生日礼物，遂邀约二十人，同入太行山梁山泺落草，而宋江亦以杀阎婆惜出走，伏屋后九天玄女庙中，见官兵已退，出谢玄女。

……则见香案上一声响亮，打一看时，有一卷文书在上。宋江才展开看了，认得是个天书；又写着三十六个姓名；又题著四句道：

破国因山木，兵刀用水工，

一朝充将领，海内耸威风。

宋江读了，口中不说，心下思量：这四句分明是说了我里姓名；又把开天书一卷，仔细看觑，见有三十六将的姓名。那三十六人道个甚底？

智多星吴加亮　玉麒麟李进义　青面兽杨志　混江龙李海　九纹龙史进　入云龙公孙胜　浪里白条张顺　霹雳火秦明　活阎罗阮小七　立地太岁阮小五　短命二郎阮进　大刀关必胜　豹子头林冲　黑旋风李逵　小旋风柴进　金枪手徐宁　扑天雕李应　赤发鬼刘唐　一直撞董平　插翅虎雷横　美髯公朱同　神行太保戴宗　赛关索王雄　病尉迟孙立　小李广花荣　没羽箭张青　没遮拦穆横　浪子燕青　花和尚鲁智深　行者武松　铁鞭呼延绰　急先锋索超　拼命三郎石秀　火船工张岑　摸着云杜千　铁天王晁盖

宋江看了人名，末后有一行字写道："天书付天罡院三十六员猛将，使呼保义宋江为帅，广行忠义，珍灭奸邪。"

于是江率朱同等九人亦赴山寨，会晁盖已死，遂被推为首领，"各人统率强人，略州劫县，放火杀人，攻夺淮阳，京西，河北三路二十四州八十余县，劫掠子女玉帛，掳掠甚众"，已而鲁智深等亦来投，遂足三十六人之数。

一日，宋江与吴加亮商量，"俺三十六员猛将，并已登数，休要忘了东岳保护之恩，须索去烧香赛还心愿则个。"择日起行，宋江题了四句放旗上道：

> 来时三十六，去后十八双，
>
> 若还少一个，定是不归乡！

宋江统率三十六将往朝东岳，赛取金炉心愿。朝廷不奈何，只得出榜招谕宋江等。有那元帅姓张名叔夜的，是世代将门之子，前来招诱；宋江和那三十六人归顺宋朝，各受大夫诰敕，分注诸路巡检使去也；因此三路之寇，悉得平定。后遣宋江收方腊有功，封节度使。

其五，为徽宗幸李师师家，曹辅进谏及张天觉隐去；其六，为道士林灵素进用及其死葬之异；其七，为腊月预赏元宵及元宵看灯之盛，皆平话体。其叙元宵看灯云：

宣和六年正月十四日夜，去大内门直上一条红绵绳上，飞下一个仙鹤儿来，口内衔一道诏书，有一员中使接得展开，奉圣旨：宣万姓。有那快行家手中把着金字牌，喝道，"宣万姓！"少刻，京师民有似云浪，尽头上戴着玉梅，雪柳，闹蛾儿，直到鳌山下看灯。却去宣德门直上有三四个贵官，……得了圣旨，交撒下金钱银钱，与万姓抢金钱。那教坊大使袁陶曾作词，名做《撒金钱》：

频瞻礼，喜升平又逢元宵佳致。鳌山高耸翠，对端门珠玑交制，似嫦娥，降仙宫，乍临凡世。恩露匀施，凭御阑圣颜垂视。撒金钱，乱抛坠，万姓推抢没理会；告官里，这失仪，且与免罪。

是夜撒金钱后，万姓各各遍游市井，可谓是：

> 灯火荧煌天不夜，笙歌嘈杂地长春。

后集则始自金人来运粮，以至京城陷为第八种；又自金兵入城，帝后北行受辱，以至高宗定都临安为第九第十种，即取《南烬纪闻》《窃愤录》及《续录》而小有删节，二书今俱在，或题辛弃疾作，而宋人已以为伪书。卷末复有结论，云"世之儒者谓高宗失恢复中原之机会者有二焉：建炎之初失其机者，潜善伯彦偷安于目前误之也；绍兴之后失其机者，秦桧为虏用间误之也。失此二机，而中原之境土未复，君父之大仇未报，国家之大耻不能雪，此忠臣义士之所以扼腕，恨不食贼臣之肉而寝其皮也欤！"则亦南宋时桧党失势后士论之常套也。

元明传来之讲史（上）

宋之说话人，于小说及讲史皆多高手（名见《梦粱录》及《武林旧事》），而不闻有著作；元代扰攘，文化沦丧，更无论矣。日本内阁文库藏元至治（1321—1323）间新安虞氏刊本全相（犹今所谓绣像全图）平话五种，曰《武王伐纣书》，曰《乐毅图齐七国春秋后集》，曰《秦并六国》，曰《吕后斩韩信前汉书续集》，曰《三国志》，每集各三卷（《斯文》第八编第六号，盐谷温《关于明的小说"三言"》），今惟《三国志》有印本（盐谷博士影印本及商务印书馆翻印本），他四种未能见。其《全相三国志平话》分为上下二栏，上栏为图，下栏述事，以桃园结义始，孔明病殁终。而开篇亦先叙汉高祖杀戮功臣，玉皇断狱，令韩信转生为曹操，彭越为刘备，英布为孙权，高祖则为献帝，立意与《五代史平话》无异。惟文笔则远不逮，词不达意，粗具梗概而已，如述"赤壁鏖兵"云：

却说武侯过江到夏口，曹操舡上高叫"吾死矣！"众军曰，"皆是蒋干。"众官乱刀锉蒋干为万段。曹操上舡，荒速夺路，走出江口，见四面舡上，皆为火也。见数十只舡，上有黄盖言曰，"斩曹贼，使天下安若太山！"曹相百官，不通水战，众人发箭相射。却说曹操措手不及，四面火起，前又相射。曹操欲走，北有周瑜，南有鲁肃，西有凌统甘宁，东有张昭吴苞，四面言杀。史官曰："倘非曹公家有五帝之分，孟德不能脱。"曹操得命，西北而走，至江岸，众人撮曹公上马。却说黄昏火发，次日斋时方出，曹操回顾，尚见夏口舡上烟焰张天，本部军无一万。曹相望西北而走，无五里，江岸有五千军，认得是常山赵云，拦住，众官一齐攻击，曹相撞阵过去。……至晚，到一大林。……曹公寻滑荣路去，行无二十里，见五百校刀手，关将拦住。曹相用美言告云长，"着操亭候有恩。"关公曰："军师严令。"曹公撞阵却过。说话间，面生尘雾，使曹公得脱。关公赶数里复回，东行无十五里，见玄德，军师。是走了曹贼，非关公之过也。言使人小着玄德（案此句不可解）。众问为何。武侯曰，"关将仁德之人，往日蒙曹相恩，其此而脱矣。"关公闻言，忿然上马，告主公复追之。玄德曰，"吾弟性匪石，宁奈不倦。"军师言，"诸葛赤（亦？）去，万无一失。"……（卷中十八至十九页）

观其简率之处，颇足疑为说话人所用之话本，由此推演，大加波澜，即可以愉悦听者，然页必有图，则仍亦供人阅览之书也。余四种恐亦此类。

说《三国志》者，在宋已甚盛，盖当时多英雄，武勇智术，瑰伟动人，而事状无楚汉之简，又无春秋列国之繁，故尤宜于讲说。东坡（《志林》六）谓"王彭尝云，途巷中小儿薄劣，其家所厌苦，辄与钱，令聚坐听说古话。至说三国事，闻刘玄德败，频蹙眉，有出涕者；闻曹操败，即喜唱快。以是知君子小人之泽，百世不斩。"在瓦舍，"说三分"为说话之一专科，与"讲《五代史》"并列（《东京梦华录》五）。金元杂剧亦常用三国时事，如《赤壁鏖兵》《诸葛亮秋风五丈原》《隔江斗智》《连环计》《复夺受禅台》等，而今日搬演为戏文者尤多，则为世之所乐道可知也。其在小说，乃因有罗贯中本而名益显。

贯中，名本，钱塘人（明郎瑛《七修类稿》二十三，田汝成

《西湖游览志余》二十五，胡应麟《少室山房笔丛》四十一），或云名贯，字贯中（明王圻《续文献通考》一百七十七），或云越人，生洪武初（周亮工《书影》），盖元明间人（约1330—1400）。所著小说甚夥，明时云有数十种（《志余》），今存者《三国志演义》之外，尚有《隋唐志传》《残唐五代史演义》《三遂平妖传》《水浒传》等；亦能词曲，有杂剧《龙虎风云会》（目见《元人杂剧选》）。然今所传诸小说，皆屡经后人增损，真面殆无从复见矣。

罗贯中本《三国志演义》，今得见者以明弘治甲寅（1494）刊本为最古，全书二十四卷，分二百四十回，题曰"晋平阳侯陈寿史传，后学罗本贯中编次"。起于汉灵帝中平元年"祭天地桃园结义"，终于晋武帝太康元年"王濬计取石头城"，凡首尾九十七年（184—280）事实，皆排比陈寿《三国志》及裴松之注，间亦仍采平话，又加推演而作之；论断颇取陈裴及习凿齿孙盛语，且更盛引"史官"及"后人"诗。然据旧史即难于抒写，杂虚辞复易滋混淆，故明谢肇淛（《五杂组》十五）既以为"太实则近腐"，清章学诚（《丙辰札记》）又病其"七实三虚惑乱观者"也。至于写人，亦颇有失，以致欲显刘备之长厚而似伪，状诸葛之多智而近妖；惟于关羽，特多好语，义勇之概，时时如见矣。如叙羽之出身丰采及勇力云：

……阶下一人大呼出曰，"小将愿往，斩华雄头献于帐下！"众视之：见其人身长九尺五寸，髯长一尺八寸，丹凤眼，卧蚕眉，面如重枣，声似巨钟，立于帐前。绍问何人。公孙瓒曰，"此刘玄德之弟关某也。"绍回见居何职。瓒曰，"跟随刘玄德充马弓手。"帐上袁术大喝曰，"汝欺吾众诸侯无大将耶？量一弓手，安敢乱言。与我乱棒打出！"曹操急止之曰，"公路息怒，此人既出大言，必有广学；试教出马，如其不胜，诛亦未迟。"……关某曰，"如不胜，请斩我头。"操教酾热酒一杯，与关某饮了上马。关某曰，"酒且斟下，某去便来。"出帐提刀，飞身上马。众诸侯听得寨外鼓声大震，喊声大举，如天摧地塌，岳撼山崩。众皆失惊，却欲探听。鸾铃响处，马到中军，云长提华雄之头，掷于地上；其酒尚温。……（第九回《曹操起兵伐董卓》）

又如曹操赤壁之败，孔明知操命不当尽，乃故使羽扼华容道，俾得纵之，而又故以军法相要，使立军令状而去，此叙孔明止见狡狯，而羽之气概则凛然，与元刊本平话，相去远矣：

……华容道上，三停人马，一停落后，一停填了坑堑，一停跟随曹操过险峻，路稍平妥。操回顾，止有三百余骑随后，并无衣甲袍铠整齐者。……又行不到数里，操在马上加鞭大笑。众将问丞相笑者何故。操曰，"人皆言诸葛亮周瑜足智多谋，吾笑其无能为也。今此一败，吾自是欺敌之过，若使此处伏一旅之师，吾等皆束手受缚矣。"言未毕，一声炮响，两边五百校刀手摆列，当中关云长提青龙刀，跨赤兔马，截住去路。操军见了，亡魂丧胆，面面相觑，皆不能言。操在人丛中曰，"既到此处，只得决一死战。"众将曰："人纵然不怯，马力乏矣；战则必死。"程昱曰，"某知云长傲上而不忍下，欺强而不凌弱，人有患难，必须救之，仁义播于天下。丞相旧日有恩在彼处，何不亲自告之，必脱此难矣。"操从其说，即时纵马向前，欠身与云长曰，"将军别来无恙？"云长亦欠身答曰，"关某奉军师将令，等候丞相多时。"操曰，"曹操兵败势危，到此无路，望将军以昔日之言为重。"云长答曰，"昔日关某虽蒙丞相厚恩，某曾解白马之危以报之。今日奉命，岂敢为私乎？"操曰，"五关斩将之时，还能记否？古之人大丈夫处世，必以信义为重；将军深明《春秋》，岂不知庾公之斯追子濯孺子者乎？"云长闻之，低首良久不语。当时曹操引这件事，说犹未了，云长是个义重如山之人，又见曹军惶惶，皆欲垂泪，云长思起五关斩将放他之恩，如何不动心，于是把马头勒回，与众军曰，"四散摆开！"这个分明是放曹操的意。操见云长勒回马，便和众将一齐冲将过去，云长回身时，前面众将已自护送操过去了。云长大喝一声，众皆下马，哭拜于地，云长不忍杀之，正犹豫中，张辽纵马至，云长见了，亦动故旧之心，长叹一声，并皆放之。后来史官有诗曰：

彻胆长存义，终身思报恩，威风齐日月，名誉震乾坤，忠勇高三国，神谋陷七屯，至今千古下，军旅拜英魂。（第一百回《关云长义释曹操》）

弘治以后，刻本甚多，即以明代而论，今尚未能详其凡几种（详见《小说月报》二十卷十号郑振铎《三国志演义的演化》）。迨清康熙时，茂苑毛宗岗字序始师金人瑞改《水浒传》及《西厢记》成法，即旧本遍加改窜，自云得古本，评刻之，亦称"圣叹外书"，而一切旧本乃不复行。凡所改定，就其序例可见，约举大端，则一曰改，如旧本第百五十九回《废献帝曹丕篡汉》本言曹后助兄斥献帝，毛本则云助汉而斥丕。二曰增，如第百六十七回《先主夜走白帝城》本不涉孙夫人，毛本则云"夫人在吴闻猇亭兵败，讹传先主死于军中，遂驱兵至江边，望西遥哭，投江而死"。三曰削，如第二百五回《孔明火烧木栅寨》本有孔明烧司马懿于上方谷时，欲并烧魏延，第二百三十四回《诸葛瞻大战邓艾》有艾贻书劝降，瞻览毕狐疑，其子尚诘责之，乃决死战，而毛本皆无有。其余小节，则一者整顿回目，二者修正文辞，三者削除论赞，四者增删琐事，五者改换诗文而已。

《隋唐志传》原本未见，清康熙十四年（1675）长洲褚人获有改订本，易名《隋唐演义》，序有云，"《隋唐志传》创自罗氏，纂辑于林氏，可谓善矣。然始于隋宫剪彩，则前多阙略，厥后补缀唐季一二事，又零星不联属，观者犹有议焉。"其概要可识矣。

《隋唐演义》计一百回，以隋主伐陈开篇，次为周禅于隋，隋亡于唐，武后称尊，明皇幸蜀，杨妃缢于马嵬，既复两京，明皇退居西内，令道士求杨妃魂，得见张果，因知明皇杨妃为隋炀帝朱贵儿后身，而全书随毕。凡隋唐间英雄，如秦琼窦建德单雄信王伯当花木兰等事迹，皆于前七十回中穿插出之。其明皇杨妃再世姻缘故事，序言得之袁于令所藏《逸史》，喜其新异，因以入书。此他事状，则多本正史纪传，且益以唐宋杂说，如隋事则《大业拾遗记》《海山记》《迷楼记》《开河记》，唐事则《隋唐嘉话》《明皇杂录》《常侍言旨》《开天传信记》《次柳氏旧闻》《长恨歌传》《开元天宝遗事》及《梅妃传》《太真外传》等，叙述多有来历，殆不亚于《三国志演义》。惟其文笔，乃纯如明季时风，浮艳在肤，沉著不足，罗氏轨范，殆已荡然，且好嘲戏，而精神反萧索矣。今举一例：

　　……一日玄宗于昭庆宫闲坐，禄山侍坐于侧，见他腹垂过膝，因指着戏说道，"此儿腹大如抱瓮，不知其中藏的何所有？"禄山拱手对道，"此中并无他物，惟有赤心耳；臣愿尽此赤心，以事陛下。"玄宗闻禄山所言，心中甚喜。那知道：

　　人藏其心，不可测识。自谓赤心，心黑如墨！

　　玄宗之待安禄山，真如腹心；安禄山之对玄宗，却纯是贼心狼心狗心，乃真是负心丧心。有心之人，方切齿痛心，恨不得即剖其心，食其心；亏他还哄人说是赤心。可笑玄宗还不觉其狼子野心，却要信他是真心，好不痴心。闲话少说。且说当日玄宗与安禄山闲坐了半晌，回顾左右，问妃子何在，此时正当春深时候，天气向暖，贵妃方在后宫坐兰汤洗浴。宫人回报玄宗说道，"妃子洗浴方完。"玄宗微笑说道："美人新浴，正如出水芙蓉。"令宫人即宣妃子来，不必更洗梳妆。少顷，杨妃来到。你道他新浴之后，怎生模样？有一曲《黄莺儿》说得好：

　　皎皎如玉，光嫩如莹，体愈香，云鬟慵整偏娇样。罗裙厌长，轻衫取凉，临风小立神骀宕。细端详：芙蓉出水，不及美人妆。（第八十三回）

　　《残唐五代史演义》未见，日本《内阁文库书目》云二卷六十回，题罗本撰，汤显祖批评。

《北宋三遂平妖传》原本亦不可见，较先之本为四卷二十回，序云王慎修补，记贝州王则以妖术变乱事。《宋史》（二百九十二《明镐传》）言则本涿州人，岁饥，流至恩州（唐为贝州），庆历七年僭号东平郡王，改元得圣，六十六日而平。小说即本此事，开篇为汴州胡浩得仙画，其妇焚之，灰绕于身，因孕，生女，曰永儿，有妖狐圣姑姑授以道法，遂能为纸人豆马。王则则贝州军排，后娶永儿，术人弹子和尚张鸾卜吉左黜皆来见，云则当王，会知州贪酷，遂以术运库中钱米买军倡乱。已而文彦博率师讨之，其时张鸾卜吉弹子和尚见则无道，皆先去，而文彦博军尚不能克。幸得弹子和尚化身诸葛遂智助文，镇伏邪法；马遂诈降击则裂其唇，使不能持咒；李遂又率掘子军作地道入城；乃擒则及永儿。奏功者三人皆名遂，故曰《三遂平妖传》也。

《平妖传》今通行本十八卷四十回，有楚黄张无咎序，云是龙子犹所补。其本成于明泰昌元年（1620），前加十五回，记袁公受道法于九天玄女，复为弹子和尚所盗，及妖狐圣姑姑炼法事。他五回则散入旧本各回间，多补述诸怪民道术。事迹于意造而外，亦采取他杂说，附会入之。如第二十九回叙杜七圣卖符，并呈幻术，断小儿首，覆以衾即复续，而偶作大言，为弹子和尚所闻，遂摄小儿生魂，入面店覆楪子下，杜七圣咒之再三，儿竟不起。

杜七圣慌了，看着那看的人道，"众位看官在上，道路虽然各别，养家总是一般，只因家火相逼。适间言语不到处，望看官们恕罪则个。这番教我接了头，下来吃杯酒，四海之内，皆相识也。"杜七圣伏罪道，"是我不是了，这番接上了。"只顾口中念咒，揭起卧单看时，又接不上。杜七圣焦躁道，"你教我孩儿接不上头，我又求告你再三，认自己的不是，要你恕饶，你却直恁的无理。"便去后面笼儿内取出一个纸包儿来，就打开，撮出一颗葫芦子，去那地上，把土来掘松了，把那颗葫芦子埋在地下，口中念念有词，喷上一口水，喝声"疾！"可霎作怪：只见地下生出一条藤儿来，渐渐的长大，便生枝叶，然后开花，便见花谢，结一个小葫芦儿。一伙人见了，都喝采道，"好！"杜七圣把那葫芦儿摘下来，左手提着葫芦儿，右手拿着刀，道，"你先不近道理，收了我孩儿的魂魄，教我接不上头，你也休想在世上活了！"向着葫芦儿，拦腰一刀，剁下半个葫芦儿来。却说那和尚在楼上，拿起面来却待要吃；只见那和尚的头从腔子上骨碌碌滚将下来。一楼上吃面的人都吃一惊，小胆的丢了面跑下楼去了，大胆的立住了脚看。只见那和尚慌忙放下碗和箸，起身去那楼板上摸，一摸摸着了头，双手捉住两只耳朵，掇那头安在腔上，安得端正，把手去摸一摸。和尚道："我只顾吃面，忘还了他的儿子魂魄，"伸手去揭起楪儿来。这里却好揭得起楪儿，那里杜七圣的孩儿早跳起来；看的人发声喊。杜七圣道，"我从来行这家法术，今日撞着师父了。"……（第二十九回下《杜七圣狠行续头法》）

此盖相传旧话，尉迟偓（《中朝故事》）云在唐咸通中，谢肇淛（《五杂组》六）又以为明嘉靖隆庆间事，惟术人无姓名，僧亦死，是书略改用之。马遂击贼被杀则当时事实，宋郑獬有《马遂传》。

元明传来之讲史（下）

《水浒》故事亦为南宋以来流行之传说，宋江亦实有其人。《宋史》（二十二）载徽宗宣和三年"淮南盗宋江等犯淮阳军，遣将讨捕，又犯京东，江北，入楚海州界，命知州张叔夜招降之"。降后之事，则史无文，而稗史乃云"收方腊有功，封节度使"（见十三篇）。然擒方腊者盖韩世忠（《宋史》本传），于宋江辈无与，惟《侯蒙传》（《宋史》三百五十一）又云："宋江寇京东，蒙上书，言宋江以三十六人横行齐魏，官军数万，无敢抗者，不若赦江，使讨方腊以自赎。"似即稗史所本。顾当时虽有此议，而实未行，江等且竟见杀。洪迈《夷坚乙志》（六）言："宣和七年，户部侍郎蔡居厚罢，知青州，以病不赴，归金陵，疽发于背，卒。未几，其所亲王生亡而复醒，见蔡受冥谴，嘱生归告其妻，云'今只是理会郓州事'。夫人恸哭曰，'侍郎去年帅郓时，有梁山泺贼五百人受降，既而悉诛之，吾屡谏，不听也。……'"《乙志》成于乾道二年，去宣和六年不过四十余年，耳目甚近，冥谴固小说家言，杀降则不容虚造，山泺健儿终局，盖如是而已。

然宋江等啸聚梁山泺时，其势实甚盛，《宋史》（三百五十三）亦云"转略十郡，官军莫敢撄其锋"。于是自有奇闻异说，生于民间，辗转繁变，以成故事，复经好事者掇拾粉饰，而文籍以出。宋遗民龚圣与作《宋江三十六人赞》，自序已云"宋江事见于街谈巷语，不足采著，虽有高如李嵩辈传写，士大夫亦不见黜"（周密《癸辛杂识》续集上）。今高李所作虽散失，然足见宋末已有传写之书。《宣和遗事》由钞撮旧籍而成，故前集中之梁山泺聚义始末，或亦为当时所传写者之一种，其节目如下：

杨志等押花石纲阻雪违限　杨志途贫卖刀杀人刺配卫州　孙立等夺杨志往太行山落草　石碣村晁盖伙劫生辰纲　宋江通信晁盖等脱逃　宋江杀阎婆惜题诗于壁　宋江得天书有三十六将姓名　宋江奔梁山泺寻晁盖　宋江三十六将共反　宋江朝东岳赛还心愿　张叔夜招宋江三十六将降　宋江收方腊有功封节度使

惟《宣和遗事》所载，与龚圣与赞已颇不同：赞之三十六人中有宋江，而《遗事》在外；《遗事》之吴加亮李进义李海阮进关必胜王雄张青张岑，赞则作吴学究卢进义李俊阮小二关胜杨雄张清张横；译名亦偶异。又元人杂剧亦屡取水浒故事为资材，宋江燕青李逵尤数见，性格每与在今本《水浒传》中者差违，但于宋江之仁义长厚无异词，而陈泰（茶陵人，元延祐乙卯进士）记所闻于篙师者，则云"宋之为人勇悍狂侠"（《所安遗集补遗·江南曲序》），与他书又正反。意者此种故事，当时载在人口者必甚多，虽或已有种种书本，而失之简略，或多舛迕，于是又复有人起而荟萃取舍之，缀为巨帙，使较有条理，可观览，是为后来之大部《水浒传》。其缀集者，或曰罗贯中（王圻田汝成郎瑛说），或曰施耐庵（胡应麟说），或曰施作罗编（李贽说），或曰施作罗续（金人瑞说）。

原本《水浒传》今不可得，周亮工云"故老传闻，罗氏为《水浒传》一百回，各以妖异语引其首，嘉靖时郭武定重刻其书，削其致语，独存本传"。所削者盖即"灯花婆婆等事"（《水准传全书发凡》），本亦宋人单篇词话（《也是园书目》十），而罗氏袭用之，其他不可考。

现存之《水浒传》则所知者有六本，而最要者四：

一曰一百十五回本《忠义水浒传》。前署"东原罗贯中编辑"，明崇祯末与《三国演义》合刻为《英雄谱》，单行本未见。其书始于洪太尉之误走妖魔，而次以百八人渐聚山泊，已而受招安。破辽，平田虎王庆方腊，于是智深坐化于六和，宋江服毒而自尽，累显灵应，终为神明。惟文词蹇拙，体制纷纭，中间诗歌，亦多鄙俗，甚似草创初就，未加润色者，虽非原本，盖近之矣。其记林冲以忤高俅断配沧州，看守大军草场，于大雪中出危屋觅酒云：

……却说林冲安下行李，看那四下里都崩坏了，自思曰，"这屋如何过得一冬，待雪晴了叫泥水匠来修理。"在土炕边向了一回火，觉得身上寒冷，寻思"却才老军说（五里路外有市井），何不去沽些酒来吃？"便把花枪挑了酒葫芦出来，信步投东，不上半里路，看见一所古庙，林冲拜曰，"愿神明保祐，改日来烧纸。"却又行一里，见一簇店家，林冲径到店里。店家曰，"客人那里来？"林冲曰，"你不认得这个葫芦？"店家曰，"这是草场老军的。既是大哥来此，请坐，先待一席以作接风之礼。"林冲吃了一回，却买一腿牛肉，一葫芦酒，把花枪挑了便回。已晚，奔到草场看时，只叫得苦。原来天理昭然，庇护忠臣义士，这场大雪，救了林冲性命：那两间草厅，已被雪压倒了。……（第九回《豹子头刺陆谦富安》）

又有一百十回之《忠义水浒传》，亦《英雄谱》本，"内容与百十五回本略同"（《胡适文存》三）。别有一百二十四回之《水浒传》，文词脱略，往往难读，亦此类。

二曰一百回本《忠义水浒传》。前署"钱塘施耐庵的本，罗贯中编次"（《百川书志》六）。即明嘉靖时武定侯郭勋家所传之本，"前有汪太函序，托名天都外臣者"（《野获编》五）。今未见。别有本亦一百回，有李贽序及批点，殆即出郭氏本，而改题为"施耐庵集撰，罗贯中纂修"。然今亦难得，惟日本尚有亨保戊申（1728）翻刻之前十回及宝历九年（1759）续翻之十一至二十回，亦始于误走妖魔而继以鲁达林冲事迹，与百十五回本同，第五回于鲁达有"直教名驰塞北三千里，证果江南第一州"之语，即指六和坐化故事，则结束当亦无异。惟于文辞，乃大有增删，几乎改观，除去恶诗，增益骈语；描写亦愈入细微，如述林冲雪中行沽一节，即多于百十五回本者至一倍余：

……只说林冲就床上放了包裹被卧，就坐下生些焰火起来，屋边有一堆柴炭，拿几块来生在地炉里；仰面看那草屋时，四下里崩坏了，又被朔风吹撼摇振得动。林冲道，"这屋如何过得一冬，待雪晴了，去城中唤个泥水匠来修理。"向了一回火，觉得身上寒冷，寻思"却才老军所说五里路外有那市井，何不去沽些酒来吃？"便去包里取些碎银子，把花枪挑了酒葫芦，将火炭盖了，取毡笠子戴上，拿了钥匙出来，把草厅门拽上，出到大门首，把两扇草场门反拽上，锁了，带了钥匙，信步投东，雪地里踏着碎琼乱玉，迤逦背着北风而行，——那雪正下得紧。行不上半里多路，看见一所古庙，林冲顶礼道："神明庇佑，改日来烧钱纸。"又行了一回，望见一簇人家，林冲住脚看时，见篱笆中挑着一个草帚儿在露天里。林冲径到店里；主人道，"客人那里来？"林冲道，"你认得这个葫芦么？"主人看了，道，"这葫芦是草料场老军的。"林冲道，"如何？便认的。"店主道，"既是草料场看守大哥，且请少坐，天气寒冷，且酌三杯权当接风。"店家切一盘熟牛肉，烫一壶热酒，请林冲。又自买了些牛肉，又吃了数杯，就又买了一葫芦酒，包了那两块牛肉，留下些碎银子，把花枪挑了酒葫芦，怀内揣了牛肉，叫声"相扰"，便出篱笆门，依旧迎着朔风回来。看那雪，到晚越下的紧了。古时有个书生，做了一个词，单题那贫苦的恨雪：

广莫严风刮地，这雪儿下的正好，拈絮捈绵，裁几片大如栲栳，见林间竹屋茅茨，争些儿被他压倒。富室豪家，却道是"压瘴犹嫌少"，向的是兽炭红炉，穿的是棉衣絮袄，手拈梅花，唱道"国家祥瑞"，不念贫民些小。高卧有幽人，吟咏多诗草。

再说林冲踏着那瑞雪，迎着北风，飞也似奔到草场门口，开了锁，入内看时，只叫得苦。原来天理昭然，佑护善人义士，因这场大雪，救了林冲的性命：那两间草厅，已被雪压倒了。……（第十回《林教头风雪山神庙》）

三曰一百二十回本《忠义水浒全书》。亦题"施耐庵集撰，罗贯中纂修"，与李贽序百回本同。首有楚人杨定见序，自云事李卓吾，因袁无涯之请而刻此传；次发凡十条；次为《宣和遗事》中之梁山泺本末及百八人籍贯出身。全书自首至受招安，事略全同百十五回本，破辽小异，且少诗词，平田虎王庆则并事略亦异，而收方腊又悉同。文词与百回本几无别，特于字句稍有更定，如百回本中"林冲道，'如何？便认的。'"此则作"林冲道，'原来如此。'"诗词又较多，则为刊时增入，故发凡云，"旧本去诗词之烦芜，一虑事绪之断，一虑眼路之迷，颇直截清明，第有得此以形容人态，颇挫文情者，又未可尽除，兹复为增定，或撺原本而进所有，或逆古意而益所无，惟周劝惩，兼善戏谑"也。亦有李贽评，与百回本不同，而两皆弇陋，盖即叶昼辈所伪托。

《发凡》又云，"古本有罗氏致语，相传灯花婆婆等事，既不可复见，乃后人有因'四大寇'之拘而酌损之者，有嫌一百二十回之繁而淘汰之者，皆失。郭武定本即旧本移置阎婆事，甚善，其于寇中去王田而加辽国，犹是小家照应之法，不知大手笔者正不尔尔。"是知《水浒》有古本百回，当时"既不可复见"；又有旧本，似百二十回，中有"四大寇"，盖谓王田方及宋江，即柴进见于白屏风上御书者（见百十五回本之六十七回及《水浒全书》七十二回）。郭氏本始破其拘，削王田而加辽国，成百回；《水浒全书》又增王田，仍存辽国，复为百廿回，而宋江乃始退居于四寇之外。然《宣和遗事》所谓"三路之寇"者，实指攻夺淮阳京西河北三路强人，皆宋江属，不知何人误读，遂以王庆田虎辈当之。然破辽故事虑亦非始作于明，宋代外敌凭陵，国政弛废，转思草泽，盖亦人情，故或造野语以自慰，复多异说，不能合符，于是后之小说，既以取舍不同而分歧，所取者又以话本非一而违异，田虎王庆在百回本与百十七回本名同而文迥别，殆亦由此而已。惟其后讨平方腊，则各本悉同，因疑在郭本所据旧本之前，当又有别本，即以平方腊接招安之后，如《宣和遗事》所记者，于事理始为密合，然而证信尚缺，未能定也。

总上五本观之，知现存之《水浒传》实有两种，其一简略，其一繁缛。胡应麟（《笔丛》四十一）云，"余二十年前所见《水浒传》本尚极足寻味，十数载来，为闽中坊贾刊落，止录事实，中间游词余韵神情寄寓处一概删之，遂既不堪覆瓿，复数十年，无原本印证，此书将永废。"应麟所见本，今莫知如何，若百十五回简本，则成就殆当先于繁本，以其用字造句，与繁本每有差违，倘是删存，无烦改作也。又简本撰人，止题罗贯中，周亮工闻于故老者亦第云罗氏，比郭氏本出，始着耐庵，因疑施乃演为繁本者之托名，当是后起，非古本所有。后人见繁本题施作罗编，未及悟其依托，遂或意为敷衍，定耐庵与贯中同籍，为钱塘人（明高儒《百川书志》六），且是其师。胡应麟（《笔丛》四十一）亦信所见《水浒传》小序，谓耐庵"尝入市肆绅阅故书，于敝楮中得宋张叔夜禽贼招语一通，备悉其一百八人所由起，因润饰成此编"。且云"施某事见田叔禾《西湖志余》"，而《志余》中实无有，盖误记也。近吴梅著《顾曲塵谈》，云"《幽闺记》为施君美作。君美，名惠，即作《水浒传》之耐庵居士也。"案惠亦杭州人，然其为耐庵居士，则不知本于何书，故亦未可轻信矣。

四曰七十回本《水浒传》。正传七十回楔子一回，实七十一回，有原序一篇，题"东都施耐庵撰"，为金人瑞字圣叹所传，自云得古本，止七十回，于宋江受天书之后，即以卢进义梦全伙被缚于张叔夜终，而指招安以下为罗贯中续成，斥曰"恶札"。其书与百二十回本之前七十回无甚异，惟刊去骈语特多，百廿回本发凡有"旧本去诗词之繁累"语，颇似圣叹真得古本，然文中有因删去诗词，而语气遂稍参差者，则所据殆仍是百回本耳。周亮工记《水浒传》云，"近金圣叹自七十回之后，断为罗所续，因极口诋罗，复伪为施序于前，此书遂为施有矣。"二人生同时，其说当可信。惟字句亦小有佳处，如第五回叙鲁智深诘责瓦官寺僧一节云：

……智深走到面前，那和尚吃了一惊，跳起身来，便道，"请师兄坐，同吃一盏。"智深提着禅杖道，"你这两个，如何把寺来废了？"那和尚便道，"师兄请坐，听小僧……"智深睁着眼道，"你说你说！""……说：在先敝寺，十分好个去处，田庄又广，僧众极多，只被廊下那几个老和尚吃酒撒泼，将钱养女，长老禁约他们不得，又把长老排告了出去，因此把寺来都废了。……"

圣叹于"听小僧……"下注云"其语未毕",于"……说"下又多所申释,而终以"章法奇绝从古未有"誉之,疑此等"奇绝",正圣叹所为,其批改《西厢记》亦如此。此文在百回本,为"那和尚便道,'师兄请坐,听小僧说。'智深睁着眼道,'你说你说!'那和尚道,'在先敝寺,十分好个去处,田庄广有,僧众极多……'"云云,在百十五回本,则并无智深睁眼之文,但云"那和尚曰,'师兄听小僧说:在先敝寺,田庄广有,僧众也多……'"而已。

至于刊落之由,什九常因于世变,胡适(《文存》三)说,"圣叹生在流贼遍天下的时代,眼见张献忠李自成一班强盗流毒全国,故他觉得强盗是不能提倡的,是应该口诛笔伐的。"故至清,则世异情迁,遂复有以为"虽始行不端,而能翻然悔悟,改弦易辙,以善其修,斯其意固可嘉,而其功诚不可泯"者,截取百十五回本之六十七回至结末,称《后水浒》,一名《荡平四大寇传》,附刊七十回之后以行矣。其卷首有乾隆壬子(1792)赏心居士序。

清初,有《后水浒传》四十回,云是"古宋遗民著,雁宕山樵评",盖以续百回本。其书言宋江既死,余人尚为宋御金,然无功,李俊遂率众浮海,王于暹罗,结末颇似杜光庭之《虬髯传》。古宋遗民者,本书卷首《论略》云"不知何许人,以时考之,当去施罗未远,或与之同时,不相为下,亦未可知"。然实乃陈忱之托名;忱字遐心,浙江乌程人,生平著作并佚,惟此书存,为明末遗民(《两浙輶轩录》补遗一,《光绪嘉兴府志》五十三),故虽游戏之作,亦见避地之意矣。然至道光中,有山阴俞万春作《结水浒传》七十回,结子一回,亦名《荡寇志》,则立意正相反,使山泊首领,非死即诛,专明"当年宋江并没有受招安平方腊的话,只有被张叔夜擒拿正法一句话",以结七十回本。俞万春字仲华,别号忽来道人,尝随其父宦粤。瑶民之变,从征有功议叙,后行医于杭州,晚年乃奉道释,道光己酉（1849）卒。《荡寇志》之作，始于丙戌而迄于丁未，首尾凡二十二年，"未遑修饰而殁"，咸丰元年（1851），其子龙光始修润而刻之（本书识语）。书中造事行文，有时几欲摩前传之垒，采录景象，亦颇有施罗所未试者，在纠缠旧作之同类小说中，盖差为佼佼者矣。

此外讲史之属，为数尚多。明已有荒古虞夏（周游《开辟演义》，钟惺《开辟唐虞传》及《有夏志传》），东西周（《东周列国志》《西周志》《四友传》），两汉（袁宏道评《两汉演义传》），两晋（《西晋演义》《东晋演义》），唐（熊钟谷《唐书演义》），宋（尺蠖斋评释《两宋志传》）诸史事平话，清以来亦不绝，且或总揽全史（《二十四史通俗演义》），或订补旧文（两汉两晋隋唐等），然大抵效《三国志演义》而不及，虽其上者，亦复拘牵史实，袭用陈言，故既拙于措辞，又颇惮于叙事，蔡奡《东周列国志读法》云："若说是正经书，却毕竟是小说样子，……但要说他是小说，他却件件从经传上来。"本以美之，而讲史之病亦在此。

至于叙一时故事而特置重于一人或数人者，据《梦粱录》（二十）讲史条下云，"有王六大夫，于咸淳年间敷衍《复华篇》及《中兴名将传》，听者纷纷。"则亦当隶于讲史。《水浒传》即其一，后出者尤夥。较显者有《皇明英烈传》一名《云合奇踪》，武定侯郭勋家所传，记明开国武烈，而特扬其先祖郭英之功；后有《真英烈传》，则反其事而詈之。有《宋武穆王演义》，熊大本编，有《岳王传演义》，余应鳌编，又有《精忠全传》，邹元标编，皆记宋岳飞功绩及冤狱；后有《说岳全传》，则就其事而演之。清有《女仙外史》，作者吕熊（刘廷玑《在园杂志》云），述青州唐赛儿之乱；有《梼杌闲评》，无作者名，记魏忠贤客氏之恶。其于武勇，则有叙唐之薛家（《征东征西全传》），宋之杨家（《杨家将全传》）及狄青辈（《五虎平西平南传》）者，文意并拙，然盛行于里巷间。其他托名故实，而借以腾谤报怨之作亦多，今不复道。

明之神魔小说（上）

奉道流羽客之隆重，极于宋宣和时。元虽归佛，亦甚崇道，其幻惑故遍行于人间。明初稍衰，比中叶而复极显赫，成化时有方士李孜，释继晓，正德时有色目人于永，皆以方伎杂流拜官。荣华熠耀，世所企羡，则妖妄之说自盛，而影响且及于文章。且历来三教之争，都无解决，互相容受，乃曰"同源"，所谓义利邪正善恶是非真妄诸端，皆混而又析之，统于二元，虽无专名，谓之神魔，盖可赅括矣。其在小说，则明初之《平妖传》已开其先，而继起之作尤夥。凡所敷叙，又非宋以来道士造作之谈，但为人民闾巷间意，芜杂浅陋，率无可观。然其力之及于人心者甚大，又或有文人起而结集润色之，则亦为鸿篇巨制之胚胎也。

汇此等小说成集者，今有《四游记》行于世，其书凡四种，著者三人，不知何人编定，惟观刻本之状，当在明代耳。一曰《上洞八仙传》，亦名《八仙出处东游记传》，二卷五十六回，题"兰江吴元泰著"。传言铁拐（姓李名玄）得道，度钟离权，权度吕洞宾，二人又共度韩湘曹友，张果蓝采和何仙姑则别成道，是为八仙。一日俱赴蟠桃大会，归途各履宝物渡海，有龙子爱蓝采和所踏玉版，摄而夺之，遂大战，八仙"火烧东洋"。龙王败绩，请天兵来助，亦败，后得观音和解，乃各谢去，而"天渊迥别天下太平"之候，自此始矣。书中文言俗语间出，事亦往往不相属，盖杂取民间传说作之。

二曰《五显灵官大帝华光天王传》，即《南游记》，四卷十八回，题"三台山人仰止余象斗编"。象斗为明末书贾，《三国志演义》刻本上，尚见其名。书言有妙吉祥童子以杀独火鬼忤如来，贬为马耳娘娘子，是曰三眼灵光，具五神通，报父仇，游灵虚，缘盗金枪，为帝所杀；复生炎魔天王家，是为灵耀，师事天尊，又诈取其金刀，炼为金砖以作法宝，终闹天宫，上界鼎沸；玄天上帝以水服之，使走人间，托生萧氏，是为华光，仍有神通，与神魔战，中界亦鼎沸，帝乃赦之。华光因失金砖，复欲制炼，寻求金塔，遂遇铁扇公主，擒以为妻。又降诸妖，所向无敌，以忆其母，访于地府，复因争执，大闹阴司，下界亦鼎沸。已而知生母实妖也，名吉芝陀圣母，食萧长者妻，幻作其状，而生华光，然仍食人，为佛所执，方在地狱，受恶报也，华光乃救以去。

……却说华光三下酆都，救得母亲出来，十分欢悦，那吉芝陀圣母曰："我儿你救得我出来，道好，我要讨岐娥吃。"华光问："岐娥是甚么，我与儿媳俱不晓得。"母曰："岐娥不晓得，可去问千里眼顺风耳。"华光即问二人。二人曰："那岐娥是人，他又思量吃人。"华光听罢，对娘曰："娘，你住酆都受苦，我孩儿用尽计较，救得你出来，如何又要吃人，此事万不可为。"母曰："我要吃！不孝子，你没有岐娥与我吃，是谁要救我出来？"华光无奈，只推曰："容两日讨与你吃。"……（第十七回《华光三下酆都》）

于是张榜求医，有言惟仙桃可治者，华光即幻为齐天大圣状，窃而奉之，吉芝陀乃始不思食人。然齐天被嫌，询于佛母，知是华光，则来讨，为火丹所烧，败绩；其女月孛有骷髅骨，击之敌头即痛，二日死。华光被术，将不起，火炎王光佛出而议和，月孛削骨上击痕，华光始愈，终归佛道云。

明谢肇淛（《五杂组》十五）以华光小说比拟《西游记》，谓"皆五行生克之理，火之炽也，亦上天下地，莫之扑灭，而真武以水制之，始归正道"。又于吉芝陀出狱即思食人事，则致慨于迁善之难，因知在万历时，此书已有。沈德符论剧曲（《野获编》二十五），亦有"华光显圣则太妖诞"语，是此种故事，当时且演为剧本矣。

其三曰《北方真武玄天上帝出身志传》，即《北游记》，四卷二十四回，亦余象斗编，记真武本身及成道降妖事。上帝为玄天之说，在汉已有（《周礼·大宗伯》郑氏注），然与后来之玄帝，实又不同。此玄帝真武者，盖起于宋代羽客之言，即《元洞玉历记》（《三教搜神大全》一引）所谓元始说法于玉清，下见恶风弥塞，乃命周武伐纣以治阳，玄帝收魔以治阴，"上赐玄帝披发跣足，金甲玄袍，皂纛玄旗，统领丁甲，下降凡世，与六天魔王战于洞阴之野，是时魔王以坎离二炁，化苍龟巨蛇，变现方成，玄帝神力摄于足下，锁鬼众于酆都大洞，人民治安，宇内清肃"者是也，元尝加封，明亦崇奉。此传所言，间符旧说，但亦时窃佛传，杂以鄙言，盛夸感应，如村巫庙祝之见。初谓隋炀帝时，玉帝当宴会之际，而忽思凡，遂以三魂之一，为刘氏子，如来三清并来点化，乃隐蓬莱；又以凡心，生哥阇国，次生西霞，皆是王子，蒙天尊教，舍国出家，功行既完，上谒玉帝，封荡魔天尊，令收天将；于是复生为净洛国王子，得斗母元君点化，入武当山成道。玄帝方升天宫，忽见妖气起于中界，知即天将，扰乱人间，乃复下凡，降龟蛇怪，服赵公明，收雷神，获月孛及他神将，引以朝天。玉帝即封诸神为玄天部将，计三十六员。然扬子江有锅及竹缆二妖，独逸去不可得，真武因指一化身，复入人世，于武当山镇守之。篇末则记永乐三年玄天助国却敌事，而下有"至今二百余载"之文，颇似此书流行，当在明季；然旧刻无后一语，可知有者乃后来增订之本矣。

四曰《西游记传》，四卷四十一回，"题齐云杨志和编，天水赵景真校"，叙孙悟空得道，唐太宗入冥，玄奘应诏求经，途中遇难，终达西土，得经东归者也。太宗之梦，庸人已言，张鷟《朝野佥载》云："太宗至夜半奄然入定，见一人云：'陛下暂合来，还即去也。'帝问：'君是何人？'对曰：'臣是生人判冥事。'太宗入见判宫，问六月四日事，即令还，向见者又送迎引导出。"又有俗文，亦记斯事，有残卷从敦煌千佛洞得之（详见第十二篇）。至玄奘入竺，实非应诏，事具《唐书》（百九十一《方伎传》），又有专传曰《大慈恩寺三藏法师传》，在《佛藏》中，初无诸奇诡事，而后来稗说，颇涉灵怪。《大唐三藏取经诗话》已有猴行者深沙神及诸异境；金人院本亦有《唐三藏》（陶宗仪《辍耕录》）；元杂剧有吴昌龄《唐三藏西天取经》（钟嗣成《录鬼簿》），一名《西游记》（今有日本盐谷温校印本），其中收孙悟空、加戒箍、沙僧、猪八戒、红孩儿、铁扇公主等皆已见。似取经故事，自唐末以至宋元，乃渐渐演成神异，且能有条贯，小说家因亦得取为记传也。

全书之前九回为孙悟空得仙至被降故事。言有石猴，寻得水源，众奉为王，而复出山。就师悟道，以大神通，搅乱天地。玉帝不得已，封为齐天大圣。复扰蟠桃大会，帝命灌口二郎真君讨之。遂大战，悟空为所获，其叙当时战斗变化之状云：

……那小猴见真君到，急急报知猴王。猴王即擎起金箍棒，步上云履。二人相见，各言姓名，遂排开阵势，来往三百余合。二人各变身万丈，战入云端，离却洞口。……大圣正在开战，忽见本山众猴惊散，抽身就走；真君大步赶上，急走急迫。大圣慌忙将身一变，入水中。真君道："这猴入水必变鱼虾，待我变作鱼鹰逐他。"大圣见真君赶来，又变一鹚鸟，飞在树上，被真君拽弓一弹，打下草坡，遍寻不见，回转天王营中去说猴王败阵等事，又赶不见踪迹。天王把照妖镜一照，急云："妖猴往你灌口去了"。真君回灌口；猴王急变做真君模样，坐在中堂，被二郎用一神枪，猴王让过，变出本相，二人对较手段，意欲回转花果山，奈四面天将围住念咒。忽然真君与菩萨在云端观看，见猴王精力将疲，老君掷下金刚圈，与猴王脑上一打。猴王跌倒在地，被真君神犬咬住胸肚子，又拖跌一交，却被真君兄弟等神枪刺住，把铁索绑缚。……（第七回《真君收捉猴王》）

然斫之无伤，炼之不死，如来乃压之五行山下，令待取经人。次四回即魏徵斩龙，太宗入冥，刘全进瓜，及玄奘应诏西行：为求经之所由起。十四回以下则玄奘道中收徒及遇难故事，而以见佛得经东归证果终。徒有三，曰孙行者、猪八戒、沙僧，并得龙马；灾难三十余，其大者五庄观、平顶山、火云洞、通天河、毒敌山、六耳猕猴、小雷音寺等也。凡所记述，简略者多，但亦偶杂游词，以增笑乐，如写火云洞之战云：

> ……那山前山后土地，皆来叩头报名，"此处叫做枯松涧，涧边有一座山洞，叫做火云洞，洞有一位魔王，是牛魔王的儿子，叫做红孩儿。他有三昧真火，甚是利害。"行者听说，叱退土神，……与八戒同进洞中去寻，……那魔王分付小妖，推出五轮小车，摆下五方，遂提枪杀出，与行者战经数合，八戒助阵，魔王走转，把鼻子一捶，鼻中冒出火来，一时五轮车子，烈火齐起。八戒道，"哥哥快走！少刻把老猪烧得囫囵，再加香料，尽他受用。"行者虽然避得火烧，却只怕烟，二人只得逃转。……（第三十二回《唐三藏收妖过黑河》）

复请观世音至，化刀为莲台，诱而执之，既降复叛，则环以五金箍，洒以甘露，乃始两手相合，归落伽山云。《西游记》杂剧中《鬼母皈依》一出，即用揭钵盂救幼子故事者，其中有云，"告世尊，肯发慈悲力。我着唐三藏西游便回，火孩儿妖怪放生了他。到前面，须得二圣郎救了你。"（卷三）而于此乃改为牛魔王子；且与参善知识之善才童子相混矣。

明之神魔小说（中）

又有一百回本《西游记》，盖出于四十一回本《西游记传》之后，而今特盛行，且以为元初道士邱处机作。处机固尝西行，李志常记其事为《长春真人西游记》，凡二卷，今尚存《道藏》中，惟因同名，世遂以为一书；清初刻《西游记》小说者，又取虞集撰《长春真人西游记》之序文冠其首，而不根之谈乃愈不可拔也。

然至清乾隆末，钱大昕跋《长春真人西游记》（《潜研堂文集》二十九）已云小说《西游演义》是明人作；纪昀（《如是我闻》三）更因"其中祭赛国之锦衣卫，朱紫国之司礼监，灭法国之东城兵马司，唐太宗之大学士翰林院中书科，皆同明制"，决为明人依托，惟尚不知作者为何人。而乡邦文献，尤为人所乐道，故是后山阳人如丁晏（《石亭记事续编》）阮葵生（《茶余客话》）等，已皆探索旧志，知《西游记》之作者为吴承恩矣。吴玉搢（《山阳志遗》）亦云然，而尚疑是演邱处机书，犹罗贯中之演陈寿《三国志》者，当由未见二卷本，故其说如此；又谓"或云有《后西游记》，为射阳先生撰"，则第志俗说而已。

　　吴承恩字汝忠，号射阳山人。性敏多慧，博极群书，复善谐剧，著杂记数种，名震一时。嘉靖甲辰岁贡生，后官长兴县丞，隆庆初归山阳，万历初卒（约1510—1580）。杂记之一即《西游记》（见《天启淮安府志》一六及一九《光绪淮安府志》贡举表），余未详。又能诗，其"词微而显，旨博而深"（陈文烛序语），为有明一代淮郡诗人之冠，而贫老乏嗣，遗稿多散佚，邱正纲收拾残缺为《射阳存稿》四卷《续稿》一卷，吴玉搢尽收入《山阳耆旧集》中（《山阳志遗》四）。然同治间修《山阳县志》者，于《人物志》中去其"善谐剧著杂记"语，于《艺文志》又不列《西游记》之目，于是吴氏之性行遂失真，而知《西游记》之出于吴氏者亦愈少矣。

　　《西游记》全书次第，与杨志和作四十一回本殆相等。前七回为孙悟空得道至被降故事，当杨本之前九回；第八回记释迦造经之事，与佛经言阿难结集不合；第九回记玄奘父母遇难及玄奘复仇之事，亦非事实，杨本皆无有，吴所加也。第十至十二回即魏徵斩龙至玄奘应诏西行之事，当杨本之十至十三回；第十四回至九十九回则俱记入竺途中遇难之事，九者究也，物极于九，九九八十一，故有八十一难；而一百回以东返成真终。

　　惟杨志和本虽大体已立，而文词荒率，仅能成书；吴则通才，敏慧淹雅，其所取材，颇极广泛。于《四游记》中亦采《华光传》及《真武传》，于西游故事亦采《西游记杂剧》及《三藏取经诗话》（？），翻案挪移则用唐人传奇（如《异闻集》《酉阳杂俎》等）。讽刺揶揄则取当时世态，加以铺张描写，几乎改观，如灌口二郎之战孙悟空，杨本仅有三百余言，而此十倍之，先记二人各现"法象"，次则大圣化雀，化"大鹚老"、化鱼、化水蛇、真君化雀鹰、化大海鹤、化鱼鹰、化灰鹤、大圣复化为鸨。真君以其贱鸟、不屑相比，即现原身，用弹丸击下之。

……那大圣趁着机会，滚下山崖，伏在那里又变，变一座土地庙儿：大张着口，似个庙门；牙齿变作门扇；舌头变做菩萨；眼睛变做窗櫺；只有尾巴不好收拾，竖在后面，变做一根旗杆。真君赶到崖下，不见打倒的鸨鸟，只一间小庙，急睁凤眼，仔细看之，见旗杆立在后面，笑道："是这猢狲了。他今又在那里哄我。我也曾见庙宇，更不曾见一个旗杆竖在后面的。断是这畜生弄喧。他若哄我进去，他便一口咬住。我怎肯进去？等我掣拳先捣窗櫺，后踢门扇。"大圣听得，……扑的一个虎跳，又冒在空中不见。真君前前后后乱赶，……起在半空，见那李天王高擎照妖镜，与哪吒住立云端。真君道，"天王，曾见那猴王么？"天王道，"不曾上来，我这里照着他哩。"真君把那赌变化，弄神通，拿群猴一事说毕，却道，"他变庙宇，正打处，就走了。"李天王闻言，又把照妖镜四方一照，呵呵的笑道，"真君，快去快去，那猴子使了个隐身法，走出营围，往你那灌江口去也。"……却说那大圣已至灌江口，摇身一变，变作二郎爷爷的模样，按下云头，径入庙里。鬼判不能相认，一个个磕头迎接。他坐在中间，点查香火：见李虎拜还的三牲，张龙许下的保福，赵甲求子的文书，钱丙告病的良愿。正看处，有人报"又一个爷爷来了"。众鬼判急急观看，无不惊心。真君却道，"有个什么齐天大圣，才来这里否？"众鬼判道，"不曾见什么大圣，只有一个爷爷在里面查点哩。"真君撞进门；大圣见了，现出本相道，"郎君，不消嚷，庙宇已姓孙了！"这真君即举三尖两刃神锋，劈脸就砍。那猴王使个身法，让过神锋，掣出那绣花针儿，幌一幌，碗来粗细，赶到前，对面相还。两个嚷嚷闹闹，打出庙门，半雾半云，且行且战，复打到花果山。慌得那四大天王等众提防愈紧；这康张太尉等迎着真君，合心努力，把那美猴王围绕不题……（第六回下《小圣施威降大圣》）

然作者构思之幻，则大率在八十一难中，如金𫘨山之战（五十至五二回），二心之争（五七及五八回），火焰山之战（五九至六一回），变化施为，皆极奇恣。前二事杨书已有，后一事则取杂剧《西游记》及《华光传》中之铁扇公主以配《西游记传》中仅见其名之牛魔王，俾益增其神怪艳异者也。其述牛魔王既为群神所服，令罗刹女献芭蕉扇，灭火焰山火，俾玄奘等西行情状云：

……那老牛心惊胆战，……望上便走。恰好有托塔李天王并哪吒太子领鱼肚药叉巨灵神将幔住空中。……牛王急了，依前摇身一变，还变做一只大白牛，使两只铁角去触天王，天王使刀来砍。随后孙行者又到，……道，"这厮神通不小，又变作这等身躯，却怎奈何？"太子笑道，"大圣勿疑，你看我擒他。"这太子即喝一声"变！"变得三头六臂，飞身跳在牛王背上，使斩妖剑望颈项上一挥，不觉得把个牛头斩下。天王丢刀，却才与行者相见。那牛王腔子里又钻出一个头来，口吐黑气，眼放金光。被哪吒又砍一剑，头落处，又钻出一个头来；一连砍了十数剑，随即长出十数个头。哪吒取出火轮儿，挂在老牛的角上，便吹真火，焰焰烘烘，把牛王烧得张狂哮吼，摇头摆尾。才要变化脱身，又被托塔天王将照妖镜照住本像，腾挪不动，无计逃生，只叫"莫伤我命，情愿归顺佛家也！"哪吒道，"既惜身命，快拿扇子出来！"牛王道，"扇子在我山妻处收看哩。"哪吒见说，将缚妖索子解下，……穿在鼻孔里，用手牵来，……回至芭蕉洞口。老牛叫道，"夫人，将扇子出来，救我性命！"罗刹听叫，急卸了钗环，脱了色服，挽青丝如道姑，穿缟素似比丘，双手捧那柄丈二长短的芭蕉扇子，走出门；又见金刚众圣与天王父子，慌忙跪在地下，磕头礼拜道，"望菩萨饶我夫妻之命，愿将此扇奉承孙叔叔成功去也。"……

……孙大圣执着扇子，行近山边，尽气力挥了一扇，那火焰山平平息焰，寂寂除光；又搧一扇，只闻得习习潇潇，清风微动；第三扇，满天云漠漠，细雨落霏霏。有诗为证：

火焰山遥八百程，火光大地有声名。火煎五漏丹难熟，火燎三关道不清。特借芭蕉施雨露，幸蒙天将助神功。牵牛归佛伏颠劣，水火相联性自平。（第六十一回下《孙行者三调芭蕉扇》）

又作者禀性"复善谐剧"，故虽述变幻恍忽之事，亦每杂解颐之言，使神魔皆有人情，精魅亦通世故，而玩世不恭之意寓焉（详见胡适《西游记考证》）。如记孙悟空大败于金䴥洞兕怪，失金箍棒，因谒玉帝，乞发兵收剿一节云：

……当时四天师传奏灵霄，引见玉陛，行者朝上唱个大喏，道，"老官儿，累你累你。我老孙保护唐僧往西天取经，一路凶多吉少，也不消说。于今来在金䴥山，金䴥洞，有一兕怪，把唐僧拿在洞里，不知是要蒸、要煮、要晒。是老孙寻上他门，与他交战，那怪神通广大，把我金箍棒抢去，因此难缚妖魔。那怪说有些认得老孙，我疑是天上凶星思凡下界，为此特来启奏，伏乞天尊垂慈洞鉴，降旨查勘凶星，发兵收剿妖魔，老孙不胜战栗屏营之至。"却又打个深躬道，"以闻。"旁有葛仙翁笑道，"猴子是何前倨后恭？"行者道，"不敢不敢。不是甚前倨后恭，老孙于今是没棒弄了。"……（第五十一回上《心猿空用千般计》）

评议此书者有清人山阴悟一子陈士斌《西游真诠》（康熙丙

子尤侗序），西河张书绅《西游正旨》（乾隆戊辰序）与悟元道人刘一明《西游原旨》（嘉庆十五年序），或云劝学，或云谈禅，或云讲道，皆阐明理法，文词甚繁。然作者虽儒生，此书则实出于游戏，亦非语道，故全书仅偶见五行生克之常谈，尤未学佛，故末回至有荒唐无稽之经目，特缘混同之教，流行来久，故其著作，乃亦释迦与老君同流，真性与元神杂出，使三教之徒，皆得随宜附会而已。假欲勉求大旨，则谢肇淛（《五杂组》十五）之"《西游记》曼衍虚诞，而其纵横变化，以猿为心之神，以猪为意之驰，其始之放纵，上天下地，莫能禁制，而归于紧箍一咒，能使心猿驯伏，至死靡他，盖亦求放心之喻，非浪作也"数语，已足尽之。作者所说，亦第云"众僧们议论佛门定旨，上西天取经的缘由，……三藏箝口不言，但以手指自心，点头几度，众僧们莫解其意，……三藏道，'心生种种魔生，心灭种种魔灭，我弟子曾在化生寺对佛说下誓愿，不由我不尽此心，这一去，定要到西天见佛求经，使我们法轮回转，皇图永固'"（十三回）而已。

《后西游记》六卷四十回，不题何人作。中谓花果山复生石猴，仍得神通，称为小圣，辅大颠和尚赐号半偈者复往西天，虔求真解。途中收猪一戒，得沙弥，且遇诸魔，屡陷危难，顾终达灵山，得解而返。其谓儒释本一，亦同《西游》，而行文造事并逊，以吴承恩诗文之清绮推之，当非所作矣。又有《续西游记》，未见，《西游补》所附杂记有云，"《续西游》摹拟逼真，失于拘滞，添出比丘灵虚，尤为蛇足"也。

明之神魔小说（下）

《封神传》一百回，今本不题撰人。梁章钜（《浪迹续谈》六）云，"林樾亭（案名乔荫）先生尝与余谈，《封神传》一书是前明一名宿所撰，意欲与《西游记》《水浒传》鼎立而三，因偶读《尚书·武成》篇'唯尔有神尚克相予'语，衍成此传。其封神事则隐据《六韬》(《旧唐书·礼仪志》引)《阴谋》(《太平御览》引)《史记·封禅书》《唐书·礼仪志》各书，铺张俶诡，非尽无本也。"然名宿之名未言。日本藏明刻本，乃题许仲琳编(《内阁文库图书第二部汉书目录》)，今未见其序，无以确定为何时作，但张无咎作《平妖传》序，已及《封神》，是殆成于隆庆万历间（十六世纪后半）矣。书之开篇诗有云："商周演义古今传"，似志在于演史，而侈谈神怪，什九虚造，实不过假商周之争，自写幻想，较《水浒》固失之架空，方《西游》又逊其雄肆，故迄今未有以鼎足视之者也。

《史记·封禅书》云："八神将，太公以来作之。"《六韬》《金匮》中亦间记太公术数；妲己为狐精，则见于唐李瀚《蒙求》注，是商周神异之谈，由来旧矣。然"封神"亦明代巷语，见《真武传》，不必定本于《尚书》。《封神传》即始自受辛进香女娲宫，题诗渎神，神因命三妖惑纣以助周。第二至三十回则杂叙商纣暴虐，子牙隐显，西伯脱祸，武成反商，以成殷周交战之局。此后多说战争，神佛错出，助周者为阐教即道释，助殷者为截教。截教不知所谓，钱静方（《小说丛考》上）以为《周书·克殷篇》有云："武王遂征四方，凡憝国九十有九国，馘魔亿有十万七千七百七十有九，俘人三亿万有二百三十。"（案此文在《世俘篇》，钱偶误记）魔与人分别言之，作者遂由此生发为截教。然"摩罗"梵语，周代未翻，《世俘篇》之魔字又或作磨，当是误字，所未详也。其战各逞道术，互有死伤，而截教终败。于是以纣王自焚，周武入殷，子牙归国封神，武王分封列国终。封国以报功臣，封神以妥功鬼，而人神之死，则委之于劫数。其间时出佛名，偶说名教，混合三教，略如《西游》，然其根柢，则方士之见而已。在诸战事中，惟截教之通天教主设万仙阵，阐教群仙合破之，为最烈：

　　话说老子与元始冲入万仙阵内，将通天教主裹住。金灵圣母被三大士围在当中，……用玉如意招架三大士多时，不觉把顶上金冠落在尘埃，将头发散了。这圣母披发大战，正战之间，遇着燃灯道人，祭起定海珠打来，正中顶门。可怜！正是：

封神正位为星首，北阙香烟万载存。

燃灯将定海珠把金灵圣母打死。广成子祭起诛仙剑，赤精子祭起戮仙剑，道行天尊祭起陷仙剑，玉鼎真人祭起绝仙剑，数道黑气冲空，将万仙阵罩住。凡封神台上有名者，就如砍瓜切菜一般，俱遭杀戮。子牙祭起打神鞭，任意施为。万仙阵中，又被杨任用五火扇扇起烈火千丈，黑烟迷空。……哪吒现三首八臂，往来冲突。……通天教主见万仙受此屠戮，心中大怒，急呼曰，"长耳定光仙快取六魂幡来！"定光仙见接引道人白莲裹体，舍利现光；又见十二代弟子玄都门人俱有璎珞金灯，光华罩体，知道他们出身清正，截教毕竟差讹。他将六魂幡收起，轻轻的走出万仙阵，径往芦蓬下隐匿。正是：

根深原是西方客，躲在芦蓬献宝幡。

话说通天教主……无心恋战，……欲要退后，又恐教下门人笑话，只得勉强相持。又被老子打了一拐，通天教主着了急，祭起紫电锤来打老子。老子笑曰，"此物怎能近我？"只见顶上现出玲珑宝塔；此锤焉能下来？……只见二十八宿星官已杀得看看殆尽；止邱引见势不好了，借土遁就走。被陆压看见，惟恐追不及，急纵至空中，将葫芦揭开，放出一道白光，上有一物飞出：陆压打一躬，命"宝贝转身"，可怜邱引，头已落地。……且说接引道人在万仙阵内将乾坤袋打开，尽收那三千红气之客。有缘往极乐之乡者，俱收入此袋内。准提同孔雀明王在阵中现二十四头，十八只手，执定璎珞，伞盖，花贯，鱼肠，金弓，银戟，白钺，幡，幢，加持神杵，宝锉，银瓶等物，来战通天教主。通天教主看见准提，顿起三昧真火，大骂曰，"好泼道！焉敢欺吾太甚，又来搅吾此阵也！"纵奎牛冲来，仗剑直取，准提将七宝妙树架开。正是：

西方极乐无穷法，俱是莲花一化身。（第八十四回）

《三宝太监西洋记通俗演义》亦一百回，题"二南里人编次"。前有万历丁酉（1597）菊秋之吉罗懋登叙，罗即撰人。书叙永乐中太监郑和王景宏服外夷三十九国，咸使朝贡事。郑和者，《明史》（三百四《宦官传》）云，"云南人，世所谓三保太监者也。永乐三年，命和及其侪王景宏等通使西洋，将士卒二万七千八百余人，多赍金帛，造大舶，……自苏州刘家河泛海至福建，复自福建五虎门扬帆，首达占城，以次遍历诸国，宣天子诏，因给赐其君长，不服则以武慑之。先后七奉使，所历凡三十余国，所取无名宝物不可胜计，而中国耗费亦不赀。自和后，凡将命海表者，莫不盛称和以夸外蕃，故俗传'三保太监下西洋'为明初盛事云。"盖郑和之在明代，名声赫然，为世人所乐道，而嘉靖以后，倭患甚殷，民间伤今之弱，又为故事所囿，遂不思将帅而思黄门，集俚俗传闻以成此作，故自序云，"今者东事倥偬，何如西戎即序，不得比西戎即序，何可令王郑二公见"也。惟书则侈谈怪异，专尚荒唐，颇与序言之慷慨不相应，其第一至七回为碧峰长老下生，出家及降魔之事；第八至十四回为碧峰与张天师斗法之事；第十五回以下则郑和挂印，招兵西征，天师及碧峰助之，斩除妖孽，诸国入贡，郑和建祠之事也。所述战事，杂窃《西游记》《封神传》，而文词不工，更增支蔓，特颇有里巷传说，如"五鬼闹判""五鼠闹东京"故事，皆于此可考见，则亦其所长矣。五鼠事似脱胎于《西游记》二心之争；五鬼事记外夷与明战后，国殇在冥中受谶，多获恶报，遂大哄，纵击判官，其往复辩难之词如下：

……五鬼道，"纵不是受私卖法，却是查理不清。"阎罗王道，"那一个查理不清？你说来我听着。"劈头就是姜老星说道，"小的是金莲象国一个总兵官，为国忘家，臣子之职，怎么又说道我该送罚恶分司去？以此说来，却不是错为国家出力了么?"崔判官道:"国家苦无大难,怎叫做为国家出力?"姜老星道,"南人宝船千号,战将千员,雄兵百万,势如累卵之危,还说是国家苦无大难?"崔判官道,"南人何曾灭人社稷,吞人土地,贪人财货,怎见得势如累卵之危?"姜老星道,"既是国势不危,我怎肯杀人无厌?"判官道,"南人之来,不过一纸降书,便自足矣,他何曾威逼于人,都是你们偏然强战,这不是杀人无厌么?"咬海干道,"判官大王差矣。我爪哇国五百名鱼眼军一刀两段,三千名步卒煮做一锅,这也是我们强战么?"判官道,"都是你们自取的。"圆眼帖木儿说道,"我们一个人劈作四架,这也是我们强战么?"判官道,"也是你们自取的。"盘龙三太子说道,"我举刀自刎,岂不是他的威逼么?"判官道,"也是你们自取的。"百里雁说道,"我们烧做一个柴头鬼儿,岂不是他的威逼么?"判官道,"也是你们自取的。"五个鬼一齐吆喝起来,说道,"你说什么自取,自古道'杀人的偿命,欠债的还钱',他枉刀杀了我们,你怎么替他们曲断?"判官道,"我这里执法无私,怎叫做曲断?"五鬼说道,"既是执法无私,怎么不断他填还我们人命?"判官道,"不该填还你们!"五鬼说道,"但只'不该'两个字,就是私弊。"这五个鬼人多口多,乱吆乱喝,嚷做一耿,闹做一块。判官看见他们来得凶,也没奈何,只得站起来喝声道,"咦,甚么人敢在这里胡说!我有私,我这管笔可是容私的?"五个鬼齐齐的走上前去,照手一抢,把管笔夺将下来,说道,"铁笔无私。你这蜘蛛须儿扎的笔,牙齿缝里都是私(丝),敢说得个不容私?"……(第九十回《灵曜府五鬼闹判》)

《西游补》十六回,天目山樵序云南潜作;南潜者,乌程董说出家后之法名也。说字若雨,生于万历庚申(1620),幼即颖悟,自愿先诵《圆觉经》,次乃读四书及五经,十岁能文,十三入泮,逮见中原流寇之乱,遂绝意进取。明亡,祝发于灵岩,名曰南潜，号月函，其他别字尚甚夥。三十余年不履城市，惟友渔樵，世推为佛门尊宿，有《上堂晚参唱酬语录》（钮琇《觚賸续编》之江抱阳生《甲申朝事小记》），及《丰草庵杂著》十种诗文集若干卷。《西游补》云以入"三调芭蕉扇"之后，叙悟空化斋，为鲭鱼精所迷，渐入梦境。拟寻秦始皇借驱山铎，驱火焰山，徘徊之间，进万镜楼，乃大颠倒，或见过去，或求未来，忽化美人，忽化阎罗。得虚空主人一呼，始离梦境，知鲭鱼本与悟空同时出世，住于"幻部"，自号"青青世界"，一切境界，皆彼所造，而实无有，即"行者情"，故"悟通大道，必先空破情根，破情根必先走入情内，走入情内见得世界情根之虚，然后走出情外认得道根之实"（本书卷首《答问》）。其云鲭鱼精，云青青世界，云小月王者；即皆谓情矣。或以中有"杀青大将军""倒置历日"诸语，因谓是鼎革之后，所寓微言，然全书实于讥弹明季世风之意多，于宗社之痛之迹少，因疑成书之日，尚当在明亡以前，故但有边事之忧，亦未入释家之奥，主眼所在，仅如时流；谓行者有三个师父，一是祖师，二是唐僧，三是穆王（岳飞）："凑成三教全身"（第九回）而已。惟其造事遣辞，则丰赡多姿，恍忽善幻，奇突之处，时足惊人，间以排谐，亦常俊绝，殊非同时作手所敢望也。

　　行者（时化为虞美人与绿珠辈宴后辞出）即时现出原身，抬头看看，原来正是女娲门前。行者大喜道，"我家的天，被小月王差一班踏空使者碎碎凿开，昨日反拖罪名在我身上。……闻得女娲久惯补天，我今日竟央女娲替我补好，方才哭上灵霄，洗个明白，这机会甚妙。"走近身边细细观看，只见两扇黑漆门紧闭，门上贴一纸头，写着"二十日到轩辕家闲话，十日乃归，有慢尊客，先此布罪"。行者看罢，回头就走，耳朵中只听得鸡唱三声，天已将明，走了数百万里，秦始皇只是不见。（第五回）

　　忽见一个黑人坐在高阁之上，行者笑道，"古人世界也有贼哩，满面涂了乌煤在此示众。"走了几步，又道，"不是逆贼。原来倒是张飞庙。"又想想道，"既是张飞庙，该带一顶包巾。……带了皇帝帽，又是玄色面孔，此人决是大禹玄帝。我便上前见他，讨些治妖斩魔秘诀，我也不消寻秦始皇了。"看看走到面前，只见台下立一石竿，竿上插一首飞白旗，旗上写六个紫色字：

"先汉名士项羽"。

行者看罢，大笑一场，道，"真个是'事未来时休去想，想来到底不如心'。老孙疑来疑去，……谁想一些不是，倒是我绿珠楼上的遥丈夫。"当时又转一念道，"哎哟，吾老孙专为寻秦始皇，替他借个驱山铎子，所以钻入古人世界来，楚伯王在他后头，如今已见了，他却为何不见? 我有一个道理：径到台上见了项羽，把始皇消息问他，倒是个着脚信。"行者即时跳起细看，只见高阁之下，……坐着一个美人，耳朵边只听得叫"虞美人虞美人"。……行者登时把身子一摇，仍前变做美人模样，竟上高阁，袖中取出一尺冰罗，不住的掩泪，单单露出半面，望着项羽，似怨似怒。项羽大惊，慌忙跪下，行者背转，项羽又飞趋跪在行者面前，叫"美人，可怜你枕席之人，聊开笑面"。行者也不做声；项羽无奈，只得陪哭。行者方才红着桃花脸儿，指着项羽道，"顽贼! 你为赫赫将军，不能庇一女子，有何颜面坐此高台? "项羽只是哭，也不敢答应。行者微露不忍之态，用手扶起道，"常言道，'男儿两膝有黄金'。你今后不可乱跪! "……（第六回）

明之人情小说（上）

当神魔小说盛行时，记人事者亦突起，其取材犹宋市人小说之"银字儿"，大率为离合悲欢及发迹变态之事，间杂因果报应，而不甚言灵怪，又缘描摹世态，见其炎凉，故或亦谓之"世情书"也。

诸"世情书"中,《金瓶梅》最有名。初惟钞本流传,袁宏道见数卷,即以配《水浒传》为"外典"(《觞政》),故声誉顿盛;世又益以《西游记》,称三大奇书。万历庚戌(1610),吴中始有刻本,计一百回,其五十三至五十七回原阙,刻时所补也(见《野获编》二十五)。作者不知何人,沈德符云是嘉靖间大名士(亦见《野获编》),世因以拟太仓王世贞,或云其门人(康熙乙亥谢颐序云)。由此复生谰言,谓世贞造作此书,乃置毒于纸,以杀其仇严世蕃,或云唐顺之者,故清康熙中彭城张竹坡评刻本,遂有《苦孝说》冠其首。

《金瓶梅》全书假《水浒传》之西门庆为线索,谓庆号四泉,清河人。"不甚读书,终日闲游浪荡",有一妻三妾,又交"帮闲抹嘴不守本分的人",结为十弟兄。复悦潘金莲,鸩其夫武大,纳以为妾。武松来报仇,寻之不获,误杀李外傅,刺配孟州。而西门庆故无恙,于是日益放恣,通金莲婢春梅,复私李瓶儿,亦纳为妾,"又得两三场横财,家道营盛"。已而李瓶儿生子;庆则因赂蔡京得金吾卫副千户,乃愈肆,求药纵欲受赇枉法无不为。然潘金莲妒李有子,屡设计使受惊,子终以瘈疭死;李痛子亦亡。潘则力媚西门庆,庆一夕饮药逾量,亦暴死。金莲春梅复通于庆婿陈敬济,事发被斥卖,金莲遂出居王婆家待嫁,而武松适遇赦归,因见杀;春梅则卖为周守备妾,有宠,又生子,竟册为夫人。会孙雪娥以遇拐复获发官卖,春梅憾其尝"唆打陈敬济",则买而折辱之,旋卖于酒家为娼;又称敬济为弟,罗致府中,仍与通。已而守备征宋江有功,擢济南兵马制置,敬济亦列名军门,升为参谋。后金人入寇,守备阵亡,春梅凤通其前妻之子,因亦以淫纵暴卒。比金兵将至清河,庆妻携其遗腹子孝哥欲奔济南,途遇普净和尚,引至永福寺,以因果现梦化之,孝哥遂出家,法名明悟。

作者之于世情,盖诚极洞达。凡所形容,或条畅,或曲折,或刻露而尽相,或幽伏而含讥,或一时并写两面,使之相形,变幻之情，随在显见，同时说部，无以上之，故世以为非王世贞不能作。至谓此书之作，专以写市井间淫夫荡妇，则与本文殊不符，缘西门庆故称世家，为搢绅，不惟交通权贵，即士类亦与周旋，著此一家，即骂尽诸色，盖非独描摹下流言行，加以笔伐而已。

……妇人（潘金莲）道，"怪奴才，可可儿的来，想起一件事来，我要说又忘了。"因令春梅，"你取那只鞋来与他瞧。""你认的这鞋是谁的鞋？"西门庆道，"我不知是谁的鞋。"妇人道，"你看他还打张鸡儿哩。瞒着我黄猫黑尾，你干的好茧儿。来旺媳妇子的一只臭蹄子，宝上珠也一般收藏在藏春坞雪洞儿里拜帖匣子内，搅着些字纸和香儿，一处放着。什么罕稀物件，也不当家化化的，怪不的那贼淫妇死了堕阿鼻地狱。"又指着秋菊骂道，"这奴才当我的鞋，又翻出来，教我打了几下。"分付春梅，"趁早与我掠出去。"春梅把鞋掠在地下，看着秋菊说道，"赏与你穿了罢。"那秋菊拾着鞋儿说道，"娘这个鞋，只好盛我一个脚指头儿罢。"那妇人骂道，"贼奴才，还叫甚么□娘哩。他是你家主子前世的娘！不然，怎的把他的鞋这等收藏的娇贵？到明日好传代。没廉耻的货！"秋菊拿着鞋就往外走，被妇人又叫回来，分付"取刀来，等我把淫妇鞋剁作几截子，掠到茅厕里去，叫贼淫妇阴山背后永世不得超生"。因向西门庆道，"你看着越心疼，我越发偏剁个样儿你瞧。"西门庆笑道，"怪奴才，丢开手罢了，我那里有这个心。"……（第二十八回）

……掌灯时分，蔡御史便说，"深扰一日，酒告止了罢。"因起身出席。左右便欲掌灯，西门庆道，"且休掌灯。请老先生后边更衣。"于是……让至翡翠轩，……关上角门，只见两个唱的，盛妆打扮，立于阶下，向前插烛也似磕了四个头。……蔡御史看见，欲进不能，欲退不舍，便说道，"四泉，你如何这等爱厚？恐使不得。"西门庆笑道，"与昔日东山之游，又何异乎？"蔡御史道，"恐我不如安石之才，而君有王右军之高致矣。"……因进入轩内，见文物依然，因索纸笔，就欲留题相赠。西门庆即令书童将端溪砚研的墨浓浓的，拂下锦签。这蔡御史终是状元之才，拈笔在手，文不加点，字走龙蛇，灯下一挥而就，作诗一首。……（第四十九回）

　　明小说之宣扬秽德者，人物每有所指，盖借文字以报凤仇，而其是非，则殊难揣测。沈德符谓《金瓶梅》亦斥时事，"蔡京父子则指分宜，林灵素则指陶仲文，朱勔则指陆炳，其他亦各有所属。"则主要如西门庆，自当别有主名，即开篇所谓"有一处人家，先前怎地富贵，到后来煞甚凄凉：权谋术智，一毫也用不着；亲友兄弟，一个也靠不着，享不过几年的荣华，倒做了许多的话靶。内中又有几个斗宠争强迎奸卖俏的，起先好不妖娆妖媚，到后来也免不得尸横灯影，血染空房"（第一回）者是矣。结末稍进，用释家言，谓西门庆遗腹子孝哥方睡在永福寺方丈，普净引其母及众往，指以禅杖，孝哥"翻过身来，却是西门庆，项带沉枷，腰系铁索。复用禅杖只一点，依旧还是孝哥儿睡在床上。……原来孝哥儿即是西门庆托生"（第一百回）。此之事状，固若玮奇，然亦第谓种业留遗，累世如一，出离之道，惟在"明悟"而已。若云孝子衔酷，用此复仇，虽奇谋至行，足为此书生色，而证佐盖阙，不能信也。

　　故就文辞与意象以观《金瓶梅》，则不外描写世情，尽其情伪，又缘衰世，万事不纲，爱发苦言，每极峻急，然亦时涉隐曲，猥黩者多。后或略其他文，专注此点，因予恶谥，谓之"淫书"；而在当时，实亦时尚。成化时，方士李孜僧继晓已以献房中术骤贵；至嘉靖间而陶仲文以进红铅得幸于世宗；官至特进光禄大夫柱国少师少傅少保礼部尚书恭诚伯。于是颓风渐及士流，都御史盛端明布政使参议顾可学皆以进士起家，而俱借"秋石方"致大位。瞬息显荣，世俗所企羡，侥幸者多竭智力以求奇方，世间乃渐不以纵谈闺帏方药之事为耻。风气既变，并及文林，故自方士进用以来，方药盛，妖心兴，而小说亦多神魔之谈，且每叙床笫之事也。

然《金瓶梅》作者能文，故虽间杂猥词，而其他佳处自在，至于末流，则著意所写，专在性交，又越常情，如有狂疾，惟《肉蒲团》意想颇似李渔，较为出类而已。其尤下者则意欲媒语，而未能文，乃作小书，刊布于世，中经禁断，今多不传。

万历时又有名《玉娇李》者，云亦出《金瓶梅》作者之手。袁宏道曾闻大略，谓"与前书各设报应因果，武大后世化为淫夫，上蒸下报；潘金莲亦作河间妇，终以极刑；西门庆则一骏憨男子，坐视妻妾外遇，以见轮回不爽。"后沈德符见首卷，以为"秽黩百端，背伦蔑理，……其帝则称完颜大定，而贵溪（夏言）分宜（严嵩）相构，亦暗寓焉。至嘉靖辛丑庶常诸公，则直书姓名，尤可骇怪。……然笔锋恣横酣畅，似尤胜《金瓶梅》"（皆见《野获编》二十五）。今其书已佚，虽或偶有见者，而文章事迹，皆与袁沈之言不类，盖后人影撰，非当时所见本也。

《续金瓶梅》前后集共六十四回，题"紫阳道人编"。自言东汉时辽东三韩有仙人丁令威；后五百年而临安西湖有仙人丁野鹤，临化遗言，"说'五百年后又有一人名丁野鹤，是我后身，来此相访'。后至明末，果有东海一人，名姓相同，来此罢官而去，自称紫阳道人。"（六十二回）卷首有《太上感应篇阴阳无字解》，署"鲁诸邑丁耀亢参解"，序有云，"自奸杞焚予《天史》于南都，海桑既变，不复讲因果事，今见圣天子钦颁《感应篇》，自制御序，戒谕臣工。"则《续金瓶梅》当成于清初，而丁耀亢即其撰人矣。耀亢字西生，号野鹤，山东诸城人，弱冠为诸生，走江南与诸名士联文社，既归，郁郁不得志，作《天史》十卷。清顺治四年入京，由顺天籍拔贡，充镶白旗教习，诗名甚盛。后为容城教谕，迁惠安知县，不赴。六十后病目，自称木鸡道人，年七十二卒（约1620—1691）。所著有诗集十余卷，传奇四种（乾隆《诸城志》十三及三六）。《天史》者，类历代吉凶诸事而成，焚于南都，未详其实，《诸城志》但云"以献益都钟羽正，羽正奇之"而已。

《续金瓶梅》主意殊单简，前集谓普净是地藏菩萨化身，一日施食，以轮回大簿指点众鬼，俾知将来恶报，后悉如言。西门庆为汴京富室沈越子，名曰金哥，越之妻弟袁指挥居对门，有女常姐，则李瓶儿后身，尝在沈氏宅打秋千，为李师师所见，艳其美，矫旨取之，改名银瓶。金人陷汴，民众流离，金哥遂沦为乞丐；银瓶则为娼，通郑玉卿，后嫁为翟员外妾，又与郑偕遁至扬州，为苗青所赚，乃自经死。后集则叙东京孔千户女名梅玉者，以艳羡富贵，自甘为金人金哈木儿妾，而大妇"凶妒"，篡取虐使之，梅玉欲自裁，因梦自知是春梅后身，大妇则孙雪娥再世，遂长斋念佛，不生嗔恨，竟得脱离。至潘金莲则转生为山东黎指挥女，名金桂。夫曰刘瘸子，其前生实为陈敬济，以夙业故，体貌不全，金桂怨愤，因招妖蛊，又缘受惊，终成痼疾也。

余文俱述他人牵缠孽报，而以国家大事，穿插其间，又杂引佛典道经儒理，详加解释，动辄数百言，顾什九以《感应篇》为归宿，所谓"要说佛说道说理学，先从因果说起，因果无凭，又从《金瓶梅》说起"（第一回）也。明之"淫书"作者，本好以阐明因果自解，至于此书，则因见"只有夫妇一伦，变故极多，……造出许多冤业，世世偿还，真是爱河自溺，欲火自煎，一部《金瓶梅》说了个色字，一部《续金瓶梅》说了个空字，从色还空，即空是色，乃自果报，转入佛法"（四十三回）矣。然所谓佛法，复甚不纯，仍混儒道，与神魔小说诸作家意想无甚异，惟似较重力行，又欲无所执著，故亦颇讥当时空谈三教一致及妄分三教等差者之弊，如述李师师旧宅收没入官，立为大觉尼寺，儒道又出而纷争，即其例也：

……这里大觉寺兴隆佛事不题。后因天坛道官并闉学生员争这块地，上司断决不开，各在兀术太子营里上了一本，说道"这李师师府地宽大，僧妓杂居，单给尼姑盖寺，恐久生事端，宜作公所。其后半花园，应分割一半，作三教堂，为儒释道三教讲堂。"王爷准了，才息了三处争讼。那道官见自己不独得，又是三分四裂的，不来照管。这开封府秀才吴蹈理卜守分两个无耻生员，借此为名，也就贴了公帖，每人三钱，倒敛了三四百两分资。不日盖起三间大殿，原是释迦佛居中，老子居左，孔子居右，只因不肯倒了自家门面，便把孔夫子居中，佛老分为左右，以见贬黜异端外道的意思。把那园中台榭池塘，和那两间妆阁，当日银瓶做过卧房的，改作书房。……这些风流秀士，有趣文人，和那浮浪子弟们，也不讲禅，也不讲道，每日在三教堂饮酒赋诗，倒讲了个色字，好个快活所在。题曰三空书院，无非说三教俱空之意。……（第三十七回上《三教堂青楼成净土》）

又有《隔帘花影》四十八回，世亦以为《金瓶梅》后本，而实乃改易《续金瓶梅》中人名（如以西门庆为南宫吉之类）及回目，并删略其絮说因果语而成，书末不完，盖将续作，然未出。一名《三世报》，殆包举将来拟续之事；或并以武大被鸩，亦为夙业，合数之得三世也。

明之人情小说（下）

《金瓶梅》《玉娇李》等既为世所艳称，学步者纷起，而一面又生异流，人物事状皆不同，惟书名尚多蹈袭，如《玉娇梨》《平山冷燕》等皆是也。至所叙述，则大率才子佳人之事，而以文雅风流缀其间，功名遇合为之主，始或乖违，终多如意，故当时或亦称为"佳话"。察其意旨，每有与唐人传奇近似者，而又不相关，盖缘所述人物，多为才人，故时代虽殊，事迹辄类，因而偶合，非必出于仿效矣。《玉娇梨》《平山冷燕》有法文译，又有名《好逑传》者则有法德文译，故在外国特有名，远过于其在中国。

《玉娇梨》今或改题《双美奇缘》，无撰人名氏。全书仅二十回，叙明正统间有太常卿白玄者，无子，晚年得一女曰红玉，甚有文才，以代父作菊花诗为客所知，御史杨廷诏因求为子杨芳妇，玄招芳至家，属妻弟翰林吴珪试之。

> ……吴翰林陪杨芳在轩子边立着。杨芳抬头，忽见上面横着一个扁额，题的是"弗告轩"三字。杨芳自恃认得这三个字，便只管注目而视。吴翰林见杨芳细看，便说道，"此三字乃是聘君吴与弼所书，点画遒劲，可称名笔。"杨芳要卖弄识字，回答道，"果是名笔，这轩字也还平常，这弗告二字写得入神。"却将告字读了去声，不知弗告二字，盖取《诗经》上"弗谖弗告"之义，这"告"字当读与"谷"字同音。吴翰林听了，心下明白，便模糊答应。……（第二回）

白玄遂不允。杨以为怨，乃荐玄赴也先营中迎上皇，玄托其女于吴翰林而去。吴珪即挈红玉归金陵，偶见苏友白题壁诗，爱其才，欲以红玉嫁之。友白误相新妇，竟不从。珪怒，嘱学官革友白秀才，学官方踌躇，而白玄还朝加官归乡之报适至，即依黜之。友白被革，将入京就其叔，于道中见数少年苦吟，乃方和白红玉新柳诗；谓有能步韵者，即嫁之也。友白亦和两首，而张轨如遽窃以献白玄，玄留之为西宾。已而有苏有德者又冒为友白，请婚于白氏，席上见张，互相攻讦，俱败。友白见红玉新柳诗，慕之，遂渡江而北，欲托吴珪求婚；途次遇盗，暂舍于李氏，偶遇一少年曰卢梦梨，甚服友白之才，因以其妹之终身相托。友白遂入京以监生应试，中第二名；再访卢，则已以避祸远徙，乃大失望。不知卢实白红玉之中表，已先赴金陵依白氏也。白玄难于得婿，易姓名游山阴，于禹迹寺见一少年姓柳，才识非常，次日往访，即字以己女及甥女，归而说其故云：

……"……忽遇一个少年，姓柳，也是金陵人。他人物风流，真个是'谢家玉树'。……我看他神清骨秀，学博才高，旦暮间便当飞腾翰苑。……意欲将红玉嫁他，又恐甥女说我偏心；欲要配了甥女，又恐红玉说我矫情。除了柳生，若要再寻一个，却万万不能。我想娥皇女英同事一舜，古圣人已有行之者；我又见你姊妹二人互相爱慕，不啻良友，我也不忍分开：故当面一口就都许他了。这件事我做得甚是快意。"……（第十九回）

而二女皆慕友白，闻之甚快快。已而柳至白氏，自言实苏友白，盖尔时亦变姓名游山阴也。玄亦告以真姓名，皆大惊喜出意外，遂成婚。而卢梦梨实女子，其先乃改装自托于友白者云。

《平山冷燕》亦二十回，题云"荻岸山人编次"。清盛百二（《柚堂续笔谈》）以为嘉兴张博山十四五时作，其父执某续成之。博山名劭，清康熙时人，"少有成童之目，九龄作《梅花赋》惊其师。"（阮元《两浙辋轩录》七引李方湛语）盖早慧，故世人并以此书附著于彼，然文意陈腐，殊不类童子所为。书叙'先朝'隆盛时事，而又不云何时作，故亦莫详"先朝"为何帝也。其时钦天监正堂官奏奎壁流光，散满天下，天子则大悦，诏求真才，又适见白燕盘旋，乃命百官赋白燕诗，众谢不能，大学士山显仁乃献其女山黛之作，诗云：

夕阳凭吊素心稀，遁入梨花无是非，淡去羞从鸦借色，瘦来只许雪添肥，飞回夜黑还留影，衔尽春红不浣衣，多少朱门夸富贵，终能容我洁身归。（第一回）

天子即召见，令献策，称旨，赐玉尺一条，"以此量天下之才"；金如意一执，"文可以指挥翰墨，武可以捍御强暴，长成择婿，有妄人强求，即以此击其首，击死勿论"；又赐御书扁额一方曰"弘文才女"。时黛方十岁；其父筑楼以贮玉尺，谓之玉尺楼，亦即为黛读书之所，于是才女之名大著，求诗文者云集矣。

后黛以诗嘲一贵介子弟，被怨，托人诬以诗文皆非己出，又奉旨令文臣赴玉尺楼与黛较试，文臣不能及，诬者获罪而黛之名益扬。其时又有村女冷绛雪者，亦幼即能诗，忤山人宋信，信以计陷之，俾官买送山氏为侍婢。绛雪于道中题诗而遇洛阳才人平如衡，然指顾间又相失；既至山氏，自显其才，则大得敬爱，且亦以题诗为天子所知也。平如衡至云间访才士，得燕白颔，家世富贵而有大才，能诗。长官俱荐于朝，二人不欲以荐举出身，乃皆入都应试，且改姓名求见山黛。黛早见其讥刺诗，因与绛雪易装为青衣，试以诗，唱和再三，二人竟屈，辞去。又有张寅者，亦以求婚至山氏，受试于玉尺楼下，张不能文，大受愚弄，复因奔突登楼，几被如意击死，至拜祷始免。张乃嘱礼官奏于朝，谓黛与少年唱和调笑，有伤风化。天子即拘讯；张又告发二人实平燕托名，而适榜发，平中会元，燕会魁。于是天子大喜，谕山显仁择之为婿，遂以山黛嫁燕白颔，冷绛雪嫁平如衡。成婚之日，凡事无不美满：

……二女上轿，随妆侍妾足有上百，一路火炮与鼓乐喧天，彩旗共花灯夺目，真个是天子赐婚，宰相嫁女，状元探花娶妻：一时富贵，占尽人间之盛。……若非真正有才，安能如此？至今京城中俱传平山冷燕为四才子；闲窗阅史，不胜欣慕而为之立传云。（第二十回）

二书大旨，皆显扬女子，颂其异能；又颇薄制艺而尚词华，重俊髦而嗤俗士。然所谓才者，惟在能诗，所举佳篇，复多鄙倍，如乡曲学究之为；又凡求偶必经考试，成婚待于诏旨，则当时科举思想之所牢笼，倘作者无不羁之才，固不能冲决而高骞矣。

《好逑传》十八回，一名《侠义风月传》，题云"名教中人编次"。其立意亦略如前二书，惟文辞较佳，人物之性格亦稍异，所谓"既美且才，美而又侠"者也。

……生得丰姿俊秀，就象一个美人，因此里中起个诨名，叫做"铁美人"。若论他人品秀美，性格就该温存。不料他人虽生得秀美，性子就似生铁一般，十分执拗；又有几分膂力，动不动就要使气动粗；等闲也不轻易见他言笑。……更有一段好处，人若缓急求他，……慨然周济；若是谀言谄媚，指望邀惠，他却只当不曾听见：所以人都感激他，又都不敢无故亲近他。……（第一回）

书言有秀才铁中玉者，北直隶大名府人，其父铁英为御史，中玉虑以鲠直得祸，入都谏之。会大夬侯沙利夺韩愿妻，即施智计夺以还愿，大得义侠之称。然中玉亦惧祸，不敢留都，乃至山东游学。历城退职兵部侍郎水居一有一女曰冰心，甚美，而才识胜男子。同县有过其祖者，大学士之子，强来求婚，水居一不敢拒，然以侄女易冰心嫁之。婚后始觉，其祖大恨，计陷居一，复百方图女，而冰心皆以智免。过其祖又托县令假传朝旨逼冰心，而中玉适在历城，遇之，斥其伪，计又败。冰心因此甚服铁中玉，当中玉暴病，乃邀寓其家护视，历五日始去。此后过其祖仍再三图娶冰心，皆不得。而中玉卒与冰心成婚，然不合卺，已而过学士托御史万谞奏二氏婚媾，先以"孤男寡女，共处一室，不无暧昧之情，今父母徇私，招摇道路而纵成之，实有伤于名教"。有旨查复。后皇帝知二人虽成礼而未同居，乃召冰心令皇后验试，果为贞女。于是诬蔑者皆被诘责，而誉水铁为"真好逑中出类拔萃者"。令重结花烛，以光名教，且云"汝归宜益懋后德以彰风化"也。

又有《铁花仙史》二十六回。题"云封山人编次"。言钱塘蔡其志与好友王悦共游于祖遗之埋剑园，赏芙蓉，至花落方别。后入都又相遇，已各有儿女在襁褓，乃约为婚姻，往来愈密。王悦子曰儒珍，七岁能诗，与同窗陈秋麟皆十三四入泮，尝借寓埋剑园，邀友赏花赋诗。秋麟夜遇女子，自称符剑花，后屡至，一夕暴风雨拔去玉芙蓉，乃绝。后王氏衰落，儒珍又不第，蔡嫌其穷困，欲以女改适夏元虚，时秋麟已中解元，急谋于密友苏紫宸，托媒得之，拟临时归儒珍，而蔡女若兰竟逸去，为紫宸之叔诚斋所收养。夏元虚为世家子而无行，怒其妹瑶枝时加讥讪，因荐之应点选；瑶枝被征入都，中途舟破，亦为诚斋所救。诚斋又招儒珍为西宾，而蔡其志晚年孤寂，亦屡来迎王，养以为子，亦发解，娶诚斋之女馨如。秋麟求婚夏瑶枝，诚斋未许，一夕女自来，乃偕遁。时紫宸已平海寇，成神仙，忽遗王陈二人书，言真瑶枝故在苏氏，偕遁者实花妖，教二人以五雷法治之，妖即逸去，诚斋亦终以真瑶枝许之。一日儒珍至苏氏，忽睹若兰旧婢，甚惊；诚斋乃确知所收蔡女，故为儒珍聘妇，亦以归儒珍。后来两家夫妇皆年逾八十，以服紫宸所赠金丹，一夕无疾而终，世以为尸解云。

《铁花仙史》较后出，似欲脱旧来窠臼，故设事力求其奇。作者亦颇自负，序言有云，“传奇家摹绘才子佳人之悲欢离合，以供人娱目悦心者也。然其成书而命之名也，往往略不加意。如《平山冷燕》则皆才子佳人之姓为颜，而《玉娇梨》者又至各摘其人名之一字以传之，草率若此，非真有心唐突才子佳人，实图便于随意扭捏成书而无所难耳。此书则有特异焉者，……令人以为铁为花为仙者读之，而才子佳人之事掩映乎其间。”然文笔拙涩，事状纷繁，又混入战争及神仙妖异事，已轶出于人情小说范围之外矣。

明之拟宋市人小说及后来选本

宋人说话之影响于后来者，最大莫如讲史，著作迭出，如第十四，十五篇所言。明之说话人亦大率以讲史事得名，间亦说经诨经，而讲小说者殊希有。惟至明末，则宋市人小说之流复起，或存旧文，或出新制，顿又广行世间，但旧名湮昧，不复称市人小说也。

此等书之繁富者，最先有《全像古今小说》四十卷，书肆天许斋告白云："本斋购得古今名人演义一百二十种，先以三之一为初刻"，绿天馆主人序则谓"茂苑野史家藏古今通俗小说甚富，因贾人之请，抽其可以嘉惠里耳者，凡四十种，俾为一刻"，而续刻无闻。已而有"三言"，"三言"云者：一曰《喻世明言》，二曰《警世通言》，今皆未见，仅知其序目。《明言》二十四卷，其二十一篇出《古今小说》，三篇亦见于《通言》及《醒世恒言》中，似即取《古今小说》残本作之。《通言》则四十卷，有天启甲子（1624）豫章无碍居士序，内收《京本通俗小说》七篇（见盐谷温《关于明的小说"三言"》及《宋明通俗小说流传表》），因知此等汇刻，盖亦兼采故书，不尽为拟作。三即《醒世恒言》，亦四十卷，天启丁卯（1627）陇西可一居士序云，"六经国史而外，凡著述，皆小说也，而尚理或病于艰深，修词或伤于藻绘，则不足以触里耳而振恒心，此《醒世恒言》所以继《明言》《通言》而作也。"是知《恒言》之出，在"三言"中为最后，中有《十五贯戏言成巧祸》一事，即《京本通俗小说》卷十五之《错斩崔宁》，则此亦兼存旧作，为例盖同于《通言》矣。

松禅老人序《今古奇观》云："墨憨斋增补《平妖》。穷工极变，不失本来，……至所纂《喻世》《醒世》《警世》'三言'，极摹世态人情之岐，备写悲欢离合之致。"《平妖传》有张无咎序，云"盖吾友龙子犹所补也"，首叶有题名，则曰"冯犹龙先生增定"，因知"三言"亦冯犹龙作，其曰龙子犹者，即错综"犹龙"字作之。犹龙名梦龙，长洲人（《曲品》作吴县人，《顽潭诗话》作常熟人），故绿天馆主人称之曰茂苑野史，崇祯中，由贡生选授寿宁知县，于诗有《七乐斋稿》，而"善为启颜之辞，间入打油之调，不得为诗家"（朱彝尊《明诗综》七十一云）。然擅词曲，有《双雄记传奇》，又刻《墨憨斋传奇定本十种》，颇为当时所称，其中之《万事足》《风流梦》《新灌园》皆已作；亦嗜小说，既补《平妖传》，复纂"三言"，又尝劝沈德符以《金瓶梅》钞付书坊板行，然不果（《野获编》二十五）。

《京本通俗小说》所录七篇，其五为高宗时事，最远者神宗时，耳目甚近，故铺叙易于逼真。《醒世恒言》乃变其例，杂以汉事二，隋唐事十一，多取材晋唐小说（《续齐谐记》《博异志》《酉阳杂俎》《隋遗录》等），而古今风俗，迁变已多，演以虚词，转失生气。宋事十一篇颇生动，疑《错斩崔宁》而外，或尚有采自宋人话本者，然未详。明事十五篇则所写皆近闻，世态物情，不待虚构，故较高谈汉唐之作为佳。第九卷《陈多寿生死夫妻》一篇，叙朱陈二人以棋友成儿女亲家。陈氏子后病癞，朱欲悔婚，女不允，终归陈氏侍疾。阅三年，夫妇皆仰药卒。其述二人订婚及女母抱怨诸节，皆不务装点，而情态反如画：

> ……王三老和朱世远见那小学生行步舒徐，语音清亮，且作揖次第甚有礼数，口中夸奖不绝。王三老便问，"令郎几岁了？"陈青答应道，"是九岁。"王三老道，"想着昔年汤饼会时，宛如昨日，倏忽之间，已是九年，真个光阴似箭，争教我们不老？"又问朱世远道，"老汉记得宅上令爱也是这年生的。"朱世远道，"果然，小女多福，如今也是九岁了。"王三老道，"莫怪老汉多口，你二人做了一世的棋友，何不扳做儿女亲家。古时有个朱陈村，一村中只有二姓，世为婚姻，如今你二人之姓适然相符，应是天缘。况且好男好女，你知我见，有何不美？"朱世远已自看上了小学生，不等陈青开口，先答应道，"此事最好，只怕陈兄不愿，若肯俯就，小子再无别言。"陈青道，"既蒙朱兄不弃寒微，小子是男家，有何推托？就请三老作伐。"王三老道，"明日是重阳日，阳九不利；后日大好个日子，老夫便当登门。今日一言为定，出自二位本心：老汉只图吃几杯见成喜酒，不用谢媒。"陈青道，"我说个笑话你听：玉皇大帝要与人皇对亲，商量道，'两亲家都是皇帝，也须得个皇帝为媒才好。'乃请灶君皇帝往

下界去说亲。人皇见了灶君，大惊道，'那个做媒的怎的这般样黑？'灶君道，'从来媒人，那有白做的？'"王三老同朱世远都笑起来。朱陈二人又下棋至晚方散。

　　只因一局输赢子，定下三生男女缘。

　　……　……

　　……朱世远的浑家柳氏，闻知女婿得个恁般的病症，在家里哭哭啼啼。抱怨丈夫道，"我女儿又不馊臭起来，为甚忙忙的九岁上就许了人家？如今却怎么好？索性那癞虾蟆死了，也出脱了我女儿，如今死不死，活不活，女孩儿看看年纪长成，嫁又嫁他的不得，赖又赖他的不得。终不然，看著那癞子守活孤孀不成？这都是王三若那老乌龟一力撺掇，害了我女儿终身。"……朱世远原有怕婆之病，凭他夹七夹八，自骂自止，并不插言，心中纳闷。一日，柳氏偶然收拾厨柜子，看见了象棋盘和那棋子，不觉勃然发怒，又骂起丈夫来道，"你两个只为这几著象棋上说得著，对了亲，赚了我女儿。还要留这祸胎怎的？"一头说，一头走到门前，将那象棋子乱撒在街上，棋盘也掼做几片。朱世远是本分之人，见浑家发性，拦他不住，洋洋的躲开去了，女儿多福又怕羞，不好来劝。任他絮聒个不耐烦，方才罢休。……

　　时又有《拍案惊奇》三十六卷，卷为一篇，凡唐六，宋六，元四，明二十，亦兼收古事，与"三言"同。首有即空观主人序云，"龙子犹氏所辑《喻世》等诸言，颇存雅道，时著良规，一破今时陋习，如宋元旧种，亦被搜括殆尽。……因取古今来杂碎事，可新听睹，佐谈谐者，演而畅之，得如干卷。"既而有《二刻》三十九卷，凡春秋一，宋十四，元三，明十六，不明者（明？）五，附《宋公明闹元宵杂剧》一卷，于崇祯壬申（1632）自序，略云"丁卯之秋……偶戏取古今所闻，一二奇局可纪者，演而成说，……得四十种。……其为柏梁余材，武昌剩竹，颇亦不少，意不能恝，聊复缀为四十则。……"丁卯为天启七年，即

《醒世恒言》版行之际，此适出而争奇，然叙述平板，引证贫辛，不能及也。即空观主人为凌濛初别号，濛初，字初成，乌程人。著有《言诗翼》《诗逆》《国门集》，杂剧《虬髯翁》等（《明的小说"三言"》）。

《西湖二集》三十四卷附《西湖秋色》一百韵，题"武林济川子清原甫纂"。每卷一篇，亦杂演古今事，而必与西湖相关。观其书名，当有初集，然未见。前有湖海士序，称清原为周子，尝作《西湖说》，余事未详。清康熙时有太学生周清原字浣初，然为武进人（《国子监志》八十二《鹤征录》一）；乾隆时有周昱字清原，钱塘人（《两浙辖轩录》二十三），而时代不相及，皆别一人也。其书亦以他事引出本文，自名为"引子"。引子或多至三四，与他书稍不同；文亦流利，然好颂帝德，垂教训，又多愤言，则殆所谓"司命之厄我过甚而狐鼠之侮我无端"（序述清原语）之所致矣。其假唐诗人戎昱而发挥文士不得志之恨者如下：

……且说韩公部下一个官，姓戎名昱，为浙西刺史。这戎昱有潘安之貌，子建之才，下笔惊人，千言立就，自恃有才，生性极是傲睨，看人不在眼里。但那时是离乱之世，重武不重文，若是有数百斤力气，……不要说十八般武艺件件精通，就是晓得一两件的，……少不得也摸顶纱帽在头上戴戴。……马前喝道，前呼后拥，好不威风气势，耀武扬威，何消得晓得"天地玄黄"四字。那戎昱自负才华，到这时节重武之时，却不道是大市里卖平天冠兼挑虎刺，这一种生意，谁人来买，眼见得别人不作兴你了。你自负才华，却去吓谁？就是写得千百篇诗出，上不得阵，杀不得战，退不得虏，压不得贼，要他何用？戎昱负了这个诗袋子，没处发卖，却被一个妓者收得。这妓者是谁？姓金名凤，年方一十九岁，容貌无双，善于歌舞，体性幽闲，再不喜那喧哗之事，一心只爱的是那诗赋二字。他见了戎昱这个诗袋子，好生欢喜。戎昱正没处发卖，见金凤喜欢他这个诗袋子，便把这袋子抖将开来，就象个开杂货店的，件件搬出。两个甚是相得，你贪我爱，再不相舍；从此金凤更不接客。正是：

悲莫悲兮生别离，乐莫乐兮新相知。

自此戎昱政事之暇，游于西湖之上，每每与金凤盘桓行乐。……（卷九《韩晋公人奁两赠》）

《醉醒石》十五回，题"东鲁古狂生编辑"。所记惟李微化虎事在唐时，余悉明代，且及崇祯朝事，盖其时之作也。文笔颇刻露，然以过于简练，故平话习气，时复逼人；至于垂教诫，好评议，则尤甚于《西湖二集》。宋市人小说，虽亦间参训喻，然主意则在述市井间事，用以娱心；及明人拟作末流，乃诰诫连篇，喧而夺主，且多艳称荣遇，回护士人，故形式仅存而精神与宋迥异矣。如第十四回记淮南莫翁以女嫁苏秀才，久而女嫌苏贫，自求去，再醮为酒家妇。而苏即联捷成进士，荣归过酒家前，见女当垆，下轿揖之，女貌不动而心甚苦，又不堪众人笑骂，遂自经死，即所谓大为寒士吐气者也。

……见柜边坐着一个端端正正袅袅婷婷妇人，却正是莫氏。苏进士见了道，"我且去见他一见，看他怎生待我。"叫住了轿，打著伞，穿著公服，竟到店中。那店主人正在那厢数钱，穿著两截衣服，见个官来，躲了。那莫氏见下轿，已认得是苏进士了，却也不羞不恼，打著脸。苏进士向前，恭恭敬敬的作上一揖。他道，"你做你的官，我卖我的酒。"身也不动。苏进士一笑而去。

覆水无收日，去妇无还时，

相逢但一笑，且为立迟迟。

我想莫氏之心岂能无动，但做了这绝性绝义的事，便做到满面欢客，欣然相接，讨不得个喜而复合；更做到含悲饮泣，牵衣自咎，料讨不得个怜而复收，倒不如硬著，一束两开，倒也干净。他那心里，未尝不悔当时造次，总是无可奈何：

心里悲酸暗自嗟，几回悔是昔时差，

移将上苑琳琅树，却作门前桃李花。

结末有论，以为"生前贻讥死后贻臭"，"是朱买臣妻子之后一人"。引论稍恕，科罪似在男子之"不安贫贱"者之下，然亦终不可宥云：

若论妇人，读文字，达道理甚少，如何能有大见解，大矜持？况且或至饥寒相逼，彼此相形，旁观嘲笑难堪，亲族炎凉难耐，抓不来榜上一个名字，洒不去身上一件蓝皮，激不起一个惯淹蹇不遭际的夫婿，尽堪痛哭，如何叫他不要怨嗟。但"饿死事小失节事大"，眼睁睁这个穷秀才尚活在，更去抱了一人，难道没有旦夕恩情？忒杀蔑去伦理！这朱买臣妻，所以贻笑千古。

《喻世》等三言在清初盖尚通行，王士禛（《香祖笔记》十）云"《警世通言》有《拗相公》一篇，述王安石罢相归金陵事，极快人意，乃因卢多逊谪岭南事而稍附益之"。其非异书可知。后乃渐晦，然其小分，则又由选本流传至今。其本曰《今古奇观》，凡四十卷四十回，序谓"三言"与《拍案惊奇》合之共二百事，观览难周，故抱瓮老人选刻为此本。据《宋明通俗小说流传表》，则取《古今小说》者十八篇，取《醒世恒言》者十一篇（第一、二、七、八、十五至十七、二十五至二十八回），取《拍案惊奇》者七篇（第九、十、十八、二十九、三十七、三十九、四十回），二刻三篇。三言二拍，印本今颇难观，可借此窥见其大略也。至成书之顷，当在崇祯时，其与三言二拍之时代关系，盐谷温曾为之立表（《明的小说"三言"》）如下：

天启 1 辛酉			
—	古今小说		
4 甲子	喻世明言		
5	警世通言		
6			
7 丁卯	醒世恒言		
崇祯 1		拍案惊奇（初）	
2			
3			
4		拍案惊奇（二）	
5 壬申			｝今古奇观
—			
17			

《今古奇闻》二十二卷，卷一事，题"东壁山房主人编次"。其所录颇陵杂，有《醒世恒言》之文四篇（《十五贯戏言成大祸》《陈多寿生死夫妻》《张淑儿巧智脱杨生》《刘小官雌雄兄弟》），别一篇为《西湖佳话》之《梅屿恨迹》，余未详所从出。文中有"发逆"字，故当为清咸丰同治时书。

《续今古奇观》三十卷，亦一卷一事，无撰人名。其书全收《今古奇观》选余之《拍案惊奇》二十九篇。而以《今古奇闻》一篇（《康友仁轻财重义得科名》）足卷数，殆不足称选本，同治七年（1868），江苏巡抚丁日昌尝严禁淫词小说，《拍案惊奇》亦在禁列，疑此书即书贾于禁后作之。

清之拟晋唐小说及其支流

唐人小说单本，至明什九散亡；宋修《太平广记》成，又置不颁布，绝少流传，故后来偶见其本，仿以为文，世人辄大骇异，以为奇绝矣。明初，有钱塘瞿佑字宗吉，有诗名，又作小说曰《剪灯新话》，文题意境，并抚唐人，而文笔殊冗弱不相副，然以粉饰闺情，拈掇艳语，故特为时流所喜，仿效者纷起，至于禁止，其风始衰。迨嘉靖间，唐人小说乃复出，书估往往刺取《太平广记》中文，杂以他书，刻为丛集，真伪错杂，而颇盛行。文人虽素与小说无缘者，亦每为异人侠客童奴以至虎狗虫蚁作传，置之集中。盖传奇风韵，明末实弥漫天下，至易代不改也。

而专集之最有名者为蒲松龄之《聊斋志异》。松龄字留仙，号柳泉，山东淄川人。幼有轶才，老而不达，以诸生授徒于家。至康熙辛卯始成岁贡生（《聊斋志异》序跋），越四年遂卒，年八十六（1630—1715）。所著有《文集》四卷、《诗集》六卷、《聊斋志异》八卷（文集附录张元撰墓表），及《省身录》《怀刑录》《历字文》《日用俗字》《农桑经》等（李桓《耆献类征》四百三十一）。其《志异》或析为十六卷，凡四百三十一篇，年五十始写定，自有题辞，言"才非干宝，雅爱搜神，情同黄州，喜人谈鬼，闲则命笔，因以成编。久之，四方同人又以邮筒相寄，因而物以好聚，所积益夥"。是其储蓄收罗者久矣。然书中事迹，亦颇有从唐人传奇转化而出者（如《凤阳士人》《续黄粱》等），此不自白，殆抚古而又讳之也。至谓作者搜采异闻，乃设烟茗于门前，邀田夫野老，强之谈说以为粉本，则不过委巷之谈而已。

《聊斋志异》虽亦如当时同类之书，不外记神仙狐鬼精魅故事，然描写委曲，叙次井然，用传奇法，而以志怪，变幻之状，如在目前；又或易调改弦，别叙畸人异行，出于幻域，顿入人间；偶述琐闻，亦多简洁，故读者耳目，为之一新。又相传渔洋山人（王士祯）激赏其书，欲市之而不得，故声名益振，竞相传钞。然终著者之世，竟未刻，至乾隆末始刊于严州；后但明伦吕湛恩皆有注。

明末志怪群书，大抵简略，又多荒怪，诞而不情。《聊斋志异》独于详尽之外，示以平常，使花妖狐魅，多具人情，和易可亲，忘为异类，而又偶见鹘突，知复非人。如《狐谐》言博兴万福于济南娶狐女，而女雅善谈谐，倾倒一坐，后忽别去，悉如常人；《黄英》记马子才得陶氏黄英为妇，实乃菊精，居积取盈，与人无异，然其弟醉倒，忽化菊花，则变怪即骤现也。

……一日，置酒高会，万居主人位，孙与二客分左右座，下设一榻屈狐。狐辞不善酒，咸请坐谈，许之。酒数行，众掷骰为瓜蔓之令；客值瓜色，会当饮，戏以觚移上座曰，"狐娘子大清醒，暂借一觞。"狐笑曰，"我故不饮，愿陈一典以佐诸公饮。"……客皆言曰，"骂人者当罚。"狐笑曰，"我骂狐何如？"众曰，"可。"于是倾耳共听。狐曰，"昔一大臣，出使红毛国，著狐腋冠见国王，国王视而异之，问'何皮毛，温厚乃尔？'大臣以'狐'对。王言'此物生平未尝得闻。狐字字画何等？'使臣书空而奏曰，'右边是一大瓜，左边是一小犬。'"主客又复哄堂。……居数月，与万偕归。……逾年，万复事于济，狐又与俱。忽有数人来，狐从与语，备极寒暄；乃语万曰，"我本陕中人，与君有夙因，遂从尔许时，今我兄弟至，将从以归，不能周事。"留之，不可，竟去。（卷五）

……陶饮素豪，从不见其沉醉。有友人曾生，量亦无对，适过马，马使与陶较饮，二人……自辰以讫四漏，计各尽百壶，曾烂醉如泥，沉睡坐间，陶起归寝，出门践菊畦，玉山倾倒，委衣于侧，即地化为菊：高如人，花十余朵皆大于拳。马骇绝，告黄英；英急往，拔置地上，曰，"胡醉至此？"复以衣，要马俱去，戒勿视。既明而往，则陶卧畦边，马乃悟姊弟菊精也，益爱敬之。而陶自露迹，饮益放，……值花朝，曾来造访，以两仆舁药浸白酒一坛，约与共尽。……曾醉已惫，诸仆负之去。陶卧地又化为菊；马见惯不惊，如法拔之，守其旁以观其变，久之，叶益憔悴，大惧，始告黄英。英闻，骇曰，"杀吾弟矣！"奔视之，根株已枯；痛绝，掐其梗埋盆中，携入闺中，日灌溉之。马悔恨欲绝，甚恶曾。越数日，闻曾已醉死矣，盆中花渐萌，九月，既

开，短干粉朵，嗅之有酒香，名之"醉陶"，浇以酒则茂。……黄英终老，亦无他异。（卷四）

又其叙人间事，亦尚不过为形容，致失常度。如《马介甫》一篇述杨氏有悍妇，虐遇其翁，又慢客，而兄弟祗畏，至对客皆失措云：

> ……约半载，马忽携僮仆过杨，直杨翁在门外曝阳扪虱，疑为佣仆，通姓氏使达主人；翁被絮去，或告马，"此即其翁也。"马方惊讶，杨兄弟岸帻出迎，登堂一揖，便请朝父，万石辞以偶恙，捉坐笑语，不觉向夕。万石屡言具食，而终不见至，兄弟迭互出入，始有瘦奴持壶酒来，俄顷引尽，坐伺良久，万石频起催呼，额颊间热汗蒸腾。俄瘦奴以馔具出，脱粟失饪，殊不甘旨。食已，万石草草便去；万钟襥被来伴客寝。……（卷十）

至于每卷之末，常缀小文，则缘事极简短，不合于传奇之笔，故数行即尽，与六朝之志怪近矣。又有《聊斋志异拾遗》一卷二十七篇，出后人掇拾；而其中殊无佳构，疑本作者所自删弃，或他人拟作之。

乾隆末，钱塘袁枚撰《新齐谐》二十四卷，续十卷，初名《子不语》，后见元人说部有同名者，乃改今称；序云"妄言妄听，记而存之，非有所感也"，其文屏去雕饰，反近自然，然过于率意，亦多芜秽，自题"戏编"，得其实矣。若纯法《聊斋》者，时则有吴门沈起凤作《谐铎》十卷（乾隆五十六年序），而意过俳，文亦纤仄；满洲和邦额作《夜谭随录》十二卷（亦五十六年序），颇借材他书（如《佟觭角》《夜星子》《疡医》皆本《新齐谐》），不尽己出，词气亦时失之粗暴，然记朔方景物及市井情形者特可观。他如长白浩歌子之《萤窗异草》三编十二卷（似乾隆中作，别有四编四卷，乃书估伪造）。海昌管世灏之《影谈》四卷（嘉庆六年序），平湖冯起凤之《昔柳摭谈》八卷（嘉庆中作），近至金匮邹弢之《浇愁集》八卷（光绪三年序），皆志异，亦俱不脱《聊斋》窠臼。惟黍余裔孙《六合内外琐言》二十卷（似嘉庆初作）一名《璅蛣杂记》者，故作奇崛奥衍之辞，伏藏讽喻，其体式为在先作家所未尝试，而意浅薄；据金武祥（《江阴艺文志》下）说，则江阴屠绅字贤书之所作也。绅又有《鹗亭诗话》一卷，文词较简，亦不尽记异闻，然审其风格，实亦此类。

《聊斋志异》风行逾百年，摹仿赞颂者众，顾至纪昀而有微辞。盛时彦（《姑妄听之》跋）述其语曰，"《聊斋志异》盛行一时，然才子之笔，非著书者之笔也。虞初以下天宝以上古书多佚矣；其可见完帙者，刘敬叔《异苑》、陶潜《续搜神记》，小说类也；《飞燕外传》《会真记》，传记类也。《太平广记》事以类聚，故可并收；今一书而兼二体，所未解。小说既述见闻，即属叙事，不比戏场关目，随意装点；……今燕昵之词，媟狎之态，细微曲折，摹绘如生，使出自言，似无此理，使出作者代言，则何从而闻见之，又所未解也。"盖即訾其有唐人传奇之详，又杂以六朝志怪者之简，既非自叙之文，而尽描写之致而已。昀字晓岚，直隶献县人；父容舒，官姚安知府。昀少即颖异，年二十四领顺天乡试解额，然三十一始成进士，由编修官至侍读学士，坐泄机事谪戍乌鲁木齐，越三年召还，授编修，又三年擢侍读，总纂四库全书，绾书局者十三年，一生精力，悉注于《四库提要》及《目录》中，故他撰著甚少。后累迁至礼部尚书，充经筵讲官，自是又为总宪者五，长礼部者三（李元度《国朝先正事略》二十）。乾隆五十四年，以编排秘籍至热河，"时校理久竟，特督视官吏题签庋架而已，昼长无事"，乃追录见闻，作稗说六卷，曰《滦阳消夏录》。越二年，作《如是我闻》，次年又作《槐西杂志》，次年又作《姑妄听之》，皆四卷；嘉庆三年夏复至热河，又成《滦阳续录》六卷，时年已七十五。后二年，其门人盛时彦合刊之，名《阅微草堂笔记五种》（本书）。十年正月，复调礼部，拜协办大学士，加太子少保，管国子监事；二月十四日卒于位，年八十二（1724—1805），谥"文达"（《事略》）。

《阅微草堂笔记》虽"聊以遣日"之书，而立法甚严，举其体要，则在尚质黜华，追踪晋宋；自序云，"缅昔作者如王仲任应仲远引经据古，博辨宏通，陶渊明刘敬叔刘义庆简淡数言，自然妙远，诚不敢妄拟前修，然大旨期不乖于风教"者，即此之谓。其轨范如是，故与《聊斋》之取法传奇者途径自殊，然较以晋宋人书，则《阅微》又过偏于论议。盖不安于仅为小说，更欲有益人心，即与晋宋志怪精神，自然违隔；且末流加厉，易堕为报应因果之谈也。

惟纪昀本长文笔，多见秘书，又襟怀夷旷，故凡测鬼神之情状，发人间之幽微，托狐鬼以抒己见者，隽思妙语，时足解颐；间杂考辨，亦有灼见。叙述复雍容淡雅，天趣盎然，故后来无人能夺其席，固非仅借位高望重以传者矣。今举其较简者三则于下：

> 刘乙斋廷尉为御史时，尝租西河沿一宅，每夜有数人击柝，声琅琅彻晓，……视之则无形，聒耳至不得片刻睡。乙斋故强项，乃自撰一文，指陈其罪，大书粘壁以驱之，是夕遂寂。乙斋自诧不减昌黎之驱鳄也。余谓"君文章道德，似尚未敌昌黎，然性刚气盛，平生尚不作暧昧事，故敢悍然不畏鬼；又拮据迁此宅，力竭不能再徙，计无复之，惟有与鬼以死相持：此在君为'困兽犹斗'，在鬼为"穷寇勿追'耳。……"乙斋笑击余背曰，"魏收轻薄哉！然君知我者。"（《滦阳消夏录》六）

> 田白岩言："尝与诸友扶乩，其仙自称真山民，宋末隐君子也，倡和方洽，外报某客某客来，乩忽不动。他日复降，众叩昨遽去之故，乩判曰，'此二君者，其一世故太深，酬酢太熟，相见必有谀词数百句，云水散人拙于应对，不如避之为佳；其一心思太密，礼数太明，其与人语，恒字字推敲，责备无已，闲云

野鹤岂能耐此苛求，故遽逃尤恐不速耳。'"后先姚安公闻之曰，"此仙究狷介之士，器量未宏。"（《槐西杂志》一）

李义山诗"空闻子夜鬼悲歌"，用晋时鬼歌《子夜》事也；李昌谷诗"秋坟鬼唱鲍家诗"，则以鲍参军有《蒿里行》，幻窅其词耳。然世间固往往有是事。田香沁言："尝读书别业，一夕风静月明，闻有度昆曲者，亮折清圆，凄心动魄，谛审之，乃《牡丹亭》《叫画》一出也。忘其所以，倾听至终。忽省墙外皆断港荒陂，人迹罕至，此曲自何而来？开户视之，惟芦荻瑟瑟而已。"（《姑妄听之》三）

昀又"天性孤直，不喜以心性空谈，标榜门户"（盛序语），其处事贵宽，论人欲恕，故于宋儒之苛察，特有违言，书中有触即发，与见于《四库总目提要》中者正等。且于不情之论，世间习而不察者，亦每设疑难，揭其拘迂，此先后诸作家所未有者也，而世人不喻，哓哓然竟以劝惩之佳作誉之。

吴惠叔言，"医者某生素谨厚，一夜，有老妪持金钏一双就买堕胎药，医者大骇，峻拒之；次夕，又添持珠花两枝来，医者益骇，力挥去。越半载余，忽梦为冥司所拘，言有诉其杀人者。至，则一披发女子，项勒红巾，泣陈乞药不与状。医者曰，'药以活人，岂敢杀人以渔利。汝自以奸败，于我何尤！'女子曰，'我乞药时，孕未成形，倘得堕之，我可不死：是破一无知之血块，而全一待尽之命也。既不得药，不能不产，以致子遭扼杀，受诸痛苦，我亦见逼而就缢：是汝欲全一命，反戕两命矣。罪不归汝，反谁归乎？'冥官喟然曰，'汝之所言，酌乎事势；彼之所执者则理也。宋以来固执一理而不揆事势之利害者，独此人也哉？汝且休矣！'拊几有声，医者悚然而寤。"（《如是我闻》三）

东光有王莽河，即胡苏河也，旱则涸，水则涨，每病涉焉。外舅马公周箓言，"雍正末有丐妇一手抱儿一手扶病姑涉此水，至中流，姑蹶而仆，妇弃儿于水，努力负姑出。姑大诟曰，'我七十老妪，死何害？张氏数世待此儿延香火，尔胡弃儿以拯我？斩祖宗之祀者，尔也！'妇泣不敢语，长跪而已。越两日，姑竟以哭孙不食死；妇呜咽不成声，痴坐数日，亦立槁。……有著论者，谓儿与姑较则姑重，姑与祖宗较则祖宗重。使妇或有夫，或尚有兄弟，则弃儿是；既两世穷嫠，止一线之孤子，则姑所责者是：妇虽死，有余悔焉。姚安公曰，'讲学家责人无已时。夫急流汹涌，少纵即逝，此岂能深思长计时哉？势不两全，弃儿救姑，此天理之正而人心之所安也。使姑死而儿存，……不又有责以爱儿弃姑世耶？且儿方提抱，育不育未可知，使姑死而儿又不育，悔更何如耶？此妇所为，超出恒情已万万，不幸而其姑自殒，以死殉之，亦可哀矣。犹沾沾焉而动其喙，以为精义之学，毋乃白骨衔冤，黄泉赍恨乎？孙复作《春秋尊王发微》，二百四十年内有贬无褒；胡致堂作《读史管见》，三代以下无完人，辨则辨矣，非吾之所欲闻也。'"（《槐西杂志》二）

《滦阳消夏录》方脱稿，即为书肆刊行，旋与《聊斋志异》峙立；《如是我闻》等继之，行益广。其影响所及，则使文人拟作，虽尚有《聊斋》遗风，而摹绘之笔顿减，终乃类于宋明人谈异之书。如同时之临川乐钧《耳食录》十二卷（乾隆五十七年序）《二录》八卷（五十九年序），后出之海昌许秋垞《闻见异辞》二卷（道光二十六年序），武进汤用中《翼駉稗编》八卷（二十八年序）等，皆其类也。迨长洲王韬作《遁窟谰言》（同治元年成）《淞隐漫录》（光绪初成）《淞滨琐话》（光绪十三年序）各十二卷，天长宣鼎作《夜雨秋灯录》十六卷（光绪二十一年序），其笔致又纯为《聊斋》者流，一时传布颇广远，然所记载，则已狐鬼渐稀，而烟花粉黛之事盛矣。

体式较近于纪氏五书者，有云间许元仲《三异笔谈》四卷（道光七年序），德清俞鸿渐《印雪轩随笔》四卷（道光二十五年序），后者甚推《阅微》，而云"微嫌其中排击宋儒语过多"（卷二），则旨趣实异。光绪中，德清俞樾作《右台仙馆笔记》十六卷，止述异闻，不涉因果；又有羊朱翁（亦俞樾）作《耳邮》四卷，自署"戏编"，序谓"用意措辞，亦似有善恶报应之说，实则聊以遣日，非敢云意在劝惩"。颇似以《新齐谐》为法，而记叙简雅，乃类《阅微》，但内容殊异，鬼事不过什一而已。他如江阴金捧阊之《客窗偶笔》四卷（嘉庆元年序），福州梁恭辰之《池上草堂笔记》二十四卷（道光二十八年序），桐城许奉恩之《里乘》十卷（似亦道光中作），亦记异事，貌如志怪者流，而盛陈祸福，专主劝惩，已不足以称小说。

清之讽刺小说

寓讥弹于稗史者，晋唐已有，而明为盛，尤在人情小说中。然此类小说，大抵设一庸人，极形其陋劣之态，借以衬托俊士，显其才华，故往往大不近情，其用才比于"打诨"。若较胜之作，描写时亦刻深，讥刺之切，或逾锋刃，而《西游补》之外，每似集中于一人或一家，则又疑私怀怨毒，乃逞恶言，非于世事有不平，因抽毫而抨击矣。其近于呵斥全群者，则有《钟馗捉鬼传》十回，疑尚是明人作，取诸色人，比之群鬼，一一抉剔，发其隐情，然词意浅露，已同谩骂，所谓"婉曲"，实非所知。迨吴敬梓《儒林外史》出，乃秉持公心，指摘时弊，机锋所向，尤在士林；其文又戚而能谐，婉而多讽：于是说部中乃始有足称讽刺之书。

吴敬梓字敏轩，安徽全椒人。幼即颖异，善记诵，稍长补官学弟子员，尤精《文选》，诗赋援笔立成。然不善治生，性又豪，不数年挥旧产俱尽，时或至于绝粮，雍正乙卯，安徽巡抚赵国麟举以应博学鸿词科，不赴，移家金陵，为文坛盟主，又集同志建先贤祠于雨花山麓，祀泰伯以下二百三十人，资不足，售所居屋以成之，而家益贫。晚年自号文木老人，客扬州，尤落拓纵酒，乾隆十九年卒于客中，年五十四（1701—1754）。所著有《诗说》

七卷，《文木山房集》五卷，诗七卷，皆不甚传（详见新标点本《儒林外史》卷首）。

吴敬梓著作皆奇数，故《儒林外史》亦一例，为五十五回；其成殆在雍正末，著者方侨居于金陵也。时距明亡未百年，士流盖尚有明季遗风，制艺而外，百不经意，但为矫饰，云希圣贤。敬梓之所描写者即是此曹，既多据自所闻见，而笔又足以达之，故能烛幽索隐，物无遁形，凡官师、儒者、名士、山人间亦有市井细民，皆现身纸上，声态并作，使彼世相，如在目前，惟全书无主干，仅驱使各种人物，行列而来，事与其来俱起，亦与其去俱讫，虽云长篇，颇同短制；但如集诸碎锦，合为帖子，虽非巨幅，而时见珍异，因亦娱心，使人刮目矣。敬梓又爱才士，"汲引如不及，独嫉'时文士'如仇，甚尤工者，则尤嫉之。"（程晋芳所作传云）故书中攻难制艺及以制艺出身者亦甚烈，如令选家马二先生自述制艺之所以可贵云：

"……'举业'二字，是从古及今，人人必要做的。就如孔子生在春秋时候，那时用'言扬行举'做官，故孔子只讲得个'言寡尤，行寡悔，禄在其中'：这便是孔子的举业。到汉朝，用贤良方正开科，所以公孙弘董仲舒举贤良方正：这便是汉人的举业。到唐朝，用诗赋取士；他们若讲孔孟的话，就没有官做了，所以唐人都会做几句诗：这便是唐人的举业。到宋朝，又好了，都用的是些理学的人做官，所以程朱就讲理学：这便是宋人的举业。到本朝，用文章取士，这是极好的法则。就是夫子在而今，也要念文章，做举业，断不讲那'言寡尤，行寡悔'的话。何也？就日日讲究'言寡尤，行寡悔'，那个给你官做？孔子的道，也就不行了。"（第十三回）

《儒林外史》所传人物，大都实有其人，而以象形谐声或庾词隐语寓其姓名，若参以雍乾间诸家文集，往往十得八九（详见本书上元金和跋）。此马二先生字纯上，处州人，实即全椒冯粹中，为著者挚友，其言真率，又尚上知春秋汉唐，在"时文士"中实犹属诚笃博通之士，但其议论，则不特尽揭当时对于学问之见解，且洞见所谓儒者之心肝者也。至于性行，乃亦君子，例如西湖之游，虽全无会心，颇杀风景，而茫茫然大嚼而归，迂儒之本色固在：

> 马二先生独自一个，带了几个钱，步出钱塘门，在茶亭里吃了几碗茶，到西湖沿上牌楼跟前坐下，见那一船一船乡下妇女来烧香的，……后面都跟着自己的汉子，……上了岸，散往各庙里去了。马二先生看了一遍，不在意里。起来又走了里把多路，望着湖沿上接连着几个酒店，……马二先生没有钱买了吃，……只得走进一个面店，十六个钱吃了一碗面，肚里不饱，又走到间壁一个茶室吃了一碗茶，买了两个钱"处片"嚼嚼，倒觉有些滋味。吃完了出来，……往前走，过了六桥。转个弯，便像些村庄地方。又有人家的棺材，厝基中间，走也走不清，甚是可厌。马二先生欲待回去，遇着一个走路的，问道"前面可还有好顽的所在？"那人道，"转过去便是净慈，雷峰。怎么不好顽？"马二先生于是又往前走。……过了雷峰，远远望见高高下下许多房子盖着琉璃瓦，……马二先生走到跟前，看见一个极高的山门，一个金字直匾，上写"敕赐净慈禅寺"；山门旁边一个小门。马二先生走了进去；……那些富贵人家女客，成群结队，里里外外，来往不绝。……马二先生身子又长，戴一顶高方巾，一副乌黑的脸，腆着个肚子，穿着一双厚底破靴，横着身子乱跑，只管在人窝子里撞。女人也不看他，他也不看女人。前前后后跑了一交，又出来坐在那茶亭内，……吃了一碗茶。柜上摆着许多碟子：橘饼，芝麻糖，粽子，烧饼，处片，黑枣，煮栗子，马二先生每样买了几个钱，不论好歹，吃了一饱。马二先生觉得倦了，直着脚跑进清波门；到了下处，关门睡了。因为多走了路，在下处睡了一天；第三日起来，要到城隍山走走。……（第十四回）

至叙范进家本寒微，以乡试中式暴发，旋丁母忧，翼翼尽礼，则无一贬词，而情伪毕露，诚微辞之妙选，亦狙击之辣手矣：

……两人（张静斋及范进）进来，先是静斋谒过，范进上来叙师生之礼。汤知县再三谦让，奉坐吃茶。同静斋叙了些阔别的话；又把范进的文章称赞了一番，问道"因何不去会试？"范进方才说道，"先母见背，遵制丁忧。"汤知县大惊，忙叫换去了吉服。拱进后堂，摆上酒来。……知县安了席坐下，用的都是银镶杯箸。范进退前缩后的不举杯箸，知县不解其故。静斋笑道，"世先生因遵制，想是不用这个杯箸。"知县忙叫换去。换了一个磁杯，一双象牙箸来，范进又不肯举动。静斋道，"这个箸也不用。"随即换了一双白颜色竹子的来，方才罢了。知县疑惑："他居丧如此尽礼，倘或不用荤酒，却是不曾备办。"落后看见他在燕窝碗里拣了一个大虾圆子送在嘴里，方才放心。……（第四回）

此外刻画伪妄之处尚多，掊击习俗者亦屡见。其述王玉辉之女既殉夫，玉辉大喜，而当入祠建坊之际，"转觉心伤，辞了不肯来"，后又自言"在家日日看见老妻悲恸，心中不忍"（第四十八回），则描写良心与礼教之冲突，殊极刻深（详见本书钱玄同序）；作者生清初，又束身名教之内，而能心有依违，托稗说以寄慨，殆亦深有会于此矣。以言君子，尚亦有人，杜少卿为作者自况，更有杜慎卿（其兄青然）、有虞育德（吴蒙泉）、有庄尚志（程绵庄），皆贞士；其盛举则极于祭先贤。迨南京名士渐已销磨，先贤祠亦荒废；而奇人幸未绝于市井，一为"会写字的"，一为"卖火纸筒子的"，一为"开茶馆的"，一为"做裁缝的"。末一尤恬淡，居三山街，曰荆元，能弹琴赋诗，缝纫之暇，往往以此自遣；间亦访其同人。

一日，荆元吃过了饭，思量没事，一径踱到清凉山来。……他有一个老朋友姓于，住在山背后。这于老者也不读书，也不做生意，……督率着他五个儿子灌园。……这日，荆元步了进来，于老者迎着道，"好些时不见老哥来，生意忙的紧？"荆元道，"正是。今日才打发清楚些。特来看看老爹。"于老者道，"恰好烹了一壶现成茶，请用一杯。"斟了送过来。荆元接了，坐着吃，道，"这茶，色香味都好。老爹却是那里取来的这样好水？"于老者道，"我们城西不比你们城南，到处井泉都是吃得的。"荆元道，"古人动说'桃源避世'，我想起来，那里要甚么桃源。只如老爹这样清闲自在，住在这样'城市山林'的所在，就是现在的活神仙了。"于老者道，"只是我老拙一样事也不会做，怎的如老哥会弹一曲琴，也觉得消遣些。近来想是一发弹的好了，可好几时请教一回？"荆元道，"这也容易，老爹不嫌污耳，明日携琴来请教。"说了一会，辞别回来。次日，荆元自己抱了琴，来到园里，于老者已焚下一炉好香，在那里等候。……于老者替荆元把琴安放在石凳上，荆元席地坐下，于老者也坐在旁边。荆元慢慢的和了弦，弹起来，铿铿锵锵，声振林木。……弹了一会，忽作变徵之音，凄清宛转。于老者听到深微之处，不觉凄然泪下。自此，他两人常常往来。当下也就别过了。（第五十五回）

然独不乐与士人往还，且知士人亦不屑与友：固非"儒林"中人也。至于此后有无贤人君子得入《儒林外史》，则作者但存疑问而已。

《儒林外史》初惟传钞，后刊木于扬州，已而刻本非一。尝有人排列全书人物，作"幽榜"，谓神宗以水旱偏灾，流民载道，冀"旌沉抑之人才"以祈福利，乃并赐进士及第，并遣礼官就国子监祭之；又割裂作者文集中骈语，襞积之以造诏表（金和跋云），统为一回缀于末：故一本有五十六回。又有人自作四回，事既不伦，语复猥陋，而亦杂入五十六回本中，印行于世：故一本又有六十回。

是后亦鲜有以公心讽世之书如《儒林外史》者。

清之人情小说

　　乾隆中（1765 年顷），有小说曰《石头记》者忽出于北京，历五六年而盛行，然皆写本，以数十金鬻于庙市。其本止八十回，开篇即叙本书之由来，谓女娲补天，独留一石未用，石甚自悼叹，俄见一僧一道，以为"形体倒也是个宝物了，还只没有实在好处，须得再镌上数字，使人一见便知是奇物方妙。然后好携你到隆盛昌明之邦，诗礼簪缨之族，花柳繁华之地，温柔富贵之乡，去安身乐业"。于是袖之而去。不知更历几劫，有空空道人见此大石，上镌文词，从石之请，钞以问世。道人亦"因空见色，由色生情，传情入色，自色悟空，遂易名为情僧，改《石头记》为《情僧录》；东鲁孔梅溪则题曰《风月宝鉴》；后因曹雪芹于悼红轩中披阅十载，增删五次，纂成目录，分出章回，则题曰《金陵十二钗》，并题一绝云：'满纸荒唐言，一把辛酸泪。都云作者痴，谁解其中味？'"（戚蓼生所序八十回本之第一回）

　　本文所叙事则在石头城（非即金陵）之贾府，为宁国荣国二公后。宁公长孙曰敷，早死；次敬袭爵，而性好道，又让爵于子珍，弃家学仙；珍遂纵恣，有子蓉，娶秦可卿。荣公长孙曰赦，子琏，娶王熙凤；次曰政；女曰敏，适林海，中年而亡，仅遗一女曰黛玉。贾政娶于王，生子珠，早卒；次生女曰元春，后选为妃；次复得子，则衔玉而生，玉又有字，因名宝玉，人皆以为"来历不小"；而政母史太君尤钟爱之。宝玉既七八岁，聪明绝人，然性爱女子，常说："女儿是水作的骨肉，男人是泥作的骨肉。"人于是又以为将来且为"色鬼"；贾政亦不甚爱惜，驭之极严，盖缘"不知道这人来历。……若非多读书识字，加以致知格物之功，悟道参玄之力者，不能知也"（戚本第二回贾雨村云）。而贾氏实亦"闺阁中历历有人"，主从之外，姻连亦众，如黛玉宝钗，皆来寄寓，史湘云亦时至，尼妙玉则习静于后园。右即贾氏谱大要，用虚线者其姻连，著×者夫妇，著＊者在"金陵十二钗"之数者也（见下表）。

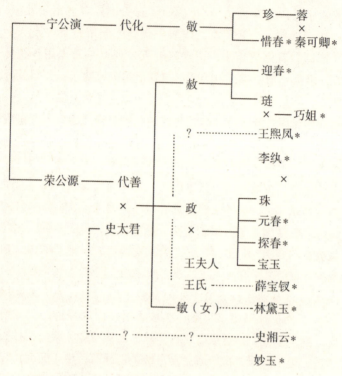

事即始于林夫人（贾敏）之死，黛玉失恃，又善病，遂来依外家，时与宝玉同年，为十一岁。已而王夫人女弟所生女亦至，即薛宝钗，较长一年，颇极端丽。宝玉纯朴，并爱二人无偏心；宝钗浑然不觉；而黛玉稍恚。一日，宝玉倦卧秦可卿室，遂梦入太虚境，遇警幻仙，阅《金陵十二钗正册》及《副册》，有图有诗，然不解。警幻命奏新制《红楼梦》十二支，其末阕为《飞鸟各投林》，词有云：

"为官的，家业凋零；富贵的，金银散尽；有恩的，死里逃生；无情的，分明报应；欠命的命已还，欠泪的泪已尽！……看破的，遁入空门；痴迷的，枉送了性命。好一似，食尽鸟投林：落了片白茫茫大地真干净！"（戚本第五回）

然宝玉又不解，更历他梦而寤。迨元春被选为妃，荣公府愈贵盛，及其归省，则辟大观园以宴之，情亲毕至，极天伦之乐。宝玉亦渐长，于外昵秦钟蒋玉函，归则周旋于姊妹中表以及侍儿如袭人晴雯平儿紫鹃辈之间，昵而敬之，恐拂其意，爱博而心劳，而忧患亦日甚矣。

这日，宝玉因见湘云渐愈，然后去看黛玉。正值黛玉才歇午觉，宝玉不敢惊动。因紫鹃正在回廊上手里做针线，便上来问他，"昨日夜里咳嗽的可好些？"紫鹃道，"好些了。"（宝玉道，"阿弥陀佛，宁可好了罢。"紫鹃笑道，"你也念起佛来，真是新闻。"）宝玉笑道，"所谓'病笃乱投医'了。"一面说，一面见他穿着弹墨绫子薄绵袄，外面只穿着青缎子夹背心，宝玉便伸手向他身上抹了一抹，说，"穿的这样单薄，还在风口里坐着。春风才至，时气最不好。你再病了，越发难了。"紫鹃便说道，"从此咱们只可说话，别动手动脚的。一年大二年小的，叫人看着不尊重；又打着那起混账行子们背地里说你。你总不留心，还只管合小时一般行为，如何使得？姑娘常常吩咐我们，不叫合你说笑。你近来瞧他，远着你，还恐远不及呢。"说着，便起身，携了针线，进别房去了。宝玉见了这般景况，心中忽觉浇了一盆冷水一般，只看着竹子发了回呆。因祝妈正来挖笋修竿，便忙忙走了出来，一时魂魄失守，心无所知，随便坐在一块石上出神，不觉滴下泪来。直呆了五六顿饭工夫，千思万想，总不知如何是好。偶值雪雁从王夫人房中取了人参来，从此经过，……便走过来，蹲下笑道，"你在这里作什么呢？"宝玉忽见了雪雁，便说道，"你又作什么来招我？你难道不是女儿？他既防嫌，总不许你们理我，你又来寻我，倘被人看见，岂不又生口舌？你快家去罢。"

雪雁听了，只当他又受了黛玉的委屈，只得回至房中，黛玉未醒，将人参交与紫鹃。……雪雁道，"姑娘还没醒呢，是谁给了宝玉气受？坐在那里哭呢。"……紫鹃听说，忙放下针线，……一直来寻宝玉。走到宝玉跟前，含笑说道，"我不过说了两句话，为的是大家好。你就赌气，跑了这风地里来哭，作出病来唬我。"宝玉忙笑道，"谁赌气了？我因为听你说的有理，我想你们既这样说，自然别人也是这样说，将来渐渐的都不理我了。我所以想着自己伤心。"……（戚本第五十七回，括弧中句据程本补。）

然荣公府虽煊赫，而"生齿日繁，事务日盛，主仆上下，安富尊荣者尽多，运筹谋画者无一，其日用排场，又不能将就省俭"，故"外面的架子虽未甚倒，内囊却也尽上来了。"（第二回）颓运方至，变故渐多；宝玉在繁华丰厚中，且亦屡与"无常"觌面，先有可卿自经；秦钟夭逝；自又中父妾厌胜之术，几死；继以金钏投井；尤二姐吞金；而所爱之侍儿晴雯又被遣，随殁。悲凉之雾，遍被华林，然呼吸而领会之者，独宝玉而已。

……他便带了两个小丫头到一石后，也不怎么样，只问他二人道，"自我去了，你袭人姐姐可打发人瞧晴雯姐姐去了不曾？"这一个答道，"打发宋妈妈瞧去了。"宝玉道，"回来说什么？"小丫头道，"回来说晴雯姐姐直着脖子叫了一夜，今儿早起就闭了眼，住了口，人事不知，也出不得一声儿了，只有倒气的分儿了。"宝玉忙问道，"一夜叫的是谁？"小丫头子道，（"一夜叫的是娘。"宝玉拭泪道，"还叫谁？"小丫头说，）"没有听见叫别人。"宝玉道，"你糊涂，想必没听真。"（……因又想）："虽然临终未见，如今且去灵前一拜，也算尽这五六年的情肠。"……遂一径出园，往前日之处来，意为停柩在内。谁知他哥嫂见他一咽气，便回了进去，希图得几两发送例银。王夫人闻知，便赏了十两银子；又命"即刻送到外头焚化了罢。'女儿痨'死的，断不可留！"他哥嫂听了这话，一面就雇了人来入殓，抬往城外化人厂去了。……宝玉走来扑了个空，……自立了半天，别没法儿，只得翻身进入园中，待回自房，甚觉无趣，因乃顺路来找黛玉，偏他不在房中。……又到蘅芜院中，只见寂静无人。……仍往潇湘馆来，偏黛玉尚未回来。……正在不知所以之际，忽见王夫人的丫头进来找他，说，"老爷回来了，找你呢。又得了好题目来了，快走快走！"宝玉听了，只得跟了出来。……彼时贾政正与众幕友谈论寻秋之胜；又说，"临散时忽然谈及一事，最是千古佳谈，'风流俊逸忠义慷慨'八字皆备。到是个好题目，大家都要作一首挽词。"众人听了，都忙请教是何等妙题。贾政乃说，"近日有一位恒王，出镇青州。这恒王最喜女色，且公余好武，因选了许多美女，日习武事。……其姬中有一姓林行四者，姿色既冠，且武艺更精，皆呼为林四娘，恒王最得意，遂超拔林四娘统辖诸姬，又呼为姽婳将军。"众清客都称"妙极神奇！竟以'姽婳'下加'将军'二字，更觉妩媚风流，真绝世奇文！想这恒王也是第一风流人物了。"……（戚本第七十八回，括弧中句据程本补。）

《石头记》结局，虽早隐现于宝玉幻梦中，而八十回仅露"悲音"，殊难必其究竟。比乾隆五十七年（1792），乃有百二十回之排印本出，改名《红楼梦》，字句亦时有不同，程伟元序其前云，"……然原本目录百二十卷，……爰为竭力搜罗，自藏书家甚至故纸堆中，无不留心。数年以来，仅积有二十余卷。一日，偶于鼓担上得十余卷，遂重价购之。……然漶漫不可收拾，乃同友人细加厘剔，截长补短，钞成全部，复为镌板以公同好。《石头记》全书至是始告成矣。"友人盖谓高鹗，亦有序，末题"乾隆辛亥冬至后一日"，先于程序者一年。

后四十回虽数量止初本之半，而大故迭起，破败死亡相继，与所谓"食尽鸟飞独存白地"者颇符，惟结末又稍振。宝玉先失其通灵玉，状类失神。会贾政将赴外任，欲于宝玉娶妇后始就道，以黛玉羸弱，乃迎宝钗。姻事由王熙凤谋划，运行甚密，而卒为黛玉所知，咯血，病日甚，至宝玉成婚之日遂卒。宝玉知将婚，自以为必黛玉，欣然临席，比见新妇为宝钗，乃悲叹复病。时元妃先薨；贾赦以"交通外官倚势凌弱"革职查抄，累及荣府；史太君又寻亡；妙玉则遭盗劫，不知所终；王熙凤既失势，亦郁郁死。宝玉病亦加，一日垂绝，忽有一僧持玉来，遂苏，见僧复气绝，历噩梦而觉；乃忽改行，发愤欲振家声，次年应乡试，以第七名中仕。宝钗亦有孕，而宝玉忽亡去。贾政既葬母于金陵，将归京师，雪夜泊舟毗陵驿，见一人光头赤足，披大红猩猩毡斗篷，向之下拜，审视知为宝玉。方欲就语，忽来一僧一道，挟以俱去，且不知何人作歌，云"归大荒"，追之无有，"只见白茫茫一片旷野"而已。"后人见了这本传奇，亦曾题过四句，为作者缘起之言更进一竿云：'说到酸辛事，荒唐愈可悲，由来同一梦，休笑世人痴。'"（第一百二十回）

全书所写，虽不外悲喜之情，聚散之迹，而人物事故，则摆脱旧套，与在先之人情小说甚不同。如开篇所说：

空空道人遂向石头说道，"石兄，你这一段故事，……据我看来：第一件，无朝代年纪可考；第二件，并无大贤大忠，理朝廷治风俗的善政，其中只不过几个异样女子——或情，或痴，或小才微善——亦无班姑蔡女之德能。我纵钞去，恐世人不爱看呢。"

石头笑曰，"我师何太痴也！若云无朝代可考，今我师竟假借汉唐等年纪添缀，又有何难？但我想历来野史，皆蹈一辙；莫如我不借此套，反到新鲜别致，不过只取其事体情理罢了。……历来野史，或讪谤君相，或贬人妻女，奸淫凶恶，不可胜数。……至若才子佳人等书，则又千部共出一套，且其中终不能不涉于淫滥，以致满纸'潘安子建'，'西子文君'；……且环婢开口，即'者也之乎'，非文即理，故逐一看去，悉皆自相矛盾，大不近情理之说。竟不如我半世亲睹亲闻的这几个女子，虽不敢说强似前代所有书中之人，但事迹原委，亦可以消愁破闷也。……至若离合悲欢，兴衰际遇，则又追踪蹑迹，不敢稍加穿凿，徒为哄人之目，而反失其真传者。……"（戚本第一回）

盖叙述皆存本真，闻见悉所亲历，正因写实，转成新鲜。而世人忽略此言，每欲别求深义，揣测之说，久而遂多。今汰去悠谬不足辩，如谓是刺和珅（《谭瀛室笔记》）藏谶纬（《寄蜗残赘》）明易象（《金玉缘》评语）之类，而著其世所广传者于下：

一、纳兰成德家事说　自来信此者甚多。陈康祺（《燕下乡脞录》五）记姜宸英典康熙己卯顺天乡试获咎事，因及其师徐时栋（号柳泉）之说云，"小说《红楼梦》一书，即记故相明珠家事，金钗十二，皆纳兰侍御所奉为上客者也，宝钗影高澹人；妙玉即影西溟先生：'妙'为'少女'，'姜'亦妇人之美称；'如玉''如英'，义可通假。……"侍御谓明珠之子成德，后改名性德，字容若。张维屏（《诗人征略》）云，"贾宝玉盖即容若也；《红楼梦》所云，乃其髫龄时事。"俞樾（《小浮梅闲话》）亦谓其"中举人止十五岁，于书中所述颇合"。然其他事迹，乃皆不符；胡适作《红楼梦考证》（《文存》三），已历正其失。最有力者，一为姜宸英有《祭纳兰成德文》，相契之深，非妙玉于宝玉可比；一为成德死时年三十一，时明珠方贵盛也。

二、清世祖与董鄂妃故事说　王梦阮沈瓶庵合著之《红楼梦索隐》为此说。其提要有云："盖尝闻之京师故老云，是书全为清世祖与董鄂妃而作，兼及当时诸名王奇女也。……"而又指董鄂妃为即秦淮旧妓嫁为冒襄妾之董小宛，清兵下江南，掠以北，有宠于清世祖，封贵妃，已而夭逝；世祖哀痛，乃遁迹五台山为僧云。孟森作《董小宛考》（《心史丛刊》三集），则历摘此说之谬，最有力者为小宛生于明天启甲子，若以顺治七年入宫，已二十八岁矣，而其时清世祖方十四岁。

三、康熙朝政治状态说　此说即发端于徐时栋，而大备于蔡元培之《石头记索隐》。开卷即云："《石头记》者，清康熙朝政治小说也。作者持民族主义甚挚，书中本事，在吊明之亡，揭清之失，而尤于汉族名士仕清者寓痛惜之意。……"于是比拟引申，以求其合，以"红"为影"朱"字；以"石头"为指金陵；以"贾"为斥伪朝；以"金陵十二钗"为拟清初江南之名士：如林黛玉影朱彝尊，王熙凤影余国柱，史湘云影陈维崧，宝钗妙玉则从徐说，旁征博引，用力甚勤。然胡适既考得作者生平，而此说遂不立，最有力者即曹雪芹为汉军，而《石头记》实其自叙也。

然谓《红楼梦》乃作者自叙，与本书开篇契合者，其说之出实最先，而确定反最后。嘉庆初，袁枚（《随园诗话》二）已云："康熙中，曹练亭为江宁织造，……其子雪芹撰《红楼梦》一书，备记风月繁华之盛。中有所谓大观园者，即余之随园也。"末二语盖夸，余亦有小误（如以栋为练，以孙为子），但已明言雪芹之书，所记者其闻见矣。而世间信者特少，王国维（《静庵文集》）且诘难此类，以为"所谓'亲见亲闻'者，亦可自旁观者之口言之，未必躬为剧中之人物"也，迨胡适作考证，乃较然彰明，知曹雪芹实生于荣华，终于苓落，半生经历，绝似"石头"，著书西郊，未就而没；晚出全书，乃高鹗续成之者矣。

雪芹名霑，字芹溪，一字芹圃，正白旗汉军。祖寅，字子清，号楝亭，康熙中为江宁织造。清世祖南巡时，五次以织造署为行宫，后四次皆寅在任。然颇嗜风雅，尝刻古书十余种，为时所称；亦能文，所著有《楝亭诗钞》五卷《词钞》一卷（《四库书目》），传奇二种（《在园杂志》）。寅子颙，即雪芹父，亦为江宁织造，故雪芹生于南京。时盖康熙末。雍正六年，颙卸任，雪芹亦归北京，时约十岁。然不知何因，是后曹氏似遭巨变，家顿落，雪芹至中年，乃至贫居西郊，啜饘粥，但犹傲兀，时复纵酒赋诗，而作《石头记》盖亦此际。乾隆二十七年，子殇，雪芹伤感成疾，至除夕，卒，年四十余（1719？—1763）。其《石头记》尚未就，今所传者止八十回（详见《胡适文选》）。

言后四十回为高鹗作者，俞樾（《小浮梅闲话》）云："《船山诗草》有《赠高兰墅鹗同年》一首云：'艳情人自说《红楼》。'注云：'《红楼梦》八十回以后，俱兰墅所补。'然则此书非出一手。按乡会试增五言八韵诗，始乾隆朝，而书中叙科场事已有诗，则其为高君所补可证矣。"然鹗所作序，仅言"友人程子小泉过予，以其所购全书见示，且曰，'此仆数年铢积寸累之辛心，将付剞劂，公同好。子闲且惫矣，盍分任之。'予以是书……尚不背于名教，……遂襄其役。"盖不欲明言己出，而寮友则颇有知之者。鹗即字兰墅，镶黄旗汉军，乾隆戊申举人，乙卯进士，旋入翰林，官侍读，又尝为嘉庆辛酉顺天乡试同考官。其补《红楼梦》当在乾隆辛亥时，未成进士，"闲且惫矣"，故于雪芹萧条之感，偶或相通。然心志未灰，则与所谓"暮年之人，贫病交攻，渐渐的露出那下世光景来"（戚本第一回）者又绝异。是以续书虽亦悲凉，而贾氏终于"兰桂齐芳"，家业复起，殊不类茫茫白地，真成干净者矣。

续《红楼梦》八十回本者，尚不止一高鹗。俞平伯从戚蓼生所序之八十回本旧评中抉剔，知先有续书三十回，似叙贾氏子孙流散，宝玉贫寒不堪，"悬崖撒手"，终于为僧；然其详不可考（《红楼梦辨》下有专论）。或谓"戴君诚夫见一旧时真本，八十回之后，皆与今本不同，荣宁籍没后，皆极萧条；宝钗亦早卒，宝玉无以作家，至沦于击柝之流。史湘云则为乞丐，后乃与宝玉仍成夫妇。……闻吴润生中丞家尚藏有其本。"（蒋瑞藻《小说考证》七引《续阅微草堂笔记》）此又一本，盖亦续书。二书所补，或俱未契于作者本怀，然长夜无晨，则与前书之伏线亦不背。

其他续作，纷纭尚多，如《后红楼梦》《红楼后梦》《续红楼梦》《红楼复梦》《红楼梦补》《红楼补梦》《红楼重梦》《红楼再梦》《红楼幻梦》《红楼圆梦》《增补红楼》《鬼红楼》《红楼梦影》等。大率承高鹗续书而更补其缺陷，结以"团圆"；甚或谓作者本以为书中无一好人，因而钻刺吹求，大加笔伐。但据本书自说，则仅乃如实抒写，绝无讥弹，独于自身，深所忏悔。此固常情所嘉，故《红楼梦》至今为人爱重，然亦常情所怪，故复有人不满，奋起而补订圆满之。此足见人之度量相去之远，亦曹雪芹之所以不可及也。仍录彼语，以结此篇：

> ……作者自云：因曾历过一番梦幻之后，故将真事隐去，而借"通灵"之说，撰此《石头记》一书也。……自又云：今风尘碌碌，一事无成，忽念及当日所有之女子，一一细考较去，觉其行止见识，皆出于我之上。何我堂堂须眉，诚不若彼裙钗女子？实愧则有余，悔又无益，是大无可如何之日也。当此，则自欲将已往所赖天恩祖德，锦衣纨袴之时，饫甘餍肥之日，背父兄教育之恩，负师友规训之德，以致今日一技无成，半生潦倒之罪，编述一集，以告天下人。我之罪固不免，然闺阁中本自历历有人，万不可因我之不肖，自己护短，一并使其泯灭。虽今日之茅椽蓬牖，瓦灶绳床，其晨夕风露，阶柳庭花，亦未有妨我之襟怀，束笔阁墨；虽我未学，下笔无文，又何妨用俚语村言，敷衍出一段故事来，亦可使闺阁照传，复可悦世之目，破人愁闷，不亦宜乎？……（戚本第一回）

清之以小说见才学者

以小说为庋学问文章之具，与寓惩劝同意而异用者，在清盖莫先于《野叟曝言》。其书光绪初始出，序云康熙时江阴夏氏作，其人"以名诸生贡于成均，既不得志，乃应大人先生之聘，辄祭酒帷幕中，遍历燕晋秦陇。……继而假道黔蜀，自湘浮汉，溯江而归。所历既富，于是发为文章，益有奇气，……然首已斑矣。（自是）屏绝进取，壹意著书"，成《野叟曝言》二十卷，然仅以示友人，不欲问世，迨印行时，已小有缺失；一本独全，疑他人补足之。二本皆无撰人名，金武祥（《江阴艺文志》凡例）则云夏二铭作。二铭，夏敬渠之号也；光绪《江阴县志》（十七《文苑传》）云："敬渠，字懋修，诸生；英敏绩学，通史经，旁及诸子百家礼乐兵刑天文算数之学，靡不淹贯。……生平足迹几遍海内，所交尽贤豪。著有《纲目举正》《经史余论》《全史约编》《学古编》，诗文集若干卷。"与序所言者颇合，惟列于赵曦明之后，则乾隆中盖尚存。

《野叟曝言》庞然巨帙，回数多至百五十四回，以"奋武揆文天下无双正士熔经铸史人间第一奇书"二十字编卷，即作者所以浑括其全书。至于内容，则如凡例言，凡"叙事、说理、谈经、论史、教孝、劝忠、运筹、决策、艺之兵诗医算，情之喜怒哀惧，讲道学，辟邪说……"无所不包，而以文白为之主。白字素臣，"是铮铮铁汉，落落奇才，吟遍江山，胸罗星斗。说他不求宦达，却见理如漆雕；说他不会风流，却多情如宋玉。挥毫作赋，则颉颃相如；抵掌谈兵，则伯仲诸葛，力能扛鼎，退然如不胜衣；勇可屠龙，凛然若将陨谷。旁通历数，下视一行；闲涉岐黄，肩随仲景。以朋友为性命；奉名教若神明。真是极有血性的真儒，不识炎凉的名士。他平生有一段大本领，是止崇正学，不信异端；有一副大手眼，是解人所不能解，言人所不能言"（第一回）。然而明君在上，君子不穷，超擢飞腾，莫不如意。书名辟鬼，举手除妖，百夷慑于神威，四灵集其家圃。文功武烈，并萃一身，天子崇礼，号曰"素父"。而仍有异术，既能易形，又工内媚，姬妾罗列，生二十四男。男又大贵，且生百孙；孙又生子，复有云孙。其母水氏年百岁，既见"六世同堂"，来献寿者亦七十国；皇帝赠联，至称为"镇国卫圣仁孝慈寿宣成文母水太君"（百四十四回）。凡人臣荣显之事，为士人意想所能及者，此书几毕载矣，惟尚不敢希帝王。至于排斥异端，用力尤劲，道人释子，多被诛夷，坛场荒凉，塔寺毁废，独有"素父"一家，乃嘉祥备具，为万流宗仰而已。

《野叟曝言》云是作者"抱负不凡，未得黼黻休明，至老经猷莫展"，因而命笔，比之"野老无事，曝日清谈"（凡例云）。可知炫学寄慨，实其主因，圣而尊荣，则为抱负，与明人之神魔及佳人才子小说面目似异，根柢实同，惟以异端易魔，以圣人易才子而已。意既夸诞，文复无味，殊不足以称艺文，但欲知当时所谓"理学家"之心理，则于中颇可考见。雍正末，江阴人杨名时为云南巡抚，其乡人拔贡生夏宗澜尝从之问《易》，以名时为李光地门人，故并宗地而说益怪。乾隆初，名时入为礼部尚书，宗澜亦以经学荐授国子监助教，又历主他讲席，仍终身师名时（《四库书目》六及十《江阴志》十六及十七）。稍后又有诸生夏祖熊，亦"博通群经，尤笃好性命之学，患二氏说漫衍，因复考辨以归于正"（《江阴志》十七）。盖江阴自有杨名时（卒赠太子太傅谥文定）而影响颇及于其乡之士风；自有夏宗澜师杨名时而影响又颇及于夏氏之家学，大率与当时当道名公同意，崇程朱而斥陆王，以"打僧骂道"为唯一盛业，故若文白者之言行际遇，固非独作者一人之理想人物矣。文白或云即作者自寓，析"夏"字作之；又有时太师，则杨名时也，其崇仰盖承夏宗澜之绪余，然因此遂或误以《野叟曝言》为宗澜作。

欲于小说见其才藻之美者，则有屠绅《蟑史》二十卷。绅字贤书，号笏岩，亦江阴人，世业农。绅幼孤，而资质聪敏，年十三即入邑庠，二十成进士，寻授云南师宗县知县，迁寻甸州知州，五校乡闱，颇称得士，后为广州同知。嘉庆六年以候补在北京，暴疾卒于客舍，年五十八（1744—1801）。绅豪放嫉俗，生平慕汤显祖之为人，而作吏颇酷，又好内，姬侍众多（已上俱见《鹗亭诗话》附录）；为文则务为古涩艳异，晦其义旨，志怪有《六合内外琐言》，杂说有《鹗亭诗话》（见第二十二篇），皆如此。《蟑史》为长篇，署"磊砢山房原本"，金武祥（《粟香随笔》二）云是绅作。书中有桑蠋生，盖作者自寓，其言有云，"予，甲子生也。"与绅生年正同。开篇又云，"在昔吴侬官于粤岭，行年大衍有奇，海隅之行，若有所得，辄就见闻传闻之异辞，汇为一编。"且假傅鼐捍苗之事（在乾隆六十年）为主干，则始作当在嘉庆初，不数年而毕；有五年四月小停道人序。次年，则绅死矣。

《蜃史》首即言闽人桑蠋生海行，舟败堕水，流至甲子石之外澳，为捕鱼人所救，引以见甘鼎。鼎官指挥，方奉檄筑城防寇，求地形家，见生大喜，如其图依甲子石为垣，遂成神奇之城，敌不能瞰。又于地穴中得三箧书，其一凡二十卷，"题曰'彻土作稼之文，归墟野凫氏画'。又一箧为天人图，题曰'眼藏须弥僧道作'。又一箧为方书，题曰'六子携持极老人口授'。蠋生谓指挥曰：'此书明明授我主宾矣。何言之？彻土，桑也；作稼，甘也。'……营龛于秘室，置之；行则藏枕中；有所求发明，则拜而同启视；两人大悦。"（第一回）已而有邝天龙者为乱，自署广州王，其党娄万赤有异术，则翊辅之。甘鼎进讨，有龙女来助，擒天龙，而万赤逸去。鼎以功晋位镇抚，仍随石珏协剿海寇，又破交人；万赤在交址，则仍不能得。旋擢兵马总帅，赴楚蜀黔广备九股苗，遂与诸苗战，多历奇险，然皆胜，其一事云：

……须臾，苗卒大呼曰，"汉将不敢见阵耶？"季孙引五百人，翼而进。两旗忽下，地中飞出滴血鸡六，向汉将啼；又六犬皆火色，亦嚎声如豺。军士面灰死，木立，仅倚其械。矩儿飞椎凿六犬脑，皆裂。木兰袖蛇医，引之啄一鸡，张喙死；五鸡连栖而不鸣。惟见瓦片所图鸡犬形，狼藉于地，实非有二物也。……复至金大都督营中，则癞牛病马各六，均有皮无毛；士卒为角触足踏者皆死，一牛龁金大都督之足，已齿陷于骨；矩儿挥两戚落牛首，齿仍不脱；木兰急遣虎头神凿去其齿，足骨亦折焉，令左右舁归大营。牛马奔突无所制，木兰以鲤鳞帕撒之，一鳞露一剑，并斫一十牛马。其物各吐火四五尺，鳞剑为之焦灼，火大延烧，牛马皆叫嚣自得。见猕猴掷身入，举手作霹雳声，暴雨灭火，平地起水丈余，牛马俱浸死。木兰喜曰，"吾固知乐王子能

传灭火真人衣钵矣。"水退，见牛马皆无有，乃砌壁之破瓮朱书牛马字：是为蛊妖之"穷神尽化"云。……（卷九）

娄万赤亦在苗中，知交址将有事，潜归。甘鼎至广州，与抚军区星进击交址。区用犷儿策，疾薄宜京，斩关而入，擒其王，交民悉降；甘则由水道进，列营于江桥北。

……娄万赤与其师李长脚斗法于江桥南。……李长脚变金井绐万赤，即坠入，忽有铁树挺出，井阑撑欲破。犷儿引庆喜至，出白罗巾掷树巅，砉然有声，铁树不复见，李长脚复其形，觅万赤，卧桥畔沙石间。遂袖出白壶子一器，持向万赤顶骨咒曰，……咒毕，举手振一雷。万赤精气已铄，跃入江中，将随波出海。木兰呼鳞介士百人追之飘浮，所在必见吆喝，乃变为璅蛣。乘海蟹空腹，入之，以为"藏身之固"矣，交址人善捞蟹者，得是物如箕，大喜，剖蟹将取其腹腴，一虫随手出，倏坠地化为人形，俄顷长大，固俨然盲僧焉，询之不复语。有屠者携刀来视，咄咄曰，"蟹腹自有'仙人'，一名'和尚'，要是谲语；断无别肠容此妖物，不诛戮之，吾南交祸未已也。"挥刀斫其首。时甘君已入城，与区抚军议班师矣；常越所部卒持盲僧首以献，转告两元戎。桑长史进曰，"斯必万赤头也。记天人第二图为大蟹浮海中，篆云'横行自毙'。某当初疑万赤先亡，乃今始验。"适李长脚入辞，视其头笑曰，"此贼以水火阴阳，为害中国，不死于黄钺而死于屠刀，固犬豕之流耳。仙骨何有哉？……"……（卷二十）

自是交址平。桑蠋生还闽；甘鼎亦弃官去，言将度庾岭云。

《蟫史》神态，仿佛甚奇，然探其本根，则实未离于神魔小说；其缀以亵语，固由作者禀性，而一面亦尚承明代"世情书"之流风。特缘勉造硬语，力拟古书，成诘屈之文，遂得掩凡近之意。洪亮吉（《北江诗话》）评其诗云："如栽盆红药，蓄沼文鱼。"

汪瑔序其《鹗亭诗话》云："貌渊奥而实平易，……然笔致遒峭可喜。"即谓虽华艳而乏天趣，徒奇崛而无深意也。《蟫史》亦然，惟以其文体为他人所未试，足称独步而已。

以排偶之文试为小说者，则有陈球之《燕山外史》八卷。球字蕴斋，秀水诸生，家贫，以卖画自给，工骈俪，喜传奇，因有此作（《光绪嘉兴府志》五十二）。自谓"史体从无以四六为文，自我作古，极知僭妄，……第行于稗乘，当希末减"。盖未见张鷟《游仙窟》（见第八篇），遂自以为独创矣。其本成于嘉庆中（约1810），专主词华，略以寄慨，故即取明冯梦桢所撰《窦生传》为骨干，加以敷衍，演为三万一千余言。传略谓永乐时有窦绳祖，本燕人，就学于嘉兴，悦贫女李爱姑，迎以同居；久之，父迫令就婚淄川宦族，遂绝去。爱姑复为金陵鹾商所绐，辗转落妓家，得侠士马遵之助，终复归窦。而大妇甚妒，虐遇之，生不能堪，偕爱姑遁去，会有唐赛儿之乱，又相失。比生复归，则资产已空，妇亦求去，孑然止存一身，而爱姑忽至，自言当日匿尼庵中，今遂返矣。是年窦生及第，累官至山东巡抚；迎爱姑入署如命妇。未几生男，求乳媪，有应者，则前大妇也，再嫁后夫死子殇，遂困顿为贱役，而生仍优容之。然妇又设计害马遵，主亦牵连得罪；顾终竟昭雪复官，后与爱姑皆仙去。其事殊庸陋，如一切佳人才子小说常套，而作者奋然有取，则殆缘转折尚多，足以示行文手腕而已，然语必四六，随处拘牵，状物叙情，俱失生气，姑勿论六朝俪语，即较之张鷟之作，虽无其俳谐，而亦逊其生动也。仍录其叙窦生为父促归，爱姑怅怅失所之辞，以备一格：

> ……其父内存爱犊之思，外作搏牛之势，投鼠奚遑忌器，打鸭未免惊鸳；放苙之豚，追来入苙，丧家之犬，叱去还家。疾驱而身弱如羊，遂作补牢之计，严锢而人防似虎，终无出柙之时；所虞龙性难驯，拴于铁柱，还恐猿心易动，辱以蒲鞭。由是姑也蔷薇架畔，青黛将羣，薜荔墙边，红花欲悴，托意丁香枝上，其

意谁知，寄情豆蔻梢头，此情自喻。而乃莲心独苦，竹沥将枯，却嫌柳絮何情，漫漫似雪，转恨海棠无力，密密垂丝。才过迎春，又经半夏，采莳采葛，只自空期，投李投桃，俱为陈迹，依稀梦里，徒栽侍女之花，抑郁胸前，空带宜男之草。未能蠲忿，安得忘忧？鼓残瑟上桐丝，奚时续断，剖破楼头菱影，何日当归？岂知去者益远，望乃徒劳，昔虽音问久疏，犹同乡井，后竟梦魂永隔，忽阻山川。室迩人遐，每切三秋之感，星移物换，仅深两地之思。……（卷二）

至光绪初（1879），有永嘉傅声谷注释之，然于本文反有删削。

雍乾以来，江南人士慑于文字之祸，因避史事不道，折而考证经子以至小学，若艺术之微，亦所不废；惟语必征实，忌为空谈，博识之风，于是亦盛。逮风气既成，则学者之面目亦自具，小说乃"道听途说者之所造"，史以为"无可观"，故亦不屑道也；然尚有一李汝珍之作《镜花缘》。汝珍字松石，直隶大兴人，少而颖异，不乐为时文，乾隆四十七年随其兄之海州任，因师事凌廷堪，论文之暇，兼及音韵，自云"受益极多"，时年约二十。其生平交游，颇多研治声韵之士；汝珍亦特长于韵学，旁及杂艺，如壬遁星卜象纬，以至书法弈道多通。顾不得志，盖以诸生终老海州，晚年穷愁，则作小说以自遣，历十余年始成，道光八年遂有刻本。不数年，汝珍亦卒，年六十余（约1763—1830）。于音韵之著述有《音鉴》，主实用，重今音，而敢于变古（以上详见新标点本《镜花缘》卷首胡适《引论》）。盖惟精声韵之学而仍敢于变古，乃能居学者之列，博识多通而仍敢为小说也；惟于小说又复论学说艺，数典谈经，连篇累牍而不能自己，则博识多通又害之。

《镜花缘》凡一百回，大略叙武后于寒中欲赏花，诏百花齐放；花神不敢抗命，从之，然又获天谴，谪于人间，为百女子。

时有秀才唐敖，应试中探花，而言官举劾，谓与叛人徐敬业辈有旧，复被黜，因慨然有出尘之想，附其妇弟林之洋商舶遨游海外，跋涉异域，时通畸人，又多睹奇俗怪物，幸食仙草，"入圣超凡"，遂入山不复返。其女小山又附舶寻父，仍历诸异境，且经众险，终不遇；但从山中一樵父得父书，名之曰闺臣，约其"中过才女"后可相见；更进，则见荒冢，曰镜花冢；更进，则入水月村；更进，则见泣红亭，其中有碑，上镌百人名姓，首史幽探，终毕全贞，而唐闺臣在第十一。人名之后有总论，其文有云：

> 泣红亭主人曰：以史幽探哀萃芳冠首者，盖主人自言穷探野史，尝有所见，惜湮没无闻，而哀群芳之不传，因笔志之。……结以花再芳毕全贞者，盖以群芳沦落，几至澌灭无闻，今赖斯而不朽，非若花之重芳乎？所列百人，莫非琼林琪树，合璧骈珠，故以全贞毕焉。（第四十八回）

闺臣不得已，遂归；值武后开科试才女，得与试，且亦入选，名次如碣文。于是同榜者百人大会于宗伯府，又连日宴集，弹琴赋诗，围棋讲射，蹴鞠斗草，行令论文，评韵谱，解《毛诗》，尽觞咏之乐。已而有两女子来，自云考列四等才女，而实风姨月姊化身，旋复以文字结嫌，弄风惊其坐众。魁星则现形助诸女；麻姑亦化为道姑，来和解之，于是即席诵诗，皆包含坐中诸人身世，自过去及现在，以至将来，间有哀音，听者黯淡，然不久意解，欢笑如初。末则文芸起兵谋匡复，才女或亦在军，有死者；而武家军终败。于是中宗复位，仍尊太后武氏为则天大圣皇帝。未几，则天下诏，谓来岁仍开女试，并命前科众才女重赴"红文宴"，而《镜花缘》随毕。然以上仅全局之半，作者自云欲知"镜中全影，且待后缘"，则当有续书，然竟未作。

作者命笔之由，即见于《泣红亭记》，盖于诸女，悲其销沉，爰托稗官，以传芳烈。书中关于女子之论亦多，故胡适以为"是一部讨论妇女问题的小说，他对于这个问题的答案，是男女应该受平等的待遇，平等的教育，平等的选举制度"（详见本书《引论》四）。其于社会制度，亦有不平，每设事端，以寓理想；惜为时势所限，仍多迂拘，例如君子国民情，甚受作者叹羡，然因让而争，矫伪已甚，生息此土，则亦劳矣，不如作诙谐观，反有启颜之效也。

　　……说话间，来到闹市，只见一隶卒在那里买物，手中拿着货物道："老兄如此高货，却讨恁般贱价，教小弟买去，如何能安？务求将价加增，方好遵教。若再过谦，那是有意不肯赏光交易了。"……只听卖货人答道，"既承照顾，敢不仰体。但适才妄讨大价，已觉厚颜；不意老兄反说货高价贱，岂不更教小弟惭愧？况敝货并非'言无二价'，其中颇有虚头。俗云'漫天要价，就地还钱'。今老兄不但不减，反要加增，如此克己，只好请到别家交易，小弟实难遵命。"唐敖道："'漫天要价，就地还钱'，原是买物之人向来俗谈；至'并非言无二价，其中颇有虚头'，亦是买者之话。不意今皆出于卖者之口，倒也有趣。"只听隶卒又说道，"老兄以高货讨贱价，反说小弟'克己'，岂不失了忠恕之道？凡事总要彼此无欺，方为公允。试问'那个腹中无算盘'，小弟又安能受人之愚哩？"谈之许久，卖货人执意不增。隶卒赌气，照数付价，拿了一半货物，刚要举步。卖货人那里肯依，只说"价多货少"，拦住不放。路旁走过两个老翁，作好作歹，从公评定，令隶卒照价拿了八折货物，这才交易而去。……唐敖道，"如此看来，这几个交易光景，岂非'好让不争'的一幅行乐图么？我们还打听什么？且到前面再去畅游。如此美地，领略领略风景，广广见识，也是好的。"……（第十一回《观雅化闲游君子邦》）

　　又其罗列古典才艺，亦殊繁多，所叙唐氏父女之游行，才女百人之聚宴，几占全书什七，无不广据旧文（略见钱静方《小说丛考》上），历陈众艺，一时之事，或亘数回。而作者则甚自喜，假林之洋之打诨，自论其书云："这部'少子'，乃圣朝太平之世出的；是俺天朝读书人做的。这人就是老子的后裔。老子做的是《道德经》，讲的都是元虚奥妙。他这'少子'虽以游戏为事，却暗寓劝善之意，不外风人之旨。上面载着诸子百家、人物花鸟、书画琴棋、医卜星相、音韵算法，无一不备。还有各样灯谜，诸般酒令，以及双陆马吊，射鹄蹴毬，斗草投壶，各种百戏之类。件件都可解得睡魔，也可令人喷饭。"（二十三回）盖以为学术之汇流，文艺之列肆，然亦与《万宝全书》为邻比矣。惟经作者匠心，剪裁运用，故亦颇有虽为古典所拘，而尚能绰约有风致者，略引如下：

> ……多九公道，"林兄如饿，恰好此地有个充饥之物。"随向碧草丛中摘了几枝青草。……林之洋接过，只见这草宛如韭菜，内有嫩茎，开着几朵青花，即放入口内，不觉点头道，"这草一股清香，倒也好吃。请问九公，他叫什么名号？……"唐敖道，"小弟闻得海外鹊山有青草，花如韭，名'祝余'，可以疗饥。大约就是此物了。"多九公连连点头。于是又朝前走。……只见唐敖忽然路旁折了一枝青草，其叶如松，青翠异常，叶上生着一子，大如芥子，把子取下，手执青草道，"舅兄才吃祝余，小弟只好以此奉陪了。"说罢，吃入腹内。又把那个芥子放在掌中，吹气一口，登时从那子中生出一枝青草来，也如松叶，约长一尺，再吹一口，又长一尺，一连吹气三口，共有三尺之长，放在口边，随又吃了。林之洋笑道，"妹夫要这样很嚼，只怕这里青草都被你吃尽哩。这芥子忽变青草，这是甚故？"多九公道，"此是'蹑空草'，又名'掌中芥'。取子放在掌中，一吹长一尺，再吹又长一尺，至三尺止。人若吃了，能立空中，所以叫作蹑空草。"林之洋道，"有这好处，俺也吃他几枝，久后回家，倘房上有贼，俺蹑空追他，岂不省事。"于是各处寻了多时，并无踪影。多九公道："林兄不必找了。此草不吹不生。这空山中有谁吹

气栽他？刚才唐兄吃的，大约此子因鸟雀啄食，受了呼吸之气，因此落地而生，并非常见之物，你却从何寻找？老夫在海外多年，今日也是初次才见。若非唐兄吹他，老夫还不知就是蹑空草哩。"……（第九回）

清之狭邪小说

唐人登科之后，多作冶游，习俗相沿，以为佳话，故伎家故事，文人间亦著之篇章，今尚存者有崔令钦《教坊记》及孙棨《北里志》。自明及清，作者尤夥，明梅鼎祚之《青泥莲花记》，清余怀之《板桥杂记》尤有名。是后则扬州、吴门、珠江、上海诸艳迹，皆有录载；且伎人小传，亦渐侵入志异书类中，然大率杂事琐闻，并无条贯，不过偶弄笔墨，聊遣绮怀而已。若以狭邪中人物事故为全书主干，且组织成长篇至数十回者，盖始见于《品花宝鉴》，惟所记则为伶人。

明代虽有教坊，而禁士大夫涉足，亦不得挟妓，然独未云禁招优。达官名士以规避禁令，每呼伶人侑酒，使歌舞谈笑；有文名者又揄扬赞叹，往往如狂醒，其流行于是日盛。清初，伶人之焰始稍衰，后复炽，渐乃愈益猥劣，称为"像姑"，流品比于娼女矣。《品花宝鉴》者，刻于咸丰二年（1852），即以叙乾隆以来北京优伶为专职，而记载之内，时杂猥辞，自谓伶人有邪正，狎客亦有雅俗，并陈妍媸，固犹劝惩之意，其说与明人之凡为"世情书"者略同。至于叙事行文，则似欲以缠绵见长，风雅为主，而描摹儿女之书，昔又多有，遂复不能摆脱旧套，虽所谓上品，即作者之理想人物如梅子玉杜琴言辈，亦不外伶如佳人，客为才子，温情软语，累牍不休，独有佳人非女，则他书所未写者耳。其叙"名旦"杜琴言往梅子玉家问病时情状云：

却说琴言到梅宅之时，心中十分害怕，满拟此番必有一场羞辱。及至见过颜夫人之后，不但不加呵责，倒有怜恤之心，又命他去安慰子玉，却也意想不到，心中一喜一悲。但不知子玉病体轻重，如何慰之？只好遵夫人之命，老着脸走到子玉房里。见帘帷不卷，几案生尘，一张小楠木床挂了轻绡帐。云儿先把帐子掀开，叫声"少爷，琴言来看你了"。子玉正在梦中，模模糊糊应了两声。琴言就坐在床沿，见那子玉面庞黄瘦，憔悴不堪。琴言凑在枕边，低低叫了一声，不觉泪涌下来，滴在子玉的脸上。只见子玉忽然呵呵一笑道：

"七月七日长生殿，夜半无人私语时。"

子玉吟了之后，又接连笑了两笑。琴言见他梦魇如此，十分难忍，在子玉身上掀了两掀，因想夫人在外，不好高叫，改口叫声"少爷"。子玉犹在梦中想念，候到七月七日，到素兰处，会了琴言，三人又好诉衷谈心，这是子玉刻刻不忘，所以念出这两句唐曲来。魂梦既酣，一时难醒，又见他大笑一会，又吟道：

"我道是黄泉碧落两难寻……"

歌罢，翻身向内睡着。琴言看他昏到如此，泪越多了，只好呆怔怔看着，不好再叫。……（第二十九回）

《品花宝鉴》中人物，大抵实有，就其姓名性行，推之可知。惟梅杜二人皆假设，字以"玉"与"言"者，即"寓言"之谓，盖著者以为高绝，世已无人足供影射者矣。书中有高品，则所以自况，实为常州人陈森书（作者手稿之《梅花梦传奇》上，自署毗陵陈森，则"书"字或误衍），号少逸，道光中寓居北京，出入菊部中，因拾闻见事为书三十回，然又中辍，出京漫游，己酉（1849）自广西复至京，始足成后半，共六十回，好事者竞相传钞，越三年而有刻本（杨懋建《梦华琐簿》）。

至作者理想之结局，则具于末一回，为名士与名旦会于九香园，画伶人小像为花神，诸名士为赞；诸伶又书诸名士长生禄位，各为赞，皆刻石供养九香楼下。时诸伶已脱梨园，乃"当着众名士之前"，熔化钗钿，焚弃衣裙，将烬时，"忽然一阵香风，将那灰烬吹上半空，飘飘点点，映着一轮红日，像无数的花朵与蝴蝶飞舞，金迷纸醉，香气扑鼻，越旋越高，到了半天，成了万点金光，一闪不见"云。

其后有《花月痕》十六卷五十二回，题"眠鹤主人编次"，咸丰戊午年（1858）序，而光绪中始流行。其书虽不全写狭邪，顾与伎人特有关涉，隐现全书中，配以名士，亦如佳人才子小说定式。略谓韦痴珠韩荷生皆伟才硕学，游幕并州，极相善，亦同游曲中，又各有相眷妓，韦者曰秋痕，韩者曰采秋。韦风流文采，倾动一时，而不遇，困顿羁旅中；秋痕虽倾心，亦终不得嫁韦。已而韦妻先殁，韦亦寻亡，秋痕殉焉。韩则先为达官幕中上客，参机要，旋以平寇功，由举人保升兵科给事中，复因战绩，累迁至封侯。采秋久归韩，亦得一品夫人封典。班师受封之后，"高宴三日，自大将军以至走卒，无不雀忭。"（第五十回）而韦乃仅一子零丁，扶棺南下而已。其布局盖在使升沉相形，行文亦惟以缠绵为主，但时复有悲凉哀怨之笔，交错其间，欲于欢笑之时，并见黯然之色，而诗词简启，充塞书中，文饰既繁，情致转晦。符兆纶评之云："词赋名家，却非说部当行，其淋漓尽致处，亦是从词赋中发泄出来，哀感顽艳。……"虽稍谀，然亦中其失。至结末叙韩荷生战绩，忽杂妖异之事，则如情话未央，突来鬼语，尤为通篇芜累矣。

……采秋道："……妙玉称个'槛外人'，宝玉称个'槛内人'；妙玉住的是栊翠庵，宝玉住的是怡红院。……书中先说妙玉怎样清洁，宝玉常常自认浊物。不见将来清者转浊，浊者极清？"痴珠叹一口气，高吟道："'一失足成千古恨，再回头已百年身。'"随说道："……就书中'贾雨村言'例之：薛者，设也；黛者，代也。设此人代宝玉以写生，故'宝玉'二字，宝字上属于钗，就是宝钗；玉字下系于黛，就是黛玉。钗黛直是个'子虚乌有'，算不得什么。倒是妙玉，真是做宝玉的反面镜子，故名之为妙。一僧一尼，暗暗影射，你道是不是呢？"采秋答应。……痴珠随说道："'色即是空，空即是色。'"便敲着案子朗吟道：

"银字筝调心字香，英雄底事不柔肠？我来一切观空处，也要天花作道场。采莲曲里猜莲子，丛桂开时又见君，何必摇鞭背花去，十年心已定香熏。"

荷生不待痴珠吟完，便哈哈大笑道："算了，喝酒罢。"说笑一回，天就亮了。痴珠用过早点，坐着采秋的车先去了。午间，得荷生柬帖云：

"顷晤秋痕，泪随语下，可怜之至。弟再四慰解，令作缓图。临行，嘱弟转致阁下云，'好自静养。耿耿此心，必有以相报也。'知关锦念，率以布闻。并呈小诗四章，求和。"诗是七绝四首。……痴珠阅毕，便次韵和云：

"无端花事太凌迟，残蕊伤心剩折枝，我欲替他求净境，转嫌风恶不全吹。蹉跎恨在夕阳边，湖海浮沉二十年，骆马杨枝都去也……"

正往下写，秃头回道："菜市街李家着人来请，说是刘姑娘病得不好。"痴珠惊讶，便坐车赴秋心院来。秋痕头上包着绉帕，趺坐床上，身边放着数本书，凝眸若有所思，突见痴珠，便含笑低声说道："我料得你挨不上十天。其实何苦呢？"痴珠说道："他们说你病着，叫我怎忍不来呢？"秋痕叹道："你如今一请就来，往后又是纠缠不清。"痴珠笑道："往后再商量罢。"自此，痴珠又照旧往来了。是夜，痴珠续成和韵诗，末一章有"博得蛾眉甘一死，果然知己属倾城"之句，至今犹诵人口。……（第二十五回）

长乐谢章铤《赌棋山庄诗集》有《题魏子安所著书后》五绝三首，一为《石经考》，一为《陔南山馆诗话》，一即《花月痕》（蒋瑞藻《小说考证》八引《雷颠笔记》），因知此书为魏子安作。子安名秀仁，福建侯官人。少负文名，而年二十余始入泮，即连举丙午（1846）乡试，然屡应进士试不第。乃游山西陕西四川，终为成都芙蓉书院院长，因乱逃归，卒，年五十六（1819—1874）。著作满家，而世独传其《花月痕》(《赌棋山庄文集》五）。秀仁寓山西时，为太原知府保眠琴教子，所入颇丰，且多暇，而苦无聊，乃作小说，以韦痴珠自况，保偶见之，大喜，力奖其成，遂为巨帙云（谢章铤《课余续录》一）。然所托似不止此，卷首有太原歌妓《刘栩凤传》，谓"倾心于逋客，欲委身焉"，以索值昂中止，将抑郁憔悴死矣。则秋痕盖即此人影子，而逋客实魏。韦韩，又逋客之影子也，设穷达两途，各拟想其所能至，穷或类韦，达当如韩，故虽自寓一己，亦遂离而二之矣。

全书以伎女为主题者，有《青楼梦》六十四回，题"慕真山人著"，序则云俞吟香。吟香名达，江苏长洲人，中年颇作冶游，后欲出离，而世事牵缠，又不能遽去，光绪十年（1884）以风疾卒，所著尚有《醉红轩笔话》《花间棒》《吴中考古录》及《闲鸥集》等（邹弢《三借庐笔谈》四）。《青楼梦》成于光绪四年，则取吴中倡女，以发挥其"游花园、护美人、采芹香、掇巍科、任政事、报亲恩、全友谊、敦琴瑟、抚子女、睦亲邻、谢繁华、求慕道"（第一回）之大理想，所写非实，从可知矣。略谓金挹香字企真，苏州府长洲县人，幼即工文，长更慧美，然不娶，谓欲得"有情人"，而"当世滔滔，斯人谁与？竟使一介寒儒，怀才不遇，公卿大夫竟无一识我之人，反不若青楼女子，竟有慧眼识英雄于未遇时也"（本书《题纲》）。故挹香游狭邪，特受伎人爱重，指挥如意，犹南面王。例如：

……（挹香与二友及十二妓女）至轩中，三人重复观玩，见其中修饰，别有巧思。轩外名花绮丽，草木精神。正中摆了筵席，月素定了位次，三人居中，众美人亦序次而坐：

第一位鸳鸯馆主人褚爱芳　第二位烟柳山人王湘云　第三位

铁笛仙袁巧云　第四位爱雏女史朱素卿　第五位惜花春起早使者陆丽春　第六位探梅女士郑素卿　第七位浣花仙史陆文卿……第十一位梅雪争先客何月娟

末位护芳楼主人自己坐了；两旁四对侍儿斟酒。众美人传杯弄盏，极尽绸缪。挹香向慧琼道："今日如此盛会，宜举一觞令，庶不负此良辰。"月素道："君言诚是，即请赐令。"挹香说道："请主人自己开令。"月素道："岂有此理，还请你来。"挹香被推不过，只得说道："有占了。"众美人道："令官必须先饮门面杯起令，才是。"于是十二位美人俱各斟酒一杯，奉与挹香；挹香一饮而尽，乃启口道："酒令胜于军令，违者罚酒三巨觥！"众美人唯唯听命。……（第五回）

挹香亦深于情，侍疾服劳不厌，如：

……一日，挹香至留香阁，爱卿适发胃气，饮食不进。挹香十分不舍，忽想着过青田著有《医门宝》四卷，尚在馆中书架内，其中胃气丹方颇多，遂到馆取而复至，查到"香郁散"最宜，令侍儿配了回来，亲侍药炉茶灶；又解了几天馆，朝夕在留香阁陪伴。爱卿更加感激，乃口占一绝，以报挹香。……（第二十一回）

后乃终"掇巍科"，纳五妓，一妻四妾。又为养亲计，捐职仕余杭，即迁知府，则"任政事"矣。已而父母皆在府衙中跨鹤仙去；挹香亦悟道，将入山，

……心中思想道，"我欲勘破红尘，不能明告他们知道，只得一个私自瞒了他们，踱了出去的了。"次日写了三封信，寄与拜林梦仙仲英，无非与他们留书志别的事情，又嘱拜林早日代吟梅完其姻事。过了几天，挹香又带了几十两银子，自己去置办了道袍道服草帽凉鞋，寄在人家，重归家里。又到梅花馆来，恰巧五美俱在，挹香见他们不识不知，仍旧笑嘻嘻在着那里，觉心中

还有些对他们不起的念头。想了一回，叹道："既解情关，有何恋恋！"……（第六十回）

遂去，羽化于天台山，又归家，悉度其妻妾，于是"金氏门中两代白日升天"（第六十一回）。其子则早抡元；旧友亦因挹香汲引，皆仙去；而曩昔所识三十六伎，亦一一"归班"，缘此辈"多是散花苑主坐下司花的仙女，因为偶触思凡之念，所以谪降红尘，如今尘缘已满，应该重入仙班"（第六十四回）也。

《红楼梦》方板行，续作及翻案者即奋起，各竭智巧，使之团圆，久之，乃渐兴尽，盖至道光末而始不甚作此等书。然其余波，则所被尚广远，惟常人之家，人数鲜少，事故无多，纵有波澜，亦不适于《红楼梦》笔意，故遂一变，即由叙男女杂沓之狭邪以发泄之。如上述三书，虽意度有高下，文笔有妍媸，而皆摹绘柔情，敷陈艳迹，精神所在，实无不同，特以谈钗黛而生厌，因改求佳人于倡优，知大观园者已多，则别辟情场于北里而已。然自《海上花列传》出，乃始实写妓家，暴其奸谲，谓"以过来人现身说法"，欲使阅者"按迹寻踪，心通其意，见当前之媚于西子，即可知背后之泼于夜叉；见今日之密于糟糠，即可卜他年之毒于蛇蝎"（第一回）。则开宗明义，已异前人，而《红楼梦》在狭邪小说之泽，亦自此而斩也。

《海上花列传》今有六十四回，题"云间花也怜侬著"，或谓其人即松江韩子云，善弈棋，嗜鸦片，旅居上海甚久。曾充报馆编辑，所得笔墨之资，悉挥霍于花丛中，阅历既深，遂洞悉此中伎俩（《小说考证》八引《谈瀛室笔记》）；而未详其名，自署云间，则华亭人也。其书出于光绪十八年（1892），每七日印二回，遍鬻于市，颇风行。大略以赵朴斋为全书线索，言赵年十七，以访母舅洪善卿至上海，遂游青楼，少不更事，沉溺至大困顿，旋被洪送令还。而赵又潜返，愈益沦落，至"拉洋车"。书至此为第二十八回，忽不复印。作者虽目光始终不离于赵，顾事迹则仅此，惟因赵又牵连租界商人及浪游子弟，杂述其沉湎征逐之状，并及烟花，自"长三"至"花烟间"具有；略如《儒林外史》，若断若续，缀为长篇。其訾倡女之无深情，虽责善于非所，而记载如实，绝少夸张，则固能自践其"写照传神，属辞比事，点缀渲染，跃跃如生"（第一回）之约者矣。如述赵朴斋初至上海，与张小村同赴"花烟间"时情状云：

　　……王阿二一见小村，便搌上去嚷道："耐好啊！骗我，阿是？耐说转去两三个月晼，直到仔故歇坎坎来。阿是两三个月嘎？只怕有两三年哉！……"小村忙陪笑央告道："耐覅动气，我搭耐说。"便凑着王阿二耳朵边，轻轻的说话。说不到四句，王阿二忽跳起来，沉下脸道："耐倒乖杀哚。耐想拿件湿布衫拨来别人着仔，耐末脱体哉，阿是？"小村发急道："勿是呀，耐也等我说完仔哩。"王阿二便又爬在小村怀里去听，也不知咕咕唧唧说些什么，只见小村说着，又努嘴，王阿二即回头把赵朴斋瞟了一眼，接着小村又说了几句。王阿二道，"耐末那价呢？"小村道，"我是原照旧晼。"王阿二方才罢了；立起身来，剔亮了灯台；问朴斋尊姓；又自头至足，细细打量。朴斋别转脸去，装做看单条。只见一个半老娘姨，一手提水铫子，一手托两盒烟膏，……蹭上楼来，……把烟盒放在烟盘里，点了烟灯，冲了茶碗，仍提铫子下楼自去。王阿二靠在小村身旁烧起烟来，见朴斋独自坐着，便说，"榻床浪来鞾鞾哩哩。"朴斋巴不得一声，随向烟榻下手躺下，看着王阿二烧好一口烟，装在枪上，授于小村，飕飕飕直吸到底。……至第三口，小村说，"覅吃哉。"王阿二调过枪来，授与朴斋。朴斋吸不惯，不到半口，斗门噎住。……王阿二将签子打通烟眼，替他把火。朴斋趁势捏他手腕，王阿二夺过手，把朴斋腿膀尽力捽了一把，捽得朴斋又痠又疼又爽快。朴斋吸完烟，却偷眼去看小村，见小村闭着眼，朦朦胧胧，似睡非睡光景，朴斋低声叫"小村哥"。连叫两声，小村只摇手，不答

应。王阿二道："烟迷呀，随俚去罢。"朴斋便不叫了。……（第二回）

至光绪二十年，则第一至六十回俱出，进叙洪善卿于无意中见赵拉车，即寄书于姊，述其状。洪氏无计；惟其女曰二宝者颇能，乃与母赴上海来访，得之，而又皆留连不遽返。洪善卿力劝令归，不听，乃绝去。三人资斧渐尽，驯至不能归，二宝遂为倡，名甚噪。已而遇史三公子，云是巨富，极爱二宝，迎之至别墅消夏，谓将娶以为妻，特须返南京略一屏当，始来迓，遂别。二宝由是谢绝他客，且贷金盛制衣饰，备作嫁资，而史三公子竟不至。使朴斋往南京询得消息，则云公子新订婚，方赴扬州亲迎去矣。二宝闻信昏绝，救之始苏，而负债至三四千金，非重理旧业不能偿，于是复揽客，见噩梦而书止。自跋谓将续作，然不成。后半于所谓海上名流之雅集，记叙特详，但稍失实；至描写他人之征逐，挥霍，及互相欺谩之状，乃不稍逊于前三十回。有述赖公子赏女优一节，甚得当时世态：

……文君改装登场，一个门客凑趣，先喊声"好！"不料接接连连，你也喊好，我也喊好，一片声嚷得天崩地塌，海搅江翻。……只有赖公子捧腹大笑，极其得意。唱过半出，就令当差的放赏。那当差的将一卷洋钱散放在巴斗内，呈赖公子过目，望台上只一撒，但闻索郎一声响，便见许多晶莹焜耀的东西，满台乱滚；台下这些帮闲门客又齐声一号。文君揣知赖公子其欲逐逐，心上一急，倒急出个计较来，当场依然用心的唱，唱罢落场，……含笑入席。不提防赖公子一手将文君拦入怀中；文君慌的推开立起，佯作怒色，却又爬在赖公子肩膀，悄悄的附耳说了几句，赖公子连连点头道，"晓得哉。"……（第四十四回）

书中人物，亦多实有，而悉隐其真姓名，惟不为赵朴斋讳。相传赵本作者挚友，时济以金，久而厌绝，韩遂撰此书以谤之，印卖至第二十八回，赵急致重赂，始辍笔，而书已风行；已而赵死，乃续作贸利，且放笔至写其妹为倡云。然二宝沦落，实作者豫定之局，故当开篇赵朴斋初见洪善卿时，即叙洪问"耐有个令妹，……阿曾受茶？"答则曰，"勿曾。今年也十五岁哉。"已为后文伏线也。光绪末至宣统初，上海此类小说之出尤多，往往数回辄中止，殆得赅矣；而无所营求，仅欲摘发伎家罪恶之书亦兴起，惟大都巧为罗织，故作已甚之辞，冀震耸世间耳目，终未有如《海上花列传》之平淡而近自然者。

清末之谴责小说

光绪庚子（1900）后，谴责小说之出特盛。盖嘉庆以来，虽屡平内乱（白莲教，太平天国，捻，回），亦屡挫于外敌（英，法，日本），细民暗昧，尚啜茗听平逆武功，有识者则已翻然思改革，凭敌忾之心，呼维新与爱国，而于"富强"尤致意焉。戊戌变政既不成，越二年即庚子岁而有义和团之变，群乃知政府不足与图治，顿有掊击之意矣。其在小说，则揭发伏藏，显其弊恶，而于时政，严加纠弹，或更扩充，并及风俗。虽命意在于匡世，似与讽刺小说同伦，而辞气浮露，笔无藏锋，甚且过甚其辞，以合时人嗜好，则其度量技术之相去亦远矣，故别谓之谴责小说。其作者，则南亭亭长与我佛山人名最著。

南亭亭长为李宝嘉，字伯元，江苏武进人。少擅制艺及诗赋，以第一名入学，累举不第，乃赴上海办《指南报》。旋辍，别办《游戏报》，为俳谐嘲骂之文，后以"铺底"售之商人。又别办《海上繁华报》，记注倡优起居，并载诗词小说，殊盛行。所著有《庚子国变弹词》若干卷，《海天鸿雪记》六本，《李莲英》一本，《繁华梦》《活地狱》各若干本。又有专意斥责时弊者曰《文明小史》，分刊于《绣像小说》中，尤有名。时正庚子，政令倒行，海内失望，多欲索祸患之由，责其罪人以自快，宝嘉亦应商人之托，撰《官场现形记》，拟为十编，编十二回，自光绪二十七至二十九年中成三编，后二年又成二编，三十二年三月以瘵卒，年四十（1867—1906），书遂不完；亦无子，伶人孙菊仙为理其丧，酬《繁华报》之揄扬也。尝被荐应经济特科，不赴，时以为高；又工篆刻，有《芋香印谱》行于世（见周桂笙《新庵笔记》三，李祖杰致胡适书及顾颉刚《读书杂记》等）。

《官场现形记》已成者六十回，为前半部，第三编印行时（1903）有自序，略谓"亦尝见夫官矣，送迎之外无治绩，供张之外无才能，忍饥渴，冒寒暑，行香则天明而往，禀见则日昃而归，卒不知其何所为而来，亦卒不知其何所为而去。"岁或有凶灾，行振恤，又"皆得援救助之例，邀奖励之恩，而所谓官者，乃日出而未有穷期"。及朝廷议汰除，则"上下蒙蔽，一如故旧，尤其甚者，假手宵小，授意私人，因苞苴而通融，缘贿赂而解释：是欲除弊而转滋之弊也"。于是群官搜括，小民困穷，民不敢言，官乃愈肆。"南亭亭长有东方之谐谑，与淳于之滑稽，又熟知夫官之龌龊卑鄙之要凡，昏聩糊涂之大旨"，爰"以含蓄蕴酿存其忠厚，以醋畅淋漓阐其隐微，……穷年累月，殚精竭诚，成书一帙，名曰《官场现形记》。……凡神禹所不能铸之于鼎，温峤所不能烛之以犀者，无不毕备也"。故凡所叙述，皆迎合、钻营、朦混、罗掘、倾轧等故事，兼及士人之热心于作吏，及官吏闺中之隐情。头绪既繁，脚色复夥，其记事遂率与一人俱起，亦即与其人俱讫，若断若续，与《儒林外史》略同。然臆说颇多，难云实录，无自序所谓"含蓄蕴酿"之实，殊不足望文木老人后尘。况所搜罗，又仅"话柄"，联缀此等，以成类书；官场伎俩，本小异大同，汇为长编，即千篇一律。特缘时势要求，得此为快，故《官场现形记》乃骤享大名；而袭用"现形"名目，描写他事，如商界学界女界者亦接踵也。今录南亭亭长之作八百余言为例，并以概余子：

……却说贾大少爷，……看看已到了引见之期，头天赴部演礼，一切照例仪注，不庸细述。这天贾大少爷起了一个半夜，坐车进城，……一直等到八点钟，才有带领引见的司官老爷把他带了进去，不知走到一个什么殿上，司官把袖一摔，他们一班几个人在台阶上一溜跪下，离着上头约摸有二丈远，晓得坐在上头的就是"当今"了。……他是道班，又是明保的人员，当天就有旨，叫他第二天预备召见。……贾大少爷虽是世家子弟，然而今番乃是第一遭见皇上，虽然请教过多少人，究竟放心不下。当时引见了下来，先看见华中堂。华中堂是收过他一万银子古董的，见了面问长问短，甚是关切。后来贾大少爷请教他道，"明日朝见，门生的父亲是现任臬司，门生见了上头，要碰头不要碰头？"华中堂没有听见上文，只听得"碰头"二字，连连回答道，"多碰头，少说话：是做官的秘诀。"贾大少爷忙分辨道，"门生说的是上头问着门生的父亲，自然要碰头；倘不问，也要碰头不要碰头？"华中堂道，"上头不问你，你千万不要多说话；应该碰头的地方，又万万不要忘记不碰，就是不该碰，你多磕头，总没有处分的。"一席话说得贾大少爷格外糊涂，意思还要问，中堂已起身送客了。贾大少爷只好出来，心想华中堂事情忙，不便烦他，不如去找黄大军机，……或者肯赐教一二。谁知见了面，贾大少爷把话才说完，黄大人先问"你见过中堂没有？他怎么说的？"贾大少爷照述一遍，黄大人道，"华中堂阅历深，他叫你多碰头少说话，老成人之见，这是一点儿不错的。"……贾大少爷无法，只得又去找徐大军机。这位徐大人，上了年纪，两耳重听，就是有时候听得两句，也装作不知。他平生最讲究养心之学，有两个诀窍：一个是"不动心"，一个是"不操心"。……后来他这个诀窍被同寅中都看穿了，大家就送他一个外号，叫他做"琉璃蛋"。……这日贾大少爷……去求教他，见面之后，寒暄了几句，便题到此事。徐大人道，"本来多碰头是顶好的事。就是不碰头，也使得。你还是应得碰头的时候，你碰头；不必碰的时候，还是不必碰的为妙。"贾大少爷又把华黄二位的话述了一遍，徐大人道，"他两位说的话都不错。你便照他二位的话，看事行事，最妥。"说了半天，仍旧说不出一毫道理，只得又退了下来。后来一直找到一位小军机，也是他老人家的好友，才把仪注说清。第二天召见上去，居然没有出岔子。……（第二十六回）

我佛山人为吴沃尧，字茧人，后改趼人，广东南海人也，居佛山镇，故自称"我佛山人"。年二十余至上海，常为日报撰文，皆小品；光绪二十八年新会梁启超印行《新小说》于日本之横滨，月一册，次年（1903），沃尧乃始学为长篇，即以寄之，先后凡数种，曰《电术奇谈》、曰《九命奇冤》、曰《二十年目睹之怪现状》，名于是日盛，而末一种尤为世间所称。后客山东，游日本，皆不得意，终复居上海；三十二年，为《月月小说》主笔，撰《劫余灰》《发财秘诀》《上海游骖录》；又为《指南报》作《新石头记》。又一年，则主持广志小学校，甚尽力于学务，所作遂不多。宣统纪元，始成《近十年之怪现状》二十回，二年九月遽卒，年四十五（1866—1910）。别有《恨海》《胡宝玉》二种，先皆单行；又尝应商人之托，以三百金为撰《还我灵魂记》颂其药，一时颇被訾议，而文亦不传（见《新庵笔记》三，《近十年之怪现状》自序，《我佛山人笔记》汪维甫序）。短文非所长，后因名重，亦有人缀集为《趼廛笔记》《趼人十三种》《我佛山人笔记四种》《我佛山人滑稽谈》《我佛山人札记小说》等。

《二十年目睹之怪现状》本连载于《新小说》中，后亦与《新小说》俱辍，光绪三十三年乃有单行本甲至丁四卷，宣统元年又出戊至辛四卷，共一百八回。全书以自号"九死一生"者为线索，历记二十年中所遇、所见、所闻天地间惊听之事，缀为一书，始自童年，末无结束，杂集"话柄"，与《官场现形记》同。而作者经历较多，故所叙之族类亦较夥，官师士商，皆著于录，搜罗当时传说而外，亦贩旧作（如《钟馗捉鬼传》之类），以为新闻。自云"只因我出来应世的二十年中，回头想来，所遇见的只有三种东西：第一种是蛇虫鼠蚁；第二种是豺狼虎豹；第三种是魑魅魍魉。"（第一回）则通本所述，不离此类人物之言行可知也。相传吴沃尧性强毅，不欲下于人，遂坎坷没世，故其言殊慨然。惜描写失之张皇，时或伤于溢恶，言违真实，则感人之力顿微，终不过连篇"话柄"，仅足供闲散者谈笑之资而已。其叙北京同寓人符弥轩之虐待其祖云：

> ……到了晚上，各人都已安歇，我在枕上隐隐听得一阵喧嚷的声音出在东院里。……嚷了一阵，又静了一阵，静了一阵，又嚷一阵，虽是听不出所说的话来，却只觉得耳根不清净，睡不安稳。……直等到自鸣钟报了三点之后，方才朦胧睡去；等到一觉醒来，已是九点多钟了。连忙起来，穿好衣服，走出客堂，只见吴亮臣李在兹和两个学徒，一个厨子，两个打杂，围在一起窃窃私议。我忙问是什么事。……亮臣正要开言，在兹道："叫王三说罢，省了我们费嘴。"打杂王三便道："是东院符老爷家的事。昨天晚上半夜里我起来解手，听见东院里有人吵嘴，……就摸到后院里，……往里面偷看：原来符老爷和符太太对坐在上面，那一个到我们家里讨饭的老头儿坐在下面，两口子正骂那老头子呢。那老头子低着头哭，只不做声。符太太骂得最出奇，说道：'一个人活到五六十岁，就应该死的了，从来没见过八十多岁人还活着的。'符老爷道：'活着倒也罢了。无论是粥是饭，有得吃吃点，安分守己也罢了；今天嫌粥了，明天嫌饭了，你可知道要吃的好，喝的好，穿的好，是要自己本事挣来的呢。'那老头子道：'可怜我并不求好吃好喝，只求一点儿咸菜罢了。'符老爷听了，便直跳起来，说道：'今日要咸菜，明日便要咸肉，后日便要鸡鹅鱼鸭，再过些时，便燕窝鱼翅都要起来了。我是个没补缺的穷官儿，供应不起！'说到那里，拍桌子打板凳的大骂。……骂够了一回，老妈子开上酒菜来，摆在当中一张独脚圆桌上。符老爷两

口子对坐着喝酒，却是有说有笑的。那老头子坐在底下，只管抽抽咽咽的哭。符老爷喝两杯，骂两句；符太太只管拿骨头来逗叭儿狗顽。那老头子哭丧着脸，不知说了一句什么话，符老爷登时大发雷霆起来，把那独脚桌子一掀，匐訇一声，桌上的东西翻了个满地，大声喝道：'你便吃去！'那老头子也太不要脸，认真就爬在地下拾来吃。符老爷忽的站了起来，提起坐的凳子，对准了那老头子摔去。幸亏站着的老妈子抢着过来接了一接，虽然接不住，却挡去势子不少。那凳子虽然还摔在那老头子的头上，却只摔破了一点头皮。倘不是那一挡，只怕脑子也磕出来了。"我听了这一番话，不觉吓了一身大汗，默默自己打主意。到了吃饭时，我便叫李在兹赶紧去找房子，我们要搬家了。……（第七十四回）

吴沃尧之所撰著，惟《恨海》《劫余灰》，及演述译本之《电术奇谈》等三种，自云是写情小说，其他悉此类，而谴责之度稍不同。至于本旨，则缘借笔墨为生，故如周桂笙（《新庵笔记》三）言，亦"因人、因地、因时，各有变态"，但其大要，则在"主张恢复旧道德"（见《新庵译屑》评语）云。

又有《老残游记》二十章，题"洪都百炼生"著，实刘鹗之作也，有光绪丙午（1906）之秋于海上所作序；或云本未完，末数回乃其子续作之。鹗字铁云，江苏丹徒人，少精算学，能读书，而放旷不守绳墨，后忽自悔，闭户岁余，乃行医于上海，旋又弃而学贾，尽丧其资。光绪十四年河决郑州，鹗以同知投效于吴大澂，治河有功，声誉大起，渐至以知府用。在北京二年，上书请敷铁道；又主张开山西矿，既成，世俗交谪，称为"汉奸"。庚子之乱，鹗以贱值购太仓储粟于欧人，或云实以振饥困者，全活甚众；后数年，政府即以私售仓粟罪之，流新疆死（约1850—1910，详见罗振玉《五十日梦痕录》）。其书即借铁英号老残者之游行，而历记其言论闻见，叙景状物，时有可观，作者信仰，并见于内，而攻击官吏之处亦多。其记刚弼误认魏氏父女为谋毙一家十三命重犯，魏氏仆行贿求免，而刚弼即以此证实之，则摘发所谓清官者之可恨，或尤甚于赃官，言人所未尝言，虽作者亦甚自憙，以为"赃官可恨，人人知之；清官尤可恨，人多不知。盖赃官自知有病，不敢公然为非；清官则自以为不要钱，何所不可？刚愎自用，小则杀人，大则误国，吾人亲目所见，不知凡几矣。试观徐桐李秉衡，其显然者也。……历来小说，皆揭赃官之恶。有揭清官之恶者，自《老残游记》始"也。

……那衙役们早将魏家父女带到，却都是死了一半的样子。两人跪到堂上，刚弼便从怀里摸出那个一千两银票并那五千五百两凭据，……叫差役送与他父女们看，他父女回说"不懂，这是什么缘故？"……刚弼哈哈大笑道："你不知道，等我来告诉你，你就知道了。昨儿有个胡举人来拜我，先送一千两银子，道，你们这案，叫我设法儿开脱；又说，如果开脱，银子再要多些也肯。……我再详细告诉你，倘若人命不是你谋害的，你家为什么肯拿几千两银子出来打点呢？这是第一据。……倘人不是你害的，我告诉他，'照五百两一条命计算，也应该六千五百两。'你那管事的就应该说，'人命实不是我家害的，如蒙委员代为昭雪，七千八千俱可，六千五百两的数目却不敢答应。'怎么他毫无疑义，就照五百两一条命算帐呢？这是第二据。我劝你们，早迟总得招认，免得饶上许多刑具的苦楚。"那父女两个连连叩头说："青天大老爷，实在是冤枉。"刚弼把桌子一拍，大怒道："我这样开导，你们还是不招！再替我夹拶起来！"底下差役炸雷似的答应了一声"嗄！"……正要动刑。刚弼又道："慢着。行刑的差役上来，我对你说。……你们俩，我全知道。你们看那案子是不要紧的呢，你们得了钱，用刑就轻，让犯人不甚吃苦。你们看那案情重大，是翻不过来的了，你们得了钱，就猛一紧，把犯人当堂治死，成全他个整尸首，本官又有个严刑毙命的处分。我是全晓得的。今日替我先拶贾魏氏，只不许拶得他发昏，但看神色不好就松刑，等他回过气来再拶。预备十天工夫，无论你什么好汉，也不怕你不招！"……（第十六章）

《孽海花》以光绪三十三年载于《小说林》，称"历史小说"，署"爱自由者发起，东亚病夫编述"。相传实常熟举人曾朴字孟朴者所为。第一回犹楔子，有六十回全目，自金沟抢元起，即用为线索，杂叙清季三十年间遗闻逸事；后似欲以豫想之革命收场，而忽中止，旋合辑为书十卷，仅二十回。金沟谓吴县洪钧，尝典试江西，丁忧归，过上海，纳名妓傅彩云为妾，后使英，携以俱去，称夫人，颇多话柄。比洪殁于北京，傅复赴上海为妓，称曹梦兰，又至天津，称赛金花。庚子之乱，为联军统帅所昵，势甚张。书于洪傅特多恶谑，并写当时达官名士模样，亦极淋漓，而时复张大其词，如凡谴责小说通病；惟结构工巧，文采斐然，则其所长也。书中人物，几无不有所影射；使撰人诚如所传，则改称李纯客者实其师李慈铭字莼客（见曾之撰《越缦堂骈体文集序》），亲炙者久，描写当能近实，而形容时复过度，亦失自然，盖尚增饰而贱白描，当日之作风固如此矣。即引为例：

……却说小燕便服轻车，叫车夫径到城南保安寺街而来。那时秋高气爽，尘软蹄轻，不一会儿，已到了门口。把车停在门前两棵大榆树阴下。家人方要通报，小燕摇手说："不必。"自己轻跳下车。正跨进门，瞥见门上新贴一副淡红朱砂笺的门对，写得英秀瘦削，历落倾斜的两行字，道：

"保安寺街藏书十万卷；
户部员外补阙一千年。"

小燕一笑。进门一个影壁；绕影壁而东，朝北三间倒厅；沿倒厅廊下一直进去，一个秋叶式的洞门；洞门里面，方方一个小院落。庭前一架紫藤，绿叶森森，满院种着木芙蓉，红艳娇酣，正是开花时候。三间静室，垂着湘帘，悄无人声。那当儿恰好一阵微风，小燕觉得在帘缝里透出一股药烟，清香沁鼻。掀帘进去，却见一个椎结小童，正拿着把破蒲扇，在中堂东壁边煮药哩。见小燕进来，正要起立。只听房里高吟道："淡墨罗巾灯畔字，小风铃佩梦中人。"小燕一脚跨进去，笑道："'梦中人'是谁呢？"一面说，一面看，只见纯客穿着件半旧熟罗半截衫，踏着草鞋，本来好好儿，一手捋着短须，坐在一张旧竹榻上看书。看见小燕进来，连忙和身倒下，伏在一部破书上发喘，颤声道："呀，怎么小翁来，老夫病体竟不能起迓，怎好怎好？"小燕道："纯老清恙，几时起的？怎么兄弟连影儿也不知？"纯客道："就是诸公定议替老夫做寿那天起的。可见老夫福薄，不克当诸公盛意。云卧园一集，只怕今天去不成了。"小燕道："风寒小疾，服药后当可小痊。还望先生速驾，以慰诸君渴望。"小燕说话时，却把眼偷瞧，只见榻上枕边拖出一幅长笺，满纸都是些抬头。那抬头却奇怪，不是"阁下""台端"，也非"长者""左右"，一迭连三，全是"妄人"两字。小燕觉得诧异，想要留心看他一两行，忽听秋叶门外有两个人，一路谈话，一路蹑手蹑脚的进来。那时纯客正要开口，只听竹帘子拍的一声。正是：十丈红尘埋侠骨，一帘秋色养诗魂。不知来者何人，且听下回分解。

（第十九回）

　　《孽海花》亦有他人续书（《碧血幕》《续孽海花》），皆不称。
　　此外以抉摘社会弊恶自命，撰作此类小说者尚多，顾什九学步前数书，而甚不逮，徒作谯呵之文，转无感人之力，旋生旋灭，亦多不完。其下者乃至丑诋私敌，等于谤书；又或有嫚骂之志而无抒写之才，则遂堕落而为"黑幕小说"。